KB123402

세브란스 간호와 교육을 성장시킨

에드너 M. 로렌스 자료집
1894~1973

박형우 편역

세브란스 간호와 교육을 성장시킨

에드너 M. 로렌스 자료집
1894~1973

초판 1쇄 발행   2024년 1월 31일

편역자	박형우
편집인	한수영
편집위원	김창경, 김은현, 김현주
발행처	세브란스병원 간호국

제작처	선인
등록	제5-77호(1998.11.4)
주소	서울시 양천구 남부순환로 48길 1(신월동 163-1) 1층
전화	02) 718-6252 / 6257 팩스 ｜ 02) 718-6253
전자우편	suninbook@naver.com

정가   65,000원
ISBN   979-11-6068-865-8   93900

· 잘못된 책은 바꿔 드립니다.

A Source Book of Edna M. Lawrence, R. N. 1894~1973

Edited & Translated by Hyoung W. Park, M. D., Ph. D.

SUNIN PUBLISHING

▲ 에드너 M. 로렌스(Edna M. Lawrence).

『에드너 M. 로렌스 자료집』

한수영
세브란스병원 간호부원장

세브란스병원 간호국은 2018년 『세브란스병원 간호의 역사』를 출간하며 근대 간호 도입과 정착에 노력한 간호선교사에 대하여 관심을 가지게 되었습니다. 그렇게 시작된 간호선교사 이야기는 2022년 『안나 P. 제이콥슨 자료집』 출간을 시작으로, 올해 『에드너 M. 로렌스 자료집』으로 이어졌습니다.

로렌스가 한국에 첫발을 디딘 지 103년을 맞은 2023년 봄, 박형우 교수님과 자료집 발간에 대한 이야기를 시작하여 약 10개월의 자료수집과 정리 기간을 거쳐 그녀의 헌신적인 일생을 정리해 출간하게 되어 너무나 기쁘게 생각합니다.

"저는 그리스도에 대한 저의 사랑을 저의 일에 쏟았고, 제가 할 수 있는 최선을 다하였습니다." 로렌스의 고백은 일생을 기독교인 간호사 양성과 한국 간호 발전을 위해 바친 숭고한 정신입니다.

로렌스는 1920년부터 1957년까지 37년간 간호선교사로 활동하며, 제4대 세브란스병원 간호원장 겸 산파간호부양성소 제2대 소장을 맡아 기독교 신앙과 직업정신을 갖춘 간호사를 양성하고 교육과정을 체계적으로 정비하였으며, 환자의 권익과 복지 향상을 강조하였습니다. 이러한 노력의 결과 간호사에 대한 사회적 인식이 변화되면서 수준 높은 여성 인재들이 세브란스병원에 지원하게 되었고, 세브란스병원에서 교육받은 간호사들이 전국의 병원에서 활약하게 되었습니다. 한국 간호사들이 전문적으로 성장할 수 있도록 로렌스를 비롯한 간호선교사들은 조선간호부회를 창립하였고, 간호사의 권익 옹호와 자질 향상, 국제적인 연대를 위한 국제간호협의회(ICN, International Council of Nurses) 참여를 적극 주도하여 한국 간호사의 국내외적 역량 향상에 크게 기여하였습니다.

세브란스병원 간호국은 제이콥슨에 이어 로렌스 자료집을 출간하며 간호 선교사들의 숭고한 정신과 간호의 본질에 대해 생각해 보게 되었습니다. 그리고 사회의 변화와 발전에 적합한 간호를 실천하며 변화를 이끌어 가고 있는지 깊이 고민하게 되었습니다. 세브란스병원 간호국은 100여 년 전 시작된 간호 선교사들의 노력이 헛되지 않도록 "하나님의 사랑으로 인류를 질병으로부터 자유롭게 한다"는 사명을 실천하고, 간호 발전을 위한 리더가 될 수 있도록 성장해 나가겠습니다.

자료집 발간을 적극적으로 지지해 주신 윤동섭 연세의료원장님과 하종원 세브란스병원장님께 깊이 감사드리며, 간호 발전에 노력해 주시는 오의금 간호대학장님께도 감사드립니다. 이번 로렌스 자료집을 위해 자료 정리와 출간까지 도움주신 박형우 교수님과 책이 나오기까지 개인적인 시간까지 할애하며 도움을 주신 편집위원분들과 관심과 응원을 아끼지 않은 분들에게도 이 자리를 빌려 감사의 말씀 드립니다.

우리나라 간호 발전을 위해 헌신한 에드너 M. 로렌스를 기리며 이 자료집을 바칩니다.

2024년 1월

『에드너 M. 로렌스 자료집』

윤동섭
연세대학교 의무부총장 겸 의료원장

안녕하십니까? 연세대학교 의무부총장 겸 의료원장 윤동섭입니다.

광혜원·제중원 140년을 맞이하여 섬김과 헌신을 실천한 선교사들의 정신을 기억하며 세브란스병원 간호국에서 『에드너 M. 로렌스』 자료집을 출간한 것을 축하드립니다.

로렌스 선생님은 세브란스병원 제4대 간호원장 겸 산파간호부양성소 제2대 소장을 역임하며 일본의 규제와 압박에도 굴하지 않고 간호 교육 체계 정비, 대한간호협회의 전신인 조선간호부회 창립 등을 통하여 한국 간호의 발전을 위하여 헌신하셨습니다.

또한, 작성하신 보고자료들을 통해 당시 어렵고 힘든 상황 속에서도 환자에 대한 소명으로 애쓰는 간호사들에 대한 로렌스 선생님의 애정을 느낄 수 있었습니다.

연세의료원은 선교사들의 헌신과 기도가 근간이 되어 세계 의료의 패러다임을 제시하는 기관으로 성장하였기에, 이번 자료집의 출간이 더욱 의미 있고 가치 있게 다가옵니다.

연세의료원은 초기 선교사의 삶과 업적을 정리하여 에비슨 자료집을 지속적으로 출간하고 있으며, 그 과정이 매우 귀하고 값지나 힘든 과정임을 잘 알고 있습니다.

세브란스병원 간호국은 『안나 P. 제이콥슨』에 이어 두 번째로 『에드너 M. 로렌스』 자료집을 출간하는 과정에 많은 어려움이 있었을 것입니다.

수많은 자료를 정리하고 기꺼이 편역을 담당해 주신 박형우 교수님을 비롯하여 모든 과정을 이끌어 온 한수영 간호부원장님 및 편집위원들의 노고에 감사드립니다.

2024년 1월

『에드너 M. 로렌스 자료집』

하종원
세브란스병원장

세브란스병원과 한국의 간호 발전을 위하여 일생을 바친 에드너 M. 로렌스에 대한 자료집을 발간하게 된 것을 진심으로 축하드립니다.

세브란스병원은 140년 역사 속에서 the First & the Best의 면모를 보여 왔으며 그 결과 국가고객만족도(NCSI) 조사에서 13년 연속 병원 부문 1위, 3년 연속 전체 산업 부문 1위, JCI 평가를 비롯한 국내외 다양한 평가 인증을 통하여 그 가치를 드러내고 있습니다. 이는 세브란스병원을 세우신 하나님과 초창기 선교사들의 헌신과 기도가 근간이 되어 모든 구성원이 환자의 경험과 생명을 존중하며 자신의 영역에서 최선을 다함으로써 신뢰를 받는 기관으로 자리 잡은 결과입니다.

이번에 간호국에서 자료집으로 발간한 에드너 M. 로렌스는 약 1년간 적십자 간호로 프랑스에서 근무한 것을 제외하고는 간호선교사로서 일생의 대부분을 한국에서 기독 간호사의 양성과 간호 발전을 위하여 헌신하신 분으로, 일제강점기, 그리고 광복 후 한국전쟁 이후까지 시대적 격변 속에서 간호의 소명을 몸소 실천하셨습니다. 세브란스병원에 잘 교육받고 훈련된 간호사가 절대적으로 필요함을 인식하고, 간호사 양성을 위한 교육체계를 정비하고 엄격한 규율 속에서 간호사를 훈련하는 것에 온 힘을 기울이신 결과 간호사가 24시간 운영되는 병원의 가장 중추적인 역할을 담당하게 되었습니다. 그녀가 100여 년 전부터 청결을 강조하고, 침상에 누워있는 환자가 아니라 개별적인 대상임을 강조한 것은 환자 안전과 환자 경험을 강조하는 현대까지 이어져 세브란스병원의 중심 가치가 되었습니다.

일생의 대부분을 한국을 위해 바치신 로렌스를 기념하며 자료집을 발간한 한수영 간호부원장님을 비롯한 편집위원들의 노고에 다시 한 번 깊이 감사를 드립니다. 그분의 열정과 불굴의 의지가 깊이 새겨져, 세브란스병원 간호국이 더욱 발전할 것으로 기대합니다.
감사합니다.

2024년 1월

『에드너 M. 로렌스 자료집』

오의금
연세대학교 간호대학장

　E. H. Carr는 역사란 과거의 사건 중 가치가 있다고 판단되어 '선택'된 사건에 대해 '객관적' '평가'가 끊임없이 순환되는 '대화'로써, 대화의 주체는 사건이 이루어진 과거와 오늘, 나아가 서서히 등장할 '미래의 목적들'이라 하였습니다.

　세브란스병원의 간호 역사에서 매우 중요한 인물로 에드너 M. 로렌스를 선택하여 그녀의 역사적 가치를 객관적으로 평가 조명한 『에드너 M. 로렌스 자료집』의 발간을 매우 기쁘게 생각하며, 세브란스병원 간호국의 성과에 축하를 드립니다. 로렌스 간호 선교사는 1920년 한국에 파송된 정규 간호사로 세브란스병원과 세브란스 간호부양성소에서 30년 가까이 간호교육과 실무를 위하여 헌신하였습니다. 특히 세브란스병원 간호부양성소의 초대 소장을 지냈던 쉴즈 선교사와 당시 세브란스병원 간호원장이었던 로렌스 선교사는 다른 서양인 선교사들과 함께 1923년에 한국 간호사를 위한 최초의 간호단체인 조선간호부회를 창립하였으며, 1924년에는 조선총독부의 간호사 면허 인정을 받기 위하여 세브란스 간호부양성소를 세브란스 산파 간호부양성소로 인정받을 수 있도록 노력하였습니다.

　조선 말기 한국 간호를 조명한 『안나 P. 제이콥슨 자료집』에 이어 세 번째 역사 자료로 발간되는 『에드너 M. 로렌스 자료집』은 일제 시기의 간호를 담고 있습니다. 열악했던 시대적 상황과 환경하에서 '최초이자 최고'로서의 세브란스병원 간호의 진통과 성장의 과정은 21세기 한국을 넘어 세계적 간호를 향한 미래 세브란스병원의 간호 정신으로 확장되고 있습니다.

연세대학교 간호대학과 세브란스병원 간호국은 에드너 M. 로렌스의 정신을 본받아 전문적인 환자 간호를 위하여 지속적으로 협력을 할 것이며, 이를 통하여 간호 전문직의 시대적 소명을 위한 도전과 화합을 함께 이루어 갈 것입니다. 자료집 발간을 위해 수고하신 한수영 간호부원장님과 간호국 선생님들께 다시 한 번 감사와 축하를 드리며, 모든 분들께 하나님의 크신 은총이 가득하시길 기원합니다.

감사합니다.

2024년 1월

에드너 M. 로렌스는 1920년 미국 북장로교회로부터 한국 파송 간호 선교 사로 임명되어 주로 세브란스 병원을 중심으로 활동하였습니다.

스코틀랜드 출신인 에드너의 할아버지는 1872년 캐나다에서 이주하였고, 아버지는 에드너가 10살이 되었을 때 미국 캘리포니아로 이주하였기 때문에 에드너는 그곳에서 교육을 받고 간호부양성소를 졸업하여 정규 간호사가 되었 습니다. 에드너가 가졌던 독특한 이력은 1918년 초부터 1년 동안 적십자 간호 사로서 미 육군에 편입되어 1차 세계 대전에 참전하였던 일입니다. 이러한 경 험은 후에 간호부양성소의 소장으로서 학생들을 훈육하면서 어쩔 수 없이 벌 칙을 부과할 때 보였던 단호한 모습과 맥이 닿아 있다고 생각합니다.

1885년 4월 개원하였던 한국 최초의 서양식 병원 제중원(濟衆院)에서 간호 업무는 1895년 안나 P. 제이콥슨이 첫 간호 선교사로 내한하면서 체계를 갖추 기 시작하였습니다. 하지만 안타깝게도 제이콥슨이 1897년 이질에 걸려 소천 한 후, 에스터 L. 쉴즈가 그 뒤를 이었습니다. 쉴즈는 1906년 세브란스 간호부 양성소를 설립하여 한국인 간호 인력 양성에 온 힘을 다하였습니다. 그런데 1910년에 들어 6월 첫 졸업생의 배출을 앞둔 1월 쉴즈는 "병원 업무가 큰 중 압감을 주며, 그런 중압감이 없는 업무에 배정되기"를 희망하였습니다. 이에 따 라 헬렌 포사이드(Helen Forsyth)와 캐슬린 에스텝(Kathlyn Esteb)이 파송되었고, 1916년 간호부양성소가 연합으로 운영되면서 미국 남장로교회의 엘리저베스 J. 쉐핑(Elisabeth J. Shepping), 호주 장로교회의 거트루드 내피어(Gertrude Napier) 등이 파송되었으나 모두 단기간만 근무하였기에 간호 교육과 병원 간호는 안 정적으로 진행되지 않았습니다. 이러한 상황에서 1920년 로렌스가 한국으로 파송되었습니다.

편저자는 일제의 압박으로 1940년 말 여러 선교사들이 귀국할 때까지 로 렌스의 활동을 안식년을 기준으로 세 시기로 나누었습니다. 이 기간에는 로렌스를 중심으로 세브란스의 간호 교육과 병원 간호가 체계화되었습니다. 다시 말해 제이콥슨-쉴즈로 이어지는 세브란스 간호가 본궤도에 오르게 되었던 것입니다.

1920년부터 1926년까지의 선교 사역 1기에 로렌스는 우선 어학연수를 받았고, 1921년 5월부터 간호부 양성소 교수 및 병동 감독의 직책을 맡았습니다. 그녀는 실제 간호에서 청결을 강조하였으며, 실습 여건의 개선을 위하여 실습용 인형을 구비하였습니다. 그 결과 양성소는 1924년 9월 조선 총독부로부터 지정을 받아 1925년 3월 이후 졸업생부터 별도의 시험 없이 산파 및 간호부 면허를 취득할 수 있게 되었습니다. 또한 1923년 3월 조선 간호부회가 결성되었고, 세브란스병원 간호부회도 재조직되었습니다.

1927년부터 1934년까지의 선교 사역 2기에 로렌스는 양성소 소장의 업무에 전념하였습니다. 하지만 다른 외국인 간호사가 자리를 비울 때에는 간호원장의 업무도 맡을 수밖에 없었습니다. 그녀는 간호 교육에 의학전문학교 교수들도 적극 참여하도록 유도하였고 간호 위원회를 활성화시켰으며, 신입생들의 복장을 규정하고 기숙사 규정을 제정하였으며, 실습실 마련과 함께 '전문 환자'를 이용하여 간호 실습에 큰 도움을 주었습니다. 임상 실습에서는 병동 실습 기록지를 도입하였고 병동 지침을 만들어 병동의 기준 확립에도 노력하였습니다.

1935년부터 1940년까지의 선교 사역 3기에 로렌스는 병동에서 가르치는 일에 전념하여 분만실, 보육실, 격리 병동, 치과 병동 및 시료 병동을 담당하였습니다. 병동 교육에서 로렌스가 도입한 것은 증례 연구이었습니다. 이것은 환자를 단지 병상의 환자로 생각하지 않고 개별적인 간호가 필요한 환자로 보는 데 도움이 되도록 하기 위한 것이었습니다. 1937년에는 간호 윤리와 전염병 간호 교육을 담당하는 새로운 모험도 하였습니다. 이외에도 간호의 국제화에도 관심을 두었고, 1937년 영국 런던에서 개최된 국제 간호협의회에 한국인 간호사와 함께 참석하였습니다.

1940년 12월 말부터 세 번째 안식년을 갖게 된 로렌스는 1941년 12월 미국이 제2차 세계 대전에 참전하면서 한국으로 복귀하지 못하고 미국 국내의 의료 소외 지역과 중국인 아이들을 위한 시설에서 간호 활동을 하였습니다.

1945년 제2차 세계대전이 끝나고 선교지로의 조기 복귀를 결정한 미국 북장로교회 해외선교본부는 1946년 10월 1일 로렌스의 한국 파송을 결정하였고, 그녀는 1947년 4월 5일 인천에 도착하였습니다. 누구나 자신이 이전에 근무하였던 곳에 배정되는 것은 너무도 당연한 일이었지만, 당시 서울에 여자 선교사를 위한 숙소가 부족하여 로렌스는 대구 지부의 동산기독병원에서 근무하게 되었습니다. 이후 한국 전쟁 등을 거치면서 동산기독병원의 전후 복구와 간호 교육의 활성화를 위하여 노력하던 중 눈 수술을 받기 위하여 1955년 귀국하였다가 1957년 명예 은퇴를 함으로써 명예로운 간호 선교사 활동을 마감하였습니다. 그리고 1973년 4월, 79세로 캘리포니아 주의 요양원에서 소천하였습니다.

이상과 같이 로렌스는 자신의 생애 중 육체적으로나 정신적으로 가장 활발하였던 37년 동안 간호 선교사로서 한국의 간호 교육과 병원 간호의 체계화를 위하여 헌신하였습니다.

로렌스에 관련된 자료를 정리하면서 두 가지 아쉬운 점이 있었습니다. 첫째, 로렌스의 보고서나 편지에 담긴 내용이 구체적이지 않은 경우가 많았던 점입니다. 물론 일기와 같이 정확한 날짜 등을 기대할 수는 없겠지만 본인이 한 일이 생략되거나 모호하게 설명된 것이 많았습니다. 둘째, 수집된 자료가 너무 많았고, 1940년 12월 말부터 세 번째 안식년을 갖게 된 이후에는 세브란스와 관련이 없었기 때문에 부득이하게 1941년 초까지의 내용만 담게 되었습니다. 그럼에도 로렌스의 활동을 파악하는 데에는 부족함이 없을 것이라고 생각합니다.

마지막으로 이 자료집을 나오기까지 후원해 주신 한수영 간호부원장님, 그리고 많은 도움을 주신 편집위원들께 깊은 감사를 드립니다. 또한 어려운 여건에서도 이 책을 기꺼이 출판해 주신 도서출판 선인의 윤관백 대표와 직원들께도 감사드립니다.

2024년 1월
안산(鞍山) 자락에서
상우(尚友) 박형우(朴瀅雨) 씀

발 간 사 / 7
축   사 / 9
머 리 말 / 15

제1장 집안 배경

1-1. 제임스 로렌스 - 에드너 M. 로렌스의 할아버지

1-2. 발렌타인 로렌스 - 에드너 M. 로렌스의 아버지

제4장 선교사 지원과 임명

4-1. 선교사 지원

4-2. 선교사 임명 및 파송 준비

제5장 선교 사역 1기 (1920~1926년)

제6장 선교 사역 2기 (1927~1934년)

제7장 선교 사역 3기 (1935~1940년)

일제의 에드너 M. 로렌스 체포 사건

제8장 이후의 활동과 소천

Contents

Chapter 4. Application and Appointment as a Missionary

4-1. Application as a Missionary

Chapter 5 The First Term of Missionary Work (1920~1926)

Chapter 6 The Second Term of Missionary Work (1927~1934)

Chapter 7 The Third Term of Missionary Work (1935~1940)

Arrest of Edna M. Lawrence by Japan

Chapter 8 Activities after Return to U. S. A. and Passing Away

제1장
집안 배경
Familial Background

로렌스 집안은 18세기 초 스코틀랜드의 앙구스(Angus)에 거주하였던 로버트(Robert Lawrence, ?~1718. 1. 2)까지 추적할 수 있다. 그의 후손들은 앙구스에 계속 살았지만, 4대손(代孫)인 제임스 [시니어](James Lawrence Sr., 1793~1848. 2. 26) 대에 이르러 아들 5명 중 3명이 1859년경 영국의 식민지인 남아프리카로 이주하였다. 에드너의 할아버지인 제임스 [주니어](James Lawrence Jr., 1829. 2. 2~1914. 10. 30)는 다시 앙구스로 돌아갔다가, 1872년 캐나다로 이주하였다.

제임스의 아이들은 앙구스, 남아프리카, 캐나다 매니토바 등 출생지가 다양하다. 에드너의 아버지인 발렌타인(Valentine Lawrence, 1856. 12. 26~1936. 2. 1)은 제임스의 큰 아들로 글래스고에서 태어났고, 부모를 따라 남아프리카로 이주하였다가 귀국한 후 다시 캐나다로 이주하였다. 1903년 4월 미국 캘리포니아 주로 이주한 발렌타인을 제외한 제임스의 자녀들은 모두 캐나다에서 살았다.

The Lawrence family can be traced back to Robert Lawrence(?~January 2, 1718), who lived in Angus, Scotland in the early 18th century. His descendants continued to live in Angus. But in his fourth-generation descendant, James Lawrence(1793~February 26, 1848), three of his five sons immigrated to South Africa, a British colony, around 1859. Edna's grandfather, James Lawrence (February 2, 1829~October 30, 1914), returned to Angus and immigrated to Canada in 1872.

James' children were born in various places, including Angus, South Africa, and Manitoba, Canada. Edna's father, Valentine Lawrence(December 26, 1856 ~February 1, 1936), was James's eldest son and was born in Glasgow. He immigrated to South Africa with his parents, returned to Scotland, and then immigrated to Canada. All of James' children lived in Canada, except Valentine, who immigrated again to California, U. S. A. in April 1903.

로버트 로렌스

로버트(Robert Lawrence, ?~1718. 1. 2)의 출생과 배우자는 알려져 있지 않으며, 스코틀랜드 앙구스(Angus)의 로기 퍼트(Logie Pert)에서 사망하였다.

존(1695?~1787?)

존 로렌스

존(John Lawrence, 1695?~1787?)은 1715년 11월 쉐리프뮤어(Sheriffmuir) 전투에 참전하였고, 그 보상으로 앙구스 에드젤(Edzell) 근처의 틸리토그힐(Tilly-toghills) 농장을 받았다. 존은 매거릿 윌키(Margaret Wilkie, ?~1729. 12)와의 사이에 3남 1녀를 두었다. 앙구스의 브레친(Brechin) 성당 부속 묘지에 묻혔다.

로버트(1722. 6~?1794)
제임스(1724~1804)
존(1726~1799)
캐스렌(Kathren Lawrence, 1728~?)

로버트 로렌스

로버트(Robert Lawrence, 1722. 6~1794?)는 틸리토그힐에서 태어났으며, 1754년 5월 자넷 브라운(Janet Brown, 1737. 10. 2~?)과 결혼하여 4남 2녀를 두었다.

윌리엄(1756~1794. 2. 9)
엘리자베스(1757. 4~1780. 2. 6)
로버트(1759. 6. 15~?)
크리스천(1761. 1. 12~?)
존(1762. 12. 10~?)
제임스(1764~?)

존 로렌스

존(John Lawrence, 1762. 12 10~?)은 앙구스의 행정 중심지인 포퍼셔(Forfarshire)에서 태어났으며, 제작자이었다. 1787년 8월 이사벨 왓슨(Isabel Watson, 1760~1844. 2. 9)과 결혼하여 2남을 두었다.

알렉산더(1788. 7. 6~1875. 10. 31)
제임스(1793~1848)

제임스 로렌스 [시니어]

제임스 [시니어](James Lawrence Sr., 1793~1848. 2. 26)는 제작자, 직공(織工), 포도주 상인 등으로 활동하였다. 1818년 5월 2일 브레친에서 앤 발렌타인(Anne Valentine, 1793~1853. 4. 29)과 결혼하여 5남 5녀를 두었다. 브레친에서 사망하였다.

이사벨(1818. 10. 26~1907) - 스코틀랜드 라낙셔에서 사망함
알렉산더(1820. 7. 10~1871. 2. 5) - 남아프리카 공화국의 이스턴 케이프에
    서 사망함
앤(1822. 4. 30~1891. 6. 5) - 브레친에서 사망함
메리(1825~1900. 11. 11) - 앙구스의 던디에서 사망함
콜린 깁(Colin Gibb Lawrence, 1827. 1. 9~1903. 5. 19) - 스코틀랜드의 솔트
    코츠(Saltcoats)에서 사망함
제임스[주니어](1829. 2. 2~1914. 10. 30) - 캐나다 매니토바 주 위니펙에서
    사망함
엘리저(?1832~1909) - 앙구스 브레친에서 사망함
존(?1834~1909. 3. 8) - 글래스고에서 사망함
윌리엄(1837~1905. 4. 1) - 남아프리카 공화국의 노던 케이프에서 사망함.
크리스티나 깁(Christina Gibb Lawrence, ?1840~1907. 7. 16) - 앙구스에서 사
    망함

1-1. 제임스 로렌스 주니어 - 에드너 M. 로렌스의 할아버지
James Lawrence - Grandfather of Edna M. Lawrence

제임스[주니어](James Lawrence Jr., 1829. 2. 2~1914. 10. 30)는 스코틀랜드 앙구스의 브레친에서 태어났으며, 2월 8일 유아 세례를 받았다. 그는 1853년 고향의 청년 상호향상회(Young Men's Mutual Improvement Society)에 가입하여 총무로 활동하였다. 이 모임의 목적은 영국 산업화 시기에 있었던 노동계급 특유의 교육 활동이었다.

재봉사로 활동하던 1855년 10월 12일 스터링셔의 라베르트에서 그곳 출생의 매거릿 라일(Margaret Lyle, 1832. 12. 6~1910. 11. 14)과 결혼하여 6남 3녀를 둔 것으로 알려져 있다. 글래스고에서 아들 발렌타인과 라일을 낳고 1859년 5월 30일 사우샘프턴을 떠나 7월 26일 남아프리카 공화국의 케이프타운에 도착하였다. 케이프타운에서는 사진사로 활동하였으며, 그곳에서 아들 윌리엄과 제임스를 낳았다.

1866~67년경 귀국하여 글래스고에서 사진사로 활동하였다. 글래스고에서 애너벨라와 매기 등 두 딸을 낳은 제임스는 가족을 데리고 글래스코 항을 떠나 1873년 6월 12일 캐나다 퀘벡에 도착한 후, 온타리오 주에 거주하며 딸 넬리와 아들 존을, 1870년대 말 매니토바에 정착하여 막내아들인 에드워드를 낳았다.

매니토바 주 셀커크의 킬도넌에 거주하던 1881년 당시 그의 직업은 평신도 선교사이었고, 1891년에는 자유 교회의 목회자이었으며, 1901년에는 장로교회 소속의 목회자이었다. 제임스 부부는 릴리필드 묘지(Lily-field Cemetery)에 묻혔다.

발렌타인(1856. 12. 26~1936. 2. 1) - 글래스고에서 태어남

라일(Lyle Lawrence, 1859. 5. 12~1935. 12. 22) - 스털링셔 라버트에서 태어났으며, 1873년 6월 12일 캐나다로 이주한 후 매니토바에서 농사일을 하였다. 영국에서 출생한 에밀리 메리 오트웨이(Emily

그림 1. 릴리필드 묘지에 있는 제임스 부부의 묘비석.

Mary Oatway, 1873. 9, 11~1971. 1. 16)와 1908년 결혼하였다. 릴리필드 묘지에 묻혔다.

윌리엄 맥래(William McRae Lawrence, 1861. 8. 22~1936. 2. 20) - 남아프리카의 희망봉에서 태어났으며, 캐나다로 이주한 후 매니토바에서 농사일을 하였다. 온타리오 주에서 출생한 캐리 그랜트(Carey Grant, 1870~?)와 1889년 10월 결혼하였다. 결혼 후 브리티시 컬럼비아 주에 정착하였으며, 밴쿠버에서 사망하였다.

제임스(James Lawrence, 1864. 1. 28~1919. 5. 2) - 남아프리카의 희망봉에서 태어났으며, 캐나다로 이주한 후 매니토바에서 농사일을 하였다. 온타리오 주에서 출생한 에이더 토틀(Ada Tottle, 1868. 10. 12~1945. 11. 12)과 1886년 10월 결혼하였다. 1890년대 말 브리티시 컬럼비아 주로 이주하였다가 1910년대 중반 앨버타 주로 이주하였으며 1919년 5월 캘거리에서 사망하였다.

애너벨라(Annabella Lawrence, 1868. 12. 23~1929. 5. 20) - 래넉셔 글래스고의 밀튼에서 태어났으며, 캐나다로 이주한 후 매니토바에서 살았다. 온타리오 주에서 출생하여 농사일을 하고 있던 월터 A. 맥윌리엄스(Walter A. McWillimams, 1862. 1. 5~1916. 2. 14)와 1880년대 말 결혼하였다. 1919년 위니펙으로 이주하였고 그곳에서 사망하였다.

매기(Maggie Lawrence, 1871. 8. 28~1960. 10. 13) - 글래스고에서 출생하였으며, 캐나다로 이주한 후 매니토바에서 살았고, 온타리오 주에서 출생한 조셉 매거 케어(Joseph Mcgaw Keir, 1869. 1. 28~1950. 11. 28)와 1897년 5월 결혼하였다. 1930년대에 밴쿠버로 이주하였고 그곳에서 사망하였다.

넬리(Nellie Lawrence, 1874. 1. 13~1934. 6. 8) - 온타리오 주의 세인트 토머스에서 출생하였다. 독신이었으며, 매니토바 주 플랩(Plap)에서 사망하였다.

존 태스커(John Tasker Lawrence, 1877. 3. 15~?1958) - 온타리오 주 미들식스에서 태어났으며, 러시아에서 출생한 레나 글래드코프(Lena Gladcov, 1900?~1962)와 결혼하여 매니토바 주에서 살다가 릴리필드에서 사망하였다.

에드워드 알렉산더(Edward Alexander Lawrence, 1880. 8. 28~1948. 12. 11) - 매니토바 주의 락우드에서 태어났으며, 농사일을 하였다. 온타리오 주 브루스 카운티에서 출생한 메리 자넷 콩쿼굳(Mary Janet Conquergood, 1884. 1. 13~1961. 11. 1)과 1915년 12월 결혼하였다. 릴리필드에서 사망하였다.

1-2. 발렌타인 로렌스 - 에드너 M. 로렌스의 아버지
Valentine Lawrence - Father of Edna M. Lawrence

발렌타인 로렌스(Valentine Lawrence, 1856. 12. 26~1936. 2. 1)는 스코틀랜드 글래스고의 밀턴(Milton)에서 제임스와 마가렛의 장남으로 태어났으며, 출생 다음 날 세인트 자유 교회에서 세례를 받았다.

1860년대 전반부에 남아프리카의 희망봉에서 살았으며, 다시 래넉셔의 글래스고 배로니(Barony)로 돌아온 후, 글래스고에서 세인트 패트릭 호를 타고 떠나 1873년 6월 12일 퀘벡에 도착하였다.

그림 2. 발렌타인과 앤 로렌스.

캐나다로 이주한 후 처음 몇 년 동안은 온타리오 주에 살았지만 1870년대 후반 매니토바 주 셀커크(Selkirk)로 이주하여 농사일을 하였다. 그는 온타리오 주에서 출생한 앤 비버리지(Anne Beveridge, 1862. 3. 7~1919. 11. 15)와 1885년 2월 6일 결혼하였다. 발렌타인과 앤은 6명의 딸을 낳았는데, 에드너는 5번째 딸이었다.

가족과 함께 1903년 4월 앨버타 주의 세인트 빈센트를 떠나 미국 캘리포니아 주로 이주하여 목장 감독으로 일하였다. 이글 락(Eagle Rock)에서 3년 동안 살다가 샌버너디노의 온타리오로 이주하였다. 1919년 11월 아내 앤이 사망하였다. 1920년 에드너가 미국 북장로교회의 한국 선교사로 파송된 후, 1923년

그림 3. 발렌타인 로렌스와 6명의 딸들(1927년경). 왼쪽부터 3녀 에미, 장녀 이디스, 4녀 메이블, 발렌타인, 6녀 도로시, 2녀 미니, 5녀 에드너.

9월 세브란스에서 활동 중인 에드너를 만나기 위하여 한국을 방문하였다. 그는 1923년 10월 타이오 마루를 타고 호놀룰루를 거쳐 귀국하였다.

1924년경 메이블이 마한과 결혼한 이후 발렌타인은 그들 부부와 함께 샌타바버라에서 살았다. 그는 마데라(Madera)에서 사망하였다.

이디스 마가렛(Edith Margaret Lawrence, 1886. 4. 21~1970. 9. 25) - 매니토바 주의 세인트 폴에서 출생하였다. 1906년 10월 9일 로스앤젤레스에서 북아일랜드 출신의 대니얼 맥뮬런(Daniel McMullan, 1878. 4. 3~1958. 7. 17)과 결혼하여 대니얼 로렌스 맥뮬런(Daniel Lawrence McMullan, 1907. 7. 7~1992. 4. 9)과 마거릿 J. 맥뮬런(Margaret J. McMullan, 1914~?)을 두었다.
1910년대 중반까지 매니토바 주에, 1921년 당시에는 브리티시 컬럼비아 주에 살았다. 브리티시 컬럼비아 주의 코트니(Courtenay)에서 사망하였다.

미니 앤(Minnie Ann Lawrence, 1888. 9. 24~1971. 11. 23) - 매니토바 주의 아시니보이아에서 출생하였다. 1920년 총조사 당시 직업이 간호사였는데, 언제 어느 곳에서 교육을 받았는지는 확실하지 않다.
1922년 8월 27일 스코틀랜드 출신인 도널드 캠블(Donald Campbell, 1887. 2. 7~1967. 10. 29)과 결혼하여 도널드 L. 캠블(Donald L. Campbell, 1923. 10. 20~2008. 12.19), 도로시 앤 캠블(Dorothy Ann Campbell, 1929. 5. 12~2020. 5. 20)을 두었다. 1930년 샌타바버라에 거주할 당시 친정아버지 발렌타인이 함께 살고 있었다. 이후 캘리포니아 주의 마데라로 이주하였으며, 1936년 이곳에서 발렌타인이 사망하였다. 미니도 그곳에서 사망하였다.

에미 이자벨라(Amy Isabella Lawrence, 1890. 6. 1~1951. 10. 27) - 매니토바 주에서 출생하였다. 1910년대 중반 미시건 주 출신의 에드워드 허먼 맥(Edward Herman Mack, 1885. 1. 11~1971. 8. 15)과 결혼하여 안나 폴린 맥(Anna Pauline Mack, 1918. 11. 23 ~1999. 11. 24), 에미 마리 맥(Amy Marie Mack, 1920. 12. 8~1920. 12. 9), 메리 E.

그림 4. 에드워드 허먼 맥.

맥(Mary E. Mack, 1922. 9. 8~1996. 3. 9)을 낳았다. 미시건 주 오크 카운티 밀포드에서 사망하였다.

메이블 엘리저(Mabel Eliza Lawrence, 1892. 11. 21~1982. 3. 25) - 매니토바 주의 아시니보이아에서 출생하였다. 1924년경 은행원인 조지 M. 마한(George M. Mahan, 1894. 12. 1~1980. 5. 17)과 결혼하여 비비안 루이스 마한(Vivian Louise Mahan, 1927. 20. 20~1990. 12. 18)을 낳았다. 메이블은 샌버너디노의 온타리오에서 사망하였다.

에드너 메이(Edna May Lawrence, 1894. 3. 27~1973. 4. 4)

도로시 릴리언(Dorothy Lilian Lawrence, 1899. 12. 9~1938. 8. 23) - 매니토바 주의 로저(Rosser)에서 출생하였다. 1923년 6월, 로스앤젤레스 주 벤투라에서 아이오와 주 출신의 레이 D. 울레이(Ray D. Ulrey, 1897. 7. 17~1973. 4. 9)와 결혼하였다. 도로시는 1930년 당시 공립학교의 교사이었다. 아이다호 주 오위히 카운티의 데 라마(De Lamar, Owyhee)에서 사망하였다.

그림 5. 도로시 릴리언 로렌스

1891년 캐나다 인구 주택 총조사
(발렌타인 로렌스, 1891년 4월 29일)[1]

1891년 거주지 : 매니토바 주 리스가 아시니보이아

나 이	: 34세	출생연도	: 1857년경
출생지	: 스코틀랜드	세대주와의 관계	: 본인
종 교	: 자유교회	직 업	: 농부
프랑스계 캐나다인	: 아님		
아버지의 출생지	: 스코틀랜드	어머니의 출생지	: 스코틀랜드

세대원

이 름	나이	에드너와의 관계	종 교
앤 로렌스	28	어머니	자유 교회
E. M. 로렌스	5	언니	자유 교회
M. A. 로렌스	2	언니	자유 교회
A. J. 로렌스	10/12	언니	자유 교회

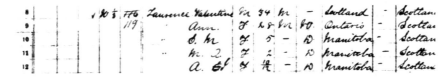

그림 6. *1891 Census of Canada.* Valentine Lawrence, Apr. 29th, 1891.

---

1) 1891년의 캐나다 인구 조사는 온타리오를 포함한 7개 지역과 북서 속령에서 4월 6일 실시되었다. 당시 조사 양식에는 세대 번호, 각 구성원의 이름, 세대주와의 관계, 성별, 나이, 결혼, 출생지, 프랑스계의 여부, 부친의 출생지, 모친의 출생지, 종교, 직업, 고용주, 돈 버는 사람, 인구 조사 전 주 동안 비고용 상태인지의 여부, 고용주인 경우 연간 고용인의 수, 읽고 쓸 수 있는지의 여부, 벙어리, 귀머거리 혹은 정신 이상 여부 등이 포함되었다.

1891 Census of Canada (Valentine Lawrence, Apr. 29th, 1891)

Home in 1891 : Assiniboia, Lisgar, Manitoba

Age	: 34	**Birth Year**	: abt. 1857
Birth Place	: Scotland	**Relation to Head of House**	: Head
Religion	: Free Church	**Occupation**	: Farmer
French Canadian	: No		
Father's Birth Place	: Scotland	**Mother's Birth Place**	: Scotland

Household Members

Name	Age	Relation to Edna	Religion
Ann Lawrence	28	Wife	Free Church
E. M. Lawrence	5	Sister	Free Church
M. A. Lawrence	2	Sister	Free Church
A. J. Lawrence	10/12	Sister	Free Church

1901년 캐나다 인구 주택 총조사
(발렌타인 로렌스, 1901년 4월 20일)

나 이	: 44	출생지	: 스코틀랜드
출생일	: 1856년 12월 26일	가장과의 관계	: 본인
이민 연도	: 1872년	종 교	: 장로교회
직 업	: 농부	주(州)	: 매니토바
지 구	: 셀커크	지구 번호	: 11
소지구	: 로저	소지구 번호	: 4

세대원

이 름	나이	에드너와의 관계	학 교
앤 로렌스	38	어머니	
이디스 M. 로렌스	14	언니	학교에 다님
미니 A. 로렌스	12	언니	학교에 다님
애미 J. 로렌스	10	언니	학교에 다님
메이블 E. 로렌스	8	언니	학교에 다님
에드너 M. 로렌스	7		
도로시 L. 로렌스	1	동생	

1901 Census of Canada (Valentine Lawrence, Apr. 20th, 1901)

Age	: 44	**Birth Place**	: Scotland
Birth Date	: Dec. 26, 1856	**Relation to Head of House**: Head	
Year of Immigration	: 1872	**Religion**	: Presbyterian
Occupation	: Farmer	**Province**	: Manitoba
District	: Selkirk	**District Number**	: 11
Subdistrict	: Rosser	**Subdistrict Number**	: 4

Household Members

Name	Age	Relation to Edna	School
Ann Lawrence	38	Mother	
Edith M. Lawrence	14	Sister	Yes
Minnie A. Lawrence	12	Sister	Yes
Amy J. Lawrence	10	Sister	Yes
Mabel E. Lawrence	8	Sister	Yes
Edna M. Lawrence	7		
Dorothy L. Lawrence	1	Sister	

1910년 미국 연방 인구 주택 총조사
(발렌타인 로렌스, 1910년 5월 17일)[2]

1910년 거주지: 캘리포니아 주 샌버너디노 온타리오 노스 유클리드 애버뉴

나이	: 53세	출생지	: 스코틀랜드
이민 연도	: 1903년	배우자 이름	: 앤 로렌스
부친 출생지	: 스코틀랜드	모친 출생지	: 스코틀랜드
직업	: 농부	기업	: 자신의 농장
주택 소유 혹은 임대	: 소유		

세대원

이 름	나이	에드너와의 관계	직 업
앤 로렌스	47	어머니	
미니 A. 로렌스	21	언니	속기사
메이블 E. 로렌스	17	언니	없음
에드너 M. 로렌스	16		없음
도로시 L. 로렌스	10	동생	없음
에버니저 비버리지	39	외삼촌	없음

---

2) 미국의 1910년 인구주택총조사는 50개 주를 대상으로 한 제13차 조사이었으며, 4월 15일을 기준으로 하였다. 이 조사에서는 주소, 그 세대에 살고 있는 사람들의 이름과 세대주와의 관계, 성별, 피부색, 만 나이, 결혼 여부, 결혼 햇수, 어머니에서 태어난 아이의 수, 살아 있는 아이의 수, 각 사람 및 부모의 출생지, 외국 태생의 경우 이민 온 해, 미국에서의 체류 햇수, 외국 태생인 사람의 시민권 여부, 영어 회화 가능 여부 혹은 사용하는 언어, 직업, 일하는 곳, 고용주, 피고용인 혹은 자영업의 여부, 피고용인의 경우 4월 15일 현재 실직 상태인지의 여부, 1909년 중 실직 상태로 있었던 기간, 교육 정도(독해 및 작문 여부), 1909년 9월 1일 이후 학교를 다녔는지 여부, 주택 소유 여부, 집의 저당 여부, 집이 농장에 있는가의 여부, 군대 관련 사항, 신체의 장애 등이 포함되었다.

1910 United States Federal Census
(Valentine Lawrence, May 17th, 1910)

Home in 1910 : North Euclid Ave., Ontatio, San Bernadino, California

Age	: 53	**Birth Place**	: Scotland
Year of Immigration	: 1903	**Name of Spouse**	: Anne Lawrence
Father's Birth Place	: Scotland	**Mother's Birth Place**	: Scotland
Occupation	: Farmer	**Industry**	: Own Farm
House Own or Rented: Own			

Household Members

Name	Age	Relation to Edna	Occupation
Anne Lawrence	47	Mother	
Minnie A. Lawrence	21	Sister	Stenographer
Mabel E. Lawrence	17	Sister	No
Edna M. Lawrence	16		No
Dorothy L. Lawrence	10	Sister	No
Ebernezer Beveridge	39	Uncle	No

1920년 미국 연방 인구 주택 총조사
(발렌타인 로렌스, 1920년 1월 27일)

1920년 거주지 : 캘리포니아 주 샌버너디노 카운티 온타리오 타운쉽

나이	: 59세	출생지	: 스코틀랜드
이민 연도	: 1902년	귀화 연도	: 1915년
결혼 상태	: 홀아비		
부친 출생지	: 스코틀랜드	모친 출생지	: 스코틀랜드
직업	: 농부	회사	: 과일 농장
취업 분야	: 사업주	주택 소유	: 소유

세대원

이 름	나이	에드너와의 관계	
미니 A. 로렌스	31	언니	
이민 연도	: 1903년	귀화 연도	: 1917년
직업	: 간호사	회사	: 병원
메이블 E. 로렌스	27	언니	
이민 연도	: 1903년	귀화 연도	: 1919년
직업	: 회계 업무	회사	: 은행
도로시 L. 로렌스	20	동생	
이민 연도	: 1903년	귀화 연도	: 1915년
직업	: 사무원	회사	: 전기회사

1920 United States Federal Census
(Valentine Lawrence, Jan. 27th, 1920)

Home in 1920 : Ontario Township, San Bernadino County, California

Age	: 59	**Birth Place**	: Scotland
Year of Immigration	: 1902	**Year Naturalized**	: 1915
Marital Status	: Widowed		
Father's Birth Place	: Scotland	**Mother's Birth Place**	: Scotland
Occupation	: Farmer	**Industr**	: Fruit Farm
Employment Field	: Employer	**Home Owned or Rented**	: Owned

Household Members

Name	Age	Relation to Edna	
Minnie A. Lawrence	31	Sister	
Year Immigrated : 1903		Year Naturalized : 1917	
Occupation : Nurse		Industry : Hospital	
Mabel E. Lawrence	27	Sister	No
Year Immigrated : 1903		Year Naturalized : 1919	
Occupation : Book Keeper		Industry : Bank	
Dorothy L. Lawrence	20	Sister	No
Year Immigrated : 1903		Year Naturalized : 1915	
Occupation : Office Help		Industry : Electric Co.	

미합중국 하와이 호놀룰루, 도착 및 출발 승객 및 승무원 명단, 1900~1959년 (발렌타인 로렌스, 1923년 10월 27일)

증기선 타이오 마루[大洋丸]

이 름	발렌타인 로렌스	출발 당시 나이	66세
출발일	1923년 10월 3일	출발 장소	필리핀 마닐라
도착일	1923년 10월 27일	도착 장소	하와이 호놀룰루

귀화한 경우, 귀화 서류를 발행한 법원의 이름과 위치, 그리고 발급일을 적으시오. 캘리포니아 주 샌버노디노 지방 법원, 1915년 8월 13일

Honolulu, Hawaii, U. S., Arriving and Departing Passenger and Crew Lists, 1900~1959 (Valentine Lawrence, Oct. 27th, 1923)

S. S. Taiyo Maru

Name	Valentine Lawrence	**Departure Age**	66
Departure Date	Oct. 3, 1923	**Departure Place**	Manina, Philippines
Arrival Date	Oct. 27, 1923	**Arrival Place**	Honolulu, Hawaii

If Naturalized, Give Name and Location of Court which Issued Naturalization Papers and Date of Papers County Court San Bernardino, Ca., August 13th, 1915

타이오 마루[大洋丸](Taiyo Maru)

　　타이오 마루[大洋丸]는 원래 1911년 독일 함브르크에서 건조된 대서양 횡단 정기선으로 1,300명 정도의 승객을 태우고 유럽과 남아메리카 사이를 운항하였다.

　　제1차 세계대전에서 독일이 패망한 후 이 배는 연합국으로 넘겨졌고, 1920년 일본에 양도되면서 타이오 마루라는 이름이 붙여졌다. 당시 배는 길이가 180미터, 들보가 19.8미터, 톤수는 14,458톤, 속도는 14노트이었으며, 855명의 승객을 태웠다. 1926년까지 일본 정부가 소유하다가 일본 우선(郵船) 회사의 소유가 되었다. 2차 세계 대전 중에 어뢰를 맞고 침몰하였다.

그림 7. 타이오 마루[大洋丸].

발렌타인 로렌스, 79세, 온타리오에서 사망하다.
The San Bernardino County Sun (캘리포니아 주 샌버너디노)
(1936년 2월 2일), 14쪽

발렌타인 로렌스, 79세, 온타리오에서 사망하다
(특파원 보도)

온타리오, 2월 1일. - 온타리오의 조지 마한 부인과 한국 선교사로 널리 알려진 에드너 로렌스 양의 아버지인 발렌타인 로렌스가 폐렴과 심장병으로 인한 짧은 투병 끝에 오늘 오전 샌 안토니오 지역 병원에서 사망하였다. 그의 나이 79세이었다.

스코틀랜드 출신인 로렌스 씨는 32년 전 초기 정착민이었던 캐나다 위니펙에서 캘리포니아로 이주하였다. 그는 이글 락(Eagle Rock)에서 3년 동안 살았지만 지난 29년 동안은 온타리오에서 거주하였다. 1919년 11월 로렌스 부인이 사망한 이후, 그는 4가 이스트 649에서 마한 부부와 함께 살았다.

마한 부인, 그리고 1년 동안 안식년을 보낸 후 최근 한국 서울로 떠난 로렌스 양 이외에, 로렌스 씨의 유족으로는 로스앤젤레스의 레이 울레이 부인, 마데라의 도널드 캠블 부인, 미시건 주 멜포드의 E. H. 맥 부인, 브리티시 컬럼비아 주 새먼 암의 댄 맥뮬런 부인 등 4명의 딸이 있다.

J. B. 드레이퍼 앤드 컴퍼니가 준비하는 장례는 불완전한 상황이다.

Valentine Lawrence, 79, Dies in Ontario. *The San Bernardino County Sun* (San Bernardino, Ca.) (Feb. 2nd, 1936), p. 14

Valentine Lawrence, 79, Dies in Ontario
(Special Staff Correspondence)

Ontario, Feb. 1. - Valentine Lawrence, father of Mrs. George Mahan of Ontario and of Miss Edna Lawrence, widely known missionary to Korea, died early today at San Antonio Community hospital, following a brief illness with pneumonia and heart trouble. He was 79 years of age.

A native of Scotland, Mr. Lawrence came to California from Winnipeg, Canada, where he had been an early settler, 32 years ago. He lived for three years in Eagle Rock, but for the last 29 years had resided in Ontario. Since the death of Mrs. Lawrence in November, 1919, he had made his home with Mr. and Mrs. Mahan, 649 West Fourth street.

Besides Mrs. Mahan and Miss Lawrence, the latter having left but recently for Seoul, Korea, following a year's furlough here, Mr. Lawrence is survived by four other daughters, Mrs. Ray Ulrey, Los Angeles; Mrs. Donald Campbell, Madera; Mrs. E. H. Mack, Melford, Michl, and Mrs. Dan McMullan, Salmon Arm, B. C.

Funeral arrangements, in charge or J. B. Draper & Co., are incomplete.

1-3. 어머니. 비버리지 집안
Mother, Beveridge Family

애덤 비버리지

애덤(Adam Beveridge, 1756~1841년 이후)은 스코틀랜드의 크레이그헤드(Craig-head)에서 출생하였으며, 1783년 4월 이자벨 켈티(Isabel Keltie, 1762~1841년 이후)와 결혼하여 6남 3녀를 낳았다.

토머스(Thomas Beveridge, 1784~1869)
존(John Beveridge, 1784~1856?. 7. 10) - 뉴사우스 웨일즈 시드니에서 사망함
이자벨(Isabel Beveridge, 1788. 8. 17~1867. 2) - 어퍼 크레이그헤드에서 출
    생하였으며, 린리트고우셔(Linlithgowshire)에서 사망하였다.
마거릿(Margaret Beveridge, 1790. 6. 3~?)
재넛(Janet Beveridge, 1792. 6. 26~?)
애덤(Adam Beveridge, 1794. 10. 31~?)
앤드류(Andrew Beveridge, 1797. 7. 11~?)
데이비드(David Beveridge, 1799. 10. 25~?)
제임스(James Beveridge, 1801. 5. 23~?)

토머스 비버리지 [시니어]

토머스 [시니어](Thomas Beveridge Sr., 1784~1869. 6. 9)는 킨로스셔의 포소웨이(Fossoway, Kinross-shire)에서 태어났으며, 1922년 12월 9일 이자벨 그레이그(Isabel Greig, 1899~?)와 결혼하여 3남 4녀를 낳았다.

앤(Ann Beveridge, 1822. 9. 24~?)
제임스(James Beveridge, 1824. 2. 16~?)
이자벨(Isabel Beveridge, 1826. 3. 28~?)
토머스 주니어(Thomas Beveridge Jr., 1826. 3. 28~1895. 5. 24)
에버니저(Ebernezer Beveridge, 1828. 10. 26~?)

마거릿(Margaret Beveridge, 1840. 5. 15~?)
재닛(Janet Beveridge, 1842. 1. 4~?)

토머스 비버리지 주니어 - 에드너의 외할아버지

토머스 주니어(Thomas Beveridge Jr., 1826. 3. 28~1895. 5. 24)는 킨로스셔의 크레이그헤드에서 출생하였다. 스코틀랜드 아가일셔의 킬파이넌(Kilfinan, Argyll-shire)에서 출생한 마거릿 케네디 맥리쉬(Margaret Kennedy McLeish, 1838. 1. 30 ~1918. 2. 27)와 1861년 12월 12일 캐나다 온타리오 주의 미들식스에서 결혼하여 4남 6녀를 낳았다.

그림 8. 에드너의 외할아버지 토머스 주니어와 외할머니 마거릿.

앤(Ann Beveridge, 1862. 11. 7~1919. 11. 15) - 에드너의 어머니
이자벨라(Isabella Beveridge, 1864~1944. 5. 3) - 브리티시 컬럼비아 주 밴쿠
    버에서 사망하였다.
토머스(Thomas Beveridge, 1865. 8. 20~1932. 11. 30) - 1892년 6월 1일 매니
    토바 주 포프러 사이트(Poplar Site)에서 레티셔 프리차드 커닝험(Letitia
    Pritchard Cunningham, 1869. 9. 6~1940. 12. 6)과 결혼하였다. 매니토바
    주 위니펙에서 사망하였다.

엘리저 라몬트(Eliza Lamont Beveridge, 1867. 9. 11~1940. 4. 14)

대니얼(Daniel Beveridge, 1859. 6. 16~1958. 2. 18) - 1900년대 초 엘레노어 수잰너 쿠일(Eleanor Susanna Cooil, 1874~1942)과 결혼하였다. 서스캐처원 주 메이플 크릭에서 사망하였다.

에버니저(Ebenezer Beveridge, 1871. 5. 14~1947. 4. 6) - 1910년대 초 헨리에타 모드 포드(Henrietta Maud Ford, 1890~1941)와 결혼하였다. 브리티시 컬럼비아 주 밴쿠버에서 사망하였다.

마거릿(Margaret 'Peggy' Beveridge, 1874. 2. 25~1951. 4. 21)

벤저민 그리그(Benjamin Grieg Beveridge, 1875. 11. 20~1961. 4. 9) - 1910년 11월 1일 루이저 앨리스 레비스(Louisa Alice Levis, 1885. 11. 10~1937. 10. 29)와 결혼하였으며, 앨버타 주 캘거리에서 사망하였다.

제인(Jane Beveridge, 1879. 1. 24~1948. 12. 28)

재닛(Janette Beveridge, 1880. 12~1976. 4. 7) - 매니토바 주 위니펙에서 출생하였다. 1906년 10월 3일 프레더릭 윌리엄 해드윈(Frederick William Hadwin, 1880. 2. 19~1967. 3. 6)과 결혼하였다. 브리티시 컬럼비아 주 밴쿠버에서 사망하였다.

제2장
교육 배경
Educational Background

에드너 M. 로렌스의 초등 교육에 대해서는 알려져 있지 않다. 1906년 캘리포니아 주 온타리오에 정착한 후 채핀 유니안 고등학교에 입학하였다. 1914년 고등학교를 졸업하고 1914년 포모나 밸리 병원 간호부양성소에 입학한 로렌스는 1918년 1월 졸업하였다. 졸업 전인 1917년 8월 주 간호사 면허 시험에 합격한 후 잠시 개인 간호 업무에 종사하였다.

Nothing is known about elementary education of Edna M. Lawrence. After settling in Ontario, California in 1906, she entered Chapin Union High School. Lawrence graduated from high school in 1914 and entered the Pomona Valley Hospital Training School for Nurses in 1914 and graduated in January 1918. After passing the State Examination in August 1917, before graduation, she briefly engaged in private nursing work.

2-1. 채피 유니언 고등학교
Chaffey Union High School

채피 유니언 고등학교는 1901년 온타리오에 설립된 첫 고등학교이며, 1909년까지 채피 건물을 사용하였다. 1903년 당시 학교에는 134명의 학생과 6명의 교사가 있었다.

1909년 5에이커의 부지를 마련하여 고등학교의 새 건물을 건축하였고, 1911년 5월 온타리오와 업랜드의 시민들이 투표로 연합을 결정하고 채피 유니언 고등학교(Chaffey Union High School)라는 이름을 붙였다.

에드너는 1909년경 입학하였으며, 1914년 6월 졸업하였다.

CHAFFEY UNION HIGH SCHOOL, ONTARIO, CAL

그림 9. 채피 연합 고등학교 전경. 1910년대.

19140608

온타리오 고등학교. *The Los Angeles Times*
(캘리포니아 로스앤젤레스) (1914년 6월 8일), 14쪽

온타리오 고등학교
[현지 통신원.]

온타리오, 6월 7일 - 12년 만에 2000% 이상의 증가율을 보이며 65명의 젊은 남녀가 다음 주 이곳 채피 고등학교를 졸업하게 된다. 1902년 6월, 이 학교를 졸업한 사람은 3명이었다. 오늘 저녁 채피 강당에서 베델 회중교회의 장 프레데릭 로바 목사의 집도로 졸업 예배가 열렸다. 화요일 저녁에는 4학년들이 그들의 연례 학급기념일 행사를 발표할 예정이다. 졸업식은 금요일3) 저녁 강당에서 거행될 예정이다.

올해 졸업생은 다음과 같다. (......) 에드너 메이 로렌스, (......)

---

3) 6월 12일이다.

Ontario High School.
The Los Angeles Times (Los Angeles) (June 8th, 1914), p. 14

Ontario High School

[Local Correspondence.]

Ontario, June 7 - Showing a gain of more than 2000 percent, in twelve years, sixty-five young men and women will next week graduate from the Chaffey High School here. In June, 1902, there were three graduates from the school. The baccalaureate sermon was delivered this evening at Chaffey Auditorium by Dr. Jean Frederic Loba, pastor of Bethel Congregational Church. Tuesday evening the seniors will present their annual class day programme. The commence exercises will be held Friday evening in the auditorium.

The graduates this year are: Harold Antrim, Richard Arnett, Sarah Catherine Atwell, Marian J. Armour, Portia Rae Austin, Edgar Bailey Clark, Jr., Mae E. Conn, Riley Crowell, Earle C. Dahlem, Harold Eyre, Clarence E. Fossett, Mary Stewart Fox, Alice Dorothy Freeman, Ernest LeRoy Fuller, Mary J. Fuller, Robert L. Gilmore, Edgar A. Goerlitz, Elizabeth Laird Goss, W. Wright Hamilton, Ralph Courtlandt Hammel, Kenneth Hanson, Lillian Jacques, Helen Harding, Gifford Hartley, Gaylord Nell Hess, Raymond Householder, Katsujiro Katsuyay, Clair Kirk, Edna Kuhlmann, Edna May Lawrence, Lloyd Leeson, Bradford Manker, J. Sherman Maurer, William T. Maurer, Marie McClellan, Alta McCrea, Herbert McCulloch, Ruby Vera Mehl, Marie Louise Millard, Paul Bert Miller, Lois Mable Mills, Valernice E. Noonan, Helen Iowa Ogden, Arthur Hales Pehl, Maire Antoinette Podrasnik, Clifford L. Poister, Walter S. Price, Edna Clara Ramige, Anna Eleanor Sargent, Albert H. Schutz, Jennie Slugg, Grace Sewell, Beatrice Smith, Eva May Speck, Earls Swan, Anna B. Sweigert, Dora Antoinetter Tucker, May Theresa Voss, Marjorie Ware, Mary Elizabeth Weeks, Edna R. West, Agnes M. Whiteney, Hazel Ceola Woods.

2-2. 포모나 밸리 병원 간호부양성소
Pomona Valley Hospital Training School for Nurses

1899년 성탄절 전날 포모나를 향하여 고속으로 달리던 기차가 탈선하고 추락하여 30명 이상의 승객이 사망하고 수십 명이 부상을 입는 사고가 발생하였다. 당시 로스엔젤레스의 병원은 말이 끄는 구급 마차로 부상자를 이송하기에는 너무 멀었기 때문에 지역 주민들은 이들을 자신들의 집으로 데려가 보살폈다. 이를 계기로 포모나 밸리의 주민들은 지역 사회의 안녕을 보장하기 위하여 지역 병원이 필요하다는 것을 절감하였다.

그 결과 1903년 12명의 환자를 수용할 수 있는 2.5층 건물로 포모나 밸리 병원이 개원하였다. 1년 후에 포모나 밸리 병원 협회가 조직되었고, 1913년 증가하는 수요를 충족시키기 위하여 40개의 병상으로 확장하였다. 이 병원에서는 자체적으로 간호사를 충원하기 위하여 간호 교육을 하였는데, 1905년에 2년 과정의 간호 교육이 이루어지고 있었던 것이 확인된다.

그림 10. 개원 당시의 병원 전면.

하지만 그 규모나 학사 일정 등을 알려주는 자료는 거의 없다.

로렌스는 1914년 양성소에 입학하였는데, 당시 교육 과정은 3년이었다. 이 양성소는 1914년 11월 7일 1년 동안 '양성소'로서 인증을 받았다.

1915년 당시 포모나 밸리 병원에는 간호 업무가 내과, 외과, 산과 및 소아과로 세분되어 있었다. 학생은 20명을 수용할 수 있었으며, 수업 연한은 3개월의 수습 기간을 포함하여 3년이었고 6주의 방학이 있었다. 간호부장은 E. L. 존스 양이었다. 강의를 위한 시범실, 도서실이 있었고, 골격 표본도 구비되어 있었다. 간호 실습은 내과, 외과, 산과 간호 및 수술실로 세분되어 진행되었다.

수업료는 무료이었고, 제복, 교과서 구입 및 개인 경비로 매달 1학년은 6달러, 2학년은 8달러, 2학년은 10달러를 지급하였다. 병원에 인접하여 독립된 간호사 숙소가 있었는데, 2인실이 7개가 있었고, 욕실과 화장실은 1~7명이 사용하도록 되어 있었다. 세탁실도 구비되어 있었다. 병상은 40개 규모이었고, 환자는 하루 평균 17~18명이었다.

그림 11. 포모나 밸리 병원 광고.

1916년에는 내과에 145명, 외과에 415명, 산과에 80명의 환자가 입원하였고, 주당 수술 건수는 6건이었다. 전염병과 결핵 진료실은 없었다. 또한 6개월 동안 내과, 전염병 및 소아 간호 실습을 위하여 로스엔젤레스의 굿 사마리탄 병원 및 카운티 병원과 협력 관계를 구축하고 있었다. 1916년 당시 등록 학생은 모두 14명이었는데, 중학교 졸업생이 4명, 고등학교 1학년 수료가 2명, 2학년 수료가 1명, 3학년 수료가 4명, 그리고 고등학교 졸업생이 3명이었다.

1915년 1명, 1916년 7명, 로렌스가 졸업하던 1917년 6명, 그리고 1918년 6명이 졸업하였다. 1918년 3월 당시 간호부장은 이디스 패튼이었다.

1919~20년 당시 간호부양성소는 프랭크 P. 케년(Frank P. Kenyon) 박사가 소장, 프랭크 C. 스웨어링겐(Frank C. Swearingen) 박사가 서기, 그리고 이디스 패튼이 간호부장이었다. 1920년 6명이 졸업하며 이 양성소의 졸업생은 모두 47명이 되었다.

19060703

구함. *The San Bernardino County Sun* (캘리포니아 주 샌버너디노)
(1906년 7월 3일), 9쪽

구함 - 학생 간호사. 우리는 양성소에 많은 학생이 필요합니다. 2년 과정입니다. 합격 후 첫해의 급여는 월 12.00달러, 두 번째 해는 월 15.00달러. 하숙 및 숙박 제공. 캘리포니아 포모나의 포모나 밸리 병원의 수간호사에게 즉시 지원하세요.

Wanted. *The San Bernardino County Sun* (San Bernardino, Ca.)
(July 3rd, 1906), p. 9

Wanted - Pupil Nurses. We need a number of pupils for our training school. Two years course. Wages for first year after acceptance, $12.00 per month. Second year, $15.00 per month. Board and lodging furnished. Apply immediately to Matron of Pomona Valley Hospital, Pomona, Calif. 7-1-6t

1917년 8월 22일과 23일의 시험으로 등록됨. The Pacific Coast Journal of Nursing (샌프란시스코) 13(11) (1917년 11월호), 700쪽

1917년 8월 22일과 23일의 시험으로 등록됨

(......)

로렌스, 에드너 M., 포모나 병원, 캘리포니아 주 포모나. 10월 6일 등록됨. 등록번호 5965번

(......)

Registered on Examination, August 22nd. and 23rd, 1917.
The Pacific Coast Journal of Nursing (San Francisco) 13(11)
(Nov., 1917), p. 700

Registered on Examination, August 22nd. and 23rd, 1917.

(......)

Lawrence, Edna M., Pomona Hospital, Pomona, Cal. Reg. Oct. 6, 1917. Cert. No. 5965

(......)

6명의 졸업생에게 보내는 축사. *The Pomona Progress* (캘리포니아 주 포모나) (1918년 1월 30일), 8쪽

6명의 졸업생에게 보내는 축사

화요일 저녁 필그림 회중교회에서 열린 포모나 밸리 병원 간호부양성소의 졸업반 6명을 위한 졸업식에 대하여 지역 사회는 그들의 높은 자격에 자부심을 가질 수 있으며, 그것에 보인 관심은 이 공동체에서 이 기관의 중요성을 말해 준다.

이날 축사를 하였던 클레어몬트 남학교의 교장인 W. E. 개리슨 박사는 "현재 일어날 수 있는, 이보다 더 이상 아름답고 중요한 사건은 없습니다. 세상은 전에 없던 봉사를 요구하고 있습니다. 세상은 이전에는 결코 요청하지 않았던 훈련된 남녀를 요구하고 있습니다. 그것은 이전에 알려진 것보다 더 많은 상처와 고통이 있는 세계이며, 이곳에 있는 훈련된 젊은 여자들은 그 짐을 함께 할 준비가 되어 있습니다."라고 말하였다.

행사는 8시가 조금 지나서 시작되었다. 졸업생들은 병원 교수진과 이사들을 위하여 필그림 교회의 제복을 입은 합창단이 행렬 찬송가를 부르는 동안 연단으로 안내되었고, 학생 간호사들이 그 뒤를 따랐다. 단상은 검은색 제복을 입은 합창단 앞에 하얀색 의상을 입은 간호사들로 진기한 모습을 보여주었다.

W. O. 워크 목사가 기도를 드린 후 인기 있는 콘트랄토 가수인 엘리너 리가 아름다운 선곡으로 청중을 감동시켰다. 합창단은 '예루살렘의 평화를 위한 기도여'(녹스)를 불렀다. J. K. 스윈트 박사가 졸업증서를, N. G. 몰더가 휘장을 수여하였다. 퍼시 올즈는 알리츤의 '감사의 노래'를 불렀다. E. E. 켈리 박사가 식을 주재하였다.

졸업생은 6명이다. 에드너 M. 로렌스, 텔마 라이트, 마거릿 브레슬린, 그레이스 마틴 브리스톨, 에바 코치 및 클라라 벤슨

개리슨 박사의 훈사

개리슨 박사는 그의 연설에서 간호를 위하여 교육을 받은 기관을 떠날 때 이 졸업생들에게 주어진 특별한 기회와 책임을 강조하였다.

오늘날 우리가 직면한 두 가지 강력한 필요 또는 의무가 있다. 첫째, 전쟁에서 이기기 위하여, 둘째로 우리 자신의 영혼을 지키기 위하여. 적십자는 두 가지의 당사자이며, 정규 간호사의 업무는 이 두 가지 커다란 문제와 관련이 있다. 자비의 사명을 띠고 가는 사람은 전 국민의 사기를 유지하는 데 도움이 되며, 우리를 전쟁을 위하여 더 강하게 만들고 평화를 위하여 더 강하게 만든다. 간호사는 우리가 가장 존경할 만한 어떤 성스러운 존재이자 위엄 있는 직업으로 서게 되었다.

우리는 선의를 가진 사람들의 무능함을 너무나 잘 알아 왔으며, 비정상적으로 효율성이 높지만 완전히 비이기적인 사람들을 너무 자주 보아 왔다. 조용하고 다정한 간호사보다 이러한 이상을 실현하는 직업이 없기 때문에 간호사는 이러한 바람직한 자질을 혼합시킨다.

개리슨 박사는 직업의 발전에 대하여 말하면서 간호학은 종교에서 추진력을, 전쟁에서 기회를, 과학에서 방법을 확보한다고 말하였다.

연자는 플로렌스 나이팅게일의 훌륭한 성격에 대하여 이야기하였다. 그녀가 어떻게 1806년에 최초의 간호부양성소를 시작하였는지, 그녀가 크림 전쟁에서 돌아왔을 때 그 위기 동안 그녀가 군인과 정부에 제공한 높은 봉사에 대한 깊은 감사의 표시로 그녀에게 쏟아진 돈을 그 목적을 위하여 어떻게 사용하였는지에 대하여 말하였다.

간호라는 직업은 과학적인 방법으로는 새롭지만, 그 업무의 전통은 오래되었고 연자는 간호사가 고통받는 인류에게 제공하는 업무의 가치를 강조하였다.

하지만 간호사는 업무에서 그녀의 진정한 기쁨을 발견하며, 연자는 "나는 모든 사람이 그렇다고 생각합니다. 노동에는 진정한 기쁨이 있으며, 간호사는 그곳에서 그녀의 진정한 보상을 찾을 것입니다. 노동에서 기쁨을 찾지 못하면 우울한 시간을 보내고, 더 열심히 일할수록 그가 더 큰 만족을 찾을 것입니다. 그것이 노동의 복음입니다."라고 연사는 말하였다.

개리슨 박사는 맺음말에서 우리가 이 위대한 시련의 시간 동안 아무것도 배우지 않는다면, 봉사가 가장 중요하고 다른 모든 것을 가치 있게 만든다는 것을 알게 될 것이라고 강조하였다.

Service Counts Most. Message to 6 Graduates.
The Pomona Progress (Pomona, Ca.) (Jan. 30th, 1918), p. 8

Service Counts Most; Message to 6 Graduates

In the commencement exercises for a class of six graduates of the Pomona Valley Hospital Training School for Nurses, which took place at Pilgrim Congregational church Tuesday evening, the community may well take pride for the high standing of the members of the class and the interest shown bespeaks the importance of the institution in this community.

"There is no more beautiful or significant event that could have happened at this time." said Dr. W. E. Garrison, headmaster of the Claremont School for Boys, who delivered the address of the evening. "The world is clamoring for service as it never clamored before. The world is calling for trained men and women as it never called before. It is a world of more wounds and suffering than has ever been known before and here is a group of trained young women, trained workers, ready to take up their share of the burden."

The program began shortly after 8 o'clock. The graduating class was escorted to the platform during the singing of the processional hymn by the vested chorus of Pilgrim church, followed by the student nurses, for faculty and board of trustees of the hospital. The platform presented an unusual appearance with the white costumes of the nurses in front of the singers wearing the black vestiments.

Rev. W. O. Wark pronounced the invocation, following which Miss Eleanor Lee, popular contralto, inspired the audience with a beautiful selection. The chorus sang, "O Pray for the Peace of Jerusalem," (Knox). The diplomas were presented by Dr. J. K. Swindt, and the badges by N. G. Moulder. Percy Olds sang Allitsen's "Song of Thanksgiving." Dr. E. E. Kelly presided.

The graduates are six in number - Edna M. Lawrence, Thelma Wright, Margaret Breslin, Grace Martin Bristol, Eva Couch and Clara Benson.

Dr. Garrison's Address

In his address Dr. Garrison emphasized the unusual opportunity and responsibility which rests upon these graduates as they leave the institution trained for service.

There are two mighty needs or duties which face us today. First, to win the war, second to keep our own souls. The Red Cross is a party to both sides and the work of the graduate nurses allies itself with both of these great problems. Whoever goes on an errand of mercy, helps to maintain the morale of the whole people, making us stronger for war and stronger for peace. The nurse has come to stand as a certain holy type of being and dignified character worthy of our greatest admiration.

We have known too well the blundering incompetency of well-meaning people and we have seen too often people of unusual efficiency, but utterly unselfish. The nurse blends these desired qualities, for there is no character that realizes this ideal more than the quiet and affectionate nurse.

In speaking of the development of the profession, Dr. Garrison said that nursing secures its impetus from religion, its opportunity from war, its methods from science.

The speaker told of the wonderful character of Florence Nightingale, - how she started in 1806 the first training school for nurses, but used for that purpose the money showered upon her when she returned from the Crimean war, in token of the deep appreciation felt by all for the high services she rendered to the soldiers and to her government during that crisis.

Tho the profession of nursing is new is scientific methods, it is old in its tradition of service and the speaker laid emphasis on the value of service which the nurse renders to suffering humanity.

In service, however, the nurse finds her real joy and "I fancy", said the speaker, "that so it is with all. There is real joy in labor and the nurse will find her real reward there. If one finds not his joy in his labor, he will have a gloomy time and the harder one works, the more satisfaction he finds. That is the gospel of labor."

In his concluding remarks, Dr. Garrison emphasized this, that if we learn nothing else during this great hour of trial, we will learn that service is the thing that counts most and makes everything else worth while.

19180130

연자는 포모나 간호사들에게 세상에는 그 어느 때보다 더 많은 상처와 질병이 만연하고 있다는 졸업 연설을 하였다.

The Bulletin (캘리포니아 주 포모나) (1918년 1월 30일), p. 1쪽

연자는 포모나 간호사들에게 세상에는 그 어느 때보다 더 많은 상처와 질병이 만연하고 있다는 졸업 연설을 하였다.

전쟁의 검은 그림자가 지구를 드리우고 있다. 세계에서 부상당하고 죽어가는 병사들은 훈련 받은 간호사들의 수고를 강력하게 호소하고 있으며 그에 대한 수요가 그 어느 때보다 큰 상황에서 포모나 밸리 병원 간호부양성소의 연례 졸업식이 어제 저녁 필그림 회중 교회에서 열렸다는 것은 특별한 의미가 있다.

이 기관에서 첫 학급이 졸업한 이후 10년 동안 세상이 자비의 직업을 선택한 용감한 젊은 여자들을 이보다 더 높이 평가한 적은 없었으며, 따라서 어젯밤에 연단 위의 큰 성조기가 업무의 현장으로 손짓하게 만든 것은 충만했던 애국심이었다.

지금 더 많은 부상자

졸업생들에게 훈사를 하였던 W. E. 개리슨 박사는 그 어느 때보다 간호사에 대한 더 큰 부름을 보내는 강력한 갈등에 대하여 다음과 같이 말하였다.

"이곳은 그 어느 때보다 더 많은 부상자와 질병에 걸린 사람이 있는 세상이며, 여기 무거운 짐을 기꺼이 짊어질 준비가 되어 있는 훈련받은 젊은 여자들이 있습니다."

켈리 박사는 모든 졸업생들이 적십자에 이름을 올렸고, 군 복무를 위한 보충자 명단에 오르기 위해 필요한 시험을 치를 기회를 기다리고 있다고 발표하였다.

올해 졸업반인 여섯 명의 젊은 여자는 에드너 M. 로렌스, 텔마 라이트, 마가렛 B. 브레슬린, 그레이스 마틴 브리스톨, 에바 코치 및 틀라라 벤슨이었다.

이 졸업반으로 병원의 총 졸업생 수는 47명으로 늘어났다.

많은 하객

400명에서 500명 사이의 사람들이 윌리엄 오르 워크 목사의 기도로 시작된 행사를 보기 위하여 교회에 모였다. 엘리너 리 양이 아름답게 표현한 독창 'Had a Horse'에 이어 켈리 박사가 환영사를 하였다.

그는 졸업생들 모두가 지역 시험 외에도 현재 법에서 요구하는 주(州) 시험에 합격하였으며, 캘리포니아 전역에 그렇게 말할 수 없는 많은 학급이 있다고 말하면서 그들을 높게 칭찬하였다.

의사는 "나는 전문직으로 간호를 하려는지 여부에 관계없이 젊은 여성에게 간호보다 더 좋은 훈련은 없다는 것을 알고 있습니다. 얻은 지식은 평생 동안 유용할 것이기 때문입니다."라고 말하였다.

그런 다음 그는 *The Bulletin*의 다른 칼럼에 나오는 새로운 간호사 숙소에 대한 계획을 설명하였다.

시의적절하고 잘 짜인 개리슨 박사의 훈사는 청중의 주의를 끌었다.

연자는 "세계 상황은 세계에서 간호사들의 배출을 가장 중요하고도 가장 아름다운 사건 중 하나로 만들고 있습니다."라고 말하였다.

개리슨 박사의 훈사

"이곳에는 이전에 훈련받은 남자와 훈련받은 여자를 요구한 적이 없는 세계가 있습니다. 이전에 세계가 알고 있던 것보다 더 많은 부상자와 병에 걸린 사람이 있는 세계가 이곳에 있으며, 여기에 그들 몫의 부담을 질 준비가 된 훈련받은 젊은 여자들이 있습니다."

"이제 미국 국민은 두 가지 중요한 문제에 직면해 있습니다. 그 중요성은 동등합니다. 첫 번째는 전쟁에서 승리하는 것이고, 두 번째는 우리 군대를 유지하는 것입니다. 업무에서 승리하는 짧은 길은 곧게 이어지는 길입니다."

그런 다음 개리슨 박사는 전쟁 간호사의 가장 위대한 일이 어떻게 병사들을 지키는 데서 오는지를 보여주었다. 그는 전쟁이 끝난 후 국가가 직면해야 할 큰 과제와 이 과제가 어떻게 강하고 건강한 남자의 과제가 될 것인지를 지적하였다. 그의 견해는 건강한 나라가 강한 나라라는 표현으로 실행되었다. 그는 간호사에게 찬사를 표하며 다음과 같이 말하였다. "간호사는 훌륭한 유형의 직업을 나타내게 되었습니다. 우리는 애정 없는 동정을 보아 왔습니다. 우리는 사람들이 강철처럼 예리하며 완전히 이기적이라고 보는 것이 무엇인지 알고 있습니다. 우리는 이들 중 어느 것이 가장 두려운지 모릅니다."

이상적인 특성

"내가 생각하기에 간호사보다 완벽하게 이상을 실현하는 직업은 없습니다."

그는 간호를 종교에서 충동을, 전쟁에서 기회를, 과학에서 방법을 얻는 것으로 특징지었다. 그런 다음 연자는 중세부터 플로렌스 나이팅게일의 업적과 최초의 간호부양성소 설립에 이르기까지 간호의 흥미로운 역사적 개요를 설명하였다.

개리슨 박사는 졸업반에 대한 조언에서 이렇게 말하였다. "일에는 기쁨이 있고, 업무에 대해 여러분에게 주어지는 보상의 상당 부분을 여러분이 찾아야 한다는 점에 기쁨이 있습니다. 자신의 일에 대하여 보상을 받지 못한 사람은 자신의 일에 대해 적절한 보수를 받지 못하였습니다. 급여만을 위하여 일한다면 그는 원칙을 무시하고 회피할 것입니다. 일에서 기쁨을 찾지 못하면 우울한 생활을 하게 됩니다. 인생은 대부분 일로 구성되어 있고 그 일에서 기쁨을 찾지 못하는 사람은 많은 것을 잃습니다. 모든 사람은 자신이 가장 많이 투자한 것을 최대한 활용합니다. 기쁨을 주기 위해서는 일이 가치 있고 잘 이루어져야 합니다. 간호사의 숭고한 일보다 이러한 기준에 더 잘 맞는 것이 무엇입니까?"

제복을 입은 합창단의 발췌곡에 이어 켈리 박사는 병원 협회(이사회)의 서기인 J. K. 스윈트 박사를 소개하였고, 그는 적절한 언급과 함께 졸업장을 수여하였다. 이어 퍼시 올즈가 아름다운 또 다른 독창을 하였다. 병원의 경영인인 N. C. 몰더 씨가 휘장을 수여하였다. 프랭크 G. H. 스티븐스 목사가 축도를 하였다.

World Has More Wounds and Ailments Than Ever Before Says Speaker in Graduation Address to Pomona Nurses.
The Bulletin (Pomona, Ca.) (Jan. 30th, 1918), p. 1

World Has More Wounds and Ailments Than Ever Before Says Speaker In Graduation Address to Pomona Nurses

With war's black shadow cast over the earth; with a world of wounded and dying soldiers forming a mighty appeal for their services and with a greater demand than ever for trained nurses it was with particular significance that the annual graduating exercises of the Pomona Valley hospital training school for nurses was held last evening in Pilgrim Congregational church.

In the ten years since the first class was graduated from the institution there has been no time when the world has looked with greater appreciation upon the band of brave young women who have chosen the profession of mercy and thus it was that a spirit of patriotism prevailed last evening which caused the big American flag over the rostrum to beckon to the field of duty.

More Wounds Now

Touching upon the mighty conflict which sends forth a greater call than ever before for the nurse, Dr. W. E. Garrison, who delivered the address to the graduating class, said:

"Here is a world with more wounds and more ailments than the world has ever known before, and here is a group of trained young women ready and willing to take up their share of the heavy burden."

Dr. Kelly had announced that all of the graduates have listed their names with the Red Cross and were awaiting the opportunity to take the necessary examinations which would place them upon the supply list for war service.

The six young women forming the graduating class this year were Edna M. Lawrence, Thelma Wright, Margaret B. Breslin, Grace Martin Bristol, Eva Couch and Clarea Benson.

The class swells the total number of graduates of the hospital to forty-seven.

Large Audience

Between 400 and 500 people gathered in the church to witness the exercises which were opened by the invocation delivered by Rev. William Orr Wark. Following a solo "Had a Horse," beautifully rendered by Miss Eleanor Lee, Dr. Kelly delivered the address of welcome.

He paid the members of the graduating class a high compliment, stating that every one had, in addition to the local examinations, passed the state examinations now required by law and that there were many classes throughout California who could not say as much.

"I know of no better training for the young woman whether or not she intends to follow it as a profession, than nursing," said the physician, "for the knowledge gained will be useful throughout life."

He then outlined the plan for the new nurses' home which is told in other columns of *The Bulletin*.

Timely and well put, the address by Dr. Garrison held the audience in close attention.

"The world conditions make the launching, upon the world, of a group of nurses, one of the most significant as well as one of the most beautiful events which could happen," said the speaker.

Dr. Garrison's Address

"Here is a world calling as it has never called before for trained men and trained women. Here is a world with more wounds and more ailments than the world has ever known before, and here are a group of trained young women ready to take up their shre of the burden."

"Two mighty questions now confront the American people. They are equal in their importance. The first is to win the war and the second dis to keep our own soldiers. The short road to win the work is the road that leads straight through."

Dr. Garrison then showed how the greatest work of the war nurse comes in keeping the soldiers. He pointed out the great task which must face the nation when the war is over and how this task will be one for strong and healthy men.

His idea was carried out in the expression that a healthy nation is a strong nation.

Paying his tribute to the nurse, he said: "The nurse has come to stand for an admirable type of character. We have seen sympathy without affection. We have known what it is to see people as keen and sharp as steel and utterly selfish. We do not know which of these we fear most."

An Ideal Character

"To my mind there is no character which seems to realize the ideal more perfectly than does the nurse."

He characterized nursing as getting its impulse from religion; its opportunity from war and its methods from science. The speaker then gave an interesting historical outline of nursing from the middle ages down through the work of that wonderful of all women, Florence Nightingale, and the establishment by her of the first school for nurses.

In his advice to the class Dr. Garrison said: "There is a joy in labor and in that you must find a great part of your reward for service. No one was ever adequately paid for his work who is not paid by his work. If one works only for wages he will cut corners and shirk. If one does not find joy in his labor he leads a gloomy existence. Life is made up largely of work and the man who finds no joy in it loses much. Everyone gets the most out of that into which he puts the most. To bring joy labor must be worthy and it must be well done. What can better measure up to these standards than the noble work of the nurse?"

Following a selection by the vested choir Dr. Kelly introduced Dr. J. K. Swindt, secretary of the hospital association, who presented the diplomas following appropriate remarks. There was another beautifully rendered solo by Percy Olds. The badges were presented by N. C. Moulder, manager of the hospital. The benediction was delivered by Rev. Frank G. H. Stevens.

정규 간호사들을 위하여. *The Pomona Progress* (캘리포니아 주 포모나) (1918년 1월 30일), 5쪽

정규 간호사들을 위하여

E. 필립 월리스 박사 부부는 월요일 저녁[4] 포모나 밸리 병원 (간호부양성소) 졸업 간호사들을 즐겁게 접대하는 시간을 가졌다. 저녁 행사의 첫 부분은 벨비디어 극장에서 연회를 즐겼고, 그 후 젊은이들은 월리스의 자택인 제퍼슨 가(街) 281로 이동하여 맛있는 다과, 음악 및 대화로 행복한 저녁을 만들었다.

연회에는 이디스 패튼 양, 에드너 로렌스, 텔마 라이트, 마거릿 브레슬린, 그레이스 브리스톨, 에바 코치, 클라라 벤슨 양, 그리고 월리스 박사 부부가 참석하였다.

For Graduate Nurses.
The Pomona Progress (Pomona, Ca.) (Jan. 30th, 1918), p. 5

For Graduate Nurses

Dr. and Mrs. E. Phillip Wallace entertained Monday evening in a delightful manner for the nurses of the graduating class of he Pomona Valley Hospital. The first part of the evening was given over to the enjoyment of a theater party at the Belvedere after which the young people were taken to the Wallace home, 281 Jefferson Street where delicious refreshments, music and conversation completed a happy evening.

Those in the party were Miss Edith Patton, the Misses Edna Lawrence, Thelma Wright, Margaret Breslin, Grace Bristol, Eva Couch and Clara Benson and Dr. and Mrs. Wallace.

---

4) 1918년 1월 28일이다.

19210200

[포모나 밸리 병원 동창회.] *The Pacific Coast Journal of Nursing* (캘리포니아 주 샌프란시스코) 17(2) (1921년 2월호), 114쪽

포모나 밸리 병원 (간호부양성소) 동창회는 1920년 12월 1일 수요일 저녁 간호사 숙소에서 많은 사람들이 참석한 가운데 정기 회의를 열었다.

짧은 업무 회의를 마친 후, 애로우해드 국립 병원의 수간호사인 알마 리글리 양이 뉴욕의 교육대학에서 보낸 시간에 대하여 이야기하였다. 그녀는 특히 공중 보건 및 사회 복지 사업, 병원 관리, 영양학 등에서 간호사를 위한 증대되는 기회와, 이러한 과정이 컬럼비아에서 제공되는 철저하고 흥미로운 방식에 대하여 말하였다. 그녀는 올해의 업무에 대하여 감사해하며 매우 열정적이었고, 우리 동창회는 그녀의 훌륭한 연설에 대하여 깊은 감사를 느꼈다.

우리 동창회는 약 1년 전에 제5지구 분회가 되었고 현재까지 26명의 정회원과 17명의 준회원을 가진 모임으로 성장하였다. 우리는 1921년을 위한 흥미로운 행사의 윤곽을 잡았으며 다가오는 해에 대한 관심과 회원의 증가를 기대한다.

우리 학교에는 중국 남경의 니나 듀피 양과 한국 서울의 에드너 로렌스 양 등 해외 선교 사역을 하는 두 명의 졸업생이 있다.

졸업생 중 또 다른 한 명인 클라라 벤슨 양은 우리 협회의 준회원인 에셀 앨런 양과 함께 알래스카에서 겨울을 보내고 있다.

1919년 졸업생인 밀드리드 잭슨 양은 10월 14일 호머 파커 씨와 결혼하였다. 그들은 포모나에 가정을 꾸리고 있다.

룰라 폴링,
로즈 F. 바렛,
　홍보 위원회

[Pomona Valley Hospital Alumni Association.] *The Pacific Coast Journal of Nursing* (San Francisco, Ca.) 17(2) (Feb., 1921), p. 114

The Pomona Valley Hospital Alumnae Association held its regular meeting at the Nurses' Home Wednesday evening, December 1, 1920, with a large attendance.

After a short business session, Miss Alma Wrigley, chief nurse at the Arrowhead Government Hospital, addressed us regarding her year at Teachers' College, New York. She spoke especially of the increasing opportunities for nurses in public health and social service, hospital management, dietetics, etc., and the thorough and interesting way in which these courses are given at Columbia. She was very enthusiastic in her appreciation of the year's work, and our Association felt deeply indebted to her for her splendid talk.

Our Alumnae Association became branch of District No. 5 about one year ago and has grown to twenty-six active members and seventeen associate members to date. We have outlined an interesting program for 1921 and expect to increase in interest as well as membership during the coming year.

Our school has two graduates in foreign mission service, Miss Nina DuPee at Nanking, China, and Miss Edna Lawrence at Seoul, Korea.

Another of our graduates Miss Clara Benson, with Miss Ethel Allen, an associate member of our Association, are spending the winter in Alaska.

Miss Mildred Jackson, Class of 1919, was married October 14th to Mr. Homer Parker. They are making their home in Pomona

Lula Poling,
Rose F. Barrett,
    Press Committee

제3장
적십자 간호사
Red Cross Nurse

적십자를 통하여 제1차 세계대전에 간호사로 참전을 지원한 로렌스는 1918년 1월 21일 육군의 간호 병적에 편입되어 알칸소 주의 파이크 부대(Camp Pike)에서 훈련을 받았다. 파이크 부대는 리틀 락에서 7마일 떨어진 고지대에 위치하였으며, 1917년 9월부터 징집된 병사들이 입소하기 시작하였다.

1901년 이래 육군 간호사는 군대 계급이나 등급 없이 현역으로 임명되었다. 당시 육군 지도부가 생각하던 군대 내에서 이러한 여자들의 계급은 부사관보다는 한 계급 높지만, 육군사관학교 졸업생보다는 한 계급 낮은 것이었다. 하지만 제1차 세계 대전 동안, 그 계급에 상응하는 권위, 권리 및 특권이 보장되지 않고 직무를 수행하여 문제가 있었고, 위험하기도 하였다. 간호사들은 자신들의 모호한 계급 때문에 자주 도전을 받거나, 무시당하거나 무례한 대우를 받았다고 불평하였다.

1916년까지 간호 병적에 편입된 인원은 220명을 넘지 않았다. 1917년 미군이 제1차 세계 대전에 참전하였을 때에도 403명에 불과하였지만, 1918년 11월에는 21,460명으로 급증하였고, 이 중 프랑스 등 해외에 파병된 수가 대략 10,000명이었다.

로렌스가 파병된 프랑스에는 120개가 넘는 기지 병원이 건설되었다. 그녀가 프랑스의 서쪽 끝에 위치한 도시인 브레스트(Brest)에서 홀랜디아 호를 타고 귀국하던 1919년 3월 당시, 군의관 해롤드 A. 플레쳐(Harold A. Fletcher) 대

그림 12. 육군의 간호 병적에
편입되면서 제복을 입고 촬영한
에드너. 1918년 초.

위가 인솔하던 제47기지병원 소속의 간호사였다. 제47기지병원은 프랑스 코트 도르 주의 본느(Beaune)에 있었으며, A형 건축물이었다. 1918년 가을에 개원하여 1919년 1월까지 부상병을 진료하였다. 이 병원에는 1명의 간호장(Chief Nurse) 외에 34명의 간호사와 1명의 속기사, 1명의 영양사 및 1명의 시험 기사가 배속되어 있었다. 그녀는 1919년 4월 23일 제대하였다.

1920년 육군 재조직법의 제정으로 모든 육군 간호사들에게 상대적인 계급이 부여되었다.

Miss Edna M. Lawrence, who volunteered to participate in World War I as a nurse through the Red Cross, was enrolled in the Army's nurse register on January 21, 1918, and received training at Camp Pike in Arkansas. Camp Pike was located on high ground seven miles from Little Rock, and conscripts began to enter the Camp in September 1917.

Since 1901, Army nurses have been appointed to active duty without military rank or grade. The rank of these women in the military, as envisioned by the Army leadership at the time, was one rank higher than a sergeant, but one rank lower than a graduate of the West Point Military Academy. However, during World War I, there were problems and even danger as they performed their duties without being guaranteed the authority, rights, and privileges corresponding to their rank. Nurses complained that they were often challenged, ignored or treated rudely because of their ambiguous rank.

Until 1916, the number of people enrolled in the nursing register did not exceed 220. When U. S. Army entered World War I in 1917, there were only 403, but in November 1918, the number rapidly increased to 21,460, of which approximately 10,000 were dispatched overseas, including to France.

More than 120 base hospitals were built in France, where Miss Lawrence was deployed. In March 1919, when she was returning home aboard the Hollandia from Brest, a city located in the westernmost part of France, she was a nurse at the 47th Base Hospital led by Army Surgeon Captain Harold A. Fletcher. The 47th Base Hospital was located in Beaune, Côte d'Or, France, and was an A-type building. It opened in the fall of 1918 and treated wounded soldiers until January

1919. In addition to one chief nurse, this hospital had 34 nurses, 1 stenographer, 1 nutritionist, and 1 laboratory technician. She was discharged on April 23, 1919.

The enactment of the Army Reorganization Act of 1920 assigned relative ranks to all Army nurses.

19181029

적십자 업무의 모든 것. *The San Bernardino County Sun*
(캘리포니아 주 샌버너디노) (1918년 10월 29일), 6쪽

적십자 업무의 모든 것

'우리는 돌 하나도 낭비하지 말고 그들이 요구하는 모든 것을 주자.
마스크 하나를 만들려면 200개의 복숭아 씨가 필요하다.
그리고 그들은 당신과 나 그리고 다른 모든 사람들에게 과업을 주었다.'

도움과 봉사의 진정한 정신을 가진 모든 미국 여자들은 현재의 인플루엔자 비상사태에서 지원 요청에 응답할 것이다. 고통을 받고 있는 가정은 여자의 관심이 절실히 필요할 수 있다. 일부 가정에서는 자녀를 먹일 사람이 없이 어머니가 침대에 누워있는 것으로 알려져 있다. 종종 온 가족이 기진맥진해 있다. 이런 상황에서 혼자 있는 것은 안타까운 일이다. 이것은 육체적으로 능력이 있는 사람들이 가정에서 인류와 국가에 봉사할 수 있는 기회이다.

———

폐렴 상의(上衣)의 제작을 돕기 위하여 오늘 오후 1시부터 4시 30분까지 적십자사 본부 수술실에 도우미들이 참석해 주기를 바란다. 찰스 W. 스미스 부인의 감독 하에 외과용 붕대 업무자들이 정규 할당량을 맞추고 동시에 병원의 응급 업무를 수행하기 위하여 노력하고 있으므로 도움이 절실히 필요하다.

오늘 봉사를 위하여 본부 재봉실에도 도움을 요청한다. 어제 세계 적십자, 성공회 교회 및 학교 교사 등 많은 자원 봉사자들이 응급 병원용 의복 작업을 하였다. 18벌의 환자복, 4벌의 가운, 2벌의 앞치마, 4개의 덮개가 완성되었다. 봉제의 감독 대행인 H. C. 맥앨리스터 부인, 강사인 헬렌 필런 데이비스 부인이 업무를 수행하였다. 다이너 부인, F. M. 젠스킨스 부인 및 밀리센트 데일리 양이 재단을 하였다. 오늘 아침 9시 이후에는 언제든지 일꾼들이 준비되어 있는 일을 할 수 있을 것이다.

———

룰루 필롱 양은 적십자 봉사에 부름을 받았으며, 포모나 밸리 병원 졸업생으로서 이 봉사를 위해 떠나는 12번째 간호사다.

———

어제 긴급 요청이 있었던 50명을 위한 환자복 작업에 많은 바쁜 사람들이 참여하였다. 20벌이 완성되었으며, 업무는 내일 계속될 것이다. 많은 세계 적십자 회원들이 바느질하는 사람들과 여러 교회에서 온 여자들 중에 있었고 토요일 오후의 반응은 대단히 만족스러운 것이었다.

———

양모 부서의 오웬 부인은 어제 오후에 그 업무를 맡았고, 하루에 50개의 스웨터를 받았는데, 회색과 카키색 모직 의료는 겨울 동안 사용하기 위하여 손즈 오브 리버티(Sons of Liberty)로 보낼 준비가 된 것은 보기에 대단히 편안한 광경이었다.

———

내일 남가주대학교에서 6주 과정으로 예정되었던 미국 적십자사의 가정 봉사원 개원이 연기되었다. 이 기관은 후에 보가더스 박사의 지도하에 열릴 것이다.

———

캘리포니아의 많은 젊은 여자들이 적십자사의 해외 식당 업무를 위하여 곧 떠날 것이다. 로스앤젤레스의 엘리자베스 우드, 샌프란시스코의 머리언 크로커 양, 길로이의 클로이 파머리 양 및 12명의 다른 샌프란시스코 소녀들이 첫 번째 조(組)를 이룰 것이다. 전시 노동자 평의회는 이 업무를 위하여 매달 600명의 여자를 해외로 파견할 예정이다.

국내와 해외에서 적십자 봉사를 위하여 남녀가 시급히 필요하다. 최근의 평화 회담이 봉사를 방해하여 매점, 현장 요원, 속기사, 장부 담당자 및 모든 종류의 적십자 도우미를 모든 지부에 요청하였다. 전쟁이 끝난 후 최소 2년 동안 피해 지역 사회에 구호를 제공하기 위하여 적십자가 요청될 것으로 예상되며, 전쟁은 여전히 진행 중이다. 활발한 여자 교육의 기회는 무한하다. 모든 분야의 적십자 봉사를 위하여 샌프란시스코 플러드 빌딩의 인사국에 신청하라.

All in it – Red Cross Service. *The San Bernardino County Sun* (San Bernardino, Ca.) (Oct. 29th, 1918), p. 6

"All in it" - Red Cross Service.
"We dare not waste one single stone, let's give them all they ask.
It takes 200 peach pits to equip a single mask.
And they've given you and me and everybody else the task!"

Every American woman with the true spirit of helpfulness and service will respond to the call for Help in the present influenza emergency. Stricken Households may be in dire need of woman's attention; mothers, it is known, are in bed in some households, with no one to feed their children; often whole families are prostrated. To be alone under these conditions is deplorable. This is the opportunity for those who are physically able, to serve humanity and country at home.

———

Helpers are urged to report at the surgical dressings rooms at Red Cross headquarter this afternoon from 1 to 4:30 o'clock to assist in making pneumonia jackets. Help is badly needed as the surgical dressings workers, under the supervision of Mrs. Charles W. Smith, are endeavoring to get out the regular allotment and at the same time carry on the emergency work for the hospital.

Help is also asked for the sewing rooms at headquarters for today's service. Yesterday a number of volunteers from the W. R. C., Episcopal church and school teachers worked on garments for the emergency hospital. Eighteen bed shirts, four gowns, two approns and four veils were completed. Mrs. H. C. McAllister, acting superintendent of sewing, and Mrs. Helen Phelan Davis, instructor, carried on the work. Mrs. Dyna, Mrs. F. M. Jenskins and Miss Millicent Daley did the cutting. At any time after 9 o'clock this morning, the workers will find things ready.

———

Miss Lulu Pilong has been called to Red Cross service and is the twelfth nurse to leave for this branch of service from the graduates of the Pomona Valley hospital.

Yesterday a bevy of busy workers were present at work on the bed-shirts for which there has been an emergency call for 50. Twenty have been finished and the work will continue tomorrow. A number of the W. R. C. were among the sexers yesterday and women from the different chruches, the response on a Saturday afternoon being very satisfactory.

———

Mrs. Owen of the wool department was in charge of the office yesterday afternoon and received 50 sweaters during the day, a very comforting sight to the eye as the gray and khaki wool garments piled up ready for dispatch to the Liberty Sons oversea for use during the winter.

———

The home service institute of the American Red Cross which was to have opened tomorrow at the University of Southern California for a six weeks' course, has been postponed. The institution will be held later under the direction of Dr. E. S. Bogardus.

———

A number of young women of California will leave soon for overseas work in Red Cross canteen service. Miss Elizabeth Wood of Los Angeles, Miss Marian Crocker of San Francisco, Miss Cloe Parmalee of Gilroy and 12 other San Francisco girls will form one of the first groups. The war workers' council is to send 600 women a month overseas for this service.

Men and women are urgently needed for Red Cross service in this country and overseas. Recent peace talk has hampered the service to such an extent that a call has been issued to all chapters for canteens, but and field workers, stenographers, bookkeepers and all kinds of Red Cross helpers. It is figured that the Red Cross will be called upon to administer relief to stricken communities for at least two years after the war is concluded – and the war is still on. The opportunity for vigorous women of education is unlimited. For all branches of the Red Cross service apply to the Bureau of Personnel in the Flood building, San Francisco.

미합중국, 육군 운송 도착 및 출발 승객 명단, 1910~1939년
(에드너 M. 로렌스, 1919년 3월 15일)

이 름	에드너 메이 로렌스	선 명	홀랜디아
출발일	1919년 3월 3일	출발지	프랑스 브레스트
도착일	1919년 3월 15일	도착지	뉴욕 시 브루클린
주 소	캘리포니아 주 온타리오 사서함 151		
응급 시 연락자 및 관계	발렌타인 로렌스 부인, 어머니		
부 대	육군 간호대	계 급	간호
비 고	제47기지병원 간호사		

U. S., Army Transport Service Arriving and Departing Passenger Lists, 1910~1939(Edna M. Lawrence, Mar. 15th, 1919)

Name	Edna Mary Lawrence	**Ship**	Holandia
Departure Date	Mar 3, 1919	**Departure Place**	Brest, France
Arrival Date	Mar 15, 1919	**Arrival Place**	Brooklyn, New York
Address	P. O. Box 151, Ontario, California		
Mother	Mrs. Valentine Lawrence		
Military Unit	ANC	**Rank**	Res. Nurse
Notes	Nurses Base Hospital No. 47		

여자 영웅이 봉사 때문에 시민이 되었다. *The San Bernardino County Sun*
(캘리포니아 주 샌버너디노) (1919년 5월 17일), 2쪽

여자 영웅이 봉사 때문에 시민이 되었다.

프랑스에서 적십자사 간호사로 국가에 봉사한 것에 대한 공로로 온타리오의 에드너 M. 로렌스 양은 어제 미국 문제에 대한 그녀의 지식을 물어보기 위하여 증인석에 소환되지 않고 미국 시민권을 취득하였다. 그녀는 캐나다에서 출생하였다.

미국 시민권을 받으려 하는 사람에게 그러한 감사를 표시한 것은 지방의 귀화 법원 역사상 처음 있는 일이었다.

병사들이 원하는 것을 처리하기 위하여 로렌스 양이 프랑스에 있을 때 그녀의 건(시민권)이 법정에 상정되었지만, 국가에 봉사하느라 그녀가 참석하지 못하여 그녀에게 시민권을 부여할 수 없었지만 그녀가 돌아오자 귀화 절차에서 받을 수 있는 최고의 보상을 받았다.

Woman Hero is Made Citizen for Service. *The San Bernardino County Sun* (San Bernardino, Ca.) (May 17th, 1919), p. 2

Woman Hero is Made Citizen for Service.

As a tribute for her service to the nation as a Red Cross nurse in France, Miss Edna M. Lawrence of Ontario was yesterday admitted to citizenship of the United States without being called to the witness stand to be questioned as to her knowledge of affairs of the country. She was born in Canada.

This was the first time in the history of the local naturalization court that such a tribute has been paid to a person seeking citizenship of the United States.

When Miss Lawrence was in France, administering to the wants of soldiers, her case was called in court, but because of her absence, even in the service of the nation, it was impossible to grant her citizenship, but on her return the highest tribute that could be paid in a naturalization proceeding was paid her.

19190000

미 합중국 캘리포니아 주, 개척자 및 이민자 목록, 1790~1950년
(에드너 M. 로렌스, 1919년경)

전체 이름　에드너 메이 로렌스　　카운티　　샌버너디노
집 주소　　사우스 유클리드 애버뉴　마을　　온타리오
출생일　　1894년 3월 27일　　인종　　백인
출생 장소　위니펙　　캘리포니아 체류 연도　16년
아버지 이름　발렌타인 로렌스　　등록자의 직업　정규 간호사
출생 장소　스코틀랜드
어머지 이름　앤 비버리지
출생 장소　캐나다 온타리오 주
부인 결혼 전 이름 _____　결혼일 _____　아이들 _____
가까운 친척　발렌타인 로렌스 부인　주소　캘리포니아 주 온타리오
관계　　어머니
등록 지회 _____　　복무 지회　미 육군 간호대
등록일 _____　등록 번호 _____　명령번호 _____
배정된 곳 혹은 부대　알칸소 주의 파이크 부대

California, U. S., Pioneer and Immigrant Files, 1790~1950
(Edna M. Lawrence, ca. 1919)

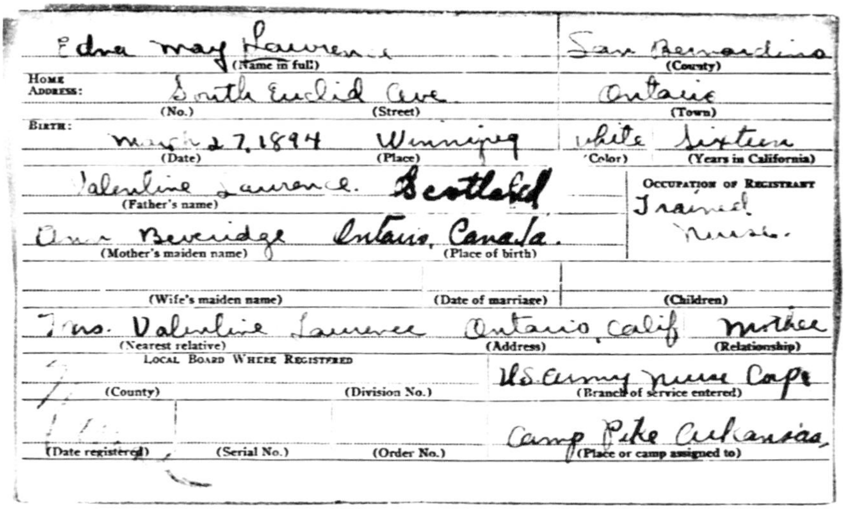

Edna May Lawrence (Name in full) | San Bernardino (County)

Home Address: South Euclid Ave (No.) (Street) | Ontario (Town)

Birth: March 27, 1894 (Date) Winnipeg (Place) | white (Color) Sixteen (Years in California)

Valentine Lawrence (Father's name) Scotland | Occupation of Registrant: Trained Nurse.

Anna Beveridge (Mother's maiden name) Ontario, Canada. (Place of birth)

(Wife's maiden name) (Date of marriage) (Children)

Mrs. Valentine Lawrence (Nearest relative) Ontario, Calif (Address) mother (Relationship)

Local Board Where Registered

(County) (Division No.) U.S. Army Nurse Corps (Branch of service entered)

(Date registered) (Serial No.) (Order No.) Camp Pike Arkansas (Place or camp assigned to)

그림 13. *California, U. S., Pioneer and Immigrant Files, 1790~1950.* Edna M. Lawrence, ca. 1919.

제4장
선교사 지원과 임명
Application and Appointment as a Missionary

로렌스는 고등학교에 다니던 1912년경 웨스트민스터 장로교회에 다니면서 세례를 받았으며, 기독교 면려회에서 활동하였다. 1914년 6월 포모나 밸리 병원 간호부양성소에 입학한 후 해외 선교사가 되고자 하는 열망을 품게 되었다.

로렌스는 1920년 2월 17일 교회 담임 목사인 윈스롭 앨리슨 목사에게 선교사 지원과 관련한 편지를 보낸데 이어, 3월 15일 미국 북장로교회 해외선교본부에 간호 선교사 임명 지원서를 보냈다. 이어 앨리스 M. 심스(이웃), 이디스 패튼(간호부양성소 소장), 윈스롭 앨리슨(담임 목사), 프랭크 F. 애벗(의사, 온타리오), 어튼 E. 힐(채피 유니언 고등학교 교장), 로버트 L. 스미스(의사, 포모나), 아이다 D. 케네디(하숙집 주인, 포모나) 등의 추천서가 접수되었다.

4월 12일 서부 여자 해외 선교본부가 로렌스를 추천하기로 결정하였고, 5월 17일 미북장로교회 해외선교본부는 로렌스를 간호 선교사로 임명하고 한국에 배정하였다. 이에 로렌스는 7월 31일 여권을 신청하였고, 8월 26일 밴쿠버를 출발하여 한국으로 향하였다.

Edna M. Lawrence was baptized at Westminster Presbyterian Church around 1912, when she was a high school student, and was a very active member of the Christian Endeavor Society. After entering the Pomona Valley Hospital Training School for Nurses in June 1914, she developed a desire to become a foreign nurse missionary.

On February 17, 1920, Lawrence sent a letter to her pastor, Rev. Winthrop Allison, concerning her intention to be a medical missionary, and on March 15, she sent an official application for appointment as a nurse missionary to the Board of Foreign Missions, Presbyterian Church in the U. S. A. This was followed by other letters from Mrs. Alice M. Sims(Neighbor), Miss Edith Patten, R. N. (Superintendent of Training School for Nurses), Rev. Winthrop Allison(Westminster Pres. Ch.), Dr. Frank F. Abbott(Physician, Ontario), Mr. Merton E. Hill(Principal, Chaffey Union High School), Dr. Robert L. Smith(Physician, Pomona), and Mrs. Ida D. Kennedy(Owner of Rental Home, Pomona).

On April 12, the Women's Occidental Board of Foreign Missions decided to recommend Lawrence as a candidate, and on May 17, the Board of Foreign Missions, Presbyterian Church in the U. S. A. appointed her as a nurse missionary and assigned to Korea Mission. According to this appointment, she applied for a passport on July 31, and departed Vancouver for Korea on August 26.

1-1. 선교사 지원
Application as a Missionary

19200221

윈스롭 앨리슨(캘리포니아 주 온타리오)이 로버트 E. 스피어 (미국 북장로교회 해외선교본부 총무)에게 보낸 편지 (1920년 2월 21일)

<table>
<tr><td>접 수
1920년 2월 27일
스피어 박사</td></tr>
</table>

1920년 2월 21일

친애하는 스피어 형제여,

나는 다시 옛 지인(知人)을 되찾고 있지만, 이번에는 익숙하지 않은 부담을 느끼고 있습니다. 동봉한 편지(그것은 나에게 돌려주세요.)[5]는 그 자체의 이야기를 말해 주고 있습니다. 그러나 그 건(件)의 가치를 더 충분히 알 수 있도록 경과와 상태를 알려드리겠습니다.

로렌스 양은 내가 이 교회의 일을 맡았을 때인 9년 전에 이 교회에 들어오고 내가 세례를 준 첫 번째 사람 중 한 명이었습니다. 그녀는 내가 아는 가장 드문 작은 보석 중의 하나이며, 키는 작지만 진정으로 봉헌된, 일관된 기독교인입니다. 그녀는 몇 년 전에 우리의 훌륭한 고등학교를 졸업하고, 자신의 의지로 이곳을 떠나 간호부양성소의 전체 과정을 수강하였으며, 정규 간호사입니다. 그리고 전쟁이 발발하자 그녀는 적십자에 자신을 헌신하였고, 거의 2년 동안 프랑스에서 훌륭한 경력을 쌓고 작은 순수함으로 집으로 돌아왔습니다. 그녀는 기지와 상식을 갖춘 매우 훌륭한 작은 간호사입니다.

나는 그로부터 4개월 후에 그녀의 고귀한 기독교 신자인 어머니를 묻었고, 그 직후에 그녀는 우리 카운티 병원에서 결핵 병동을 담당하였으며, 그러는 동안 그녀의 개인 간호에 대한 요청은 셀 수 없이 많았습니다. 이제 그녀는

---

5) 다음의 편지이지만 윈스롭 앨리슨 목사에게 돌려주었기에 원본은 확인하지 못하였다. Edna M. Lawrence, Letter to Winthrop Allison(Ontario, Ca.)(Feb. 17th, 1920)

내가 오랫동안 바라던 문제를 가지고 와서 나의 조언을 구하고 있습니다.

나는 그녀에게 바람직한 방안을 권하며, 그녀가 어느 곳에서든 그리스도의 대의를 위하여 자신의 삶을 바치는 것이 내 판단이라고 말하는 내용의 편지를 썼습니다. 그러나 바로 이 대목에서 나는 어떻게 더 조언을 해주어야 할지 모르겠습니다. 그녀는 25세 정도인데, 빈틈없고 충실하고 영적이며, 대학 교육을 받지 않았으며, 성경을 정상적으로 숙달하고 있습니다.

이제 나는 그녀에게 그녀의 업무에 더 적합하도록 어디로 가라고 조언해야 합니까? 국내입니까, 아니면 해외입니까?

그럼 내가 어떻게 해야 할까요.

내가 화이트 박사의 성경 학교[6]에 대하여 올바르게 생각하고 있다면, 나는 그녀가 그 학교에서 한 과정을 수강하는 것이 좋을 것이라고 느끼고 있습니다. 나는 편지로 쓸 수 없는 이유로 확실히 그녀를 로스앤젤레스 성경 학교[7]로는 보내지 않을 것입니다.

간호사이기에 내가 그녀를 '의료 선교사'로 언급한 것으로 해외 사역에 받아들여질까요, 아니면 다른 준비를 해야 할까요?

나에게는 비슷한 조치를 취할 것으로 예상되는 젊은이가 몇 명 더 있으므로 최선의 절차 방법에 대해 알고 싶습니다. 이 문제로 형제에게 짐을 지게 해서 미안하지만, 내가 그렇게 부담없이 대하거나 다른 사람을 생각할 수 없었습니다.

9년 동안 열심히 일한 후에 우리는 우리 사역의 결과와 열매를 보기 시작하였고, 그것을 가꿀 수 있기를 희망합니다.

많은 관심과 애로에 감사드리며, 오랜 우정에 진심 어린 인사를 드립니다.

안녕히 계세요.
윈스롭 앨리슨

---

6) 윌버트 W. 화이트(Wilbert W. White, 1863~1944)가 1901년 1월 뉴저지 주 몽클레어에 설립한 성경 교사 대학(Bible Teacher's College)을 말한다. 화이트는 '귀납적 성경 연구 방법'을 주도하였으며, 성경은 영어로 가르쳐야 하고, 신학 과정에서 중심적인 위치를 차지하도록 해야 한다고 믿었다. 이 대학은 1902년 뉴욕 시로 이전하였고, 후에 성경 교사 양성소, 위노나 성경 학교 및 뉴욕 성경 신학교 등으로 불리다가 1966년 뉴욕 신학교(New York Theological Seminary)로 발전하였다.

7) 로스앤젤레스 성경 학교(Bible Institute of Los Angeles)는 1908년 유니언 석유회사의 창립자이자 사장인 라이먼 스튜어트(Lyman Stewart, 1840~1923)와 토머스 C. 호튼(Thomas C. Horton, 1848~1932) 목사에 의해 설립되었다. 처음에는 성경과 선교 분야에서 학생들을 훈련시키는데 집중하였지만, 1920년대부터 교과 과정을 확장 시키면서 기독교 교양 대학의 전형적인 기독교 교육을 점차 광범위하게 실시하였고 1949년 비올라 대학(Biola College)으로, 1981년 비올라 대학교(Biola University)로 학교 이름을 바꾸었다.

Winthrop Allison (Ontario, Ca.),
Letter to Robert E. Speer (Sec., BFM, PCUSA) (Feb. 21st, 1920)

Received
FEB 27 1920
Dr. Speer

Feb. 21st, 1920

My Dear Bro. Speer: -

I am again renewing the old acquaintance, but this time in a raw strain. The enclosed letter (which please return to me) in a sense tells its own story. But that you may know more fully the merits of the case, let me give you the history and conditions.

Miss Lawrence was one of the very first whom I Baptized & received into this church nine years ago when I took up this work. She is one of the rarest little Gems I have ever known, small of stature but one little bundle of genuine consecrated consistant [sic] Christian pluck. Having graduated from our splendid High School some years since she on her own initiative went away and took a full Nurses Training course and is a Graduate Nurse. Then on the breaking out of the war, she offered herself to the Red Cross, and was nearly two years in France having made a splendid record there, & returned home as pure as a Lilly. She is am exceptionally fine little Nurse, with tact & common sense.

I buried her noble Christian Mother four months since, and right after that she went to our county Hospital and took charge of the Tuberculosis ward, while there were innumerable calls for her services in private nursing. Now she comes forth with what I have for a long time hoped for, and asks me for guidance.

I have written her commending her for the desired step, and telling her that it is my judgment that she should thus dedicate her life to the cause of Christ some where. But just here I am at a lose to know just how to advise further. She is about 25 years or age, alert, faithful, spiritual, without a College Education, and just a normal mastery of the Bible.

Now where am I to advise her to go for the further fitting for her work, and shall it be at Home or Abroad?

Then how am I to go about it.

I feel that a season spent in Dr. Whites Bible School might be a good thing, if I have the right conception of that school. I certainly would not send her to the Los Angeles Bible Institute for reasons that I cannot place on paper.

Would she be accepted for Foreign work just as she is as a Nurse for I take her reference to "Medical Missionary", to mean that, or would she have to make other preparation?

I have several more young people whom I expect to take a similar step, hence wish to be posted as to best methods of procedure. I am sorry to burden you with this matter, but could not think or any other to whom I could go with like impunity.

After nine years of hard work we are beginning to see the results and fruits of our labors, and hope to be permitted to cultivate them.

Thanking you for your interest and trouble, and with most cordial greetings for the old time friendship, I am

Yours sincerely,
Winthrop Allison

웨스트민스터 장로교회와 윈스롭 앨리슨 목사
Westminster Presbyterian Church and Rev. Winthrop Allison

캘리포니아 주 온타리오에서 예배가 시작된 것은 1883년이며, 감리교회에 의해 호텔 객실에서 교파와 관계없이 진행되었다. 장로교회의 첫 예배는 1887년에 열렸으며, 이듬해에 24명의 신자로 교회가 조직되고 교회 건물이 건축되었다.

그림 14. 웨스터민스터 장로교회.

에드너 M. 로렌스가 다녔던 웨스트민스터 장로교회는 노스 온타리오 교회의 신자들에 의해 1895년 4월 22일 조직되었다. 처음에는 힘차게 시작하였지만 이후 입지를 잃었고 수년간 어려움을 겪은 끝에 신자가 급속하게 증가하면서 그 지역에서 멋진 교회 건물 중 하나를 건축하였다.

윈스롭 앨리슨(Winthrop Allison, 1861~1922) 목사는 뉴욕에서 농부의 아들로 출생하였으며, 1876년 부친이 사망한 후 네브래스카로 이주하여 1880년 당시 게이지 카운티의 비어트리스(Beatrice)에 거주하고 있었다. 1885년에는 랭커스터 카운티의 링컨에서 학교를 다니고 있었으며, 1895년 네브래스카 시 노회에서 전도사로 안수받았다. 1899년 12월 콜로라도 주 엘파소 카운티 콜로라도 스프링스에서 이디스 L. 핏킨(Edith Leora Pitkin, 1874~1953)과 결혼하였다.

1898년 당시 위스콘신 주 더글러스 카운티의 수퍼리어(Superior)에서 목회 활동을 하고 있었으며, 1900년대 중반 캘리포니아 주로 이주하여 1910년까지 로스앤젤레스 시에서 목회 활동을 하였다. 1911년경 샌버너디노 카운티의 온타리오에 있는 웨스트민스터 장로교회의 담임 목사가 되었다.

19200302

로버트 E. 스피어(미국 북장로교회 해외선교본부 총무)가
오빌 리드(미국 북장로교회 해외선교본부 지원자 담당
부총무)에게 보낸 편지 (1920년 3월 2일)

1920년 3월 2일

친애하는 리드 박사님,[8]

　　내 오랜 친구가 보낸 동봉된 편지[9]와 내 답장 사본[10]은 설명이 필요없을 것입니다.
　　박사님이 현명하다고 생각하는 편지[11]와 함께 로렌스 양의 편지[12]를 앨리슨 씨에게 돌려주시겠습니까.

　　안녕히 계세요.
　　로버트 E. 스피어

　　RES:C.

---

8) 오빌 리드(Orville Reed, 1854. 10. 6~1927. 11. 3)는 1877년 예일대학교를 졸업하였다. 1880년 목사 안수를 받고 뉴저지의 몽클레어에서 목회 활동을 하다가 1913년 미국 북장로교회 해외선교본부에 합류하여 부총무가 되었다. 1918년부터 1923년까지 지원자 담당 부총무의 역할을 맡았다.

9) Winthrop Allison(Ontario, Ca.), Letter to Robert E. Speer(Sec., BFM, PCUSA)(Feb. 21st, 1920)

10) Robert E. Speer(Sec., BFM, PCUSA), Letter to Winthrop Allison(Ontario, Ca.)(Mar. 2nd, 1920)

11) Orville Reed(BFM, PCUSA), Letter to Winthrop Allison(Ontario, Ca.)(Mar. 2nd, 1920)

12) Edna M. Lawrence, Letter to Winthrop Allison(Ontario, Ca.)(Feb. 17th, 1920)

Robert E. Speer (Sec., BFM, PCUSA),
Letter to Orville Reed (BFM, PCUSA) (Mar. 2nd, 1920)

March 2nd, 1920.

My dear Dr. Reed: -

The enclosed letter from an old friend of mine, together with the copy of my reply will be self-explanatory.

Will you please return Miss. Lawrence's letter to Mr. Allison with any communication that you think wise.

Very cordially yours.
Robert E. Speer

RES:C.

19200302

로버트 E. 스피어(미국 북장로교회 해외선교본부 총무)가
윈스롭 앨리슨(캘리포니아 주 온타리오)에게 보낸 편지
(1920년 3월 2일)

1920년 3월 2일

윈스롭 앨리슨 목사,
　웨스트민스터 장로교회,
　캘리포니아 주 온타리오

친애하는 앨리슨 형제여,

　　로렌스 양이 보낸 편지가 첨부된 형제의 2월 21일자 편지를 받게 되어 매우 기쁩니다.[13] 우리는 만족할 만한 간호사가 절실히 필요하고, 대학 과정을 이수한 여성을 선호해야 하지만 그 과정은 필수 불가결한 것이 아니며, 나는 로렌스 양이 지체하지 말고 우리 서부 여자 선교본부의 지원자 총무인 캘리포니아 주 샌프란시스코 새크라멘토 가(街) 920의 L. H. 키비 부인[14]과 연락할 것이라고 믿고 있습니다.

　　나는 형제가 원하는 대로 로렌스 양의 편지를 형제에게 돌려주고, 그녀가 사용하도록 통상적인 신청서 양식과 서류를 형제에게 보내 달라는 요청과 함께 형제의 편지를 지원자 부서에 보여주었습니다.

　　나는 그녀가 이곳의 성경 교사 양성학교에서 한 과정을 수강할 수 있다면 그것이 매우 바람직할 것이라는 데 형제에게 동의합니다. 그것은 훌륭한 학교이며, 그녀가 이곳에 있는 것은 선교본부와 밀접하게 접촉하게 할 것입니다.

　　형제와 형제의 모든 일에 하나님의 축복을 기원하며, 지난날의 행복한 추억을 가지고 있습니다.

　　안녕히 계세요.

---

13) Winthrop Allison(Ontario, Ca.), Letter to Robert E. Speer(Sec., BFM, PCUSA)(Feb. 21st, 1920)
14) 이 주소는 장로교회 선교부의 주소이며, 서부 여자 선교본부가 있었다.

[로버트 E. 스피어]

RES:C.

Robert E. Speer (Sec., BFM, PCUSA),
Letter to Winthrop Allison (Ontario, Ca.) (Mar. 2nd, 1920)

March 2nd, 1920

The Rev. Winthrop Allison,

Westminster Presbyterian Church,

Ontario, Calif.

My dear Brother Allison,

It was a great pleasure to get your letter of February 21st with its attached letter from Miss Lawrence. We are in great need of satisfactory nurses and while we should prefer women who had has a college course that is not indispensable and I trust that Miss Lawrence will without delay put herself in communication with the Candidate Secretary of our Women's Occidental Board, Mrs. L. H. Kibbe, 920 Sacramento Street, San Francisco, Calif.

I am showing your letter to our Candidate Department with the request that it return Miss Lawrence's letter to you as you desire and that it send you for her use the customary application blanks and papers.

I agree with you that it would be very desirable if she could spend a season at the Bible Teachers Training School here. It is an excellent school and her presence here would make it possible for her to come into closet touch with the Board.

With a prayer for God's blessing on you and all your work, and with happy memories of the old days, I am,

Very cordially yours,

[Robert E. Speer]

RES:C.

엘렌 C. 키비(Ellen C. Kibbe)

메리 E. 콘딧(Mary Ellen Condit, 1862. 11. 17~1948. 3. 28)은 1860년 4월 미국 북장로교회 선교사로 중국 광둥으로 파송된 아이러 M. 콘딧(Ira Miller Condit, 1833. 1. 14~1915. 4. 25)과 로라 E. 콘딧(Laura Emily Condit, 1837. 4. 25~1866. 12. 5) 사이에서 태어났다. 콘딧 가족은 로라의 건강 문제로 1865년 11월 말 귀국하였다. 귀국 직후 아이러는 캘리포니아 주의 중국인에 대한 업무를 맡았다.

오하이오 주에서 출생한 래번 H. 키비(Laverne Harmon Kibbe, 1864. 2. 24~1955. 11. 13)와 1891년 3월 캘리포니아에서 결혼하였다. 1913년 버클리로 이주하여 선교 사업에 활발하게 참여하였다. 1920년 당시 래번은 코블딕-키비 유리 회사의 사장이었다.

오빌 리드(미국 북장로교회 해외선교본부 지원자 담당 부총무)가 윈스롭 앨리슨(캘리포니아 주 온타리오)에게 보낸 편지 (1920년 3월 4일)

```
┌─────────────────┐
│     기록과      │
│ 1920년 3월 5일  │
│     총 무       │
└─────────────────┘
```
                                                    1920년 3월 4일

윈스롭 앨리슨 목사,
　　웨스트민스터 장로교회,
　　캘리포니아 주 온타리오

친애하는 앨리슨 씨,

　　스피어 씨는 2월 21일자 귀하의 편지15)와 2월 17일자 로렌스 양의 편지를 받았고, 나는 두 편지 모두에 깊은 관심을 가지고 있습니다.

　　나는 로렌스 양을 위한 자리가 있다고 확신하며, 귀하께서 즉시 신청서 양식과 약간의 문헌을 그녀에게 친절하게 전달해 주기를 바랍니다. 그녀는 이제 25세이므로 성경 훈련을 위하여 1년을 더 할애할 수 있으며, 이곳 뉴욕에 있는 성경 교사 양성 학교에 오는 것이 그녀에게 좋은 생각일 것입니다. 그러면 우리는 그녀의 계획과 준비를 지도하기 위하여 그녀의 분야에 대해 더 잘 알게 될 것입니다. 그녀가 뉴욕 시 렉싱턴 애버뉴 541의 성경 교사 양성 학교로 편지를 쓰게 되면, 그들은 그녀에게 문헌과 그들의 업무와 조건 등에 관한 완전한 정보를 제공할 것입니다. 그녀가 도움이 필요한 경우 그들에게는 자조 부서가 있는데, 학생들은 식사의 시중을 들거나 선교부 예배당과 다른 도시 선교 사업에서 성경 수업을 가르침으로써 생계비의 일부를 마련할 수 있습니다. 그것은 좋은 학교입니다. 방법은 실용적이고 가장 도움이 되며 분위기는 철저하게 전도적이고 선교적입니다.

　　나는 또한 귀하의 회중에 있을 수 있는 다른 후보자들에 관하여 귀하께서 말하는 것에 관심이 있습니다. 이것이 바로 우리가 찾고 있는 것, 즉 해외 선

---

15) Winthrop Allison(Ontario, Ca.), Letter to Robert E. Speer(Sec., BFM, PCUSA)(Feb. 21st, 1920)

교 사역를 위하여 젊은이들에게 관심을 두고 있는 목회자들입니다. 우리는 목회자들의 깊은 관심을 확보하고 그들을 통하여 교회의 선택된 청년들과 교신해야 합니다. 나는 목회자들이, 만일 그들이 한다면, 우리가 가질 수 있는 최고의 모집 요원이 될 수 있다고 철저히 믿고 있습니다.

저는 로렌스 양을 위한 지원자 서류와 함께 귀하께 약간의 지원자 서류를 보냈으며, 귀하께서 그것을 유용하게 사용할 수 있다고 생각하면 기꺼이 더 많이 제공할 것입니다. 귀하께서 알고 있는 젊은이의 이름과 주소를 알려주시면 나는 모든 젊은이를 기쁘게 추적할 것입니다. 귀하의 친절한 협조에 감사드리며, 가까운 시일 내에 귀하의 의견을 들을 수 있기를 바랍니다.

안부를 전합니다.

안녕히 계세요.
[오빌 리드]

OR: :S

Orville Reed (Candidate Assis. Sec., BFM, PCUSA), Letter to Winthrop Allison (Ontario, Ca.) (Mar. 4th, 1920)

March 4, 1920

Rev. Winthrop Allison,
        Westminster Presby. Church,
        Ontario, California

My dear Mr. Allison: -

Mr. Speer has given me your letter of February 21st and also that of Miss Lawrence of February 17th, and I am deeply interested in both.

I am sure that we have a place for Miss Lawrence and am sending immediately a set of our application blanks and some literature which I hope you will kindly transmit to her. Since she is now twenty-five years of age she could spare another year for Bible training and it would be a fine idea for her to come to the Bible Teachers Training School here in New York. Then we could get better acquainted with her field do more to direct in her plans and preparation. If she will write to the Bible Teachers Training School. 541 Lexington Avenue, New York City, they will send her literature and give full information regarding their work and terms, etc. They have a self-help department if she needs help, and students earn a part of their living by waiting on table or by teaching Bible classes in the Mission chapels and other city mission work. It is a good school. The methods are practical and most helpful and the atmosphere thoroughly evangelistic and missionary.

I am also interested in what you say regarding some other possible candidates in your congregation. This is just what we are looking for, namely, pastors interested in young people for foreign missionary service. We must secure the deep interest of the pastors and through them come in correspondence with the choice young man and women in the churches. I thoroughly believe that the pastors, if they will, may become the beet recruiting agents that we could have.

I am sending you some candidate literature beside that for Miss Lawrence and shall be very glad to supply more if you feel that you can use it to advantage. I shall be very glad to follow up every young person whose name and address you may see it to give me. I appreciate your kind cooperation and hope to hear from you in the near future.

With kind regard

Cordially yours,
[Orville Reed]

OR: :S
Blanks, C&Q
Overseas, Nurse,
Sloan, new day,
league, Ch. Rec.

지원서. 대외비. 지원자가 답할 개인적인 질문
(에드너 M. 로렌스, 1920년 3월 15일)

접 수
1920년 3월 3일
화이트 박사

지원서

대외비

_____

미국 북장로교회 해외선교본부

뉴욕 시 5 애버뉴 156

_____

지원자가 답해야 할 개인적인 질문

주(註). - 이 질문들은 순전히 예비적인 것이므로 귀하의 지원이 선교본부에서 결정되기 전까지는 어쨌든 현재의 업무에 지장을 주지 않도록 해야 합니다.

_____

1. **이름.** 에드너 메이 로렌스
   부모의 이름과 주소 및 아버지의 직업.
   엔 로렌스, 사망, 어머니
   발렌타인 로렌스, 캘리포니아 주 온타리오, 목장 감독

2. **주소.** 캘리포니아 주 온타리오
   지원자의 임시 주소 (변경 시 즉시 알려줄 것)
   캘리포니아 주 샌버너디노의 샌버너디노 카운티 병원

3. **생일 및 출생지.** 1894년 캐나다 위니펙. 귀화로 미국 시민이 됨

4. **교육을 받은 기관 명칭 및 각각의 졸업일.**
   채피 유니언 고등학교, 캘리포니아 주 온타리오, 1914년
   포모나 밸리 병원, 캘리포니아 주 포모나, 1917년

5. **(a) 영어 외에 어떤 언어를 공부하였습니까? 그리고 얼마 동안?**
   독일어   1년
   (b) 영어 이외에 말할 수 있는 다른 언어가 있습니까?

6. 피아노 혹은 오르간을 연주할 수 있습니까? 예.

노래를 이끌 수 있습니까? 이끈 경험이 없습니다.

7. 회계에 대한 지식이 있습니까? 아니오

8. 귀하는 학업 외에 다른 일을 한 적이 있습니까?

이 병원에서 간호직으로, 다른 일을 한 적은 없음

(a) 선교부 혹은 교회 사역이라면 - 시기와 장소.

(b) 교사라면. 학교 이름과 근무 기간, 가르친 학년 및 과목.

(c) 의사라면, 병원 경험이 있습니까? 그렇다면 장소와 기간은?

개업을 하였습니까? 그렇다면 장소와 기간은?

(d) 사업이라면 – 회사 명칭과 주소를 적으시오.

나는 1917년 8월부터 1918년 3월까지 포모나에서 개인 간호를 하였습니다. 나는 1918년 3월부터 1919년 5월까지 적십자 간호에 종사하였습니다. 나는 1919년 5월부터 12월까지 포모나에서 개인 간호를 하였습니다. 나는 1920년 1월 5일 이래 이 병원의 결핵 병동에서 일을 하였습니다.

9. 귀하의 부모는 교회에 출석합니까? (돌아가셨다면 출석하였습니까?) 그렇다면 교파는?

어머니, 장로교회의 신자, 사망

아버지는 고백한 기독교 신자가 아니며, 교회에 다니고 있지 않습니다. 그는 훌륭한 도덕성을 가진 분입니다.

10. 귀하가 교회에 다닌 시기와 장소는? 나는 1912년경 온타리오의 장로교회에 다니기 시작하였습니다.

11. 귀하가 지금 다니는 교회는? 캘리포니아 주 온타리오의 웨스트민스터 장로교회

(귀하가 지금 교회를 정기적으로 잘 다니고 있다는 내용이 담긴, 귀하가 다니는 교회의 당회에서 작성한 편지가 필요합니다.)

12. 장로교회 선교사들과의 따뜻한 협력을 가로막는 견해가 있습니까? 아니오

13. 성경 학습에 관한 귀하의 습관은 무엇입니까?

나는 이틀이나 사흘마다 한두 장(章)씩 성경을 읽고 있습니다. 가끔은 매일 읽습니다.

14. 실제적인 기독교 사업에서 어떤 경험을 하였습니까?

고등학교에 다니는 동안 나는 기독교 면려회에서 활동하였고, 교회 일을 할 수 있는 모든 방법으로 도왔습니다. 간호학을 시작한 이후로 나는 가끔 이외에는 예배에 참석하거나 적극적으로 참여하지 못하였습니다.

15. 해외 선교사가 되고자 하는 열망을 품은 지 얼마나 되었습니까?

1914년 간호사 훈련을 받기 시작한 이래.

16. (a) 귀하가 선호하는 특정 선교지는 무엇입니까? 해외

(b) 그 이유는? 나는 선호하는 특별한 국가나 장소가 없습니다. 내가 가장 잘할 수 있는 곳으로 가고 싶습니다. 나는 나의 전문적인 경험과 지식이 활용될 수 있는 곳을 원합니다.

(c) 그럼에도 불구하고 선교본부의 판단에 따라 귀하가 선택한 분야로 가는 방도가 명확하지 않다고 판단되는 경우, 선교본부가 귀하를 파송하는 것이 가장 좋다고 판단하는 곳이면 어디든 기꺼이 가겠습니까? 예

17. (a) 귀하의 직계 가족은 해외 선교사가 되려는 귀하의 목적에 동의합니까?
예

(b) 친척들과 헤어지는 시련을 충분히 고려해 보았습니까? 예. 나는 8개월 동안 프랑스에 파견되어 군대 업무를 하였던 동안 헤어짐이 그리 길지 않았지만 비슷한 경험을 하였습니다.

18. 귀하는 지금 하나님께서 허락하신다면 평생 해외 선교 사업에 종사할 것을 계획하고 있습니까? 예

19. 귀하는 가족의 별거와 자녀 교육에 대한 부적절한 기회를 포함하여 특정 궁핍과 희생이 종종 선교사 경력에 필연적으로 수반된다는 것을 알며, 귀하는 그러한 가능성에 대한 완전한 지식과 그리스도를 위한 끈질긴 용기로 그것들을 감당할 선교사로 임명받고 싶습니까? 예

20. 하지만 선교본부가 승인한 신체적 또는 기타 결격 사유가 아닌 다른 사유로 5년 이내에 사직해야 하는 경우, 귀하의 계정에 발생한 비용에서 선교본부가 정당하다고 판단되는 부분을 환불하겠다고 약속합니까? 예

21. (a) 귀하는 모든 형태의 선교 사업에서 모든 선교사의 가장 중요한 의무는 그리스도를 주님 및 구세주로 알리는 것이라고 믿고 있습니까? 예
    (b) 당신에게 어떤 다른 임무가 주어질지라도 그러한 노력을 선교 사업의 주된 특징으로 삼을 작정입니까? 예

22. 선교사로 임명되면 언제 집을 떠날 수 있습니까? 나는 8월이나 9월 이전에는 떠나고 싶지 않습니다.

23. (a) 결혼하였습니까? 아니오   그렇다면 언제입니까?
    (b) 자녀들이 있습니까?   그렇다면 그들의 나이는?
    (c) 결혼하였다가 별거 중이거나 이혼한 경우, 또는 과부나 홀아비인 경우 사실과 상황을 설명하시오.
    (d) 결혼하지 않았다면, 결혼을 생각합니까? 아니오
       그렇다면 약혼자의 이름과 주소를 알려주세요.
       귀하의 약혼자는 귀하의 선교 목적에 동조합니까?

24. (a) 귀하는 빚이 있습니까? 아니오
    (b) 귀하에게 의존하는 사람이 있습니까? 아니오

25. 귀하는 모든 형태의 알코올 음료와 아편, 코카인 또는 기타 마약을 완전히 금하고 있습니까? 예

26. 선교 문제에 있어 귀하는 자신의 의견과 상반되더라도 자신의 의견을 분명하게 밝히고 다수의 결정을 기꺼이 받아들이겠습니까? 예

27. 당신의 기질은 외국의 새롭고 낯선 삶의 조건에 쉽게 적응할 수 있습니까? 예. 나는 프랑스에서 가장 힘든 상황에서 일하면서 이런 종류의 경험을 충분히 하였다고 생각하며, 필요할 때 새롭고 낯선 조건에 적응할 수 있다고 확신하고 있습니다.

28. 귀하의 사진을 2장을 동봉해주세요.

29. 귀하의 기독교 경험과 선교 봉사를 추구하는 동기를 설명하는 별도의 편지를 작성하세요. 이것은 중요합니다.

30. "귀하는 구약과 신약이 하나님의 말씀이며, 믿음과 행위의 유일무오한 법칙임을 믿습니까?" 예

31. "귀하는 성경에서 가르치는 교리체계를 담고 있는 이 교회의 신앙 고백을 진심으로 받아들이고 채택합니까?" 예

32. "귀하는 미국 장로교회의 정치와 규율을 승인합니까?" 예

33. 귀하의 목사, 교사 등을 포함하여 귀하에 대한 추가 정보를 위해 서신을 보낼 수 있는 6명 이상의 사람의 이름과 주소를 알려주세요.
이름　윈스롭 앨리슨 목사
　　주소　캘리포니아 주 온타리오
이름　에드윈 심스 부인
　　주소　캘리포니아 주 온타리오의 사우스 유클리드 애버뉴
이름　J. A. 케네디 부인
　　주소　캘리포니아 주 포모나의 개리 애버뉴 720 N.
이름　F. F. 애벗
　　주소　캘리포니아 주 온타리오
이름　이디스 패튼 양, 책임자
　　주소　포모나 밸리 병원, 캘리포니아주 포모나

이름 머튼 힐 씨, 교장
    주소 채피 유니언 고등학교, 온타리오
이름 로버트 스미스 박사
    주소 캘리포니아 주 포모나

에드너 메이 로렌스
지원자 서명

현 주소   샌 버너디노 카운티 병원
          캘리포니아 주 샌버너디노
날 짜   1920년 3월 15일

작성하면 L. H. 키비 부인에게 보내주세요.
캘리포니아 주 버클리의 애쉬비 애버뉴 2722

선교지에서의 결혼

미혼 여자 선교사가 선교부에 도착한 직후 결혼함으로써 흔히 초래되는 선교지 사업의 심각한 장애, 그리고 본국 사역자들에게 주는 실망감을 고려하여 다음과 같이 간곡하게 권고한다.

1. 그들이 선교지에 도착한 후 3년 이내에 우리 선교계 내에서, 5년 이내에 우리 선교계 외부의 사람과 결혼하지 말 것.

2. 의료 선교사로 임명될 미혼녀는 선교지에 도착한 후 5년 이내에 우리 선교계 내외를 막론하고 결혼하지 말 것.

3. 사역 첫 해에 한 선교본부로부터 다른 선교본부의 사람과 결혼하여 제적된 선교사는 그를 파송하기 위한 채비 일체, 여행비 등 선교본부가 지불한 금액을 반환해야 한다. 다만 1년 동안의 사역으로 이 금액의 25%를 감해주며, 그러한 선교사는 4년의 사역을 마치면 모든 채무가 면제된 것으로 간주한다.

양식 번호 1710

그림 15. 로렌스가 선교사로 지원하며 선교본부로 보낸 사진. 그림 12와 같은 날에 찍은 다른 사진이다.

나의 기독교 경험과 선교 봉사를 추구하는 동기[16]

내가 교회에 들어온 이유는 나의 죄를 고백하고 예수 그리스도를 나의 구원자요 구세주로 영접하는 것을 굳게 믿기 때문입니다. 나는 하나님의 사업을 진척시키기 위하여 헌신적인 봉사가 필요함을 깨닫고 내가 주인을 섬길 수 있는 일을 찾는 것 같았습니다. 물론 간호사로서 환자에 의해 길이 열리지 않으면 복음 전도를 많이 할 수 없습니다. 그러나 나는 내 일에 그리스도의 사랑을 담았고 내가 할 수 있는 최선을 다하였습니다.

나는 기도로 하나님께 아주 가까이 다가갑니다. 내가 바쁘게 고민하고 문제를 전달하는 동안 여러 번 문제가 발생하고 일을 젖혀 두고 하나님께 기도로 말할 수 없었기 때문에 일하는 동안 기도를 올렸고 모든 것이 잘 된 것 같습니다. 나는 기도를 굳게 믿으며, 어느 일도 기도로 하나님께 가져가기에 사소하지 않습니다.

내가 선교 사업을 하려는 동기는 하나님께서 나를 그 일에 부르셨고 다른 어느 곳에서도 이와 같은 신성한 축복을 받지 못할 것이라고 굳게 믿기 때문입니다. 전도자의 대의와 전문적인 경험으로 어딘가에 유용할 수 있다고 확신합니다. 나에게 유일한 만족스러운 삶은 다른 사람들을 위한 봉사의 삶입니다. 이곳에는 간호사가 너무 많으며, 외국으로 나가서 사람들을 소홀히 하지 않을 것입니다. 어떤 이유로든 내가 선교본부에서 받아들여지지 않는다면 나는 매우 실망하겠지만 주님을 섬기기 위한 다른 방법을 찾을 것입니다.

에드너 로렌스

---

16) 에드너 M. 로렌스가 지원서의 29항에 따라 별지(別紙)에 작성한 것이다. 그녀가 1920년 2월 17일 자로 위스롭 앨리슨에게 보낸 편지가 확인되지 않기에 이 글이 선교사 지원 편지에 해당한다고 볼 수 있다.

Application. Confidential. Personal Questions to be Answered by the Applicant (Edna M. Lawrence, Mar. 15th, 1920)

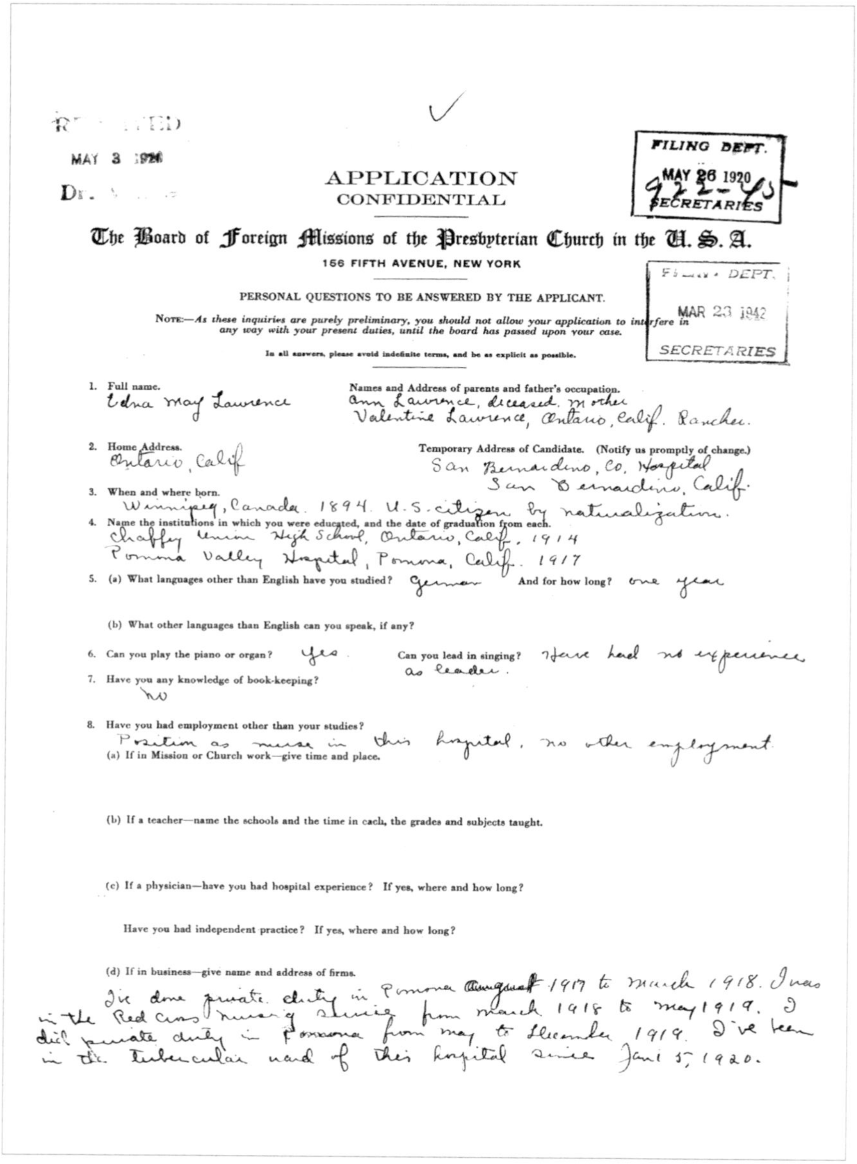

RECEIVED
MAY 3 1920
Dr.

FILING DEPT.
MAY 26 1920
922-45
SECRETARIES

APPLICATION
CONFIDENTIAL

The Board of Foreign Missions of the Presbyterian Church in the U. S. A.
156 FIFTH AVENUE, NEW YORK

FILING DEPT.
MAR 23 1942
SECRETARIES

PERSONAL QUESTIONS TO BE ANSWERED BY THE APPLICANT.

NOTE:—*As these inquiries are purely preliminary, you should not allow your application to interfere in any way with your present duties, until the board has passed upon your case.*

In all answers, please avoid indefinite terms, and be as explicit as possible.

1. Full name. Edna May Lawrence
   Names and Address of parents and father's occupation. Ann Lawrence, deceased. mother
   Valentine Lawrence, Ontario, Calif. Rancher.
2. Home Address. Ontario, Calif
   Temporary Address of Candidate. (Notify us promptly of change.) San Bernardino, Co. Hospital
   San Bernardino, Calif.
3. When and where born. Winnipeg, Canada. 1894. U.S. citizen by naturalization.
4. Name the institutions in which you were educated, and the date of graduation from each.
   Chaffey Union High School, Ontario, Calif., 1914
   Pomona Valley Hospital, Pomona, Calif. 1917
5. (a) What languages other than English have you studied? German And for how long? one year
   (b) What other languages than English can you speak, if any?
6. Can you play the piano or organ? yes. Can you lead in singing? Have had no experience as leader.
7. Have you any knowledge of book-keeping? no
8. Have you had employment other than your studies? Position as nurse in this hospital, no other employment.
   (a) If in Mission or Church work—give time and place.
   (b) If a teacher—name the schools and the time in each, the grades and subjects taught.
   (c) If a physician—have you had hospital experience? If yes, where and how long?
   Have you had independent practice? If yes, where and how long?
   (d) If in business—give name and address of firms.
   I've done private duty in Pomona ~~August~~ 1917 to March 1918. I was in the Red Cross nursing service from March 1918 to May 1919. I did private duty in Pomona from May to December 1919. I've been in the tubercular ward of this hospital since Jan 15, 1920.

그림 16. *Application. Confidential. Personal Questions to be Answered by the Applicant.* Edna M. Lawrence, Mar. 15th, 1920.

9. Are your parents, or were they, if deceased, members of a church?   If yes, of what denomination?

    If not, give brief explanation.

Mother, member of Presbyterian church. Deceased
Father, is not a professed Christian & does not attend church.
10. When and where did you unite with the Church? *Is a man of good morals.*
    I united with the Presbyterian church in Ontario about 1912

11. Of what church are you now a member? *Westminster Presbyterian church of Ontario, Calif.*
    (A letter from the Session of your Church is requested stating that you are in good and regular standing.)

12. Have you any views which would prevent your cordial co-operation with the missionaries of the Presbyterian Church? *No.*

13. What is your habit as to Bible study?
    I read one or two chapters of the Bible every second or third day.
    Sometimes I read it daily.

14. What experience have you had in practical Christian work?
    While attending high school I was active in Christian Endeavor
    society and helped in every way I could with the work of the church.
    Since taking up nursing I have not been able to attend services or
15. How long have you entertained the desire to become a foreign missionary? *to take an active part except occasionally*
    Since I started my nurses training in 1914.

16. (a) What special field, if any, do you prefer? *Foreign.* (b) Why? *I had no special country or*
    location. I want to go where I can do the most good. I want a
    place where my professional experience and knowledge may be put to use
    (c) Are you, nevertheless, willing to go wherever the Board may deem it best to send you, if, in its judgment, the way should
    not be clear for you to go to the field of your choice? *Yes.*

17. (a) Is your immediate family in sympathy with your purpose to become a foreign missionary? *Yes.*

    (b) Have you fully considered the trial of separation from your relatives? *Yes. I had a similar, tho.*
    not so long a separation during my war service, when I was
    sent to France for eight months.
18. Do you now propose to enter the foreign missionary work for life, if God will? *Yes.*

19. Do you realize that certain privations and sacrifices, including perhaps family separations and inadequate opportunities for the
    education of children, are often necessarily involved in a missionary career, and do you seek missionary appointment with the
    full knowledge of such possibilities, and a readiness to meet them with persistent courage for Christ's sake? *Yes.*

20. If, however, you should within five years resign for other than physical or other disqualification approved by the Board, do you
    promise to refund such a proportion of the expense incurred on your account as the Board may judge equitable? *Yes.*

21. (a) Do you believe that in every form of mission work the paramount duty of every missionary is the purpose to make Christ
    known as Master, Lord and Saviour? *Yes.*

    (b) And do you propose to make such effort the chief feature of your missionary career, no matter what other duties may be
    assigned to you? *Yes.*

22. In the event of your appointment, when could you leave home? *I would not want to go before August or September.*

23. (a) Are you married? *no*   If yes, when were you married?

    (b) Have you children?   If so, what are their ages?

    (c) If you have been married and are now separated or divorced, or if you are a widow or a widower, please state the fact and circumstances.

    (d) If not married, do you contemplate matrimony? *no.*   If so, give name and address of your betrothed.

        Is your betrothed in sympathy with your missionary purpose?

24. (a) Are you liable for debt? *no.*

    (b) Is anyone dependent upon you for support? *no.*

25. Are you a total abstainer from alcoholic beverages, and from opium, cocaine, or other narcotic drugs? *Yes*

26. In mission matters will you cheerfully acquiesce in the decision of a majority, after clearly stating your opinions, even if it is contrary to your own opinions? *Yes.*

27. Is your temperament such that you can easily adapt yourself to the new and strange conditions of life in a foreign field? *Yes. I think I had sufficient experience of this kind in my trip in France under the most trying circumstances and I feel certain that I could adapt myself to new and strange conditions when necessary.*

28. Please enclose a photograph of yourself.

29. Write a separate letter describing your Christian experience and your motives for seeking missionary service. *This is important.*

30. "Do you believe the Scriptures of the Old and New Testaments to be the Word of God, the only infallible rule of faith and practice?" *Yes.*

31. "Do you sincerely receive and adopt the Confession of Faith of this Church as containing the system of doctrine taught in the Holy Scriptures?" *Yes.*

32. "Do you approve of the government and discipline of the Presbyterian Church in these United States?" *Yes.*

33. Give the names and addresses of half a dozen or more persons to whom we can write for further information about you, including your pastor, instructors, etc.:

Name _Rev. Winthrop Allison_

Address _Ontario, Calif_

Name _Mrs. Edwin Sims_

Address _South Euclid Ave, Ontario, Calif_

Name _Mrs. J. A. Kennedy_

Address _720 N. Garey Ave, Pomona, Calif._

Name _Dr. F. F. Abbott,_

Address _Ontario, Calif_

Name _Miss Edith Patten, Supt._

Address _Pomona Valley Hospital, Pomona, Calif_

Name _Mr. Merton Hill, Principal_

Address _Chaffey Union High School, Ontario_

Name _Dr. Robert Smith_

Address _Pomona, California._

Present Address _San Bernardino Co. Hospital_
San Bernardino, Calif.

Date _March 15, 1920_

Edna May Lawrence
Signature of Applicant

When filled, to be forwarded to _Mrs. L. H. Kibbe,_
2722 Ashby Ave,
Berkeley, Calif

MARRIAGE ON THE FIELD

In view of the serious embarrassment to the work on the field, and disappointment to the workers at home, which is frequently caused by the marriage of single women missionaries soon after their arrival at their mission, it is earnestly recommended:

1. That they will not marry within the circle of our own missions in less than three years from the date of their arrival on the field and that they will not marry outside our own mission circle in less than five years from date.

2. That single women who are candidates for appointment as medical missionaries, will not marry, either within or without our own mission circles, in less than five years from the date of their arrival on the field.

3. Missionaries removing by marriage from one Missionary Board to another in the first year of their service, should return, or have returned on their account, the amount expended by the Board which sent them out, for outfit and travel, twenty-five per cent. of this amount to be deducted for each subsequent year of service, such missionaries after the fourth year of service to be regarded as having discharged all such obligations.

Form No. 1710

My Christian experience and motives for seeking missionary service

My reason for joining the church was that I firmly believe that the confession of my sins and the acceptance of Jesus Christ as my redeemer and savior. I seemed to see the need of consecrated service to further God's work and s____ a work in which I could serve my master. Of course as a nurse I could not do a great deal of evangelistic work unless the way was opened by the patient. But I put the love of Christ into my work and did it the very best I could.

I get very near to God in prayer. So many times when I was busy perplexing and conveying problems would come up and as I couldn't go off duty and tell it to God in prayer I just sent up a prayer while I worked and someway everything deemed to come out all right. I believe firmly in prayer and no matter is too trivial to take to God in prayer.

My motives for seeking missionary service is that I firmly believe that God has called me to that work and that in no other would I receive such a divine blessing as in this. I'm sure that with an evangelist's cause and my professional experience that I could be useful somewhere. The only satisfying life to me is one of service for others. There are so many nurses here that I won't be neglecting people by taking myself to a foreign field. If for some reason I'm not accepted by the Board I shall be very much disappointed but will seek other ways to serve my Lord.

Edna Lawrence

19200315

에드너 M. 로렌스에 대한 건강 검진의의 보고서
(F. F. 애벗, 1920년 3월 15일)

양식 2142   공개 제한
                    미국 북장로교회 해외선교본부
                    뉴욕 주 뉴욕 시 5 애버뉴 156

건강 검진의의 보고서

피검사인   에드너 M. 로렌스 양

           주소   샌버너디노 카운티 병원, 샌버너디노 시

건강 검진의가 답할 질문

주의 1 – 해외 선교사는 종종 견디기 어려운 기후, 비위생적인 환경, 악성 질환에 대한 노출, 그리고 외로움과 국외 거주에 부수된 신경성 중압감 하에서 살고, 일을 하기 때문에, 정상적인 체질과 왕성한 건강을 가진 남녀만이 임명됩니다. 따라서 건강 검진의는 철저하고 상세한 검진을 해야 하며, 선교본부는 그의 보고를 가장 신뢰한다는 것을 염두에 두고 책임감 있게 임무를 수행해 주십시오. 답이 없는 항목에 관해서는 그 이유를 물어 볼 것이기에, 모든 질문에 답해야 합니다.

주의 2 – 건강 검진의는 각 항목 하에 여러 질병을 시사하는 여러 증상을 도출할 수 있는 질문을 물어보고, 이전 질병 혹은 상해의 유해한 영향을 충분히 언급하며, 해외 국가의 좋지 않은 환경에서 재발할 수 있는 가능성에 관한 견해를 밝혀주십시오.

I. A. 지원자의 나이는?   I. A. 26세

   B. 지원자가 이전에 알던 사람입니까?   B. 예, 약 3년
      그 기간은?

   C. 지원자를 치료한 적이 있습니까?   C. 아니오
      어떤 질환 혹은 상해로?

   D. 외모로 건강이 어떻습니까?   D. 왕성
      왕성, 중간, 허약

   E. 체중, 신장 및 몸매   E. 146 파운드, 1920년 6월 17일
                              137파운드 5온즈
                              5피트 1인치   땅딸막함

   F. 어떤 불구나 기형이 있습니까?   F. 아니오

G. 성질이 어떻습니까? 소심한 혹은 기타.　　　　　G. 소심함

II. 호흡기계통

A. 호흡이 충분하고, 쉬우며 규칙적 입니까? 분당 호흡수를 적으시오.

B. 기침, 가래 혹은 호흡 곤란이 있습 니까?

C. 이학적 검사 상 호흡기관의 이상을 나타내는 소견이 있습니까? 있다면 충분히 설명하고 그 의미에 대한 당신의 소견을 적으시오.

D. 지원자가 호흡기계통의 질환 혹은 기능적 장애를 겪은 적이 있습니까. 그렇다면 구체적으로 적으시오.

E. 가슴둘레는? 심흡기 시에는? 심호기 시에는?

II.

A. 예
분당 18번

B. 아니오

C. 아니오

D. 아니오

E. 35½ 인치
32½ 인치

III. 순환기계통:

A. 체온은? 구강 검사에서 화씨 99도 를 넘으면, 다른 날 다시 잴 것.

B. 맥박 수와 다른 특성을 적으시오 혈압은? 맥박수가 88번 이상이거나 54번 이하이면, 다른 날 다시 잴 것.

C. 맥박이 일시 멈추거나 혹은 불규칙적 혹은 고르지 못합니까?

D. 이학적 검사에서 심장이나 혈관의 상태가 비정상적인 소견을 보입니까?

E. 지원자가 순환기계통의 어떤 질병을 앓은 적이 있습니까? 있다면 설명하세요.

III

A. 98.6도

B. 84번이며, 충분하고 강함
혈압 122-80

C. 아니오

D. 아니오

E. 아니오

IV. 신경계통.

신경계통의 뇌나 다른 부분에 질병 혹은 기능적 장애가 있었거나 있습니까? 그렇다면, 구체적으로 설명하시오. 특히 두통, 불면증, 신경성 피로(nervous exhaustion), 무도병 혹은 전간, 정신 이상에 대하여 질문할 것.

IV. 없음.

V. 소화기계통.

지원자가 어떤 질병 혹은 기능적 장애를 가졌습니까?

A. 위?

B. 장?

C. 간?

D. 만성 변비의 경향이 있습니까?

E. 설사는?

F. 지원자가 소화기계통의 질환을 앓은 적이 있습니까? 그렇다면 설명하시오. 특히 충수돌기염에 대하여 질문할 것.

V.

A. 아니오

B. 아니오

C. 아니오

D. 약간의 변비 경향이 있음

E. 아니오

F. 아니오

VI. 생식비뇨기계통.

A. 소변의 비중 및 반응.

B. 가열과 산에 의해, 혹은 헬러 검사에 의해 알부민이 존재합니까? 두 검사 모두 요구됨.

C. 펠링 검사 혹은 발효에 의해 당(糖)이 존재합니까?

D. 필요한 경우, 현미경 검사 결과는?

E. 방광의 장애는 없습니까?

F. 신장의 장애는 없습니까?

VI.

A. 1020, 산성 반응.

B. 아니오

C. 아니오

D.

E. 없음.

F. 없음.

VII. 피부:

이 계통의 질환이나 기능적 장애가
있었습니까?

VII. 아니오

VIII. 감각기관.

    A. 시력. 눈의 상태가 전문의의
검사를 받아야 합니까?

    B. 청력. 귀에서 유출이 있습니까?

    C. 다른 감각

VIII.

    A. 아니오

    B. 아니오

    C. 정상.

IX. 지원자의 부모, 형제자매 중에 다음과
같은 예가 있었는가 -

    A. 폐병?

    B. 정신 이상?

    C. 선천성이건 후천성이건, 통풍, 류머
티즘, 암, 동맥 질환, 당뇨병 혹은 정신
질환, 특히 두통, 불면증, 신경성 피로,
무도병 혹은 간질에 대한 소인이
있습니까? 그렇다면, 설명하시오.

    D. 가족에 관한 다음의 자료를 적으시오:

IX.

    A. 한 언니가 초기 결핵이었으나
지금은 건강함

    B. 아니오

    C. 부계의 할머니가 위암이 있었고,
모계의 아주머니가 유방암이
있었음
어머니는 갑상선 기능항진증이
있었음

	생존한 경우		사망한 경우	
	나이	건강상태	나이	원인
부친	63세	좋음		
모친			57세	이하선 농양
형제	없음		없음	
자매	33세	좋음		
	31세	양호 (결핵에서 회복함)		
	29세	좋음		
	27세	좋음		
	20세	좋음		

X. A. 만일 지원자가 여성이면, 자궁 혹은 생리 이상을 갖고 있거나 경험한 적이 있습니까?

X. A. 한 2~3주 마다 생리를 하며, 때로 통증이 있음

주의 - 우리 선교회의 모든 선교지의 기후가 영향을 미칠 수 있기에 이 질문에 특별히 관심을 기울이는 것이 바람직합니다.

(6월 17일 골반 검사 - 병적 소견이 없음)

B. 부인이면, 현재 임신 중입니까?

아님, 독신

XI. 지원자는 다음을 앓은 적이 있는지 -
A. 류머티즘, 급성 혹은 만성?
B. 말라리아?
C. 다른 열병은?
D. 이전 질문에 포함되지 않은 질병 혹은 상해는?

XI.
A. 아니오
B. 아니오
C. 홍역, 성홍열.
D. 아니오

XII. 지원자는 최근 뚜렷한 체중의 증가나 감소를 경험했습니까?

XII. 지난 2개월 동안 10파운드가 증가함

XIII. A. 당신은 지원자를 평판이 좋은 생명보험회사에 추천하겠습니까?

XIII. A. 예

B. 지원자는 보험을 들고 있습니까? 그 액수는?

B. 예. 퍼시픽 상호보험에 1,000달러, 미국 정부에 3,000달러.

XIV. 당신은 전문적으로 지원자가 신체적으로 해외 선교 사업에 임명되기에 적당하다고 생각합니까?

XIV. 예

XV. A. 열대 기후가 질병을 유도하거나 불구를 일으킨다고 생각합니까?
B. 지원자는 더위나 추위에 특별히 예민합니까?

XV. A. 다른 어떤 백인 여자보다 더 하지 않습니다.
B. 아니오

XVI. 위의 질문에서 도출되지 않고
    지원자의 건강에 영향을 미치거나
    미칠 수 있는 당신이 알고 있는
    사실 혹을 발견한 사실이 있습니까?
    그렇다면 설명해주세요.

XVI. 아니오

XVII. A. 운동을 규칙적으로 합니까?
      어떤 운동?
  B. 하루 몇 시간 공부를 합니까?

XVII. A. 예, 걷기

  A. 2시간 혹은 3시간.

XVIII. 지원자가 최근 성공적으로 예방
      접종을 받은 것이 언제입니까?

XVIII. 반복적인 예방 접종을 받지
       않았음.

주의 - 선교 사업에서는 천연두에 위험
    하게 노출되는 경우가 훨씬 많으니
    5년 이내에 성공적인 예방 접종을
    받지 못한 모든 지원자는 다시
    예방 접종을 받아야 합니다. 실패하는
    경우 예방 접종을 모두 3번 반복해
    야 합니다.

XIX. 지원자가 장티푸스에 걸렸거나 예방
     접종을 받은 적이 있습니까?

XIX. 지난 9월 예방 접종을 받음

주의 - 위원회는 아직 장티푸스에 걸린
    적이 없는, 해외 선교지에서 일하려는
    모든 지원자는 예방접종을 받기를
    권합니다.

건강 검진의의 서명: <u>프랭크 F. 애벗</u>, 의학박사
      주소   <u>캘리포니아 주 온타리오</u>
      일자   <u>1920년 3월 15일</u>

주의 - 작성 후 서명을 한 이 증명서는 직접 보낼 것 -

L. H. 키비 부인

애쉬비 애버뉴 2722

캘리포니아 주 버클리

1920년 4월 20일 과체중 및 너무 자주 있는 생리는 주의 깊게 검사해야 하며, 만일 가능하다면 임명 전에 처방을 받아야 한다.

릴리언 쉴즈, 의학박사

Report of Medical Examiner in the Case of Miss Edna M. Lawrence
(Frank F. Abbott, Mar. 15th, 1920)

Form 2142

CONFIDENTIAL

RECEIVED
MAY 3 1920
Dr.

The Board of Foreign Missions of the Presbyterian Church in U. S. A.

156 Fifth Avenue, New York, N. Y.

FILING DEPT.
MAY 26 1920
SECRETARIES

Report of Medical Examiner

IN THE CASE OF Miss Edna M Lawrence

ADDRESS E. San Bernardino Co. Hospital San Bernardino Cal.

QUESTIONS TO BE ANSWERED BY EXAMINING PHYSICIAN

NOTE 1—Foreign missionaries often live and work in such trying climates, amid such unsanitary surroundings, exposed to such malignant diseases, and under such a nervous strain incident to loneliness and expatriation, that only men and women of sound constitution and vigorous health should be recommended for appointment. It is therefore expected that the Medical Examiner will make the examination thorough and circumstantial, and that he will feel the responsibility of his office, bearing in mind that upon his statements great reliance will be placed by the Board. Every question should be answered, as omissions will necessitate correspondence as to the reasons.

NOTE 2—The examiner will please ask questions calculated to bring out the various symptoms pointing to the several diseases under each head, state fully any injurious effects of previous illness or injury and give an opinion as to the probability of its recurrence in the less favorable environment of a foreign country.

I. A. What is the applicant's age? — I. A. 26

B. Have you had previous acquaintance with the applicant? How long? — B. Yes About 3 yrs

C. Have you treated him or her professionally? For what disease or injury? — C. No

D. Does the general appearance indicate vigorous, medium, or delicate health? — D. vigorous

E. State weight, Height, Figure, — E. 146 5 ft 1 in Stocky June 17 1920. 137 lb. 5 oz.

F. Is there any deformity or malformation? — F. No

G. What is the temperament, nervous or otherwise? — G. nervous

II. THE RESPIRATORY SYSTEM: — II.

A. Is the respiration full, easy and regular? State the number of respirations in a minute. — A. yes 18 per min.

B. Is there any tendency to cough, expectoration or difficulty in breathing? — B. No

C. Does the physical examination reveal anything whatever abnormal in the condition of the respiratory organs? If yes, explain fully and state your opinion as to its significance. — C. No

D. Has the applicant ever suffered from any disease or functional derangement of the respiratory system? If yes, state particulars. — D. No

E. What is the chest circumference? Upon full inspiration? Upon full expiration? — E. 35½ in 32½ in.

그림 17. *Report of Medical Examiner* in the Case of Miss Edna M. Lawrence. F. F. Abbott, Mar. 15th, 1920.

III. THE CIRCULATORY SYSTEM:

    A. What is the temperature of the body?

        If over 99° in the month, try another day.

    B. Give the rate and other qualities of the pulse. Record blood-pressure.

        If the rate is above 88 or below 54° re-examine on another day.

    C. Does it intermit, or become irregular or unequal?

    D. Does physical examination reveal anything whatever abnormal in the condition of the heart or blood vessels?

    E. Has the applicant ever suffered from any disease of the circulatory system? If yes, describe.

III.

A. 98.6

B. 84. full & strong
BP 122 - 80

C. No

D. No

E. No.

IV. THE NERVOUS SYSTEM:

    Has there ever been or is there any disease or functional derangement of the brain or other part of the nervous system? If yes, state particulars. Inquire particularly regarding headaches, insomnia, nervous exhaustion, chorea or epilepsy and insanity.

IV. No

V. THE DIGESTIVE SYSTEM:

    Has the applicant any disease or functional derangement?

    A. Of the stomach?

    B. Of the intestines?

    C. Of the liver?

    D. Has there been or is there any tendency to chronic constipation?

    E. To diarrhea?

    F. Has the applicant ever had any of the diseases of the digestive system? If yes, describe. Inquire particularly regarding appendicitis.

V.

A. No

B. No

C. No

D. Slight tendency to constipation

E. No

F. No

VI. THE GENITO-URINARY SYSTEM:

    A. The specific gravity and reaction of the urine.

    B. Is any albumen present, by heat and acid, or by Heller's test? Both tests required.

    C. Is any sugar present by Fehling's test or by fermentation?

    D. Results of microscopic analysis, if necessary?

    E. Is there any derangement of the bladder?

    F. Of the kidneys?

VI.

A. 1020 - Reaction acid

B. None

C. None

D.

E. No

F. No

VII. THE CUTANEOUS SYSTEM:

    Has there ever been or is there any disease or functional derangement of this system?

VII. No

VIII. THE ORGANS OF SENSE:

A. The sight. Does the condition of the eyes indicate that they should be examined by a specialist?

B. The hearing. Any discharge from ears?

C. Other senses.

IX. Have there been any cases among the parents, brothers or sisters of the applicant of—

A. Consumption?

B. Insanity?

C. Is there any predisposition, hereditary or acquired, to gout, rheumatism, cancer, arterial disease, diabetes or nervous disorders, especially headaches, insomnia, nervous exhaustion, chorea or epilepsy? If yes, state nature.

D. Give the following data regarding family:

VIII.

A. *No*

B. *No*

C. *OK*

IX.

A. *One sister had incipient TB. Is well now*

B. *No*

C. *Paternal grandmother had cancer of stom. Maternal aunt had cancer of breast. Mother had goitre*

D.	If Living		If Dead	
	Age	Health	Age	Cause
Father	63	good		
Mother			57	*Abscess of parotid*
Brothers 1				
2	*none*		*none*	
3				
4				
Sisters 1	33	*good*		
2	31	*fair (recovered from TB)*		
3	29	*good*		
4	27	*good*		
5	20	*good*		

X. A. If the applicant is a woman, is she now suffering or has she ever suffered from uterine or menstrual disorder?

N. B.—It is desirable that particular attention be given to this inquiry, as the climate of all our mission fields bears heavily on those thus affected.

B. If a wife, is she now pregnant?

XI. Has the applicant ever had—

A. Rheumatism, acute or chronic?

B. Malaria?

C. Other fever?

D. Any disease or injury not included in preceding questions?

XII. Has the applicant noticed any recent marked gain or loss of fish?

XIII. A. Would you recommend the applicant to a reputable Life Insurance Company as a prudent risk?

B. Is the applicant insured in any company? For what amount?

X. A. *menstruates. every 2-3 wks. sometimes has cramps.*

(June 17 Pelvic examination - no pathological findings A Parry)

Is single

XI.

A. *no*

B. *no*

C. *measles, scarlet fever.*

D. *No*

XII. *Has gained 10 lbs in last 2 wks*

XIII. A. *Yes*

B. *Yes $1000.00 in Pacific Mutual & $3000.00 U.S. Gov.*

XIV. Do you professionally consider the applicant a suitable person, physically, for appointment to foreign missionary work?

XIV. *Yes.*

XV. A. Would a tropical climate be likely to induce disease or cause disablement?
B. Is the applicant especially sensitive to either heat or cold?

XVI. *No more than with any other white woman.*
B. *No*

XVI. Are there any facts known to you, or discovered by you, not brought out in the above questions, affecting or likely to affect the health of the applicant? If so, please state them.

XV. A. *No*

XVII. A. Is physical exercise regularly taken? In what form?
B. How many hours per day can now be spent in study?

XVII. A. *Yes. Walking*
B. *2 or 3 hrs.*

XVIII. When was the applicant last successfully vaccinated?
Note—Dangerous exposure to smallpox is so much more common in mission work that every candidate who has not had a successful vaccination within five years should be revaccinated. In case of failure, the process should be repeated three times in all.

XVIII. *Repeated vaccinations do not take*

XIX. Has the applicant had typhoid fever or the anti-typhoid inoculation.
Note—The Committee expects all candidates for work in foreign fields, who have not had typhoid fever, to have the preventive inoculation.

XIX. *Anti-typhoid inoculation last Sept.*

Signature of Medical Examiner _____ *F. F. Abbott* _____ M. D.

Address _____ *Ontario Calif*

Date _____ *3/15/20*

NOTE.—This Certificate, filled out and signed, should be mailed directly to

April 20 1920 Over weight & too frequent menstruation should be looked into & if possible remedied before appointment – Family History – poor
Lillian Shields M.D.

Mrs. L. H. Tiffer 2722 Andy Ave. Berkeley Calif

Secretary

19200300

여자 지원자 양식
(앨리스 M. 심스, 1920년 3월)

미국 북장로교회 해외선교본부
뉴욕 시 5 애버뉴 156
_____

여자 지원자 양식

대외비 편지

에드너 메이 로렌스 양

에드윈 심스 부인 **귀하**

　　로렌스 양 은 해외 선교사로 임명받기 위하여 지원하였으며, 우리는 귀하가 그 일에 대한 그녀의 자격에 대하여 신뢰할 수 있는 의견을 표명할 수 있는 사람으로 추천받았습니다. 당연히 우리는 그녀에 관해 충분하고 솔직한 정보를 얻고 싶으며, 이에 관해 개인 친구들이 작성한 추천서의 도움을 받고 있습니다. 지원자와 관련한 다음의 질문들에 답해주시고 당신이 가지고 계신 정보들을 제공함으로써 우리를 도와주시겠습니까? 선교 사업에 대한 그녀의 성격이나 적합성에 관한 실마리를 제공할, 유리하거나 불리할 어느 것도 숨기지 말아 주십시오.

　　우리의 목표는 선교부와 지원자 모두에게 봉사하는 것입니다. 우리는 무능하거나 적합하지 않은 사람을 파송하는 것을 피하고, 지원자가 준비되지 않은 평생 사업에 도전하지 않도록 보호하고 싶습니다. 우리는 보통 이상의 능력, 원기, 기지, 관리 능력을 구비하고 강한 영적 삶, 그리고 기독교 사업에 대한 경험 및 헌신을 가진 여자를 찾고 있습니다. 철저하게 검증된 사람들을 얻는 것의 중요성은 아무리 강조해도 지나치지 않습니다. 훌륭한 자격을 갖춘 젊은 여자들이 자신에 대한 평가가 너무 낮아 일에 대한 자신의 적합성을 높이 평가할 수 없게 만들지 않도록 주의해야 하지만, 우리는 교회가 제공할 수 있는 최고의 여자를 얻고자 갈망하고 있다는 사실을 강조해야 합니다. 우리는 귀하의 판단을 존중할 것이며, 원하신다면 당신의 의견을 대외비로 간주할 것입니다. 우리는 이러한 질문에 대한 공식적인 답변과 상관없이 지원자에 대한 귀하의 개인적이고 솔직한 평가를 제공하는 편지에 매우 감사해할 것입니다.

　　부디 귀하의 의견을 보내주십시오.

　　　　　　　L. H. 키비 부인 – 서부 여자 선교본부의 지원자 담당 총무

양식 **2806**

접 수
1930년 5월 3일
화이트 박사

1. 지원자를 알게 된 지 얼마나 되었으며 어떤 상황에서 알게 되었습니까? 자세하게 알려주세요.

   9년

   그녀와 가까운 이웃에 살았습니다.

   그녀의 가족과 관련된 어떤 정보를 주실 수 있습니까? 그들은 아주 좋은 가족입니다.

   그녀의 임명을 추천하시겠습니까? 예

   귀하는 그녀의 성격이나 습관 중 그녀가 외국 선교사로서 자격이 없다고 판단되는 것을 알고 있습니까? 아니오

2. 그녀의 성격에 관한 귀하의 의견은 무엇입니까?

   그녀는 세련된 여자입니까? 예

   활력적입니까 혹은 의기소침해 있습니까? 활력적임

   활동적입니까 아닙니까? 활동적

   그녀가 다른 사람들과 일을 잘할 것 같습니까? 예

   그녀는 지도자입니까 혹은 다른 사람에게 의존합니까? 지도자

   그녀는 수행 능력이나 독창성을 가졌습니까? 수행 능력

   그녀의 지적 능력에 대한 귀하의 평가는 무엇입니까? 훌륭함

3. 그의 업무 습관은? 훌륭함

   그녀는 금전 문제에서 신중하고 양심적입니까? 예

   그녀가 사업 혹은 직업을 가진 적이 있습니까? 그녀는 정규 간호사입니다.

   그녀는 학교에서 가르친 적이 있습니까? 아니오

   그녀는 자신의 일에 성공적이었습니까? 예

4. 그녀의 기독교적 품성과 사역 훌륭함

   그녀는 건전하고 잘 발달된 기독교적 품성을 가지고 있습니까? 예

   그녀의 임명이 그의 친구들과 일반 대중에게 호의적으로 받아들여질까요? 나는 그렇게 생각하고 있습니다.

   교회와 지역 사회에서 그의 기독교 활동에 대하여 무엇을 알고 계신가요? 그녀는 어떤 기독교적 활동을 활발히 하였습니까?

5. 어떤 질문에도 방해받지 않고 선교 사업에 대한 그녀의 일반적인 적합성
   에 대하여 귀하의 의견을 제시해 주세요. 나는 그녀가 매우 부지런하기
   때문에 성공할 것이라고 생각합니다.

6. 귀하는 어떤 분야의 선교 사업에서 그녀가 가장 성공할 것이라고 생각합
   니까?
   간호

7. 귀하는 어느 분야이건 특별한 능력을 나타내는 증거를 언급할 수 있습니까?
   간호

   위의 질문에서 다루지 못한 다른 부가적인 정보가 있습니까?

   만일 지원자가 의료 사업의 지원자라면 그녀의 전문적인 자질이나 능력에
   대하여 귀하는 무엇을 말할 수 있습니까?

        서 명   에드윈 심스 부인
        주 소   캘리포니아 주 온타리오 사서함 205
   날 짜

   이 증명서를 직접 아래로 부쳐주세요.   L. H. 키비 부인,
                                            애쉬비 애버뉴 2722,
                                            캘리포니아 주 버클리

앨리스 M. 심스(Alice M. Sims)

결혼 전 이름은 앨리스 M. 킹(Alice M. King, 1856~1930. 6. 2)이며, 캐나다
온타리오 주에서 태어났고 1879년 12월 에드윈 심스(Edwin Sims, 1855. 11. 19~
1945. 1. 12)와 결혼한 후 1885년 미국으로 이주하였다. 1911년경 캘리포니아 주
의 온타리오로 이주하였는데, 남편의 직업은 농장 감독으로, 같은 캐나다 출신
이며 직업적으로 로렌스 가족과 친하게 지냈던 것으로 생각된다.

Candidate Blank for Women (Alice M. Sims, Mar., 1920)

Received
MAY 3 1920
Dr. White

THE BOARD OF FOREIGN MISSIONS
OF THE
PRESBYTERIAN CHURCH IN THE UNITED STATES OF AMERICA
156 FIFTH AVENUE, NEW YORK

CANDIDATE BLANK FOR WOMEN

Confidential Letter Regarding

Miss Edna May Lawrence

To Mrs. Edwin Sims

Miss Lawrence has applied for appointment as a foreign missionary, and we have been referred to you as one who can express a reliable opinion regarding her qualifications for the work. We should like to have complete and frank information regarding her, and are dependent for this, in large measure, upon testimonials of personal friends. Will you not aid us by answering the following inquiries and furnishing us with such other information as you possess regarding the applicant? Please keep back nothing favorable or unfavorable that will throw light on her character and her fitness for the missionary work.

Our aim is to serve both the Missions and the Candidate. We desire to avoid sending out any one who is incompetent or unworthy, and also to guard Candidates from venturing upon a life work for which they are unprepared. We seek women of more than ordinary capacity, energy, tact, administrative ability, strong spiritual life and experience and devotion in Christian work. It is scarcely possible to exaggerate the importance of obtaining those who are thoroughly qualified. While care should be taken not to discourage young women of excellent qualifications, whose estimate of themselves is too modest to allow them to think highly of their fitness for the work, emphasis must be laid on the fact that we are anxious to obtain the best women that the Church can provide. We shall value your judgment, and, if you desire, shall regard your reply as confidential. We should appreciate very much a letter, irrespective of the formal answers to these questions, giving your own personal and frank estimate of the Candidate.

Kindly send your reply to

Mrs. L. H. Kibbe - Candidate Secretary.
of Womans Occidental Board

Form 2806

1. How long have you known the applicant and in what circumstances? Kindly
   give details
   Nine Years
   Have lied close neighbor to her
   Can you give any information regarding her family? They are a very fine
   family.
   Would you recommend her appointment? Yes
   **Do you know of anything in her personality or habits which in your judgment
   should disqualify her for a foreign missionary?** No

2. What is your opinion regarding her personality?
   Is she a woman of refinement? Yes
   Cheerful or despondent? Cheerful
   Energetic or slow? Energetic
   Would she work well with others? Yes
   Is she a leader or disposed to lean upon others? Leader
   Does she possess executive ability or fertility of resource? Executive ability
   What is your estimate of her intellectual ability? Good

3. Her business habits? Good
   Is she careful and conscientious in money matters? Yes
   Has she been in any business or profession? She is a graduate nurse
   Has she ever taught school? No
   Was she successful in her work? Yes

4. Her Christian character and work Good
   Has she a sound and well developed Christian character? Yes
   **Would her appointment be looked upon favorably by her friends and the public
   generally?** I think so
   What do you know regarding her Christian work in the Church and community?
   What active Christian work has she done?

5. **Please give your own opinion as to her general fitness for missionary work, unhampered by any questions** I think she would be successful as she is very industrious.

6. **In what lines of Missionary service do you think she would most succeed?**
nursing

7. **Can you mention evidences that indicate special ability along any line?**
nursing

   Have you any additional information not covered by the above questions?

   If the Candidate is an applicant for medical work, what can you say of her professional equipment and ability?

   Signature   Mrs. Edwin Sims
   Address   Box 205 Ontario, Calif.
Date

   Please mail this certificate directly to   Mrs. L. H. Kibbe,
                                                    2722 Ashby Ave,
                                                    Berkeley, Calif.

여자 지원자 양식
(이디스 패튼, 1920년 3월 24일)

미국 북장로교회 해외선교본부
뉴욕 시 5 애버뉴 156

접 수
1920년 5월 3일
화이트 박사

여자 지원자 양식

대외비 편지

에드너 메이 로렌스 양

이디스 패튼 양 귀하

(중략)

1. 지원자를 알게 된 지 얼마나 되었으며 어떤 상황에서 알게 되었습니까?
   자세하게 알려주세요.
   포모나 밸리 병원 양성소의 학생으로 1915년 11월 이후
   그녀의 가족과 관련된 어떤 정보를 주실 수 있습니까? 나는 그녀의 가족에
     대하여 거의 알고 있지 못합니다.
   그녀의 임명을 추천하시겠습니까?   예
   귀하는 그녀의 성격이나 습관 중 그녀가 외국 선교사로서 자격이 없다고
     판단되는 것을 알고 있습니까? 아무 것도 없음

2. 그녀의 성격에 관한 귀하의 의견은 무엇입니까?   유쾌함
   그녀는 세련된 여자입니까? 예
   활력적입니까 혹은 의기소침해 있습니까? 활력적임
   활동적입니까 아닙니까? 느린 경향이 있음
   그녀가 다른 사람들과 일을 잘할 것 같습니까? 예
   그녀는 지도자입니까 혹은 다른 사람에게 의존합니까? 오히려 의존하는
     경향이 있음
   그녀는 수행 능력이나 독창성을 가졌습니까? 중간 정도
   그녀의 지적 능력에 대한 귀하의 평가는 무엇입니까? 평균적으로 상당히
     우수함

3. 그의 업무 습관은? 판단할 기회가 거의 없었음

   그녀는 금전 문제에서 신중하고 양심적입니까? 예, 나는 그렇게 생각합니다.

   그녀가 사업 혹은 직업을 가진 적이 있습니까? 간호직에 종사해 왔음

   그녀는 학교에서 가르친 적이 있습니까? 내가 알기로 아니오

   그녀는 자신의 일에 성공적이었습니까? 예

4. 그녀의 기독교적 품성과 사역 훌륭함

   그녀는 건전하고 잘 발달된 기독교적 품성을 가지고 있습니까? 반대되는
   것이 없음

   그녀의 임명이 그의 친구들과 일반 대중에게 호의적으로 받아들여질까요?
   호의적으로 보일 것이라고 나는 판단해야 합니다.

   교회와 지역 사회에서 그의 기독교 활동에 대하여 무엇을 알고 계신가요?
   그녀는 어떤 기독교적 활동을 활발히 하였습니까? 나는 그것에 대하여
   아는 것이 거의 없습니다.

5. 어떤 질문에도 방해받지 않고 선교 사업에 대한 그녀의 일반적인 적합성
   에 대하여 귀하의 의견을 제시해 주세요.

6. 귀하는 어떤 분야의 선교 사업에서 그녀가 가장 성공할 것이라고 생각합
   니까?

7. 귀하는 어느 분야이건 특별한 능력을 나타내는 증거를 언급할 수 있습니까?
   매우 친절하고 기꺼이 훌륭한 성실한 간호사

   위의 질문에서 다루지 못한 다른 부가적인 정보가 있습니까?

   만일 지원자가 의료 사업의 지원자라면 그녀의 전문적인 자질이나 능력에
   대하여 귀하는 무엇을 말할 수 있습니까? 성실한 간호사이며, 이 자격으
   로 그녀를 진심으로 추천할 수 있습니다.

   서 명   이디스 패튼, 정규 간호사
   주 소   포모나 밸리 병원, 캘리포니아 주 포모나

날 짜   1920년 3월 24일

이 증명서를 직접 아래로 부쳐주세요.   L. H. 키비 부인,
애쉬비 애버뉴 2722,
캘리포니아 주 버클리

Candidate Blank for Women
(Edith Patten, Mar. 24th, 1920)

<table>
<tr><td>Received
MAY 3 1920
Dr. White</td><td>THE BOARD OF FOREIGN MISSIONS
OF THE
PRESBYTERIAN CHURCH IN THE UNITED STATES OF AMERICA
156 FIFTH AVENUE, NEW YORK</td></tr>
</table>

CANDIDATE BLANK FOR WOMEN

Confidential Letter Regarding

Miss Edna May Lawrence

To Miss Edith Patten

(Omitted)

1. **How long have you known the applicant and in what circumstances? Kindly give details**

   Since November 1915, as pupil of Romona Valley Hospital Training School

   Can you give any information regarding her family? I know very little about her family

   Would you recommend her appointment? Yes

   Do you know of anything in her personality or habits which in your judgment should disqualify her for a foreign missionary? None whatever

2. **What is your opinion regarding her personality?**   Pleasing

   Is she a woman of refinement?   Yes

   Cheerful or despondent?   Cheerful

   Energetic or slow?   Inclined to be slow

   Would she work well with others?   Yes

   Is she a leader or disposed to lean upon others?   Rather disposed to lean

   Does she possess executive ability or fertility of resource?   In moderate degree

   What is your estimate of her intellectual ability?   very fair average

3. **Her business habits?**   Had little opportunity to judge

   Is she careful and conscientious in money matters?   Yes I think so.

   Has she been in any business or profession?   Has been engaged in the nursing
   profession

   Has she ever taught school?   Not to my knowledge

   Was she successful in her work?   Yes

4. **Her Christian character and work**   Good

   Has she a sound and well developed Christian character?   Have no knowledge
   to contrary

   **Would her appointment be looked upon favorably by her friends and the public
   generally?**   Would be looked upon favorably I should judge.

   What do you know regarding her Christian work in the Church and community?
   What active Christian work has she done?   I know very little about it.

5. **Please give your own opinion as to her general fitness for missionary work,
   unhampered by any questions**

6. **In what lines of Missionary service do you think she would most succeed?**

7. **Can you mention evidences that indicate special ability along any line?**   Is a
   good conscientious nurse, very kind & willing

   Have you any additional information not covered by the above questions?

If the Candidate is an applicant for medical work, what can you say of her professional equipment and ability? Is a good conscientious nurse & I can heartily recommend her in this capacity.

Signature   Edith Patten, R. N.
Address   Pomona Valley Hospital, Pomona, Cal.
Date   March 24th/ 20

Please mail this certificate directly to   Mrs. L. H. Kibbe,
2722 Ashby Ave,
Berkeley, Calif.

이디스 패튼(Edith Patten)

이디스 패튼(1878?~?)은 영국의 스태포드셔에서 출생하여 1913년 미국으로 이주하였다. 1915년 당시 로스앤젤레스 카운티 병원 간호사이었으며, 11월 포모나 병원으로 옮겼다. 1920년 포모나 병원의 간호 부장이었으며, 당시 40병상이었던 이 병원에는 부장 패튼 외에 11명의 간호사가 근무하고 있었다.

여자 지원자 양식
(윈스롭 앨리슨, 1920년 3월 24일)

미국 북장로교회 해외선교본부
뉴욕 시 5 애버뉴 156

여자 지원자 양식

대외비 편지

접 수
1930년 5월 3일
화이트 박사

에드너 메이 로렌스 양

 윈스롭 앨리슨 목사 귀하

(중략)

1. **지원자를 알게 된 지 얼마나 되었으며 어떤 상황에서 알게 되었습니까? 자세하게 알려주세요.**

   9년. 나는 9년 전 그녀의 신앙 고백으로 그녀를 교회로 받아들였고 그녀의 기독교적인 성품이 눈부시게 발전하도록 하였습니다.

   그녀의 가족과 관련된 어떤 정보를 주실 수 있습니까? 부친과 4명의 자매가 생존해 있음. 나는 지난 12월 그녀 어머니의 장례를 치렀습니다. 가장 훌륭한 가족임.

   그녀의 임명을 추천하시겠습니까? 물론입니다.

   귀하는 그녀의 성격이나 습관 중 그녀가 외국 선교사로서 자격이 없다고 판단되는 것을 알고 있습니까? 아무 것도 없음. 그녀는 보기 드문 소녀입니다.

2. **그녀의 성격에 관한 귀하의 의견은 무엇입니까?** 그녀는 대단히 차분하며, ____합니다.

   그녀는 세련된 여자입니까? 모든 면에서

   활력적입니까 혹은 의기소침해 있습니까? 대단히 밝고 ____하며 쾌활함

   활동적입니까 아닙니까? 고양이처럼 빠름

   그녀가 다른 사람들과 일을 잘할 것 같습니까? 예, 훌륭하게 섞입니다.

   그녀는 지도자입니까 혹은 다른 사람에게 의존합니까? 합리적인 정도로 ____

그녀는 수행 능력이나 독창성을 가졌습니까?   예

그녀의 지적 능력에 대한 귀하의 평가는 무엇입니까?   고등학교 졸업생, 정
규 간호사

3. 그의 업무 습관은?   나의 제한된 관찰에 의하면 대단히 훌륭함

그녀는 금전 문제에서 신중하고 양심적입니까?   예 대단히 정직함

그녀가 사업 혹은 직업을 가진 적이 있습니까?   정규 간호사, 프랑스에서
간호사로 종사함

그녀는 학교에서 가르친 적이 있습니까?   그렇지 않다고 생각합니다.

그녀는 자신의 일에 성공적이었습니까?   예

4. 그녀의 기독교적 품성과 사역   어떤 각도에서든 질문하세요.

그녀는 건전하고 잘 발달된 기독교적 품성을 가지고 있습니까?   평균 이상
임

그녀의 임명이 그의 친구들과 일반 대중에게 호의적으로 받아들여질까요?
나는 그렇게 생각합니다. 그것은 그녀 자신의 개인적인 선택이므로 간섭
할 권리가 없습니다.

교회와 지역 사회에서 그의 기독교 활동에 대하여 무엇을 알고 계신가요?
그녀는 어떤 기독교적 활동을 활발히 하였습니까?   기독 면려회, 주일학
교 기도 모임, 그리고 교회 사역 전반에서 내가 최고로 기댈 수 있었음.
적십자사의 감독 아래 자발적으로 프랑스로 갔음

5. 어떤 질문에도 방해받지 않고 선교 사업에 대한 그녀의 일반적인 적합성
에 대하여 귀하의 의견을 제시해 주세요.   그녀는 내가 아는 가장 드문 작
은 보석 중의 하나입니다. 힘든 곳과 업무에 준비가 되어 있음.

6. 귀하는 어떤 분야의 선교 사업에서 그녀가 가장 성공할 것이라고 생각합
니까?   특히 간호. 그녀의 상냥한 매력적인 방식은 힘이 될 것입니다.

7. 귀하는 어느 분야이건 특별한 능력을 나타내는 증거를 언급할 수 있습니까?
그녀의 직업적인 탁월성. 그녀의 신뢰성 및 담력. 나는 과장에 익숙하지 않
지만 로렌스 양은 내가 아는 가장 확고부동하며 작은 보석 중의 하나입니
다. 그녀가 쟁기에 손을 대면 ____이 없으며 심지어 뒤를 돌아보지도 않

습니다. 주님이 그녀를 가장 필요로 하고 그녀를 사용하고 보내시기에 가장 적합하다고 하는 곳이면 어디든지 자신의 삶을 그리스도께 헌신할 깊이 봉헌되고 참된 그리스도인 품성을 가졌음.
귀 선교본부는 그녀를 받아들이는 데 한 순간도 주저할 필요가 없습니다.

위의 질문에서 다루지 못한 다른 부가적인 정보가 있습니까? 육체적으로 신장이 작지만 모든 ＿＿＿ ＿＿＿＿.

만일 지원자가 의료 사업의 지원자라면 그녀의 전문적인 자질이나 능력에 대하여 귀하는 무엇을 말할 수 있습니까? 그녀는 국내와 프랑스에서 수년간의 경험을 가진 정규 간호사입니다. 그녀는 신뢰성과 의무에 대한 성실한 관심으로 인해 간호사로서 의사들에게 매우 인기가 있습니다.

　　　서 명　　윈스롭 앨리슨
　　　주 소　　127 W. F. 가(街), 캘리포니아 주 포모나
날 짜　1920년 3월 24일

이 증명서를 직접 아래로 부쳐주세요.　　　L. H. 키비 부인,
　　　　　　　　　　　　　　　　　애쉬비 애버뉴 2722,
　　　　　　　　　　　　　　　　　캘리포니아 주 버클리

Candidate Blank for Women
(Winthrop Allison, Mar. 24th, 1920)

Received
MAY 3 1920
Dr. White

THE BOARD OF FOREIGN MISSIONS
OF THE
PRESBYTERIAN CHURCH IN THE UNITED STATES OF AMERICA
156 FIFTH AVENUE, NEW YORK

CANDIDATE BLANK FOR WOMEN

Confidential Letter Regarding

<u>Miss Edna May Lawrence</u>

To <u>Rev. Winthrop Allison</u>

(Omitted)

1. **How long have you known the applicant and in what circumstances? Kindly give details** 9 years

   I received her into the church on Confession of her faith in Christ 9 years ago & had been her develop splendidly in christian character

   Can you give any information regarding her family? Father & 4 sisters living. I buried her mother last Dec. A most excellent family

   Would you recommend her appointment? By all means

   Do you know of anything in her personality or habits which in your judgment should disqualify her for a foreign missionary? Not a thing. She is a rare girl.

2. **What is your opinion regarding her personality?** She is very even tempered, &

   Is she a woman of refinement? In every way

   Cheerful or despondent? Exceedingly bright, _____ & cheerful

   Energetic or slow? Quick as a cat

   Would she work well with others? Yes a splendid mixer

Is she a leader or disposed to lean upon others? A reasonable degree of

_____

Does she possess executive ability or fertility of resource? Yes

What is your estimate of her intellectual ability? High School graduate, Graduate nurse

3. **Her business habits?** very good from my limited observation

   Is she careful and conscientious in money matters? Yes exceedingly honest

   Has she been in any business or profession? A graduate nurse, Work Army at France

   Has she ever taught school? I think not.

   Was she successful in her work? Yes

4. **Her Christian character and work** about question from any angle

   Has she a sound and well developed Christian character? above the average.

   Would her appointment be looked upon favorably by her friends and the public generally? I think so. That is her own personal choice & thus have no right to meddle with it.

   What do you know regarding her Christian work in the Church and community? What active Christian work has she done? Has been one of my best standbys in C. E., S. S. Prayer meeting, & church work generally. Voluntarily went under Red Cross to France

5. **Please give your own opinion as to her general fitness for missionary work, unhampered by any questions** She is one of the rarest little gems I know of no _____. Ready for the hard place & task.

6. **In what lines of Missionary service do you think she would most succeed?** Nursing specially. Her sweet winning way would be a power.

7. **Can you mention evidences that indicate special ability along any line?** Her profession preeminently. Her dependableness & pluck. I am not given to effusiveness, but Miss Lawrence is one of the _____ steadfast little gems I

have ever known. When she puts her hands to the plow, there is no _____ or even looking back. A deeply consecrated, genuine Christian character who has dedicated her life to Christ wherever He needs her most & sees fit to send & use her.

You need not hesitate one moment in accepting her.

Have you any additional information not covered by the above questions?
Physically small of stature, but all ____ _____.

If the Candidate is an applicant for medical work, what can you say of her professional equipment and ability? She is a graduate nurse with several years experience at home & in France.

Exceedingly popular with Physicians as a nurse because of her dependability & conscientious attention to duty.

Signature Winthrop Allison
Address   127 W. F. St., Ontario, Cal.
Date 3/24/20

Please mail this certificate directly to   Mrs. L. H. Kibbe,
2722 Ashby Ave,
Berkeley, Calif.

여자 지원자 양식
(프랭크 F. 애벗, 1920년 3월 25일)

미국 북장로교회 해외선교본부
뉴욕 시 5 애버뉴 156

여자 지원자 양식

대외비 편지

에드너 메이 로렌스 양

F. F. 애벗 박사 귀하

(중략)

**1. 지원자를 알게 된 지 얼마나 되었으며 어떤 상황에서 알게 되었습니까?
자세하게 알려주세요.**

나는 그녀를 간호사로서 몇 년 전부터 알아왔습니다. 처음에는 교육 중에, 다음에는 개인 간호 중에.

그녀의 가족과 관련된 어떤 정보를 주실 수 있습니까? 그녀의 어머니는 사망하였고, 아버지와 여러 명의 자매가 생존해 있음. 대단히 훌륭한 기독교 가정임.

그녀의 임명을 추천하시겠습니까? 예

귀하는 그녀의 성격이나 습관 중 그녀가 외국 선교사로서 자격이 없다고 판단되는 것을 알고 있습니까? 아니오

2. 그녀의 성격에 관한 귀하의 의견은 무엇입니까?

그녀는 세련된 여자입니까? 예

활력적입니까 혹은 의기소침해 있습니까? 활력적임

활동적입니까 아닙니까? 상당히 활동적임

그녀가 다른 사람들과 일을 잘할 것 같습니까? 나는 그렇게 믿고 있습니다.

그녀는 지도자입니까 혹은 다른 사람에게 의존합니까?

그녀는 수행 능력이나 독창성을 가졌습니까? 그녀는 독창적입니다.

그녀의 지적 능력에 대한 귀하의 평가는 무엇입니까? 평균적인 간호사 이
상임

3. 그의 업무 습관은?
그녀는 금전 문제에서 신중하고 양심적임니까? 예
그녀가 사업 혹은 직업을 가진 적이 있습니까? 간호직
그녀는 학교에서 가르친 적이 있습니까? 나는 모르겠습니다.
그녀는 자신의 일에 성공적이었습니까? 예

4. 그녀의 기독교적 품성과 사역
그녀는 건전하고 잘 발달된 기독교적 품성을 가지고 있습니까? 나는 그렇
게 믿고 있습니다.
그녀의 임명이 그의 친구들과 일반 대중에게 호의적으로 받아들여질까요?
나는 그렇게 생각합니다.
교회와 지역 사회에서 그의 기독교 활동에 대하여 무엇을 알고 계신가요?
그녀는 어떤 기독교적 활동을 활발히 하였습니까? 나는 그녀의 교회 활
동에 대하여 아무것도 알고 있지 않습니다.

5. 어떤 질문에도 방해받지 않고 선교 사업에 대한 그녀의 일반적인 적합성
에 대하여 귀하의 의견을 제시해 주세요. 나는 대단히 좋은 인상을 받
았고, 그녀가 선교 사업에 적합하다고 믿고 있습니다.

6. 귀하는 어떤 분야의 선교 사업에서 그녀가 가장 성공할 것이라고 생각합
니까? 선교 간호사로서

7. 귀하는 어느 분야이건 특별한 능력을 나타내는 증거를 언급할 수 있습니
까?
로렌스 양은 매우 유능하고 헌신적인 간호사입니다. 나는 그녀가 실제 업
무에서 지치는 것을 본 적이 없지만 그녀가 잘 해낼 것이라고 믿고 있습
니다.

위의 질문에서 다루지 못한 다른 부가적인 정보가 있습니까?

만일 지원자가 의료 사업의 지원자라면 그녀의 전문적인 자질이나 능력에
대하여 귀하는 무엇을 말할 수 있습니까? 그녀는 개인 병원과 군대에서
훌륭한 교육을 받았습니다. 그녀는 자신의 일에 유능하고 성실합니다.

　　서 명　　F. F. 애벗, 의학박사
　　주 소　　캘리포니아 주 온타리오
날 짜　1920년 3월 25일

이 증명서를 직접 아래로 부쳐주세요.　　　L. H. 키비 부인,
　　　　　　　　　　　　　　　　　　　애쉬비 애버뉴 2722,
　　　　　　　　　　　　　　　　　　　캘리포니아 주 버클리

프랭크 F. 애벗(Frank Farnum Abbott)

프랭크 F. 애벗(1883. 10. 23~1945. 3. 9)은
아이오와 주 디킨슨 카운티의 오코보지(Okoboji)
에서 태어났으며, 1907년 6월 필라델피아의 제
퍼슨 의과대학을 졸업하였다. 그해 캘리포니아
주 면허를 취득하였고 1910년대 중반에 온타리
오에 정착하였다. 후에 샌버너디노 카운티 의사
협회 회장과 샌 안토니오 커뮤니티 병원의 원장
을 역임하였다.

그림 18. 프랭크 F. 애벗.

Candidate Blank for Women
(Frank F. Abbott, Mar. 25th, 1920)

Received
MAY 3 1920
Dr. White

THE BOARD OF FOREIGN MISSIONS
OF THE
PRESBYTERIAN CHURCH IN THE UNITED STATES OF AMERICA
156 FIFTH AVENUE, NEW YORK

CANDIDATE BLANK FOR WOMEN

Confidential Letter Regarding

Miss Edna May Lawrence

To Dr. F. F. Abbott

(Omitted)

1. How long have you known the applicant and in what circumstances? Kindly give details

I have known her several years in her capacity as nurse. At first while in training then when in private work.

Can you give any information regarding her family? Her mother is dead, father living and several sisters living. A very good Christian family.

Would you recommend her appointment? Yes

Do you know of anything in her personality or habits which in your judgment should disqualify her for a foreign missionary? No

2. What is your opinion regarding her personality?

Is she a woman of refinement? Yes

Cheerful or despondent? Cheerful

Energetic or slow? Quite energetic

Would she work well with others? I believe so.

Is she a leader or disposed to lean upon others?

Does she possess executive ability or fertility of resource? She is resourceful.

What is your estimate of her intellectual ability? Above the average nurse.

3. **Her business habits?**

   Is she careful and conscientious in money matters? Yes

   Has she been in any business or profession? Profession of nurse

   Has she ever taught school? I do not know.

   Was she successful in her work? Yes

4. **Her Christian character and work**

   Has she a sound and well developed Christian character? I believe so.

   Would her appointment be looked upon favorably by her friends and the public generally? I think so.

   What do you know regarding her Christian work in the Church and community? What active Christian work has she done? I know nothing of her church work.

5. **Please give your own opinion as to her general fitness for missionary work, unhampered by any questions** I am impressed very favorably, and believe she is well fitted for missionary work.

6. **In what lines of Missionary service do you think she would most succeed?** As a missionary nurse

7. **Can you mention evidences that indicate special ability along any line?** Miss Lawrence is a very capable devoted nurse. I have not seen her tired out in executive work, but believe she would take it on well.

   Have you any additional information not covered by the above questions?

   If the Candidate is an applicant for medical work, what can you say of her professional equipment and ability? She has had a good training both in a private hospital and in the army. She is capable and conscientious in her work.

Signature   F. F. Abbott, M. D.

Address   Ontario, Calif.

Date   3/25/ 20

Please mail this certificate directly to   Mrs. L. H. Kibbe,
2722 Ashby Ave,
Berkeley, Calif.

19200327

여자 지원자 양식
(머튼 E. 힐, 1920년 3월 27일)

미국 북장로교회 해외선교본부
뉴욕 시 5 애버뉴 156

여자 지원자 양식

대외비 편지

에드너 메이 로렌스 양

머튼 힐 씨 귀하

(중략)

1. 지원자를 알게 된 지 얼마나 되었으며 어떤 상황에서 알게 되었습니까? 자세하게 알려주세요.

   9년

   그녀의 가족과 관련된 어떤 정보를 주실 수 있습니까? 모든 면에서 훌륭한 가정임.

   그녀의 임명을 추천하시겠습니까? 예, 당연히.

   귀하는 그녀의 성격이나 습관 중 그녀가 외국 선교사로서 자격이 없다고 판단되는 것을 알고 있습니까?

2. 그녀의 성격에 관한 귀하의 의견은 무엇입니까? 대단히 고상함

   그녀는 세련된 여자입니까? 예

   활력적입니까 혹은 의기소침해 있습니까? 활력적임

   활동적입니까 아닙니까? 활동적임

   그녀가 다른 사람들과 일을 잘할 것 같습니까? 예

   그녀는 지도자입니까 혹은 다른 사람에게 의존합니까? 지도자

   그녀는 수행 능력이나 독창성을 가졌습니까? 예

   그녀의 지적 능력에 대한 귀하의 평가는 무엇입니까? 우수함

3. 그의 업무 습관은? 나는 모릅니다.

그녀는 금전 문제에서 신중하고 양심적임니까?

그녀가 사업 혹은 직업을 가진 적이 있습니까?

그녀는 학교에서 가르친 적이 있습니까?

그녀는 자신의 일에 성공적이었습니까?

4. 그녀의 기독교적 품성과 사역

그녀는 건전하고 잘 발달된 기독교적 품성을 가지고 있습니까?　예

그녀의 임명이 그의 친구들과 일반 대중에게 호의적으로 받아들여질까요?　예

교회와 지역 사회에서 그의 기독교 활동에 대하여 무엇을 알고 계신가요?

그녀는 어떤 기독교적 활동을 활발히 하였습니까? 그녀는 장로 교회에서 충실하게 일을 하였습니다.

5. 어떤 질문에도 방해받지 않고 선교 사업에 대한 그녀의 일반적인 적합성에 대하여 귀하의 의견을 제시해 주세요. 그녀는 교육과 간호사로서의 특별한 준비를 통하여 자격이 있습니다.

6. 귀하는 어떤 분야의 선교 사업에서 그녀가 가장 성공할 것이라고 생각합니까?

7. 귀하는 어느 분야이건 특별한 능력을 나타내는 증거를 언급할 수 있습니까?

위의 질문에서 다루지 못한 다른 부가적인 정보가 있습니까?

만일 지원자가 의료 사업의 지원자라면 그녀의 전문적인 자질이나 능력에 대하여 귀하는 무엇을 말할 수 있습니까?

서 명

주 소　 채피 유니언 고등학교 교장

날 짜　1920년 3월 27일

이 증명서를 직접 아래로 부쳐주세요.　　L. H. 키비 부인,

애쉬비 애버뉴 2722,

캘리포니아 주 버클리

Candidate Blank for Women
(Merton E. Hill, Mar. 27th, 1920)

Received
MAY 3 1920
Dr. White

THE BOARD OF FOREIGN MISSIONS
OF THE
PRESBYTERIAN CHURCH IN THE UNITED STATES OF AMERICA
156 FIFTH AVENUE, NEW YORK

CANDIDATE BLANK FOR WOMEN

Confidential Letter Regarding

Miss Edna May Lawrence

To Mr. Merton Hill

(Omitted)

1. **How long have you known the applicant and in what circumstances? Kindly give details**

   9 years

   Can you give any information regarding her family? An excellent family in every way

   Would you recommend her appointment? Yes, by all means.

   Do you know of anything in her personality or habits which in your judgment should disqualify her for a foreign missionary?

2. **What is your opinion regarding her personality?** very high

   Is she a woman of refinement? Yes

   Cheerful or despondent? Cheerful

   Energetic or slow? Energetic

   Would she work well with others? Yes

   Is she a leader or disposed to lean upon others? Leader

   Does she possess executive ability or fertility of resource? Yes

   What is your estimate of her intellectual ability? Excellent

3. **Her business habits?** I don't know.

   Is she careful and conscientious in money matters?

   Has she been in any business or profession?

   Has she ever taught school?

   Was she successful in her work?

4. **Her Christian character and work**

   Has she a sound and well developed Christian character? Yes

   Would her appointment be looked upon favorably by her friends and the public generally? Yes

   What do you know regarding her Christian work in the Church and community? What active Christian work has she done? She has worked faithfully in the Presbyterian Church

5. **Please give your own opinion as to her general fitness for missionary work, unhampered by any questions** She is qualified by education and by special preparation as a nurse.

6. **In what lines of Missionary service do you think she would most succeed?**

7. **Can you mention evidences that indicate special ability along any line?**

   Have you any additional information not covered by the above questions?

   If the Candidate is an applicant for medical work, what can you say of her professional equipment and ability?

   Signature

   Address   Principal Chaffey Union High School

Date   March 27, 1920

Please mail this certificate directly to   Mrs. L. H. Kibbe,
2722 Ashby Ave.,
Berkeley, Calif.

여자 지원자 양식
(로버트 L. 스미스, 1920년 3월 30일)

미국 북장로교회 해외선교본부
뉴욕 시 5 애버뉴 156

접 수
1930년 5월 3일
화이트 박사

여자 지원자 양식

대외비 편지

에드너 메이 로렌스 양

로버트 스미스 박사 귀하

(중략)

1. 지원자를 알게 된 지 얼마나 되었으며 어떤 상황에서 알게 되었습니까?
   자세하게 알려주세요. 약 6년. 나는 그녀가 간호 교육을 받고 있는 중에
   알았으며, 그 이후 간호사로 알고 지내왔습니다.

   그녀의 가족과 관련된 어떤 정보를 주실 수 있습니까? 아니오

   그녀의 임명을 추천하시겠습니까? 예

   귀하는 그녀의 성격이나 습관 중 그녀가 외국 선교사로서 자격이 없다고
   판단되는 것을 알고 있습니까? 아니오

2. 그녀의 성격에 관한 귀하의 의견은 무엇입니까? 그녀는 유쾌한 성격을
   가지고 있습니다.

   그녀는 세련된 여자입니까? 예

   활력적입니까 혹은 의기소침해 있습니까? 활력적임

   활동적입니까 아닙니까? 활동적임

   그녀가 다른 사람들과 일을 잘할 것 같습니까? 예

   그녀는 지도자입니까 혹은 다른 사람에게 의존합니까? 지도자

   그녀는 수행 능력이나 독창성을 가졌습니까? 예

   그녀의 지적 능력에 대한 귀하의 평가는 무엇입니까? 그녀는 상당한 지적
   능력을 가지고 있습니다.

3. 그의 업무 습관은? 나는 모르겠습니다.

   그녀는 금전 문제에서 신중하고 양심적입니까? 예

   그녀가 사업 혹은 직업을 가진 적이 있습니까? 간호

   그녀는 학교에서 가르친 적이 있습니까? 나는 모르겠습니다.

   그녀는 자신의 일에 성공적이었습니까?

4. 그녀의 기독교적 품성과 사역

   그녀는 건전하고 잘 발달된 기독교적 품성을 가지고 있습니까? 예

   그녀의 임명이 그의 친구들과 일반 대중에게 호의적으로 받아들여질까요? 예

   교회와 지역 사회에서 그의 기독교 활동에 대하여 무엇을 알고 계신가요?

   그녀는 어떤 기독교적 활동을 활발히 하였습니까? 나는 그녀의 교회 활
   동에 대하여 모르겠습니다.

5. 어떤 질문에도 방해받지 않고 선교 사업에 대한 그녀의 일반적인 적합성
   에 대하여 귀하의 의견을 제시해 주세요. 나는 그녀가 그 업무에 적합하
   다고 생각합니다.

6. 귀하는 어떤 분야의 선교 사업에서 그녀가 가장 성공할 것이라고 생각합
   니까?

7. 귀하는 어느 분야이건 특별한 능력을 나타내는 증거를 언급할 수 있습니까?
   그녀는 총명하고 정직하고 충실하며, 큰 동정심과 함께 매우 유쾌한 기질을
   가지고 있습니다.

   위의 질문에서 다루지 못한 다른 부가적인 정보가 있습니까? 아니오

   만일 지원자가 의료 사업의 지원자라면 그녀의 전문적인 자질이나 능력에
   대하여 귀하는 무엇을 말할 수 있습니까? 그녀는 대단히 유능한 정규 간
   호사입니다.

   서 명   로버트 L. 스미스, 의학박사
   주 소   캘리포니아 주 포모나
   날 짜   1920년 3월 30일

이 증명서를 직접 아래로 부쳐주세요.　　L. H. 키비 부인,

애쉬비 애버뉴 2722,

캘리포니아 주 버클리

Candidate Blank for Women
(Robert L. Smith, Mar. 30th, 1920)

Received MAY 3 1920 Dr. White

THE BOARD OF FOREIGN MISSIONS

OF THE

PRESBYTERIAN CHURCH IN THE UNITED STATES OF AMERICA

156 FIFTH AVENUE, NEW YORK

CANDIDATE BLANK FOR WOMEN

Confidential Letter Regarding

　Miss Edna May Lawrence

To Dr. Robert Smith

(Omitted)

1. **How long have you known the applicant and in what circumstances? Kindly give details** about 6 yrs. I knew her while she was in training for nursing and have known since as a nurse.

   Can you give any information regarding her family? no

   Would you recommend her appointment? Yes

   Do you know of anything in her personality or habits which in your judgment should disqualify her for a foreign missionary? No

2. **What is your opinion regarding her personality?** She has a pleasing personality

   Is she a woman of refinement? Yes

   Cheerful or despondent? Cheerful

Energetic or slow? Energetic

Would she work well with others? Yes

Is she a leader or disposed to lean upon others? a leader

Does she possess executive ability or fertility of resource? Yes

What is your estimate of her intellectual ability? She has considerable.

3. **Her business habits?** I do not know.

   Is she careful and conscientious in money matters? Yes

   Has she been in any business or profession? Nursing

   Has she ever taught school? I do not know.

   Was she successful in her work?

4. **Her Christian character and work**

   Has she a sound and well developed Christian character? Yes

   Would her appointment be looked upon favorably by her friends and the public generally? Yes

   What do you know regarding her Christian work in the Church and community? What active Christian work has she done? I do not know about her christian work.

5. **Please give your own opinion as to her general fitness for missionary work, unhampered by any questions** I consider her fit for the work.

6. **In what lines of Missionary service do you think she would most succeed?**

7. **Can you mention evidences that indicate special ability along any line?** She is intelligent, honest, faithful, possessing a very pleasing disposition with a big sympathetic nature.

   Have you any additional information not covered by the above questions? No

   If the Candidate is an applicant for medical work, what can you say of her professional equipment and ability? She is a very capable trained nurse.

Signature Robert L. Smith, M. D.
Address Pomona, Calif.
Date Mar. 30, 1920

Please mail this certificate directly to   Mrs. L. H. Kibbe,
2722 Ashby Ave,
Berkeley, Calif.

로버트 L. 스미스(Robert Lee Smith)

로버트 L. 스미스(1874. 3. 4~1959. 12. 9)는 테네시 주의 엣지우드에서 태어났으며, 1895년 오하이오 주 레바논에 있는 내셔널 사범 대학교에서 문학사의 학위를 받고 엣지우드 학원에서 2년 동안, 그리고 오콜로나(Okolona)의 고등학교에서 2년 동안 교사로 근무하였다. 이후 그는 내슈빌 대학교 의과대학에 입학하여 1902년 3월 의학박사의 학위를 받은 후 오콜로나에서 개업하였다. 1903년 9월 아칸소 주 네바다에서 캐서린 W. 맥길(Katharine W. McGill, 1879~1957)과 결혼하였다.

1913년 캘리포니아 주 포모나로 이주하여 1957년 은퇴할 때까지 포모나에서 의사로 활동하였다.

그림 19. 로버트 L. 스미스.

보고 (1920년 4월 12일)

보 고

선교본부	서부
지원자	에드너 메이 로렌스 양
결 정	승인되고 추천됨. 1920년 4월 12일
소 견	우리는 쉴즈 박사가 언급한 지원자의 신체적인 문제점을 논의하였다.

Report (Apr. 12th, 1920)

Report

Board	Occidental
Candidate	Miss Edna May Lawrence
Action	Approved and recommended. April 12, 1920
Remarks	We have taken up with the candidate, the physical points mentioned by Dr. Shields.

윈스롭 앨리슨(의장), J. 헨더슨(서기)이 미국 북장로교회 해외선교본부 혹은 관계자에게 보낸 편지 (1920년 4월 17일)

1920년 4월 17일

미국 북장로교회 해외선교본부 혹은 관계자에게 보낸 편지

안녕하십니까,

이것은 에드너 M. 로렌스 양이 캘리포니아 주 온타리오의 웨스터민스터 장로교회의 교인으로서 완전한 정회원임을 증명합니다.

로렌스 양은 매우 고상한 성격과 경건함을 지닌 젊은 여자이며, 우리는 그녀를 해외 선교지의 지원자로서 가장 호의적인 고려 대상으로 추천하는 바입니다. 그녀는 어떤 식으로든 귀 본부를 실망시키지 않을 것임을 확신합니다.

당회는 기꺼이 그녀의 가치와 성품에 대하여 이 추천서를 발행합니다.

안녕히 계십시오.
윈스롭 앨리슨,
    의장
J. 헨더슨,
    서기

윌러드 D. 볼
윌리엄 H. 턴불
D. H. 월튼
토머스 S. 풀턴
윌리엄 M. 하트
앰브로즈 B. 와이코프

Winthrop Allison (Moderator), J. Henderson (Clerk), Letter to the Board of Foreign Missions of the Presbyterian Church, or Whomsoever it may Concern (Apr. 17th, 1920)

April 17th, 1920

To the Board of Foreign Missions of the Presbyterian Church, or Whomsoever it may Concern: -

Greetings: -

This is to certify that Miss Edna M. Lawrence is in full and regular standing, as a member of the Westminster Presbyterian Church of Ontario, California.

Miss Lawrence is a young lady of exceptionally high character and piety, and we heartily recommend her to your most favorable consideration as a candidate for the Foreign Mission Field, be assured that she will not disppoint you in any way.

The session gladly gives this testimonial to her worth and character.

Sincerely,
Winthrop Allison,
    Moderator
J. Henderson,
    Clerk

Willard D. Ball
W. H. Turnbull
D. H. Walton
Thos. S. Fulton
William M. Hart
A. B. Wyckoff

여자 지원자 양식
(아이다 D. 케네디, 1920년 4월 19일)

미국 북장로교회 해외선교본부
뉴욕 시 5 애버뉴 156

여자 지원자 양식

대외비 편지

<table>
<tr><td></td><td>접 수
1930년 5월 3일
화이트 박사</td></tr>
</table>

에드너 메이 로렌스 양

J. A. 케네디 부인 귀하

(중략)

1. **지원자를 알게 된 지 얼마나 되었으며 어떤 상황에서 알게 되었습니까? 자세하게 알려주세요.** 나는 그녀가 1919년 11월 13일 그녀가 와서 내 방을 빌려 두 달 동안 머물렀던 이후로 그녀를 알게 되었습니다.

   그녀의 가족과 관련된 어떤 정보를 주실 수 있습니까? 나는 그녀의 한 자매를 만난 적이 있는데, 나는 그녀를 매우 좋아하였습니다.

   그녀의 임명을 추천하시겠습니까? 예

   귀하는 그녀의 성격이나 습관 중 그녀가 외국 선교사로서 자격이 없다고 판단되는 것을 알고 있습니까? 아니오

2. **그녀의 성격에 관한 귀하의 의견은 무엇입니까?** 매우 유쾌한 성격

   그녀는 세련된 여자입니까? 예

   활력적입니까 혹은 의기소침해 있습니까? 활력적임

   활동적입니까 아닙니까?

   그녀가 다른 사람들과 일을 잘할 것 같습니까?

   그녀는 지도자입니까 혹은 다른 사람에게 의존합니까?

   그녀는 수행 능력이나 독창성을 가졌습니까?

   그녀의 지적 능력에 대한 귀하의 평가는 무엇입니까?

3. 그의 업무 습관은?

그녀는 금전 문제에서 신중하고 양심적입니까?   예

그녀가 사업 혹은 직업을 가진 적이 있습니까?   간호

그녀는 학교에서 가르친 적이 있습니까?

그녀는 자신의 일에 성공적이었습니까?

4. 그녀의 기독교적 품성과 사역

그녀는 건전하고 잘 발달된 기독교적 품성을 가지고 있습니까?

그녀의 임명이 그의 친구들과 일반 대중에게 호의적으로 받아들여질까요?

교회와 지역 사회에서 그의 기독교 활동에 대하여 무엇을 알고 계신가요?

그녀는 어떤 기독교적 활동을 활발히 하였습니까?

5. 어떤 질문에도 방해받지 않고 선교 사업에 대한 그녀의 일반적인 적합성에 대하여 귀하의 의견을 제시해 주세요.

6. 귀하는 어떤 분야의 선교 사업에서 그녀가 가장 성공할 것이라고 생각합니까?

7. 귀하는 어느 분야이건 특별한 능력을 나타내는 증거를 언급할 수 있습니까? 귀하의 모든 질문에 답변을 드릴 수 없어 미안합니다. 그러나 그녀는 숙련된 간호사였기 때문에 우리의 방을 쓰는 동안 대부분의 시간 동안 이곳에 없었습니다. 우리는 그녀가 매우 달콤하고 사랑스러운 소녀라는 것을 알게 되었고, 진정한 기독교적 성품을 가지고 있다고 생각하며, 전쟁 중에 해외에 있는 동안 그녀의 나라를 위하여 충성스러운 일을 하였기 때문에 (해외 선교사로서) 그녀를 멀리 떨어져 있게 해서 유감스럽습니다.

위의 질문에서 다루지 못한 다른 부가적인 정보가 있습니까? 이 양식은 내가 사람들로 가득 찬 집을 정리하는 동안 받았고 잊었습니다. 지연되어 대단히 미안합니다.

만일 지원자가 의료 사업의 지원자라면 그녀의 전문적인 자질이나 능력에 대하여 귀하는 무엇을 말할 수 있습니까? 간호사로서 모두가 그녀를 높이 평가합니다.

서 명   J. A. 케네디 부인
주 소   캘리포니아 주 포모나 개리 애버뉴 N. 720
날 짜 1920년 4월 19일

이 증명서를 직접 아래로 부쳐주세요.   L. H. 키비 부인,
                                           애쉬비 애버뉴 2722,
                                           캘리포니아 주 버클리

Candidate Blank for Women
(Ida D. Kennedy, Apr. 19th, 1920)

Received MAY 3 1920 Dr. White

THE BOARD OF FOREIGN MISSIONS
OF THE
PRESBYTERIAN CHURCH IN THE UNITED STATES OF AMERICA
156 FIFTH AVENUE, NEW YORK

CANDIDATE BLANK FOR WOMEN

Confidential Letter Regarding

                                    Miss Edna May Lawrence

To Mrs. J. A. Kennedy

(Omitted)

1. **How long have you known the applicant and in what circumstances? Kindly give details** I have only known her since Nov. 13, 1919 when she came and rented a room of me and staid her two months.

   Can you give any information regarding her family? I have only met one sister whom I liked very much.

   Would you recommend her appointment? I would.

Do you know of anything in her personality or habits which in your judgment should disqualify her for a foreign missionary? No

2. What is your opinion regarding her personality? A very pleasing personality
Is she a woman of refinement? She is.
Cheerful or despondent? cheerful
Energetic or slow?
Would she work well with others?
Is she a leader or disposed to lean upon others?
Does she possess executive ability or fertility of resource?
What is your estimate of her intellectual ability?

3. Her business habits?
Is she careful and conscientious in money matters? She is.
Has she been in any business or profession? Nurse
Has she ever taught school?
Was she successful in her work?

4. Her Christian character and work
Has she a sound and well developed Christian character?
Would her appointment be looked upon favorably by her friends and the public generally?
What do you know regarding her Christian work in the Church and community?
What active Christian work has she done?

5. Please give your own opinion as to her general fitness for missionary work, unhampered by any questions

6. In what lines of Missionary service do you think she would most succeed?

7. Can you mention evidences that indicate special ability along any line? I am sorry I cannot answer all your questions. But as she was a trained nurse, she was off on duty most of the time, while rooming with us.

We were sorry to have her more away as we found her a very sweet, lovable girl, and I think a true Christian character, and did loyal work for her country, while overseas during the war.

Have you any additional information not covered by the above questions? This blank was received, while I had a house full of company laid away, and forgotten. Am very sorry for the delay.

If the Candidate is an applicant for medical work, what can you say of her professional equipment and ability? Every one speaks highly of her as a nurse.

Signature Mrs. J. A. Kennedy

Address 720 N. Garey Ave., Pomona, Cal.

Date April 19th, 1920

Please mail this certificate directly to Mrs. L. H. Kibbe,
2722 Ashby Ave,
Berkeley, Calif.

아이다 D. 케네디(Ida Dunn Kennedy)

아이다 D. 케네디(1863. 5. 19~1940. 12. 3)는 아이오와 주에서 태어났으며, 1886년 12월 28일 아이오와 주 머스캐틴(Muscatine)에서 존 A. 케네디(John A. Kennedy, 1848. 6. 16~1933. 3. 23)와 결혼하였다. 1890년대 말 캘리포니아 주로 이주하였다. 로렌스는 1919년 11월부터 포모나의 이 집에서 2달 동안 하숙하였다.

에드너 M. 로렌스(캘리포니아 주 샌버너디노)가 엘렌 C. 키비
(서부 여자 선교본부 지원자 담당 총무)에게 보낸 편지
(1920년 5월 3일)

접 수
1920년 5월 26일
화이트 박사

샌버너디노 카운티 병원,
1920년 5월 3일

친애하는 키비 부인,

저는 저의 건강 상태에 대하여 부인과 저 모두를 만족시키기 위하여 골반 검사를 받기로 결정하였습니다. 저를 진찰한 애벗 박사는 내 여성 장기에 이상이 발견되지 않았기 때문에 저의 월경불순을 병리적인 것으로 간주하지 않는다고 말하였습니다. 이 말은 제가 매우 비정상적일 수 있지만 그렇게 건강할 수 있다는 것을 상상할 수 없었음에도 불구하고 저의 상태에 대한 의심을 덜어주고 있습니다. 나는 위의 보고서에서 부인께 제공한 내용에 대한 박사의 서류를 가지고 있습니다. 부인이 원하지 않는 한 선교본부 의사가 다른 검사를 의뢰하는 경우 유용할 수 있으므로 이 서류를 보관하고 있겠습니다.

안녕히 계세요.
에드너 로렌스

Edna M. Lawrence (San Bernardino, Ca.), Letter to Ellen C. Kibbe (Candidate Sec., Woman's Occi. BFM) (May 3rd, 1920)

San Bernardino Co. Hospital,

May 3, 1920

My dear Mrs. Kibbe: -

I decided to have the pelvic examination to satisfy both you and myself as to my condition. Dr. Abbott who examined me said he could find nothing abnormal about my female organs and therefore did not regard my menstrual irregularities as pathological. This statement relieves my mind of any doubt as to my condition tho' I couldn't imagine that I could be very abnormal and yet be in such good health. I have a written statement from the Dr. the substance of which I have given you in the above report. Unless desired by you I shall keep this statement as it might be useful if another examination be referred by the Board doctor.

Yours respectfully

Edna Lawrence

4-2. 선교사 임명 및 파송 준비
Appointment and Preparing for Sending Out as a Missionary to Korea

19200507
오빌 리드(미국 북장로교회 해외선교본부 지원자 담당 부총무)가
에드너 M. 로렌스(캘리포니아 주 샌버너디노)에게 보낸 편지
(1920년 5월 7일)

```
┌─────────────────┐
│     기록과        │
│ 1920년  5월 11일  │
│     총 무         │
└─────────────────┘
```
                                                        1920년 5월 7일

에드너 M. 로렌스 양,
    샌버너디노 카운티 병원,
    캘리포니아 주 샌버너디노

친애하는 로렌스 양,

　　귀하의 서류는 서부 여자 선교본부에서 추천서와 함께 우리에게 왔으며, 현재 검토 중에 있습니다. 나는 귀하가 올해 항해할 준비가 될 것이지만 8월 이나 9월 이전에는 그렇게 하고 싶지 않다는 점에 주목하고 있습니다.
　　나는 귀하가 기꺼이 어느 곳으로 파송되거나 가장 좋은 일을 할 수 있는 곳으로 파송되는 것을 보는 것이 기쁩니다. 이것이 진정한 선교 정신입니다. 나는 우리가 선교본부의 다음 회의가 열리는 5월 17일 귀하의 지원에 대한 결정을 할 수 있으며, 그것은 호의적일 것이라고 믿고 있습니다.
　　안부를 전합니다.

　　안녕히 계세요.
　　[오빌 리드]

OR:IO

Orville Reed (Candidate Assis. Sec., BFM, PCUSA),
Letter to Edna M. Lawrence (San Bernardino, Ca.) (May 7th, 1920)

May 7, 1920

Miss Edna M. Lawrence,
    San Bernardino Co. Hospital,
    San Bernardino, California

My dear Miss Lawrence: -

Your papers have come to us from the Woman's Occidental Board with their recommendation and are now under review. I note that yon will be ready to sail this year but would not want to so before August or September.

It is a pleasure to see that you are willing to go anywhere, or as you put it where you can do the most good; this is the true missionary spirit. I trust that we shall be able to secure action upon your application at the next meeting of our Board, May 17th, and that it will be favorable.

With kind regards,

Cordially yours,
[Orville Reed]

OR:IO

지원지 기록(에드너 M. 로렌스, 1920년 5월 17일)

지원자 기록	이 름	에드너 메이 로렌스 양	
	주 소	캘리포니아 주 온타리오	

공식 지원서 수령	1920년 5월 3일	**당시 나이**	26세
친서(親書) 발송		**출항 준비**	1920년
아내 이름			
아내 주소			

추천서   윈스롭 앨리슨 목사   머튼 힐 씨
에드윈 심스 부인   로버트 스미스 박사
J. A. 케네디 부인
에디스 패튼 박사

여자 선교본부   서부가 추천함
노회 추천
장로회 편지   윈스롭 앨리슨
진단서   F. F. 애벗
선호 선교지   없음   **업무**   간호

총무 투표 및
    의견
       ┌ S.
       ├ B.
       ├ H. 예, '정규 간호사'
       └ W. 예. 나는 '쉴즈 박사가 언급한 점들'과 관련하여 주목
            하였지만, 박사에 대하여 아무런 의견이 없습니다. 여
            자 선교본부를 위한 규정을 보세요.

임명   (19)20년 5월 17일
배정, 날짜   (19)20년 5월 17일   한국 **선교부로**
의견

Record of Candidates (Edna M. Lawrence, May 17th, 1920)

Record of Candidates.   **Name**   Miss Edna May Lawrence

                                   Address   Ontario, California

Formal Application Received   May 3, 1920   **Age at Time**   26

Confidential Letters Mailed   **Ready to Sail**   1920

Name of Wife

Address of Wife

Testimonials from   Rev. Winthrop Allison   Mr. Merton Hill

                            Mrs. Edwin Sims   Dr. Robert Smith

                            Mrs. J. A. Kennedy

                            Dr. Edith Patten

Woman's Board   Occidental recommends

Presbyterial Recommendation

Session Letter   Winthrop Allison

Medical Certificate   F. F. Abbott

Preference of Field   No preference   **of Class of Work**   Nursing

                            S.

Secretaries' vote   B.

   and remarks   H. Yes, "Trained nurse"

                            W. Yes. I notice a reference to "points mentioned by Dr. Shields" but do not anything for the Doctor see endowment for Woman Bd.

Appointed   5/17/20

Assigned, Date   5/17/20   **To**   Korea **Mission**

Remarks

오빌 리드(미국 북장로교회 해외선교본부 지원자 담당 부총무)가 에드너 M. 로렌스(캘리포니아 주 샌버너디노)에게 보낸 편지 (1920년 5월 18일)

1920년 5월 18일

에드너 M. 로렌스 양,
    샌버너디노 카운티 병원,
    캘리포니아 주 샌버너디노

친애하는 로렌스 양,

어제 우리 선교본부에서 귀하가 선교사로 임명되고 한국이 임지로 결정되었음을 알려드리게 되어 기쁘며, 이 기회를 빌어 올해 파송되는 멋진 남녀들을 진심으로 환영합니다. 이 조치는 쉴즈 박사가 신체 검사 기록에 완벽하게 만족할 것이라는 이해 하에 이루어진 것이며, 그녀는 이것에 대하여 최종 승인할 것입니다. 우리는 이렇게 될 것이며, 선교지에 있는 선교사들로부터 가장 진심 어린 환영을 받을 수 있도록 올해 여러분을 파송하는 특권을 가질 수 있기를 기대합니다.

우리는 당신에게 필요한 정보와 당신이 배정된 임무를 위한 채비 목록을 제공할 지침서를 함께 동봉합니다.

또한 종두 및 장티푸스 예방 접종 증명서도 동봉되어 있으며, 이를 작성하여 접종이 완료되는 즉시 저희에게 반송해 주세요. 접종용 혈청은 검진 의사로부터 얻어야 합니다. 어떤 이유로든 그것을 얻는 데 어려움이 있는 경우 선교본부에 직접 연락하세요.

개인 기록 양식 및 지침서 접수증(지침서에 동봉됨)을 작성하여 서류에 철하도록 우리에게 보내주세요. 별도의 문건으로 '신임 선교사를 위한 조언'이라는 제목의 소책자와 도움이 될 지침서 1부를 받게 될 것입니다.

항해를 하기 전에 최종 신체 검사는 여자 선교본부의 감독하에 이루어져야 합니다. 이 점 유의하고 반드시 응해 주세요.

안부를 전합니다.

안녕히 계세요.
[오빌 리드]

OR:IO

Orville Reed (Candidate Assis. Sec., BFM, PCUSA), Letter to Edna M. Lawrence (San Bernardino, Ca.) (May 18th, 1920)

Filing Dept.
MAY 19 1920
Secretaries

May 18, 1920

Miss Edna M. Lawrence,
　　San Bernardino Co. Hospital,
　　San Bernardino. California

My dear Miss Lawrence: -

　　It gives me pleasure to inform you that at the meeting of our Board yesterday you were appointed and assigned to Korea and I take this opportunity to give you a moat hearty welcome into the company of splendid men and women going out this year. This action is taken with the understanding of course that Dr. Shields shall be perfectly satisfied in record to the physical examination and will give her final O. K. to the certificate. We expect that this will be given and that we may have the privilege of sending you out this year assuring you of a most hearty welcome from the missionaries on the field.

　　We are enclosing herewith a letter of instructions which will give you some needful information, and an outfit list for the Mission to which you have been assigned.

　　Enclosed are also certificates for vaccination and inoculation against typhoid which should be filled out and returned to us as soon as the treatment is completed. The serum for the inoculation should be obtained from the examining physician. If for any reason there is difficulty in obtaining it please communicate directly with the Board.

The personal record blank and manual acceptance card (enclosed in manual) should be filled out and returned to us for our files. Under separate cover you will receive a booklet entitled "Counsel to New Missionaries" and a copy of the Manual which will be helpful to you,

Before you call sail a final physical examination must be made under the supervision of your Woman's Board. Please make special note of this and attend to it without fail.

With kind regards and best wishes,

Cordially yours,
[Orville Reed]

OR:IO

19200520

엘렌 C. 키비(서부 여자 선교본부 지원자 담당 총무)가 오빌 리드(미국 북장로교회 해외선교본부 지원자 담당 부총무)에게 보낸 1920년 5월 20일자 편지의 발췌 (1920년 5월 20일)

엘렌 C. 키비가 리드 박사에게 보낸 1920년 5월 20일자 편지의 발췌
(원본은 원래 서류철 #820에 있음)

에드너 M. 로렌스 양의 특정 건강 상태에 대하여 쉴즈 박사가 의문을 제기한 것과 관련하여 저는 철저한 검사 결과를 알리는 편지를 동봉하는데, 다른 언급과 함께 쉴즈 박사를 만족시킬 것입니다. 그녀에게는 기질적인 문제가 없으며, 그녀(쉴즈 박사)는 그녀가 해외 업무에 적합하다고 생각하고 있습니다.

Extract from Letter to Orville Reed (Candidate Assis. Sec., BFM, PCUSA) from Ellen C. Kibbe (Candidate Sec., Woman's Occi. BFM), dated May 20, 1920 (May 20th, 1920)

Extract from letter to Dr. Reed from Ellen C. Kibbe, dated May 20, 1920
(Original in FiIle #820)

With regard to Miss Edna M. Lawrence, of whose health in one particular Dr. Shields raised a question, I am enclosing a letter stating the result of a thorough examination which with another statement satisfies Dr. Shields there is no organic trouble, and she considers her fit for foreign service.

아서 J. 브라운(미국 북장로교회 해외선교본부 총무)가 한국 선교부로 보낸 선교본부 회람 제539호 (1920년 6월 11일)

AJB:K

제539호   1920년 6월 11일

신임 선교사의 배정

(......)

한국 선교부 귀중

친애하는 동료들,

지난 선교본부 회의에서 다음과 같이 신임들에 대한 추가 배정이 이루어졌다는 소식을 쓰게 되어 매우 기쁩니다.

(중략)

에드너 메이 로렌스 양, 정규 간호사

교육:

채피 연합 고등학교, 캘리포니아 주 온타리오 1914년

포모나 밸리 병원, 캘리포니아 주 포모나 1917년

경험:

개인 간호, 1917년 8월부터 1918년 3월까지

적십자 간호, 1918년 3월부터 1919년 5월까지 프랑스에서 경험을 함

개인 간호, 1919년 5월부터 12월까지

결핵 병동, 샌버너디노 카운티 병원, 1920년 1월 5일부터

(중략)

Arthur J. Brown (Sec., BFM, PCUSA),
Board Circular Letter to the Chosen Mission, No. 539 (June 11th, 1920)

AJB:K

No. 539
June 11, 1920

Assignment of New Missionaries.

(......)

To the Chosen Mission.

Dear Friends: -

It is a great pleasure to write that at the last meeting of the Board some additional assignments of new missionaries were made to you as follows:

(Omitted)

Miss Edna May Lawrence, R. N.

Education:

Chaffey Union High School, Ontario, Calif. 1914.

Pomona Valley Hospital, Pomona, Calif. 1917.

Experience:

Private nursing Aug. 1917 to Mar. 1918.

Red Cross nursing March 1918 to May 1919 with experience in France.

Private nursing May to Dec. 1919.

Tubercular Ward San Bernardino Co. Hospital since July [sic] 5, 1920.

(Omitted)

엘렌 C. 키비(서부 여자 선교본부 지원자 담당 총무)가 아서 J. 브라운(미국 북장로교회 해외선교본부 총무)에게 보낸 편지 (1920년 8월 18일)

애쉬비 애버뉴 2722,
캘리포니아 주 버클리,
1920년 8월 18일

신학박사 A. J. 브라운 목사,
　5 애버뉴 156,
　뉴욕

친애하는 브라운 박사님,

　에드너 로렌스 양이 수고스럽게도 그녀의 예방 접종 및 장티푸스 예방 접종 증명서를 보냈기에 이전에는 이런 일이 없었음에도 불구하고 나는 그것들을 박사님께 보냅니다. 두 번의 다른 접종은 8월 16일과 8월 23일에 받기로 되어 있었습니다. 나는 이것으로 진료 기록지가 완전히 갖추어질 것으로 생각합니다.

　안녕히 계세요.
　엘렌 C. (L. H. 부인) 키비,
　　지원자 총무

Ellen C. Kibbe (Candidate Sec., Woman's Occi. BFM), Letter to Arthur J. Brown (Sec., BFM, PCUSA) (Aug. 18th, 1920)

2722 Ashby Ave.,
Berkeley, Cal.,
August 18, 1920

Rev. A. J. Brown, D. D.,
156 Fifth Ave.,
New York

My dear Dr. Brown: -

As Miss Edna Lawrence has taken the pains to send the certificates of her vaccination and typhoid inoculation, I am forwarding them to you, altho this has not been done before. The two other doses were to be taken Aug. 16th, and Aug. 23rd. I believe this completes the medical papers.

Yours sincerely,
(Mrs. L. H.) Ellen C. Kibbe
Candidate Secretary

아메리카 합중국 여권 신청서, 1795~1925년
(에드너 M. 로렌스, 1920년 8월 26일)

여권 신청서의 원본과 각 사본에는 신청자의 사진이 첨부되어 있어야 합니다.
지원서는 지원자의 서명이 들어 있는 붙어 있지 않은 사진과 함께 제공되어야 합니다.
사진은 얇은 종이로 제작되어야 하고 배경이 엷어야 하며, 크기가 3인치를 넘지 않아야 합니다.

   ☞ 이 양식은 완전히 채워져야 합니다. 법
정 수수료 1달러(현금 또는 우편환)와 신청
자의 귀화 증명서가 신청서와 함께 제공되
어야 합니다.
   신청서를 워싱턴 D. C.의 국무부 시민권
국으로 우송하기 전에 규칙을 주의 깊게 읽
어야 합니다.

[1918년 8월 판.]

[귀화 시민 양식]

아메리카 합중국,
   __캘리포니아__ 주 ⎤
   __샌버너디노__ 카운티 ⎦ ss:

   본인, __에드너 메이 로렌스 (양)__ 는 귀화 및 충성스러운 미국 시민으로서 워싱턴의 국무부로 여권을 신청합니다.
   __조선__
   본인은 1__894__ 년 __3월 27일__ 에 __캐나다 위니펙__ 에서 태어났으며; 본인의 부친, (이름) __발렌타인 로렌스__ 는 (나라) __스코틀랜드__ 에서 출생하였고 지금은 __캘리포니아 주 온타리오__ 에 거주하고 있으며; 본인은 (날짜) 1__903년__ 경 __캐나다 세인트 빈센트__ 에서 미국으로 이주하였으며; 1__903년__ 경부터 1__920년__ 까지 연속해서 __17년 동안__ 캘리포니아 주 로스엔젤레스, 캘리포니아 주 온타리오 에 거주하였으며; 이것과 함께 제출한 귀화 증명서에서 보이는 것처럼 본인은 1__919__ 년 __5월 16일__ 에 __캘리포니아 주 샌버너디노__ 에 위치한 __캘리포니아 주 샌버너디노__ 의 __상급__ 법원에서 미국 시민으로서 귀화하였으며; 본인은 귀화 이후 다음 기간 동안 다음의 곳에서 미국 외 지역에 거주하였음을 엄숙히 맹세합니다.

   _____, _____ 부터 _____
까지, 그리고 나는 미국에 거주하고 있으며 나의 주소는 __캘리포니아 주 온타리오__ 이고 그곳에서 __정규 간호사__ 의 직업을 갖고 있습니다.
   나의 최근 여권은 (날짜) __1918년 6월__ 에 __워싱턴__ 에서 발급 받았고, (여권의 처리) __본인이 소지하고__ 있었습니다. 본인은 임시로 해외로 가려고 하며

<u>6년 혹은 7년</u> 내에 거주하고 시민권의 의무를 수행할 목적으로 미국으로 돌아올 예정입니다. 그리고 본인은 다음의 목적으로 아래에 명시된 국가를 방문하는 데 사용할 여권을 원합니다.

(나라 이름) <u>조 선</u>　　　(방문 목적) <u>선교 사역</u>

(나라 이름) _____　　(방문 목적) _____

(나라 이름) _____　　(방문 목적) _____

본인은 (출발일) <u>1920년 8월 26일</u> 에 (출발 항구) <u>워싱턴 주 시애틀에서 브리티시 컬럼비아 주 밴쿠버까지, 그리고</u> (배이름) <u>엠프리스 오브 아시아</u> 호(號)를 타고 미국을 떠나려고 합니다.

충성의 맹세

또한 본인은 외국과 국내의 모든 적으로부터 미국 헌법을 지지하고 수호하며; 이에 대한 참된 믿음과 충성을 할 것이며; 그리고 본인은 어떠한 정신적 문제 혹은 목적이 없이 자유 의사로 이러한 의무를 받아들인다는 것을 맹세코 엄숙하게 선서합니다.

<u>에드너 메이 로렌스</u>

(신청자 서명)

19 <u>20</u> 년 <u>7</u>월 <u>31</u> 일 내 앞에서 선서함

[법원 직인]

<u>해리 L. 앨리슨</u>

<u>캘리포니아 주 샌버너디노</u> 의 <u>상급</u> 법원의 서기

[뒤로]

신청자의 인상착의

나이: <u>26</u> 세　　　　　　입: <u>중위(中位)</u>

신장: <u>5</u> 피트, <u>1</u> 인치, Eng.　턱: <u>둥금</u>

이마: <u>높음</u>　　　　　　　모발: <u>검은색</u>

눈 : <u>갈색</u>　　　　　　　안색: <u>양호함</u>

코 : <u>정상</u>　　　　　　　얼굴: <u>난원형</u>

특징 <u>없음</u>

신원 확인

<u>캘리포니아 주</u> 샌버너디노, 19 <u>20</u> 년 <u>7</u>월 31일

본인, 발렌타인 로렌스 는 귀화한 미국 시민이며; 캘리포니아 주 온타리오 에 거주하고 있으며; 본인은 위에 언급한 에드너 메이 로렌스 를 평생 동안 개인적으로 알고 있었고 그녀가 기술된 귀화 증명서에 언급된 동일인임을 알고 있습니다. 그리고 그녀의 진술서에 명시된 사실은 본인이 알고 믿는 한 사실임을 엄숙히 맹세합니다.

발렌타인 로렌스

(직업) 목장 관리인

(증인의 주소) 캘리포니아 주 온타리오

19 20 년 7월 31 일 내 앞에서 선서함

[법원 직인]

해리 L. 앨리슨

캘리포니아 주 샌버너디노 의 상급 법원의 서기

신청자는 여권을 다음의 주소로 배송하기를 원하고 있다.

에드너 메이 로렌스 양

캘리포니아 주 온타리오

우체국 사서함 151호

이곳에 첨부할 사진은 서명하여 신청서와 함께 국무부로 보내 국무부의 직인과 함께 여권에 부착해야 합니다.

U. S. Passport Application, 1795~1925
(Edna M. Lawrence, Aug. 26th, 1920)

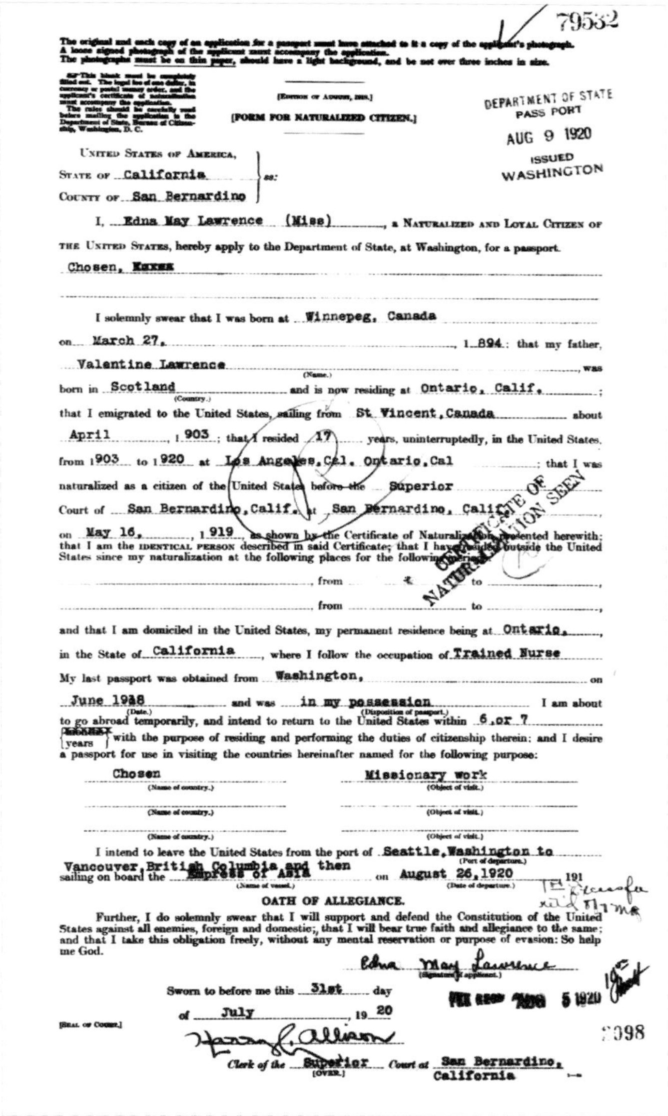

79532

The original and each copy of an application for a passport must have attached to it a copy of the applicant's photograph.
A loose signed photograph of the applicant must accompany the application.
The photographs must be on thin paper, should have a light background, and be not over three inches in size.

This blank must be completely filled out. The legal fee of one dollar, in currency or postal money order, and the applicant's certificate of naturalization must accompany the application.
The rules should be carefully read before mailing the application to the Department of State, Bureau of Citizenship, Washington, D. C.

[EDITION OF AUGUST, 1919.]

[FORM FOR NATURALIZED CITIZEN.]

DEPARTMENT OF STATE
PASS PORT
AUG 9 1920
ISSUED
WASHINGTON

UNITED STATES OF AMERICA,
STATE OF California } ss:
COUNTY OF San Bernardino

I, Edna May Lawrence (Miss), a NATURALIZED AND LOYAL CITIZEN OF THE UNITED STATES, hereby apply to the Department of State, at Washington, for a passport.
Chosen, [illegible]

I solemnly swear that I was born at Winnepeg, Canada on March 27, 1894; that my father, Valentine Lawrence (Name.), was born in Scotland (Country.) and is now residing at Ontario, Calif.; that I emigrated to the United States, sailing from St. Vincent, Canada about April, 1903; that I resided 17 years, uninterruptedly, in the United States, from 1903 to 1920 at Los Angeles, Cal. Ontario, Cal; that I was naturalized as a citizen of the United States before the Superior Court of San Bernardino, Calif. at San Bernardino, Calif. on May 16, 1919, as shown by the Certificate of Naturalization presented herewith; that I am the IDENTICAL PERSON described in said Certificate; that I have resided outside the United States since my naturalization at the following places for the following periods:
.... from .... to ....,
.... from .... to ....,
and that I am domiciled in the United States, my permanent residence being at Ontario, in the State of California, where I follow the occupation of Trained Nurse. My last passport was obtained from Washington, on June 1918 (Date.) and was in my possession (Disposition of passport.). I am about to go abroad temporarily, and intend to return to the United States within 6 or 7 years with the purpose of residing and performing the duties of citizenship therein; and I desire a passport for use in visiting the countries hereinafter named for the following purpose:

(Name of country.)	(Object of visit.)
Chosen	Missionary work

CERTIFICATE OF NATURALIZATION SEEN

I intend to leave the United States from the port of Seattle, Washington to Vancouver, British Columbia and then (Port of departure.) sailing on board the Empress of Asia (Name of vessel.) on August 26, 1920 (Date of departure.)

OATH OF ALLEGIANCE.

Further, I do solemnly swear that I will support and defend the Constitution of the United States against all enemies, foreign and domestic; that I will bear true faith and allegiance to the same; and that I take this obligation freely, without any mental reservation or purpose of evasion: So help me God.

Edna May Lawrence
(Signature of applicant.)

Sworn to before me this 31st day of July, 1920

FEE ... AUG 5 1920

[SEAL OF COURT.]

Harry L. Allison
Clerk of the Superior Court at San Bernardino, California

[OVER.]

그림 20. *U. S. Passport Application, 1795~1925.* Edna M. Lawrence, Aug. 26th, 1920.

DESCRIPTION OF APPLICANT.

Age: 26 years.

Stature: 5 feet, 1 inches, Eng.

Forehead: High

Eyes: Brown

Nose: Normal

Mouth: Medium

Chin: Rounded

Hair: Black

Complexion: Fair

Face: Oval

Distinguishing marks None

IDENTIFICATION.

San Bernardino, California July 31 19 20

I, Valentine Lawrence , solemnly swear that I am a {native} {naturalized} citizen of the United States; that I reside at Ontario, California ; that I have known the above-named Edna May Lawrence personally for life years and know {him} {her} to be the identical person referred to in the within-described certificate of naturalization; and that the facts stated in {his} {her} affidavit are true to the best of my knowledge and belief.

Valentine Lawrence

Rancher
(Occupation.)

Ontario, California
(Address of witness.)

Sworn to before me this 31st day

of July , 19 20

[SEAL.]

Clerk of the Superior Court at San Bernardino, California

Applicant desires passport to be sent to the following address:

Miss Edna May Lawrence

Ontario, California

P.O.Box 151

A signed duplicate of the photograph to be attached hereto must be sent to the Department with the application, to be affixed to the passport with an impression of the Department's seal.

러셀 카터(미국 북장로교회 해외선교본부 부재무)가 관계자에게
보낸 편지 (1920년 7월 17일)

1920년 7월 17일

관계자께,

전보 주소: "INCULCATE NEW YORK"   전화

드와이트 H. 데이
　　　재무
러셀 카터
　　　부재무

미국 북장로교회
해외선교본부
뉴욕 시 5 애버뉴 156

　　이것은 에드너 로렌스 양 이 이 선교본부에 의해 정식으로 조선 선교
부로 임명된 선교사이고, 그녀는 8월 26일 밴쿠버 에서 고베 로 향하는 증
기서 '엠프리스 오브 아시아' 호(號)를 타고 출항할 예정이며, 그녀가 조선
으로 가는 목적은 선교 활동에 참여하기 위한 것임을 증명합니다.

　　미국 북장로교회 해외선교본부
　　러셀 카터
　　부재무

Russell Carter (Assoc. Treas., BFM, PCUSA),
Letter to Whom It May Concern (July 17th, 1920)

Cable Address: "INCULCATE NEW YORK"

Telephone

The Board of Foreign Missions
of the
Presbyterian Church in the U. S. A.
156 Fifth Avenue
New York

Dwight H. Day
    Treasurer
Russell Carter
    Assistant Treasurer

July 17, 1920

To Whom it May Concern: -

This is to certify, that   Miss Edna Lawrence   is a regularly appointed missionary of this Board to its Chosen Mission; that she is booked to sail on the Steamship "Empress of Asia" from Vancouver on August 26th for Kobe and that her purpose in going to Chosen is engage in missionary work.

The Board of Foreign Missions of the
Presbyterian Church in the U. S. A.
   Russell Carter
Associate Treasurer

에드너 M. 로렌스(캘리포니아 주 온타리오)가
여권과(워싱턴, D. C.)로 보낸 편지 (1920년 7월 31일)

캘리포니아 주 온타리오,
1920년 7월 31일

여권과

안녕하십니까,

저는 이제 여권을 신청합니다. 보시다시피 기간이 짧으니 가능한 한 빨리 받을 수 있게 해주시면 감사하겠습니다. 제 주소는 캘리포니아 주 온타리오로 사서함 151호입니다.

안녕히 계세요.
에드너 로렌스

추신. 저는 하루 정도 후에 온타리오를 떠나기 때문에 8월 14일까지 이것을 받아야 합니다.

Edna M. Lawrence (Ontario, Ca.), Letter to the Passport Department (Washington, D. C.) (July 31st, 1920)

Ontario, California,

July 31, 1920

The Passport Department

Dear Sir: -

I am here in applying for a passport. As you see the time is short, and I would appreciate having it as early as possible. My address is P. O. #151, Ontario, California.

Yours sincerely,

Edna Lawrence

P. S. I must have this by August 14, as I'm leaving Ontario a day or so later.

여권 관리과 과장(워싱턴, D. C.)이 에드너 M. 로렌스
(캘리포니아 주 온타리오)로 보낸 편지 (1920년 8월 7일)

답장 참조   1920년 8월 7일
PC 8-20-2098

에드너 M. 로렌스 양,
우편 사서함 151호,
    캘리포니아 주 온타리오

안녕하십니까,

    여권 관리과는 현재 발급 중인 여권에 대한 귀하의 최근 신청서와 함께
제출된 1달러의 초과 수수료를 귀하께 반환합니다.

    안녕히 계십시오.
    [   ]
    여권 관리과 과장

동봉:
    초과 수수료 1달러
    귀화 증명서
PC-RAP/BMD-SS

Chief of Div. of Passport Control (Washington, D. C.),
Letter to Edna M. Lawrence (Ontario, Ca.) (Aug. 7th, 1920)

In reply refer to   August 7, 1920
PC 8-20-2098

Miss Edna M. Lawrence,
Post Office Box 151,
    Ontario, California

Madam: -

The Department returns to you herewith the excess fee of $1.00 submitted
with your recent application for a passport, which is now being issued.
    I am, Madam,

    Your obedient servant,
    [   ]
    Chief, Division of Passport Control.

Enclosure:
    Excess fee of $1.00
    Naturalization certificate
PC-RAP/BMD-SS

찰스 E. 패튼(미국 북장로교회 해외선교본부 총무 대리)이 엘렌 C. 키비(서부 여자선교본부 지원자 담당 총무)에게 보낸 편지 (1920년 8월 28일)

CBP:M

1920년 8월 28일

L. H. 키비 부인,
　애쉬비 애버뉴 2722,
　캘리포니아 버클리

친애하는 키비 부인,

　브라운 박사의 부재로 저는 에드너 로렌스 양의 예방 접종 및 장티푸스 예방 접종 증명서가 동봉된 부인의 편지를 수령하였음을 확인하는 일을 맡았습니다. 이 일을 하는 데 있어 부인의 호의에 감사를 드립니다.

　안녕히 계세요.
　찰스 E. 패튼
　　총무 대리

Charles E. Patten (Acting Sec., BFM, PCUSA), Letter to Ellen C. Kibbe (Candidate Sec., Woman's Occi. BFM) (Aug. 28th, 1920)

CBP:M

August 28, 1920

Mrs. L. H. Kibbe,
2722 Ashby Ave.,
   Berkeley, California

My dear Mrs. Kibbe: -

In the absence of Dr. Brown it devolves upon me to acknowledge receipt of your letter of August 18th with its enclosures of vaccination and typhoid inoculation certificates of Miss Edna Lawrence. I thank you for your courtesy in attending to the matter.

Sincerely yours,
Chas. E. Patton,
   Acting Secretary

19201000

선교 인력의 변동.
Woman's Work (뉴욕) 35(9) (1920년 10월호), 199쪽

선교 인력의 변화

출발:

(......)

밴쿠버에서, 8월 26일 - (......); 애덤스 목사 부부, 선교지로 돌아감; 에드너 M. 로렌스, 진 델마터 양은 조선 선교부에 합류하기 위하여; (......)

Changes in the Missionary Force.
Woman's Work (New York) 35(9) (Oct., 1920), p. 199

Changes in the Missionary Force

Departures:

(......)

From Vancouver, Aug. 26 - (......); Rev. and Mrs. J. E. Adams, returning to; Miss Edna M. Lawrence, Miss Jean Delmarter, to join the Chosen Mission; (......)

제5장
선교 사역 1기 (1920~1926년)
The First Term of Missionary Work

에드너 M. 로렌스는 1920년 9월 10일 부산에, 이어 13일 서울에 도착하였다. 이후 8개월 동안 언어 학교에 다니면서 한국어를 배웠으며, 3년 동안 매년 치른 구두 및 필기 언어 시험을 통과하였다. 그녀는 1921년 1월 말부터 남대문교회에 출석하기 시작하였고, 5월 9일부터 세브란스 병원에서 양성소 교수 및 병동 감독의 직책을 맡았다.

로렌스가 느꼈던 세브란스 병원의 가장 큰 문제는 한국인 간호사의 부족이었고, 더욱이 외국인 간호사도 부족하여 1923~24년에 로렌스는 병원 업무에만 전념하였다. 실제 간호에서 로렌스가 강조한 것은 청결이었으며, '목욕이 아니면 파멸'이라는 구호를 애호하였다. 또한 학생 간호사의 실습 여건을 개선하기 위하여 1923년 여름에 도착한 성인 및 아기 인형이 큰 도움이 되었다.

1924년 9월 2일 조선 총독부는 세브란스 병원 산파간호부 양성소를 지정함으로써 1925년 3월 이후 졸업생부터 별도의 시험 없이 산파 및 간호사 면허를 취득할 수 있게 되었다.

로렌스는 서양인과 한국인 간호사들이 상호 도움과 이익을 위하여 조선 정규 간호부회가 만들어지기를 바랐는데, 1923년 4월 협회가 결성되었다. 1925년 4월 24일에는 세브란스 병원 간호부회가 재조직되었으며, 로렌스는 반 년 임기의 첫 회장에 선출되었다.

한편 1923년 6월 말에는 아버지 발렌타인이 한국을 방문하여 2개월 이상

체류하고 미국으로 돌아갔다.

Edna M. Lawrence arrived in Busan on September 10th, 1920, and then in Seoul on the 13th. Afterwards, She attended a language school for eight months, learning Korean, and passed oral and written language examinations taken every year for three years. She began attending South Gate Church at the end of January 1921, and from May 9th, she took on the position of teacher of Training School for Nurses' and Ward Supervisor at Severance Hospital.

The biggest problem at Severance Hospital that Miss Lawrence felt was the lack of Korean nurses, and furthermore, there was a shortage of foreign nurses, so from 1923 to 1924, she concentrated only on hospital work. In actual nursing, what she emphasized was cleanliness, and she favored the slogan, 'Baths or bust.' Additionally, the arrival of adult and baby dolls in the summer of 1923 was of great help in improving the practice conditions for student nurses.

On September 2nd, 1924, the Japanese Government-General of Korea designated School for Nurses and Midwives of the Severance Union Medical College Hospital, making it possible for graduates after March 1925 to obtain a license of midwife and nurse without a separate examination.

Miss Lawrence hoped that the Korea Graduate Nurses Association would be organized for the mutual help and benefit of Western and Korean nurses, and the association was formed in April 1923. On April 24, 1925, the Severance Hospital Nurses' Association was reorganized, and Lawrence was elected its first president for a half-year term.

Meanwhile, at the end of June 1923, her father Valentine visited Korea and stayed for more than two months before returning to the United States.

에드너 M. 로렌스(서울), 개인 보고서 (1921년 5월 10일)

접 수
1921년 9월 6일
브라운 박사

한국 서울,
1921년 5월 10일

개인 보고서

한국에서 보낸 짧은 8개월은 바쁘기도 하고 행복하기도 하였습니다. 대구와 서울에서 받은 환영은 바로 이곳에 친구가 있다는 것을 느끼게 해주었습니다. 첫 주에는 거주지가 불안정하였고, 어학 선생의 확보에도 어려움을 겪었습니다. 내가 언어 학습만을 하는 기간 동안 겐소 가족과 함께 살 수 있는 특권이 주어졌던 것은 다행이라고 느꼈습니다. 나는 언어 학교에서 두 과정을 수강하였고, 두 과정 모두에서 많은 것을 얻었습니다. 1주일에 6일 동안 매일 아침 3시간씩 한국어 교사와 보냈으며, 1주일에 5일 동안 2시간 30분을 언어 학교에서 보냈습니다.

나는 성탄절 직전에 허스트 박사의 병 간호를 도와 달라는 요청을 받았고, 약 2주일 동안 기꺼이 이 일을 하였습니다.

나는 이제 내가 정말 말하고 이해할 수 있는 것이 있는지 알아보기 위하여 사람들 사이로 더 나가고 싶다고 느꼈기 때문에 한 해의 마지막 날에 남장로교회의 2개 지부와 우리 교회의 3개 지부를 방문하는 시골 지부 여행을 떠났습니다. 나는 작은 지부에서의 생활을 엿볼 수 있었고, 이번 방문 이후 연례회의에서 제기되는 질문을 더 잘 이해할 수 있기를 바라고 있습니다.

나는 여행에서 돌아와 일본인 고아원에서 한국인 어린이들을 위한 일을 시작하였습니다. 몇 번의 예외를 제외하고 일주일에 한 번 나가 예배를 드렸습니다.

어떤 교회도 배정되지 않았지만 나는 1월 30일부터 정기적으로 남대문교회에 출석하였습니다. 처음 몇 번의 주일에는 적극적으로 참여하지 않았지만 나는 4월 3일부터 10세부터 17세 사이의 소녀 10명~12명으로 이루어진 주일학교 소녀반을 가르쳤습니다. 이 교육은 나에게 큰 도움이 되었고, 나는 소녀들이 그것으로부터 무언가를 얻었다고 믿고 있습니다.

나는 델마터 양, 그리고 한국인 여자와 함께 신세리에서 열리는 5일 동안의 사경회에 다녀왔습니다. 나는 어린 소녀들을 대상으로 교리 문답을 하였고,

가르치는 동안 그들 중 일부를 즐겁게 하였습니다. 매일 아침 무료 진료소를 열 때까지 여자와 아이들이 나에게 왔습니다.

5월 9일 월요일 나는 남대문 기지로 왔습니다. 오전에는 3시간 언어 학습을 하고, 오후에는 병원 일을 도울 것입니다.

삼가 제출합니다.
에드너 로렌스

Edna M. Lawrence (Seoul), Personal Report (May 10th, 1921)

Received
SEPT 6 1921
Dr. Brown

Seoul, Korea,
May 10, 1921

Personal Report

The short eight months I've spent in Korea have been both busy and happy. The welcome I received both in Taiku and Seoul made me immediately feel that I had friends here. The first week I was in an unsettled condition as to my residence and also had trouble in securing a teacher: I felt fortunate in being allowed the privilege of living with the Genso's during the time I had for language study only. I've attended two language school terms and derived a great deal of good from both. Three hours each morning for six days of the week were spent with a Korean teacher and two and one half hours five days in the week in the language school.

Just before Christmas I was asked to help with the care of Dr. Hirst and gladly did this for about two weeks.

I now felt I wanted to go out among the people more to see if I really could speak any and understand any so I left the last day of the year for a trip to the country stations visiting two Southern Presbyterian stations and three of our own. I had a good glimpse of life in a small station and I hope to be able to better understand the questions that come up in annual meeting since having this visit.

On returning from my country trip I took up work in the Japanese orphanage for Korea children. With a few exception I've been out and conducted a service once a week.

I've attended South Gate church regularly since January 30th tho' not assigned to any church. The first few Sundays I took no active part but since April 3rd, I've taught a Sunday School class of ten or twelve girls ranging in age from ten to seventeen. This teaching has been a great help to me and I trust the girls have gotten something out of it.

I went with Miss Delmarter and a Korean woman to a five days class in Sin Se Li. I had the little girls in catechism and also amused some of them while the teaching was being done. Every morn the women and children came to me until I had quite a free clinic every day.

Monday May 9th I came over to the South Gate compound. I will have three hours of language study in the morning and relieve in the hospital in the afternoons.

Respectfully submitted,
Edna Lawrence

1921년 평양에서 개최된 미국 북장로교회 한국 선교부의
제37차 연례회의 회의록 및 보고서
(1921년 6월 26일부터 7월 4일), X, 89쪽

인력 변동
도 착

(......)
진 델마터 양   1920년 9월 13일
에드너 M. 로렌스 양   1920년 9월 13일
(......)

[89쪽]
부록 I.
언어 위원회의 보고서

1. 언어 위원회는 다음 대상자들의 성공적인 시험 통과를 기쁘게 보고한다.
(......)
1년 차, 필기 및 구두: 델마터 양, 로렌스 양 (......)
(중략)

Minutes and Reports. 37th Annual Meeting of the Chosen Mission,
Presbyterian Church in the U. S. A., 1921, Held at Pyengyang, Chosen
(June 26th to July 4th, 1921), pp. X, 89

Changes in Personnel

Arrival

(......)

| Miss Jean Delmarter | September 13, 1920 |
| Miss Edna M. Lawrence | September 13, 1920 |

(......)

p. 89

Appendix I.

Report of Language Committee

1. Your language committee is glad to report the successful passing of
examinations of the following candidates:

(......)

First Year, Written and oral: Miss Delmarter, Miss Lawrence, (......)

(Omitted)

1921년 평양에서 개최된 미국 북장로교회 한국 선교부의
제37차 연례회의 회의록 및 보고서 (1921년 6월 28일), 17쪽

화요일, 1921년 6월 28일

(......)

위원회 준위원. - 의장은 다음의 준회원들을 여러 위원회에 임명하였다.

(......)

의료 위원회 – 더글러스 에비슨 박사와 로렌스 양

(......)

Minutes and Reports. 37th Annual Meeting of the Chosen Mission, Presbyterian Church in the U. S. A., 1921 Held at Pyengyang, Chosen (June 28th, 1921), p. 17

Tuesday, June 28th, 1921

(......)

Associate Committee Members. - Thc Chairman appointed the following associate members on the various Committees.

(......)

Medical Committee. - Dr. Douglas Avison and Miss Lawrence.

(......)

1922년 서울에서 개최된 미국 북장로교회 한국 선교부의
제38차 연례회의 회의록 및 보고서
(1922년 6월 25일부터 7월 4일), 91~92쪽

부록. 1
언어 위원회의 보고서

1. 언어 위원회는 다음과 같은 어학 학생들이 시험에 성공적으로 통과한 것을 보고하게 되어 행복하다.
(......)
2.
(......)
1년 차 한문(漢文) - 버그먼, 존슨, 델마터, 에스텝, 로렌스, L. 밀러 양
(......)
위원회는 이후 어학 학생들이 1년 차에 한자 100자, 2년 차에 200자, 3년 차에 200자를 배울 것을 권장한다.
3. 우리는 다음의 사람들이 언어 시험에 통과하였음을 보고한다.
2년 차 구두 및 필기 – 로렌스 양

(중략)

Minutes and Reports. 38th Annual Meeting of the Chosen Mission, Presbyterian Church in the U. S. A., 1922 Held at Seoul, Chosen (June 25th to July 4th, 1922), pp. 91~92

Appendix. 1

Report of the Language Committee

1. Your language committee is happy to report the successful passing of the examinations by the following language students.

(......)

2.

(......)

First Year Chinese – Misses Bergman, Johnson, Delmater, Esteb, Lawrence, L. Miller,

(......)

The Committee recommends that hereafter language students be required to learn 100 Chinese Characters the 1st year, 200 the second and 200 the third year.

3. We report that the following have passed language examinations:

Second Year Oral and Written – Miss Lawrence

(Omitted)

19220808

에드너 M. 로렌스(서울),
1921~1922년의 개인 보고서 (1922년 8월 8일 접수)

접 수
1923년 8월 8일
브라운 박사   1921~1922년의 개인 보고서

　　선교지에 왔을 때 왠지 학교 교육과 시험이 끝났다는 생각이 들었습니다. 나는 (간호사) 교육 내내 시험을 치렀고, 주(州) 면허 시험에 응시하였으며, 나의 적십자 업무는 가장 가까운 친척, 나의 나이, 심지어 모반(母斑)에 대한 질문에 답하는 것으로 가득하였습니다. 그러나 한국에서의 생활은 나에게 아직도 그런 시간을 부여하고 있으며, 언어 학교 시험과 총독부 간호 시험 및 관리들이 시간을 내어 묻는 수많은 질문들 때문에 나는 유감스럽게도 시험을 보던 좋았던 옛 시절을 생각할 기회를 갖지 못하였습니다. 나는 첫인상이 종종 변한다는 것을 알게 되었는데, 처음에는 이 사람들이 내가 익숙했던 사람들과 얼마나 다른지 생각하였지만 그들을 더 잘 알게 되었을 때, 그들이 우리 모두와 얼마나 비슷한지 그리고 그들은 피부색과 옷차림이 조금 다른 인간일 뿐이라고 이 견해를 바꾸었습니다. 확실히 사람은 알 가치가 있는 모든 것을 아는 위치에 거의 도달하지 못하지만, 항상 지식을 증가시키고 매일 경험을 통해 배워야 합니다.

　　나는 세브란스 병원에서 1년을 보냈고 1년 전보다 훨씬 더 현명해졌다고 말하고 싶습니다. 나는 모든 생각이 하나님께 영광을 돌리고 자신을 낮추는 것이어야 하는 사람들 사이에서도 일이 항상 순조롭게 진행되는 것은 아니고, 가정에서 다른 사람들과 함께 화목하게 사는 것은 고국에서보다 더 많은 은혜를 받으며, 시설이 잘 갖춰진 병원과 아픈 환자, 그들을 돌볼 간호사가 있다고 해서 내가 고국에서처럼 관리될 수 있다는 뜻은 아니라는 것을 배워야 했습니다. 나는 한국인 소녀들이 가정에서 복종과 자제력을 갖지 못한다는 것을 알게 되었고, 단지 병원에 와서 제복을 입는다고 해서 자동적으로 간호사에게 필요한 절대적이고 즉각적인 복종감과 자제력을 얻게 되는 것은 아니라는 것을 알게 되었습니다. 나는 우리의 한국인 의사들은 가능성이 희박해 보여도 환자의 생명을 위하여 싸우게 만드는 본능이 아직은 없지만 "어쨌건 어차피 죽을 텐데 무슨 소용이 있겠어?"라고 말하는 경향이 있는데도 훌륭하다고 생각합니다. 이것은 내가 올해 배운 것 중 일부에 불과합니다. 병원의 인력과 사람들과 함께 시간을 보내야만 배울 수 있는 것들입니다. 그러나 올해는 많은 것을 배워야 했지만, 불행한 시기는 아니었고 솔직히 내 인생에서 가장 바쁘고 행복했던 시기라고 말할 수 있을 것 같습니다.

병원에서의 나의 일은 매우 흥미롭고 즐거웠습니다. 나에게 하는 말과 주변에서 말하는 것을 조금씩 더 많이 이해할 수 있어서 훨씬 더 즐거웠습니다. 내가 진정으로 노력한다면 세 번 반복해서 들어야만 한다 해도 내게 하는 말의 대부분을 이해할 수 있다는 것을 알게 되었습니다. 나는 적어도 간호사들이 나에게 많은 것을 강요할 수 없는 지점에 이르렀고, 그것의 가장 좋은 부분은 그들이 그것을 알고 있다는 것입니다. 나는 학습을 위하여 나에게 허락된 시간에 대하여 참으로 매우 감사하고 내가 그것을 최대한 활용하기를 바라고 있습니다.

병원의 문제는 많고 다양한데 가장 큰 문제는 한국인 간호사의 부족입니다. 견습생으로 받아들인 16명의 소녀 중 1년 동안 6명만이 우리와 함께 남아 있었습니다. 10명 중 대다수는 일이 너무 제한적이거나 기대하였던 것과 다르다는 이유로 선택의 여지없이 떠났습니다. 그중 두 명은 해고되었고, 한 명은 1~2년 더 공부해야 했으며 언젠가 그녀가 다시 우리와 함께 있기를 바라고 있습니다. 이 외에도 세 명의 나이 많은 소녀들이 떠났고, 두 명은 품행 문제로, 한 명은 건강상의 이유로 떠났습니다. 현재 가을 학기에는 6명의 정규 간호사가 있고, 1명은 시간제 간호사이며, 15명은 가관을 받았고 13명의 학급에서 3명의 소녀가 떠나 10명의 견습생이 있습니다. 많은 소녀들이 공부가 매우 어렵다고 생각하는데, 특히 중국어와 일본어가 부족한 경우 더욱 그렇습니다. 소녀가 떠났을 때 거의 모든 경우에 학교는 패자가 아니라 승자가 되었습니다.

내가 맡은 업무는 여자 병동, 시료 병동, 최근까지 세탁, 간호사 지도이었으며, 현재 주로 수업 준비, 교사 모집 및 기숙사 관리를 담당하고 있습니다. 물론 학교에서 보낸 시간 때문에 내가 좋아하는 만큼 병원 일을 하지 못하였고, 내가 정당하다고 느끼는 유일한 부분은 기숙사인데, 그것은 업무의 중요한 부분이고 많은 시간과 생각을 필요로 합니다. 나는 또한 간호사를 위한 음식을 담당하고 있기 때문에 그들이 실제로 무엇을 얻고 있는지 보려면 가끔씩 그것을 먹어야 합니다. 나는 이제 요리사가 가능한 한 균형 잡힌 식단을 유지하고 있는지 확인하기 위하여 주간 식단을 내게 보여주도록 하고 있습니다.

간호사들은 무의식적으로 신선한 공기, 목욕, 침대 및 청결을 즐기는 법을 거의 배우고 있습니다. 나는 그러한 간호사가 휴가차 집에 갈 때 이러한 주제에 대한 경고를 가족에게 읽어 주기를 바라고 있습니다. 만약 그렇다면 내 일은 헛되지 않을 것입니다. 간호사들의 삶은 다소 좁고, 그들의 관심은 주로 병원과 가정 문제로 이어집니다. 나는 그들이 이러한 문제에서 벗어나 더 넓은 관심을 가질 수 있는 주제에 대하여 연사로 참여하고 싶습니다. 나도 6월에 열리는 여자대회에서 큰 일이 일어나길 바라고 있고, 이곳에서 한두 명은 아니더라도 한 명은 대표자가 파견될 것이라고 생각합니다. 한국인 간호사들에게 또 다른 큰 일은 적어도 우리 모두는 서양인과 한국인 간호사들이 모여 조선 정규 간호부회라고 불리는 새로운 협회가 만들어지기를 바라고 있습니다. 인가된 학교의 기독교 여학생들만이 회원으로 받아들여지며, 모임은 1년에 두 번 모두 한국어로 개최될 것입니다.

나의 교회 사역이 너무 하찮은 것 같아서 아직 언급하지 않았습니다. 나는 모든 가르침을 포기해야 했고, 내가 할 수 있는 최선은 교회 활동과 사람들과 연락을 유지하려고 노력하는 것뿐이었습니다. 만일 가을에 어떤 종류의 활동적인 일을 할 수 없다면 매우 실망할 것입니다. 올해도 시골 여행을 가지 못해서 내년에는 이런 즐거움을 가질 수 있기를 스스로 다짐하고 있습니다. 미래가 어떻게 될지 모른 채 바라보고 있지만, 지금까지 나를 이끌어주신 하나님께서 여전히 나를 이끌어 주실 것이라는 사실을 알고 기쁘게 나아갑니다.

환자의 적절한 치료에서 이것보다 더 중요한 것은 없다고 생각하기 때문에 내가 애호하는 구호인 '목욕이 아니면 파멸'을 다시 언급하지 않고 보고서를 마칠 수 없습니다. 나는 매우 더러운 환자에게 너무 많은 비눗물을 사용해서는 안 된다고 결정하게 된 다소 슬픈 경험을 하였습니다. 한 약한 어린이가 그랬듯이 그렇지 않으면 그 환자는 폐렴에 걸렸습니다. 이런 경우에는 한 번에 한두 겹을 제거해야 하며, 그러면 환자에게 그다지 큰 충격은 아닐 것입니다. 올해 내가 겪었던 투쟁과 작은 진전을 생각하면서 포기하지 않고 계속 싸우기로 결정하였습니다.

> 언젠가까지,
> 한 마리의 말이 끄는 멋진 가벼운 유람마차처럼
> 나는 갑자기, 조용히 사라질 것이다.
> 한 번에 그리고 어느 것도 먼저가 아닌
> 터질 때의 거품처럼.

삼가 제출합니다.
에드너 로렌스

Edna M. Lawrence (Seoul),
Personal Report of 1921~1922 (Rec'd Aug. 8th, 1922)

Received
AUG 8 1922
Dr. Brown

Personal Report of 1921~1922

When I came to the Mission Field, some way I had the idea, that my days of schooling and examinations were over. I had taken examinations all through training, took the State Board and my Red Cross service was full of answering questions about my nearest relative, my age and even birthmarks. But life in Korea holds still more such times for me, and what with Language School Examinations and government nursing test and the numerous questions the officials find time to ask, I haven't had a chance to think regretfully back on the good old days of examinations. I have found out that first impressions are often changed, that I first thought how different these people are, from those I had been use to and then when I know them better, to change this opinion to how nearly like us all they are and that they are just human beings, with a little different coloring and dress. Certainly a person seldom gets to a place where they know everything worth knowing, but must always increase in knowledge and learn by experience every day.

I have had a full year in Severance Hospital and I must say I am a lot wiser than a year ago. I have had to learn that things don't always go smoothly even among people whose whole thought should be and mainly is to glorify God and belittle self, that to live with others in harmony in a household takes more grace than at home, that gives a fairly equipped hospital, sick patients, and nursed to care for them does not mean that I can be managed just as one at home. I have had to find out that Korean girls have not been thought obedience and self control in the home and just because they come to the hospital and down a uniform is not saying that they also automatically acquire a sense of absolute and instance obedience and a self-control that it necessary in a nurse. I find that our Korean doctors wonderful though they are don't have yet that instinct that makes them fight for a patients life though chances seem slim, but they are inclined to say "Well they are going to die anyway, what is the use?" These are only a few of the things I have learned this year. Things that can only be learned by time spent with the hospital force and the people themselves. But even though I had to learn many things this year it has not made it an unhappy time for me and I think that I can truthfully say it has been the busiest and happiest of my life.

My work in the hospital has been very interesting and pleasant as I can little by little grasp more of what is said to me and what is being said around me, it has been much more pleasant. I find that if I really apply myself, I can understand most of what is said to me even if I have to have it repeated a third time. I have at least gotten to the place where the nurses can't put much over on me and the best part of it is that they know it. I am very grateful indeed for the time allowed to me for a study and hope that I have made the best use of it.

The hospital problems are many and varied, the chief one is the shortage of Korean nurses. Of the sixteen girls accepted as probationers, in one year, only six have stayed with us. Of the ten who left, the majority left from choice, finding the work too confining, or not what they had expected. Two of those were dismissed, one left to study a year or two more and we hope to have her back with us again some day. Aside from these, three older girls have gone, two dismissed for had conduct and one for health reason. There are now six graduate nurses on for fall time, one on part time, fifteen cap nurses and ten probationers, - three girls have left from a class of thirteen. Many of the girls find the studies very hard, especially if they are deficient in Chinese and Japanese. In almost every case, when a girl left, the school was the gainer and not the loser.

My share of the work has been, the Woman's Ward the Charity Ward, until lately the laundry, the Instruction of nurses, that is at present mostly in arranging classes and getting teachers and charge of the dormitory. Of course, with the time spent at school the hospital work was not carried on to my liking, the only part I feel I have done justice to is the dormitory, and that is an important part of the work, and takes a great deal of time and thought. I also have charge of the food for the nurses so must needs eat some of it once in a while to see what they are really getting. I am now having the cook write down for me the weeks menu to see if they are having as well balanced a diet as possible.

The nurses are unconsciously almost learning to enjoy fresh air and baths and beds and cleanliness and I hope that such one when she goes home on her vacation will read the riot act to her family on these subjects. If she does, my work will not be in vain. The nurses lives are rather narrow and their interests continued mostly on hospital and home problems, as I can I hope to get in speakers for them on subjects that will take their minds off these things and give them wider interests. I am also hoping for big things from the Conference of Woman to be held in June and think one if not two delegates will be sent from here. Another big things for the Korean nurses, at least so we are all hoping to the new Association now in the making, called the Graduate Nurses Association of Korea, being formed of Occidental and Korean nurse. Only Christian girls of accredited schools will be accepted as members and the meetings which will be held twice a year all in Korean.

I haven't yet mentioned my church work because it seems too insignificant. I have had to give up all teaching and the most I can do is to try and keep in touch with the church activities and people. If I can't take up active work of some kind in the fall, I shall be very much disappointed. I did not get in a country trip this year either and so I am promising myself this pleasure in the coming year. As I look into the future not knowing what it holds for me, I yet go joyfully forward knowing that our father, who has led me so far will still lead me on.

I can't close my report without mentioning again my pet slogan "Baths or bust", for I consider nothing more important than this in the proper care of patients. I have had one rather sad experience that makes me decide, I mustn't use too much soapy water on very dirty patients else they got pneumonia, as one delicate child did, but rather in these cases remove one or two layers at a time, so it will not be too great a shock to the patient. As I think of the struggle I have had this year and the little headway made, I don't decide to give it up, but to keep up the fight.

> Until some day,
> Like the wonderful one horse shay
> I shall suddenly, silently fade away.
> All at once and nothing first
> Just like a bubble, when it bursts.

Respectfully submitted,
Edna Lawrence

그림 21. 1923년도 졸업생 일동.

1923년 선천에서 개최된 미국 북장로교회 한국 선교부의
제39차 연례회의 회의록 및 보고서
(1923년 6월 24일부터 7월 2일), VIII, 97~98쪽

위원회

(......)

6. 의료 위원회: -

(......)

1926년 만기   팁톤 박사(위원장) 로렌스 양

(중략)

[97~98쪽]

부록 I.

언어 위원회의 보고서

1. 시험. 언어 위원회는 다음의 어학 학생들이 시험에 성공적으로 통과하였다는 것을 보고하게 되어 행복하다.

(......)

3년 차 학생. (......)

로렌스 양은 3년 차 구두시험을 통과하였다. (......)

(중략)

Minutes and Reports. 39th Annual Meeting of the Chosen Mission, Presbyterian Church in the U. S. A., 1923, Held at Syenchun, Chosen (June 24th to July 2nd, 1923), VIII, pp. 97~98

Committees.

(......)
6. Medical Committee: -
(......)
1926 Dr. Tipton (Chm)   Miss Lawrence
                    (Omitted)

pp. 97~98

Appendix I.
Report of Language Committee

1. Examination. The Language Committee is happy to report the successful passing of examinations by the following language students.
(......)
Third Year Students. (......)
Miss Lawrence has passed the third year oral. (......)
                    (Omitted)

1923년 선천에서 개최된 미국 북장로교회 한국 선교부의
제39차 연례회의 회의록 및 보고서 (1923년 6월 28일), 40~41쪽

여자 모임

1923년 6월 28일 오후 4시

(......)

스왈렌 부인은 '교회 내 한국인들과의 개인적인 접촉'이라는 주제로, 로렌스 양은 '병원에서의 개인적인 접촉'이라는 주제로 일정을 이어갔다. 모두는 이 중요한 질문에 대한 토론이 매우 도움이 되고 영감을 주었다고 느꼈다. 각자의 강연은 개인적인 경험이 풍부하였으며, 선교부 여자들이 우리 주 예수 그리스도를 통하여 이 땅의 여성들에게 구원의 말씀을 전하는 데 얼마나 많은 다른 방법을 사용하고 있는지 보여주었다.

(중략)

Minutes and Reports. 39th Annual Meeting of the Chosen Mission,
Presbyterian Church in the U. S. A., 1923, Held at Syenchun, Chosen
(June 28th, 1923), pp. 40~41

Women's Meeting

June 28th, 1923, at 4 p. m.

(......)

Mrs. Swallen continued the program with the topic "Personal Contact with the Koreans in the Church," and Miss Lawrence followed with the topic "Personal Contact in the Hospital." All felt that the discussion of these important questions was exceedingly helpful and inspiring. Each talk was rich in personal experience and showed us in how many different lines the women of the Mission are being used to bring the message of salvation through Jesus Christ our Lord to the women of this land.

(Omitted)

1923년 선천에서 개최된 미국 북장로교회 한국 선교부의
제39차 연례회의 회의록 및 보고서 (1923년 7월 2일), 55쪽

월요일, 1923년 7월 2일

(......)

참관 허용: - 연례 회의 중에 다음의 방문객들이 환영을 받았으며, 참관이 허용되었다.

(......) 발렌타인 로렌스 씨, (......)

(중략)

Minutes and Reports. 39th. Annual Meeting of the Chosen Mission, Presbyterian Church in the U. S. A., 1923, Held at Syenchun, Chosen (July 2nd, 1923), p. 55

Monday July 2nd, 1923

(......)

Privileges of the Floor: - During the Annual Meeting the following visitors were welcomed and given the privileges of the floor:

(......) Mr. V. Lawrence, (......)

(Omitted)

19230816

에드너 M. 로렌스(서울), 연례 개인 보고서, 1923년
(1923년 8월 16일 접수)

접 수
1923년 8월 16일
브라운 박사

연례 개인 보고서, 1923년

나의 경험으로 볼 때 지난 한 해는 아기가 자신의 다리가 정말 쓸모 있는 지 알아보기 위하여 다리를 시험해 보는 것에 비유될 수 있습니다. 어학 학교에 업무가 쪼개져 있던 세브란스 병원에서의 첫해는 아기가 걷는 법을 배우기 전의 그 기간으로, 사실 젊고 경험이 없는 사람에게는 아무 것도 기대할 수 없다는 것이 일반적으로 이해될 때이었습니다. 그러나 올해는 어학 학교에서 받은 가상의 졸업장을 주먹에 꽉 쥐고 나이가 든 다른 직원의 도움으로 시작하였습니다. 그러나 이 직원이 아파서 그만두어야 했을 때, 나는 진도가 많이 나가지 못하였고, 이곳에서 나는 나에게 너무나 새롭고 이상한 문제로 당황하며 애쓰는 비틀거리는 아기에 불과하였습니다. 어쩌면 아기를 지지해주던 손을 떼고 밀면서 "자, 이제 네가 무엇을 할 수 있는지 살펴봐."라고 말하는 것이 신임 선교사들에게 좋은 때일 것입니다. 나는 바로 이 일이 너무 빨리 이루어지고, 어쩌면 나 같은 다른 사람들도 그 일의 규모에 깜짝 놀라서 그 일에 뛰어드는 대신 숨고 싶은 기분을 느꼈다고 생각합니다. 내가 너무나 무능하다고 느꼈던 그 시기에는 일이 잘 되지 않았지만, 외부의 도움이 없고 그것이 나에게 달려 있다는 것을 깨달았을 때, 이러한 일들이 더 잘 되기 시작하였습니다. 나는 여러 번 삼켜진 느낌을 받았지만 항상 신성한 도움이 가까이에 있었고, 전쟁 중 힘든 경험을 하였을 때처럼 그분은 참으로 항상 도움이 되시며 나의 역할은 단지 그것을 구하는 것뿐이라는 것을 다시 배웠습니다.

나 자신보다 그분을 더 의지하였더라면 내가 구원할 수 있었던 모든 것이 얼마나 쓸모없었을까요. 도움을 구하는 한국인과 외국인의 기도에 많은 응답이 있었고, 불가능해 보이는 많은 상황이 안전하고 성공적으로 이루어졌습니다. 새로운 직원들에 대한 선교부의 신뢰, 그들이 그들에게 얼마나 많은 책임을 부여하는지, 때로는 어떻게 그들이 혼자 싸우도록 내버려 두는지 아는 것은 고무적입니다.

상황과 사람에 대한 지식이 부족하여 저지를 뻔한 실수에 한 번 이상 떨었습니다. 다행히 나의 많은 실수 중 어느 것도 비참한 결과를 가져오지 않았습니다. 쉴즈 양이 가진 25년 동안의 경험의 의지는 종종 선박을 바위에서 벗어나 더 안전한 수로로 인도하였습니다. 나는 그녀가 안식년으로 고국에 있을 때, 그녀의 현명한 상담과 온화하고 사랑스러움을 그리워할 것이라는 것을 알고 있습니다.

올해 우리의 업무는 페인[17] 양의 질병과 부재, 그리고 현재 자신의 고향에 안장된 한국인 수간호사의 죽음으로 인하여 지장을 받았습니다. 또 다른 졸업생은 질병으로 인하여 떠났고, 대부분 시간에 우리 졸업생 3명과 총독부 양성소 졸업생 1명이 있었습니다. 나는 한국인들은 어려운 일이 그들에게 달렸을 때, 그들이 그 일을 할 수 있다고 여겨지고 그 특별한 일을 할 다른 사람이 없다는 것을 알고 약간의 격려를 받는다면 훌륭하게 용감해진다고 생각합니다. 이것은 어려운 상황에 직면하였을 때 새로운 관심과 기쁨을 주겠다는 결심을 보여준 우리 세 소녀의 삶에서 입증되었습니다. 한 간호사는 그녀의 삶에서 성령의 능력으로 놀라운 위탁을 받았습니다. 그녀가 1년 전만 해도 무리하며 문제를 일으키고 내키지 않는 일꾼이었다는 것을 믿기 어렵습니다. 왜냐하면 이제 그녀는 우리 최고의 학생 중 한 명이며, 그녀는 기꺼이 휴식을 취하고 싶어 하며, 야간 응급 수술 후에 추가 휴식 시간을 요청하는 대신 "오, 환자들이 상태가 좋아졌고 아마도 살 수 있도록 어제 밤에 수술을 해서 정말 기쁘네요."라고 말하기 때문입니다.

외출 허가 문제에서 흔히 그렇듯이 그녀의 바람이 어긋날 때, 그녀는 나에게 그렇게 하라고 요구하는 대신 매우 다정하게 대해주었습니다. 그녀는 이제 학교에서 좋은 영향을 미치고 있으며, 여러 면에서 나에게 기쁨과 위안을 주고 있습니다. 다른 모든 간호사들도 간호사가 할 수 있고, 해야 하는 일에 대한 선견(先見)을 갖고 있었으면 좋겠습니다.

훈련을 받은 간호사는 지난해보다 10명이 늘어난 35명입니다. 현재 12명의 견습생으로 구성된 학급은 모두 괜찮은 소녀들이며, 모두 고등 보통학교 교육을 어느 정도 받았습니다. 두 명의 소녀는 강계의 학원 출신이고, 두 명은 이화 출신이며, 한 명은 전도부인 과정을 졸업하였습니다. 나는 사람들에게 자신과 다른 사람을 돌보라고 말하는 방법에 대한 지식을 갖춘 후자가 수행할 놀라운 일을 생각하고 싶습니다. 그녀는 누군가가 전도부인으로 삼기에 훌륭한 사람이 될 것입니다. 나는 가을부터 영어와 실용 간호학을 가르치면서 견습생 학급에 집중하여 그들이 제대로 시작하도록 노력하고 있습니다. 오전 수업에

---

17) 미국 북감리교회 여선교부가 세브란스 병원으로 파견한 졸라 루이스 페인(Zola Louise Payne, 1890. 8. 8~1941. 8. 11)은 건강 악화로 1923년 7월 15일 고베에서 증기선 그랜트 호를 타고 귀국하였다.

서의 나의 노력은 막 가관을 한 이 소녀들이 선배들보다 영어로 써진 박사의 지시를 더 잘 쓰고 이해할 수 있다는 보상을 받았습니다. 나는 앞서 언급한 신입 교육 직원인 병원 인형 포비의 등장을 기다리고 있는데, 그것이 오는데 너무 오래 걸려 나는 그것을 기다리기 힘들어서 매끈한 분홍빛 피부에 피하주사를 하는 대신, 나는 작년에 그랬던 것처럼 고무공을 그들에게 줄 것입니다.

4월에 17명의 한국인 간호사와 25명의 외국인 간호사들이 회원들의 상호 도움과 이익을 위하여 조선 간호부회를 결성하였고, 병원 간호의 수준을 높이고 한국에서 그리스도의 사업을 발전시키고 있습니다. 이것은 시작에 불과하지만 우리는 이것으로부터 큰 것을 기대하고 있지 않습니다.

올해는 몇 가지 일이 잘못되었지만 행복하고 유익하게 지나갔다고 진정으로 말할 수 있습니다. 병원 상태는 1년 전보다 지금 훨씬 좋아졌다고 생각합니다. '전진'은 모든 직원과 모든 일꾼들의 구호인 것 같습니다. 에비슨 박사는 전진을 위한 계획을 구상하고, 우리가 뒤처져 있는 것처럼 보일 때 그 목적을 달성하도록 우리를 격려합니다. 밴버스커크 박사는 수준 높은 상담자입니다. 맨스필드 박사는 병원 행정의 난해한 문제에서 우리의 친구이자 보호자입니다. 우리는 이러한 사람을 책임자로 하는 훨씬 더 큰 유용성과 도움을 주는 기관을 자신 있게 기대할 수 있습니다.

내가 처음 왔을 때 3년 차 선교사들을 경이로움과 감탄으로 바라보았으며, 그 당시에는 내가 3년 차가 되면 내가 한국말을 많이 알고 선교사와 선교의 방식에 대하여 매우 현명하기 때문에 나의 겸손함은 거의 끝나갈 것 같았습니다. 그러나 내 업무를 하다 보니 여가와 공부를 둘 다 할 수 있는 시간이 없어서 나는 둘 중 하나를 선택해야 했고, 공부를 오락이라고 부름으로써 위장하려고 했기에 그렇게 되지 않은 것 같습니다. 나는 누구도 간호사를 가르칠 수 없다는 것을 알았기 때문에 2월에 교사들을 바꾸었습니다. 이것은 더 큰 문제이었고 교사가 아닌 의학전문학교 2학년 학생을 구하였는데, 우리는 둘 다 같은 일에 관심이 있어 그가 할 수 있는 몇 시간은 나에게 즐겁고 유익합니다. 나는 공부할 시간이 별로 없었지만, 포기하지 않았다는 것을 증명하기 위하여 3년 차 [언어] 시험에 도전하고 싶습니다.

외국인 병동은 대부분 환자로 꽉 찼고, 위층과 격리 병동에 입원한 경우도 많았습니다. 바로 지금 8명의 성인과 1명의 아기가 있습니다. 우리는 아기에 대한 우리의 기록을 자랑스럽게 생각할 수 있으며, 대부분의 시간 동안 한두 명이 우리와 함께 하였습니다. 이 기지에 있는 아기들만으로도 상당한 규모의 육아 대회를 구성할 수 있지만, 그들이 모두 '최고'이기 때문에 가장 현명한 판단자라도 최고를 선발하는 것은 불가능할 것입니다.

간호사들은 이전보다 훨씬 더 만족스러워 보이며, 그들과 관련된 문제도 거의 없습니다. 내가 비누와 다른 병원용품을 찾기 위하여 그들의 복장을 갑자기 검사하였을 때, 때때로 주전자에 폭풍우가 쳤고 내 노력이 너무 잘 보상되어 그들은 모두 매우 부끄러워했습니다. 병원 직원들을 위한 기도회는 올한 해 동안 이어졌습니다. 그것은 많은 사람들을 올바른 길로 인도하고 그들 모두의 양심을 일깨우는 수단이 되었습니다. 확실히 그러한 기도회는 '다소 값비싼 기도'라고 부를 수 없는데, 병원이 직원들에게도 기독교적인 인격 형성을 위하여 운영되지 않는다면, 무엇보다 기독교 병원이라는 이름을 가질 자격이 없기 때문입니다. 우리 병원이 한국에 복음을 전하는 전도 기관으로 널리 알려지기를 바랍니다.

삼가 제출합니다.
에드너 로렌스

Edna M. Lawrence (Seoul), Annual Personal Report, 1923
(Rec'd Aug. 16th, 1923)

Annual Personal Report, 1923

This past year in my experience can well be compared to a baby just trying out its legs to see if they really are of any use. My first year in Severance Hospital while still having my work broken into up language school was that period before baby learned to walk when it was a generally understood fact that nothing much could be expected of one as young and unexperienced. But this year with my imaginary diploma from the language school clutched tightly in my fist I started with help of another older worker. But I hadn't gone far when this worker became ill and had to drop out and here I was just a tottering baby trying to baffle with the problems so new and strange to me. Maybe there is a time when it is good for new missionaries as for babies to take away the supporting hand

and give it a push and say, "Now, see what you can do." I hold that this very thing is done too soon often and maybe others like myself felt stunned by the magnitude of the task and felt like hiding instead of bucking up to the work. The period that I felt so very incompetent things didn't go very well but when I realized that no outside help was at hand and it was up to me these things began to go better. Many times I felt swallowed up but always Divine Help was at hand and I learn again, as I had during my hard experience during the war, that He is indeed an ever present Help and my part was just to ask for it.

How much useless every I would have saved myself if I had relied more on Him instead of myself. There have been many answers to prayers for help both Korea and foreign and many seemingly impossible situations were safely and successfully met. It is inspiring to know the confidence the mission has in new workers, how much responsibility they give them and sometimes how they seem to leave them to fight and their battles alone.

I have trembled more than once at the mistakes I've almost made by lack of knowledge of circumstances and people. Fortunately none of my many mistakes brought disastrous results. Miss Shields will her twenty five years experience hs often guided the craft off the rocks and into safer channels. I know I shall miss her wise counselor as well as she gentle loving self when she is home on furlough.

Our work has been crippled this year by the illness and absence of Miss Payne and also by the loss of our head Korean nurse, who is now settled in a home of her own. Another graduate has left because of illness and for the most part we have had three of our own graduates and one government graduate. I find Koreans brave up fine when a hard task is up to them to do if they are encouraged a little by knowing that they are thought capable of doing it and there is no one else for that particular work. This had been proven in the lives of three of our girls who have shown new interest and determination to please when a hard situation faced them. One nurse has been wonderfully charged by the power of the Holy Spirit in her life. It is hard to believe that she was ever the over-paced, trouble making, unwilling worker of a year ago, for now she is one of our best pupils so willing to even have her rest, hopes into and instead of asking for extra hours off after a night emergency operation she says "Oh, I'm so glad we operated last night for the patients is better and will probably live."

When her wishes are crossed as they often are in the matter of permission to go out, she was very sweet about it instead of demanding that I do so and so. She is now a fine influence in the school and my joy and comfort in many ways. I wish all the other nurses had her vision of the work a nurse can and should do.

There are thirty five nurses in training an increase of ten over last year. The present class of twelve probationers are just fine girls and all have had some higher school education. Two girls are from the academy in Kangkei, two from Ewa, and one a graduate of Bible woman. I like to think of the wonderful work the latter will do equiped with knowledge of how to tell people to care for themselves and others. She will be a fine people for someone to have as Bible Woman. I've been concentrating on the probation classes since fall teaching English and practical nursing and try to get them started right. My efforts in the morning classes have been rewarded for these girls who have just received their caps can write and can understand the Dr.'s orders written in English better than the seniors. I'm still awaiting the arrival of the newest member of the teaching staff, the aforementioned Pobi, the hospital doll, but she is so long in coming that I cannot wait for her so instead of giving hypodermics in her smooth pink skin I shall give them in a rubber ball as I did last year.

In April seventeen Korean graduate nurse and twenty-five foreigners met to form the Graduate Nurses Association of Korea for the mutual help and benefit of its members, to raise the standard of nursing in the hospitals and is advance the cause of Christ in Korea. This is only a beginning but we not are hoping for big things from it.

Though some things have gone wrong this year I can truly say it has passed happily and profitably. I think the hospital is in much better condition now than it was a year ago. Forward seems to be the watchword of every member of the staff and all the workers. Dr. Avison conceives ideas for advancement and spurs us on to that end when we seem to be lagging behind. Dr. Van Buskirk is over level headed counselor. Dr. Mansfield our friend and protector in the knotty problems of hospital administration. We can look forward confidently to an institution of even greater usefulness and helpfulness with such such man as these at the head.

When I first came and it looked with wonder and admiration on the third year missionaries and it seemed to me then that when I reached my third year my humbles would be almost over for I'd know so much Korean and be so wise in the ways of missionaries and missions. But it doesn't seem to have worked out that way with me perhaps because my working day did not allow time for both recreation and study so I had to choose between the two and tried to commflage the study by calling it recreation. I changed teachers in February for I found that not anyone can teach a nurse, this being a slam on the more and not the teacher, so I've had a second year medical student and we get along nicely sicne we are both interested in the same things and he few hours he can, give me are put in pleasantly and profitably. I hope to try the third year examination just to prove I'm not a quitter though I haven't had much time for study.

The foreign ward has been filled most of the time and there have been many cases up stairs and in the isolation. Just now there are eight adults and one baby. We can be proud of our records for babies and there has been one or two with us most of the time. The babies on this compound alone could compose a fair sized baby show but it would be impossible for even the wisest judge to pass on the best for they are all 'the best'.

The nurses seem much more contented than formerly and there is very little trouble with them. There are tempests in the teapot once in a while as the time I made a raid on their dresses in search of soap an other hospital supplies and my efforts were so well rewarded that they were all very much ashamed. The prayer service for the hospital workers has been kept up through the year. It has been the means of keeping many a one in the straight path and awakening the conscience of them all. Surely such prayer meetings cannot be called 'rather expensive prayers' for if the hospital is not run for the building up of christian character even in its workers it does not deserve the name of a christian hospital more than anything else. I hope our hospital shall be known far and wide as an evangelistic force in spreading the gospel in Korea.

Respectfully submitted,
Edna Lawrence

19230900

단신 및 개인 동정.

The Korea Mission Field (서울) 19(9) (1923년 9월호), 198쪽

캘리포니아 주 온타리오의 V. 로렌스 씨는 세브란스 연합병원에서 그의 딸 에드너 로렌스 양을 방문하고 있다.

Notes and Personals.

The Korea Mission Field (Seoul) 19(9) (Sept., 1923), p. 198

Mr. V. Lawrence of Ontario, California, is visiting his daughter, Miss Edna Lawrence at Severance Union Hospital.

19240500

에드너 M. 로렌스(서울), 개인 보고서, 1923~1924년 (1924년 5월)

개인 보고서
1923~1924년

지난 1년 동안 나의 업무는 세브란스 병원에만 국한되어 있었기 때문에 나의 보고서는 이서 라이솔, 신음 소리, 분주한 복도에서 떠들썩한 수많은 발소리 등 병원적인 일들을 강하게 음미할 필요가 있을 것입니다. 비록 평신도에게는 이상하게 들릴지 모르지만, 앞서 언급한 것들은 나에게 가장 큰 매력이 있으며, 비록 내가 그것에 흠뻑 젖어 휩싸이더라도 이것은 확실히 용서받을 수 있는 죄입니다. 싫어하는 일보다 좋아하는 일을 잘하는 것이 더 쉽지 않습니까? 하지만 자기가 좋아하는 일만 하는 것은 좋지 않다고 생각하여 나는 피아노로 올림표 연습을 하고, 보고서를 작성하며, 겁먹은 견습생을 불러들이는 몹쓸 짓까지 하면서 단련하고 있습니다. 종종 그들은 너무 회개하여 눈물을 흘리며 나가기도 하는데, 그런 일을 많이 맡는 간호원장의 직책이 나에게 있다는 것이 안타깝습니다.

그러나 이 보고서는 절대적으로 즐거운 일들로 가득해야 합니다. 올해는 나에게 멋진 한 해이었고, 해외에서 겪은 일을 제외하고 가장 멋진 한 해이었으며, 나의 마음은 하나님의 사랑과 돌보심, 그리고 올해 마음과 삶의 통제에 대한 감사로 가득 차 있습니다. 나는 기관이 평화롭고 조용하게 유지되기 위하여 필요한 적절한 마음과 정신 상태에 35~40명의 젊은 여자를 유지하는 것은 인간의 힘을 넘어선다는 것을 알고 있습니다. 한국인들은 두더지 언덕에서 산을 만드는 데 능숙한 것 같습니다. 한때 기숙사 전체가 몇 주 동안 소란스러웠습니다. 4학년들이 다시 실용 간호학을 수강할 것이라는 수업 시간표. 공포! 마치 2년 동안 이 과목에서 배울 수 있는 모든 것을 배우지 못한 것처럼, 젊은 아가씨들은 모든 점에서 완벽합니까? 그래서 그들은 생각하였지만 어쨌든 사랑은 눈이 멀었음에도 나는 내 작은 천사들에게서 몇 가지 결점을 보았고, 그것이 나에게 더 많은 일을 의미하였지만 나는 그들이 이해하지 못한 몇 가지 기본 사항을 그들과 함께 검토하였습니다. 그런 다음 졸업생들이 와서 이제 바깥 세상에서 자신을 돌볼 수 있고 더 나아가 물론 그들은 여전히 규칙을 준수할 것이지만, 기숙사의 규칙에 자신의 이름이 언급되는 것을 강력히 반대한다고 말하였습니다. 이제 모든 것이 사랑스럽고 조용하며, 이따금 작은 잔물결이 우리에게 고삐를 단단히 조여야 한다는 것을 상기시켜 주고 있습니다.

간호학 잡지는 학생 간호사의 건강에 대하여 크게 강조하고 있습니다. 나는 다른 학교와 비교할 때 우리는 평균 35명 또는 40명의 간호사가 1년에 총 127½일의 질병을 앓고 있어 그다지 나쁘지 않다는 것을 알게 되었습니다. 10월은 단 하나의 검은색 표시만 있을 뿐 가장 건강한 달이었습니다. 1년 전 5월은 39일로 최악이었지만, 목의 림프선에 결핵이 있어 필연적으로 병원에서 치료를 오래 받은 한 소녀의 경우가 대부분이었습니다. 하루도 결석하지 않은 여자아이들이 많은데, 나는 그 기록이 자랑스럽습니다. 소녀들의 건강과 편안함을 위하여 우리가 시도한 많은 개선 사항은 매우 힘들고 실망스러웠지만 마침내 승리하였습니다. 종합해 보면 한국 간호사들의 체력은 칭찬받을 만합니다.

양성소에서는 자격을 갖춘 일본인 여교사와 모든 과목을 유능한 교사가 다루는 등 모든 것이 장밋빛으로 보입니다. 의학전문학교 3학년인 한 학생은 자신이 가르치는 것에 매우 실질적인 관심을 갖고 있으며, 심지어 매우 귀중한 해결책에 관한 책을 번역하려고 노력하고 있습니다. 간호사들은 최소한 전통적인 복용량에 대하여 어떻게 접근하는지 알고 있어 이 과목에서 놀랍게 향상되고 있는데, 이전에는 전혀 알지 못했던 일입니다. 한국인 및 외국인 교수진은 작년과 크게 달라진 것이 없으며, 모두 성실히 업무를 수행하고 있습니다. 내가 가르치는 것은 실용 간호학에만 국한되어 이번 학기와 지난 학기에는 일주일에 3~4시간씩 가르쳤습니다. 현재 8명인 견습생은 모두 고등보통학교에서 1년을 수료하였고 매우 유망합니다. 그들은 개념을 빨리 파악하고, 자신들의 학업에 자부심을 느끼고 있습니다. 이 수업에서 빅터 축음기를 활용한 체조를 매우 즐겼습니다. 현재 32명의 학생과 8명의 정규 간호사가 있으며, 후자 중 3명은 수년간의 경험을 가진 졸업생입니다. 그들은 학생 간호사들이 따라야 할 좋은 예입니다. 나는 이 소녀들에게 무거운 책임을 지우고 있으며, 그들이 그 아래서 훌륭하게 지내고 있다고 말하게 되어 기쁩니다.

지난 몇 달 동안 한 건의 화재 공포와 한 건의 실제 화재(火災)가 발생하였습니다. 전자는 굴뚝에서 그을음이 타는 것뿐이었으나, 쉽게 진짜 화재로 착각할 수 있었습니다. 거의 모든 환자들이 서둘러 대피하였고, 대피하지 못한 한 골절 환자는 곁에는 그의 비참함을 함께 해주는 수련 의사가 있었습니다. 간호사들과 모두는 그 일로 인하여 상당히 당황하고 불안해했으며, 한 간호사가 불이 났다고 말한 바닥의 삐걱거리는 소리에 물을 붓는 것을 발견하였습니다. 우리는 그녀가 본 것이 아래층의 전등이었다는 것을 알게 되었습니다. 기숙사 화재는 이 직후에 발생하였고, 같은 방식으로 시작되었지만 실제 사건으로 밝혀졌습니다. 재미있는 부분은 어떤 사람이 우리에게 불이 났다고 말하였을 때 우리는 침실 현관에서 그것을 볼 수 없었기 때문에 그것을 믿지 않을 것이라는 점이었습니다. 우리는 늑대가 없을 때 "늑대다, 늑대다"라고 부르는 경우를 생각하였습니다.

나는 단 한 번만 우리 전도부인을 방문하러 갔지만 그것은 나에게 진정한 기쁨과 계시이었으며, 이교도 가정을 방문하는 데 얼마나 많은 용기가 필요한지 보았습니다. 나는 시간이 나면 병동의 환자들과 함께 노래를 부르기도 하는데, 몇 번이나 곡을 틀리게 해도 환자들은 알아채지 못하는 것 같습니다. 햇빛을 쬐는 방법, 다른 사람의 고통을 견디도록 돕는 방법, 기분 좋게 수술실에 가는 방법 등 한 명의 신실하고 열성적인 한국인 기독교인이 병동에서 어떤 영향력을 미칠 수 있는지는 놀랍습니다.

같은 사감이 아직 우리와 함께 있으며, 우리에게 점점 더 가치를 더해가고 있습니다. 우리는 그녀가 가는 것을 보고 싶지 않습니다.

영(Young) 양과 나는 혼자 일을 하였지만, 우리는 집에서 그렇지 않았습니다. 왜냐하면 헨더슨[18] 양이 1월에 우리에게 왔고 우리는 그녀와 함께 매우 즐거운 시간을 보냈기 때문입니다. 집에 있는 언어학교 손님들도 일을 더욱 활기차게 만들고 새로운 삶을 더해 주고 있습니다. 쉴즈 양과 페인 양은 모두 8월에 돌아올 계획이며, 나는 그들이 그렇게 할 수 있기를 진심으로 바라고 있습니다. 우리 둘 누구도 지쳐 보이지는 않지만, 좋은 안식년을 통하여 몸과 마음이 상쾌해진 사람들을 직원으로 두는 것은 언제나 격려와 활력을 줍니다.

삼가 제출합니다.
(서명) 에드너 로렌스

1924년 5월

---

18) 로이스 E. 헨더슨(Lois E. Henderson, 1898. 5. 28~1987. 12. 15)을 말한다. 1923년 9월 24일 미국 북장로교회 선교사로 임명되었고, 서울 외국인 학교에서 교사로 근무하였다. 건강이 좋지 않아 안식년을 받아 1927년 7월 14일 고베 항을 떠났으며, 8월 11일 로스앤젤레스에 도착하였다. 1929년 6월 17일 선교사직을 사임하였다.

Edna M. Lawrence (Seoul), Personal Report, 1923~1924 (May, 1924)

Personal Report

1923~1924

As my work during the past year has been confined to the work in Severance Hospital only, my report must needs savor strongly of things hospitally such as ether lysol, moans and groans and the bustle of many feet in its busy corridors. Strange though it may seem to a layman, these afore-mentioned things have the strongest possible attraction for me, and though I do get saturated and wrapped up in them, surely this is a pardonable sin, for isn't it easier to do well a work you love than a work you dislike? However, believing that it is not good for one to do only those things that one likes to do, I discipline myself by practicing music in sharps on the piano, writing reports, and yes, even by doing such disagreeable things as calling scared little probationers up on the carpet and as often happens they feel so repentant, shall we say, that they go out in tears, and I am sorry that I have place of superintendent of nurses to whom falls many such jobs.

But this report should be absolutely full of pleasant things, for this has been a wonderful year for me, the most wonderful I've ever had except my one overseas, and my heart is full of thanksgiving to God for His love and care and control of hearts and lives this year. I realize it is beyond human power to keep thirty-five or forty young women in just the proper state of heart and mind needed if the institution is to be in peace and quiet. It does seem that Koreans are expert in making a mountain out of a molehill, and at one time the whole dormitory was in an uproar for several weeks, the real cause being the pricking of some consciences though the owners wouldn't admit it and the class schedule which said that the seniors were to take practical nursing again. Horrors! As if in two year's time all that could be learned in this subject was not learned and the young ladies perfection in every point? So thought they but someway though love is blind, I did see some faults in my little cherubs, and though it meant more work for me I went over with them some of the fundamentals which they hadn't grasped. Then the graduates came and informed me that they were now quite able to care for themselves on the streets and further more though, of course, they were still going to obey the rules yet they objected strongly to having their names mentioned in the rules put up in the dormitory. Now everything is lovely and calm with just a tiny riffle once in a while to remind us that we must keep the reins tight.

There is a great deal of stress laid upon the health of student nurses in the nursing journal. I find that in comparison with other schools we are not doing too bad with a total of 127½ days of sickness in a year for the average of 35 or 40 nurses. October was the healthiest month with only one black mark against it; a year ago May was the worst with thirty-nine days, but this was mostly taken up with one girl who was cared for in the hospital for T.B. glands in the neck, and so her illness was necessarily long. There are many girls who has not missed a single day, and I am proud of that record. Many improvements we have tried to install for the health and comfort of the girls have been very hard and discouraging but have finally won out. Taking it all in all, the Korean nurses are to be commended on their physical fitness.

In the training school, everything looks rosy, what with a qualified Japanese woman teacher and all other subjects handled by competent teachers. One third year medical student is taking a very real interest in his teaching, even trying to translate a book on solutions which will prove invaluable. The nurses are improving wonderfully in this subject knowing at least how to go about traditional dosage, a thing they formerly hadn't the faintest idea. The Korean and foreign faculty has not changed much since last year, and they all are doing faithful work. My teaching has been confined to practical nursing only, giving three or four hours a week to it this term and eight last term. The present probation class of eight have all had one year of the higher school, and are very promising. They grasp ideas quickly and take pride in their studies. Physical exercise with the victrola is very much enjoyed by this class. There are thirty-two pupil and eight graduate nurses now, three of the latter being graduates of several years experience. They are a good example for the pupil nurses to follow. I'm piling responsibility heavy on these girls, and I'm glad to say they are doing nobly under it.

One fire scare and one real fire have occurred in the last few months. The former was only the burning of the soot in the chimney, but could easily be mistaken for the real thing. Almost all the patients hurried out, and one fracture case who couldn't get out held on to the house doctor so he would at least have company in his misery. The nurses and all were quite upset and nervous over it, and we found one nurse pouring water down a creak in the floor where she said a fire had started. We found out it was the electric light on the lower floor she had seen. The dormitory fire came soon after this and though starting in the same way turned out to be the real thing. The funny part was that when some one told us there was a fire we wouldn't believe it because we couldn't see it from our sleeping porch a case we thought of calling "wolf, wolf" when there was no wolf.

I have gone calling with our Bible-woman just once, but it was a real joy and revelation to me, and I saw how much nerve it takes to call in heathen homes. As I have time I sing with the patients in the wards, and though I get off the tune with them several times yet they don't seem to notice it. It is wonderful what influence one faithful, zealous Korean Christian can have in a ward; how she can shed sunshine, help others to bear their pain or go to the operating room cheerfully.

The same matron is with us yet, and is getting more valuable to us all the time. We'd hate to see her go.

Though Miss Young and I have been in the work alone, we have not been so in our house, for Miss Henderson came to us in January and we have enjoyed her company very much. Language School guests in the house also make things livelier and add new life. Miss Shields and Miss Payne are both planning on returning in August, and I sincerely hope they will be able to do so. Neither of us look the worse for wear, but yet it is always encouraging and stimulating to have on the staff those who have just been refreshed in body and mind by a good furlough.

Respectfully submitted,
(Signed) Edna Lawrence,
May 1924.

그림 22. 1923년도 졸업생 일동과 교직원.

19240530~31
한신광, 간호부 협회 제2회 회의록 (1924년 5월 30일)[19]

1924년 5월 30일 오전 10시에 경성 남대문 예배당 내에서 회장 서서평 씨가 찬송가 6장을 인도 합창하고 기도한 후, 느헤미야 60:1~4을 낭독한 후에 본회를 개회하니 출석 회원이 26인, 미참석 회원이 28인이었다.

(중략)

규칙 중 본회 정회원에 대하여 누구든지 간호학교에서 졸업한 자로 품행이 방정하면 정회원의 자격을 얻었으나, 1924년부터는 총독부 간호부 면허장을 받은 자로 품행이 방정한 자라야 정회원의 자격을 얻기로 개정하다.

(중략)

결의 사항

(......)

1. 본회 회원을 모집하기 위하여 위원을 선정하니 서울에 두 사람, 평양에 한 사람, 원산에 한 사람, 진주에 한 사람, 선천에 한 사람, 송도에 한 사람이며, 이름은 다음과 같다.
   우라지스, 로렌스, 인긔셔, 버츠, 라우드, 클낙후스, 김복신, 이성효, 김순경, 홍경애 씨이다.

(중략)

1924년 5월 31일 오전 9시 반에 남대문 예배당 내에서 (......)

결의 사항

(......)

一. 임원을 다음과 같이 개선하다.
   (......) 처리 위원 로렌스, 정도은, 클라크, 홍경애, 버츠, 김순경, (......)

---

19) 이 회의록은 다음의 잡지에 실렸다. 조선 간호부회보(서울) 제1호(1925년 3월), 1~3쪽. 회의록은 한글과 영어로 작성되었고, 두 내용이 완전히 동일하지는 않다.

한신광, 간호부회 뎨이회 회록 (1924년 5월 30일)

　　一九二四년 五월 卅일 오젼 十시에 경셩 남딕문 례빙당 닉에셔 회장 셔셔평 씨가 찬숑가 六장을 인도 합창ᄒ고 긔도ᄒᆫ 후 느혜미아 六○ 一~四을 랑독ᄒᆞ신 후에 본회를 긔회ᄒᆞ니 츌셕 회원이 二十六인이오 미참 회원이 二十八인이러라.

(중략)

　　규측 즁 본회 명회원에 딕ᄒᆞ야 누구던지 간호학교에셔 졸업ᄒᆞᆫ 자로 품힝이 방뎡ᄒᆞ면 명회원의 자격을 어더스나 一九二四년브터ᄂᆞᆫ 총독부 간호부 면허장을 밧은 자로 품힝이 방뎡ᄒᆞᆫ 자라야 명회원의 자격을 엇기로 긔뎡ᄒᆞ다.

(중략)

결의 ᄉᆞ항

(......)

一. 본회 회원 모집ᄒᆞ기 위ᄒᆞ야 위원을 션뎡ᄒᆞ니 셔울에 두 사람, 평양에 ᄒᆞᆫ 사람, 원산에 ᄒᆞᆫ 사람, 진쥬에 ᄒᆞᆫ 사람, 션쳔에 ᄒᆞᆫ 사람, 숑도에 ᄒᆞᆫ 사람이나, 씨 명은 여좌ᄒᆞ다.
　　우라지스, 로렌스, 인긔셔, 쌧, 라우드, 클낙후스, 김복신, 리셩효, 김슌경, 홍경익 씨러라.

(중략)

一九二四년 五월 卅一일 오젼 九시 반에 남딕문 례빙당 닉에셔 (......)

결의 ᄉᆞ항

(......)

一. 임원을 여좌히 긔션ᄒᆞ다.
　　(......) 쳐리 위원 로렌스, 정도은 클락, 홍경익, 쌧, 김슌경, (......)

Mayme Rogers, Report of Nurses' Association 1924 (May 30th, 1924)

Report of Nurses' Association 1924

Miss Mayme Rogers

The Annual Meeting of the Korean Nurses' Association 1924 was opened at South Gate church, Seoul, May 30, at 10 a. m., with the singing of Hymn No. 6 and prayer by the chairman.

(Omitted)

The question as to the eligibility of nurses to memberships was discussed. It was finally moved and carried that all nurses who were graduated before the year 1924 be allowed to join our Association if they make application for membership within the next six months, whether they have previously passed the government examination or not. After the year 1924 only registered nurses are eligible.

The motion was passed that all foreign nurses in charge of training schools, and one Korean nurse from each school, be asked to serve on the membership committee with the chairman of the executive committee.

(Omitted)

Saturday morning May 31 the meeting was opened at 9:45 with hymn No. 215 and Scripture reading.

(Omitted)

Executive Committee.

Miss Clerke, Miss Lawrence, Miss Butts, Hong Kyung Ai, Kim Soon Kyung, and Chung To Un.

(Omitted)

엘머 T. 로젠버거(서기), 재한 서양 정규 간호부회.
3월 14일 오후 회의 (1925년 3월 14일)[20]

오후 회의, 3월 14일

서양 간호부회가 오후 회의를 3시에 세브란스 간호사 사택의 응접실에서 개회하였다. (......)
다음의 임원이 선출되었다.
(......)

계획 및 준비 위원회	보딩 양
	로렌스 양
	레러 양
교과서 위원회	쉴즈 양
	쉡핑 양
	로젠버거 양
	로렌스 양
	내피어 양
	앤더슨 양
홍보 위원회	쉴즈 양
	로렌스 양
	레러 양

---

20) 이 회의록은 다음의 잡지에 실렸다. *Bulletin of the Nurses Association in Korea*(Seoul) No. 2 (Sept., 1928), pp. 19~21

Elma T. Rosenberger (Sec.), The Association of Occidental Graduate Nurses in Korea. Afternoon Session, March 14th (Mar. 14th, 1925)

Afternoon Session, March 14th.

The Occidental Nurses' Association opened its afternoon session at 3 o'clock in the Severance Nurses' Home Parlor. (......)

The following officers were installed:

(......)

Programme and Arrangements Committee:	Miss Bording
	Miss Lawrence
	Miss Rehrer
Text-Book Committee:	Miss Shields
	Miss Shepping
	Miss Rosenberger
	Miss Lawrence
	Miss Napier
	Miss Anderson
Publicity Committee:	Miss Shields
	Miss Lawrence
	Miss Rehrer

에드너 M. 로렌스(서울),
에드너 로렌스의 연례 개인 보고서 (1925년 5월)

브라운 박사, 접수
1925년 10월 29일
답신 _____

에드너 로렌스의 연례 개인 보고서
한국, 조선, 서울 - 1925년 5월

하나의 보고서에 1년 동안의 모든 사건을 기록하는 것은 어려울 수 있지만 말할 수 있는 많은 것 중에서 선택하는 것도 그만큼 어렵습니다.

먼저 올 한해 나를 돌보아주시고, 101가지 질병으로부터 보호해 주시며 매일매일의 일을 할 수 있는 힘을 주신 하나님 아버지께 감사를 드리고 싶습니다.

동양에서 거의 5년을 지내는 동안, 나는 병으로 근무하지 않은 날들을 두 손의 손가락으로 셀 수 있었습니다. 건강이 좋은 우리는 그것에 대하여 하나님께 충분히 감사해하고 있습니까?

나는 특히 내가 매우 피곤할 때 항상 아픈 사람들 주위에 있는 것이 매우 우울하다는 것을 알게 되었고, 그래서 나는 이 시간에 우리 정원으로 달려가 갓 자라는 식물, 새싹과 잎, 그리고 마지막으로 꽃을 봅니다. 변화는 참으로 종종 휴식만큼이나 좋은데, 내가 내 자신을 정원사라고 부르지는 않았지만, 누군가는 해야 했기 때문에 나는 정원사라고 자칭해 왔습니다. 하지만 결과에 놀랐고 내가 뿌린 씨앗 중 일부가 실제로 나타났습니다. 그리고 내가 진짜 정원사를 속일 수는 없었지만 한국인들은 내가 가위와 물뿌리개를 다룰 줄 알기 때문에 훌륭한 정원사라고 생각합니다.

나는 5년 임기를 위하여 충분한 격려와 노력을 기울인 것 같으며, 지금부터 집에 갈 수 있을 때까지 투자한 시간이 내 면목에 별로 도움이 되지 않을까 걱정됩니다. 나는 너무 피곤할 때 너무 많은 책임을 지는 것을 싫어하며, 불행한 일이 일어나지 않으면 정말 기뻐할 것입니다. 내가 생기가 있을 때에는 나에게 오는 수많은 질문을 이해하거나 대답하는 데 아무런 문제가 없지만, 피곤할 때에 내 두뇌는 마치 한국어를 한 단어도 전혀 모르는 것처럼 행동합니다. 우리의 인력이 고갈된 가운데 나에게 힘든 것 중 하나는 나의 시간이 너무 많이 요구되는 것과 내가 병원에 있든 집에 있든 하루에 몇 번이나 내 이름이 불리는 것을 듣는다는 것입니다. 누군가는 내가 필사적으로 이름을 제복 입은 장 혹은 교장 혹은 수세미 장으로 이름을 바꾸겠다고 위협하는 중인데, 지난 몇 년 동안 계속 들었던 것보다 더 좋은 것 같습니다.

한 해의 업무를 돌이켜보면 어떻게 이렇게 잘 진행되었을까 놀랍습니다. 지난 가을의 전망은 그다지 밝지 않았는데, 영 양은 안식년을 떠났고, 쉴즈 양과 나 혼자 이곳에 있었는데 나는 정신적으로나 육체적으로 모두 탈진된 것 같았으며, 간호 조직을 위하여 밀어주는 대신 나를 밀어줄 누군가가 필요한 것 같았습니다. 그 비결은 협력과 조직임에 틀림없지만, 때때로 나는 두 가지 모두가 더 많았으면 하고 바랐습니다. 나는 현재의 의사, 간호사, 사무원 및 잡역부 등의 직원들이 업무의 효율성과 간호사의 철저한 교육을 위하여 함께 노력하고 있는 것으로 알고 있습니다. 나는 조직에 대한 강한 신봉자이며, 체계가 없는 많은 사람보다 소수의 좋은 체계로 더 많은 일을 더 잘 수행할 수 있다는 것을 알고 있습니다. 그것의 가장 좋은 점은 그 계획이 한국인의 마음을 꿰뚫고 있는 것 같고, 그들이 그것으로부터 원하는 이점을 보기 시작하고 있다는 것입니다.

종종 가장 천한 위치에 있는 일꾼들이 가장 칭찬받을 가치가 있으며, 심부름꾼 부류에 속한 한 남자는 훌륭하고 충실한 일을 하고 있습니다. 모든 일꾼들이 그처럼 활력이 넘친다면 일이 더 빨라질 것입니다.

올해 내 업무는 병원과 양성소이었습니다. 두 업무는 모두 그 자체로 큰 일이기 때문에 나는 항상 하나를 위하여 다른 하나를 무시하고 상황이 최악으로 진행되고 있는 일에 주의를 기울여야 합니다. 어쩌면 의사의 지시가 수행되지 않아서 나는 모든 수간호사를 불러내거나, 견습생은 학업 기간에 자신이 공부하는 것보다 다림질하는 것이 더 낫다고 생각하며, 나는 그녀를 배치합니다. 이때 격리 병동에서 옷 살균에 대한 불만이 제기되면 나는 그것을 돌봐야 합니다. 또 다른 업무는 우리 사택과 기숙사의 가정부와 정원사입니다. 만일 아침 일과를 적는다면 다음과 같을 것입니다. 7시 15분에 간호사와 함께 기도를 드리고, 병원에서 노래하며, 야간 감독관의 보고를 받고 특히 아픈 외국인 환자를 보고 우리 집과 기숙사 물품을 나누어 줍니다. 8시 30분까지 아침을 먹고, 사택과 외국인 환자를 위한 식사를 계획합니다. 병원에 가서 모든 것이 순조롭게 진행되고 있는지 확인하고, 모든 병동을 순회하고 수간호사를 만납니다. 일주일에 하루 아침 구매부에서 공급품과 물건을 주문합니다. 병동, 학습실 및 공급실에서 견습생의 업무를 감독합니다. 11시에서 12시까지 강의합니다. 그리고 12시에 다시 30분 동안 병원에 갑니다.

또 다른 사소한 임무는 간호사의 기록을 유지하는 것인데, 전임자들이 나에게 남겨준 것이 너무 적기 때문에 나만큼 전체 기록의 중요성을 깨닫는 사람은 아무도 없습니다. 수업 일정은 우리가 [총독부] 지정 학교가 되었기 때문에 또 다른 부수적이고 매우 중요한 업무입니다.

이것은 수행된 업무에 대한 보고서이므로 올해에 발생한 외국인 환자 수에 대해 언급하고 싶습니다. 북장로교회 성인 19명, 아기 1명, 남장로교회 성인 5명, 호주 장로교회 성인 3명, 캐나다 장로교회 성인 5명, 미국 북감리교회 성인 4명 및 아기 2명, 남감리교회 성인 6명; 동양 선교회 성인 5명, 아기 1명, 여자 해외 선교부 성인 1명, 제7안식일 교회 성인 4명, 아기 1명, 프랑스 가톨릭 성인 3명, 기독교 청년회 성인 1명, 아이 1명, 아기 1명; 기독교 서회 성인 1명, 구세군 어린이 1명, 성공회 성인 2명, 일본 침례교회 성인 1명, 캐나다 감리교회 성인 2명, 어린이 4명, 중국 선교회 2명, 일본의 회중 교회 성인 1명. 사업가 성인 14명, 유아 1명, 총 92명의 환자. (이 보고서에는 외국인 간호사 가정에서 음식을 제공받은 사람들만 포함되어 있어 절대적으로 정확하지는 않습니다).

간호 직원인 정도은[21)에 대한 한마디는 그녀가 아직도 우리의 가장 만족스러운 야간 감독관이고, 얼마 전 결혼을 위하여 우리를 떠났던 김영실[22)이 돌아와서 내가 하는 주문 이외의 모든 물품 공급을 담당하였습니다. 노튼 박사의 간호사는 동대문 병원을 졸업하였으며, 외과 진료소에는 우리 최고의 간호사 중 한 명이 배정되었습니다. 다른 자리는 우리 졸업생들이 만족스럽게 채우고 있습니다. 2명의 간호사가 양성소의 교원이며, 4명이 4학년과 함께 산파 공부를 하고 있고, 밤에 영어를 배우는 사람이 몇 명, 쉬는 시간에 중국어를 배우는 사람이 2명입니다. 올해 학급 중 단 한 명만 계속 수업을 들었고, 한 명은 함흥으로 갔고, 한 명은 시어머니 댁에 갔는데, 그녀는 그곳에서 내가 시킬 수 있었던 것보다 더 열심히 일했으면 좋겠습니다. 3학년이 될 4명 중 한 명은 너무 자주 규칙을 어겨 과정이 끝난 후 2주 이내에 퇴교하였습니다. 졸업식을 마친 다른 세 명은 9월까지 시간이 있습니다. 현재 학생 간호사는 3학년 13명, 2학년 7명, 1학년 9명으로 모두 29명입니다. 모두 착해 보이는 여학생들이 열심히 공부하고 있고 건강하게 지내고 있습니다.

우리 교수진은 최고입니다. 러들로 부인은 식이요법을, 맥안리스 부인은 재

---

21) 1914년 졸업생이다.
22) 1918년 졸업생이다.

봉 및 가사를, 쉴즈 양은 위생 및 영유아 관리를, D. B. 에비슨 박사는 구영숙 박사의 도움을 받아 소아과 및 전염성 질병을, 패니 조 양은 안마를, 아리구키 부인은 일본어와 윤리를, 약국의 이[관영] 씨는 약학과 약물학을, 최동 박사는 병리와 세균학을, 오[긍선] 박사는 피부를 강의하고 있습니다. 그리고 믿을 수 있는 책임자의 감독 하에 학생이 해부학, 수학을, 정규 간호사가 간호 윤리 및 붕대를 담당합니다. 나는 우리의 비서인 이 씨의 도움으로 실용 간호학과 영어를 가르쳐 왔습니다. 나는 우리가 몇 년 전의 경향처럼 아무 것도 할 수 없는 사람 대신에 책임을 맡은 사람의 강의로 혜택을 받고 있어 너무 기쁩니다.

영 양은 절실히 필요한 안식년을 보내고 있고, 쉴즈 양은 한국인에 대한 그녀의 뛰어난 지식으로 여러 가지 방법으로 도움을 주고 있으며, 로버츠 양은 내가 시간을 낼 수 없었던 많은 일을 하고 있고 그녀의 낙천적인 태도로 우리 모두를 응원하고 있습니다.

내년에는 내가 할 수 있는 일만 하고 모든 일이 잘 되어 세브란스 병원 및 양성소 역사상 최고의 한 해가 되기를 바랍니다.

삼가 제출합니다.
에드너 로렌스

1925년 5월

Edna M. Lawrence (Seoul),
Annual Personal Report from Edna Lawrence (May, 1925)

Dr. Brown, Rec'd
OCT 29 1925
Ans'd _____

Annual Personal Report from Edna Lawrence

Seoul, Chosen, Korea - May 1925

It would be difficult to try to give all the happening of the year in a report and yet to choose from the host of things one could tell is just about as difficult.

First I want to give thanks to the Heavenly Father for His care of me this year, guarding me against the 101 forms of disease I've had to come in contact with and for giving me strength for the daily round of duties.

In my almost five years in the Orient I could count on the fingers of my two hands the days I've been off duty from sickness. Do we who have good health thank God enough for it?

I find it very depressing especially if I'm very tired to be around sick people all the time, so at these times I run away to our garden to see the fresh growing things, the buds and leaves and lastly the blossoms. A change is indeed as good as a rest often and though I didn't call myself a gardener yet because someone had to do it I've been posing as such but have been surprised at the results and that some of my seeds actually, came up. And though I couldn't deceive any real gardener yet the Koreans think because I know how to wield a pair of shears and a watering can that I'm a fine gardener.

I seem to have had just enough pep and push for a five year term and I'm afraid that the time I put in from now until the time I can go home won't be much to my credit. I hate to have so much responsibility when I'm so tired out and will indeed be glad if nothing unfortunate happens. When I'm fresh I have no trouble understanding or answering the numerous questions that come to me but when I'm tired my brains acts as though it never knew a single solitary word of Korean. Among the hard things for me in our depleted force is the number of demands on my time and how many times a day I hear my name called whether I'm in the hospital or home. It seems that someone is always wanting the kanhowon chang until in desperation I'm threatening to change my name - to flunky chang or kyochang (교쟝) or scrubber-chang, anything seems better than the one I've heard so constantly the last few years.

When I look back over the year's work I wonder how it all came out so well anyway? The outlook last fall wasn't very bright, Miss Young going on furlough and Miss Shields and I here alone and as for me it seemed as if I was all drawn out mentally and physically and needed some one to push me instead of doing the pushing for the nursing organization. The secret must be cooperation and organization, though at times I've wished there was more of both. I know that our present staff of doctors, nurses, office force and orderlies are working together for the efficiency of the service and the thorough teaching of the nurses. I'm a very strong believer in organization and know that more and better work can be done by a few and a good system than by many with no system. The best part of it is that the idea seem to be penetrating the Korean mind and they are beginning to see the benifits [sic] to be desired from it.

Often the workers in the most humble positions are most worthy of praise and one man of the errand-boy class is doing such fine and faithful work. If all the workers were as energetic as he is, things would more faster.

My work this year, as for the part two, has been the hospital and training school. Either of these is a full-sized job in itself and so I'm always neglecting one for the other and must attend to the one where things are going the worst. Maybe it is that the Doctors orders are not being carried out and I call down all the head nurses or a little probationer thinks she'd rather iron than study in a study period and I lay her cut, by this time some complaint comes from Isolation about sterilizing the clothes and I must look that up. Another assignment is that of housekeeper and gardener for our house and the dormitory. If I were to write down a morning's work it would be something like this - prayers with the nurses at 7:15, sing in the hospital; receive report of night supervisor and see the foreign patients if they are especially ill; give out our house and dormitory supplies; have breakfast by 8:30; plan meals for over house and the foreign patients; go to the hospital and see if everything is running smoothly, make rounds in all the wards and see the head-nurses; one morning a week supplies and things from the Sales Department; oversee probationer's work in the ward, study and supply room; teach from 11~12; and at 12:00 again go to the hospital for one-half hour.

Another minor assignment is keeping the records of the nurses and no one can realize the importance of full records more than I for so few were left for me by my predecessors. Class schedules are another side-line and a very important one since we have become an appointed school.

Since this is a report of the work done I would like to mention the number of foreign patients we've had in this year N. Pres. 19 adults, 1 baby; S. Pres. 5 adults, Australian Pres. 3 adults, Canadian Pres. 5 adults, Meth. North, 4 adults and 2 baby, Methodist South 6 adults; Oriental 5 adults, 1 baby, W. F. M. S. 1 adult; Seventh Day Adventist 4 adults, 1 baby; French Catholic 3 adults; Y. M. C. A. 1 adults, and 1 child, 1 baby; C. L. S. 1 adult; Salvation army 1 child; Church of England 2 adults, Baptist of Japan 1 adult; Canadian Methodist 2 adults, 4 children; China Mission 2; congregational of Japan 1, adult. Business people 14 adults, 1 baby, a total of 92 patients, (this report included only those to whom food was served from the foreign nurses home so is not absolutely correct).

A word about the nursing staff Chung To Won is still our most satisfactory night supervisor, Kim Young Sil who left us some time ago to be married is back and has entire change [sic] of supplies except the ordering which I do. Dr. Norton's nurse is a graduate of East Gate Hospital, the surgical clinic has been supplied with one of our best nurses. The other positions are being filled satisfactorily by our own graduates. Two nurses are on the training school teaching staff, four are studying midwifery with the seniors, several studying English at night and two Chinese on hours off duty. Of this year's class only one has been kept on, one has gone to Hamheung, one to her mother-in-law' home where I hope she'll have to work harder than I've ever been able to make her work, one of the four who were to be three broke the rules once too often and was discharged within two weeks of her finishing time. Three others who had their graduation exercises are putting in time until September. Pupil nurses at present are as follows - 3rd year 13, 2nd year 7, 1st year 9, total 29. All seem to be good girls are studying hard and are in good health.

As to our faculty, it is of the best. Mrs. Ludlow has dietetics, Mrs. McAnlis, Sewing and Housekeeping, Miss Shields, Hygiene and care of infants, Dr. D. B. Avison, Pediatrics and contagious diseases assisted by Dr. B. Koo, Miss Fanny Cho for massage, Mrs. Ariguki for Japanese and Ethics, Mr. Lee of the Pharmacy for that subject and Materia Medica, Dr. Paul Choy for Pathology and Bacteriology, Dr. Oh for Skin. A student under a reliable head for anatomy, mathematics, a graduate nurse on nursing ethics and bandaging. I have been teaching practical nursing and some English with the assistance of Mr. Lee our secretary for this latter subject. I'm so glad that we are having benefit of lectures by responsible persons instead of anyone who couldn't do anything else as was the tendency a few years ago.

Miss Young is having a much needed furlough, Miss Shields helping out in many ways by her superior knowledge of the Koreans, Miss Roberts is doing the many things I've never been able to get time for and cheering us all by her optimism.

As for this next year I can only do my part and hope everything will turn out so that this will be the best year Severance Hospital and Training school has ever had.

Respectfully submitted,
Edna Lawrence

May, 1925.

에스터 L. 쉴즈의 개인 보고서, 세브란스 병원, 한국 서울
(1925년 5월 12일)[23]

(중략)

나는 1924년 9월 8일 서울에 도착하였다. 세브란스의 외국인 간호사인 로렌스 양과 영 양은 내가 간호사 사택에서 가장 편안한 방 중 하나를 사용하도록 주선해 주었고, 나는 로이스 핸더슨 양과 함께 가족을 이루었다.

(중략)

(1925년) 4월 24일 저녁, 양성소와 병원의 모든 간호사 및 학생을 아우르는 '세브란스 병원 간호부회'가 재조직되었다. 연중 대부분에서 모두에게 이득이 되고 즐거운 월례 회의를 갖고 싶다. 첫날 저녁 간호사들은 자신이 돌본 특별한 두 환자에 대하여 보고하였다. 수술실 책임 간호사는 간호사의 책임 및 수술실에서의 술기, 그리고 보고한 환자에 대하여 상세하게 설명하였다. 여자과의 수간호사는 수술 후 처지에 대하여 발표하였으며, 증상을 지속적으로 관찰하고 이상한 상태가 발견되면 즉시 의사에게 보고해야 할 필요성을 강조하였다. 격리 병동의 수간호사는 특별 환자에 대하여 보고하였다. 로렌스 양은 임기가 6개월인 협회의 첫 회장으로 선출되었으며, 다른 임원은 모두 한국인이다. 우리는 장래에 모든 임원이 한국인이 될 것으로 계획하고 있다.

---

23) 이 보고서의 주요 내용은 다음의 잡지에 게재되었다. Personal Report of Esther L. Shields, May 12th, 1925. *The Korea Mission Field*(Seoul) 21(10) (Oct., 1925), p. 226

Personal Report of Esther L. Shields, Severance Union Hospital, Seoul, Korea (May 12th, 1925)

(Omitted)

I arrived in Seoul, to begin my fourth term of service, on September 8th, 1924. Miss Lawrence and Miss Young, the foreign members of the nursing staff at Severance, had arranged for me to occupy one of the most comfortable rooms in the Nurse's Home, and with Miss Lois Henderson, we made up the family.

(Omitted)

On the evening of April 24th, the "Severance Hospital Nurses' Association" was reorganized, including all the nurses and students in the School and Hospital. It is the hope that during most of the year a monthly meeting may be held, which will be of both benefit and pleasure to all. On that first evening, reports of two special cases were given by the nurses who had taken care of the patients: the Operating Room Nurse in charge gave an excellent description of the responsibility of the nurse and of the technique of the operating room, as well as details of the case reported. The Head Nurse of the Women's Department told of the post-operative treatment, and emphasized the need of constant watching of symptoms, and reporting at once to the doctor any unusual conditions. Another report was given by the Head Nurse at the Isolation Ward of a special case. Miss Lawrence was chosen as the first President of the Association, for six months, the other officers all Koreans. We plan that all the officers, in the future, shall be Koreans.

19250600

교육의 상당한 발전. 서울 세브란스 연합의학전문학교.

The Korea Mission Field (서울) 21(6) (1925년 6월), 125~126쪽

상당한 교육적 발전.
서울 세브란스 연합의학전문학교

세브란스 연합의과전문학교와 세브란스 산파간호부 양성소의 합동 졸업식이 3월 23일 오후에 세브란스 구내의 교회에서 개최되었다. 행사는 모자와 가운을 입은 의학전문학교 교수진과 17명의 졸업생, 제복을 입은 간호부양성소의 외국인 간호사, 졸업생 및 학생들의 행렬로 시작되었다.

에비슨 교장의 부재로 부교장 밴버스커크 박사가 주재하였다. 그는 개회사에서 작년에 교수진으로 추가된 미국에서 연수를 받은 세 명의 한국인과 올해 추가될 것으로 예상되는 다른 사람들에 대해 말하였다. 교수진 중 몇 명은 미국이나 일본에서 졸업 후 과정을 밟고 있으며, 후에 돌아와 자신의 업무를 맡을 예정이다. 간호부양성소는 총독부의 지정을 받아 이제 졸업생들이 추가 시험 없이 업무를 할 수 있다. 한국인이 자금을 지원한 새로운 격리 병동이 현재 건축 중이며, 에비슨 박사는 미국에서 새로운 병원 건물의 건축을 위한 선물을 확보하였다.

러들로 박사는 졸업생들에게 연설을 하였고, 밴버스커크 박사는 의학전문학교 학감인 오 박사와 간호원장인 로렌스 양의 도움을 받아 졸업장을 수여하였다. 총독부와 도(道) 대표의 축사에 졸업생들은 일본어, 영어, 한국어로 화답하였다.

의학전문학교 17명 중 12명은 별도의 시험 없이 '정규' 의사로 진료할 수 있다. 7명이 학교에 남았는데, 2명은 조수, 나머지는 인턴이었으며, 4명은 다른 선교 병원으로 가고, 나머지는 개업을 한다. 양성소 졸업생 3명 중 1명은 함흥으로 갔고, 1명은 집에 남아 있으며, 1명은 양성소에 남아 있다.

해리엇 E. 밴버스커크

Some Educational Advances. Severance Union Medical College, Seoul.
The Korea Mission Field (Seoul) 21(6) (June, 1925), pp. 125~126

Some Educational Advances.
Severance Union Medical College, Seoul

The joint commencement of Severance Union Medical College and Severance School for Nurses and Midwives was held on the afternoon of March 23rd. at the church on the Severance compound. The program opened with a procession of the faculty of Medical College and the seventeen graduates, all in cap and gown, together with the foreign nurses, graduates and students of the Nurses' Training School in their uniforms.

In the absence of President Avison, Dr. Van Buskirk, Vice-President, presided. In his opening remarks he told of the three American trained Koreans who had been added to the staff during the past year and of others who are expected this year. Several members of the staff are taking post-graduate work in America or Japan and will be back later to take up their share of the work. The Nurses' Training School has been recognized by the government so that the graduates are now permitted to practise without further examination. A new isolation building, funds for which have been given by Koreans, is now being built, and Dr. Avison has secured a gift in America for a new hospital wing.

Dr. Ludlow delivered the address to the graduates and diplomas were presented by Dr. Van Buskirk, assisted by Dr. Oh, Dean of the Medical School, and Miss Lawrence, Superintendent of Nurses. Congratulatory addresses by government and provincial representatives were responded to by graduates speaking in Japanese, English and Korean.

Of the 17 Medical graduates, 12 are qualified as "regulars" to practice without further examination. Seven stay in the school, two as assistants on the teaching staff and the others as internes, four go to other mission hospitals and the rest into private practice. Of the three nurse graduates, one went to Ham Heung, one to her home and one remains in the institution.

Harriet E. Van Buskirk

19251000

에드너 M. 로렌스, 세브란스의 간호사 양성.
The Korea Mission Field (서울) 21(10) (1925년 10월호), 223~224쪽

세브란스의 간호사 양성
에드너 M. 로렌스, 정규 간호사

현재 학생 간호사의 등록은 3학년 13명, 2학년 7명, 1학년 9명으로 총 29명이다. 9명인 봄 학급의 졸업생은 학교가 추가로 총독부의 시험을 치르지 않고 간호사 및 산파 면허를 받을 수 있는 '지정 학교'가 된 이후 처음으로 입학하였다. 이 학급은 모두 2년 이상 고등보통학교에서 수학하였으며, 3명은 졸업생이고 1명은 대학 예비 과정을 거쳤다. 그들은 한 명을 제외하고 모두 세례를 받은 기독교인이다. 우리는 9명 이상을 받을 수 있었지만 그렇게 되면 기숙사가 안전의 한계점을 넘어 붐볐을 것이다. 모든 학생들은 만족스러운 진전을 보이고 있다.

올해 3월에 6명의 간호사가 졸업하였으며, 졸업식은 의학전문학교와 간호부양성소의 공동 행사이었다. 졸업생 중 한 명은 우리 간호직으로 남았고, 한 명은 함흥으로 갔으며, 한 명은 집에 남아 있다. 다른 3명은 3년의 기간을 채우고 있다.

교수진은 최고이다. 러들로 부인은 영양학을, 맥안리스 부인은 재봉 및 가사를, 쉴즈 양은 위생 및 유아 관리를, D. B. 에비슨 박사와 구영숙 박사는 소아과 및 전염병을, 오긍선 박사는 피부질환을, 최동 박사는 병리학과 세균학을, 이관영 씨는 약학과 약물학을, 패니 조 양은 안마를, 아리구키 부인은 일본어와 윤리를 가르친다. 교수의 지시에 따라 의학전문학교 학생 1명이 해부학과 수학을 가르쳤다. 우리의 정규 간호사 중 한 명이 간호 윤리와 상처 처치를 가르치고 있다. 나는 우리 비서 이 양의 도움으로 실용 간호학과 약간의 영어를 가르쳤다.

우리 졸업생 중 11명이 현재 간호직에 근무하고 있으며, 1명은 동대문병원 간호부양성소 졸업생이다. 정도은은 수개월 동안 야간 감독을 맡았고 가장 만족스럽다. 김영실은 주간 감독이며, 주문을 제외한 물품 관리를 맡고 있다. 나머지 사람들은 각 과 또는 특수 진료소를 담당한다. 그러나 아직 이 한국인 간호사들은 그들의 일에 도움과 지도가 필요하다. 그래서 이전과 마찬가지로 지금 우리에게 가장 필요한 것은 더 많은 외국인 간호사이다. 2~3명의 외국인 간호사만으로 이렇게 큰 시설을 운영하려는 것은 간호사에게도, 기관에게도, 학생 간호사에게도 불공평한 일이다. 우리는 좋은 기숙사, 좋은 교수진, 많은 졸업 및 학생 간호사를 가지고 있는데, 왜 전반적인 감독을 하는 외국인 간호사가 부족하여 전체 업무, 특히 우리가 관리하는 학생들의 훈련이 방해를 받아야 하는가? 고국에는 기회를 잡으려는 간호사들이 많으며 6개의 선교본부에는 각각 최소 한 명의 간호 선교사가 직원으로 있어야 한다.

때때로 나는 모든 것이 우울하다는 것을 알게 되며, 특히 내가 매우 피곤하고 항상 아픈 사람들과 함께 있어야 할 때, 그럴 때 나는 갓 자라는 식물, 새싹과 잎사귀, 꽃을 보기 위하여 우리 정원으로 달려간다. 변화는 종종 휴식만큼이나 좋으며, 비록 내가 스스로를 정원사라고 부르지는 않지만, 누군가는 그것을 해야 했기 때문에 나는 그렇게 마음가짐을 가졌고 그 결과에 놀랐다. 내 씨앗 중 일부가 실제로 나타났다. 기분이 상쾌해지면 나에게 오는 수많은 질문을 이해하거나 답하는 데 어려움이 없다. 하지만 피곤할 때 나의 뇌는 한국어를 한 마디도 몰랐던 것처럼 행동한다. 나에게 힘든 일 중에는 나의 시간에 대한 많은 요구인데, 나는 내가 병원 혹은 사택에 있는지 (알고자) 내 이름을 부르는 소리를 하루에도 여러 번 듣는다. 누군가는 항상 '간호원장'을 원하는 것 같고, 필사적으로 내 이름을 엉뚱한 '장'이나 '교장' 또는 '수세미 장'으로 바꾸겠다고 위협할 때까지 - 무엇이든 지난 몇 년 동안 끊임없이 들었던 것보다 낫다.

운영의 비결은 협동과 조직임에 틀림없다. 나는 현재 의사, 간호사, 사무원 및 잡역부 등의 교직원이 진료의 효율성과 간호사의 철저한 교육을 위하여 협력하고 있음을 알고 있다.

이 여담 후에 간호사 훈련에 대하여 몇 마디 더 추가하고 싶다. 간호원장을 제외한 간호사와 전체 병원 직원은 8시간 근무 일정이며, 한동안 그렇게 해 왔다. 이것은 간호사의 건강을 향상시키는 요인이 되었다. 작년에는 학교 전체가 질병으로 인해 손실된 날이 96일에 불과하였다. 1919년에 학생 간호사들은 한 달에 124일, 또 다른 달에는 67일을 잃었다. 여러 면에서 소녀들의 건강에 대한 더 나은 관심은 우리에게 감사의 원인을 제공하였다.

우리는 간호사 교육 업무에서 새로운 방식을 막 시작하였다. 우리는 4월에 모든 간호사와 학생들의 모임을 가졌고, 상호 이익과 즐거움을 위하여 회(會)가 조직되었다. 이 모임은 담당 간호사가 제공한 특히 흥미로운 증례에 대한 보고로 구성되었다. 다른 사람들은 병원에서 더 중요한 일부 직책에 있는 간호사의 업무와 책임에 대하여 논의하였다. 5월 회의도 같은 방향으로 이어졌다. 우리는 학년도의 대부분에 월례 회의를 갖기를 희망한다.

여학생들에게 더 많은 자유를 허용하기 위하여 기숙사 규칙이 변경되었다. 2명 이상의 학생이 사감이나 다른 보호자 없이 낮에 외출할 수 있다. 그들은 어디서, 언제, 왜를 명시한 양식을 작성해야 하며, 이 전표는 간호 위원회의 위원인 간호원장 또는 한국인 간호사에 의해 승인된다. 계획은 순조롭게 진행되고 있는 것 같고, 소녀들은 그들에 대한 높아진 신뢰에 반응하였다.

지난 9월[24] 총독부는 정규 졸업생이 시험 없이 면허를 취득할 수 있도록 '산파간호부 양성소를 지정'하였다. 학생들은 입학을 위하여 최소 2년의 '고등보통학교' 또는 이에 상응하는 학교를 다녔어야 하며, 좋은 성격과 건강에 대한 만족스러운 증거를 제시해야 한다. 학교의 목표는 그리스도인 소녀들을 충실하고 지적인 간호사로 훈련시켜 자기 희생과 봉사 정신의 아름다움을 깨닫도록 하는 것이다. 그들은 병원에서 유능한 동료가 될 수 있고 결국에는 공중보건 업무 및 사회 봉사의 여러 단계로 진출할 수 있다.

Edna M. Lawrence, Nurses Training in Severance.
The Korea Mission Field (Seoul) 21(10) (Oct., 1925), pp. 223~224

Nurses Training in Severance
Edna M. Lawrence, R. N.

The registration of pupil nurses at present is as follows: 3rd year 13, 2nd year 7, 1st year 9, total 29. The spring class of nine was the first to be admitted since the school has become an "appointed school, - one whose graduates may receive license as nurses and midwives without further government examination. All this class have had 2 or more years of high school, 3 are graduates and one has had college preparatory work. They are all

---

24) 9월 2일이다.

but one baptized Christians. We could have taken in more than 9 but that would have crowded the dormitory beyond the safety point. All the students are making satisfactory progress.

There were six nurses graduated in March this year, the commencement exercises being a joint one for the Medical College and Nurses School. One of the graduates has been kept on our own staff, one has gone to Hamheung, and one to her own home. Three others are filling out their 3-year period.

As to faculty, it is of the best. Mrs. Ludlow teaches Dietetics, Mrs. McAnlis sewing and Housekeeping, Miss Shields, Hygiene and Care of Infants; Drs. D. B. Avison and B. Koo, teach Pediatrics and Contagious Diseases; Dr K. S. Oh, Skin Diseases, Dr. Paul Choi, Pathology and Bacteriology, Mr. K. Y. Lee, Pharmacy and Materia Medica; Miss Fanny Cho is teacher of Massage, and Mrs. Ariguki, Japanese and Ethics. A medical student, under one of the professor's direction, has been teaching Anatomy and Mathematics. One of our own graduate nurses is teaching Nursing Ethics and Bandaging. I have been teaching Practical Nursing, and some English with the assistance of Mr. Lee our secretary.

Eleven of our graduates are on the nursing staff now, and one graduate of the East Gate Hospital Training School. Chung Do Eun has been Night Supervisor for many months and is most satisfactory. Kim Young Sil is Day Supervisor and in charge of supplies - except ordering. The others are in charge of departments or special clinics. But as yet these Korean nurses need help and direction in their work. So that our greatest need now, as before, is for more foreign nurses. To try to run such a large institution as this with only 2 or 3 foreign nurses is an unfair thing, unfair to the nurses, to the institution, and to the pupil nurses. We have a good dormitory, a good teaching staff, a fine lot of graduate and pupil nurses, why do we have to cripple the whole work and especially the training of the pupils under our care because of the shortage of foreign nurses to give the general supervision? There are many nurses in the homelands eager for a chance to come and six mission boards are each supposed to have at least one missionary nurse on the staff.

Sometimes I find it all depressing, especially when I am very tired and have to be with the sick people all the time, at such times I run away to our garden to see the fresh growing things, the buds and leaves and the blossoms. A change is often as good as a rest, and though I do not call myself a gardener, because some one had to do it I been posing as such and have been surprised at the results - some of my seeds actually came up. When I am refreshed, I have no trouble understanding or answering the numerous questions that come to me; but when I am tired, my brain acts as though it never knew a single word of Korean. Among the hard things for me, are the number of demands on my time and the many times a day I hear my name called whether I am in the hospital or in the home. It seems that some one is always wanting the "Kan Ho Won Chang" until in desperation I'm threatening to change my name to "flunky Chang" or "Kyo Chang" or "Scrubber Chang" - anything seems better than the one I've heard so constantly the last few years.

The secret of carrying on must be cooperation and organization. I know that our present staff of doctors, nurses, office-force, and orderlies are working together for the efficiency of the service and the thorough teaching of the nurses.

After this digression, I want to add a few more words about the nurses training. The nurses and the whole hospital staff - except the Superintendent of Nurses - are on an 8-hour schedule of work, and have been for some time. This has been a factor in the improved health of the nurses. Last year only 96 days were lost on account of sickness for whole school. In 1919, the student nurses lost 124 days in one month and 67 in another. Better attention to the health of the girls in many ways, has given us this cause for thanksgiving.

We have just started a new feature in our Nurses Training work. In April we had a meeting of all the nurses and students and a society was organized for mutual profit and pleasure. The program consisted of reports of especially interesting cases, given by the nurses in charge. Others discussed the work and responsibility of nurses in some of the more important positions in the Hospital. The May meeting followed along the same line. We hope to have monthly meetings most of the school year.

Dormitory rules have been changed to allow greater freedom to the girls. Two or more pupils may go out in the daytime without the matron or other chaperone. They must fill in a slip stating where, when, and why; this slip is approved by the Nursing Superintendent or a Korean nurse, member of the Nursing Com. The plan seems to be working out all right, the girls have responded to the increased trust placed in them.

Last September, the Government General "appointed our School for Nurses and Midwives," so that regular graduates may be licensed without examination. The students must have had at least 2 years of "higher common school," or equivalent, for matriculation, they must also present satisfactory evidence of good character and good health. The aim of the school is to train Christian girls into faithful and intelligent nurses, that they may realize the beauty of the spirit of self-sacrifice and service; that they may become efficient co-workers in the hospitals, and eventually branch out into all of the many phases of public Health Work and social service.

19251024

에드너 M. 로렌스(서울)가 친구들에게 보낸 편지
(1925년 10월 24일)

세브란스 병원,
한국 서울,
1925년 10월 24일

친애하는 친구들,

아름다운 날이었고, 하루가 가는 지금은 매우 조용하고 평화롭습니다. 나는 하루 종일 근무하였고, 매우 바빴으며, 가난한 병자들을 조금 걱정하였고, 연합 교회 예배를 즐겼습니다. 우리가 외국인 주일예배를 드리는 음악당은 현재 열리고 있는 주일학교 대회에 참석한 언어 학교 손님과 대표들로 가득 찼습니다.

여러분의 7월 10일자 편지는 나에게 큰 도움이 되었습니다. 나도 하나님께서 기도를 들으시고 응답하신다는 것을 알며, 여러분의 기도가 나를 위해 응답되었음을 확신합니다. 내가 낙담을 극복하고 사업을 위한 힘과 지혜를 가질 수 있었던 것은 오직 신성한 도움을 통해서만 가능했다는 것을 알기 때문입니다. 나는 지난 몇 달을 돌아보며 내가 매일 얼마나 많은 도움을 받았는지 확인하고, 우리가 사는 시간이 실제로 한 번에 하루뿐이며, 그날의 일을 위하여 도움이 주어진다는 것을 알게 됩니다. 그리고 멀리 내다보고 특정 상황이 어떻게 충족될지 궁금해하는 대신 매일 '최선을 다하고 나머지는 내버려 두어야' 합니다. 그리고 미래는 스스로 알아서 할 것입니다. 여자 해외 선교회가 우리에게 파견해 준 로버츠 양은 다음 주에 평양으로 떠납니다. 하지만 이로 인하여 어떤 공백이 생길지 알고 있어도 내가 조금도 걱정하지 않는다고 말하는 것이 나는 감사합니다.

나는 로스앤젤레스 성경 학교에서 성구 달력을 받았고, 그것이 매우 도움이 되었습니다. 9월의 성구 중 하나는 '불가능한 것을 시도하기 전에는 하나님의 자원을 시험하지 말라'는 것입니다. 나의 유한한 마음으로는 상황이 불가능해 보일지 모르지만 나는 그분의 자원이 무한하다는 것을 압니다.

또 하나 감사할 것은 착하고 충실한 하인들입니다. 나는 종종 요리사와 소년들에게 그들이 집안일을 순조롭게 진행하기 때문에 그들 없이는 우리 업무가 불가능할 것이며, 그들이 일을 하지 않는다면 우리는 그 일에 너무 많은 시간을 할애해야 할 것이고 다른 업무를 할 시간이 거의 없을 것이라고 종종 말합니다. 나는 변변치 않은 직책에 있지만 이 모든 톱니바퀴가 얼마나 중요한지, 그리고 하나가 탈락하였을 때 얼마나 혼란스러운지 이 충실한 일꾼들에 대하여 그 어느 때보다 감사하는 법을 배우고 있다고 생각합니다.

나는 마침내 내 휴가에 대하여 확실한 것을 알게 된 것 같습니다. 현재 계획대로라면 나는 수에즈 운하를 통하여 팔레스타인에서 10일에서 2주를 보내고 집으로 돌아갈 예정입니다. 나는 4월 5일 뽈르까 M. M. 노선을 예약하였습니다. 모든 세부 사항을 결정하지는 않았지만 아마도 회의 시간에 맞추어 6월 11일에 뉴욕에 상륙해야 할 것 같습니다. 안동의 R. 매킨지 양이 제 짝이 될 것입니다. 우리가 팔레스타인에서 보내기를 바라는 멋진 시간을 생각하는 것도 앞으로 5개월을 보내는 데 도움이 됩니다. 나는 휴식이 필요하다고 느끼지 않는 한 곧장 집으로 갈 것이고, 그 휴식은 다른 어느 때보다 바다 항해로 더 잘 얻을 수 있습니다. 또한 미시간 주에 여동생이 있는데 캘리포니아 주에서 왕복 여행하는 것보다 이런 식으로 적은 비용으로 만나러 갈 수 있습니다.

이번 여름에 우리 간호사들은 5명이 장티푸스에 걸렸고, 1명이 이질에 걸렸기 때문에 매우 불행하였습니다. 나는 지금은 모두 나아졌다고 말할 수 있어 기쁩니다. 한 명은 중퇴할 수도 있지만, 나머지 네 명은 잘하고 있습니다.

내년에 내가 심을 씨앗에 대하여 정말 감사드립니다. 이것들은 우리 정원의 또 다른 매력을 이룰 것입니다.

안부를 전합니다.

안녕히 계세요.
에드너 로렌스

Edna M. Lawrence (Seoul), Letter to Friends (Oct. 24th, 1925)

Severance Hospital,
Seoul, Korea,
October 24th, 1925

Dear Friend: -

It has been a beautiful day, and now is so quiet and peaceful at its close. I have been on duty most of the day, have been very busy, a little worried over some of the poor sick folks, and have enjoyed a union church service. The music hall in which we hold foreign Sunday service, was filled to its limit, as there are language school guests and delegates to the Sunday school convention, which is now in session.

Your letter of July 10th was so helpful to me. I, too, know that God hears and answers prayers, and I am sure your prayers have been answered for me; for I know it has been only through divine help that I have been able to conquer discouragement, and have strength and wisdom for the work. I look back over the last few months, and see just how much I have been helped every day, and see that it is really only one day at a time that we live, and that help is given for that day's task; and instead of looking far ahead and wondering how certain situations are to be met, we should "do our best and leave the rest", every day; and the future will take care of itself. Miss Roberts who has been loaned to us by the W. F. M. S., is leaving for Pyeng Yang next week; but I am thankful to say that though I know what a gap this will leave, I am not worried a bit.

I received a verse calendar from the Los Angeles Bible Institute, and it has been so helpful. For September this is one of the thoughts "You do not test the resources of God, till you try the impossible." Though the situation may seem to be impossible to my finite mind yet I know His resources are unlimited.

Another thing to be thankful for, is good and faithful servants. I often tell our cook and boy that without them our work would be impossible for they keep the housekeeping end going smoothly and if they were not doing it, we would have to spend so much time at it, that there would be very little time for other work. I think I am learning to appreciate, more than I ever did before, the faithful workers we have in humble positions but how essential are all these cogs, and how it upsets things when one drops out.

I think I at last know something definite about my furlough. As I am planning now, I will go home via Suez canal, spending ten days to two weeks in Palestine. I have engaged passage on the "Paul Lecat" M. M. line for April 5th. I have not decided on all the details, but think this should land me in New York June 11, possibly in time for the conference\ Miss R. McKenzie of Andong is to be my partner. Thinking about the wonderful time we hope to have in Palestine, is also helping me to put in the next five months. I would go straight home, except I feel the need of a rest, and this I could get it better by a sea voyage than any other day. Also I have a sister in Michigan who I can see going this way, with less expense than around trip from California.

Our nurses have been very unfortunate this summer, as five had typhoid fever, and one dysentery. I am glad to say they are all better, now. One may have to drop out, but the other four are doing well.

Thanks so much for the seeds which I will have planted next year. These will form another attraction in our garden.

With best wishes, I am,

Very sincerely yours,
Edna Lawrence.

19260202

에드너 M. 로렌스(서울)가 친구들에게 보낸 편지
(1926년 2월 2일)

세브란스 병원,
한국 서울,
1926년 2월 2일

친애하는 친구들,

성탄절 편지와 동봉한 예쁜 리본에 감사드립니다. 받은 많은 편지와 인사가 성탄절을 행복하게 만드는 데 많은 도움이 되었습니다.

이전 편지에서 내가 4월 5일 프랑스 정기선을 타고 항해할 것이라고 언급한 것 같습니다. 우리는 6월 21일에 레비아탄 호를 타고 사우샘프턴을 떠나 아마도 6월 26일에 뉴욕에 도착할 것입니다. 현재의 계획은 아마도 그 달말까지 뉴욕에 며칠만 머무는 것입니다. 그런 다음 미시간에 있는 여동생을 2주 동안 방문한 다음 캘리포니아로 갑니다.

올해 눈이 많이 내렸는데 오늘 또 내리고 있습니다. 2월에 다시 그런 일이 있다는 것은 다소 이례적인 일이지만, 이것은 가난한 홍수 피해자들이 그들의 끔찍한 대피처에서 그렇게 많은 고통을 겪지 않을 것이라는 것을 의미하기 때문에 나는 매우 기쁩니다. 이 사람들을 먹이고 입히기 위하여 얼마나 많은 돈이 모였는지, 그리고 선교사들의 도움과 동정이 없었다면 그들이 얼마나 곤경에 처했을지 놀랍습니다.

한국 의료 선교사 협회가 지금 회의 중입니다. 나는 어제 대부분의 회의에 참석할 수 있었습니다. 어제 논문이 발표되었는데, 주로 의과대학 졸업생에 의한 것으로 그들이 내린 결론은 우리 업무에 매우 도움이 되었습니다. 나는 이번 3월까지 기혼 여자나 미망인을 지방 지부로 보내고 미혼 소녀들은 이곳에 머물게 하여 감독을 받을 수 있도록 간호사 자리를 얻으려고 노력하고 있습니다.

고국으로 가서 갖게 될 긴 휴식과 그곳에서 사랑하는 사람들과 친구들과의 만남을 기대하고 있습니다. 안동의 매켄지 양이 함께 갑니다. 내가 4월까지 버틸 수 있고, 그때 찾아올 쉼과 변화를 최대한 활용할 수 있도록 친구들이 기도 중에 나를 기억해 주시길 바랍니다.

안부를 전합니다.

안녕히 계세요.

에드너 로렌스

Edna M. Lawrence (Seoul), Letter to Friends (Feb. 2nd, 1926)

Severance Hospital,

Seoul, Korea,

February 2nd, 1926

My dear Friend: -

Thanks so much for your Christmas letter and the pretty ribbon you enclosed. The many letters and greetings I received helped so much to make my Christmas happy.

I think I mentioned to you, in a former letter, that I was sailing April 5th on a French Liner. We leave Southampton June 21st on the Leviathan, and will probably reach New York June 26. By plan now is to stay only a few days in New York - probably to the end of the month; and then go to my sister in Michigan for a two week's visit, and then out to California.

We have had much snow this year, and it is falling again today. It is rather unusual to have it again in February, but I am very glad, as this means that the poor flood victims will not suffer so much in their horrible dugouts. It is wonderful how much money has been raised to feed and clothe these people, and what a plight they would be in without the help and sympathy of the missionaries.

The Korea Medical Association is in session, now. I was able yesterday to attend most of the meetings. A paper was presented yesterday; dealing principally with the medical school graduates, and the conclusions they came to were very helpful in our work. I am trying to get positions for our nurses who will be through this March, sending married women or widows to the country stations, and keeping the unmarried girls here, where they can be under supervision.

I am looking forward to the long rest I will have on the way home, and the meeting with my dear ones and friends there. Miss McKenzie of Andong is going with me. I hope you'll remember me in your prayers, that I may be able to hold out until April, and be able to make the most of the rest and change that will be coming to me then.

With best wishes, I am,

Very sincerely yours,
Edna Lawrence

아서 J. 브라운, 메이블 M. 로이스(미국 북장로교회 해외선교 본부)가 한국 선교부로 보낸 편지, 제683호 (1926년 3월 17일)

(중략)

안식년 중 연수 수당

이전 단락에 언급된 편지에서 호프먼 씨는 에드워드 H. 밀러 씨, 진 델마터 양, 에드너 M. 로렌스 양에 대한 안식년 중 졸업 후 연수 수당에 대한 부주의한 요청으로 인하여 선교부 회의록에 담겨 있지 않았다고 밝혔다. 우리는 그의 편지에서 이러한 수당이 선교지에서 승인되었음을 추론하며, 따라서 그의 편지의 단락은 연수 수당을 처리하는 위원회에 회부되었다. 해당 위원회의 서신을 담당하는 오빌 리드 박사가 필요한 조치가 취해지도록 감독할 것이다.

(중략)

Arthur J. Brown, Mabel M. Roys (Mrs. Charles. K.), Letter to the Chosen Mission, No. 683 (Mar. 17th, 1926)

(Omitted)

Furlough Study Allowances.

Mr. Hoffman, in the letter referred to in the preceding paragraph, stated that by an inadvertence requests for post graduate furlough study allowances for Mr. Edward H. Miller, Miss Jean Delmarter and Miss Edna M. Lawrence did not appear in the Mission Minutes. We infer from his letter that these allowances were approved on the field, and the paragraph in his letter has therefore been referred to the Committee which handles study allowances. Dr. Orville Reed, who conducts the correspondence of that Committee, will see that the necessary actions are taken.

(Omitted)

19260400

단신 및 개인 동정.
The Korea Mission Field (서울) 22(4) (1926년 4월호), 88쪽

안식년:

　세브란스 병원의 에드너 로렌스 양과 안동의 레이니어 J. 매켄지[25] 양은 3월 31일 떠났는데, 팔레스타인과 유럽을 거쳐 미국으로 가기 위한 것이다.

Notes and Personals.
The Korea Mission Field (Seoul) 22(4) (Apr., 1926), p. 88

Furloughs:

　Miss Edna Lawrence of Severance Hospital and Miss R. J. McKenzie of Andong left on March 31, for United States via Palestine and Europe.

---

25) 레이니어 J. 매켄지(Ranier J. McKenzie, 1889. 7. 22~1969. 10. 9)

1926년 서울에서 개최된 미국 북장로교회 한국 선교부의
제42차 연례회의 회의록 및 보고서
(1926년 6월 25일부터 7월 2일), XII, 1, 4쪽

인력 변동

(......)

출 발

E. M. 로렌스 양   1926년 3월 31일

(중략)

(1쪽)

미국 북장로교회 선교부 제42차 연례 회의가 1926년 6월 25일 금요일 아침 오전 9시에 서울 모리스 홀에서 개회하였다.

(4쪽)

임시 결정

(......)

제660호 안식년 수당: - 우리는 E. H. 밀러 씨, 델마터 양 및 로렌스 양의 안식년 수당 요청을 승인할 것을 권고하였다.

찬성 111명   반대 9명   투표 하지 않음 7명   통과됨

(중략)

Minutes and Reports. 42nd Annual Meeting of the Chosen Mission, Presbyterian Church in the U. S. A., 1926, Held at Seoul (June 25th~July 2nd, 1926), pp. XII, 1, 4

Changes in Personnel

(......)

Departures

Miss E. M. Lawrence   March 31, 1926

(Omitted)

p. 1

The forty-second Annual Meeting of the Chosen Mission of the Presbyterian Church U. S. A. was opened in Morris Hall, Seoul, at 9:00 a. m. Friday morning, June 25, 1926.

p. 4

Ad Interim Actions

(......)

V. 660 Furlough Study Allowance: - Recommended that we approve the request for Furlo' Study Allowance for Mr. E. H. Miller, Miss Delmarter and Miss Lawrence.

Aff. 111   Neg. 9   Not Voting 7   Carried

(Omitted)

19260915

5분 안에 온타리오를 알아보기. *The San Bernardino County Sun* (캘리포니아 주 샌버너디노) (1926년 9월 15일), 10쪽

5분 안에 온타리오를 알아보기
(특별 직원 기사)

내일 밤 웨스트민스터 장로교회에서 신입 회원을 위한 환영회가 열릴 예정이며, 최근 한국에서 돌아온 에드너 M. 로렌스 양의 환영식과 다음 주 월요일 샌프란시스코로 떠나 필리핀 제도로 항해할 예정인 시어도어 앨리슨 목사 부부의 '즐거운 여행'을 기원할 예정이다.

Seeing Ontario in Five Minutes. *The San Bernardino County Sun* (San Bernardino, Ca.) (Sept. 15th, 1926), p. 10

Seeing Ontario in Five Minutes
(Special Staff Correspondence)

Reception will be held at the Westminster Presbyterian church tomorrow night for new members, and also as a welcome home to Miss Edna M. Lawrence, recently returned from Korea, and as "bon voyage" to the Rev. Mr. and Mrs. Theodore Allison, who leave next Monday for San Francisco, where they will sail for the Philippine Islands.

5분 안에 온타리오를 알아보기. *The San Bernardino County Sun* (캘리포니아 주 샌버너디노) (1926년 10월 29일), 18쪽

5분 안에 온타리오를 알아보기
(특별 직원 기사)

웨스트민스터 장로교회의 에드너 M. 로렌스 회(會)는 화요일[26] 저녁 이스트 H 가(街) 502의 제임스 오스틴 부인 댁에서 모일 것이다.

Seeing Ontario in Five Minutes. *The San Bernardino County Sun* (San Bernardino, Ca.) (Oct. 29th, 1926), p. 18

Seeing Ontario in Five Minutes
(Special Staff Correspondence)

Edna M. Lawrence guild of the Westminster Presbyterian church will meet Tuesday night at the home of Mrs. James Austin in 502 East H street.

---

26) 11월 2일이다.

아서 J. 브라운(미국 북장로교회 해외선교본부 총무)이 한국 선교부로 보낸 편지, 제706호 (1927년 4월 5일)

(중략)

출항일

에드너 M. 로렌스 양,　　프레지던트 매디슨 호　　로스앤젤레스　　　4월 25일

(중략)

Arthur J. Brown (Sec., BFM, PCUSA), Letter to the Chosen Mission, No. 706 (Apr. 5th, 1927)

(Omitted)

Sailing Dates

Miss Edna M. Lawrence,　　　Pres. Madison　　　Los Angeles　　　April 25

(Omitted)

제6장
선교 사역 2기 (1927~1934년)
The Second Term of Missionary Work

1927년 5월 19일 세브란스에 복귀한 로렌스는 양성소 소장의 업무에 전념하였다. 하지만 다른 외국인 간호사가 자리를 비울 때에는 간호원장의 업무도 맡을 수밖에 없었다. 그녀는 먼저 교수진의 보강에 노력을 기울였고, 특히 의학전문학교 교수들도 간호 교육에 적극 참여하여 그 수준을 높이는데 노력하였다. 또한 간호 위원회를 활성화시켰는데, 1927년에 6차례의 정기회의와 수차례의 특별회의를 열었다.

그녀가 책임을 맡고 있는 양성소는 1927~8년에 신입생들의 복장을 규정하여 큰 호응을 받았으며, 인형을 사용하기 위한 실습실을 마련하였다. 또한 1931년에는 장옥희가 '전문 환자'로서 학생들의 실습에 큰 도움을 주었으며, 기숙사 규정을 제정하였다.

임상 실습에는 학생들이 교실에서 배운 새로운 술기를 실천하고 있는지 알아내는 쉽고 효과적인 방법으로 병동 실습 기록지를 도입하였다. 또한 정규 간호사들과 외국인 간호사들이 함께 병동 지침을 만들어 병동의 기준 확립에도 노력하였다.

1932년 봄, 양성소는 4년제 과정을 추가로 신설하였으나, 9월 13일 1학년 학생들이 동맹휴학에 돌입하는 불행한 사건이 일어났다. 이에 학교 당국은 이들 모두를 퇴학 처분함으로써 간호 부서는 더욱 인력난에 빠지고 말았다. 1933년 봄에는 4년제 간호학생을 처음으로 모집하였고, 그해 3월의 졸업식에서는 4년제 첫 졸업생이 배출되었다.

로렌스는 1934년 5월 두 번째 안식년을 가졌다.

Miss Lawrence, who returned to Severance on May 19, 1927, devoted herself to her work as director of the Training School for Nurses'. However, when other foreign nurses were away, she had to take on the duties of the Superintendent of nurses. She first made efforts to reinforce the faculty, and in particular, professors in medical college actively participated in nursing education and worked to raise the level. She also revitalized the Nursing Committee, which held six regular meetings and several special meetings in 1927~8.

The Training School received great response by regulating the uniforms of new students in 1927, and set up a practice room to use dolls. Also, in 1931, Chang Ok Hui provided great help to students in their practice as a 'professional patient', and established dormitory regulations.

In clinical practice, a ward practice record was introduced as an easy and effective way to find out whether students were practicing the new skills learned in the classroom. In addition, Korean graduate nurses and foreign nurses worked together to establish ward standards by writing Ward Manual.

In the spring of 1932, the Training School provided an additional four-year course, but an unfortunate incident occurred on September 13th when first-year students went on a strike. As a result, the school authorities expelled all of them, causing the nursing department to fall further into manpower shortage. In the spring of 1933, the first four-year nursing students were entered.

Miss Lawrence took her second furlough in May 1934.

19270623~0630

1927년 평양에서 개최된 미국 북장로교회 한국 선교부의
제43차 연례회의 회의록 및 보고서
(1927년 6월 23일부터 6월 30일까지), XII쪽

인력 변동

도 착

(......)
E. M. 로렌스 양   1927년 5월 19일
(......)
R. J. 매켄지   1927년 5월 19일

(중략)

Minutes and Reports. 43rd Annual Meeting of the Chosen Mission,
Presbyterian Church in the U. S. A., 1927, Held at Pyengyang
(June 23rd to June 30th, 1927), p. XII

Changes in Personnel

Arrivals

(......)
Miss E. M. Lawrence   May 19, 1927
(......)
Miss R. J. McKenzie   May 19, 1927

(Omitted)

올리버 R. 에비슨(세브란스 의학전문학교 교장), 한국 서울
세브란스 의학전문학교의 1926~27년도 보고서 (1927년 9월 22일)

(중략)

간호부양성소

(......)

로렌스 양은 내년의 업무로 양성소장의 책임을 맡는다.

(중략)

Oliver R. Avison (Pres., S. U. M. C.), Report of Severance Union
Medical College, Seoul, Korea for Year 1926~27 (Sept. 22nd, 1927)

(Omitted)

Nurses' Training School

(......)

Miss Lawrence takes over the direction of the Training School as her assignment for the coming year.

(Omitted)

19280400

에드너 M. 로렌스, 기독 간호사 양성의 문제점.
The Korea Mission Field (서울) 24(4) (1928년 4월호), 71~73쪽

기독 간호사 양성의 문제점.
에드너 로렌스 양, 정규 간호사

'여자는 선량하고 지적인 여자가 되지 않고서는 선량하고 지적인 간호사가 될 수 없다.' 현대 간호학의 위대한 창시자인 플로렌스 나이팅게일의 말은 그 말을 하던 시대와 마찬가지로 오늘날에도 참되고 적절하다. 그녀가 앞선 사람들보다 간호직을 위하여 더 많은 일을 할 수 있었던 것은 이것을 생각하고 확고하게 믿고 이 노선을 따라 일하였기 때문이다.

오늘날 한국의 간호직에 대한 우리의 이상은 지적인 기독 간호사를 배출하는 것이어야 하며, 졸업생들이 이러한 측면 중 하나에 속하더라도 우리는 만족해서는 안 된다는 것이 나의 확고한 확신이다. 중병에 걸렸을 때 여러분 또는 여러분의 사랑하는 사람을 어떤 간호사가 돌보게 하고 싶은가? 겨우 읽고 쓸 수 있고, 의사의 지시를 훨씬 덜 이해하는, 믿을 수 없고 동정심이 없으며 엉성한 여자를 원하는가? 아니면 여러분에게 충실한 간호를 제공하고 환자의 회복을 돕기 위하여 그녀의 모든 기술을 사용할 간호사가 여기 있다고 느끼게 만들며, 태도가 자신감을 불러일으키는 밝고 상냥한 그리스도인 여자를 선호하겠는가? 영적으로나 교육적으로 다른 어떤 일도 할 수 없는 여자가 간호사가 될 것이라는 것은 한 대륙 이상에서 놀랍도록 흔한 개념이다. 사랑하는 사람을 돌보는 사람이 그런 사람이라고 생각하겠는가?

먼저 오늘날 일반 간호사의 업무와 삶을 살짝 살펴보자. 젊은 여자가 간호학을 공부하기 위하여 태어난 쉼터를 떠날 때, 그녀는 병원과 간호사 기숙사에 적용되는 규칙이 다른 곳과 다소 다르기 때문에 새롭고 낯선 조건에 자신을 적응시켜야 한다는 것을 알게 되며, 그녀는 자신이 선택한 업무에서 아주 멀리 갈 수 있기 전에 이것들에 익숙해져야 한다. 병원에서 그녀는 최악의 사람들뿐만 아니라 가장 좋은 사람들과 긴밀한 접촉을 하게 되는데, 그녀는 많은 더럽고 불쾌한 광경, 끊임없이 변화하는 삶과 죽음의 장면, 매우 아프고 죽어가는 사람들이 울부짖고 신음소리를 내는 것을 본다. 힘든 일, 딱딱한 바닥에서의 오랜 시간, 추운 복도, 쌀쌀한 장시간의 야간 근무, 매우 피곤하지만 근무해야 한다는 느낌에 익숙하지 않은 소녀에게는 신체적 부담이 매우 크다.

수술실은 다른 직업에 종사하는 여자에게 거의 요구되지 않는 자제력과 꿋꿋함을 요구하며, 만일 용액이나 기구에서, 혹은 재료의 멸균에서 실수를 저지르면 그것이 환자의 사망 또는 적어도 매우 장기간의 질병의 원인이 될 수 있기 때문에 이곳에서의 업무는 그녀의 신체적, 정신적 자질에 대한 매우 큰 시험대이다. 간호학에도 빡빡한 과목이 있고, 어떤 강의는 간호사가 육체적으로나 정신적으로 피곤하고, 마음에 그날의 업무가 남아 있어 강의에 집중하기가 어려운 늦은 시간에 있다. 그녀는 피곤함이나 시간 부족으로 인하여 일부 업무를 회피하고, 같은 이유로 조용한 시간과 예배를 소홀히 하려는 유혹과 싸워야 할 것이다. 그녀는 또한 잠이 올 때 지친 신경을 달래기 위하여 약을 먹고 싶은 유혹과 싸워야 한다. 우리 직급에 실패가 있다는 것이 놀라운 일인가? 그 수가 적다는 것이 오히려 이상하지 않은가?

집이 그 기초보다 더 강할 수 없다는 것은 사실이며, 학교에 입학하기 전에 강하고 신실한 기독교인이 아니었던 소녀들로는 강한 기독교 간호사가 될 수 없다는 것도 사실이다. 간호는 착한 소녀를 더 나은 기독교인으로 만들고 처음부터 너무 강하지 않았던 성격을 약화시킬 것이다. 훌륭한 그리스도인 젊은 여자가 간호를 배운다는 것은 우리가 그녀에게 주려고 노력하는 도움으로 그녀는 믿음 안에서 더 강해질 것인데, 그녀가 하나님에 대한 자신의 완전한 의존성을 깨닫는 많은 시험과 어떤 위급한 상황에 직면하여 말없이 서둘러 보냈던 많은 시간들 때문이다. 그녀는 삶과 죽음의 신비에 대한 친숙함으로 고양될 것이며, 다른 사람들을 위한 그녀의 비이기적임 때문에 더 달콤하고 매력적일 것이다. 그녀가 세울 수 있는 강력한 기독교적인 기초가 없다면, 그녀가 3년 과정을 마칠 때쯤에는 직업적으로 적합할 수 있지만 다른 방법으로는 삶의 문제를 해결할 수 없다. 훌륭한 여자에게는 간호사보다 더 높거나 고상한 부름이 있을 수 없다. 왜냐하면 그녀는 육체적으로나 영적으로 인류를 위해 많은 일을 할 수 있는 기회가 있기 때문입니다. 그녀는 자신의 기독교 경험 때문에 고통받고 죽어가는 많은 사람들에게 위로와 도움이 될 수 있으며, 그녀는 우리가 그리스도 안에서 제공하는 위로와 희망을 받아들이기 위하여 마음이 열려 있을 때 그것들을 보기 때문에 자신의 보살핌 아래 많은 사람들을 그리스도께 인도하는 수단이 될 수 있다. 이 직업에서도 그녀의 정신력이 개발되는데, 이는 연구해야 할 새롭고 매우 어려운 과목, 매일 직면해야 하는 큰 문제, 한국 여자에게 개방된 이 새로운 분야에서 건설적인 계획을 위한 특이한 기회가 있기 때문이다.

간호학을 공부하고자 하는 소녀가 그것이 의미하는 바를 이해하고 실제로 여자에게 개방된 다른 직업보다 우선적으로 이것을 선택하는 것은 매우 바람직하고 최상의 결과를 얻기 위해 꼭 필요하다. 우리의 평범한 간호사들 중 일부는 개인적인 희생을 치르더라도 사람들을 섬기려는 강한 열망에서 들어온 것이 아니라 다른 곳에서 더 이상 공부할 수 없고 결혼하기를 원하지 않았기 때문에 '간호사가 되고 싶었다.' 소녀가 2년의 보통 학교 과정을 마쳤거나 심지어 졸업했다고 해서 이것이 그녀가 간호사가 되기에 적합하다는 것을 의미하지는 않는다. 만일 그녀가 잘못된 동기로 입학하였다면 그녀는 이론적으로는 훌륭하지만, 그녀에게 주어진 업무 중 항상 천하고 불쾌한 것을 피하고 더 즐거운 것만 수행함으로써 실제적인 업무에서는 매우 부족할 수 있다. 그녀는 공부는 잘하는데 왜 그녀가 공부를 계속하기에 적합하지 않은지 보여주기가 쉽지 않기 때문에 학교에서 큰 골칫거리가 된다. 그녀는 자신이 성공에 필요한 참된 정신을 소유하고 있지 않다는 것을 알 수 없다. 만일 그녀가 계속 남아 있고 졸업하도록 허용된다면 그녀의 업무는 동일한 성격을 갖게 될 것이며, 그녀는 학교나 직업에서 인정받지 못할 것이다.

예비 학생이 학교에 입학한 후, 그들에게 철저한 이론 과정을 제공하고 실제 업무로 이익을 얻으려면 필요한 병동에 대한 면밀한 감독을 할 뿐만 아니라 훈련의 종교적 측면이 소홀하게 되지 않도록 주의해야 하는 등, 학생들을 위하여 최선을 다하는 무거운 책임이 우리에게 있다. 세브란스 병원과 같은 규모의 병원에서는 업무가 매우 복잡하고 간호사의 이익뿐만 아니라 우리가 돌보고 있는 많은 환자의 복지도 고려해야 한다. 병원은 주로 환자를 돌보는 곳이므로 우리의 첫 번째 책임은 환자 모두가 필요한 간호를 제공받고 요구할 권리가 있는지 확인하는 것이다.

두 번째로 훈련 중인 간호사에 대한 우리의 책임이 있다. 만일 환자의 간호에 너무 많은 중점을 두면 간호사는 병동에서 실제 업무에 너무 많은 시간을 보내게 될 것이며 간호사는 이 업무를 보다 능숙하고 지능적으로 수행하는 데 도움이 되는 강의실 교육을 받지 못할 것이다. 반면에, 교실에서 너무 많은 시간을 보내게 되면 간호사는 너무 책처럼 되고 주변의 고통받는 사람들에 대한 동정심이 없어질 것이다. 총독부가 규정한 교과 과정은 1학년 학생의 경우 비간호 과목에 주당 12시간을 요구하며, 여기에 간호학을 잘 가르치기 위하여 필요한 주당 18시간이 추가된다. 첫 해에 간호사들은 일요일을 제외하고 하루에 2~3시간만 병동에서 보내며, 이것이 그들에게 필요한 실제적인 일을 제공하지만, 그것은 하루에 몇 시간씩 공부해야 하는 두 상급반에게 환자를 돌보는 부담을 안겨준다.

한 소녀가 간호부양성소에 처음 들어갈 때 그녀는 당혹스러운 많은 것을 발견하는데, 처음에는 병원의 일부 예절의 '이유'를 이해하기 어렵고, 의사나 선임 간호사가 병실에 들어올 때마다 일어나서 의사를 위하여 문을 열어 주고 그들을 따라가며 의심 없이 선배들에게 순종하는 관습에 종종, 적어도 비밀리에, 저항한다. 그녀는 신속성에 대하여 배울 것이 많고, '9시에 이 약을 준다'는 그녀에게 새로운 의미를 갖게 되는데, 어느 쪽이든 30분이 아무런 차이가 없을 것이라고 생각하였지만 8시 30분이나 9시 30분이 받아들일 수 없다는 것을 알았기 때문이다. 이 어린 소녀들에게는 규율이 엄격하며 규칙 준수에 대한 부드러운 강요는 부당한 것으로 해석되며, 그들이 동의하지 않는 경우 순종을 강요해서는 안 된다. 정규 간호사가 여자 병동, 아니 훨씬 더 남자 병동을 관리할 만큼 충분한 견고함과 품위를 갖추는 것은 아직 어려운 일이다. 나는 학생 간호사는 아이가 울 때마다 먹는 것을 주어서는 안 되며, 아이가 좋든 싫든 약을 주거나 치료해야 한다고 어머니를 설득하는 것을 많이 보았다. 젊은 간호사는 자신의 목소리에 적절한 엄격함을 넣어 따르게 하면서도 연장자에게 무례하다고 생각되지 않도록 하는 것은 쉽지 않다. 어쨌든 이 어린 소녀가 자녀 양육에 대해 무엇을 알고 있고, 자녀를 열두 명 둔 다정한 할머니에게 감히 지시해야 한다고 생각하는가(아마도 자녀의 절반은 다섯 살 이전에 잃었을 것이다)? 문외한들이 이 직업을 호의적으로 보는 데에는 시간이 걸릴 것이다.

나는 양성소에 입학하고, 본질적으로 많은 오래된 장벽을 무너트리고 새로운 사회 질서의 수립을 의미하는 업무에 참여하는 이 젊은 여자들을 보호하는 이 무거운 책임을 느끼고 있다. 임무는 간호사가 직업적으로 세계에서 자신의 위치를 잡도록 맞추는 것뿐만 아니라 사회 전체에 대한 의무를 가르치는 것이다. 마지막으로 간호사들의 영적 생활을 양육하고 격려하는 일을 소홀히 하지 않는 것이 우리의 큰 책임인데, 이를 소홀히 한다면 우리는 젊은 여자들을 숙련된 간호사뿐만 아니라 훌륭한 그리스도인이 되도록 훈련시키려는 우리의 위대한 목적에 참으로 실패한 것이 되기 때문이다.

앞에서 언급한 바와 같이 간호는 의지의 힘에 대한 시험이며, 간호사는 장애물을 피하고 삶의 경건한 측면을 유지하려면 가능한 최대의 경계가 필요하다. 일요일에 적어도 6시간 동안 병동에 있어야 하는데, 이 시간은 환자의 필요와 간호사가 훈련을 받고 있는 부서에 따라 다르기 때문에 그들이 그러한 일을 정규적으로 계속하는 것은 불가능하다. 일요일에 한 번 예배에 참석하는 것은 항상 가능하며, 근무 중이 아닌 경우 주중 기도회에 참석할 수 있다. 기독교 청년회는 한 달에 두 번 열리는 종교 모임과 매주 학생 자원 봉사 기도회로 소녀들에게 도움이 된다.

간호는 세계의 모든 가족과 관련된 예술이다. 여러분은 빈틈없는 마음과 강한 육체를 갖고 동료 남자들에게 봉사하려는 열망을 지닌 독실한 기독교 소녀를 우리에게 보냄으로써, 이곳 양성소의 우리는 정신적으로나 직업적으로 한국의 지도자가 될 것이며 그리스도와 인류를 위하여 항상 높은 깃발을 들고 있을 이 여자 간호사들을 만드는 데 최선을 다함으로써 우리 모두는 이 분야에서 여자 교육에 참여할 수 있다.

> 간호사가 되는 것은 하나님과 동행하는 것이다.
> 우리의 주님이 가신 길을 따라,
> 인간의 고통의 아픔을 달래기 위하여
> 작은 이익을 위하여 충실하게 섬기는 것.
> 친절한 행동을 사랑스럽게 하기 위하여,
> 도움이 필요한 사람에게 물 한 컵을.
> 열이 난 이마에 부드러운 손을,
> 지금 살아있는 이들에게 응원의 한 마디.
> 육체의 고통을 통해 영혼을 가르치기 위하여,
> 아 이것이 예수님이 가실 길.
> 오 파란 옷을 입은 하얀 모자를 쓴 소녀들
> 우리의 위대한 의사가 당신을 통해 일하고 있다!

Edna M. Lawrence, Problems in the Preparation of Christian Nurses.
The Korea Mission Field 24(4) (Seoul) (Apr., 1928), pp. 71~73

Problems in the Preparation of Christian Nurses.
Miss Edna Lawrence, R. N.

"A woman cannot be a good and intelligent nurse without being a good and intelligent woman." These, the words of Florence Nightingale, the great founder of modern nursing, are just as true and apt in this day and age as in the day and age in which they were spoken. It was because of conceiving and firmly believing this and working along this line, that she has been able to do more for the profession of nursing than any of her predecessors and has been a lasting inspiration to her successors in the work.

It is my firm conviction that our ideal for the nursing profession in Korea to-day should be to produce intelligent Christian nurses and we should not be satisfied if our graduates fail [sic] in either of these respects. What kind of nurse would you like to care for you or your loved ones in time of serious illness? Would you like an untruthful, unsympathetic, slovenly woman who could barely read and write and much less understand the doctor's orders; or would you prefer a bright, sweet Christian woman who by her very manner inspired confidence and made you feel that here was a nurse who was going to give you faithful service and use all her skill to aid in the recovery of her patient? It is an amazingly common conception on more than one continent that a woman who isn't fitted spiritually or educationally to take up any other work will do for a nurse. Would you like to think that the one caring for your loved ones is such a one?

Let us take a glimpse first at the work and life of the average nurse of to-day. When a young woman leaves the shelter of her borne to study nursing she finds she must adjust herself to new and strange conditions, for the rules that govern a hospital and nurses' dormitory are somewhat different from other places, and she has to accustom herself to these before she can go very far in her choose work. In the hospital she is thrown into close contact with the worst as well as the best of humanity, she sees many sordid and unpleasant sights, the continual changing scenes of life and death, the cries and moans of the very sick and the dying. The physical strain is very great on a girl who is not used to hard work, the long hours on hard floors, the cold corridors, the chilly long hours on night duty and the feeling that she must go on duty although very tired.

The operating room calls for self-control and fortitude such as few women in other occupations are called upon to possess, and the service here is a very great test of her physical and mental caliber, for if she makes a mistake in an instrument or a solution or in sterilization of material it might be the cause of the death of the patient or at least a very prolonged illness. There is a stiff course in subjects pertaining to the art of nursing, too, and some of the class hours come late in the day, when the nurse is physically and mentally weary and thus finds it hard to concentrate on the lecture when the mind is wont to dwell on the happenings of the day. She will have to fight the temptation to shirk some duties because of weariness or lack of time and for the same reason to neglect the quiet hour and religious services. She also has to fight the temptation to take some drug to soothe the jaded nerves when sleep comes reluctantly. Is it any wonder that there are failures in our ranks? Is it rather not a wonder that there are so few?

It is true that a house can be no stronger than its foundations, and it is equally true that strong Christian nurses cannot be made out of girls who were not strong and faithful Christians before coming into the school. Nursing will make a good girl a better Christian and weaken a character that was none too strong to begin with. For a good Christian young woman to take up nursing means that with the help we are trying to give her she will become stronger in faith, because of the many testing times when she realizes her utter dependence on God and the many times she has sent up hurried unspoken in the face of some emergency. She will be uplifted by her familiarity with the mysteries of life and death and will be more sweet and winsome because of her unselfish for others. If she has not a strong Christian foundation on which to build, by the time she has finished her three years she may be fitted professionally but in no other way to meet the problems of life. For a good woman there can be no higher or nobler calling than that of nurse, for in it she has a chance to do so much for humanity both physically spiritually. She can be a comfort and help to many a suffering and dying one because of her own Christian experience, and be the means of leading many under her care to Christ, for she sees them when the mind is open to receive the comfort and hope we have to offer in Christ. In this profession, too, her mental powers are developed, for there are new and exceedingly hard subjects to be studied, great problems to be faced daily and an unusual opportunity for constructive planning in this new field opening up to Korean women.

It is very desirable, and indeed necessary to obtain the best result, that the girl who wishes to study nursing understand what it means and really choose this in preference to other occupations open to women. Some of our mediocre nurses are such because they entered not from a strong desire to serve their people, even at personal sacrifice, but because they could not study longer in another and didn't want to get married, so "they wanted to be nurses." Even though a girl has finished two years of the common school or even graduated from it, this does not mean that she is fitted to be a nurse. If she enters with a wrong motive she may be good in the theory but very poor in the practical work, always shirking the menial and unpleasant parts and doing only the pleasanter part of the duties assigned to her. She becomes a great problem to the school, for it isn't easy to show her why she isn't fitted to continue the study even though her classwork is good. She cannot see that she does not possess the real spirit that is necessary for success. If she is kept on and allowed to graduate, her work will be of the same character and she will be no credit to her school or profession.

The prospective student having entered the school, the heavy responsibility then falls on us in the work to do our best for the students, not only to give them a thorough course in theory and the close supervision on the wards necessary if they are to profit by their practical work, but to see to it that the religious side of their training is not neglected. In a hospital the size of Severance Hospital the work is very complicated, and we have not only the good of the nurses to consider but the welfare of the many sick under our care. As a hospital is primarily for the care of the sick, our first responsibility then is to see that they all get the nursing care they need and have a right to demand.

Secondly then comes our responsibility to the nurses in training. If too much emphasis is put on the care of the patients the nurses will be spending too much time in the wards in practical work and they will not get the classroom instruction that will help them to do this more skillfully and intelligently. On the other hand, if too much time is spent in the classroom the nurse will become too bookish and unsympathetic with the suffering ones around her. The curriculum of the government requires 12 hours a week of non-nursing subjects for the first year nurse, and added to this is the 18 hours a week needed to give a good course in nursing. In the first year the nurses spend only from two to three hours a day in the wards except Sundays and though this gives them the practical work they need, yet it throws the burden of the care of patients on the two upper classes, who also have several hours of study a day.

When a girl first enters a training school for nurses she finds many things to puzzle her, and it is hard at first to understand the "why" of some of the hospital etiquette, and often she, secretly at least, rebels at the custom of always rising when a doctor or senior nurse enters the room, of opening doors for doctors and picking up after them and giving unquestioned obedience to her seniors. She has a lot to learn concerning promptness and "give this medicine at 9 o'clock" comes to have a new meaning to her, for she finds out that 8:30 or 9:30 is not acceptable, even though she had thought that thirty minutes in either direction would make no difference. Discipline comes hard with these young girls and gentle insistence about obeying rules is construed as unjust and, to them, obedience should not be insisted upon if it is not agreeable to them. It is as yet a difficult thing for a graduate nurse even to have sufficient firmness and dignity to manage even a women's ward and much more so a men's ward. I have seen many a time a student nurse trying to persuade a mother that a child should not be fed every time it cries and that a medicine or treatment must be given whether a child likes it or not. It isn't easy for a young nurse to put just the proper amount of sterness into her voice to get obedience and yet not be thought disrespectful to her elders. What does this young girl know about raising children anyway that she should presume to dictate to fond grandma who has twelve children (she may have lost half of them before the age of five)? It will take some time for the profession to be looked upon with favor by the laity.

I feel it a heavy responsibility to protect these young women who are entering the training school and engaging in a work that from its very nature means that many of the old barriers must be broken down and a new social order established. The task isn't only to fit the nurses to take their place in the world professionally but also to teach them their duty toward society as a whole. Lastly a great responsibility is ours not to neglect to nurture and encourage the spiritual life of the nurses, for if this is neglected we have indeed failed in our great purpose of training young women to be good Christians as well as skillful nurses.

As I have mentioned before nursing is a test of strength of character, and the greatest vigilance possible is needed if the nurses are to avoid the snags in the way and keep up the devotional side of their lives. Because of having to be on the wards at least six hours on Sunday it is impossible for them to keep up any regular assignment of such work, for these hours vary according to the needs of the patient and the department the nurse is receiving training in. It is always possible to attend church service once on Sunday and the midweek prayer-meeting if not on duty. The Y. M. C. A. is a help to the girls in the religious meetings held twice a month and the weekly voluntary student prayer meeting.

Nursing is an art which concerns every family in the world. We can all have a part in the training of women in this art, you, by sending to us stanch Christian girls with alert minds and strong bodies and endued with a desire to serve their fellowmen, we here in the school by doing our best to make out of these women nurses who will be leaders in Korea spiritually and professionally and who will always hold high the banner for Christ and humanity.

To be a nurse is to walk with God
Along the path that our Master trod,
To soothe the achings of human pain
To faithfully serve for little gain.
To lovingly do the kindly deed,
A cup of water to one in need.
A tender hand on the fevered brow,
A word of cheer to the living now.
To teach the soul through its body's woe,
Ah' this is the way that Jesus would go.
O white capped girls in dresses of blue
Our great Physician's working through you!

에드너 M. 로렌스(서울)가 친구들에게 보낸 편지
(1928년 6월 11일)

한국 서울,
1928년 6월 11일

친애하는 친구들,

　　세브란스 병원의 업무와 특히 내 역할에 대하여 여러분이 잘 알 수 있도록 하기 위하여 어디서부터 시작해야 할지 모르겠습니다. 1920년 서울에 도착하였을 때 나는 언어 학습에 배정되었고 운이 좋게도 8개월 동안 쉬지 않고 공부하다가 병원에서 일을 시작하였습니다. 나는 심지어 우리 선교부의 다른 기지에 살았고 다음 해 5월에 이사할 때까지 병원을 통과하지 않았습니다. 세브란스는 한국에서 최초로 문을 연 병원으로, 현재는 의학전문학교와 연계된 한국 최대 규모이자 유일한 병원입니다. 에스더 쉴즈 양은 양성소를 시작하고 힘든 초기의 첫 시절을 대부분 혼자서 수행한 공로를 인정받고 있습니다. 최초의 간호사는 1910년에 졸업하였으며, 현재 75명의 졸업생이 있습니다. 거의 모든 실제 간호는 외국인 간호사의 감독하에 한국인 간호사가 수행합니다.

　　나는 여러분들에게 외국인 간호사를 소개하고자 합니다. 먼저 쉴즈 양은 남다르게 오랫동안 근무하여 크게 건강하지 않으며, 지금은 외래에서 학생 간호사의 업무를 감독하고 매일 그곳에 오는 많은 가난하고 궁핍한 사람들 사이에서 사회 봉사를 하고 있습니다. 그리고 현재 간호원장인 캐나다 연합교회의 메이블 영 양이 있습니다. 그녀는 펜실베이니아 주 출신이며, 매우 열심히 일하는 성실한 일꾼입니다. 이곳은 6개 선교부, 즉 감리교회 두 곳, 장로교회 네 곳이 연합한 병원이며, 그들 모두가 우리에게 필요한 일꾼을 보내 준다면 많은 간호사가 있을 것입니다. 그러나 그들이 모두 그렇게 하고 있지 않으며, 병원이 계약직원을 고용해야 하기 때문에 우리는 영국에서 온 에밀리 스탠든 양을 고용하였습니다. 그녀는 우리보다 젊고 우리 모두를 위하여 일을 활기차게 하고 있습니다. 그녀는 격리 병동을 담당하고 있습니다. 1926년 내가 안식년을 갖기 전에도 나는 간호원장이었지만 나의 업무는 항상 특히 양성소이었습니다. 귀국할 때 나는 학교 업무만 하겠다고 요청하였고, 내 요청이 받아들여져서 기쁩니다. 이것만으로도 한 사람에게 충분하고, 한 사람이 가르칠 때 항상 방해를 받는 것은 확실히 짜증스럽기 때문입니다.

간호사 학교는 꾸준히 성장하여 지금까지 49명의 훌륭한 기독 간호사를 훈련하고 있는 것이 자랑스럽습니다. 우리는 선교 학교에서 우리 여학생들을 얻었고, 이번 봄의 학급은 대단히 훌륭합니다. 그들 모두는 여자에게 나쁘지 않은 교육으로 간주되는 고등보통학교 2년 과정을 마쳤습니다. 26명의 학급을 뽑았던 이번 봄까지 나는 한국어로 모든 실용 간호학을 가르쳤고, 내가 조수로 뽑기 원하였던 바로 그 사람을 얻을 수 있어 매우 운이 좋았습니다. 그녀는 2년 전에 졸업하였고, 교육에서 항상 훌륭한 지도자이었으며 이제 자신을 더 가치 있게 만들기 위하여 2년 동안 성경 공부를 하고 있습니다. 그녀는 저에게 큰 도움이 되고 있으며, 내가 직접 하였지만 매우 어려운 과목인 간호학 이론을 가르치고 있습니다.

한국인 간호사들은 사랑스럽고 그들을 가르치고 그들과 가깝게 지내는 것이 즐겁습니다. 그들은 그들이 하는 많은 업무에 대한 근본적인 이유를 항상 보지 못하고 부주의해지기 쉽기 때문에 주의 깊은 관찰이 필요하지만 좋은 간호사가 됩니다. 지금은 한민족이 낡은 관습에서 빨리 벗어나고 단번에 서방의 여자들과 같이 되려고 하는 중요한 시기입니다. 그들은 또한 너무 많은 조언을 원하지 않으며, 그들이 그렇게 하고 있다는 것을 깨닫지 못할 정도로 재치 있게 그들을 안내하는 것이 우리의 문제 중 하나입니다. 어린 소녀들은 너무 많은 유혹에 노출되어 있고, 그러한 유혹을 접하는 것에 대하여 거의 알고 있지 못합니다. 나는 최근에 그렇게 하는 동기(動機)를 가진 남자들이 소녀들에게 보낸 편지 때문에 특히 놀랐습니다. 나는 기숙사에서 기독교의 영향을 받고 있지 않은 소녀들을 생각하면 떨립니다. 한국인 의사 중에서 한 명의 훌륭한 상담사를 가지고 있습니다. 그는 소녀들에게 아주 좋은 조언을 해주며, 그들이 나에게서 원하지 않을 때 그에게서 그것을 받습니다. 한국의 젊은 여자들, 특히 우리 딸들을 인도하고 내가 필요한 지혜와 재치를 갖출 수 있도록 여자분들께 기도해 달라고 부탁해 주지 않으시겠습니까?

나에게 절실히 필요한 도움을 하나님께 의지하고 있지만 나는 그것이 막중한 책임이 될 것이라고 느끼고 있습니다. 나는 우리 간호사들이 다른 어떤 학교보다 이성(異性)과 더 밀접하게 연결되어 있기 때문에 간호사들과 남자 환자들, 그리고 의사들과의 문제가 거의 없다는 것이 놀랍습니다.

우리는 방금 학교에서 학생 간호사 중 한 명을 잃는 슬픔을 겪었습니다. 그녀는 병동에서 감염을 발견하였고 결코 회복하지 못하였습니다. 다른 간호사들이 우리보다 더 절실히 느꼈음에 틀림없지만, 전적으로 학교가 주관하는 감미롭고 품위 있는 장례식에 참석한 그 누구도 희망이 없는 사람들처럼 슬퍼하였다고 말할 수 없다는 사실을 말하는 것이 기쁩니다. 그 대신에 불신자들이 기이한 통곡과 행보와는 현저한 대조를 이루는 희망과 승리의 즐거운 음조가 있었습니다. 간호사 중 한 명이 외로운 어머니를 위하여 감미로운 위로의 찬송가를 불렀고. 무덤에서 그녀의 급우들은 노래를 불렀습니다. 학교 전체가 묘비 구입에 동참하고 있습니다. 누군가가 떠난 사람에 대하여 말할 때 그것은 참으로 그녀가 방금 앞서 갔고 그들이 곧 그녀를 만날 것이라는 것과 같습니다.

안녕히 계세요.
에드너 M. 로렌스

Edna M. Lawrence (Seoul), Letter to Friends (June 11th, 1928)

Seoul, Korea,
June 11, 1928.

My dear Friend: -

I hardly know where to begin in trying to make you acquainted with the work of Severance Hospital and my own part in particular. When I came to Seoul in 1920 I was assigned to language study, and was fortunate in having eight months uninterrupted study before taking up any duties in the hospital. I even lived on our other compound and really never went through the hospital until I moved over in May of the next year. Severance is the first hospital to be opened in Korea and is now the largest and the only one that has a medical college connected with it. To Miss Esther Shields is due the credit for starting the training school and carrying it on mostly alone for the first hard pioneer years. The first nurse graduated in 1910, and we now have 75 graduates of the school. Practically all the actual nursing is now done by the Korean nurses, supervised by the foreign nurses.

I will introduce the staff of foreign nurses to you. First there is Miss Shields who is not overly strong after her remarkably long service, and she is now in the out-patient department where she supervises the work of the student nurses and does some social service among the many poor and destitute who come there every day. Then there is Miss Mabel Young of the United Church of Canada who is now Superintendent of nurses. She is from Pennsylvania and is a very hard and sincere worker. This is a union hospital of six missions, two Methodist and four Presbyterian, and if they all gave us the workers we need to have, there would be plenty of nurses, but since they are not all doing this, the hospital has had to engage a contract worker, so we have Miss Emily Standen from England. She is younger than the rest of us and keeps things lively for us all. She is in charge of the Isolation ward. My work has always been particularly the training school, though I was Superintendent also before my furlough in 1926. I asked to have just the school on my return and I am glad that my request has been granted, for this alone is enough for one person,and when one is teaching it is certainly annoying to have interruptions all the time.

The school for nurses has been growing steadily until now we are the proud possessors of 49 fine Christian nurses in training. We got our girls from the mission schools and this spring's class is very fine. They have all finished two years of the high school which is considered not a bad education for a woman. Until this spring, when we took in a class of 26, I have taught in the Korean language, all of the practical nursing myself and was very fortunate in getting just the one I wanted for my assistant. She is a graduate of two years ago who was always a fine leader in training, and who now has two years of Bible study to make her more valuable. She is a great help to me and teaches the theory of nursing which is a very hard subject, though I have done it myself.

The Korean nurses are dears and it is a pleasure to teach them and be closely associated with them. They make good nurses though they need careful watching for they do not always see the underlying reason for many of the things they do and are apt to get careless. This is a very critical time in the life of the Korean people for they are breaking away fast from the old customs, and are trying to be just like the women of western lands in one big jump. They do not want too much advice either, and it is one of our problems to guide them so tactfully that they will not realize it is being done. Young girls arc exposed to so many temptations and know so little about meeting them. Just recently I have been especially alarmed over the letters that are written to the girls from men who have had motives in so doing. I tremble for the girls who are in dormitories that are not under Christian influence. I have a fine counsellor in one of the Korean doctors. He gives very good advice to the girls and they take it from him when they would not from me. Will you not ask the ladies to pray for the guidance of the young women of Korea and especially for our own girls and that I may have the wisdom and tact necessary for my part in this?

I feel it to be a very heavy responsibility though I am relying on God for the help I so much need. I am surprised that we have so little trouble with the nurses and male patients and the doctors, as our nurses are more closely associated with the opposite sex than they are in any other school.

We have just had a sorrow in the school in the loss of one of our pupil nurses. She picked up an infection in the wards and never recovered from it. I am glad to say that, though the other nurses must have felt it more keenly than we do, no one who attended the sweet and dignified funeral service, entirely under the charge of the school, could say that they mourned as those who have no hope. Instead there was a joyful note of hope and triumph which is in such striking contrast to the weird wailings and goings on of the unbelieving. One of the nurses sang a sweet hymn of comfort for the lonely mother,and at the grave her own classmates sang. The whole school is joining in buying the tombstone. When anyone speaks of the one who is gone it is indeed as if she has just gone on ahead and that they will soon be meeting her.

Sincerely yours,
Edna M. Lawrence.

1928년 평양에서 개최된 미국 북장로교회 한국 선교부의
제44차 연례회의 회의록 및 보고서 (1928년 6월 26일), 30쪽

여자 회의

여자 회의는 6월 26일 화요일 3시에 회장인 S. L. 로버츠 부인에 의해 소집되었다.

(......)

A. A. 피터스 부인은 다음 해의 회장으로, 에드너 로렌스 양은 서기로 선출되었다.

(중략)

Minutes and Reports. 44th Annual Meeting of the Chosen Mission, Presbyterian Church in the U. S. A., 1928, Held at Pyengyang (June 22nd to June 28th, 1928), p. 30

Women's Conference

The Woman's Conference was called to order Tuesday, June 26th at three o'clock by Mrs. S. L. Roberts, the Chairman.

(......)

Mrs. A. A. Pieters was elected chairman and Miss Edna Lawrence Secretary for the ensuing year.

(Omitted)

에드너 M. 로렌스(서울),
연례 개인 보고서, 1928년 (1928년 7월 26일 접수)

브라운 박사, 접수
1928년 7월 26일
답신 _____   연례 개인 보고서, 1928년

　　지난 1년을 되돌아보면 그 어느 때보다 빠르게 지나간 것 같고, 다시 1년 이라는 시간이 흘렀다는 사실이 믿기지 않습니다. 양성소만 담당하고 병원에 가지 않아도 되어 너무 기뻤지만, 그것은 나에게 적응의 시간을 의미하였고, 그런 일이 지나고 지금은 그 어느 때보다 업무를 즐기고 있습니다. 그 이유 중 하나는 적어도 내가 일하는 시간만큼은 그 일을 제대로 할 수 있고, 이 지 붕 아래에서 무슨 일이 벌어지고 있는지 잘 알고 있다고 느낄 수 있기 때문입 니다. 나는 경험을 통하여 학교가 한 사람이 하기에 충분한 업무라는 것을 알 고 있는데, 심지어 나는 교실과 병동에 매우 자주 같은 시간에 있어야 하며 이것은 내가 학교에서 한 과목을 가르치는 동안 병동의 간호사들을 도울 다른 외국인 간호사가 나에게 절실히 필요하다는 것을 나타냅니다.

　　병원에서 일을 시작한 지 7년이 됩니다. 이 기간 동안 나는 간호법의 유일 한 교사이었으며 잘 또는 적절하게 수행되지는 않았지만, 전체 학생의 술기 및 전반적인 분위기가 매년 점진적으로 향상되는 것을 볼 수 있습니다. 어느 해에 내 구호가 '목욕이 아니면 파멸'이었던 것으로 기억하는데, 그 당시보다 목표에 더 가까워지지 않은 것 같습니다. 나는 한국인들이 물 사용에 대한 낡 은 생각을 바꾸려면 몇 년 이상의 시간이 걸릴 것이라는 결론에 도달하였습니 다. 이 진보한 시대에도 나는 한국인 의사, 환자 보호자, 그리고 환자 자신과 싸워야 하며, 전투에서 승리한 후에 이 특별한 시간에 이것을 줄 수 있는 간 호사를 찾고 있습니다. 그들은 수업이 너무 많아서 비번이거나 수업 중인 것 같습니다.

　　우리가 간호사를 선발해야 했던 학생들을 생각해보면 큰 발전을 볼 수 있 었고, 매년 더 나은 여학생들이 지원하고 있습니다. 우리가 최고의 소녀들을 더 많이 가지지 못하는 이유는 아직 한국인들이 직업으로 간호를 선택하는 경 우가 많지 않기 때문이 아니라 다른 기회가 없기 때문입니다. 많은 한국인들 이 불쾌한 업무와 그에 따를 천한 일 때문에 오히려 그것을 업신여기고 있으며, 소수의 보수적인 부모와 교장들이 우리에게 학생들을 보내는 것을 주저하고 있습니다. 나는 이 직업이 남자와 여자를 밀접하게 접촉시키고, 여자를 권위와 통솔의 위치로 밀어 넣는 직업이기 때문에 실패율이 예상할 수 있는 것만큼 크다고 확신하고 있습니다. 나는 병동의 우리 간호사들이 상냥하고 품위 있는 전문직인 것을 보면서 한국 여자들이 과연 세계에서 자신의 위치를 차지할 수 있을지 궁금해하고 있습니다.

현재 학생 수는 50명입니다. 7년 전의 17명과 여러 면에서 얼마나 대조적입니까? 우리 학생들은 교육을 거의 받지 못하였고 그들의 부름에 대한 기회와 특권에 대하여 깨어 있지 않았기 때문에 우리가 잘 교육받은 소녀들을 끌어들일 수 없다는 것은 놀라운 일이 아닙니다.

교육을 잘 받은 세련된 소녀들이 지금 우리에게 오고 있으며, 많은 경우 그들이 배울 자격이 있을 때 이것을 선택하는 것을 보는 것은 좋은 일입니다. 그들은 자신의 직업과 병원의 역사에 관심이 있고 이에 대하여 가르쳐달라고 요청합니다. 나는 모든 간호사들이 학교에 대하여 건전한 자부심을 갖고 있는 것 같다는 것을 알게 되었고, 이제 우리는 '우리 병원', '우리 학생들', 우리 '졸업생들'에 대하여 듣게 되었습니다. 나는 이것이 고무적인 신호라고 생각합니다. 첫해는 평양에서 간호협회 모임이 있다는 소식을 듣고 몹시 기뻤고, 그들의 고향에서 온 간호사가 참석한다는 소식을 듣고 매우 기뻤습니다. 그들은 또한 협회의 부회장, 총무 및 재무가 우리 졸업생이라는 사실을 알고 기뻐했습니다.

이것은 업무에 대한 세부 사항이 제공되지 않는 한 적절한 연례 보고서처럼 보이지 않습니다. 작년 5월에 돌아와서 얼마 지나지 않아 나는 다시 일을 시작하였고, 매 학기마다 가르치는 시간이 늘어나 이번 학기에 일주일에 18시간을 간호법에 사용하고 일부는 간호의 다른 측면에 사용합니다. 나는 식사를 제외한 학생 기숙사의 모든 책임을 지고 있습니다. 나는 그곳에서 가능한 한 많은 시간을 보내고 소녀들과 친해지려고 노력하고 있습니다. 나는 근무 외 시간에는 정기적으로 참석하려고 노력하지만 남대문 교회에서 대단히 활동적인 역할을 할 수는 없습니다. 나는 소다 씨의 고아원을 방문하여 아이들의 식습관에 대하여 조언도 해주고, 아이들에게 약간의 위생 교육도 하면서 올 겨울을 기분 좋게 시작하였습니다. 한국인 책임자가 나에게 교회 문제에 대하여 한쪽 편을 들게 하고, 내가 그 일과 아무 관련이 없다고 말했음에도 불구하고 아이들과 함께 시간을 내어 그 문제에 대하여 이야기하도록 하려고 할 때까지는 모든 것이 순조롭게 진행되었습니다. 나는 이런 다른 것들에 대하여 이야기하는 데 시간을 낭비하는 것 같아서 그만두었고 다시는 다루지 않았습니다.

우리의 정규 간호사 중 4명이 최근 결혼하였습니다. 그것(결혼)은 일상적인 전염병이 되었으며, 우리는 겉보기에 건강하고 영향을 받지 않은 상태에서 질병의 증상을 항상 감시하고 있습니다. 아직까지 이를 예방할 수 있는 백신이나 항독소가 발견되지 않아 자연면역이 있는 것처럼 보였던 사람들조차 굴복하고 있는 실정입니다. 나는 소녀들이 결혼해서 신접살림을 시작하는 모습이 늘 반갑지만, 한꺼번에 너무 많을 때 대단히 힘듭니다.

학생 수가 늘어나면서 정규 간호사들을 별도의 기숙사로 옮길 필요가 있는 것으로 판단되었는데, 그래서 그들은 현재 학교 정문 바로 안쪽에 있는 한옥에서 지내고 있습니다. 그들은 한국식 기숙사로 돌아가기 싫어하였고, 처음에는 꽤 소란을 피웠지만, 지금은 그곳에 있기 때문에 학생 규칙과 외국인 간호사의 감시 아래 있을 때보다 훨씬 더 좋아하는 것 같습니다. 이제 그들은 더 많은 자유를 얻었으며 정규 간호사 규정을 따릅니다. 이러한 변화는 병동에서의 훈육을 불가능하게 만드는 졸업생들과 학생들에게 너무 친숙한 규정이었기 때문에 학교 전체에 그렇게 하는 것이 훨씬 더 좋습니다.

간호 위원회는 6차례의 정기회의와 수차례의 특별회의를 가졌습니다. 나는 여러분이 그러한 위원회를 갖고 있다는 것과 특히 징계 문제에 있어서는 여러분이 자신의 판단에 따라 행동하지 않는다는 것을 아는 것이 현명하고 위안이 되는 일이기 때문에 이러한 조치를 취하게 되어 매우 기쁩니다. 몇 가지 중요한 변화가 있었는데, 그중 하나는 신입생들이 학교에 입학할 때부터 일반적인 파란색이며, 턱받이가 없는 흰색 앞치마, 매끄러운 깃 및 모자가 없는 견습생 복장을 입어야 한다는 것입니다. 1학년은 이것을 매우 좋아했던 것 같습니다. 지금은 누가 간호사이고 누가 병동 잡역부인지 등을 알 수 있으며, 누가 누구인지 알 수 있다는 점은 환자에게도 이점이 되기에 1학년 학생들은 이것을 매우 좋아했던 것 같습니다. 또한 그들은 학교 제복을 입고 있다는 사실을 깨닫고 병동에서도 더욱 당당하게 행동합니다. 지난 가을 1학년의 한 학생은 자신이 간호를 좋아하지 않고 간호사가 되고 싶지도 않았기 때문에 교사직을 맡기 위해 북쪽으로 떠나겠다고 말하였습니다. 물론 우리는 그녀를 가게 하는 것 외에는 아무것도 할 수 없었습니다. 약 한 달 후 그녀는 목사에 의해 돌아왔고, 그녀의 친구들은 그녀를 어떻게 해야 할지 몰랐기 때문에 우리에게 그녀를 다시 학교로 데려가라고 권유하였지만, 그녀는 스스로 떠났고 좋은 간호사는 아니었으며 그녀가 그것을 싫어하면 결코 좋은 결과를 얻지 못할 것이라는 것을 우리는 알았기 때문에 우리는 이를 거부해야만 했습니다. 그녀는 현재 마을의 다른 학교에 있습니다. 그녀가 특히 간호를 싫어하는 경우, 결코 성공하지 못할 것이고 항상 문제가 될 것이기 때문에 간호 과정을 받도록 과도하게 설득하는 것은 좋은 일이 아닙니다. 이와는 대조적으로 같은 학교의 다른 학생이 다른 신입생을 모두 받은 후에 사무실로 와서 그냥 받아달라고 애원하였습니다. 기숙사는 이미 사람들로 가득 차 있어서 나는 처음에는 그녀를 고려하기를 거절하였지만, 그녀의 태도와 솔직함이 너무 마음에 들어 결국 우리는 그녀를 받아들이기로 결정하였습니다. 얼마 지나지 않아 기독교 여자 청년회가 신입생들에게 환영회를 열었을 때 그녀는 반응을 보였고 너무도 잘해 참석한 보수적인 의사 한 명이 "그녀는 멋진 사람이다"라고 말하였습니다. 내가 그녀를 지켜본 바에 따르면 그녀는 다른 좋은 점들 중에서 경제에 대한 진정한 감각과 욕구를 갖고 있으며, 다른 이유 없이 이 한 가지 점이 그녀의 진정한 가치입니다.

학교의 분위기는 무엇이라고 정의하기 힘든데, 이곳에 항상 있는 우리들은 소란을 피우던 몇몇 사람들이 떠나가면서 기숙사에서 미묘한 변화를 느끼고 있습니다. 소녀들은 모두 사감을 좋아하며, 그녀도 예전보다 더 친절하고 인내심이 있다는 점에서 변하였습니다. 음식에 대한 불만이 적습니다. 저녁 공부 시간은 실제로 모든 사람이 공부하고 모두에게 유익을 주는 시간입니다. 나는 우리 교수진이 매우 행운아라고 생각합니다. 가장 바쁜 의사들 중 일부는 자신의 시간과 원기를 쏟고 있으며, 그들도 병원이 만족스럽게 운영되기 위해서는 간호사가 필요하다는 것과 간호사들에게 강의하는 데 주어진 시간이 병동에서 더 나은 업무로 보답된다는 것을 알고 있다고 생각합니다. 외국인 교수진은 D. B. 에비슨 박사, 마틴 박사, 파운드 박사 및 영어를 담당하는 D. B. 에비슨 부인과 4명의 외국인 간호사입니다. 2년 전 졸업한 김온순이 상임 교수진으로 크게 추가되었는데, 그녀는 실용 간호학에서 나의 조교이며, 기숙사에 거주하며 그곳에서도 유용하게 일하고 있습니다. 그녀는 진정한 그리스도인 젊은 여자이며, 게다가 훌륭한 연설가이자 훌륭한 지도자이기도 합니다.

우리의 집은 행복과 만족 그리고 많은 친구들의 축복을 받았습니다. 우리는 우리의 업무를 떠날 수 없어 많은 사교 활동을 놓쳤지만, 우리는 집에서 놀이를 즐겼고, 그리하여 최소한 우리 주변의 아프고 고통받는 사람들을 잠시나마 잊었습니다.

동양이 빠르게 움직이고 우리 생각대로 움직일 것이라고 기대하는 사람은 실망하게 마련이며, 때로는 우리가 전혀 진전을 이루지 못하는 것처럼 보이지만 여러분들이 지난 몇 년을 되돌아보면 확실히 무엇인가 고무적인 징후를 알게 되고 실제로 어느 정도 진전이 있었음을 확인할 것입니다. 업무에는 많은 문제와 고된 측면이 있지만, 모든 것이 순조롭게 진행되고 아무런 문제나 어려움이 없는 것보다 이 방식이 훨씬 더 흥미롭습니다. 나는 내 자신의 한계를 알고 있지만, 끝까지 나와 함께하겠다고 약속하신 분은 한계가 없으시며 결코 졸지도 주무시지도 않으신다는 것도 압니다. 그래서 이 소중한 약속이 귓가에 맴돌면서 나는 앞을 내다보고 "내가 있는 곳에서 내가 할 수 있는 최선을 다한다"는 표어를 내걸었습니다.

삼가 제출합니다.
에드너 M. 로렌스

Edna M. Lawrence (Seoul), Annual Personal Report, 1928 (Rec'd July 26th, 1928)

Dr. Brown, Rec'd
JUL 26 1925
Ans'd _____

Annual Personal Report, 1928

When I look back over the past year it seems that it has gone faster than any other and it is hard to believe that I have been back a year. Although I was very glad that I was to have the training school only and be relieved of the hospital yet it meant quite a period of adjustment for me and now that that is past I am enjoying my work more than I ever have before. One reason for this is that I feel that I can doing justice to the work at least in the time I am spending at it and can feel that I know pretty well what is going on under this roof. I know from experience that the school is a full assignment for one person and even so I need to be in the classroom and the wards at the same hour very often and this indicates to me the very great need of another foreign nurse who can help the nurses on the wards while I am teaching one division in the school.

It is just seven years since I first took up my work in the hospital. During this time I have been the only teacher in nursing procedure and though it has not been well or adequately done yet I can see the gradual yearly improvement in the technic and the general tone of the whole student body. I remember that one year my slogan was "Baths or bust" and I seem no nearer the goal than at that time. I have come to the conclusion that it will take more than a few years time to ever make the Koreans change their old ideas about the use of water. Even in this enlightened age I have the Korean doctors, patients friends and the patient himself to fight and after the battle is won to find a nurse who can give it at this particular time. They have so many classes that it seems that they are either off duty or at class.

As I think of the kind of students we had to select our nurses from I can see a great improvement and every year there is a better class of girls applying. The reason that we do not have more of the best girls is that as yet the Koreans do not often choose nursing as a profession but because there is no other opening. Because of the many unpleasant duties and the menial tasks connected with it many Koreans rather look down on it and because of the few who have not turned out well conservative parents and principals have hesitated to send us their students. I am sure that since this is a profession that throw men and women in such close contact and that pushes women into positions of authority and leadership that the failures are in even as great proportion as might be expected. As I see our nurses on the wards sweet dignified professional I wonder that Korean women can so or editable take their position in the world.

The present student body numbers 50. What a contrast in more ways than one to the 17 we had seven years ago. It was not to be wondered at that we could not attract the well educated girls for our students had very little education and were not themselves awake to the opportunities and privileges of their calling. It is good to see the well educated refined girls we have coming to us now and in a number of cases choosing this when they are qualified to teach. They are interested in the history of their profession and their hospital and ask to be taught about them. I have noticed that all the nurses seem to have developed a healthy pride in their school and now we hear about "our hospital" "our students" our "graduates." I take these to be encouraging signs. The first year could hardly wait to be tolt about the meeting of the Nurses Association in Pyeng Yang and were very pleased to know that the nurse from their home town was present. They were also glad to know that the vice-president the secretary and treasurer of the association are our own graduates.

This would not seem like a proper annual report unless some details of the work were given. Coming back in May last year I was not long in getting back into the work again and every term the number of hours of teaching increased until this term I have 18 hours a week some of these in procedures and some in other phases of nursing. I have entire charge of the student dormitory except the food. I try to spend as much time there as possible and really get acquainted with the girls. I am never able to take a very active part in the South Gate church though I try to attend regularly when off duty. I made a good start inst winter in visiting Mr. Soda's orphanage and giving advise regarding the diet of the children, and teaching a little hygiene to the children. All want nicely until the Korean director tried to make me take sides in the church troubles and even out down my time with the children to talk about it even though I had told him I could have nothing to do with it. It seemed to me that I was wasting my time talking about these other things so I stopped going and have not taken it up again.

Four of our graduate nurses have gotten married recently. It has been come a regular epidemic and we are always on the look-out for symptoms of the disease in the apparently well and unaffected. There isn't a vaccine or antitoxin found yet for its prevention and even those who seemed to have had natural immunity are succumbing. I am always glad to see the girls get married and start model homes but it is very difficult when so many go at one time.

With the increased student body it has been found necessary to moved the graduate nurses into a separate dormitory so they are now in a Korean house just inside the main gate of the institution. They didn't want to leave to go back to a Korean style dormitory and made quite a fuss at first but I think now that they are down there they really like it better than when they were under student rules and also under the eye of the foreign nurses. They now have more freedom granted them and are under graduate nurse rules. It is much better for the whole school that this change has been made for the graduates and pupils were on far too familiar terms which made discipline on the wards an impossibility.

The nursing committee has had six regular meetings and several special meetings. I am very glad that we have this arrangement for it is both a wise and a comforting thing to know that you have such a committee back of you and that especially in matters of discipline that you are not acting on your own judgement. There has been several important changes made, one is that the new students are to be in probation uniform from the time they enter the school this uniform to consist of the regular blue dress, white apron without a bib, a soft collar and no cap. The first year seem to have liked this very much for now you can tell who is nurse and who ward-maid etc. and it is also an advantage to the patients as they no who is who. They also act more dignified on the wards as they realize that they are in the school uniform. One first year student last fall told us that she didn't like nursing and never had wanted to be a nurse so she was leaving to take a teaching position in the north. Of course we couldn't do anything but let her go. About a month later she was returned by a pastor and then because her friends did not know what to do with her they urged us to take her back in the school which we had to refuse to do as she had left on her own accord and was not a good nurse and we knew that if she disliked it that she would never make good. She is now in another school in town. It is not a good thing to ever over persuade a girl to take up nursing especially if she dislikes it for she will never make a success of it and will be a problem all the time. In contrast with this a girl another student from the same school came to the office after all the others new students had been received and just begged to be taken in. The dormitory was already over crowded and at first I refused to consider her but there was something that I liked so well about her, her manner and frankness, that at last we decided to take her in. Not long after when the Y. W. gave the reception to the new students she gave the response and did it so well that one of our conservative doctors present said "She is a peach" I have watched her she seems among other good points to have a real sense and desire for economy and for this one thing if for no other reason she is a real asset.

Atmosphere of a school is a hard thing to define and yet those of us who are here all the time notice a subtle change in the dormitory since the few who were making a disturbance have left. The girls all see to like the matron and she is changed too in that a she is more kind and patient than she used to be. There are fewer complaints about the food. The evening study hour is really a time of study and profit to all. I feel that we are very fortunate in our faculty. Some of the very busiest of the doctors are giving of their time and strength and I think they too realize that the nurses are necessary to the satisfactory running of the hospital and that the time given to lectures to the nurses is repaid in better service in the wards. The foreign members are Dr. D. B. Avison, Dr. Martin, Dr. Found of the doctors and Mrs. D. B. Avison for English and the four foreign nurses. A great addition has been made to the permanent teaching faculty in Kim On Soon a graduate of two years ago who is my assistant in practical nursing and is also living in the dormitory and making herself useful there as well. She is a real Christian young woman and besides is a fine speaker and a good leader.

Our home has been blessed with happiness and contentment and many friends. Though we have had to miss many social functions because of not being able to leave our work yet we have enjoyed games in the home and have thus for a little space at least forgotten the sick and suffering ones around us.

Anyone who expects the East to move fast and to move along our lines of thought is due to disappointment and though sometimes it seems that we are making no progress at all yet if you look back over the last few years you are sure to see some very encouraging signs and see that there realy has been some progress made. There are many problems and trying aspects of the work and yet it is far more interesting this way than if everything was coming our way and there were no problems and difficulties. I know my own limitations but I also know that the one who has promised to be with me to the end has no limitations and that He never slumbers or sleeps. So with these precious promised ringing in my ears I am taking the forward look and have taken for my slogan "I does the best I can with what I has, in the place I is".

Respectfully submitted,
Edna M. Lawrence.

그림 23. 1928년도 졸업생과 수간호사들.

19280000

에드너 M. 로렌스 (1928년경)

이 름:	로렌스, 에드너 메이
출 생:	1894년; 캐나다 위니펙
교 육:	캐나다 온타리오 주 채피의 채피 고등학교, 1914년
	캘리포니아 주 포모나, 포모나 밸리 병원, 간호부양성소, 1917년
경 험:	거의 2년 동안 개인 간호; 1년 동안 프랑스에서 적십자 간호;
	3개월 동안 병원 근무, 기독교 면려회 및 교회 활동
출석 교회:	캐나다 온타리오 주 웨스트민스터 장로교회
집 주소:	캐나다 온타리오 주
임 명:	1920년 5월 17일 임명되고 한국 (조선) 선교부로 배정됨

캐나다에서 태어나 귀화한 미국 시민권자인 에드너 메이 로렌스는 충실한 기독교인이며, 전시(戰時)에 이 나라와 프랑스 적십자사에서 간호사로서 헌신적이고 비이기적인 봉사를 하였다. 그녀는 "저는 그리스도에 대한 저의 사랑을 저의 일에 쏟았고 제가 할 수 있는 최선을 다하였습니다."라고 말하였다. 그녀는 어린 시절부터 세상에서 쓸모 있게 쓰이기를 바랐고, 그녀의 구세주를 섬기기를 갈망하였다. 그녀는 고등학교 때 기독교 면려회의 지도자이었으며, 교회의 다른 활동을 도왔다.

로렌스 양은 평생 삶의 봉사로 간호를 선택하였다. 그녀는 처음부터 지혜를 얻기 위하여 그녀의 하나님 아버지에게 매시간 의존하였다. 그녀는 그녀의 친절과 기꺼이 하려는 정신 때문에 그녀의 환자들에게 사랑받는 그녀의 직업에서 가장 유용한 사람이 되었다. 그녀의 믿음직함과 의무에 대한 성실한 관심 때문에 의사들에게 인기가 있다.

전쟁의 요청은 로렌스 양을 적십자 자원 봉사자로 프랑스로 데려갔다. 그곳의 가장 어려운 상황에서 그녀의 경험은 용기와 적응력을 보여주었다. 프랑스에서 돌아온 지 1년 이내인 1920년 3월 15일, 로렌스 양은 하나님께서 그녀를 해외 선교지로 부르셨다고 믿고 우리 선교본부에 지원하였다. 그녀는 "저에게 유일하게 만족스러운 삶은 봉사하는 삶이다"라고 썼다. 5월 17일 그녀는 임명되었고, 한국(조선) 선교부로 배정되었다.

로렌스 양은 한국에서 한 달 동안 어학 학습을 마치고 서울에 있는 세브란스 병원에 자리를 잡고 많은 한국 간호사들을 훈련시켰다. 나중에 간호원장이 안식년을 가지는 동안 복잡한 세부 업무를 포함한 병원 관리가 그녀의 임무에 추가되었다. 간호사들과 함께 하는 기도와 환자들과 함께 부르는 노래도 그녀의 바쁜 나날의 일부이었다.

1928년 안식년에서 돌아온 로렌스 양은 귀찮은 일에서 인내와 지혜로 새로운 소명을 찾는 간호사 교육을 다시 시작하였다.

많은 유혹에 노출된 한국인 소녀들에 대하여 그녀는 사람들이 오래된 관습의 보호에서 벗어나고 있기 때문에 "내가 절실히 필요로 하는 도움을 위하여 하나님을 의지하고 있지만 매우 무거운 책임을 느끼고 있습니다."라고 썼다.

Edna M. Lawrence (ca. 1928)

Name:	Lawerence, Edna May
Born:	1894; Winnipeg, Canada
Education:	Was graduate from Chaffey High School, Chaffey, Ontario, Canada, 1914
	" " " Training School, Pomona Valley Hospital, Pomona, Ca., 1917
Experiences:	Private Nursing, nearly two years; Red Cross nursing in France, one year; hospital service, three months, Christian Endeavor and church work.
Church Connection:	Westminster Presbyterian Church, Ontario., Canada.
Home Address:	Ontario., Canada
Appointment:	Appointed and assigned to Korea(Chosen) Mission, May 5, 1920 [sic]

A naturalized American citizen., born in Canada, Edna May Lawrence is a staunch Christian who has given devoted, unselfish service as a nurse in this country and under the Red Cross in France, in time of war. She has said, "I put my love of Christ into my work and did it the very best I could." From childhood she longed to be of use in the world and to serve her Saviour. While in high school, she was a leader of Christian Endeavor and helped in other activities in the church.

Miss Lawrence chose nursing; as her form of life service and from the first, she depended hourly upon her Heavenly Father for wisdom. She became most efficient in her profession, loved by her patients because of her kindness and willing spirit; a favorite with the physicians because of her dependableness and conscientious attention to duty.

The call of war took Miss Lawrence to France as a Red Cross volunteer. Her experiences there, under most trying circumstances, revealed her courage and adaptability; within a year from her return from France on March 15, 1920, Miss Lawrence applied to our Board, believing that God had called her to our foreign mission field. She wrote: "The only satisfying life to me is one of service." On the following May 17, she was appointed and assigned to the Korea(Chosen) Mission.

In Korea Miss Lawrence, after her month of Language study, took her place in Severance Hospital, at Seoul, training a large body of Korean nurses. Later, during the furlough of the superintendent, the care of the hospital with all its perplexing details, was added to her duties. Prayers with the nurses and singing with the patients, were also a part of her crowded days.

On returning from furlough in 1928., Miss Lawrence resumed the care of the nurses' training finding new calls for patience and wisdom, in the problems.

Of the Korean girls, exposed to many temptations, as the people are breaking away from the safeguard of old customs, she wrote: "I feel it to be a very heavy responsibility though I am relying on God for the help I so much need."

에드너 M. 로렌스(서울), 사역 연금 계획 참여 동의서
(미국 북장로교회 연금부) (1929년 2월 23일)

미국 북장로교회 연금부
사역 연금 계획 참여 동의서

1. 이름   에드너 M. 로렌스
2. 주소   한국 서울
3. 현재의 직급(목사, 전도사, 교사, 선교사, 비서 등을 언급하시오)   선교사
4. 참여하고 있는 교회, 선교본부, 혹은 조직의 이름을 적으시오.   미국 북장로
   교회 해외선교본부
5. 귀하의 출생일을 적으시오.   1894년 3월 27일
6. 소속 노회   캘리포니아 주 리버사이드
7. 현재의 급여는?   선교본부가 한국 선교부에 주는 지불에 근거한 급여
   사택이 제공되는가?   예
8. 귀하에게 급여를 지급하는 교회나 다른 기관이 새로운 계획에 참여하기로
   동의하였습니까?   예
   그렇지 않은 경우, 그러한 조치를 취하기 위하여 서신을 보내는 것이 가장
   좋은 사람의 이름과 주소를 적으시오.

1927년 4월 1일 기준으로 65세 미만인 경우 작성합니다.

나는 내가 65세가 될 때까지 나에게 지급된 총 급여의 2½%를 매년, 월별
로 또는 분기별로 선불로 선교본부에 지불함으로써 사역 연금 계획에 참여할
것을 동의합니다.

날짜   1929년 2월 23일   에드너 M. 로렌스
                                                    서명

북장로교회　　　　　　　　　　총 회 ＿＿＿＿＿＿

해외선교본부　　　　　　　　　노 회 ＿＿＿＿＿＿

사역 연금 계획　　　　　　　　교 회 ＿＿＿＿＿＿

회원 가입에 필요한 기본 정보.

1. 이름 ＿에드너 M. 로렌스＿

2. 현재 목회 직급(목사, 교사, 선교사, 전도사, 비서 혹은 다른 직급인지를 언
   급하시오.) ＿해외 선교사＿

월	일	연도	이 난은 적지 마시오
3	27	1894	
8	26	1920	해외 선교 본부 목록 1-7-35

3. 생일을 적으시오.

4. 부인의 생일을 적으시오.

5. 결혼일을 적으시오.

6. 출항일을 적으시오.

7. 다른 교회에서 임명된 경우, 교회와
   이적일을 적으시오.

8. 살아있는 자녀를 성별에 따라 아들(s)과
   딸(d)로 표시하고 출생일을 적으시오.

9. 현재 귀하의 현금 연봉은 얼마입니까? ＿선교본부가 한국 선교부로 지급하
   는 것에 근거한 급여＿

10. 귀하에게 사택이 제공되고 있습니까? ＿예＿

11. 결혼 상태를 x로 표시하시오. 독신 (x) 기혼 ( ) 홀아비 ( )

12. 귀하는 지금 부양과의 회원입니까? ＿아니오＿

13. 귀하는 지금 구호과의 수혜자입니까? ＿아니오＿

14. 비고: ＿＿＿＿＿＿＿＿

　　귀하의 사역 기록이 현재까지 완비될 수 있도록 가능한 빠른 날짜에 작성
하여 동봉된 우표가 붙은 봉투에 넣어 반송해 주세요.

실제 기록지
번호 ＿O-6645＿

헨리 B. 매스터, 총무,

위더스푼 빌딩 912,

펜실베이니아 주 필라델피아

(모든 정보는 대외비로 간주된 것이다.)

1927년 4월 1일 이전의 사역 기록

(만일 공간이 부족할 경우, 완전한 자료를 보여주는 추가 양식을 첨부할 것)

중요 사항:

a. 4월 1일부터 3월 31일까지의 회계연도의 목회 활동 및 급여 기록을 제출하시오. 해당 연도가 끝나는 달력 연도를 표시하시오. 즉, (1926년) 4월 1일부터 1927년 3월 31일까지의 회계연도는 1927로 적으시오. 최근 사역 연도를 먼저 표시하시오.

b. 목회 사역과 급여에 대하여 정확하게 적으시오. 어쨌든 사택이 제공되면 현금 급여에 15%를 추가하시오.

c. 선교본부 사무실에 기록된 대로 1927년 4월 1일 이전에 제공한 사역에 대해서만 선교본부에서 인정할 수 있습니다. 그러므로 가능한 가장 완전한 정보를 제공하는 것이 매우 중요합니다.

d. 1927년 4월 1일 이후에 제공된 사역에 대한 인정은 신규 사역 연금 제도 운영에 포함되므로 이곳에 표시할 필요는 없습니다.

회계연도, 4월 1일 부터 3월 31일까지	직급(목사, 교사 등)	장 소	사택을 위한 15%를 포함한 급여
1927년	선교사	한국 서울	선교본부가 한국
1926년	"	" "	선교부로 지불하는
1925년	"	" "	것에 근거한 급여
1924년	"	" "	
1923년	"	" "	
1922년	"	" "	
1921년 9월부터	"	" "	
1920년			

미국 북장로교회에 대한 총 사역, 8 년 5 개월

날짜 1929년 2월 23일   **서명** 에드너 M. 로렌스

　　　　　　　　　　　　　　　주소 한국 서울

Edna M. Lawrence (Seoul), Agreement to Participate in Service Pension Plan (The Board of Pensions of the PCUSA) (Feb. 23rd, 1929)

The Board of Pensions of the
Presbyterian Church in the U. S. A.
Agreement to Participate in Service Pension Plan

1. **Name** Edna M. Lawrence

2. **Address** Seoul, Korea

3. **Present official position (state whether pastor, evangelist, teacher, missionary, secretary, etc.)** Missionary

4. **Give name of Church, Board, or Organization served** Board of Foreign Missions, Presbyterian Church U. S. A.

5. **Give your date of birth** March 27, 1894

6. **Member of Presbytery of** Riverside, California

7. **What is your present salary?** Salary on basis of Foreign Boards payment to Chosen Mission **Is Manse furnished?** Yes

8. **Has the Church or other body which pays you your salary agreed to participate in the new plan?** Yes
   If not, give name and address of the person to whom it is best to write to get such action

To be Filled in if Under 65 Years of Age as of April 1, 1927.

I hereby agree to participate in the Service Pension Plan, by paying to the Board each year, in monthly or quarterly instalments in advance, 2½% of the total salary paid me until I reach age 65.

Date Feb. 23, 1929

Edna M. Lawrence

Signature

The Board of Pensions

of the Presbyterian Church in the U. S. A.

Service Pension Plan.

Synod _____

Presbytery _____

Church _____

Information needed as basis of Membership.

1. **Name** ___Edna M. Lawrence___

2. **Present ministerial position (state whether pastor, teacher, missionary, evangelist, secretary or other position.)** ___Foreign Missionary___

	Month	Day	Year	Do not Write in This Space
3. Give the date of your birth	March	27	1894	
4. Give the date of your wife's birth				
5. Give the date of your marriage				
6. Give the date of your sailing	8	26	1920	F. M. List 1-7-35
7. If ordained in another Church, state Church, and give date of transfer				

8. **Give the date of birth of your living children, indicated sex – son (s) daughter (d)**

9. **What is your present cash salary on a yearly basis?** ___Salary on basis of Foreign Boards payment to Chosen Mission___

10. **In a Manse furnished you?** ___Yes___

11. **Indicate by a cross (x) marital conditions.** Single (x) Married ( ) Widower ( )

12. **Are you now a member of the Sustentation Department?** ___No___

13. **Are you now a beneficiary of the Relief Department?** ___No___

14. **Remarks:** _____

Please fill out and return in the enclosed stamped addressed envelope at the earliest possible date so your serve record will be complete to date.

> **Actual Card**
> No. ___O-6645___

Henry B. Master, General Secretary,

912 Witherspoon Building,

Philadelphia, Pa.

(All information will be considered confidential.)   (Over)

Record of Ministerial Service Prior to April 1, 1927

(If space is not sufficient, attach an additional form showing complete data)

Important:

a. Give record of ministerial service and salary by fiscal year - April 1st to March 31st. Indicate calendar year in which the year ends, that is, enter service for the fiscal year - April 1st to March 31st, 1927 - as 1927. Show lastest years of service first.

b. Give exact record of ministerial service and salary. In any case, where a manse was furnished you, add 15% to the cash salary

c. Credit can be given by the Board for only such service rendered rior to April 1st, 1927, as is on file in the office of the Board. It is very important therefore, that you furnish the most complete information possible.

d. Credit for service rendered after April 1st, 1927, will count under the operation of the New Service Pension Plan, and need not be shown here.

Fiscal Year, April 1st. to March 31st	Position (pastor, teacher, etc.)	Location	Salary Basis including 15% for Manse, if any
1927	Missionary	Seoul, Korea	Salary on basis of
1926	"	" "	Foreign Board's
1925	"	" "	Payment to Chosen
1924	"	" "	Mission
1923	"	" "	
1922	"	" "	
1921, from Sept.	"	" "	
1920			

Total service to the Presbyterian Church in the U. S. A., Years _8_ **Months** _5_

Date _Feb. 23, 1929_   **Signature** _Edna M. Lawrence_

Address _Seoul, Korea_

19290426

투메이 부인, 교회 단체의 회장. *The San Bernardino County Sun*
(캘리포니아 주 샌버너디노) (1929년 4월 26일), 19쪽

투메이 부인, 교회 단체의 회장

업랜드 여자의 뒤를 이어 카운티 서단(西端)의 여자 선교회 회장으로
임명되다

온타리오, 4월 25일. 온타리오의 존 배론 투메이 부인이 오늘 웨스트민스터 장로교회에서 열린 제29차 연례회의에서 샌버너디노 서부 카운티의 연합여선교회 회장으로 선출되었다. (……)

(중략)

정오에는 방문 연자를 위한 특별 내빈석과 함께 오찬이 제공되었다. 회장인 네틀 P. 케이저먼 부인이 참석하지 못하여 목회자 자선 협회의 부회장인 윌러드 D. 볼 부인, 그리고 에드너 M. 로렌스 회(會)의 회장인 제임스 비비언 부인이 여주인의 역할을 대신하였다.

오후 회의는 업랜드의 래스터 호스티틀러 목사가 이끄는 회중 찬송으로 시작되었고, 클라이드 M. 크리스트 부인이 인도하는 기도로 이어졌다.

회중교회 해외선교본부의 일원인 제임스 L. 바튼 박사는 선교 활동에 대하여 훌륭한 연설을 하였다. 에바 모슬리 씨는 '티베트'의 생생한 모습을 보여주었고, 한국에서 오랫동안 선교 활동을 해온 패서디나의 힐다 헬스트롬 양은 장황하게 한국인 소녀로 분장하였다.

(중략)

여선교회 연합은 온타리오, 업랜드, 치노, 푸카몽가 및 알타 로마를 포함하여 서쪽 끝의 주요 도시 및 지역 사회를 포함하고 있으며, 모두 회의에 참석하였다. 전 회장인 버핑턴 부인이 회의를 주재하였다. 회에 참여하는 다양한 교회의 부회장은 추후 발표될 예정이다.

Mrs. Toomay President of Church Group. *The San Bernardino County Sun* (San Bermardo, Ca.) (Apr. 26th, 1929), p. 19

Mrs. Toomay President of Church Group.

Succeeds Upland Woman as Head of Woman's Mission Society in County's West End

Ontario, April 25. Mrs. John Barron Toomay of Ontario was elected president or the Woman's Missionary union of western San Bernardino county today, when its members met in their twenty ninth annual meeting at Westminster Presbyterian church. (......)

(Omitted)

Luncheon was served at the noon hour with a special guest table for the visiting speakers. Acting as hostesses were Mrs. Willard D. Ball, vice-president of the Pastor's Aid society, who served in the absence of Mrs. Nettle P. Kaserman, the president; and Mrs. James Vivian, president of the Edna M. Lawrence guild.

The afternoon session opened with congregational singing led by the Rev. Lester Hostetler ot Upland, followed by devotions led by Mrs. Clyde M. Crist.

Dr. James L. Barton, who is a member of the foreign mission board of the Congregational church, gave a splendid address on mission activities; Mr. Eva Mosley presented a vivid picture of "Tibet," and Miss Hilda Helstrom of Pasadena, who was long engaged in mission work in Korea, gave a lengthy impersonation of a Korean girl.

(Omitted)

The Woman's Missionary union covers all the principal West End cities and communities, including Ontario. Upland, Chino, Cucamonga and Alta Loma, and all were represented at the meeting. Mrs. Buffington, the retiring president, presided. Vice-presidents from the various churches embraced by the society will be announced at a later date.

에드너 M. 로렌스(서울),
보고서. 세브란스 병원 산파간호부 양성소 (1929년 5월 9일)

보고서

세브란스 병원 산파간호부 양성소, 1929년 5월 9일

지난 한 해는 매우 바쁜 한 해이었으며, 대부분 대단히 행복한 한 해이었다. 지난 봄 감염으로 한 명, 심내막염으로 한 명이 사망하여 두 명의 학생 간호사를 잃었을 때 우리 모두는 슬펐다.

현재 학생 수는 55명이다. 이들은 다음과 같은 학년으로 나뉜다. 3학년 - 10명; 2학년 - 25명; 1학년 - 20명. 그들은 공부를 잘하고 있으며, 병동 업무에 관심을 갖고 있다. 그들 중 15명은 고등보통학교를 완전히 졸업하였으며, 나머지는 2년 동안 고등학교를 다녔다. 나는 강의실에서 5, 6년 전의 학생들과 지난 몇 년 동안의 학생들 사이에서 차이를 발견하였다. 현재의 학생들은 학업에 대해 너무 많은 질문을 하며, 교사는 자신이 가르치는 내용에 대한 '이유'를 제공할 수 있어야 한다는 것이다.

교육은 평소대로 진행되고 있다. 교직원은 성경은 엠러 블랙 양이, 영어는 D. B. 에비슨 부인이 담당하는 등 여러 명의 교사가 추가되어 확대되었다.

우리 교육의 약점은 병동 감독이다. 우리는 이를 더욱 효과적으로 만들기 위하여 노력하고 있다. 병동 실습 기록지는 1학년과 2학년에서 사용된다. 나는 이것이 학생들이 교실에서 배운 새로운 술기를 실천하고 있는지 알아내는 쉽고 효과적인 방법이라고 생각한다. 술기가 철저하게 가르쳐지자마자, 간호사들은 그것을 기록지에 기록하라는 지시를 받고, 동시에 수간호사는 학생들이 이 특정한 일을 실습할 것이라는 연락을 받고 기회가 주어지는 것을 확인한다. 정규 간호사들과 외국인 간호사들이 함께 작성한 병동 지침은 병동 간호의 표준화에 큰 도움이 된다. 매달 새로운 술기가 추가되고 있다. 이 책은 병동의 기준으로 여겨지며, 학생과 졸업생들이 자주 참고한다.

아래층으로 이전한 세탁실 공간을 철거하여 학생 기숙사를 확장하였다. 이곳은 강의실 2개, 시연실 1개, 사무실, 학생 간호사 세탁실로 바뀌었다.

현재 이 학교를 졸업한 사람은 85명이다. 올해 봄에는 수요가 공급보다 많았다.

삼가 제출합니다.
에드너 M. 로렌스
　　간호부양성소 소장

Edna M. Lawrence (Seoul), Report. Severance Union Hospital School for Nurses and Midwives (May 9th, 1929)

Report

Severance Union Hospital School for Nurses and Midwives

May 9, 1929

The past year has been a busy one and for the most part a very happy one. We were all saddened last spring when we lost two pupil nurses who died, one from infection and one from endocarditis.

The student body now numbers fifty-five. These are divided into classes as follows: third year - ten; second year - twenty-five; first year - twenty. They are studying well and taking interest in their ward work. They are fifteen students who are full high school graduates. The others have had two years of high school. I notice such a difference in the class-room between the students we had five or six years ago and the ones we have had in the last few years. The present students ask so many questions about their studies, and the teacher has to be able to give the "why" for the things she is teaching.

The teaching is going as usual. The staff has been enlarged to include several more teachers; as Miss Emla Black for Bible, and Mrs. D. B. Avison for English.

The weak point in our instruction is ward supervision. We ue striving to make this more effective. Ward practice cards are used in the first and second year. I find this an easy as well as an effective way to find out if the students are putting into practice the new procedures as learned in the classroom. As soon as a procedure has been thoroughly taught, the nurses are told to record it on the card, and at the same time the head-nurse is notified that the students are to receive practice in this particular thing, and she sees that opportunity is given. The Ward Manual which has been prepared by the graduate nurses and the foreign nurses - in being a great help in standardizing the nursing on the wards. There are still new procedures being added to it month by month. This book is looked upon as an authority on the wards, and pupil and graduate refer to it often.

The student dormitory has been enlarged by the removal of the laundry which has released the lower floor. This has been turned into two lecture rooms, one demonstration room, an office, and a laundry for the pupil nurses.

There are now eighty-five graduates of the school. The demand this Spring was greater than the supply.

Respectfully submitted,
Edna. M. Lawrence,
    Principal of Nurses' School

그림 24. 기도실. 1929년도 졸업 앨범, 간호대학 소장.

그림 25. 신관의 남자 입원실. 1929년도 졸업 앨범, 간호대학 소장.

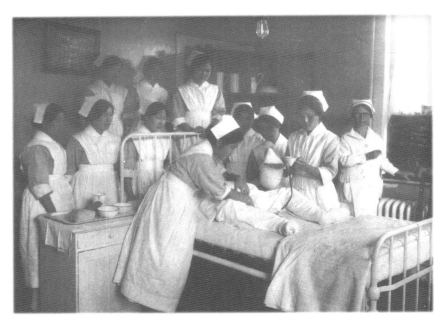

그림 26. 병실 실습. 1929년도 졸업 앨범, 간호대학 소장.

에드너 로렌스의 개인 기록 (1929년 5월 26일)

미국 북장로교회
해외선교본부
뉴욕 시 5 애버뉴 156

작성한 후 회신할 것
에드너 로렌스 의 개인 기록

출생지 및 날짜 1894년 3월 27일 캐나다 위니펙에서
해외에서 출생하였다면 시민권을 언급하시오. 미국 시민이라면 어떻게 얻었나
  귀화에 의해 시민이 되었음
임명 당시 미국 내 주소 캘리포니아 주 온타리오
아버지의 전체 이름과 출생지 발렌타인 로렌스, 스코틀랜드
어머지의 전체 이름과 출생지 앤 비버리지 로렌스, 캐나다 온타리오 주, 고인

부인 ┌ 결혼 전 이름
    │ 출생일   출생지
    └ 결혼일
자녀 – 이름 및 출생일

선교 ┌ **선교부** 한국
본부가 │ **임명일** 1920년 5월 17일
기재할 │ **미국 출발일** 1920년 8월 26일
 사항 └ **교육 – 수학했던 기관의 이름 및 졸업일**
    채피 유니언 고등학교, 캘리포니아 주 온타리오, 1914년
    포모나 밸리 병원, 캘리포니아 주 포모나, 1917년
미국에서 관련 교회
  (a) 원래 회원 캘리포니아 주 온타리오의
  (b) 현재 회원 웨스트민스터 장로교회
임명 전 미국에서의 업무 (목사, 의사 등)
  1917년 이후 개인 및 기관 간호
미국 내 가까운 친척의 이름과 주소
  발렌타인 로렌스, 캘리포니아 주 온타리오 - 메이블 로렌스도 같은 주소

언니 - 대니얼 맥뮬런 부인, 캐나다 브리티시 컬럼비아 주 새먼 암
언니 - 에드윈 맥 부인, 미시건 월포드

미국 내 친구 2~3명의 이름과 주소

원스롭 앨리슨 부인, 캘리포니아 주 온타리오
에드윈 심스 부인, 캘리포니아 주 온타리오
애디 블레위트 양,27) 캘리포니아 주 포모나 게리 애버뉴 노스 737

날짜 __1929년 5월 26일__ 전체 서명 __에드너 메이 로렌스__

Personal Record of Edna Lawrence (May 26th, 1929)

To be Filled Out and Returned

The Board of Foreign Missions
of the Presbyterian Church in the U. S. A.
156 Fifth Avenue
New York

Personal Record of __Edna Lawrence__

Place and date of birth __March 27, 1894 at Winnipeg, Canada__

If born abroad, state citizenship. If citizen of U. S. A. how acquired
__Citizen by naturalization__

Home in the U. S. A. when appointed __Ontario, California__

Father's full name and birth-place __Valentine Lawrence, Scotland__

Mother's full name and birth-place __Ann Beveridge Lawrence, Ontario, Canada,__
__Deceased__

Wife
- **Maiden name**
- **Date of birth**   **Place of birth**
- **Date of marriage**

Children — Names and dates of birth

---

27) 애디 E. 블레위트(Eddie E. Blewitt, 1878?~1948. 1. 3)는 켄터키 주에서 태어났으며, 1907년 포모나
밸리 병원 간호부양성소를 졸업한, 에드너 M. 로렌스의 선배이다.

Mission Korea

Date of Appointment 5/17/20

Date of Departure from U. S. A. 8/26/20

Education - Names of Institutions where you have studied and dated
of graduation

Chaffey Union High School Ontario, California, 1914

Pomona Valley Hospital, Pomona, Celif., 1917

Church connection in U. S. A.

(a) **Original membership**   Westminster Presbyterian Church at

(b) **Present membership**   Ontario, California

Service in U. S. A. prior to appointment (pastor, physician, etc.)

 Private and institutional nursing since 1917

Names and addresses of nearest relatives in U. S. A.

Valentine Lawrence, Ontario, California - also Mabel Lawrence, same address

sister - Mrs. Daniel McMullan, Salmon Arm, British Columbia, Canada

sister - Mrs. Edwin Mack, Wilford, Michigan

Names and addresses of two or three intimate friends in the U. S. A.

Mrs. Winthrop Allison, Ontario, California

Mrs. Edwin Sims, Ontario, California

Miss Addie Blewitt, 737 N. Garey Ave., Pomona, Calif

Date   May 26, 1929   **Signature in full**   Edna May Lawrence

19290600

연례 간호 협의회.

The Korea Mission Field (서울) 25(6) (1929년 6월호), p. 132쪽

연례 간호 협의회가 5월 8일부터 5월 13일까지 서울 세브란스 병원 간호 부양성소에서 열렸다. 7월 8일부터 13일까지 몬트리올에서 열리는 국제 간호 협의회에 참석할 3명의 대표가 임명되었다. 선정된 대표는 이효경 부인, 프랜시스 이 부인 및 E. J. 쉐핑 양이었다. 그 간호사들은 이러한 대표단 중 한 명을 보내는 데 도움을 요청하는 호소에 응답한 모든 외국인에게 감사를 표하고 싶어 한다. 아직 기부금이 700엔이 부족하기 때문에 한국에 있는 외국인 공동체 구성원 중 아직 기부하지 않았지만 기부하고 싶은 사람이 있다면 아직 기회가 있다. 여행 기금의 재무 담당자인 로렌스 양은 그들의 기부에 기뻐할 것이다.

The Annual Nurses' Convention.

The Korea Mission Field (Seoul) 25(6) (June, 1929), p. 132

The Annual Nurses' Convention met from May 8th to May 13th in the Nurses' Training Seoul [sic] Home at Severance, Seoul. Three delegates were appointed to visit the International Council of Nurses meeting at Montreal, from July 8th to 13th. The delegates chosen were Mrs. Lee Hyo Kung, Mrs. Francis Lee and Miss E. J. Shepping. The Nurses would like to express their thanks to all foreigners who responded to the appeal for help in sending one of these delegates. If there are members of the foreign community in Korea who have not contributed and would like to do so, there is still opportunity, as the funds for this purpose are still short ¥700 of the amount required. Miss Lawrence, the treasurer for the travel fund, will be glad to receive their contributions.

조선 간호부 회보(서울), 제13호 (1929년 6월 5일)

조선 간호부회의 임원, 1929~1930년

회장	에드너 M. 로렌스, 정규 간호사
부회장	김영수 부인, 정규 간호사
한국인 서기	김온순, 정규 간호사
외국인 서기	엘러 J. 샤록스, 정규 간호사
재무	모드 V. 넬슨, 정규 간호사
부재무	김정선, 정규 간호사

Bulletin of the Nurses' Association of Korea (Seoul), No. XIII (June 5th, 1929)

Officers of the N. A. K., 1929~1930

President	Edna M. Lawrence, R. N.
Vice-President	Mrs. Kim Young Su, R. N.
Korean Secretary	Kim On Soon, R. N.
Foreign Secretary	Ella J. Sharrocks, R. N.
Treasurer	Maud V. Nelson, R. N.
Assistant Treasurer	Kim Chung Sun, R. N.

에드너 M. 로렌스(서울),
1928~29년도 개인 연례 보고서 (1929년 8월 28일 접수)

1928~29년도 개인 연례 보고서

아주 상쾌하고 기운을 돋우는 여름을 보내고 지리산에서 돌아온 지 정말 얼마 되지 않은 것 같습니다. 그곳에서 얻은 원기와 영감은 그 이후의 바쁜 나날에도 나를 실망시키지 않았습니다. 비록 짧은 시간이라도 선교사들에게 일상적인 상황에서 벗어나 새로운 친구들과 함께 그들에게 맡겨진 업무에 대한 새로운 전망을 파악하는 것은 참으로 대단히 필요한 일입니다.

가을에 처음 몇 달 동안 세브란스의 업무 분장은 간호원장인 영 양, 외래 과의 간호 감독인 쉴즈 양, 격리 건물의 간호 감독인 스탠든 양으로 나누어졌고, 나는 양성소를 맡았습니다. 하지만 야간에 환자들의 간호 여건이 적정하지 않다는 것이 곧 명백해졌고, 간호 위원회는 영 양을 무기한 야간 근무로 보내기로 결정하였습니다. 나는 양성소에서 시간을 채울 시간이 많았고 다른 부담은 찾지 않았지만, 야간 업무는 특별한 관심을 받는 것이 우리 모두에게 가장 좋다고 생각하였습니다. 나는 간호원장 대리가 되는 데 동의하였는데, 스탠든 양이 병원에서 감독 업무로 대부분의 시간을 보내기로 하였습니다. 우리 각자는 일부 소중한 계획을 포기해야 했지만, 우리는 새로운 조치로 인하여 매우 행복해졌으며 더 이상 병원 상황이 어떻게 진행되고 있는지 궁금해하며 밤을 새울 필요가 없습니다. 사람들이 자신에게 할당된 일에서만 행복을 찾을 수 있다면, 현장에서 많은 건강 문제의 원인이 되는 많은 신경 쇠약과 불만의 원인이 사라집니다.

일과도 변경되었습니다. 우리는 수 년 동안 7시 15분에 기도 예배로 하루를 시작하고, 그 후에 아침을 먹었습니다. 그러나 나는 7시 30분에 시작하는 수업이 많아 혼자 식사해야 했기 때문에 우리는 기도드리기 전에 모두 아침 식사를 하였습니다. 이는 또한 의사가 회진을 시작하기 전에 병원에서 우리 모두를 기다리고 있는 많은 업무에 있어서도 좋은 것으로 입증되었습니다. 작년에 25명의 많은 학생이 입학하여 간호법 교육을 위하여 학급을 3개 반으로 분반할 필요가 있었고, 그래서 1학년만으로 일주일에 4일을 4시간 30분씩 가르쳐야 했습니다. 각 학기마다 조금씩 다르지만, 평균적으로 주당 12~16시간 동안 수업을 한다고 확신하고 있습니다. 나는 올해 김온순 조교에게 두 과목을 직접 맡게 하여, 3년 과정의 매 학기마다 간호학 수업을 갖겠다는 오래 바라던 계획을 실행에 옮길 때라고 생각합니다. 나는 1학년 이후 간호사들에게 간호학을 가르치지 않았을 때 그들과 연락이 끊기고 그들은 나에게 거의 낯선 사람과 같다고 느꼈습니다. 나는 간호학이 2학년 과정에 들어갔기에 1학년에서 쉽게 배울 수 있는 그 과목을 2학년에서 수강해야 한다는 것을 들어 본 적이 없는 2학년 전체 학생들이 크게 분개하여 나에게로 왔던 1923년의 그날을 기억합니다. 그들에 대한 나의 대답 중 일부는 내가 2, 3학년 간호학을 가르칠 수 있다면 그들이 우리와 함께 있는 매 학기마다 이 과목을 듣게 될 것이라는 것이었습니다. 그들은 크게 놀라 가 버렸는데, 틀림없이 내 소원이 이루어지기 전에 자신들이 훈련에서 벗어날 수 있어서 다행이라고 생각하였을 것입니다. 이 새로운 관습이 일단 확립되어 어떤 이유로든 일부 간호 수업을 생략해야 한다면 큰 소란이 일어날 것입니다. 나는 가르치는 일을 매우 즐기고 있습니다. 나는 영어와 한국어로 과목을 철저하게 숙지하지 않고 수업에 참여하지 않으려고 노력하며, 모든 방법은 항상 당시 병원의 증례와 연결하려고 노력하고 있습니다. 너무 과중한 업무가 많아 나는 환자를 제대로 알 수 없고, 때로는 환자 간호에 관한 질문에 답변할 수 없는 것이 안타깝습니다. 정규 간호사들이 편찬하고 있는 병동 지침서는 우리 기술을 표준화하는 데 큰 도움이 됩니다. 병동에 있었던 지 1년이 조금 넘었지만, 다른 때처럼 항상 엄밀하게 따르지는 않지만 어떤 문제가 논쟁 중일 때 그것은 권위적인 것으로 간주됩니다. 그것은 내가 가르치는 모든 수업의 교과서로 사용됩니다. 그것이 처음 나왔을 때, 몇몇 간호사들은 그것을 놀리면서 사용된 언어가 너무 단순하다고 말하며 의사에게 수정해달라고 요청하였는데, 그들은 말하지 않았지만 아무도 쓸 수 없는 문자(한자에서 따온 말)로 가득하기를 원했던 것 같습니다. 어쨌든 그들이 수정해 주기를 원하였던 의사는 당시 몸이 아팠고, 나는 그에게 이 일을 하라고 다그친 적이 결코 없었다고 고백해야겠습니다. 나는 중국에서 활동 중인 코라 심프슨 양이 간호사들에게 "이제 의사들에게 모든 일을 맡기지 말고 스스로 하십시오. 교과서를 직접 만드십시오. 남자들로부터 독립하십시오."라고 말하는 것을 듣고 기뻤습니다.

간호법 외에도 지정 학교에서 요구되는 매우 탄력적인 과목 중 하나인 가사(家事)를 가르치고 있습니다. 나는 이것에 다양한 작은 주제를 포함시키는 것이 가능하다는 것을 알았고, 맥앤리스 부인이 가르치는 바느질 외에도 나는 아마포의 얼룩 제거, 음식물 관리, 병원 장비의 사용 및 오용, 병원의 기능 등을 가르치고 있습니다. 나는 작년에 유리 제품을 들고 병원 장비 관리를 가르칠 때 비버 판 조각에 물품 사진을 붙이고, 각 물품의 가격도 알려 주었습니다. 나는 지금 '공포의 방' 작업을 하고 있는데, 그곳에는 간호사들의 부주의로 인하여 손상된 병원 자산을 보관할 것입니다.

D. B. 에비슨 부인은 일주일에 4시간의 영어 수업으로 훌륭하게 도움을 주고 있지만, 현재 나머지 3시간은 내가 맡게 되었고 비록 내 자신이 이 과목을 가르칠 자격이 없다고 생각하지만 아직 시도하고 있습니다.

양성소장에게 항상 부과되는 불쾌한 일 중 하나는 징계인데, 나는 55명의 활동적인 젊은 여자가 있는 학교에서는 제대로 해야 한다는 점을 꼭 말씀드려야 합니다. 지난해 간호 위원회는 2학년 간호사를 4개월 동안 정학시키기로 결정하였습니다. 그녀는 떠났고, 나는 그녀가 그녀를 돕기 위해 어머니와 오빠를 데리고 온 1월까지 그것이 마지막이 될 것이라고 생각하였지만 그렇지 않았습니다. 그녀의 어머니는 자신이 얼마나 훌륭한 기독교인인지, 그리고 성경에서 일흔 번씩 일곱 번이라도 용서하라고 말하는 내용을 말하면서 즉시 시작하였습니다. 그런 다음 그녀는 의자를 내 쪽으로 더 가까이 옮기고 내 손을 잡으려고 하였습니다. 그러나 나는 그녀가 너무 가까이 있는 것이 마음에 들지 않아 일어나서 자리를 옮겼지만, 그녀가 여전히 나를 따라다녔기에 나는 책상 너비를 우리 사이에 있게 하였고, 그녀가 계속해서 나를 따라다니는 동안 나는 우리 둘 다 현기증이 날 때까지 끝까지 버텼습니다. 그런 다음 그녀는 아들이 그의 말을 받아들여야 할 때라고 판단하여 아들을 살펴보았고, 그의 어머니가 그녀의 이마를 닦는 동안 그것을 받아들였습니다. 내가 사용한 한국어는 틀린 말이고 뜻도 다르다며 나를 공격하였기 때문에 나는 그 말이 오긍선 박사가 위원회에서 사용한 말이며, 나는 그에게 의학전문학교 교두가 어떤 단어를 사용해야 할지 잘 알았을 것이라고 생각하였다고 말하였습니다. 간호사 자신은 많은 말을 하지 않았지만, 일이 자신이 생각하였던 것만큼 빠르게 자신의 방식대로 진행되지 않는다는 것을 분명히 알았기 때문에 그녀는 자신들이 갈 것이라고 말하였습니다. 어머니는 작별 인사로 "그럼 귀하께서 그녀를 미워하지 않으면 그녀를 다시 학교에 데려가세요"라고 말하였습니다.

일상 업무를 마치고 남은 시간의 일부는 간호 교과서 제2권을 만드는 데 사용하고 있습니다. 제1권은 우리에게 큰 도움과 축복이 되었습니다. 그러다가 세브란스에 있는 우리 모두는 지역사회뿐만 아니라 지방 병원에서도 간호사를 모집하는 요청이 늘 있기 때문에 간호사 등록 사업이 시작되기를 바랐습니다. 나는 간호부회가 이 일을 맡을 수 있다고 느낄 때까지 기다리면서 작은 비공식적 방법으로 이 일을 수행해 왔습니다. 간호부회는 이를 받아들일 수 있다고 생각하여 이번 총회에서 내년에 등록이 이루어질 것을 기대하면서 선교병원의 모든 졸업생을 등록하는 것부터 시작하기로 합의하였습니다. 그런데 등록이 시작되었다는 소식이 돌았고, 나는 지난 토요일에 총독부 시험에 막 합격하였고 일자리가 없어 매우 낙담해 있었던 평양 졸업생 한 명의 일자리를 구해달라는 요청을 받았습니다. 그러다가 나는 빈자리가 없다는 것을 알고 월요일에 면담을 요청하였습니다. 나는 일요일에 지방 지부로부터 간호사를 요청하는 편지를 받았을 수도 있습니다. 제안은 아직 해결되지 않았지만, 낙담한 간호사뿐만 아니라 간호사 등록의 미래에도 매우 밝아 보입니다. 나는 그것이 필요하다는 것과 그것의 성공을 위하여 필요한 협력을 받게 될 것이라는 점에 대하여 의심의 여지가 없습니다.

제안된 기숙사 변화는 모두 이루어졌고, 나는 그것이 매우 만족스럽습니다. 세탁실이 있던 층은 강의실 2개, 실습실 1개, 간호사 세탁실 1개로 바뀌었습니다. 새로운 방에서 공부하는 간호사들을 보는 것은 정말 즐거운 일입니다.

정규 학급 기도회는 매주 1회 진행됩니다. 훌륭한 정신이 깃들어 있으며, 자발적임에도 불구하고 출석은 거의 완벽합니다. 이 모임은 저녁 공부 시간이 끝난 후 밤 9시에 열립니다. 김 양이 1학년을 이끌고 있으며, 나는 2학년과 3학년을 이끌고 있습니다. 나는 그러한 모임을 인도하는 것이 매우 어렵다는 것을 알지만 그것을 포기할 의향이 없으며, 그래서 나는 나를 위한 하나님의 일이라고 느끼는 이 일에 도움을 구하는 나의 진지한 기도에 응답하여 하나님께서 특별한 도움을 주신다는 것을 계속 확신하고 있습니다.

현재 학생 수는 55명이며, 1학년이 20명, 2학년이 25명, 3학년이 10명으로 나누어져 있습니다. 이들 중 15명이 고등보통학교 졸업생입니다. 그들 대부분은 대단히 열심히 공부하고 있으며, 좋은 소녀들입니다. 그들은 모두 기독교학교 출신입니다.

수년간의 업무를 되돌아보면서 나는 양성소와 병원 업무가 전진하였다고 확신하며, 이 모든 일에 내가 참여하게 되어 기쁩니다. 확실히 우리는 협력의 교훈을 배워야 하며, 동료 직원의 도움과 기도 없이는 내가 맡은 일을 제대로 수행할 수 없다는 것을 알고 있습니다. 지난 성과와 기도 응답을 보면서 미래에 필요한 격려와 영감을 얻고 있습니다.

삼가 제출합니다.
에드너 로렌스

Edna M. Lawrence (Seoul),
Annual Personal Report, 1928~29 (Rec'd Aug. 28th, 1929)

Annual Personal Report, 1928~29

It seems like such a short time since I returned from Chiri San after a very refreshing and invigorating summer. The strength and inspiration gained there has not failed me through the busy days that followed. It is indeed a very needful thing for missionaries to be, if for even a short time, in some place away from the usual scenes and with new friends to catch a new vision of the work that has been given them to do.

For the first few months in the fall the division of the work at Severance was divided with Miss Young, superintendent of nurses, Miss Shields nursing supervisor in the Out-Patient-Department, Miss Standen as nursing supervisor in the Isolation building and I had the training school. However it soon became apparent that the nursing conditions for the patients at night were not just as they should be and so the nursing committee decided to let Miss Young go on night duty for an indefinite length of time. I had plenty to fill my time with the training school and was not looking for any other burdens but as it seemed best to us all that the night work receive special attention. I consented to be the acting superintendent of nurses with Miss Standen spending the major part of her time in the hospital as supervisor. Though some cherished plans had to be given up by each of us we have been very happy under the new arrangement and there is no more lying awake nights wondering how things are going in the hospital. If people can only find happiness in the work assigned to them this does away with the cause of many a nervous breakdown and dissatisfaction which is the cause of many health conditions on the field.

The days routine has also been changed. For many years we started the day with the prayer service at 7:15 and then had breakfast afterwards but as I had many classes beginning at 7:30 and so had to eat alone we changed and now we all have breakfast before prayers. This has also proven a good thing for the many duties awaiting us all in the hospital before the doctors make their rounds. Last year our large entrance class of twenty-five made it necessary to devide [sic] the class into three divisions for nursing procedure so that in the first year alone there four and a half hours of teaching four days a week. Though each term is a little different yet I am sure that I average from 12~16 hours & week of teaching. This year I am allowing my assistant Miss Kim On Soon to handle two devisions [sic] herself and so feel that this is the time to put into practice a long cherished plan to have nursing classes every term of the three years course. I used to feel that when I was not teaching nursing to the nurses after their first year that I got dreadfully out of touch with them and they were almost like strangers to me. I remember the day back in 1923 I think it was when the whole second year came in to me in great indignation because Nursing was down on their schedule and who had ever heard of nurses having to take that subject in the second year why that could all be easily learned in the first year. A part of my answer to them was that if I was able to teach second and third year nursing that they would have this subject every term that they were with us. They were greatly surprised and went away then, no doubt considering themselves lucky that they would be out of training before my wish could come true. Once this new custom is established there will be a great fuss if for any reason some nursing class has to be omitted. I am enjoying my teaching very much. I try never to be to a class without having thoroughly gone over the subject in English and Korean and I try to always tie up any procedure with a case in the hospital at the time. I regret that because of so many pressing duties I am not able to know the patients as I should and sometimes I am not able to answer their questions regarding the nursing of their patients. The ward manual that is being compiled by the graduate nurses is a great help in standardizing our technic. It has only been on the wards for a little over a year and yet it is considered an authority when any matter is in dispute though it is not always followed as closely as it should be other times. It is used as the textbook in all the classes I teach. When it was first gotten out some of the nurses made fun of it and said that the language was too simple in it and wanted to have a doctor revise it, and though they didn't say so I suppose they wanted it so full of moonja (words from the Chinese character) that no one would be able to use it. Anyway the doctor they wanted to revise was sick at the time and I must confess that I have never urged him to undertake this work. I was glad to hear Miss Cora Simpson of China say to the nurses "now don't let the doctors do all your work for you. Do it yourselves, make your own textbooks. Be independent of the men".

Besides nursing procedures I teach one division of that very elastic subject required in designated schools Housekeeping. I find it is possible to include a variety of smaller subjects in this and so besides the sewing which Mrs. McAnlis teaches I teach the removal of stains from linen, care of foof [sic] stuffs, use and misuse of hospital equipment, function of a hospital and some others. Last year in teaching the care of hospital equipment as I took up glassware for instance I pasted pictures of the articles on a piece of beaver board and also gave them the price of each article. I am now working on a 'Chamber of Horrors' which is to contain hospital property ruined by the carelessness of the nurses.

Mrs. D. B. Avison is helping out wonderfully with four hours of English a week but the remaining three hours at present fall to me and though I do not consider myself qualified to teach this subject yet I am making an attempt at it.

One of the disagreeable jobs that always falls to one in charge of a training school is that of discipline and I must say to do it properly with a school of fifty -five live young women keeps one busy thinking up punishments. Last year the nursing committee decided to suspend a second year nurse for four months. She left and I thought that would be the last of it until the end of the time but not so for in January along she came bringing her mother and brother to help her along. Her mother started right in by telling me what a fine christian she was and how it said in the Bible to forgive seventy times seven and so on. Then she moved her chair closer to mine and tried to hold my hand etc. but I didn't care to have her so close so I got up and moved away and she got up and followed me so I put the width of the desk in between us and as she still persisted in following me around I kept up my end of it until we were both dizzy. Then she decided it was time for her son to get in his words so she gave him a look and he took it up while his mother mopped her brow. He attacked me on the line that the Korean word I had used was not the proper one and had a different meaning and so I told him that this was the word that Dr. K. S. Oh had used in the committee and I thought that the dean of the Medical College would be pretty likely to know what word to use. The nurse herself hadn't said much but she evidently saw that things were not coming her way as quickly as she thought they would and so she said that they were going. As a parting shot the mother said "Well you hate her or you would take her back into the school".

Part of time I have left when my usual duties are done I use in helping with the second volume of the nursing textbook. The first volume has proved a great help and blessing to us. Then all of us at Severance have been wishing that a Nurses' Registry could be started as there are always called for nurses not only locally but also calls come from the country hospitals. I have carried on this work in a small unofficial way waiting until the Nurses' Association felt that it could take it up. So this annual meeting of the Association it was agreed to begin by registering all graduates of mission hospitals looking forward to a registry being formed next year. However word got around that the registry had been started so last Saturday I had a request to find work for a Pyeng Yang graduate who had just passed her Government examination and was very discouraged because she had no position. Then as I knew of no position open I just asked for an interview on Monday. On Sunday might I received a letter from a country station requesting a nurse. The proposition isn't closed yet but it looks very bright not only for the discouraged nurse but for the future of the Nurses registry. There is no doubt in my mind as to the need of it and that we will have the cooperation needed to make it a success.

The proposed changes in the dormitory have all been made and I am very pleased with it. The floor where the laundry was located has been changed into two classrooms, one demonstration room and a laundry for nurses. It is a real joy to see the nurses studying in their new rooms.

Regular class prayer-meetings are held once a week. A fine spirit prevails and the attendance is almost perfect though it is voluntry [sic]. These meetings are held at nine o'clock at night after the evening study period. Miss Kim leads for the first year and I lead for the second and. third year. I find it very hard to lead such meetings but I am not willing to give them up and so I keep on feeling sure that God gives special help in answer to my earnest prayers for help in this which I feel to be His work for me..

The student body now numbers fifty-five and is divided into classes as follows, first year 20, second year 25, third year 10. There are 15 high school graduates among these. Most of them are studying very hard and are nice girls. They are all from christian schools.

As I look back over the years work I am sure the training school and the hospital work has gone forward and I am glad to have a part in it all. Surely in an institution we need to learn the lessons of cooperation and I know my part of the work could not have one on without the help and prayers of my fellow worker. In looking at the past achievements and answers to pray I find the encouragement and inspiration needed for the future.

Respectfully submitted,
Edna Lawrence

19300429

에드너 M. 로렌스(서울)가 친구들에게 보낸 편지
(1930년 4월 29일)

세브란스 병원,
한국 서울,
1930년 4월 29일

친애하는 친구들,

　　매일 여러분의 선교사 주변 모습을 상상할 수 있도록 이곳에서 하는 업무에 대하여 조금 말씀드리겠습니다. 현재 교장인 O. R. 에비슨 박사는 세브란스 병원으로 알려진 병원을 주로 책임지고 있습니다. 그의 노력 덕분에 업무가 크게 성장하였고 의학전문학교가 생겨나고 현지인 의사를 양성하는 목적에서 성공을 거두었습니다. 우리 선교부의 두 번째 간호사인 E. L. 쉴즈 양은 서울 지부 사역의 선구자 간호사였는데, 지금은 외래를 맡고 있지만 항상 웃으며 다른 사람들을 위하여 사랑스러운 일을 많이 하고 있습니다. 나는 이 훌륭한 두 선교사 모두가 그들의 꿈이 실현되는 것을 보고 그들이 이 백성을 위하여 바친 시간과 노력과 기도의 결과를 볼 수 있게 되어 매우 기쁩니다. 이 기지에 세워진 첫 번째 병원은 1904년에 시작되었고 1927년에 새 별관이 완공될 때까지 우리가 가진 전부이었습니다. 본관과 격리 병원을 합치면 160명을 수용할 수 있으므로 우리는 더 이상 그렇게 작은 곳이 아닙니다.

　　의학전문학교에는 100명 이상의 학생이 있으며 지난 봄 40명 정원에 460명의 학생이 입학 시험에 응시하였습니다. 양성소에는 63명의 학생 간호사가 있으며 20명의 졸업생이 간호직에 있습니다. 나는 1920년에 한국에 와서 8개월 동안 언어 교육을 마치고 병원에서 근무하게 되었습니다. 간호직은 아주 최근에 바뀌었고, 이상하게 들릴지 모르지만 학생 간호사에게 임상 간호 교육을 맡길 나보다 더 나은 언어를 갖춘 사람이 없는 것 같았고, 그래서 특히 이 부분을 내가 맡게 된 것 같았습니다. 여러분들이 짐작하시겠지만 나는 1년 동안 공부를 했어도 언어 구사력이 대단히 낮고 교육 기재도 그만큼 밖에 없어서 고국의 좋은 친구들에게 병원에서 사용하는 인형을 부탁하였고 1923년 여름 성인 인형이 도착하였고 곧 아기 인형도 도착하였습니다. 1927년이 되어서

야 이것을 위한 실습실을 따로 마련할 수 있었습니다. 말할 필요도 없이 이렇게 추가된 공간으로 인하여 간호사에게 술기를 훨씬 더 쉽고 효과적으로 교육할 수 있습니다.

아시다시피 이곳은 6개 선교부의 연합 병원입니다. 우리 간호사 네 명은 간호사 사택에서 살고 있으며, 쉴즈 양은 마침내 바로 옆집에 자신의 집을 갖게 되었고 그녀는 그곳에서 충실한 하인과 함께 매우 행복해합니다. 쉴즈 양이 사는 이중 주택의 반대편에는 샤록스 부인이 살고 있습니다. 그녀는 우리 병원의 수간호사이며, 세탁실, 주방 및 병원에서 사용되는 용품을 담당하고 있습니다.

업무는 기쁨으로 가득 차 있습니다. 예, 기쁨이 많습니다. 어떤 때는 하루 동안 슬픔이 눈에 띄는 것처럼 보이지만 내일 기쁨이 다시 찾아옵니다. 한국 사람들은 함께 일하기에 너무나 친절하고 사랑스러운 사람들이기 때문에 그것만으로도 감사할 것이 많습니다. 훈련을 받으러 오는 젊은 여자들은 고등보통학교 2년, 일부는 4년을 마쳤고, 대부분의 경우 예비 교육이 충분하지 않지만 내가 기억할 수 있는 것보다 훨씬 진전된 것으로 우리는 용기를 얻어 앞으로 나아갑니다. 현재 우리가 얻는 소녀들은 어떤 경우에는 어린아이에 지나지 않으며, 3년의 훈련을 받은 후에도 20살도 되지 않을 것입니다. 우리가 그들을 너무 어리게 받아야 하는 한 가지 이유는 우리가 정부에 의해 등록된 학교이고 이것이 그들의 최소 연령이기 때문입니다. 그들은 모두 매우 상냥하지만 오, 너무 무책임한가요? 그들을 항상 돌봐야 하고, 우리와 같은 배경을 가지고 있지 않아 자신들의 솜씨에서 부주의해지지 않도록 하는데 누군가의 전체 시간을 빼앗아가고, 그들이 살균의 중요성을 깨닫는 것이 힘들긴 하지만 그들은 간호사로서 매우 훌륭한 일을 할 수 있습니다. 하지만 졸업 후에 그들이 발전하는 모습을 보는 것이 가장 기쁩니다. 학생으로서 거의 희망이 없어 보이는 많은 간호사들이 병동의 책임을 맡게 되면 5월에 꽃처럼 피어날 것입니다.

어제 오후에 최근에 결혼한 졸업생 중 한 명이 우리를 만나기 위하여 방문하였습니다. 그녀는 매우 예쁜 소녀이고 너무 행복해 보였습니다. 남편이 병원에 입원해 있을 때 남편을 돌봐주고 전문학교도 졸업하기도 전에 약혼을 하고 이번 봄에 졸업할 때까지 기다렸다는 점에서 그녀의 연애는 진정한 연애라고 생각합니다. 그들은 개업을 시작하기 위하여 멀리 한국의 남쪽으로 내려갑니다.

세브란스에서의 생활은 힘들고 졸업이나 개학과 같은 특정 계절에 나는 예배가 시작되는 아침 7시부터 밤 9시나 10시까지 바삐 움직입니다. 나는 건

그림 29. 신생아 가사(假死) 처치. 1930년도 졸업 앨범, 간호대학 소장.

그림 30. 소아 목욕 실습. 1930년도 졸업 앨범, 간호대학 소장.

그림 31. 가관식을 마치고. 1930년도 졸업 앨범, 간호대학 소장.

그림 32. 체조 시간. 1930년도 졸업 앨범, 간호대학 소장.

1930년 평양에서 개최된 미국 북장로교회 한국 선교부의
제46차 연례회의 회의록 및 보고서 (1930년 6월 27일), 2쪽

임시 임명을 의장이 낭독하였는데, 다음과 같다.

(……)

세브란스 연합의학전문학교 이사회

    E. M. 로렌스 양을 안식년 중인 C. L. 필립스 목사 대신에

    R. K. 스미스 부인을 부재 중인 R. K. 스미스 박사 대신에

(중략)

Minutes and Reports of the Forty-sixth Annual Meeting.
Chosen Mission of the Presbyterian Church in the U. S. A., 1930,
Held at Pyengyang (June 27th, 1930), p. 2

Ad-Interim Appointments were read by the Chairman, they are as follows:

(……)

Severance U. M. C. Board

    Miss E. M. Lawrence in place of Rev. C. L. Phillips (furlo)

    Mrs. R. K. Smith in place of Dr. R. K. Smith (absent)

(Omitted)

에드너 M. 로렌스(서울),
연례 개인 보고서 1930년 (1930년 8월 7일 접수)

연례 개인 보고서 1930년

오랫동안 자신의 직업에 종사해 온 한 간호사는 "나는 내 직업에서 지칠 수 있지만, 내 직업은 결코 지치지 않는다."고 말하였습니다. 이제 여름 방학이 내 업무에 반가운 휴식을 곧 선사할 것입니다. 나는 이 말의 전반부가 나 역시 마찬가지이고, 후반부도 항상 그랬으면 좋겠습니다.

이것은 한 해의 업무에 대한 보고이기 때문에 내가 휴가에서 돌아온 지난 9월의 일부터 시작할 필요가 있습니다. 지난 봄에 들어온 20명의 견습생들은 모두 꽃을 피우고 있었고, 그들 한 명 한 명에 대한 나의 큰 희망과 꿈이 얼마나 컸던가! 월말에 학급 전체가 가관식을 하였고 첫 방학이 되었습니다. 내가 가장 기대하였던 소녀는 우리를 실망시켰고, 또한 적어도 평양에서 고등보통학교 시절 내내 그녀를 수년 동안 도왔던 미국에 있는 사람도 실망시켰습니다. 그녀의 실패 원인은 자신이 직접 통제할 수 있는 일이 아니라, 오히려 쓸모없는 아버지와 오빠의 잘못이었습니다. 공주에는 김영애를 네 번째 부인으로 원하는 부자가 있었는데, 그녀는 기독교인으로서 6년 동안 이를 반대해 온 것 같습니다. 그러나 그녀의 오빠는 그가 남은 생애 동안 평안한 생활을 할 수 있는 방법을 알아냈고, 그 부자에게 큰 빚을 지게 되었으며 영애에게 그와 결혼하여 빚을 탕감받는 것이 자신의 의무임을 깨닫게 하려고 노력하였습니다. 그녀는 옳은 일이 무엇인지 알고 있었고, 나는 그녀가 버틸 것이라고 생각하였지만, 그녀가 모자를 쓴 직후 나는 그녀가 모자를 쓰기 전에 그랬던 것처럼 남자와 헤어지지 않았다는 것을 알게 되었습니다. 나는 그녀가 약해지고 있으며, 결혼하여 가족의 명예를 지키는 것이 자신의 의무임을 인정하는 것을 볼 수 있었습니다. 나는 그녀에게 최종 결정을 내릴 수 있는 24시간의 시간을 주었으며, 그 시간 내에 그녀의 오빠가 그녀를 데리러 왔습니다. 내가 그를 만난 것은 이번이 처음이었고, 그래서 그에 대하여 내가 생각하는 것을 그에게 말할 기회를 잡았고, 그는 몸을 흔들고 몸부림쳤지만 나는 그것을 다 말할 때까지 결코 멈추지 않았으며 그는 갔습니다. 11월에 같은 반의 또 다른 학생이 발진티푸스에 걸렸습니다. 그녀가 먹기 어렵게 되었을 때 열이 났고, 며칠 동안 거의 아무것도 먹지 않았습니다. 변화가 그녀에게 좋을 것이라고 생각하여 여자 병동에 있는 방으로 옮겼지만, 그녀는 아무것도 먹지 않기로 결심하였고 바로 그곳에서 전투는 지금까지 참여한 모든 사람과 마찬가지로 실제 전투로 간주되었습니다. 한 쪽에는 죽고 사는 것을 걱정할 힘조차 없는 이 환자가 있었고, 다른 한 쪽에는 먹고 살아야겠다고 결심한 의사와 간호사들이 있었습니다. 그러나 그녀는 자신이 인정받지 못하는 학교에 머무는 것이 시간을 낭비할 가치가 없다고 판단하였기 때문에 자신이 나와 학교와 관련된 모든 것에 대하여 어떻게 생각하는지 말한 후 우리에게 그녀의 존재에 대한 걱정을 덜어주었습니다. 그녀는 너무 허약한 상태여서 나는 우리가 경계하는 눈에도 그녀는 자신이 천국으로 갈 것이라고 거의 확신하고 있었다고 생각합니다. 그러나 우리는 모두 그녀의 회복을 위하여 기도하고 있었고, 하나님께서 그녀를 위하여 드리는 모든 기도를 듣고 응답하실 것이라는 것을 알고 있었습니다. 이제 그녀는 훨씬 나아졌고, 매일 몇 분 동안 의자에 앉아 있을 수 있습니다. 3월 말까지 이 학급의 다른 간호사 두 명이 이런저런 이유로 떠났고, 4월에도 또 다른 간호사가 병으로 떠났습니다. 한 소녀가 일을 잘하지 못해서 나는 그녀와 이야기를 나누고 경고하고 일을 더 잘하라고 요청하였는데, 그녀는 자신이 인정받지 못하는 학교에 있는 시간이 가치가 없다고 결정하여 우리의 짐을 덜어주었습니다. 그녀가 나와 학교와 관련된 모든 것에 대해 어떻게 생각하는지 말한 후 그녀의 존재에 대해 이야기했습니다.

  기숙사 교사이자 간호학 조교 업무를 맡고 있는 정규 간호사는 내가 그 사람 없이 어떻게 꾸려나갈 수 있었는지 알 수 없을 정도로 훌륭함을 입증하였습니다. 그녀는 가르치는 일을 도와줄 뿐만 아니라 간호사들이 우리 중 한 명에게 오기를 주저할 때 많은 문제를 안고 그녀에게 갑니다. 김온순은 이 병원에서 이 간호사 직을 맡은 최초의 간호사이고, 우리나라 전체에서도 최초라고 생각합니다. 그녀는 관계되는 모든 사람들에게 충실하고 수용 가능한 방식으로 일을 수행하여 선례를 세웠습니다. 나는 그녀를 계속 유지하고 싶었지만 젊은 의사도 그녀가 얼마나 훌륭한 젊은 여성인지 알아보았고 그녀는 [결혼하여] 최 부인이 되기 위하여 10월에 우리를 떠났습니다. 나는 그녀가 기숙사에서 대가족을 관리하였던 것처럼 그녀의 새 가족을 다정하고 효율적으로 관리하고 있다고 확신하고 있습니다. 그녀의 후임자로 나는 당시 교직원이었던 간호사를 선택해야 했는데, 학생들이 모두 그녀를 알고 있었기 때문에 그 교사에게는 큰 불이익이었고 그녀는 한동안 학교를 떠나 있었던 교사의 이점을 갖지 못하였습니다. 한(韓) 마리아 양은 훌륭한 수술실 감독이었으며, 교육 분야에서도 매우 좋은 성적을 거두었어야 했습니다. 하지만 그녀는 그 일이 너무 조용하고 제한적이라는 것을 알게 되었고, 행복하지 않았습니다. 그래서 그녀가 다시 병원 업무로 바꾸어달라고 요청하였을 때 그렇게 하는 것이 최선인 것 같았습니다. 그러다가 그녀의 후임자에 대한 문제가 다시 발생하였고, 다시 직원 중에서 선택해야만 했습니다. 이번에 나는 3년 동안 훈련을 받지 않았고, 학생들에게 큰 사랑과 존경을 받는 간호사를 얻을 수 있었습니다. 새로운 교사로 훈련시키는데 약간의 시간과 힘이 들긴 했지만 그 선생은 그 자리에 아주 잘 맞는 것 같고 기숙사 분위기도 아주 좋은 것 같습니다. 그녀가 다른 졸업생들로부터 덜 고립되도록 하기 위하여 나는 그녀가 선택한 다른 졸업생과 함께 사는 것을 허락하였습니다. 그들은 그곳에서 함께 매우 행복해 보입니다.

지난 겨울은 학교의 소란으로 인하여 우리에게도 힘든 시간이었습니다. 소란 초기에 나는 간호사들의 첫 번째 본분이 자신들의 환자들에 대한 것이기 때문에 대중 시위에 참여하지 않을 것이라는 말을 들었습니다. 그럼에도 불구하고 전국의 거의 모든 학교가 참여할 때 그들이 버틸 수 있을지, 아니면 그들의 애국심이 마침내 그들을 밀어낼 것인지 궁금하였습니다. 물론 그들 모두는 대의를 위하여 고통을 받고 있는 사람들에게 공감하고 있었고, 그들의 마음은 일에 있지 않았습니다. 나는 간호사들이 1919년에 비슷한 일이 일어나 거의 모두가 환자를 버렸던 것을 기꺼이 자제할 정도로 그들의 본분에 대한 생각을 너무도 많이 발전시킨 것은 매우 칭찬할 만하다고 생각합니다.

겨울철 동안 전체 학생의 건강이 매우 나빴습니다. 여러 가지 이유가 있었는데, 그중 하나는 의심할 바 없이 학교 문제로 인하여 마음이 상했기 때문이었습니다. 둘째로, 기숙사 창문을 열어두지 않는 버릇이 있었고 식사도 불규칙하였습니다. 나는 기숙사에서 일하는 청소부와 재봉사 모두 정말 좋은 사람들이고, 간호사들을 건강하고 행복하게 하기 위하여 제 역할을 다하고 있다는 사실에 정말 감사드립니다. 이 여자들은 간호사들과 매우 밀접하게 연관되어 있기 때문에 간호사들의 평온이나 불안을 위하여 많은 일을 할 수 있습니다. 좋은 기숙사 교사가 있더라도 외국인 간호사는 모든 것을 감독하는 데 많은 시간을 들여야 하며, 대부분 불쾌하지만 대단히 필요한 징계 업무도 해야 합니다. 경험상 허락 문제는 기숙사 교사에게 맡길 수 없습니다. 왜냐하면 그녀가 학생들에게 허락하지 않으면 그들은 그녀가 생활을 견딜 수 없게 만들고 결국 그녀는 낙담하여 사임하거나 저항이 가장 적은 길을 택하여 그들이 원하는 것은 무엇이든 들어주게 되기 때문입니다.

학생 기독교 여자 청년회는 매우 훌륭한 간호사, 고등보통학교 졸업생, 그리고 매우 유능하고 헌신적인 젊은 여자의 지도력 아래 새로운 활동을 시작하였습니다. 지난 1년 정도 동안 업무 회의는 상상할 수 있는 가장 시시하고 지루한 일이었습니다. 누구도 동의하려 하지 않았고, 마침내 회장이 강제로 동의를 해도 누구도 재청하려 하지 않았습니다. 이제 모든 것이 바뀌었고, 내가 참석한 마지막 업무 회의는 신속하게 진행되어 나는 무슨 일이 일어나고 있는지 알기 위하여 앉아서 주의를 기울여야 할 정도이었습니다. 이 신임 회장 밑에서 병원의 개인 업무가 시작되었고, 수요일과 일요일 저녁 근무로 인하여 저녁 예배에 참석할 수 없는 간호사들이 이 병동에서 저 병동으로 노래하고, 기도하고, 환자들에게 말씀을 전하기 시작하였습니다. 여자 청년회는 일주일에 한 번씩 예배를 담당하였고, 아주 잘하고 있습니다. 지난 겨울 그들은 판매용 인형을 만들었고 큰 성공을 거두어 은행에서 이자를 받을 만큼 상당한 액수의 돈을 저축하였습니다. 체육 위원장은 승자와 패자의 멋진 정신을 뽐내는 테니스 시합을 할 만큼 잠에서 깨어났습니다. 여자 청년회는 비록 잘 해 본 적은 없지만 주간 학급 기도회도 맡았으며, 대부분의 시간을 한국어 교사나 내가 맡게 되었습니다. 이 모임의 시간은 모두가 피곤한 밤 9시이었고, 아무도 도움을 많이 받지 못하는 것 같아 중단하고 대신 직원 중 이 목사의 인도로 낮 예배를 드리고 있습니다. 그는 주제를 아주 잘 선택하는 것 같고, 집회에도 꽤 많이 참석하는 것 같습니다.

정규 간호사 모임은 한 달에 한 번 정기적으로 개최되었습니다. 우리 모두는 이 비공식적인 모임을 함께 즐기고 있습니다. 그 시간에는 우리 모두가 어느 정도 자유롭게 자신을 표현할 수 있으며, 나는 병동 운영 등에 관한 주제에 대하여 간호사들의 마음을 알아보고 있습니다. 우리가 함께 준비한 병동 교재는 지난 2년 동안 사용되었지만, 아직 완성되지 않았습니다. 그것은 현재 개정 중에 있으며, 모양을 갖추어 지방 병원에도 공급할 수 있게 되기를 바라고 있습니다. 사본에 대한 요청이 많았지만, 우리 모두는 그것을 보낼 수 있을 만큼 좋다고 느끼지 않았습니다.

간호 위원회는 매월 정기모임을 열어 왔으며, 학교 내에서 선한 일에 큰 힘이 되고 있습니다. 학생들은 이 위원회에 대하여 건전한 경외감을 가지고 있으며, 종종 자신들의 사건이 그 위원회 앞에서 다루어지지 않고 외국인 간호사들이 그것들을 처리해 주기를 간청합니다. 최근 회의에서는 교사 모임을 조직하는 문제가 논의되었고, 위원회는 병동에서의 시간이 아니라 간호사 교육에 관한 문제만 다루기 위한 것으로 그러한 모임을 승인하였습니다. 조직

허락을 받기 전에 모든 교사들이 원하는 대로 비공식 회의를 열었으며, 강의와 간호원장 사이의 더 나은 이해가 필요해 보였습니다.

올해 내가 가르친 내용은 주로 실무 간호, 영어, 간호 역사로 구성되었습니다. 특히 준비할 시간이 많았을 때 나는 가르치는 것을 매우 즐겼습니다. 간호사(看護史) 가르치는 것은 번역된 것이 없고 대략적인 개요만 있기 때문에 매우 어려웠습니다. 노력한 만큼의 가치가 있었다고 확신하며, 다시 혼자서 가르칠 수는 없을 것 같지만 강의를 준비한 이후로 나 자신도 그 주제에 대하여 더 나은 지식을 갖고 있다는 것을 알고 있습니다. 신임 조수는 이화여전 출신이며, 이 과목과 간호 윤리를 강의할 것으로 예상됩니다.

학교의 막중한 책임들 외에, 그 일을 해줄 사람이 아무도 없는 것 같았기 때문에 나는 간호원장의 업무를 수행하려고 노력하였습니다. 이것은 내가 병동의 간호사들을 감독할 시간이 거의 없었다는 것을 의미하며, 이 모든 일이 스탠든 양에게 맡겨졌습니다. 한 명의 감독이 6개 병동 각각에 많은 시간을 할애하는 것은 불가능하기 때문에 결과적으로 소홀히 여겨지는 일도 있었지만, 그녀가 병원의 거의 모든 환자를 얼마나 잘 알고 있는지는 놀랍습니다. 그녀는 올 가을 영국으로 떠날 예정이며, 우리 모두는 그녀를 매우 그리워할 것입니다. 영 양은 야간 근무를 아주 잘 견디는 것 같았고 그것을 즐겨서 겨울과 봄 동안 그 일을 맡았습니다. 간호사들은 밤에도 깨어 환자를 돌보고 있으며, 밤에도 간호사의 임무에 대하여 교육을 받고 있다는 사실은 우리 모두에게 위안이 됩니다. 지난 가을에 모드 넬슨 양이 직원으로 합류하였는데, 비록 4월까지 근무를 하지 않았음에도 불구하고, 그녀는 우리 모두에게 격려의 원천이었습니다. 그녀는 현재 시료 병동의 간호를 담당하고 있습니다. 쉴즈 양은 외래에서 그곳으로 오는 많은 가난하고 고통받는 사람들의 필요를 돌보느라 바빴습니다. 나는 우리 직원 중 외국인 간호사들에게 매우 감사드리며, 우리 모두는 화기애애하게 함께 일하며 업무에 대하여 동일한, 높은 이상을 가지고 있습니다.

현재 학생 수는 학급별로 62명이며 다음과 같이 나뉩니다. - 3학년 22명; 2학년 15명; 1학년 25명. 병원과 외래를 합쳐 20명의 정규 간호사가 있습니다. 학생 중 17명은 고등보통학교를 졸업하였으며, 모두 최소 2년의 학력을 갖고 있습니다. 많은 학생들은 이 힘든 일을 하기에는 너무 어리지만, 반면에 고등보통학교 교육을 마칠 때 받아들여지지 않는다면 그들을 [학생으로] 얻을 수 있는 기회는 매우 낮습니다. 올해는 예년보다 지원자가 많아 총 50명이었으며, 38명이 입학시험에 응시하였습니다.

한 해 동안 나에게 베풀어 주신 건강과 세브란스 임직원 모두와 함께 일할 수 있는 특권에 진심으로 감사드립니다. 나는 한국인 간호사들과 함께 일하는 것을 큰 기쁨으로 생각하며, 그들의 고귀한 직업에 조금이라도 도움이 될 수 있었다면 하나님께 감사하고 미래를 위해 용기를 낼 수 있습니다.

삼가 제출합니다.
에드너 로렌스

Edna M. Lawrence (Seoul),
Annual Personal Report 1930 (Rec'd Aug. 7th, 1930)

Annual Personal Report 1930

A nurse who had practiced her profession for many years once said "I may get tired in my profession but never of my profession." Now that summer vacation is soon to give me a welcome break in my work I know that the first half of this statement is true of me and I hope that the second half too, will always be so.

Since this is to be a report of the year's work it is necessary to start with the events of last September when I returned from vacation. The twenty probationers who had come in last spring were all blossoming out and what high hopes and dreams I had for each one of them. The whole class were capped the end of the month and then came the first break and the girl for whom I held the highest hopes disappointed us and also the one in America who had helped her for many years, at least all through her high school in the Pyeng Yang school. The cause of her failure was not something directly under her control but was rather the fault of her worthless father and brother. It seemed that there was a rich man in Kongju who wanted Kim Yung Ai for his fourth wife and she being a Christian had held out for six years against this. Her brother, however, saw a way for him to be on easy street the rest of his life and so got himself very deeply into debt to the rich man and then tried to make Yung Ai see that it was her duty to marry him and so settle the debt. She knew what was the right thing to do and I thought that she was going to hold out but soon after her capping I found out that she really hadn't broken with the man as she was to have done before receiving her cap. I could see that she was weakening and admitting that it was her duty to marry and so save the honor of the family. I gave her twenty-four hours in which to give me her final decision and well within the time her brother came for her. This was the first time I had met him and so took the opportunity to tell him what I thought of him and he wiggled and squirmed but I never stopped until I had said it all and then he went. In November another member of the class contracted typhus fever. She was practically over the fever when she got became stubborn about eating and for days she took almost nothing. Thinking that a change would be good for her she was moved to the sun-porch off the Womens' Ward but yet she was just determined not to eat and so right there a battle regard as real a battle as anyone one ever engaged, in on the one side was this patient who didn't have the strength to care whether she lived or died and on the other side were the doctors and nurses, all determined that she should eat and live. She was so low that I think she was almost sure that she was going to slip away to Heaven even under our vigilant eyes but we were all praying for her recovery and just knew that God would hear and answer all the prayers that were offered on her behalf. She is much better now and is able to be up in a chair for a few minutes every day. By the end of March two other nurse from this class had left from one reason or another and still another in April from sickness. One girl had not been doing good work so I had had a talk with her, warning her and asking her to do better work but she decided it wasn't worth her time to stay in a school where she wasn't appreciated so relieved us of her presence after telling me whar she thought of me and all connected with the school.

A graduate nurse for a dormitory teacher and assistant is [sic] Nursing has proved such a fine thing that I don't see how I ever got along without-one. She not only helps out with the teaching but the nurses come to her with many of their problems when they would hesitate to come to one of us. Kim On Soon was the first nurse to hold this position in this hospital and I think the first in the whole of Korea. She did her work so faithfully and acceptably to all concerned that she has set a precedent. I would have liked to have kept her on but a young doctor had also seen what a fine young woman she was and so she left us in October to become Mrs. Chey. I am sure she is presiding over her new family as sweetly and as efficiently as she did over her big family in the dormitory. As her successor I had to choose a nurse who was then on the staff which is a great disadvantage to to the teacher as the students all knew her and so she hadn't the prestige a teacher has who has been away from the institution for a time. Miss Han Maria was a fine operating room supervisor and should have made very good in the teaching line. However she found the work too quiet and too confining and was not happy. So when she asked to be changed back to the hospital again it seemed the best thing to do so. Then the problem came up again as to her successor and again she had to be chosen from the staff. This time I was able to get a nurse who had been out of training for three years, a nurse who was greatly liked and respected by the students. It took some little time and energy to train in a new teacher but it does seem that she is very well fitted for the position and the atmosphere of the dormitory seems to be very nice. To make her less isolated from the other graduates I gave her permission to have another graduate of her own choosing to live with her and they seem very happy there together.

The past winter, with its school disturbances have been a hard one for us too. Early in the affair I heard that the nurses were not going to take part in a public demonstration as their first duty was to their patients. Even so, I wondered if they could hold out when practically every other school in the country were taking part or if their patriotism would finally push them out. Of course they were all sympathy for the ones who were suffering for the cause and their minds were not on their work. I think it is very commendable that the nurses have advanced so much in their ideas of duty that they were willing to refrain when in 1919 they practically all deserted their patients when a similar affair was on.

The health of the whole student has been very poor during the winter months. There were several reasons, one no doubt being their upset minds over the school trouble; secondly that they were naughty about not keeping windows open in the dormitory and were irregular in their eating. I am very thankful that the two women who work in the dormitory that is the cleaner and sewing woman are both very nice women and are doing t heir part to keep the nurses well and happy. As these women are so closely associated with the nurses they can do much for the peace or unrest of the nurses. Even with a good dormitory teacher it is necessary that a foreign nurse give it a good deal of her time to the overseeing of it all and also do the disciplining a job that is an unpleasant one at best but also a very necessary one. The matter of permissions, I find from experience cannot be intrusted to the dormitory teacher for if she doesn't give in to the students they make life unbearable for her and in the end she eight gets discouraged and resigns or takes the path of least resistance and gives them whatever they want.

The student Y. W. C. A. has taken a <u>new lease on life</u> under the leadership of a very fine nurse, a high school graduate and a very capable and consecrated young woman. For the last year or so the business meetings were the most uninteresting and boreing things that one could imagine. No one would make a motion and finally if the president dragged a motion out by force no one wanted to second it. This has all changed now and the last business meeting I attended the business was carried on with such dispatch that I had to sit up and pay strict attention so to know what was going on. It is under this new president that the personal work has been started in the hospital, the nurses who are on duty Wednesday and Sunday evenings and so cannot attend the evening service go from ward to ward singing, praying and speaking to the patients. The Y is taking charge of the chapel service once a week and do it very well. Last winter they made dolls for sale and were so successful that they have a nice sum in the bank at interest. The athletic chairman has wakened up sufficiently to have a tennis match at which a fine spirit was shown by winners and losers. The Y has also supposedly taken charge of the weekly class prayer-meetings though they have never done well at it, the greater part of the time either the Korean teacher or I have had them in charge. The time for these meeting has been at nine o'clock at night when all are tired and it did seem that no one was getting much help from them so they have been discontinued and a daytime service is held instead under the leadership of Pastor Lee of the staff. He seems to choose his subjects very well and the meetings are quite well attended.

The graduate nurses meeting have been held regularly once a month. We all enjoy this informal gathering together. It is a time when we can all express ourselves more or less freely and I find out the minds of the nurses on subjects concerning the management of the wards and so forth. The Ward Manual which we prepared together is not quite complete yet though it has been in use for the last two years. It is now being revised and it is hoped to get it into shape so that the country hospitals may be supplied with it. There have been many requested for copies but we all felt that it wasn't in good enough shape to be sent away.

The Nursing Committee has held its monthly meetings and has been a great power for good in the school. The students have a wholesome awe for this committee and often beg that their case doesn't come up before it but for the foreign nurses to deal with them. This last meeting the matter of organizing a Teachers' Meeting was discussed and the Committee gave its approval for such a meeting, it being understood that it was to deal with matters concerning the education of the nurses alone and not with their time on the wards. Before permission was given to organize, an informal conference was held with all the teachers as they seemed to want it and there seemed a need for better understanding between the lectures and the nursing superintendents.

As for the teaching I have done this year it has consisted mostly of Practical Nursing, English and History of Nursing. I have enjoyed the teaching immensely, especially when I had plenty of time for preparation. It was very hard to teach the History of Nursing as there is nothing translated but a bare outline. I am sure it has been worth the effort and though I don't expect to teach it alone again I know that I have a better knowledge of the subject myself since preparing for the classes. The new secretary is an Ewha College graduate so it is expected that she will teach this subject and Nursing Ethics.

Aside from the heavy responsibility of the school I have tried to carry on the work of Superintendent of Nurses as there didn't seem to be anyone else to do it. This has meant that I have had hardly any time for the supervision of the nurses on the wards and this then has all fallen on to Miss Standen to do. It isn't possible for one lone supervisor to give a great deal of time to each of six wards, consequently there have been some things neglected, though it was surprising how well she knew almost every patient in the hospital. She is leaving for England this fall and we will all miss her very much. Miss Young has seemed to stand the night duty very well and also has enjoyed it so she has remained there for the winter and spring. It is a comfort to us all to know that the nurses are awake caring for their patients at night and that they are being instructed in the nurse's duties at night. Last fall Miss Maud Nelson was added to the staff and even though she wasn't on duty until April she was a source of encouragement to us all. She is now in charge of the nursing on the free wards. Miss Shields had been kept busy in the O. P. D. attending to the needs of the many poor and suffering who come there. I appreciate very much the foreign nurses we have on the staff, we all work together congenially and have the same high ideals for the work.

At present the student body numbers 62 by classes they are divided as follows - third year 22; second year 15; first year 25. There are 20 graduate nurses in the hospital and O. P. D. combined. Of the students, 17 have finished high school and all have had at least two years. Many are really too young to take up this strenuous work but on the other hand if they are not accepted when they finish their high school education the chances for getting them at all are very poor. This year there were more tha applications than ever before, 50 in all and 38 appeared for the entrance examinations.

I am very thankful for the measure of good health that has been given me through the year and for the privilege of working with the whole Severance staff. I count it a great pleasure to work with the Korean nurses and if I have been able to help them on in their noble profession even a little I can thank God and take courage for the future.

Respectfully submitted,
Edna Lawrence

에드너 M. 로렌스(서울)가 친구들에게 보낸 편지
(1931년 2월 15일)

세브란스 병원,
한국 서울,
1931년 2월 15일

친애하는 친구들,

　　현재 간호부양성소에는 58명의 학생이 있는데, 3학년에 20명, 2학년에 13명, 1학년에 25명이 있다는 사실에 관심이 있으실 것입니다. 다음 달 19일에는 20명의 행복한 졸업반 학생들이 모두 졸업장을 받게 됩니다. 나는 지금까지는 그들 모두를 위한 자리가 없을 것 같고 물론 이것이 그들에게 많은 불안의 원인이 되어 유감스럽습니다. 한 명은 지방 병원에서 좋은 자리를 가졌고, 한 명은 기독교 여자 청년회의 농촌 사업에 참여하는 최초의 간호사가 되는 감격을 느끼게 될 것입니다. 약 7명은 우리 간호직의 공백을 채울 수 있습니다. 더 많은 간호사가 공중 보건 업무에 투입될 수 있었으면 좋겠는데, 이것이 매우 필요하고 사람들이 아픈 환자와 함께 우리 병원 중 한 곳에 오기를 원하지 않더라도 집에서 그러한 교육을 받을 준비가 되어 있기 때문입니다. 지방으로 가는 우리 여선교회 자매들 중에 일부는 간호사 및 전도 부인과 함께 가려고 노력하였으며, 그들은 그녀가 그렇게 큰 도움이 된다고 말하고 있습니다. 돈이 있다면 더 많은 업무를 할 수 있을 것입니다. 여러분이 무지와 불결함의 끔찍한 결과를 사방에서 볼 때, 여러분은 우리 간호사들이 가지고 있는 지식이 이 작은 땅 전체에 있는 모든 사람에게 제공될 수 있기를 바라고 있습니다.

　　우리의 신입 견습생반은 다음 달 말에 받게 될 것입니다. 올해는 지원서가 천천히 들어오고 있지만 아직 접수할 수 있는 기간이 2주일 있습니다. 우리는 선교 학교의 학생들을 훨씬 더 선호하며 일반적으로 우리가 받아들일 수 있는 것보다 더 많은 학생들이 있기 때문에 육체적으로나 영적으로 가장 바람직한 학생을 선택할 수 있습니다. 20명 이상의 신입생이 들어오면 몇 주 동안은 대단히 힘들지만 그들이 변화하는 것을 보는 것이 매우 흥미롭습니다. 첫 번째는 새빨간 머리띠를 버리고 머리를 '묶는다'는 점입니다. 다음으로, 우리가 그들에게 서 있는 방법을 가르치면서 그들의 자세가 좋아지는데, 이는 그들이 더 건강할 뿐만 아니라 그들의 제복이 멋져 보이도록 하기 위함입니다. 그런 다음 점차적으로 그들 자신의 지역 사투리의 특성이 없어지고 그들은 서울 사람들이 하는 것처럼 말하는 것을 배웁니다. 그들은 처음 몇 주 동안 병동으로 전혀 가지 않지만, 환자를 위하여 무엇이든 할 수 있기 전에 먼저 교실에서 간단한 절차를 배웁니다. 6개월의 수습 기간을 거친 후 일을 잘하면 그들은 모자를 받는데, 이것은 연설, 특별 음악 등으로 이루어진 상당히 소규모의 행사로 치러집니다. 이것은 최대한 감동적으로 만들어졌으며, 그래서 자신이 담당한 일이 중대하며 환자의 생명을 손에 쥐고 있음을 깨닫게 될 것입니다.

어젯밤 1년 넘게 발진티푸스를 앓았던 간호사 한 명이 그녀의 여동생과 함께 집에 갔을 때 우리는 모두 매우 기뻤습니다. 여러분은 그녀처럼 완벽하게 행복하고 감사해하는 소녀를 본 적이 없습니다. 그리고 실제로 그녀는 감사해야 할 것이 많았는데, 그녀는 거의 죽음에 이르렀고 그녀를 구한 것은 오직 하나님의 자비와 신실한 간호뿐이었고 그녀는 그것을 알고 있기 때문입니다. 그녀는 자신이 그렇게 할 수 있을 만큼 충분히 강해지면 즉시 양성소에 다시 들어가기를 희망하고 있습니다.

나는 간호사 및 환자들과 함께 하는 일이 너무 즐겁습니다. 내가 가장 유감스럽게 생각하는 것은 각 간호사와 그녀의 고유한 문제에 할애할 시간이 충분하지 않다는 것입니다. 그리고 또한 혼자 있기 위해서는 반드시 약간을 시정할 필요가 있으며, 그 시정이 친절하고 사랑스러운 정신으로 이루어졌음에도 불구하고 자신의 문제를 시정해 준 사람에게 가는 것을 힘들어하는 것은 인간의 본성입니다. 이 땅의 젊은이들은 우리가 하루아침에 자유를 얻은 것이 아니라 점진적으로 그것을 올바르게 사용하는 방법을 알게 되었다는 사실을 잊고 사회적 접촉 등에서 깨어나 서양 자매처럼 되기를 바라고 있습니다. 부모는 예전처럼 존경과 순종을 받지 못하기 때문에 집에서는 통제가 거의 없거나 전혀 없고 학교 당국의 통제에 분개하는 상황에서 지금이 우리 선교 사업에서 매우 중요한 시기임을 알 수 있습니다. 우리는 이 백성을 지혜롭게 인도하여 그분의 영광을 위하여 계속 나아갈 힘을 얻기를 바라는 하나님의 백성의 기도를 갈망합니다.

여러분들이 아시다시피 이곳은 6개 선교부의 연합 기관입니다. 현재 간호사들과 함께 하는 선교부는 세 곳뿐인데, 메이블 영 양과 캐나다 연합교회, 에스더 쉴즈 양과 저와 함께 하는 우리 선교본부, 그리고 모드 넬슨 양과 함께 남 감리교회 선교본부가 있습니다. 쉴즈 양은 자신의 매력적인 작은 집을 가지고 있으며, 다른 세 명은 간호사 숙소에서 살고 있습니다. 우리 모두는 업무에 대해 같은 이상을 가지고 있기 때문에 매우 기쁩니다.

안녕히 계세요.
에드너 로렌스

Edna M. Lawrence (Seoul), Letter to Friends (Feb. 15th, 1931)

Severance Hospital,
Seoul, Korea,
February 15, 1931.

Dear Friends: -

You will be interested to know that we now have in the Nurses' Training School a student-body of 58 and by classes we have in thr third year 20, in the second year 13 and in the first year 25. Graduation will be held on the 19th of next month at which time our 20 happy seniors will all receive diplomas. I'm sorry that so far it looks as if there would not be positions for them all and of course this is a cause of much anxiety to them. One has a good position in a country hospital and one is going to have the thrill of being the first nurse to be used by the Y. W. C. A. in Korea in their rural program. About seven can be used to fill up vacancies on our own staff. I wish it were possible for more nurses to be used in Public Health work for this is needed so much and the people are ready to receive such instruction in their homes even though they would not be willing to come to one of our hospitals with their sick. Some of our missionary women who go to the country have tried taking a nurse with them as well as a Bible woman and they say that she is such a great help. More of this work could be done if there was money for it. When you see on all sides the terrible results of ignorance and filth you do so wish that the knowledge that our nurses possess could be made available to every one in the whole of this little land.

Our new class of probationers will be received the end of next month. The applications are coming in slowly this year but there is still two weeks in which they can be received. We much prefer students from our Mission schools and as there are generally more students than we can take in we can choose the most desirable, both physically and spiritually. It is very strenuous for a few weeks when 20 or more new students have come in but it is so interesting to see the changes in them. The first is that the bright red hair ribbon is abandoned and the hair is 'put up'. Next their posture is improved as we teach them how to stand, not only so that they will be in better health, but so that their uniforms will look nice. Then gradually the peculiarities in speech of their own part of the country are dropped and they study to talk as the Seoul people do. They are not on the wards at all for the first few weeks but are taught first some simple procedures in the class room before they are allowed to do anything for the patients. After six months probation, if they do good work, they receive their caps and this is made quite a little occasion, with speeches, special music and so on. It is made as impressive as possible so that they will realize the gravity of the work they are taking up and that they hold the lives of the patients in their hands.

Last night we were all made very happy when one of our nurses who has been ill with typhus for over a year went home with her sister. You never saw such a perfectly happy and grateful girl as she was. And indeed she had much to be thankful for, for she was very near death and it was only the mercy of God and faithful nursing that saved her and she knows it. She hopes to re-enter training again just as soon as she is strong enough to do so.

I enjoy my work with the nurses and patients so much. My chief regret is that I do not have enough time to give to each nurse and her own peculiar problems. And, too, there is necessarily quite a bit of correcting to be alone and it is just human nature for a person to find it hard to go with her problems to one who has corrected her, though that correction was done in a kind and loving spirit. The youth of this land have wakened up and are desirous of becoming like their Western sisters in their social contacts, etc., forgetting that we didn't get our freedom in a day but gradually, so that we knew how to use it aright. Parents are not respected and obeyed as formerly and so with little or no control from home and resenting control from school authorities you can see that this is a very critical time in our mission work. We do covet the prayers of God's people that we may have strength to carry on to the wise leading of this people and to His glory.

As you know this is a union institution of six missions. At present just three missions are represented with nurses, the Union Church of Canada with Miss Mabel Young, our Board with Miss Esther Shields and myself and the Southern Methodist Board with Miss Maud Nelson. Miss Shields has her own attractive little home and the other three of us live in the nurses home. Very happily, too, as we all have the same ideals for the work.

Sincerely yours,
Edna Lawrence.

얼 W. 앤더슨, 한국 서울 세브란스 연합의학전문학교 및 병원의 1930년 4월 1일부터 1931년 3월 31일까지의 보고서 (1931년 3월 31일)

(중략)

간호부양성소

(......)

에드너 로렌스 양은 간호원장이자 양성소 소장이다. 넬슨 양과 영 양은 병원에서 간호를 담당하고 있다. 쉴즈 양은 진료소의 업무를 주의 깊게 관찰하고 있으며, 샤록스 부인은 수석 간호사로서 기관의 원활한 운영에 크게 기여하고 있다. 로렌스 양의 조교인 김정선 양은 학생 기숙사 사감으로 실용 간호학 교육을 보조하고 있다.

(중략)

Earl W. Anderson, Report of Severance Union Medical College and Hospital, Seoul, Korea. April 1, 1930~March 31, 1931 (Mar. 31st, 1931)

(Omitted)

Nurses' Training School

(......)

Miss Edna Lawrence is Superintendent of Nurses and Principal of the Training School. Misses Nelson and Young are in charge of the nursing in the hospital. Miss Shields keeps a watchful eye on the work in the clinics, while Mrs. Sharrocks, as matron, contributes largely to the smooth running of the institution. Miss C. S. Kim, assistant to Miss Lawrence, is head of the student dormitory, and assists in the teaching of practical nursing.

(Omitted)

에드너 M. 로렌스(서울),
연례 개인 보고서, 1930~31년 (1931년 8월 4일)

연례 개인 보고서, 1930~31년

　　지리산에 있는 나의 별장에서 한 달 동안 편안한 시간을 보낸 후 나는 가을에 할 일을 시작하였습니다. 휴가를 떠나기 전에 나는 전도사 이 씨에게 _____를 위한 애즈베리 대학 해외선교단의 특별 집회를 가질 수 있는 가능성에 대하여 이야기를 나누었는데, 그 당시에는 돌아오지 못하여 이 씨는 나에게 그 모임이 그달 3일에 시작할 예정이라고 말하였습니다. 나는 학생들에게 부흥에 대한 열망을 불러일으키기 위한 준비 모임이 사실상 거의 없다는 것이 아쉬웠지만, 날짜가 정해졌으니 계속 진행하는 것이 최선인 것 같았습니다. 당시나 그 직후에 그러한 모임의 실제 결과를 판단하는 것은 완전히 불가능하지는 않더라도 매우 어렵다고 생각합니다. 그래서 어떤 3학년들은 고백과 회개를 하지 않아 축복을 받지 못한 것을 알았지만, 2학년들에게서 당시 및 이후에 나타난 영(靈)은 그 때 받은 도움에 따른 것이라고 확신하고 있습니다.

　　우리는 지난 봄부터 학교에 아주 좋은 정신이 없다는 것을 알아차렸으나, 그것은 여러분들이 존재한다는 것을 알고 있지만 정의하거나 알아낼 수 없는 무형(無形)의 것 중 하나인 것 같았습니다. 10월쯤에 학교에 그보다 더 바람직하지 않은 학생이 한 명 있다는 것이 분명해졌지만 그 학생은 자신의 잘못에 대하여 너무 영리해서 적어도 우리 외국인들은 진짜 범죄자가 누구인지 전혀 모르고 있었습니다. 만약 우리 졸업 직원이 그 문제에 손을 대지 않고 스스로 처리하도록 허락해 달라고 요청하지 않았다면 우리는 그 무력한 상태에 머물렀을 것입니다. 그들은 단지 그들의 계획과 진행 상황을 우리에게 계속 알리기 위하여 그렇게 할 수 있는 권한을 받았습니다. 그래서 그들은 조사를 진행하였고, 우리는 진짜 범인이 누구인지조차 확신하지 못한 채 뒤에 있었습니다. 그들의 첫 번째 계획은 그들 모두가 보는 앞에서 간호사를 기숙사로 불러내어 대변인에게 그들이 그녀에 대하여 가지고 있는 불만과 그녀가 자신의 생활 방식을 고치거나 학교를 떠나게 될 것이라고 말하게 하는 것이었습니다. 하지만 그들은 그렇게 하지 않았으나 여러 번의 회의와 많은 논의 끝에, 기숙사 교사는 옳지 않은 행동을 한 사람을 불러서 그녀에 대한 혐의를 설명하고 그녀가 완전히 자백하고 회개해야 한다는 것을 깨닫게 하려고 노력하였습니다. 우리 모두는 그녀가 잘못을 깨닫도록 도와주려고 노력하였지만 우리의 모든 노력은 소용이 없었고 그녀는 12월 중순에 퇴학당하였습니다. 그녀는 떠날 때 큰 소란을 피웠고, 그녀가 떠날 때 반 친구들은 기숙사에서 작은 싸움을 벌이며 동정심을 보였습니다. 내가 아는 한, 적어도 우리 졸업 직원이 이런 종류의 문제에 어떤 역할이라도 하였다는 사실은 비록 우리가 종종 그렇게 해주기를 바랐지만 처음입니다. 당시 그들의 태도와 행동은 그들이 자신의 직업을 공개적으로 불명예스럽게 하고, 상황을 바로잡으려고 하지 않는다는 것을 보여주었습니다. 나는 그들이 이번에 받은 모욕과 기만에 좌절하지 말고, 학생들의 행동에 대하여 우리보다 훨씬 더 많이 보고 들을 수 있는 입장에 있기 때문에 필요할 때마다 확실한 조치를 취해주기를 바랍니다. 또한 이번 봄의 당직 의사들은 선량한 기독교인의 성품을 지닌 남자들이며, 간호사 및 다른 사람들과 적절한 관계를 맺을 수 있게 되기를 바라고 있습니다.

이 간호사 한 명이 퇴학당한 뒤에도 학교 분위기가 바뀌기까지는 시간이 좀 걸렸고, 성탄절이 되어도 우리는 즐거운 시간을 보낼 수 없을 것 같았습니다. 나는 이야기하는 것이 기쁜데, 2학년이 전반적으로 아주 잘 지내 왔고 축제에 참여하고 싶어 하며, 손수건을 만들어 팔아서 그 수익금을 도시의 가난한 사람들을 위한 쌀을 구입할 수 있도록 허락을 받을 수 있는지 물었습니다. 그들은 그렇게 할 수 있는 허가를 받았고 매우 성공적이어서 성탄절 오후에 불쌍한 군중에게 나누어 주어 그들이 제대로 된 식사를 할 수 있을 것처럼 보이는 쌀 일곱 포대를 살 수 있었습니다. 성탄절 아침 5시에 우리 모두는 불이 켜진 촛불을 들고 병동을 돌아다니며 환자들을 위하여 노래를 불렀습니다. 이번이 처음이었지만 우리 모두가 너무 즐거웠고, 우리 모두를 위한 올바른 날이 시작된 것 같았기 때문에 이것이 마지막이 아닐 것이라고 생각합니다.

1년 전 3월, 한 젊은 여자가 2월 말까지 원서 접수가 완료된다는 사실을 모르고 우리 학교에 입학하기 위하여 북간도에서 서울로 왔습니다.[28] 그녀는 상황이 좋지 않아서 여기에 들어올 수 없었고, 그 소녀에게는 뭔가 너무 착하고 세련된 면이 있어서 어떻게든 그녀의 문제를 해결하도록 도와야 한다고 느꼈습니다. 그래서 나는 그녀가 나를 위하여 바느질을 하도록 하였고, 그녀는

---

28) 음영으로 강조한 부분은 다음의 편지로 작성되어 배포되었다. Edna M. Lawrence(Seoul), Letter to Friends(Rec'd July, 1931)

자신이 하도록 요청받은 것은 무엇이든 기꺼이 할 것 같았습니다. 곧 우리 세대의 다른 구성원들이 그녀의 시간을 공유하기를 원하였기 때문에 그녀는 세대의 정규 구성원이 되었고, 자신을 매우 유용하게 만들었고 우리 모두에게 자신을 증명하였습니다. 이번 봄에 그녀는 우리의 입학 시험을 치르고 입학하였습니다. 그녀가 우리와 함께 있기는 하지만 여전히 우리 모두는 그녀의 쾌활한 존재와 집에서의 도움을 그리워하고 있습니다. 나는 그 기다림의 한 해가 서로에게 이익이 되는 시간이었다고 생각하며, 우리는 그녀가 실제 업무에서 그러하듯이 학업에서도 좋은 성과를 거두기를 바라고 있습니다.

내가 몇 년간 정신여학교에서 도왔던 하운학 학생이 올 봄에 졸업하였습니다. 나는 그녀가 간호학을 공부하고 싶어 하기를 바랐지만 그녀는 그것을 너무 싫어해서 내가 그녀에게 권할 수 없었습니다. 그녀는 대학에서 초등학교 교사직을 맡았으며, 그것은 급여가 많지는 않지만 그녀에게 유용한 직업을 제공하고 있습니다. 아직도 머리를 뒤로 넘긴 그녀는 고등보통학교를 졸업하였지만 어른이 되기 위하여 서두르지 않는 것 같았습니다.

기독교 여자 청년회는 한 해 동안 주로 환영회 및 송별회와 같은 일반적인 사교 행사에 노력을 쏟았습니다. 회장은 매우 훌륭한 기독교 간호사이자 진정한 지도자이었습니다. 신임 회장은 법규에 익숙하지도 않고, 직무를 제대로 수행할 의욕도 없어 어려움을 겪고 있습니다. 여자 청년회는 매주 월요일 아침 예배를 이끌고, 매주 일요일 저녁에는 환자들을 위한 예배를 드리고 있습니다.

정규 간호부 회의는 연중 매달 개최되었습니다. 이 모든 일에는 훌륭한 영(靈)이 나타났으며, 출석과 관심도 매우 좋았습니다. 드디어 1학년 첫 학기의 병동 지침서가 인쇄되었고, 2학년 첫 학기의 자료가 이제 인쇄소에 있습니다. 지난 회의에서 지침서를 보여주었을 때 간호사들은 모두 매우 기뻐하였고, 특히 젊은 간호사들은 동화책을 읽는 것보다 지침서를 더 열심히 읽었습니다. 그들의 관심으로 인하여 나는 휴가에서 돌아온 이후로 이 책을 준비하는 일을 주요 부업으로 삼는 것이 내 시간의 가치가 있다는 느낌을 갖게 되었습니다. 이미 우리는 다른 학교에 사본을 보냈고, 의학전문학교 학생인 나의 선생은 집에 가져가서 스스로 공부하고 아내도 읽을 수 있는지 물었습니다. 준비하면서 가장 어려웠던 점은 한국인들의 관심을 끌고 준비에 큰 도움이 되었으며 기록된 대로 절차를 진행하는 것이었습니다. 이 책이 필요한 만큼만 활용된다면 우리 병동 간호는 균일해지고 훨씬 개선될 것입니다.

지난 9월, 우리 간호부회가 서울에서 개최되었을 때, 몬트리올에서 개최된 국제 간호원 협의회에 참석한 쉐핑 양과 두 명의 한국인 대표자들이 보고를 하였고, 한국인들은 외국 여행에 대하여 매우 흥미로운 이야기를 나누었습니다. 캐나다에 체류한 지 3개월밖에 되지 않는 H. K. 이(李) 부인이 캐나다의 방문 간호에 대하여 이야기할 수 있었던 것은 놀라웠기에 시간을 잘 활용한 것이 분명합니다. 나는 출판 위원회에 임명되었고, 회보 출판에서 나의 주요 역할은 비록 그들 자신이 그렇게 하였다는 것을 종종 부인하지만 각 호(號)의 오류를 찾아내는 교정인들을 기쁘게 하려고 노력하는 것이었습니다.

나는 작년 10월부터 현재 의학전문학교 3학년인 곽 목사를 선생으로 한국 어를 공부하고 있습니다. 우리는 쉐핑 양이 번역한 실용 간호학 책을 공부하 고 있는데, 그가 잘 이해하고 있지 않은 부분들이 있지만 그는 아주 잘하고 있으며, 이 책을 가르칠 수 있는 유일한 한국인입니다. 피곤하고 방해가 많은 오후 4시 이후에만 공부할 수 있는 시간이 있음에도 불구하고 나는 공부를 매 우 즐기고 있습니다.

나는 9월부터 주일의 업무로 한국인 교회에 출석하고 있습니다. 이번 봄에 기숙사 규정을 제정하면서 관심도와 출석률이 매우 저조하여 교회 출석을 의 무화하였습니다. 우리는 또한 모든 간호사들이 적어도 졸업하기 전에 세례를 받도록 항상 노력하고 있는데, 당연히 그들이 정기적으로 교회에 출석하지 않 는 한 그렇게 할 수는 없습니다. 또한 우리는 정기적인 헌금을 장려하기 위하 여 자체 헌금 상자를 갖추고 있으며, 오전 예배에 참석할 수 없는 간호사들은 예배당에 내려올 때 헌금을 가져옵니다.

나의 주요 업무는 작년과 마찬가지로 간호원장과 양성소 소장이었습니다. 이것은 실제로 한 사람에게 꽉 찬 업무이며, 때로는 어떤 종류의 만족스러운 결과를 얻기에 너무 많은 것 같습니다. 그것은 내가 [업무에] 매우 묶여 있고, 학교 밖의 사회 생활을 할 시간이 거의 없거나 심지어 여러 번 의사가 없다는 것을 의미합니다. 그러나 나는 제대로 준비되지 않은 수업이나 중요한 업무를 소홀히 하여 낙담하는 것보다 서울에서 열리는 많은 행사 중 일부를 빠지는 것을 선호합니다. 영 양과 넬슨 양이 병원 간호를 전담하고 있어 사례를 개별 적으로 알지 못해서 손해를 입는다는 뜻임에도 불구하고 나는 이것을 나의 업 무에 포함시키려고 하지도 않습니다. 나는 동료들의 효율적이고 충실한 업무 에 매우 감사해하고 있으며, 학생들은 긴밀하고 지속적인 감독하에 실무 업무 에서 향상되고 있습니다. 샤록스 부인과 쉴즈 양은 둘 다 기관의 원활한 운영 과 매일 우리에게 오는 많은 환자들을 친절하게 대하는 데 중요한 역할을 하 고 있습니다. 학교에서 나의 조수인 C. S. 김 양은 확실히 보석 같습니다. 그녀는 매우 어려운 위치에 있지만, 자신의 의견을 표현하고 권리를 옹호하는 데 있어서 두려움이 없고 재치도 있습니다. 그녀는 학생 기숙사의 책임자이며, 실용 간호학 교육을 보조하고, 간호 및 위생 이론을 가르칩니다. 이 모든 것 외에도 그녀는 도표를 작성하고 한 달에 한 번씩 병원에서 개인 업무를 수행하는 시간을 갖고 있습니다.

그림 33. 김정선.

여러 번의 불만족스러운 임시 변통 끝에 우리는 이제 최소한 1년 동안 기숙사에 방을 갖게 되었는데, 그것은 도서관으로 사용할 수 있습니다. 지난 몇 년 동안 많은 책이 수집되었으며, 최근에는 여러 최신 잡지가 구독되어 학생들을 위하여 제공되었습니다. 학생들이 도서관에 있는 많은 좋은 책들을 접할 수 있도록 하고 방학을 더 잘 활용하도록 돕기 위하여 우리는 두 상급반에게 특정 책을 읽도록 배정하고 특정 날짜에 보고서를 제출하도록 요청하였습니다. 그 계획의 성공 여부를 짐작하기에는 너무 이르지만 적어도 시도해 볼 가치는 있다고 확신합니다.

나는 작년에 한 문제, 즉, 한 사람이 엄격한 교사이면서도 젊은이들을 확신할 수 있는가에 대하여 연구해 왔습니다. 나는 간호사를 책망하고 바로 잡는 것이 그들의 훈련에서 가장 중요한 부분 중 하나라고 생각하며, 비록 많은 일들이 나에게 도움이 되지만 내가 필요하다고 생각할 때 말하는 것은 모두가 알고 있고 아마도 이것은 학생들 사이에서의 내 별명인 '시어머니'를 설명하고 있습니다. 이 훈육 업무는 사람을 경찰관처럼 느끼게 하고, 그것이 역시 중요한 일인 간호사들의 신뢰를 내가 받는 것을 막았다고 느끼고 있습니다. 나는 지난 한 해 동안 이 문제에 대하여 많이 고민하고 기도해 왔으며, 그 어려움을 충분히 이해하면서도 모든 학생들에게 이 두 가지 모두가 되는 것을 내년 목표로 삼았습니다. 나에게 너무 어려 보이는 새 학급과 함께 나는 매우 어머니다운 태도를 취하고, 필요할 때 그들을 꾸짖었는데, 그들은 단지 평범한 소녀이기 때문에 종종 그러하며 그들이 필요하고 그럴 자격이 있는 것처럼 보일 때 그들에게 매우 애정을 가질 것입니다. 나는 이것이나 그 일의 어떤 부분을 시도하는 것보다 더 잘 알고 있으며, 따라서 나에게 맡겨진 일의 모든 부분에서와 마찬가지로 이 일에서도 나는 주님께서 나에게 필요한 힘과 지혜를 주시리라 믿고 있습니다. 그리고 나는 나의 역할을 충실히 수행한다면 나 자신의 만족과 훈련을 통하여 간호사들에게 유익이 된다는 것을 증명할 수 있으며, 간호사들의 존경뿐 아니라 사랑과 신뢰를 받을 수 있는 방식으로 훈계하는 것이 가능하다고 확신합니다. 끝으로, 나는 하늘에 계신 아버지께서 나와 함께 계심에 대하여, 그리고 그분의 포도원에서 일하도록 나에게 작은 부분을 주신 것에 대하여 감사드립니다.

삼가 제출합니다.
에드너 로렌스

Edna M. Lawrence (Seoul),
Annual Personal Report, 1930~31 (Aug. 4th, 1931)

Annual Personal Report, 1930~31

After a restful month at my cottage on Chiri San I took up the work of the fall. Before going on vacation I had spoken to our evangelist, Mr. Lee, about the possibilities of living special meetings for the _____ ____ by the Asbury College Foreign Missionary Team and I had hardly gotten back then Mr. Lee told me that the meeting were to begin on the third of the month. I was sorry that we could have practically no preparatory meetings to really create in the students a desire for a revival but as the dates had been decided on it seemed best to go ahead with them. I think it is very hard, if not quite impossible, to judge the real results of such meetings either at the time or even soon afterwards, so though I found out that some in the third year hadn't confessed and repented and therefore hadn't received the blessing, I am sure that the spirit shown by the second year then and afterwards was due to the help received at that time.

We had noticed from last spring on that there wasn't a very nice spirit in the school but if seemed to be one of those intangible things that you know exists and yet which you can't define or find out. About October it became evident that we had one if not more undesirable students in the school but she or they were so clever about their wrong doing that we foreigners at least were really in the dark as to who the real offenders were and no doubt would have remained in that helpless state if our graduate staff hadn't taken a hand in the matter and asked that they be allowed to handle it themselves. They were given permission to do so just so they keep us informed about their plans and progress. So they went ahead with the investigations and we stood in the background, not even sure who the real offender might be. Their first plan was to call the nurse down to their dormitory before them all and have a spokesman tell her what they had against her and that she was to mend her ways or leave the school. However they didn't do this but after several meetings and much discussion the dormitory teacher called in the one whose conduct hadn't been right and told her the charges against her and tried to make her see that she must make full confession and repent. We all tried to help her to see her wrong-doing but our efforts were all of no avail and she was expelled the middle of December. She made a great fuss when leaving and her classmates showed their sympathy by staging a nice little fight in the dormitory as she was leaving. This is the first time to my knowledge, at least that our graduate staff have taken any part in a matter of this kind though we often wished that they would do so. Their attitude and action at this time showed that they were not willing to have their profession openly disgraced and not try to set things right. I hope that they will not be discouraged by the insults and abuse they received this time but will take a definite action whenever necessary for they are in a position to see and hear so much more than we can about the conduct of the students. It is also to be hoped that the interns this spring are men of good Christian character and will have proper relationships with nurses and others.

Even after this one nurse was expelled it took some time for the spirit of the school to change and it looked as if we weren't going to have a good time even by Christmas. The second year, I'm glad to say had on the whole been behaving very well and they wanted to take part in festivities and also asked if they could have permission to make and sell handkerchiefs, the proceeds to go toward buying rice for the poor of the city. They were given permission to do so and were so successful that they were able to buy seven bags of rice which were given out on

Christmas afternoon to a mob of poor creatures who looked as if they could stand a good square meal. At five o'clock on Christmas morning we all went through the wards, carrying lighted candles, and sang for the patients. This was the first time we have ever done this but I don't think it will be the last as we all enjoyed it so much and it seemed to start the day of right for us all.

A year ago last March a young woman came to Seoul from North Ganto expecting to enter our school, not knowing that applications had all to be in by the end of February.[29] She was in a bad fix when she couldn't get in here and there was something so nice and refined about the girl that I felt that I must try and help her out of her trouble someway so I took her on to do some sewing for me and she seemed willing to do anything that she was asked to do. Soon the other members of the household wanted a share of her time so she became a regular member of the household and made herself very useful and endorsed herself to us all. This spring she took our entrance examinations and entered and though she is right with us still we all miss her cheery presence and her helpfulness in the house. I feel that the year of waiting has been mutually profitable and we are hoping that she will do as well in her studies as we know she will in her practical work.

Ha Un Hak, the student I've been helping in the Chungsin Girls' School for several years, graduated this spring. I had hoped that she would want to study nursing but she showed such aversion for it that I couldn't urge it on her. She has taken a position as teacher in the primary school at the College and though the salary isn't large yet it gives her a useful occupation. She still has her hair down her back and she seemed in no hurry to be grown up even though she had graduated from high school.

The Y. W. C. A. has functioned during the year though their efforts were spent principally on the usual social events as the welcome and farewell meetings. The president has been a very fine Christian nurse and a real leader. The new president is having a hard time as she isn't familiar with Parliamentary Law and hasn't the bearing to carry off her duties very well. The Y leads chapel every

---

29) The shaded portion of the report was typed as a letter to Friends and distributed by the Board of Foreign Missions. Edna M. Lawrence(Seoul), Letter to Friends(Rec'd July, 1931)

Monday morning and holds services for the patients every Sunday evening.

The Graduate Nurses' meetings have been held monthly during the year. There has been a fine spirit shown in all these me things and attendance and interest has been very good. At last we have our Ward Manual printed for the first term of the first year and material for the first term of the second year is now at the printers. When I exhibited the Manual at our last meeting the nurses were all so pleased and the younger nurses especially read it more eagerly than they would have a story book. Their interest made me feel that it has been worth my while to make the preparation of this book my major side-line since my return from furlough. Already we have copies to other schools and my teacher, a medical student, asked if he couldn't take one home to study himself and also for his wife to read. The hardest part about the preparation was to get the Koreans interested in it and to really help in its preparation and to carry out the procedures as recorded. If this book is only used as it should be our ward nursing will be uniform and very much improved.

Last September, when our Nurses' Association met in Seoul, Miss Sheping [sic] and the two Korean delegates to the International Council of Nurses held in Montreal, gave their reports and the Koreans had some very interesting things to tell about travel in a foreign country. Mrs. H. K. Lee who had only about three months in Canada certainly made good use of her time for it is surprising what she can tell about the visiting Nursing in Canada. I was put on the Publication Committee and my main part in the Publication of the Bulletin has been to try to please the censors who find fault with each number even though they often contradict themselves in doing so.

I have been studying Korean since last October, using as my teacher Pastor Kwak who is now a third year medical student. We are studying the Practical Nursing book translated by Miss Shepping and though there are parts of it he doesn't understand he does very well and is the only Korean through I've had who can teach this book. I enjoy my study very much even though the only time given to it is after four in the afternoon when I am tired and there are many interruptions.

Since September I have been attending Korean church as my Sunday assignment of work. In making out our dormitory rules this spring we have made church attendance compulsory as the interest and attendance has been very poor. We also always try to have all the nurses receive baptism at least before they graduate and of course they can't do that unless they are regular in their church attendance. We also have our own collection box to encourage regular giving and the nurses who can't attend the morning service bring their collection when they come down to chapel.

My main assignment of work has been the same as last year, that is, Sup't of Nurses and Principal of the Training School. This is indeed a full assignment for one person and at times seems entirely too much to get any kind of satisfactory results. It means that I am very much tied down and have little time or even inclination many times for social life outside of the school. I prefer, however to miss some of the many events in Seoul to the feeling of discouragement which comes over poorly prepared lessons, or important duties neglected. Miss Young and Miss Nelson are in complete charge of the nursing in the hospital so I don't even try to include this in my assignment even though it means that I lose out by not knowing the cases individually. I am very thankful for the efficient and faithful work of my colleagues and the students are improving in their practical work under their close and constant supervision. Mrs. Sharrocks and Miss Shields both have important parts in the smooth running of the institution and the kindly handling of the many patients who come to us daily. My assistant in the school, Miss C. S. Kim, is certainly a jewel. She is in a very hard position and is yet both fearless and tactfull in expressing her opinions and in standing up for the right. She is the head of the student dormitory, assists in the teaching of Practical Nursing, teaches the Theory of Nursing and Hygiene. In addition to all this she finds time to have some charts made and do personal work in the hospital once a month.

After many unsatisfactory make-shifts we now have a room in the dormitory for a year, at least, which can be set off as a library. Many books have been collected in the last few years and recently several current magazines have been subscribed for and made available for the students. In an effort to make the students acquainted with the many good books in the library and also to help them make better use of their vacations we assigned reading of certain books to the two upper classes and asked for a report to be handed in by a certain date. It is too soon to even guess what the success of the plan will be but I'm sure it is worthy of a trial at least.

I have been working on a problem this past year, namely is it possible for one person to be both displinarian [sic] and confident of young people? I think that the reproving and correcting of nurses in one of the most important parts of their training and even though many things do get by me yet all know that I speak when I think necessary, probably this accounts for my nick-name among the students 'mother-in-law'. This disciplining business does make one feel like a policeman and I feel that it has been prevented me from being taken into the confidence of the nurses which is also an important thing. Having thought and prayed much over this matter for the past year and even though realizing fully its difficulties, I have set myself as goal for this next year to be both of these to all the students. With the new class who do seem so young to me I have been very motherly and scold them when necessary, which is quite often as they are just normal girls, and will be very affectionate to them when they seem to need and deserve it. I know better than to attempt this or any part of the work in my own strength so in this as in all parts of the work committed to me I am trusting the Lord to give me the necessary strength and wisdom and I feel sure that if I do my part faithfully that I can prove to my own satisfaction and to the good of the nurses in training that it is possible to reprove in such a way that I will not only have the respect but the love and the confidence of the nurses. In closing, I give thanks to my heavenly Father for His continued presence with me and for even the small part He has given to me to labor in His vineyard.

Respectfully submitted,
Edna Lawrence

에드너 M. 로렌스(서울)가 친구들에게 보낸 편지
(1931년 10월 13일)

조선(한국) 서울,
1931년 10월 13일

친애하는 친구들,

　　독특한 직업을 가진 한국인 소녀에 대해 말씀드리겠습니다. 5월의 어느 아름답고 선선한 아침, 매우 더럽고 평판이 좋지 않은 인물이 손과 무릎을 꿇고 세브란스 연합병원의 외래로 찾아왔습니다. 그녀는 생계를 구걸하며 서울 주위를 돌아다닐 때 무릎을 보호하기 위하여 많이 헤진 옷과 가죽 받침을 착용하였으며, 끝을 일자로 자른 어깨 길이의 단발머리이었습니다. 그녀는 발의 상태가 매우 나빴고, 의복은 고름으로 흠뻑 젖어 보기에 끔찍하였습니다. 한쪽 손은 감염은 되지 않았지만 심하게 불구가 되었으며, 엄지와 첫 번째 손가락만 충분히 사용할 수 있는 힘이 있었습니다. 그녀는 승강기를 타고 올라가 병동 화장실까지 기어갔습니다. 그녀는 이곳에서 옷을 벗고 목욕을 하였습니다. 그녀는 깨끗한 침대로 기어 들어가 이불 속에서 웅크리고 있을 때 얼마나 만족스러워 보였는지요!

　　한 달 정도의 치료 끝에 그녀의 발은 퇴원 문제가 제기될 정도로 많이 회복되었습니다. 그녀는 목발을 사용할 수 있게 되었고, 행복한 미소를 지으며 복도를 따라 절뚝거리면서 그들이 그녀를 위하여 해준 모든 것에 감사해하였습니다. 그녀가 갈 집이 없다는 것이 밝혀졌습니다. 그녀는 13세에 결혼하였고 1년 후 그녀의 손에 이 병이 발병하였습니다. 그녀의 시부모님은 유난히 그녀에게 친절하였지만, 결국 그녀를 내쫓아 생계를 구걸하도록 만들었습니다.

　　우리는 이 사랑스럽고 순수한 소녀를 거리의 삶으로 돌려보낼 생각을 할 때마다 옳은 일이 아닌 것 같았습니다. 그녀는 병원에서 퇴원하여 한 달에 5달러를 받고 음식을 준비하고 빨래를 해주겠다고 약속한 한 친절한 여자가 있는 초라한 한국인 가정에 맡겨졌습니다. 새로 찾은 아버지와 외국인 간호사에 대한 아름답고 단순한 믿음으로 장옥희는 행복하게 그녀의 새 집으로 갔고, 그곳에서 판매할 꽃병을 수리하고 밝은 색종이로 한복을 만들며 하루에도 여러 시간을 부지런히 일하였습니다.

딸깍딸깍, 딸깍딸깍, 간호부양성소의 교습실에서 목발 소리가 들린다니 얼마나 이상합니까! 그러나 그녀는 평소처럼 미소를 지으며 복도를 따라 내려와 시연실 문으로 돌아와 목발을 구석에 놓고 고무신을 벗고 침대 위로 기어 올라가 옷을 벗기 시작합니다. 멋지고 깨끗한 가운과 기모노가 그녀를 위해 준비되어 있고, 그녀는 이것들을 입고 하루 일과를 할 준비가 되어 있습니다. 막바지 수업 준비를 하러 간호사가 급히 들어오고 옥희가 반갑게 맞아주며 불구가 된 손을 내밉니다. 그녀의 입술에는 항상 존중과 감사의 말이 있습니다.

계속해서 외과 상처 처치를 준비하고 지원하는 복잡한 술기를 배울 준비가 된 17명의 견습생이 있습니다. 간호사는 기도를 인도하고, 출석을 부르고 수업이 시작됩니다. 간호사들은 좋은 도움이 되지만 실제 감정을 가진 사람이 아닌 모형 대신 침대에 누워있는 옥희를 보고 기뻐합니다. '오, 진짜 환자가 있다는 것이 얼마나 좋은지!' 그들은 무슨 일이 일어날지 예상하며 환호하며 손뼉을 칩니다. 옥희는 소독하고 정리하는 일에 간호사 못지않게 관심이 많고 우리 병원에서 환자로 있었기에 기구나 방부제, 간호사를 무서워하지 않습니다. 모든 것이 준비되면 그녀의 불쌍한 작은 발에 다시 붕대를 감습니다. 다음으로, 그녀의 복부 아래로 머큐로크롬 줄무늬가 생기고 그녀는 깨끗한 수술 환자가 됩니다. 여기에서 복대를 착용하는 연습이 제공됩니다. 첫 조가 나가고 다음 조가 들어오며, 그 과정이 반복됩니다.

다음날 학급은 변비를 치료하기 위하여 복부 안마를 배우고, 모든 조의 학생들이 우리의 작은 환자를 대상으로 연습합니다. 그러나 그녀는 반대하지 않고 서투른 손으로 민감한 부분을 만지면 작은 웃음을 터뜨려 이 일에 흥미를 더합니다. 1조가 나간 후 그녀는 항상 목발을 사용하지 않고 다른 소녀들처럼 걸을 수 있으면 좋겠다고 아쉬운 듯이 말하였습니다. 그래서 간호사의 도움을 받아 목발 하나만 지팡이로 사용해 보라는 지시를 받았습니다. 그녀는 처음에는 두려웠지만 곧 자신감을 얻었고 심지어 지팡이 없이도 간호사의 안정된 팔로 감히 시도하였습니다. 이것은 너무 성공적이어서 그녀는 혼자서 모든 것을 해보고 싶었고 방을 가로질러 갔고 실제로 목발이나 도움 없이 걷고 있다는 것을 알았을 때 그녀는 너무 기뻐서 흔들렸고 거의 넘어질 뻔하였습니다. 침대로 돌아가서 그녀는 말했습니다. "오, 내가 정말 이 세월이 지나도 걸을 수 있을까? 나는 평생 절름발이가 되지 않을까? 9년이 지나도 나는 다른 여자들처럼 될 수 있을까? 오, 내가 걸을 수만 있다면 나는 너무 기뻐서 춤을 출 것입니다."

물론 우리는 그녀를 모든 시범에 사용할 수는 없지만 그녀가 유용하고 독립적인 사회 구성원이 되고 있다고 느끼도록 노력하고 있습니다. 환자로 오지 않는 날에 그녀는 종이로 작은 소품을 만들어 병원과 간호사 숙소 방문객에게 팔며, 심지어 미국으로 가져가기도 합니다. 그녀가 소품 판매로 얻은 이 적은 돈은 우리 외국인 의사 중 한 명과 간호사에 의해 보충됩니다. 일요일 아침에 그녀는 다른 많은 사람들과 함께 구내에 있는 교회로 향해 가서 그녀가 이제 막 알고 사랑하는 법을 배우고 있는 하나님에 대한 예배와 찬양에 참여합니다.

안녕히 계세요.
에드너 M. 로렌스

Edna M. Lawrence (Seoul), Letter to Friends (Oct. 13th, 1931)

Seoul, Chosen(Korea),
October 13, 1931

Dear Friends: -

Let me tell you about a Korean girl with a unique occupation. On a beautiful cool crisp morning in May a very dirty and disreputable figure made her way on hands and knees to the out-patient department of Severance Union Hospital. She had a 'long bob', very torn garments and pads of leather on her knees to protect them as she travelled around Seoul begging for a living. She had a very bad condition of the feet, and the dressings were soaked with pus and horrible to look at. One hand, though free from infection was very badly crippled, only the thumb and first finger having enough strength in them to be useful at all. She was taken up in the elevator and crawled the rest of the way to the bathroom of the ward. Here she was disrobed and bathed. How contented she looked as she crawled up into the clean bed and then snuggled under the covers!

After a month or so of treatment her feet were so much improved that the question of her discharge had to come up. She had gotten so she could use crutches and would hobble along the hallways, smiling happily and thanking one and all for what they had done for her. It was found out that she had no home to go to. She had been married nt the age of thirteen and a year later this disease had developed in her hand. Her parents-in-law were unusually kind to her, but finally they threw her out to beg for a living.

Every time we thought of sending this sweet, pure girl back to a life on the streets it just didn't seem to be the right thing to do. She was taken out of the hospital and put in a humble Korean home where a kind woman promised to prepare her food and do her washing for five dollars a month. With beautiful simple faith in her new-found Father and the foreign nurse, Chang Ok Hui, went happily to her new home and there worked diligently many hours a day fixing up vases for sale and in making Korean costumes out of bright colored paper.

Clickety-clack, clickety-clack, how strange for the sound of crutches to come from the teaching suite of the School for Nurses! But down the hallway she comes, smiling as usual, and turns in at the door of the Demonstration Room, puts her crutches in the corner, slips off her rubber shoes and scrambles onto the bed, and begins to disrobe. A nice clean gown and kimono are laid out ready for her and these she puts on and is ready for her day's duties. The nurse hurries in to make the last minute preparations for the class and Ok Hui greets her enthusiastically and stretches out her little crippled hand. On her lips are always words of appreciation and thanksgiving.

In files the class, seventeen probationers, ready to learn the intricate technic of preparing and assisting with surgical dressings. A nurse leads in prayer, the roll is called and the class begins. The nurses are all so glad to see Ok Hui in the bed in the place of the dummy that has given good service but isn't a real live person who has feelings. "Oh, how nice it is to have a real patient", they exclaim and clap their hands in anticipation of what is about to happen. Ok Hui is as interested almost as the nurses as the work of sterilizing and arranging goes on and having been a patient in our hospital she is not afraid of instruments, antiseptics or nurses. When all is ready her poor little feet are dressed and bandaged up again. Next, her abdomen gets a streak of mercurochrome down it and she becomes a clean surgical case. Here practice in putting on an abdominal binder is given. The first division go out and the next class comes in and the process is repeated.

The next day the class is taught massage of the abdomen to correct constipation and our little patient is practiced on by every member of the division; seven, but she doesn't object but adds to the interest of the occasion by letting out little giggles when a sensitive place is touched by unskilled hands. After the first division had gone out she said wistfully that she wished she didn't always have to use her crutches but could walk as other girls. So with the help of the nurse she was told to try, using just one crutch as a cane. She was fearful at first but soon gained confidence and even dared to try without even n cane but with the steadying arm of the nurse. This was so successful that she wanted to try all by herself and away she went across the room and when she found out that she was actually walking without any crutch or help she was so delighted she swayed and almost had a tumble. Back to her bed she went and, "Oh am I really going to be able to walk after all these years? Am I not to be a cripple all my life? Am I to be like other girls after nine years of this? Oh, if I can only walk I will be so happy that I will dance for joy".

Of course we cannot use her for all the demonstrations but we are trying to make her feel that she is becoming a useful and independent member of society. On the days she doesn't come as a patient she makes little favors out of paper which are sold to visitors to the hospital and nurses home and are even finding their way to America. This little she gets from the sale of the favors is supplemented by one of our foreign doctors and the nurse. On Sunday morning she went her way with the many others to the church on the compound where she joins in the worship and praise of the Father she is just learning to know and love. ###

Faithfully yours,
Edna M. Lawrence.

19320100

에드너 M. 로렌스, 독특한 직업.
The Korea Mission Field (서울) 28(1) (1932년 1월호), 13~14쪽

독특한 직업

에드너 M. 로렌스

5월의 어느 선선하고 상쾌한 아침, 매우 더럽고 평판이 좋지 않은 두 인물이 손과 무릎을 꿇고 서울의 세브란스 연합병원 외래로 향하였다. 그들은 둘 다 '긴 단발', 매우 헐고 더러운 옷, 그리고 서울의 거리를 돌아다니며 생계를 구걸할 때 그들을 보호하기 위해 무릎에 가죽 보호대를 대고 있었다. 그들은 생계를 구걸하며 서울의 거리를 돌아다녔다. 둘 중 나이가 어린 인물은 발 상태가 좋지 않았는데, 뼈가 감염되었고 붕대가 고름으로 흠뻑 젖어 보기에 끔찍하였다. 한 손은 감염되지 않았지만 매우 심한 장애가 있었고, 엄지와 검지를 쓸 수 있을 정도의 충분한 힘만 가지고 있었다. 그들은 우리 외과 진료소의 무료 진찰권을 받았고 계단을 올라갔는데, 참으로 안타까운 광경이었다. 두 사람 모두 진찰을 받았고, 발이 아픈 인물은 병동의 무료 입원권을 받았다. 접수대에서 직원은 그들을 훑어보더니 남자 무료 병동에 병상이 없다고 말하며 고개를 저었다. 그녀는 "하지만 난 여자야."라고 말하면서 그녀는 얼굴에 장난기 가득한 미소를 지었다. 직원은 놀라움을 숨기려 하지도 않고 다시 살펴보았고 여자 무료 병동에 무료 침대가 하나 있다는 것을 알았다. 그래서 동반자를 남겨두고 그녀는 승강기를 타고 3층으로 올라간 화장실까지 기어가서 그녀의 더러운 옷을 벗고 목욕을 하였고 이를 잡는 일이 시작되었다. 그녀는 깨끗한 침대로 다가가 이불 아래로 파고들 때 얼마나 만족스러워 보였는지. 나중에 그녀는 잠자리에 드는 순간부터 아주 평화로움을 느꼈고 미래에 대한 모든 두려움이 사라졌다고 말하였다.

한 달 정도의 치료를 받은 후 그녀는 많이 호전되었고, 그녀의 퇴원 문제가 제기되어야만 했다. 그녀는 이제 목발을 짚고 돌아다니며 복도를 오르내릴 수 있게 되었고, 기회가 있을 때마다 미소를 지으며 감사의 말을 전할 수 있게 되었다. 하지만 침대가 비기를 기다리는 궁핍한 사람들이 더 많았기 때문에 이 행복한 상태가 계속될 수는 없었으며, 그래서 그녀가 갈 수 있는지 알아보기 위하여 그녀의 가정 상태를 조사하였다. 그녀의 가족이 이사를 갔는데 그녀는 어디로 갔는지 알지 못하였고, 그녀의 시부모님도 그녀를 내쫓았고, 그래서 그녀를 환영하는 곳이 없었기에 그녀는 갈 집이 없었다는 것을 알게 되었다. 그녀는 13세에 결혼을 하였고, 불과 1년 후에 이 질병이 그녀의 손과 발에 발생하였다. 하지만 그녀의 시부모님은 유별나게 친절하였고 그녀가 집안일을 거의 할 수 없었지만 4년 동안 그녀를 지켰다. 그들이 마침내 그녀를 쫓아냈을 때 그녀가 할 수 있는 일은 구걸밖에 없었으며, 처음에는 시골에서, 그리고 마지막 4년은 서울에서 그렇게 하였다.

우리는 그녀가 침대를 비우기 위하여 퇴원해야 한다는 것을 알고 있었지만, 우리는 이 소녀를 이전 삶으로 돌려보낼 생각을 할 때마다 몇 년 동안 자신을 순수하고 세련되게 유지하였던 삶을 되돌리도록 하는 것이 옳지 않다고 생각하였다. 그래서 우리는 그녀가 퇴원하는 것을 며칠 미루고 그녀가 스스로 생계를 꾸리기 위하여 무엇을 할 수 있는지 시도하였다. 우리는 바느질을 시도해 보았지만, 그녀의 오른손이 거의 불구이어서 매우 힘들었다. 그런 다음 그녀는 나중에 광택을 칠하기 위하여 꽃병에 붙일 밝은 종이를 받았고, 이것을 그녀가 잘하고 매우 즐겼다. 그럼에도 불구하고 그녀의 미래에 대한 문제는 해결되지 않았고, 며칠간의 안내를 기다린 후에 그녀는 병원에서 퇴원하여 매달 5달러에 친절한 여자가 그녀에게 음식을 제공하고 그녀를 위하여 빨래를 해 주기로 동의한 근처의 한국인 가정에 수용되었다. 새로 찾은 하나님 아버지에 대한 아름답고 단순한 믿음과 맥라렌 박사와 외국인 간호사들을 여전히 신뢰하는 마음으로 장옥희는 기쁜 마음으로 새 집으로 갔고, 그곳에서 색종이로 작은 소품을 만들며 많은 시간을 부지런하게 일하였다. 그녀는 소품들을 너무 예쁘게 만들어서 병원 주변의 친구들과 방문객들에게 팔아도 좋을 것 같았다.

* * * *

딸깍딸깍, 딸깍딸깍, 간호부양성소 교실에서 목발 소리가 들리는 것이 얼마나 이상한지. 그녀는 여느 때와 같이 미소를 지으며 복도를 따라 내려와 실연실 문으로 돌아와서 목발을 구석에 놓고 고무신을 벗고 침대로 기어 올라가 앉았다. 옷을 벗기 시작한다. 멋지고 깨끗한 잠옷과 기모노가 그녀를 위해 준비되어 있고 그녀는 이것들을 입고 하루 일과를 할 준비가 되어 있다. 간호사가 막바지 수업 준비를 하기 위해 급히 들어왔고, 옥희는 불구된 손을 그녀에게 내밀며 다시 한 번 감사를 표한다. 17명의 견습생이 수업에 참여하여 외과용 붕대 감기를 준비하고 지원하는 복잡한 기술을 배울 준비가 되어 있다. 간호사가 기도를 인도하고, 출석을 부르고 수업이 시작된다.

모든 간호사들은 마침내 자리에서 물러나 슬픔과 불명예 속에 문 뒤에 앉아 있는 인형 보배 대신 침대에 누워 있는 옥희를 보고 기뻐한다. 그녀는 훌륭하게 수고를 하였지만 물론 감정이 없기 때문에 실제 환자와 같지는 않다. "진짜 환자가 있다는 것이 얼마나 좋은지" 간호사들은 외치며 무슨 일이 일어날지 예상하며 손뼉을 친다.

다음날 2학년 안마 수업이 있다. 다시 돌아온 그녀는 행복한 미소를 지으며 임무를 수행할 준비를 한다. 수업에서는 변비를 교정하기 위한 복부 안마를 배웠고, 모든 조원인 7명이 우리의 작은 환자를 대상으로 연습하였지만 그녀는 반대하지 않고 오히려 행복한 작은 웃음으로 관심을 더했다. 1조가 나간 후 그녀는 매우 아쉬운 마음으로 다른 소녀들처럼 걸을 수 있고 항상 목발을 사용하지 않게 되었으면 좋겠다고 말하였다. 그래서 간호사의 도움을 받아 목발 하나만으로 지팡이를 짚고 걸어보았는데, 이것도 성공해서 이것마저 버리고 도전해보고 싶었다. 그래서 간호사가 팔로 그녀를 약간 받쳐주고 그녀는 활기찬 걸음걸이로 방을 가로질러 출발하였고 자신이 너무 자랑스러워서 혼자 노력하겠다고 말하였다. 그녀는 출발하여 아주 잘 가고 있었는데, 갑자기 그렇게 오랜 세월 앓다가 실제로 혼자 걷고 있다는 것을 깨달았다. 그녀는 이 생각으로 기쁨이 넘쳤고 약간 흔들렸는데 근처에 있는 친구의 팔이 없었다면 넘어졌을 것이다. 그녀는 침대로 돌아가서 말하였다. "이 세월이 지나도 정말 걸을 수 있을까요? 정말 더 이상 절름발이가 되지 않을까요?" "목발 없이 걸을 수만 있다면 너무 행복해서 춤을 출 거예요." 잠시 후 그녀는 "미국에 불구가 된 소녀가 있습니까?"라고 물었다. 많다고 하니 한국에만 있는 줄 알았다고 하였다. 그날 오후 그녀는 다시 혼자 걸으려고 하였고, 이 사진은 그녀가 약 9년 만에 처음 걸었던 날에 찍은 것이다. 그녀가 너무 행복해 보이는 것이 이상한 일인가?

우리는 그녀를 모든 실연에 사용할 수는 없지만, 매일 우리의 방식은 그녀를 놀라게 할 정도로 너무 세게 밀어붙이는 것이 아니라 진행되는 동안 그녀를 행복하게 하고 그녀가 독립적인 존재이며 유용한 사회 구성원이라고 느끼게 하려는 것이라고 느끼고 있다. 그녀와 함께한 우리 일의 최고의 성공은 간호사들이 수면을 유도하기 위하여 등 안마를 배웠고, 환자가 잠이 들었을 때 수업이 끝나고 간호사가 언제 나갔는지조차 알지 못할 정도로 성공적이었다.

일요일에 그녀는 그녀가 이제 막 알고 사랑하기 시작한 아버지를 경배하고 찬양하는 데, 다른 많은 사람들과 함께하는 구내에 있는 교회로 내려간다. 그녀는 또한 함께 살고 있는 여자에게 다시 교회에 참석하도록 설득하였다.

Edna M. Lawrence, A Unique Occupation.
The Korea Mission Field (Seoul) 28(1) (Jan., 1932), pp. 13~14

A Unique Occupation

Edna M. Lawrence

On a beautiful cool, crisp morning in May, two very dirty and disreputable figures made their way on hands and knees to the Out-Patient Department of Severance Union Hospital in Seoul. They both had 'long bobs', very torn and dirty garments, and pads of leather on their knees to protect them as they went around the streets of Seoul begging for a living. The younger of the two had a bad condition of the feet, infection of the bones, and the dressings were soaked with pus and horrible to see. One hand, though freed from infection, was very badly crippled, only the thumb and first finger having enough strength in them to be useful at all. They were given free tickets to our surgical clinic and so up the stairs they went, pitiable sights indeed. They were both examined and the one with the diseased feet given an admission ticket to the free ward. At the admitting desk the clerk looked them over and shook his head, saying that there no beds in the men's free ward. A bit of a roguish smile lit up her face as she said, "But I'm a girl." Not even attempting to hide his surprise the clerk looked again and found that there was one free bed in the women's free ward. So, leaving her companion behind, she was taken up on the elevator to the third floor and then crawled the rest of the way to the bathroom, where she was relieved of her filthy garments, bathed and the delousing process started. How contented sbe looked as she pulled herself up into the clean bed and then snuggled down under the covers. She told us afterwards that she felt quite at peace from the minute she got into bed and all her fears for the future disappeared.

After a month or so of treatment she was much improved and the question of her discharge had to come up. She could now walk around on crutches, going up and down the hallways smiling and speaking out her gratitude at every opportunity. However, this happy condition couldn't be allowed to continue, as there were more needy ones waiting for the bed, and so her home conditions were investigated to see if she could go there. It was found that she bad no home to go to, for her own people had moved away, she didn't know where, and her parents-in-law had thrown her out and so there would be no welcome for her there. She had been married at the age of thirteen and just a year later this disease broke out in her hand and later in her feet. However her parents-in-law were unusually kind and kept her for four years, even though she could do scarcely a bit of work in the house. When they finally cast her out there was nothing else for her to do but beg and this she did, at first in the country and the last four years in Seoul.

We knew she must go out so as to release the bed, but every time we thought of sending this girl back to her former life it just didn't seem right to make her go back to it, when she had kept herself pure and refined for so many years. So we delayed her going for a few days and tried if she could possibly do anything to earn a living for herself. We tried sewing, but it was very hard for her as her right hand was practically crippled. Then she was given some bright papers to paste on vases to be varnished later and this she did well and enjoyed very much. Even so the problem of her future wasn't solved and, after a few days of waiting for guidance, she was taken out of the hospital and put in a Korean home near by where a kind woman agreed to fed her and do her washing for five dollars a month. With beautiful simple faith in her new-found Heavenly Father, and still trusting Dr. McLaren and the foreign nurses, Chang Ok Hui went happily to her new home, and there worked diligently for many hours. making little favors out of colored paper. She made these so prettily that it seemed worth while to try selling them to friends and visitors around the hospital.

* * * *

Clickety-clack, clickety-clack, how strange to hear the sound of crutches coming from the teaching suite of the School for Nurses. Down the hall she comes, smiling as usual, and turns in at the door of the demonstration room, puts her crutches in the corner, slips off her rubber shoes and scrambles on to the bed where she sits and pants a minute from the exertion before beginning to disrobe. A nice clean nightgown and kimono are laid out ready for her and these she dons and is ready for her day's duties. The nurse hurries in to make the last minute preparations for the class and Ok Hui stretches out her little crippled hand to her and expresses again her appreciation for what is being done for her. In file the class, seventeen probationers, ready to learn the intricate technic of preparing and assisting with surgical dressings. A nurse leads in prayer, the roll is called and the class begins.

The nurses are all so glad to see Ok Hui on the bed in the place of Po Pai, the dummy, who is at last dethroned and sits in sorrow and disgrace behind the door. She has given good service but of course has no:feelings and so isn't like a real patient. "Oh how nice it is to have a real patient" exclaim the nurses and clap their hands in anticipation of what is about to happen. Ok Hui is almost as interested as any of them in the process of sterilization and arranging, for having been a patient in our hospital she isn't afraid of instruments, antiseptics or nurses. When all is ready her poor little feet are dressed and bandaged up again and the nurses get a real thrill out of doing it for a real patient.

The next day there is a class in massage for the second year. In she comes again, smiling happily, and prepares for her duties. The class is taught massage of the abdomen to correct constipation and our little patient is practised on by every member of the division, seven, but she doesn't object but rather adds to the interest by happy little giggles. After the first division had gone out she said very wistfully that she wished she might walk like other girls and not have to use crutches all the time. So with the help of the nurse she tried to walk with just one crutch, using it as a cane, and this was so successful that she wanted to throw even this one away and try it out. So with the nurse's arm supporting her a little she started off across the room at a lively gait and was so proud of herself that she said she was going to try all by herself. Off she set and was going along very well when she suddenly realized that she was actually walking alone after so many years of invalidism; this thought almost overwhelmed her with joy and she swayed a little and would have fallen but for the arm of her friend nearby. Back to her bed she went and said, "Am I really going to be able to walk after all these years? Am I really not to be a cripple any longer?" "If I can only walk without crutches I will be so happy I will dance for joy." After a little while she asked, "Are there any crippled girls in America?" When told that there were many, she said that she had thought that there were only such as she in Korea. That afternoon she tried to walk again by herself and this picture was taken on the day that she first walked in about nine years. Is it any wonder that she looks so happy?

We can't use her for all demonstrations but we are feeling our way day by day not pushing her too hard so as to frighten her, but trying to make her happy while it is going on and to make her feel that she is an independent and useful member of society. The crowning success of our work with her was on the day when the nurses were taught massage of the back to induce sleep and were so successful that the patient went to sleep and didn't even know when the class was over and the nurse left.

On Sundays she makes her way down to the church on the compound where she joins with many others in the worship and praise of the Father she is just beginning to know and to love. She has also persuaded the woman she is living with to attend church again.

19320217

에드너 M. 로렌스(서울)가 친구들에게 보낸 편지
(1932년 2월 17일)

세브란스 병원,

한국 서울,

1932년 2월 17일

친애하는 친구들,

나의 3월 보고서를 작성하려고 노력하면서 올해 나의 업무에서 특별한 흥미로운 것이 없는 것 같아 고국의 친구들에게 흥미로울 것으로 바라면서 병원에 입원한 어린이의 실화를 보냅니다.

또한 몇 가지 참고 사항만 추가하겠습니다. 현재 50명의 학생 간호사와 20명의 정규 간호사가 근무하고 있습니다. 학생들은 열심히 공부하고 옳은 일을 하려고 노력하는 매우 훌륭한 여학생들입니다. 그들 대부분은 매우 어리기에 우리가 책임감을 가지게 되며, 그들은 성숙한 정신과 신체를 가지고 있지 않아 우리의 업무를 더 어렵게 만들기에 우리의 책임을 훨씬 크게 만듭니다. 그들 대부분이 너무 어리기 때문에 나는 그들에 대하여 다른 태도를 취하려고 노력하였고, 잠시 그들을 꾸짖고 아마도 그들을 돕거나 위로하기 위하여 팔로 그들을 껴안을 것입니다. 교실과 병동 밖에서도 우리가 아이들을 얼마나 가르쳤는지 날마다 깨닫고 있습니다. 그들은 우리와 함께 있는 시간의 매 순간 우리를 지켜보고 있으며 무의식적으로 우리를 모방할 것이기 때문입니다. 아직은 한국어로든 영어로든 예배를 인도하는 것이 어려운 일이지만, 안식년을 마치고 돌아온 이후로 나는 아침 예배를 최대한 활용하려고 노력하였으며 항상 기도하는 마음으로 신중하게 준비하고 그로 인해 누군가에게 영향을 미치기를 바라고 있습니다.

아마도 누군가는 우리 1학년 간호사 중 한 사람의 개인 내력에 관심이 있을 것입니다. 간호학을 공부하기 위하여 이곳에 온 이유를 묻자 그들 중 한 명은 몇 년 전에 그녀 때문에 많은 사람들이 목숨을 잃었기 때문에 가능한 한 많은 사람을 구하고 싶었다고 말하였습니다. 그녀는 계속해서 많은 하객들이 모인 자신의 혼인 잔치에서 약 50명의 하객이 죽었기 때문에 고기나 생선이 상한 것이 틀림없다고 말하였습니다. 그리고 신랑이 그녀의 이름을 호적에 올리기도 전에 도망갔기 때문에 그들은 실제로 결혼한 것이 아닙니다. 사실 나는 그가 다른 사람과 결혼하였다고 생각합니다. 그녀는 훌륭한 젊은 여자입니다.

우리 병원의 의료팀은 며칠 안에 만주로 가서 묵덴[30]과 그 주변에 살고 있는 10,000명의 한국인 난민 중 많은 병자와 고통을 겪고 있는 사람들을 돌볼 것입니다. 의사 1명과 간호사 2명이 올라가는데, 한 명은 우리 수술 간호사이고 다른 한 명은 공중 보건 간호사이며, 그 의사는 일본에서 2년 동안 공부하고 돌아온 의사입니다. 그곳은 너무도 춥기 때문에 그들이 많은 고통을 겪을 것이라는 것을 알고 있지만 그들은 그들이 덜어줄 수 있는 고통 외에는 그것을 전혀 생각하지 않습니다. 간호사 중 한 명은 우리가 졸업시킨 최고의 간호사 중 한 명이며 직업과 자신의 행동과 삶에 대한 높은 이상을 가지고 있기 때문에 나는 한국의 플로렌스 나이팅게일이라고 부르고 싶습니다.

안녕히 계세요.
에드너 M. 로렌스

Edna M. Lawrence (Seoul), Letter to Friends (Feb. 17th, 1932)

Severance Hospital,
Seoul, Korea,
February 17, 1932.

Dear Friends: -

In trying to make up my March report there doesn't seem to be anything of special interest in my work this year so I'm sending along this true story of a child in the hospital, hoping that it will prove of interest to my friends at home.

I would also add just a few notes. There are now 50 student nurses and twenty graduate nurses on the staff. The students are a very fine bunch of girls,

---

30) 지금의 선양[瀋陽]이며, 라오닝성[遼寧省]의 성도(成都)이다.

studying ha.rd and trying to do the right thing. Most of them are very young so this makes our responsibility for them even greater for they don't have mature minds or bodies all of which makes our task harder. Since they are most of them so young I have tried to take a different attitude toward them and will scold them one minute and maybe put my arms around them the next to help or comfort them. I realize more every day how much we teach them even outside the classroom and the ward. For they are watching us every minute of the time they are with us and will unconsciously imitate us. It is still a difficult thing for me ta lead a service in Korean, or English either, for that matter, but since coming back from furlough I have tried to make the most of the morning chapel and always prepare carefully and prayerfully for it and hope that I am influencing some thereby.

Maybe someone would be interested in the personal history of one of our first year nurses. When they were asked to give the reasons why they came here to study nursing one of them said that it was because some years ago so many lost their lives because of her that she wanted to save as many as possible. She went on to say that at her wedding feast, where a great crowd had gathered that there must have been some meat or fish that was spoiled because about fifty of the guests died and the bridegroom ran away before he put her name on his family record so they aren't really married, in fact, I think he has married some one else. She is a fine young woman.

A Medical Unit from our hospital is going to Manchuria in a few days to care for the many sick and suffering among 10,000 Korean refugees in and around Mukden. One doctor and two nurses are going up, one is our operating nurse and one the Public Health nurse and the doctor is one who has just returned from two years study in Japan. It is so terribly cold up there I know they will suffer a great deal from it but they do not think of that at all but of the suffering which they can relieve. One of the nurses is the one I like to call the Florence Nightingale of Korea. for she is one of the finest nurses we ever graduated and has such high ideals for the profession and her own conduct and life.

Sincerely yours;
Edna M. Lawrence.

에드너 M. 로렌스(서울)가 친구들에게 보낸 편지
(1932년 10월 11일)

한국(조선) 서울,
1932년 10월 11일

친애하는 친구들,

나는 이번 여름에도 지리산에 있는 캠프 그레이엄에서 아주 조용하지만 가장 즐거운 한 달을 보냈습니다. 서울의 무더위에서 지리산의 선선함까지 24시간도 안 걸려 도착할 수 있다는 것은 거의 기적에 가까운 일입니다.

9월 초에 우리 간호사 1학년 학급이 동맹휴학에 돌입하였습니다. 그들은 여섯 가지 요구 사항을 내걸었는데, 이 견습생들은 설명을 많이 하지 않고 이러한 요구 사항이 충분히 고려될 때까지 공부나 근무를 하지 않을 것이라는 결론을 내렸습니다. 간호 위원회 회의가 열렸습니다. 그 후 며칠 동안 우리 모두는 그들 지도자의 영향 아래에 있는 선량한 소녀들을 구출하기 위하여 최선을 다하였지만 그들은 떨어져 나올 용기가 없었고, 토요일에 그들 중 누구도 지금은 돌아올 수 없다는 말을 들었기에 더 이상 기다릴 이유가 없었습니다. 그 훌륭한 소녀들 몇 명이 떠나는 것을 보는 것은 매우 힘들었지만 나는 우리가 미래의 학교와 직업에 최선의 이익을 위하여 행동하였다고 확신합니다. 동맹휴학 학생들은 그다지 동정을 받지 못하였는데, 이는 지난 몇 년 동안 동맹휴학에 대한 한국인들의 태도가 상당히 바뀌었음을 여실히 보여줍니다. 지방의 한 어머니는 동맹휴학을 매우 후회하고 딸이 참여하였다는 사실이 매우 부끄러웠지만 그들에 대한 우리의 조치가 한국에서 동맹휴학의 종식에 도움이 된다면 다행이라고 말하였습니다.

어느 학교에서든 동맹휴학을 하는 것은 충분히 심각한 일이지만, 많은 무력한 환자들이 학생들의 돌봄에 의존하고 있는 간호학교보다 더 나쁜 영향을 학교에 미칠 수는 없습니다. 그들 없는 병동은 우리를 매우 나쁜 상황에 빠뜨렸습니다. 가능하다면 더 많은 정규 간호사를 채용하려 하였지만 우리는 단 한 명만 찾을 수 있었습니다. 두 명의 가정부가 주방에서 설거지를 하고 있는데, 이는 인력이 부족한 병동에 상당한 도움이 됩니다. 내년 4월에는 학교에 가관식 거친 학생 간호사가 최대 14명이 있을 것입니다. 3개 학년으로 정상으

그림 34. 세의전 부속 조산부 맹휴. 동아일보(1932년 9월 15일), 2쪽.

로 돌아가려면 2년 반이 걸릴 것입니다. 우리 모두는 치과 건물 위에 벽이 세워진 수술실을 마무리할 수 있도록 만들어 준 최근에 받은 선물에 대하여 기뻐하고 있습니다.

6월부터 나는 남자 무료 병동과 수술실에서 병동 업무를 위해 시간을 보냈습니다. 나는 그것들을 매우 좋아하고 때때로 그것들에 너무 몰두하여 내가 다른 것, 즉 창고, 학교 및 기숙사, 또한 간호원장의 책임을 지고 있다는 사실을 잊고 있습니다. 나는 의학전문학교 학생을 교사로 가지고 있고, 일주일에 세 번 공부하려고 노력하지만 일반적으로 평균 두 번 이상은 아닙니다. 그럼에도 불구하고 우리는 간호사를 위한 약물학에 대한 공책을 함께 번역하고 다른 연구도 수행하였습니다.

남자 무료 병동에서 처음 일을 시작하였을 때, 나는 개인적으로 아는 환자가 거의 없었고 그들과 함께 일하는 것도 쉽지 않았습니다. 그들 중 일부를 알게 되자마자 그들과 이야기하고 그들의 육체적인 필요뿐만 아니라 그들의 영적 필요를 알아내는 것이 훨씬 더 쉬워졌습니다. 지금은 병동에 들어오면 반갑게 맞아주고 여러모로 도움이 됩니다. 그곳의 몇몇 환자들, 특히 불치병 환자들은 너무 애처롭습니다. 어느 날, 자신이 수술 불가능한 암에 걸렸다는 것을 알고 있는 한 남자가 저를 아주 튼튼하게 만들어 주는 약을 조금 달라고 간청하였습니다. 얼마 전 나는 다른 환자가 입을 벌리고 태양을 바라보며 침대에 앉아 있는 것을 보았습니다. 나는 그에게 무엇을 하고 있느냐고 물었고 그는 자신의 병을 치료하기 위하여 햇빛을 먹고 있다고 말하였습니다. 나는 병원에 있는 동안 기독교에 관심을 갖게 된 많은 환자들과 이곳에 머무는 동안 더 많은 교육을 요청하는 많은 환자들을 발견하였습니다. 많은 사람들이 성경을 읽는 데 시간을 보내고 있습니다.

나는 사랑이 많으신 하나님 아버지께서 나에게 좋은 건강과 힘을 주시고 그분의 포도원에서 작은 몫이라도 가질 수 있도록 허락해 주신 것에 대하여 매우 감사드리고 있습니다. 매일 만나야 하는 많은 어려운 문제도 많고 나를 낙담시키는 일도 많습니다. 그러나 그 모든 것을 통하여 나는 숙면을 취함으로써 세브란스 병원의 높은 수준의 간호를 위하여 다시 싸울 준비가 되었고 우리 졸업생들의 영향력을 통하여 이 나라 전체의 수준을 높일 준비가 되었음을 알게 되었습니다.

안녕히 계세요.
에드너 M. 로렌스

Edna M. Lawrence (Seoul), Letter to Friends (Oct. 11th, 1932)

Seoul, Korea(Chosen),
October 11, 1932.

Dear Friends: -

I spent a very quiet but most enjoyable month at Chiri San, Camp Graham this summer again. It seems almost a miracle that one can be transported in less than 24 hours from the terrific heat of Seoul to the coolness of Chiri San.

Early in September our first year class of nurses went on strike. They had six demands, these probationers, none of them of much account but they concluded with the statement that until these demands received adequate consideration, they would neither study or go on duty. A meeting of the Nursing Committee was held. In the days which followed we all did our best to extricate the good girls from under the influence of their leaders but they hadn't the courage to break away and so on Saturday they were told that as none of them could be received back now that there was no reason for them to wait longer. Though it was very hard to see some of those fine girls go, yet I'm sure that we acted for the best interests of the school and profession in the future. The striking students didn't receive much sympathy, showing clearly that the Korean attitude toward strikes has changed considerably in the last few years. One mother in the country said that she regretted the strike very much and was very much ashamed that her daughter was in it but that if our action regarding them could help to end strikes in Korea, she was glad it happened.

It is a serious enough thing to have a strike in any school but it couldn't affect any school worse than a school of nursing where so many helpless patients are depending on the students for care. It has put us in a very bad situation in the wards without them. We would engage more graduate nurses if this were possible but we have been able to find only one. Two maids are being used in the kitchens to do the dish washing and this is quite a help to the under-staffed wards. Next year, in April we will have at the most 14 capped student nurses in the school. It will be two and a half years before we get back to normal with three classes. We are all rejoicing over the gift recently received making it possible for us to finish up the operating room, the walls of which have been built on top of the dental building.

Since June I've spent what time I have for ward work in the men's free ward, and the operating room. I enjoy them both very much and sometimes get so absorbed in them that I forget that I'm responsible for anything else, - namely the supply room, the school and dormitory and am also superintendent of nurses. I have a medical student for a teacher and I try to study three times a week but I don't generally average more than two. Even so we have translated together a notebook on Materia Medica for nurses and have done some other studies also.

When I first began my work on the Men's Free Ward I knew almost none of the patients personally and it wasn't so easy to work with them. As soon as I got to know some of them it was so much easier to speak to them and to find out not only their physical but their spiritual needs. Now when I enter the ward I'm greeted cordially and can be helpful in many ways. Some of the patients there are so pathetic, especially the incurables. One day, a man who knew that he had an inoperable cancer begged me for just a tiny bit of the medicine which was making me so well and strong. Just the other day I saw another patient sitting up in bed facing the sun, with his mouth open. I asked him what he was doing and he said that he was eating sunshine to cure his ailment. I find many patients who become interested in Christianity while in the hospital and many who ask for more instruction during their stay here. Many spend hours reading their Bibles.

I am very grateful to our loving Heavenly Father for the good measure of health and strength He has given to me and for allowing me to have even a small part in His vineyard. There are many hard problems I must meet every day and many things to discourage me. But through it all, I find that a good night's rest finds me ready to take up the fight again for high standards of nursing in Severance Hospital and through the influence of our graduates to raise the standards all over this nation.

Sincerely,
Edna M. Lawrence.

에드너 M. 로렌스(서울),
연례 보고서 1931~32년 (1932년 10월 20일)

연례 보고서 1931~32년

　　지난 한 해는 유난히 낙담과 실망으로 ＿＿＿＿하지 않았지만 기쁨과 즐거움의 한 해이었습니다. 지금 돌이켜보면 눈에 띄는 것은 나에게 복음을 전하는 일에 참여하게 하시고 육체적 질병과 고통으로 고통받는 많은 사람들을 위로하는 일에 참여하게 하신 그분의 사랑과 친절입니다. 어두운 점은 육체적으로 무거운 책임을 감당할 수 없는 많은 날들입니다. 나는 어리석게도 내가 하는 일의 가치나 이곳에 있는 우리 노동자들의 지속적인 자질에 대하여 낙담하게 되었고, 일부 현지 노동자들에 대하여 실망하여 한국인 노동자들 중에 신뢰할 만하고 이상적인 구성원이 있는지 의심하게 되었습니다. 여러 가지 어려운 일을 겪으면서 나에게 도움이 된 성경 구절은 신명기 33장 27절입니다. '영원하신 하나님이 네 피난처이시니 그 밑에는 영원하신 팔이 계시도다.' 내가 이 무거운 짐을 짊어지고 있는데도 하나님께서 나를 안으시고 나와 내 짐도 함께 짊어지고 계시다는 생각에 위로가 되었습니다.

　　쉴즈 양과 샤록스 부인은 지난 여름 안식년을 떠났기에 그들의 업무는 우리 모두에게 나누어져야 했습니다. 세탁실과 재봉실은 넬슨 양이, 주방은 영 양과 함께 유능한 한국인 정규 간호사가 도와주도록 하였고, 공급실은 구매를 하는 판매과와 함께 내가 맡았습니다. 외래에서 쉴즈 양이 담당하던 부분도 내가 맡았고, 추가로 1월에 새로운 시료 진료소를 맡았습니다. 나는 이전의 모든 업무를 맡았기 때문에 많은 일을 할 수는 없었지만 가장 높은 자리에 올랐고, 그 일을 하지 않았던 경험이나 다른 일을 어느 정도 철저하게 수행하지 못한 것이 나를 낙담하게 만든 원인 중 하나이었습니다. 쉴즈 양은 항상 쓰러진 사람들을 돌보고 밤에 갈 곳이 없는 가난한 사람들이 남아 있는지 확인하기 위하여 늦게 둘러보았기 때문에 진료소의 의사들이 크게 그리워했습니다. 그곳은 항상 가난한 사람들로 가득 차 있습니다. 나는 그녀가 항상 가장 더럽고 혐오스러우면서도 완전히 궁핍하고 불쌍한 환자들로 가득 찬 무료 진료소에서 즐거운 시간을 보낼 것이라는 것을 알고 있습니다. 바쁘게 둘러볼 때 나는 그들 대부분에게 미소를 짓는 것 이상을 할 수 없으며, 이 나병 환자를 병원에 보내거나 아버지가 병에 걸렸을 때 이 불쌍하고 걱정스러운 어머니가 가족을 부양하도록 돕고 다른 가난한 환자가 필요한 수술을 수행할 수 있도록 기금을 가지고 있었으면 좋겠습니다. 병원에서 환자를 실제로 간호하고 간호사를 감독하는 일은 영(Young) 양과 넬슨 양이 맡았습니다. 아직 부족한 점이 많지만 적어도 보육실과 어린이 병동에서는 큰 개선이 이루어졌습니다.

5년 전 안식년을 마치고 돌아온 이후로 나는 대부분의 시간과 생각을 양성소에 바쳤습니다. 하지만 지난 몇 년 동안 나는 이미 가득 찬 업무에 추가로 간호원장의 임무를 맡았는데, 이것은 주로 규정을 어긴 사람들을 불러 이야기를 나누고, 최선이라고 판단되면 처벌을 내리는 불쾌한 업무로 구성됩니다. 지난 가을 나는 새로운 정책을 시도하고 단지 무서운 징계주의자가 아니라 모든 학생들에게 자신감 있고 진정한 친구가 될 수는 없는지 알아보기로 결정하였습니다. 이것이 완전히 성공하였다고 말할 수는 없지만 이전에는 해보지 않았던 방식으로 간호사들과의 사회적 접촉을 즐겼습니다. 문제를 해결하는 데 시간이 더 필요할 수도 있고, 아니면 학생 간호사에 대한 권위를 가진 사람이 자신감을 가질 만큼 친절하면서도 간호사로부터 건전한 두려움과 존중을 받을 수는 없다는 것을 확신해야 할 수도 있을 것입니다.

나의 조수인 김정선 양은 기숙사 사감이자 교육에서 조수로 이 직책을 맡은 지 2년째인 올해 우리를 위하여 좋은 일을 해왔습니다. 그녀는 또한 간호사들이 기숙사 규칙을 지키도록 노력하면서도 선의를 유지하도록 노력해야 하는 매우 어려운 위치에 놓여있습니다. 그녀는 실용 간호학, 위생 및 간호학 이론을 가르치고 있습니다. 그녀의 가장 큰 목표 중 하나는 평화를 이루는 사람이 되는 것이며, 그녀는 많은 경우에 성공하여 '평화를 이루는 사람은 복이 있다'라는 칭찬을 받을 자격이 있습니다. 그녀는 누구보다 규칙이 시행되고 규칙 위반에 대하여 처벌을 하는 것을 보고자 하는 진정한 열망을 더 많이 가지고 있습니다. 나는 이곳에서 함께 일하는 즐거움을 누렸습니다.

나는 오랫동안 우리 간호사들과 함께 능력평가표를 시험해 보고 싶었지만 최근 학기까지 만족스럽게 그렇게 할 수 없었습니다. 그 전에 나는 수간호사에게 평가표를 작성하게 하였지만, 완벽한 평가서를 제출하지 못 할 경우 수간호사에게 등을 돌릴 수 있기 때문에 학생들에게 그것을 줄 수는 없었습니다. 명백한 태만이 있으면 나는 간호사를 불러 그것에 대하여 그녀에게 말해야 했지만 어떤 상황에서도 그녀가 평가한 사람이 누구인지는 알려주지 않았습니다. 이것은 학생이 그것을 보아야만 했고 이것은 상황 하에서 행해질 수 없는 실제적 가치 때문에 잘 작동하지 않았습니다. 그래서 나는 다른 방법을 궁리하다가 마침내 수간호사들에게 평가서를 함께 작성하되 내 이름만 서명하자고 제안하였지만, 학생은 그것이 작성된 정확한 날짜를 듣지 못할 것이고 그래서 매달 바뀌는 어느 한 간호사에 대하여 상벌을 부과할 수 없고, 평가서는 한 학기에 작성됩니다. 이것은 그들을 만족시켰고, 일부는 여전히 그렇게 하는 것을 너무 두려워해서 학생들이 완벽하지 못한 것을 받아들이지 않으려 하지만 지금까지 어떤 수간호사도 자리를 잃지 않았습니다. 그렇지만 나는 동의하지 않고 내가 필요하다고 생각하는 정도로 점수를 낮춥니다.

주요 과목의 선생들은 해마다 크게 바뀌지 않습니다. 대부분의 의사들이 교육에 진정한 관심을 가지고 있으며, 일을 매우 잘하고 있습니다. 어떤 다른 사람들은 [강의하러] 오는 것을 기억하면 매우 훌륭한 교육을 할 수 있지만, 내가 수업이 있기 전에 매번 그들에게 [수업이 있다는 것을] 이야기하는 부담을 그들에게 주지 않으면, 그들은 [강의가 있다는 것을] 잊고 학생들은 시간이 낭비되고 귀중한 일을 놓치게 됩니다. 홀드크로프트 부인과 허스트 부인은 성경을 가르치며, 학생들에게 진정한 영감을 주었습니다. 파운드 부인은 일 년 내내 영어를 가르쳤고 그녀와의 교제는 매우 도움이 되었습니다. D. B. 에비슨 부인은 사임한 강 S. W. 양을 대신하여 이번 학기에 두 번의 영어 수업을 담당하였습니다.

병동 교재는 실질적으로 완성되었으며, 내년에 인쇄될 예정입니다. 결코 완벽하지는 않지만 5년 전에 우리 학교에 이런 것이 없었다고 생각하면 정말 감사하고, 수간호사들이 쏟은 시간과 노력에 대하여 감사드립니다. 그것은 올해 개정되고 있으며, 4~5분 만에 빈 침대를 정리하고, 환자 혼자 침대를 정리하며, 수많은 입회인과 도우미를 두는 대신 거의 모든 치료를 혼자 하는 등 전례 없는 관행이 도입되고 있습니다. 우리의 '전문 환자'인 장옥희는 주 5일, 하루에 2~5시간씩 자신의 역할을 수행하며 성공을 입증하고 있습니다. 그녀는 좋은 배우이기도 하며, 당황한 견습생이 잘못된 치료 대신 올바른 치료를 먼저 하도록 도와주려고 노력하지만 거의 눈에 띄지 않는 방식으로 수행하고 있습니다. 맥라렌 박사는 한 달에 10엔을 지원하여 나를 도와주고 있으며, 이번 달에 나는 처음으로 그녀에게 약간의 돈을 주었습니다. 그녀는 처음 우리에게 왔을 때보다 훨씬 나아졌고. 항상 행복합니다. 더럽고 손과 무릎이 불구인 상태로 처음 우리에게 온 지 이제 막 1년 정도 된 그녀는 이제 지팡이 없이도 걸을 수 있게 되었지만, 일반적으로 안전을 위하여 지팡이를 사용하며, 깨끗하고 자존심이 있습니다. 얼마 전 그녀는 다음 날 목욕을 해야 한다는 말을 들었고, 간호사들이 볼 때 깨끗해질 수 있도록 먼저 욕조 목욕을 할 때까지 만족하지 못하였습니다. 그녀는 하루에 세 번 목욕을 하였기 때문에 이곳에 있는 대부분의 사람들보다 운이 좋습니다.

이화여자전문학교와 호놀룰루의 퀸즈 병원을 졸업한 이정애 양이 우리 교직원으로 합류하여 교사와 감독으로서 훌륭한 일을 하고 있다는 사실에 우리 모두는 기뻐하고 있습니다. 그녀는 외국에서 훈련을 받은 한국인이기 때문에 우리보다 더 빨리 간호사들에게 영향을 미칠 수 있고, 간호사들은 종종 그녀에게 병원에서 어떤

그림 35. 이정애.

일을 어떻게 하였는지, 호놀룰루에서 어떤 일이 특정한 방식으로 이루어지면 왜 그것이 옳은 것인지 묻고 있습니다. 주변에 영어를 잘 아는 간호사가 있어 기사나 교과서의 일부를 주고 다음날 가르쳐달라고 부탁할 수 있다는 것은 나에게 새로운 경험입니다.

관습과 기준이 변하는 오늘날, 젊은이들을 영적으로나 직업적으로 지도하는 것은 쉬운 일이 아닙니다. 실질적으로 우리 간호사 모두는 기독교인인데, 4명은 곧 세례를 받을 예정이고, 한 명은 예비신자이며, 두 명은 유아세례를 받고 신앙고백으로 교회에 합류하게 됩니다. 병원의 전도부인, 하트니스[31] 양, 그리고 이원모 목사는 아침 예배와 학생 기도회에서 훌륭하고 감동적인 설교를 많이 하였습니다. 3학년 학생이 우리를 떠나기 전인 3월, 남감리교회의 조 목사는 6일간 부흥 예배를 드렸습니다. 매우 선한 영이 널리 퍼져 많은 사람들이 영적인 도움과 힘을 받았습니다. 3학기 말에 기독교 여자 청년회는 거의 죽을 지경이어서 이 일을 끝내고 비참한 상황에서 벗어나면 안 될까 싶었지만 한국의 좋은 풍습에 따라 다시 한 번 시도하기로 결정하였고, 지금까지 새로운 임원들은 훌륭한 정신으로 일상적인 업무를 계속 진행하고 있는 것 같습니다. 매일 우리가 직면하고 있는 문제는 젊은 간호사들이 의사, 당직 의사, 의학전문학교 학생 및 남자 환자들과 긴밀하게 접촉한다는 것입니다. 나는 혼동

---

31) 매리온 E. 하트니스(Marion E. Hartness, 1890. 4. 6~1969. 12. 5)는 미국 북장로교회의 교육 선교사로서 한국에 왔으며, 1930년대 초에 세브란스에서 전도 사역을 도왔다.

이 거의 없는 데도 때때로 몇 가지가 있다는 사실에 놀랐습니다. 나는 모든 간호사들에게 도움이 되는 영향을 미치려고 노력할 때 충분히 큰 이유를 가지고 있다는 것을 알고 있지만, 누군가가 그들을 붙잡고 무엇이 옳고 무엇이 그른지 알도록 도와줄 수 있다면 더 나은 사람이 될 의학전문학교 학생과 당직 의사들에게도 부담을 느끼고 있습니다. 어떤 당직 의사들은 졸업 후 힘든 나날을 보낼 때 동정심 많은 친구가 도와주길 바라는 마음을 실질적으로 표현하였습니다. 나는 그 문제를 건드린 적도 없다고 생각하지만, 나는 그들이 여자와 기독 의사의 업무, 아니 기독교 계통 의학전문학교 졸업생에 대하여 높은 이상을 갖도록 돕기 위하여 특별한 노력을 기울이고 있습니다.

3월에는 의료진이 우리 병원에서 만주로 가서 그곳의 병자와 고통받는 사람들을 도왔습니다. 의사 한 명과 정규 간호사 두 명이 갔으며, 보고에 따르면 고통을 덜어주고 복음을 전파하는 데 합당한 일을 하였습니다.

현재 양성소 졸업생은 125명이며, 전국 거의 모든 지역에서 찾아볼 수 있습니다. 지난 4월 등록한 학생 수는 58명이었고, 금년 3월 말에는 그 수가 10명으로 줄었는데, 간호사 한 명이 결핵으로 사망하였고, 여러 명도 이런 이유, 즉 초기 결핵으로 떠났으며 일부는 그냥 자퇴하였습니다. 현재 학급별 재학생은 3학년 22명, 2학년 15명, 1학년 25명이고, 송도학교 졸업생인 조산사 학생이 1명이 있습니다. 올해는 50명의 지원자가 있었는데, 그중 30명이 고등보통학교를 졸업했습니다. 18개의 서로 다른 학교가 있었으며, 기독교 계통이 아닌 학교는 단 2개뿐이었습니다. 입학한 25명 중 15명은 고등보통학교 졸업생이고, 나머지는 모두 적어도 2년, 그리고 여러 명은 3년을 수학하였습니다. 올해는 전년도에 비해 비율적으로 보면 고등보통학교 졸업생이 더 많습니다. 1~2년 안에는 고등보통학교 졸업생만 받아들일 수 있기를 희망합니다. 과정은 4년제로 변경되었으며, 4년 차에는 주로 조산사 실무 및 공중 보건 분야를 주로 다룹니다. 이는 주로 총독부의 새로운 규정을 준수하기 위하여 결정되었지만, 충분한 실습을 위한 환자가 충분하지 않고 현재 3년 과정에 공중 보건이 포함되어 있지 않기 때문에 매우 좋은 것으로 생각됩니다.

삼가 제출합니다.
에드너 M. 로렌스

Edna M. Lawrence (Seoul), Annual Report 1931~32 (Oct. 20th, 1932)

Annual Report 1931~32

The past year has been one of joy and pleasure though not _____ed with an unusual amount of discouragement and disappointment. When I look back on it now the things that stand out are His love and kindness to me in giving me a share in spreading the Good News and of helping comfort many suffering from physical illnesses and pains. The dark spots are the many days when physically unable to carry the heavy responsibility. I foolish allowed myself to become discouraged as to the value of my work or the lasting qualities of our workers here and of being disappointed in some of the native workers and allowing this to make me wonder if there were any trustworthy and high-idealed members among our Korean workers. A Bible verse which helped me over many a hard place is Deut. 33:27 "The eternal God is thy refuge and underneath are the everlasting arms." A comforting thought came to me in that though I had this heavy burden to carry that God had His arms under me and was carrying me and my burden, too.

Miss Shields and Mrs. Sharrocks both went on furlough last summer and their work had to be divided up among the rest of us. The laundry and seing [sic] room were given to Miss Nelson, the kitchen to a capable Korean graduate nurse with Miss Young to help her, the supply room was given to me with the Sales Dept. doing the buying. Miss Shields part in the O. P. D. was also given to me and in addition, the new free clinic in January. As I had a full assignment of duties before, I haven't been able to do much but hit the very highest spots and this knowledge that wasn't doing it or my other work with any degree of thoroughness has been one cause of my discouragement. Miss Shields has been greatly missed by the doctors in the clinics for she always attended to the down-and-outs and made late rounds to see if there were any poor ones left who had no place to go for the night. The place is always filled with needy ones. I know that she'll have a grand time in the free clinic which is always filled with the most filthy, loathsome and yet downright needy and pitiful cases. On my busy rounds I can't do more than give a smile to most of them and wish that I had the funds to send this leper to a hospital or help this poor worried mother support her family during the father's illness, or pay for some other poor patient so that the needy operation could be performed. The actual nursing of the patients in the hospital and the supervision of the nurses, has been done by Miss Young and Miss Nelson, and though there is yet much to be desired there is great improvement in spots, at least, as the nursery and the children's ward.

Since my return from furlough five years ago, I have given the most of my time and thought to the training school though for the past few years I have had the duties of superintendent of nurses, added to my already full program, and this has seemed to consist mostly in the unpleasant tasks of calling in offenders and talking to them and then giving out punishment if thought best. Last fall I decided to try a new policy and see if instead of being just a dreaded displinarian I could't also be a confident and real friend to all the students. I can't say that this has been entirely a success but I have enjoyed my social contacts with the nurses in a way which I haven't done before. Maybe it only needs more time to work it out or maybe I will have to be convinced that a person in authority over student nurses can't be on friendly enough terms to be a confident and yet command enough wholesome fear and respect from the nurses.

My assistant, Miss C. S. Kim who is dormitory matron and assistant in teaching has done good work for us in this her second year in this position. She also has a very difficult position in trying to make the nurses keep the dormitory rules and yet to do it in such a way as to keep their good will. She teaches practical nursing, hygiene and nursing theory. One of her great aims is to be a peace-maker and she has succeeded in so may cases that she deserves a 'Blessed are the peacemakers'. She has more of a real desire to see rules enforced and punishment given for breaking rules than any one. I've had the pleasure of working with out here.

I have long wanted to try efficiency reports with our nurses but haven't been able to do so satisfactorily until just this last term. Before that I had the head nurses make out the reports but couldn't give them to the students as then they might turn against the head nurses in case they couldn't give them a perfect report. If there were any glaring failures I was to call in the nurse and talk to her about it out under no circumstances to let her know who had made out her report. This didn't work very well for to be of real value the student had to see it and this couldn't be done under the circumstances. So I racked my brains for another method and finally proposed to the head nurses that we make out the report together but only my name would be signed, the student wouldn't be told the exact date it was made out and so couldn't place the blame or credit on any one nurse as they are changed every month and the report is, for one term. This satisfied them and so far no head nurse has lost her head though some are still so afraid of doing so that they aren't willing to admit anything less than perfection in any of their student, though I don't agree and lower the marks as I think necessary.

The teachers don't change very much from year to year for the main subject. Most of our doctors take a real interest in their teaching and do very good work. Some others can do very good teaching if they remember to come but unless I carry the burden for them, that is tell them every time before the class is due they forget and the students time is wasted and they lose out on valuable work. Mrs. Holdcroft and Mrs. Hirst have carried the Bible teaching and have been a real inspiration to the students. Mrs. Found taught English all through the year and her contact is very helpful. Mrs. D. B. Avison has taken two English classes this term in the place of Miss S. W. Kang who resigned.

The Ward Manual is practically finished and should be printed next year. It isn't perfect by any means by when I think that there wasn't such a thing heard of even in our school five years ago I am very grateful for it and for the time and effort the head nurses have put into it. It is being revised this year and some unheard of practices being put in such as making an empty bed in four or five minutes, making a bed with patient in it alone, giving practically all treatments alone, instead of having a crowd of witnesses and helpers. Our 'professional patient' Chang Ok Hui is proving a success and plays her part from two to five hours a day five days a week. She is a good actress too, and though she trys to help a bewildered probie do a treatment right end first instead of wrong yet she does it in such a way that it is hardly noticable. Dr. McLaren is helping me with her support, which is ten yen a month and this month for the first time I gave her some spending money. She is so much better than when she first came to us and is happy all the time. It is just about a year since she first came to us, a filthy, crippled girl on hands and knees, now she can walk without even a cane, though she generally used one for safely and is clean and self-respecting. The other day she heard that she was to be used for baths the next day and she wasn't content until she had had a tub bath first so that she would be clean when the nurses saw her. She is luckier than most of the folks here for she had three baths in one day.

We are all rejoicing over the fact that Miss Chung Ai Lee who is a graduate of Ewha College and Queen's Hospital, Honolulu has joined our staff and is doing such fine work as teacher and supervisor. Since she is a Korean with foreign training she can influence the nurses more quickly than we can and they often ask her how she did certain things in her hospital and if a thing is done in Honolulu a certain way why then it must be right. It is a new experience for me to have a nurse around who knows English so well and to whom I can give an article or a portion out of a textbook and ask her to teach it the next day.

In this day of changing customs and standards it is no easy thing to guide the young people spiritually or professionally. Practically all of our nurses are Christians, four are to be baptized very soon, one in a catechumen and two nedd [sic] to join the church on confession of faith, having been baptised as infants. The hospital Bible woman, Miss Hartness and Pastor W. M. Lee have given many fine inspirational talks at morning chapel and student prayer meetings. In March before the third year left us Rev. Cho of the Southern Methodist Church held revival services for six days. A very good spirit prevailed and many received spiritual help and strength. The Y. W. C. A., at the end of the third term was so nearly dead that I wondered if I shouldn't finish the job and put it out of its misery but according to good Korean custom I decided to give it another trial and so far the new officers seem to have a fine spirit and are going ahead with the routine work. A problem which is daily confronting us is that of the close contact of our young nurses with the doctors, internes, medical students and male patients. I'm surprise that we have so few mix-ups and yet there are a few every now and then. I know that I have a big enough job when I try to helpfully influence all the nurses and yet I feel a burden too for the medical student and interns too, who might be better men if someone could just get a grip on them and help them to see what is right and what is wrong. Some of the interns have expressed practically this sentiment, that is of wanting some sympathetic friend to help them in their hard days after they graduate. I don't feel that I have even touched the problem out I'm making a special effort to help them to have high ideals about women and about the work of a Christian doctor, or rather a graduate from a Mission Medical College.

In March a Medical Unit went from our hospital to Manchuria to help the sick and suffering there. One doctor and two graduate nurses went and from reports did acceptable work in relieving suffering and spreading the gospel.

Graduates from the Training School now number 125 and are to be found in almost all parts of the country. The enrollment of students last April was 58 and by the end of this March the number had been reduced by 10, one nurse died of T. B. several others left for this reason, i. e. early stages of T. B. and some just resigned. The enrollment at present by classes is third year 22, second year 15, first year 25 and there is one midwifery student, a graduate of the Songdo school. This year there were 50 applicants for the course, of these 30 had finished the high school. Eighteen different schools were represented, only two not Mission Schools. Of the 25 who entered 15 are high school graduates and the others have all had the two years at least and several have had three years. There are more high school graduates this year in proportion than any previous year. It is hope that in a year or two we can take in high school graduates only. The course has been changed to a four year one, the fourth year to be mostly midwifery practice and Public Health. This is primarily done to conform with the new government regulations but it is thought to be a very good thing as we don't have enough patients to give sufficient practice and Public Health is not included in the present three year course.

Respectfully submitted
Adna M. Lawrence

19321200

에드너 M. 로렌스, 세브란스 병원의 성탄절.

The Korea Mission Field (서울) 28(12) (1932년 12월호), 248~249쪽

세브란스 병원의 성탄절

에드너 로렌스 양, 정규 간호사

이 복되고 행복한 날을 세브란스 병원에서는 매년 특별한 방법으로 기념하고 있다. 내가 병원에서 보낸 첫 성탄절에 대하여 기억나는 유일한 것은 내 방 밖 복도에서 간호사들이 노래하였던 것뿐이다(나는 당시 기숙사에서 살았다). 나는 선교사로 한국에 온 이후로 그렇게 달콤하게 들어보거나 나를 기쁘게 한 것은 없었다고 생각한다. 그 후 몇 년 동안 간호사들은 모든 의사, 직원들 및 그들의 가족을 초대하고 항상 저녁이 끝나기 전에 산타클로스가 나타나는 행사를 진행하였다. 그 이후로는 직원의 수가 방의 크기를 초과하여 포기해야 했다. 그때부터 병원 복도와 병동을 장식하는 데 더 많은 시간을 할애하였다. 연희전문학교는 일반적으로 상록수를, 사무실은 나무를 제공하고, 우리 모두는 나무와 병동을 장식하기 위한 재료 구입을 돕는다. 한국인 간호사들이 작은 종이와 약간의 솜으로 무엇을 만들 수 있는지 놀랍다. 각 병동은 의사와 환자 중 일부 예술가의 도움을 받아 자체적으로 나무를 장식하고 마지막 순간까지 비밀로 유지되는 '특별한 무엇'을 위하여 노력한다.

몇 년 전 학생 기독교 여자 청년회는 손수건과 종이 소품을 만들어 팔았고, 그 수익금으로 움막에서 사는 인근 사람들에게 나누어 줄 쌀 7포대를 살 수 있었다. 그들은 언제 오라는 말을 전 날에 들었지만, 정해진 시간이 되기 훨씬 전에 기숙사 앞 공간은 맹인, 병자, 그리고 여러 나병 환자들로 가득 찼다. 각자는 전날 받은 표를 보여주고 성탄절 만찬을 위하여 필요한 모든 것을 들고 행복하게 떠났다. 또 한 번은 정규 간호사들이 간단한 약을 사서 동대문 너머의 마을에 가서 집집마다 다니며 약을 나누어주고 성탄절 이야기를 하였다.

작년에는 다음 행사가 이어졌다. 성탄절 전날에 간호사들을 위한 간단하지만 효과적인 접대가 기숙사에서 열렸고 마지막으로 장식에 신경을 썼다. 그런 다음 4시(또는 2시)에 간호사들이 구내의 여러 집에서 노래를 불렀다. 6시에 제복을 입은 모든 간호사들이 병원에서 노래를 부르기 위하여 기숙사 앞에서 만났다. 각자에게 촛불을 준 다음 외국인 간호사, 졸업생 및 세 학급의 학생들과 함께 행렬을 이루었다. 그들은 노래를 부르기 시작하였는데, 먼저 격리 병동 앞 공간으로 이동한 다음 찬송가를 불렀고 부엌문을 통하여 병원 본관으로 들어갔다. 그들은 많은 환자, 의사 및 간호사를 위하여 특별한 음식을 매일 준비하느라 분주한 주방 인력을 위하여 노래를 부르기 위해 잠시 멈췄다. 그런 다음 인턴실을 지나 병동으로 들어갔다. 모든 병실의 문이 열리고 환자들은 흥미와 놀라움으로 바라보았다.

어떤 사람들은 성탄절에 기독교인들과 처음으로 접하였기 때문에 그 모든 것의 의미를 알지 못하였다. 우리는 노래를 부르며 반 정도 걸은 다음 각 병동에서 가만히 서서 찬송가 한 곡을 불렀다. 이것은 우리를 아침 식사 시간까지 데려갔고 우리는 아침을 먹기 위해 헤어졌다가 근무하기 전에 정기 예배를 위해 나중에 만났다. 9시에 우리 집 하인과 기숙사 아줌마들이 나무 장식과 기도회를 위하여 우리 집에 왔다. 이것은 항상 우리를 위한 그날의 최고의 서비스 중 하나이며, 우리는 진정으로 느꼈다. "기독교적 사랑으로 우리의 마음을 묶는 매듭이 있기를 축복합니다." 약 10시경에 병원에 있는 환자들에게 선물을 나누어주었다. 이것들은 주로 복음서와 어른들을 위한 선물, 어린이들을 위한 장난감으로 구성되었다. 그 후 우리는 자유롭게 우리 자신의 선물과 멀고 가까운 친구들의 인사를 더 주의 깊게 살펴보고 항상 최고의 성탄절 선물이 되실 분의 경이로움과 소중함을 묵상하였다.

Edna M. Lawrence, Christmas at Severance Hospital.
The Korea Mission Field (Seoul) 28(12) (Dec., 1932), pp. 248~249

Christmas at Severance Hospital
Miss Edna Lawrence, R. N.

This Blessed and happy day is commemorated in some special way every year at Severance Hospital. The only thing I remember about my first Christmas spent at the hospital is the singing of the nurses in the hallway outside my room (l lived in the dormitory then). I don't think I have ever heard anything that has sounded so sweet since or anything that made me so glad that I have come to Korea as a missionary. For several years afterwards the nurses put on the program to which all the doctors, workers and their families were invited and at which Santa Claus always appeared before the evening closed. Then the staff outgrew the capacity of the rooms and this had to be given up. From that time on more time was spent in decorating the hallways and wards of the hospital. The Chosen Christian College generally furnishes the evergreens, the office the trees, and we all help to buy materials for decorating the trees and wards. It is surprising what the Korean nurses can make from a little paper and some cotton. Each ward decorates its own tree, enlisting the help of some of the artists among the doctors and patients, and each tries to have a 'special' which is kept secret until the very last moment.

Several years ago the student Y. W. C. A. made handkerchiefs and paper favors which they sold and with the proceeds were able to buy seven bags of rice which was given out to the people in nearby dug-outs. They had been told the day before when to come but long before the appointed time the space in front of the dormitory was filled with the halt the blind, the sick and several lepers. Each presented the ticket given to them the previous day and went away happy, carrying the where-with-all for a Christmas dinner. Another time the graduate nurses bought some simple remedies and went to a village beyond the East Gate where they visited every house, giving out the medicines as needed and telling the Christmas story.

Last year the following program was followed out; on Christmas eve a simple but effective service was held in the dormitory for the nurses and the final touches put on the decorations. Then at four o'clock, (or was it at two,) the nurses sang at the different homes on the compound. At six all the nurses, dressed in uniform, met in front of the dormitory in readiness to sing in the hospital. Each was given a lighted candle and then they formed a procession with the foreign nurses, the graduates and the three classes of students. They began singing and made their way first to the space in front of the Isolation Ward where a hymn was sung and then entered the main hospital through the kitchen door. They stopped a minute to sing especially for the kitchen force, who were busy getting the special food ready for the many patients, doctors and nurses whom they feed every day. Then on past the internes rooms and into the wards. All the doors of the rooms were opened and the patients looked on in interest and wonder.

Some didn't know the meaning of it all, as it was their first contact with Christians at Christmas time. We walked down the length of the halfway singing and then sang one hymn standing still in each ward. This took us up to breakfast time and we separated for this and then met afterwards for the regular chapel service before going on duty. At nine o'clock our house servants and the dormitory women came to our house for the tree and their prayer service. This is always one of the best services of the day for us and we truly felt. "Blest be the tie which binds our hearts in Christian love." About ten o'clock the gifts were distributed to the patients in the hospital. These consisted mostly of Gospels and greetings for the adults and toys for the children. After this we were free to look more carefully over our own gifts and greetings from friends far and near and to meditate on the wonder and preciousness of the One who will always be the best of Christmas gifts.

에드너 M. 로렌스(서울)가 친구들에게 보낸 편지
(1933년 2월 19일)

세브란스 병원,
한국 서울,
1933년 2월 19일

친애하는 친구들,

나의 안식년은 1934년에 예정되어 있고, 몇 분 전에 계산하였더니 오늘부터 15개월 후에 내가 5월에 가는 대신 6월까지 기다리더라도 나는 허락을 받을 것이며, 그래서 8월이나 9월 대신 7월에 돌아와야 하고 미국에서 여름은 두 번이 아닌 한 번만 보내게 될 것입니다. 나는 남은 시간이 빨리 지나가기만을 기다릴 수 없을 것 같아서 곧 남은 날을 세게 될 것입니다. 세브란스 병원에서 간호사의 삶과 업무는 매우 고된 일입니다. 나는 건강이 좋은 것에 확실하게 감사해하고 있습니다. 나는 신입 직원이 볼 수 없는 업무에 대한 많은 고무적인 측면을 볼 수 있습니다. 내가 1921년 5월에 병원에 왔을 때 불과 몇 달 전에 학교에서 동맹휴학이 있어 학생 간호사가 거의 없었으며, 이들은 정말로 바람직하지 않았고, 오히려 나쁜 사람들이므로 친구들은 그들이 함께 일하고, 훌륭하고 지적인 간호사로 만들기에 그리 좋지 않다는 것을 알 수 있습니다. 병원에는 학생, 정규 간호사 등 17명의 간호사만 있었습니다. 이제 일반적으로 약 60명의 학생 간호사와 20명 이상의 정규 간호사가 있습니다. 고등보통학교를 2년 이상 수료한 여학생만 지원할 수 있으며, 우리가 원하는 만큼 높은 요구 사항은 아니지만 글을 읽지 못하는 여학생을 받아들이고 그들이 간호학을 배울 수 있기 전에 그들에게 그것을 가르치는 것보다 훨씬 낫습니다. 나는 호놀룰루의 퀸즈 병원 졸업생이며, 우리에게 큰 도움이 되고 모든 간호사에게 영감을 주는 이정애 양에 대하여 전에 언급한 적이 있다고 생각합니다. 한 달이 조금 넘으면 3학년 간호사가 학업을 끝낼 것인데, 모든 훌륭한 젊은 여자들이며 교회와 사회에서 유용한 자리를 기꺼이 맡을 준비가 되어 있습니다. 나는 어제 그들과 반 모임을 가졌는데, 젊은 여자의 길이 쉽지 않은 한국 사회에서 그들의 삶을 시작하기 위해 너무 빨리 우리를 떠나는 것을 생각하니 나는 거의 눈물을 흘릴 뻔하였습니다.

아직까지 봄의 새 학급에 대한 지원은 극소수입니다. 그 이유 중 하나는 과정이 4년, 즉 일본 제국 전역에서 간호 및 산파 업무를 허가하는 정규 과정으로 변경되었기 때문일 것입니다. 지금도 현재와 같은 3년의 특별 과정이 있습니다. 또한 입학료도 10엔에서 20엔으로 인상되었고, 초기 비용으로 30엔을 더 준비해야 한다고 합니다. 이곳의 사람들은 간호 교육에 거의 비용이 들지 않는다는 인상을 가지고 있으며, 여아를 정규 학교에 보낼 형편이 되지 않는 부모들은 아이들을 이곳으로 보낼 수 있고 비용이 들지 않을 것이라고 생각합니다. 이 오류를 수정하는 작업이 더디고 다른 분야에서 성공하기에는 공부가 너무 느린 소녀가 확실히 간호 분야에서 성공할 수 있습니다. 의료 사업은 이 나라 전역에서 온 많은 사람들과 접촉하기 때문에 훌륭한 교육 기회가 있습니다.

교육을 잘 받은 사람일지라도 사람들이 배우기를 매우 싫어하는 한 가지는 어린이와 다른 환자들이 밤낮으로 안전하게 병원에 맡겨질 수 있으며, 이것이 훨씬 더 좋은 방법이라는 것입니다. 우리는 여전히 어린이 병동에 있는 어머니들에게 많은 지원을 해야 하며, 그렇지 않으면 이곳에 남아 있는 아기가 거의 없을 것입니다. 성인의 경우에는 무료보다 유료 환자가 더 많고, 전자를 어느 정도 수용해야 하기 때문에 1등급과 2등급 병동에는 여전히 보호자가 있습니다. 여러분은 병원에 있는 동안 환자를 보호하기 위하여 누군가가 필요하다는 이 단어의 생각을 우리가 얼마나 싫어하는지 상상할 수 있습니다. 하지만 이것이 정부 병원이 운영되는 방식이고, 우리를 찾아오는 많은 사람들이 입원하기 전에 우리에게도 음식을 준비하고 얼굴과 손을 씻기는 등의 일을 하는, 환자와 함께 있을 누군가가 필요하다고 생각한다는 것을 알면 그 이유를 찾기가 어렵지 않습니다. 노인들에게는 며느리가 시중을 들거나 집안의 하인이 심부름을 하는 것이 그저 예의와 존경으로 여겨집니다.

여러분은 나에게 장옥희에 대하여 물었습니다. 그녀는 거의 건강해졌기 때문에 지난 몇 달 동안 그녀의 지원을 도왔던 맥라렌 박사는 자신의 진료소에서 환자를 돕기 위하여 그녀를 원하였습니다. 예쁜 분홍색의 허리를 묶는 원피스형 여자 작업복이 그녀를 위하여 만들어졌고, 모든 사람들은 그녀를 너무 달콤하고 사랑스럽게 여겨 그녀는 자신의 큰 입지를 만들었고, 맥라렌 박사는 그녀 없으면 상실감을 느낄 것입니다. 그녀는 여전히 다리를 절고 있지만 그렇지 않으면 누구보다 빨리 걷습니다. 지금 그녀는 우리 옛 보모와 함께 옆방에 있으며, 그들은 두 아이처럼 말하고 킥킥 웃고 있습니다. 그녀는 그녀를 위해 한 일에 대하여 매우 감사해하고 있습니다. 그녀는 오늘 밤 신학교 학생들이 주최하는 종교극에 갈 예정인데, 그녀는 너무 신이 났습니다.

어제 밤에 눈이 와서 땅을 덮었습니다. 진짜 눈은 아주 드물게 오기 때문에 우리 모두는 그것에 대하여 흥분하고 있습니다. 나는 오늘 아침 그 속에서 야간 근무 간호사들의 사진을 찍었습니다. 나의 하루는 꽉 차고 넘치며, 일주일에 하루 저녁에는 일본어를 배우려고 시도하고 있습니다. 이것은 오늘날 특히 어떤 종류의 학교 업무를 하는 사람들에게 매우 필요합니다.

나는 나 자신이 얼마나 나약하고 무능한지, 주어진 책임이 얼마나 막중한지 느끼며, 여러분의 관심과 기도를 간절히 바라고 있습니다.

안녕히 계세요.
에드너 로렌스

Edna M. Lawrence (Seoul), Letter to Friends (Feb. 19th, 1933)

Severance Hospital,
Seoul, Korea,
February 19, 1933

Dear Friends: -

My furlough is due in '34 and I was just counting up a few minutes ago that in fifteen months from today I will be allowed to go even though I probably will wait until June instead of going in May and so having to come back in July instead of in August or September and so having only one and not two summers in U. S. A. I will be counting the days that remain, pretty soon, as it seems that I can hardly wait for the remaining time to go by. A nurse's life and work in Severance Hospital is a very strenuous one. I am certainly thankful for good health. I can see so many encouraging phases about the work that a newer worker cannot see. When I came into the hospital in May of '21 there had been a strike in the school just a few months before and there were very few student nurses and these were not really desirable, only the most desirable of a rather bad lot so you can see that they were not very good material to work with and to try to make into good and intelligent nurses. There were just 17 nurses in the hospital, student and graduate. Now, normally we have about 60 student nurses and over 20 graduates. Only girls who have had two years of high school can apply and though this isn't as high a requirement as we want yet it is better by far than taking in girls who can't even read and having to teach them that first before they can really study nursing. I think that I have mentioned Miss Chung Ai Yi before who is a graduate of the Queen's Hospital, Honolulu and who is such a great help to us and on inspiration to all the nurses. In a little over a month our third year nurses will finish, 23 of them, all fine young women, ready and willing to take a useful place in the church and in society. I had a class meeting with them yesterday and I almost had to weep when I thought of them leaving us so soon to take up their life in Korean society where the way of a young woman isn't an easy one.

As yet, very few applications for the spring class have come in. One reason for this may be that the course has been changed to four years, that is the regular course which grants permission to practice nursing and midwifery anywhere in the Japanese Empire. There is still the special course of three years which is the same as our present one. Also the admission fee has been raised to twenty yen from ten and they have been told that they must have another thirty yen on hand for the initial expenses. People here have received the impression that an education in nursing costs hardly anything and so often girls whose parents can't afford to send them on to regular school; think that they can send them here and it will cost them nothing. It has been slow work, correcting this error and also that a girl who is too slow in her studies to succeed in other lines is sure to make good in nursing. Medical work has great educational opportunities as it comes in contact with so many people and people from all over this country.

One thing that the people are very loth to learn, even the better educated is that children and other patients can be safely trusted to the hospital, day and night, and that this is much the better way. We still have to make many allowances for mothers in the children's ward or very few babies would be left here. Among the adults, there is more trouble among the pay cases than among the free and as we must cater somewhat to the former, there are still protectors in first and second class wards. You can imagine how we dislike the thought back of this word, that someone is needed to protect the patient while in the hospital. However, the reason for this isn't so hard to find when you realize that this is the way the government hospitals are run and many people who come to us think before they come that someone is required by us too, to stay with the patient and do certain things for them.as preparing the food, washing their face and hands, etc. With older people, it is thought to be only respectful and honoring for them to have a daughter-in-law to wait on them or a servant from the home to run errands.

You asked me about Chang Ok Hui. She has gotten so nearly well that Dr. McLaren, who has helped with her support all these months wanted her in his clinic to help with the patients. Pretty pink Hoover aprons have been made for her and she is so sweet and lovely to everyone that she has made a big place for herself and Dr. McLaren would feel lost without her. She still limps but otherwise she walks as fast as anyone. Right now she is in the next room with our old amah and they are talking and giggling like two children. She is so grateful for what has been done for her. Tonight she is going to a pageant to be given by the Seminary students and she is so thrilled.

It snowed last night and the ground is covered. A real snow comes so seldom that we are all excited about it. I took pictures of the night nurses in it this morning. My days are filled full and overflowing and one evening a week I even attempt to learn some Japanese. This is quite necessary in this day, especially for those in school work of any kind.

I covet your interest and prayers as I feel how weak and incapable I am and how great is the responsibility given to me.

Sincerely yours,
Edna Lawrence

1933년 평양에서 개최된 미국 북장로교회 한국 선교부의
제49차 연례회의 회의록 및 보고서 (1933년 6월 29일~7월 6일), 77쪽

부록 P.
세브란스 연합의학전문학교 및 병원의 현지 재단에 파송된 선교부 대표의
1932~33년도 보고서

(......)

간호부양성소. 간호부양성소에는 이제 두 과정이 있는데, 4년제 정규 과정은 일본 제국에 적합한 졸업장을 수여하며, 특별 과정은 조선에서만 받을 수 있는 졸업장이다.

학교는 로렌스 양이 계속해서 관심을 기울이고 있지만 교육과 행정의 대부분을 맡은 이정애 양을 확보한 것을 축하할 것이다.

하지만 양성소의 장비는 빈약하고, 기초 과학을 가르치는 실험실도 부족하며, 경험이 부족한 교사를 고용해야 하는 경우도 있다. 정규 간호사의 자질은 모두가 자랑스러워할 수 있지만 이러한 장애와 기타 장애가 있고 세브란스 의학전문학교의 다른 부서에 많은 관심을 기울이고 있으므로 간호부양성소의 전환이 곧 올 수 있기를 바라고 있다. 피터스가 500.00엔을 기부하였으며, 이것이 좋은 일의 시작일 수 있다.

9월에는 1학년 전체 학생이 동맹 휴학에 돌입하여 퇴학 처분되었다. 이로 인하여 학교 당국은 일 년 내내 간호사의 큰 부족을 메우기 위하여 다양한 방법을 모색해야 했다. 남은 학생 간호사는 60명이었고, 그중 21명이 봄에 졸업하였다. 간호학생들은 모두 기독교인이었다.

(중략)

Minutes and Reports of the Forty-ninth Annual Meeting of the Chosen Mission of the Presbyterian Church in the U. S. A., 1933, Held at Pyengyang (June 29th to July 6th, 1933), p. 77

Appendix P.

Report of the Mission's Representatives on the Field Board of Managers of the Severance Union Medical College and Hospital, 1932~1933

(......)

The Nursing Training School. The Nurses Training School now has two courses, a regular one of four years giving a diploma, good for the Japanese Empire and special course, the diploma for which is good only in Chosen.

The School is to be congratulated on securing Miss C. A. Lee who has taken over much of the teaching and administrating, although Miss Lawrence is continuing and will continue to give it attention.

Equipment for the Training School, however, is meager, laboratories for teaching the basic sciences are lacking, and sometimes inexperienced teachers must be used. With these and other handicaps the quality of graduate nurses is something of which all may be proud, but with so much attention being paid to other departments of the S. U. M. C., it is hoped that the turn of the Nurses Training School may soon come. Mr. Pieters has contributed ¥500.00 toward an endowment fund and this may be the beginning of good things in store.

In September the whole first year class went on strike and was dismissed. This forced the administration to go to various expedients to make up for the great shortage of nurses throughout the year. There were 60 student nurses left, of whom 21 were graduated in the spring. All of the student nurses were professing Christians.

(Omitted)

에스터 L. 쉴즈(서울)가 친구들에게 보낸 편지 (1933년 7월 9일)

(중략)

나는 지난 9월 6일 서울에 도착하여, 13일 내가 안식년을 가기 전에 수년 동안 담당하였던 진료소에서 나의 업무를 재개하였다. 로렌스 양이 간호부양 성소의 책임자이며, 영 양은 방금 안식년에서 돌아왔다. 그녀는 펜실베이니아 주 베들레헴의 성누가 양성소를 졸업하고, 뉴욕 시의 맨해튼 산부인과 병원에 서 근무하였었지만 캐나다 선교본부의 대표이다. 남감리교회 선교본부가 파송 한 두 간호사, 즉 넬슨 양은 첫 안식년 중에 있고, 존스 홉킨스를 졸업한 롤랜 드[32] 양은 세브란스 병원 소속이다.

(중략)

Esther L. Shields (Seoul), Letter to dear Friends (July 9th, 1933)

(Omitted)

I reached Seoul last September 6th, and on the 13th began to do my work in the dispensary, the department I was looking after for several years before going on furlough. Miss Lawrence is principal of the School for Nurses, Miss Young has just returned from furlough. She is the representative from the Canadian Board, although she had her training in St. Luke's, Bethlehem, being a Pennsylvanian, and in Manhattan Maternity, New York City. Two nurses from the Southern Methodist Board, Miss Nelson, now on her first furlough, and Miss Rowland, from Johns Hopkins, belong to Severance Hospital staff.

(Omitted)

---

32) 미티 E. 롤랜드(Mittie E. Rowland, 1895. 2. 19~1976. 7. 27)는 미국 남감리교회 소속의 간호 선교사 이었다.

에드너 M. 로렌스(서울),
연례 개인 보고서, 1932~33년 (1933년 8월 9일 접수)

연례 개인 보고서, 1932~33년

　다시 한 번 주님의 포도원에서 쏟은 1년의 노력을 서면으로 검토하고 요약할 시간이 왔습니다. 어떤 면에서 잊고 싶은 많은 일들이 일어난 한 해이었는데, 다행스럽게도 이런 종류의 보고에서 굳이 언급할 필요가 없는 성격이었습니다. 나는 여러분들이 다음과 같은 말에 익숙하다고 확신하고 있습니다. "낙관론자와 비관론자, 그 차이는 관점입니다. 낙관론자는 도넛을 보고, 비관론자는 구멍을 봅니다." 나는 지나간 일과 앞으로 나를 기다리고 있는 일에 대하여 낙관론자가 되고 싶습니다.

　내 앞에 오는 좋은 일과 즐거운 일만 보는 사람으로서, 나는 세브란스의 직원과 친구들이 병실이나 병동을 장식해 준 덕분에, 병실과 병동이 크게 개선된 점을 먼저 언급하고 싶습니다. 명랑하고 깨끗한 방의 환자들에게 미치는 영향은 매우 뚜렷하였으며, 비록 그들이 방을 보기 좋게 유지하는 데 주의를 기울이지는 않지만 모든 사람들이 그것을 높이 평가하는 것 같습니다. 러들로 부인은 각 방을 가능한 한 멋지게 만들고 돈을 최대한 많이 벌기 위하여 용감하고 지치지 않게 노력해 왔습니다. 본관만 해도 약 25개 정도의 병실이 완공되었고, 대부분의 진료실과 격리 병동의 일부 병실이 완공되었습니다. 한동안 직원들 사이에서 가장 많이 받은 질문은 "넘버 소인소(Number So-in-So)의 멋진 모습 보셨나요?" 또는 "귀하의 진료소에서는 어떤 색 구성표를 사용하고 있나요?"이었습니다. 학생 기숙사에서는 침실을 모두 백색 도료로 칠하고, 거실은 물론 간호사로 분류되지 않은 모든 거주자를 대상으로 대대적으로 불시단속을 벌였으며, 신입생들의 짐까지 검사하고 살충제를 뿌렸습니다.

　작지만 여전히 중요한 부서인 간호과에서는 많은 발전이 이루어졌다고 생각합니다. 예를 들어, 사용할 수 있는 약물을 표준화하여 상당량의 약품을 줄였으며 가능한 한 단순한 제제를 사용하였습니다. 매우 신중한 구매 및 유통을 통하여 공급실과 주방에서도 절약이 이루어졌습니다. 병동의 실제 간호와 관리에 있어서 감독 간호사들은 많은 시간을 소비하였습니다. 발전이 있었고,

적어도 이상적인 조건이 엿보였습니다. 이전과 마찬가지로 현재 가장 부족한 점은 학생들과 함께 매시간 매일 일하고, 절차를 훈련받아 환자에 대한 숙련되고 지능적인 간호를 보장해 줄 시간입니다. 평균적인 간호사가 한 번만 보여주거나 가르쳐 주어도 치료의 세부 사항을 수행할 것이라고 기대하는 것은 거의 쓸모가 없습니다. 이러한 지도는 매우 가치 있는 일이지만 현재로서는 불가능해 보입니다. 예를 들어, 내가 남자 시료 병동과 수술실을 감독하고, 학교와 기숙사를 담당하며, 병원 물품실을 담당하고, 간호원장을 맡은 것을 생각해 보세요. 아침에 한 부서에서 시간을 보낼 계획을 세울 때, 다른 부서에서 특별한 일이 생겨서 불려 가는 일이 발생하는 것처럼 확실하게 아무것도 정할 수 없는 경우가 가끔 있습니다. 나는 종종 불가능해 보이지만, 철저하게 수행하고 그것에 대하여 필요한 독서와 연구를 할 시간을 가질 수 있을 만큼 작은 과제를 원한다는 것을 알게 되었습니다. 나는 정말 다양한 주제를 계속 공부하지만 어떤 주제도 실제로 공부할 시간은 없고, 문제가 생기면 서둘러 읽어야 한다는 것을 알게 되었으며, 돌아가서 정말로 다시 공부하겠다고 약속하였지만 나는 그렇게 할 시간이 거의 없습니다.

학교는 1927년 안식년에서 돌아온 이후로 나에게 특별한 것이었으며, 나는 그 학교와 그 안에서 많은 시간을 보냈습니다. 학교는 이정애 양이 우리에게 오기 전에 순조롭게 운영되었으며, 이제는 그녀가 이 학교의 교육과 행정을 점점 더 맡을 계획입니다. 내 업무가 2학년에 있을 예정이고 올해에는 학급이 없기 때문에 이번 학기에 나는 수업이 없습니다. 나는 이 양과 함께 일할 수 있고, 그녀가 기꺼이 제안을 받아들이고 자신의 계획과 문제를 논의하는 것을 보게 되어 기쁩니다. 나는 학교에서 완전히 손을 떼는 것은 바람직하지 않다고 생각하여 일주일에 3일씩 학급을 소집하고 교실에 자주 드나듭니다. 우리 모두는 졸업 후 교육을 받은 더 많은 간호사가 필요하다는 점을 크게 느끼고 있으며, 쓸 수 있는 자금과 적합한 사람이 있기를 바라고 있었습니다. 피터스 씨가 학교를 위하여 500엔을 기부하였을 때, 이 분야에서 큰 도움과 격려를 받았습니다. 나는 도쿄에 있는 성누가 병원에 파견할 적합한 간호사를 찾았다고 생각하며, 그녀가 올 가을에 학교 행정 과정을 수강할 수 있기를 바라고 있습니다.

총독부의 규정에 따라 학교 과정이 변경되어 현재는 한국에만 수여하는 3년제 특별 과정과 일본 제국에 수여하는 4년제 정규 과정의 두 가지로 운영되고 있습니다. 4학년에는 조산사 실습을 주로 동대문 병원에서 이수하게 될 것이지만, 공중 보건 분야의 2개월 과정도 포함됩니다. 이 과정에는 5명의 간호사가 있는데, 평양 병원 졸업생 3명, 3학년 학생 중 2명이 1년을 더 다니고 있습니다. 이와 관련하여 나는 이 나라의 간호와 관련하여 매우 중요하다고 생각되는 것에 여러분의 관심을 끌고 싶습니다. 여러분 모두는 우리 대학이 졸업생을 위하여 제국 면허를 얻으려 얼마나 오랫동안, 얼마나 열심히 노력하였는지, 그리고 이를 위하여 어떤 재정적 지출이 필요한지 알고 있습니다. 총독부가 시간을 거의 지체하지 않고, 학생에 대한 시험도 없으며, 추가 장비, 더 나은 교사 또는 재정적 지원에 대한 요구도 없이 간호사에게 이러한 특권을 부여한 것이 조금 이상해 보이지 않습니까? 간호직이 의사에 얼마나 뒤떨어져 있는지, 그리고 간호와 간호사에 대한 당국의 일반적인 태도를 고려할 때 대답은 아주 간단하다고 생각합니다. 그렇게 높은 인정을 받기 위하여 요구되는 것이 거의 없다는 것이 간호직에 유리한가요? 물론 최고의 교수진을 교사로 보유하고 그들에게 더 나은 실험실과 강의실을 제공하는 것은 의학전문학교 학생들에게 큰 이점이 될 것입니다. 빈약한 장비, 기초 과학을 가르치는 실험실의 절대적 부족, 때로는 경험이 부족한 교사를 사용해야 할 때, 나는 우리 학업의 이익뿐만 아니라 이 나라의 관립 학교를 위하여 간호 교육을 위한 예산에 더 많은 돈이 필요하며 더 높은 기준이 설정될 필요가 있기를 바라고 있습니다.

지난해 9월 1학년 전체의 휴업으로 인하여 간호 인력에 많은 조정이 필요하게 되었습니다. 그 자리를 대신하기 위해서는 정규 간호사를 최대한 고용해야 했습니다. 그 당시에 우리는 필요한 수를 확보하지 못하여 좋은 정규 간호사가 과잉 공급되지 않는다는 사실이 나에게 대단히 설득력이 있었습니다. 올해 봄에도 졸업반이 21명인데 한두 명 부족해 다른 병원 간호사도 동원하였습니다. 이번 봄에는 3학년 학생 15명과 1학년 학생 24명이 있습니다. 본관만 해도 정규 간호사가 27명이 필요할 것으로 추산되었고, 이 정도는 아니지만 4명이 나와서 생활하고 있는데 졸업생 기숙사는 너무 붐비고 있습니다. 학생 기숙사는 현재 학생 수에 적합하며, 방문객실 및 오락실은 매우 즐겁게 사용되고 있습니다.

올해 졸업반은 이미 상당히 흩어져 한 명은 공주로, 한 명은 광주로, 또 한 명은 순천에서 병원이나 보건 의료직을 맡게 되었습니다. 한 명은 고등학교 공부를 마치기 위하여 일본으로, 한 명은 공중 보건 과정을 수강하기 위하여 도쿄로 갔습니다. 두 명은 건강이 좋지 않아 직책을 맡지 못하였습니다. 나는 여러분이 우리 학교 졸업생 146명에 대하여 알고 싶어 할 것 같습니다. 내가 아는 한, 현재 79명이 활동하고 있습니다. 그중에는 -

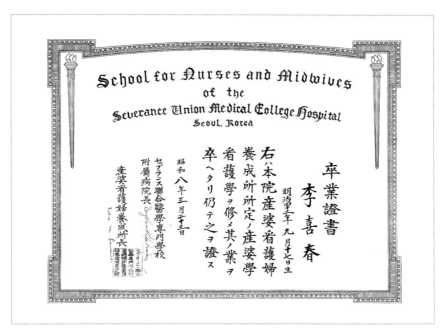

그림 36. 1933년도 졸업생 이희춘의 졸업 증서. 양성소장 로렌스의 서명이 들어 있다. 간호대학 소장.

직원 간호사	41	양성소 강사	1
공중 보건	8	영양사	1
진료소 간호사	6	사무실 조수	1
개인 업무	3	조산사	1
전도 부인	3	졸업 후 연수	1
치과 보조	2	고등보통학교를 끝냄	3
개인 병원	2		

이것은 나의 주요 활동을 많이 다루고 있습니다. 이제 나는 직업적이라기 보다는 오락적이라고 부르는 몇 가지 사항을 언급하고 싶습니다. 첫 번째는 내 실험이 특히 어린이를 위한 새로운 작업 치료 방면이라는 것입니다. 열세 살의 훌륭한 소년이 척추 결핵을 위한 남자 시료 병동에 입원하였습니다. 그는 하루 종일 완전히 누워 있어야 하고 뭔가 할 일이 필요하였습니다. 나는 그가 그의 한국어 글자를 모른다는 것을 알고 간호사들의 도움을 받아 그에게

가르쳤습니다. 다음으로 나는 그에게 성경 구절을 주어 암기하고 성경에서 찾을 수 있도록 하였습니다. 곧 그는 그 일에 능숙해져서 다른 것이 필요하게 되었습니다. 나는 지난 10월부터 일본어를 공부해왔기 때문에 교사 자격을 얻을 수 있다고 판단하여 문자가 들어 있는 사각 용지들을 몇 개 사주었고 그는 일본어를 배우기 시작하였습니다. 곧 그는 책을 원하였기 때문에 우리가 방금 끝낸 첫 번째 독본을 그에게 사주었고, 그는 그 문장을 쉽게 읽어서 내가 부러워했습니다. 곧 그는 다른 일을 시작하였고 그래서 그는 A, B, C부터 시작하였고 그것을 알고 있습니다. 최근의 것은 산수입니다. 그가 매우 좋아하는 공부를 하는 사이에 그는 손거울을 사용하여 우리 기지, 교회 뜰, 역 앞 광장, 옆 병동의 사람들과 환자들이 '하는 것'을 지켜보았습니다. 그는 식사를 하면서 거울을 보며, 그의 최근 행동은 그가 병원에 입원하였을 때 완전히 마비된 발가락을 흔드는 것에 숙달되는 것을 보는 것입니다. 그의 옆 병동에는 발이 동상에 걸린 또래의 친구가 있는데, 그들은 동시에 공부를 하며 서로 많은 교제를 하고 있습니다.

이 보고서가 너무 길어졌는데, 장옥희에 대한 언급을 빼놓고는 마칠 수가 없습니다. 그녀는 실제로 발 문제가 거의 호전되었으며, 이제 젊은 여자로서 매우 인기가 많고 수요가 너무 많아서 맥라렌 박사의 진료소에서 도우미 역할과 오래된 전문 환자라는 두 자리를 갖고 있습니다. 그녀는 자신을 위하여 해준 모든 일에 대하여 얼마나 감사해하고 있는지 나에게 말하는 것을 결코 잊지 않고 있으며, 치료가 불가능해 보이는 사람들을 위하여 무엇을 할 수 있는지 보여주는 살아있는 예입니다.

나는 우리 모두의 친절하신 아버지께서 나에게 건강을 주셨고, 나를 도와주고 영감을 준 이곳과 조국의 많은 친구들과 한국에서 그분을 위해 일할 수 있는 큰 특권에 대하여 크게 감사드립니다.

삼가 제출합니다.
에드너 M. 로렌스

Edna M. Lawrence (Seoul),
Annual Personal Report 1932~33 (Rec'd Aug. 9th, 1933)

Annual Personal Report, 1932~33

Again the time has come for a written review and summing up of a year's efforts put forth in the Lord's vineyard. In some ways it has been a year in which many things have transpired which I would like to forget and fortunately they are of the nature which do not need to be related in a report of this kind. You are familiar, I'm sure with the lines which go something like this - "The optimist and pessimist, the difference is drowl; the optomist the doughnut sees, the pessimist the hole". I want to be an optimist about what has passed as well as what is waiting for me in the future.

As one who is seeing only the good and pleasant things which have come my way, I wish to mention first the great improvement in the hospital rooms and wards which has been brought about by the staff and friends of Severance offering to decorate a room or ward. The effect on the patients of cheery and clean rooms has been very marked and all seem to appreciate them even though they are not as careful as they might be about keeping them looking nice. Mrs. Ludlow has been fearless and tireless in her efforts to make each room look as nice as possible and to make the money buy just as much as possible. In the main hospital alone, some twenty-five rooms have been done and most of the clinics and some rooms in the isolation ward. For some time the most common question asked among the staff was, "Have you seen how nice Number So-in-So looks?" or "What color scheme are you using in your clinic?" In the student dormitory all the bedrooms have been kalsomined and the living rooms in addition A vigorous raid has been made on all inhabitants not classified as nurses and even the baggage of the new students was examined and sprayed with Flit.

In nursing department I feel that many advances have been made, especially in the smaller though still very important departments. For instance, a great reduction in drugs has been effected by standardizing and cutting down on the drugs which could be used, and using simpler preparations wherever possible. A saving has also been made in the supply room and the kitchen by very careful buying and distributing. In the actual nursing and administration of the wards much time has been spent by the supervising nurses. Advances have been and ideal conditions glimpsed at at least. The great lack now, as formerly, is time to work hourly and daily with the students and to drill them in the procedures and so thus insure skillful and intelligent nursing care for the patients. It is almost useless to expect the average nurse to carry out the details of a treatment if she is shown or taught only once. This supervision would be very worthwhile but doesn't seem possible at the present time. Take my own assignment for instance, supervision of the Men's Free Ward and the Operating Room, in charge of the school and dormitory, the hospital supply room and superintendent of nurses. It seems some times that I can't settle down to anything for just as sure as I plan to spend a morning in one of the departments something special comes up in another and I'm called away. I have often found myself wishing for the seemingly impossible, an assignment small enough so that I may do it thoroughly and have time to do the necessary reading and study on it. I find that I have to keep up on such a variety of subjects that I don't have time for real study on any one but must read up hurriedly as the matter comes up and though I promise myself that I will go back and really study it again I very seldom find the time to do so.

The school has been my pet ever since coming back from furlough in '27 and I have spent a great deal of time on it and in it. It was in good running order before Miss C. A. Yee came to us and it is now in the plan to have her take over more and more of the teaching and administration of it. I do not have classes this term as my work would be with the second year and there is none this year. It is a pleasure to work with Miss Yee and to find her so willing to take suggestions and to discuss her plans and problems. I don't think it is advisable to take my hands off the school entirely so I call the classes on three days a week and so go into the class rooms frequently. We all feel greatly the need for more nurses with post-graduate work and were hoping for available funds and the right person. A great help and encouragement has been received in this line when Mr. Pieters gave us five hundred yen for an endowment fund for the school. I think that the right nurse has been found to send to St. Luke's in Tokio, and I hope that she may go for the course in school Administration this fall.

The school course has been changed in accordance with the government regulations and there are now two courses, a special course of three years, granding a diploma good for Korea only and a four year or regular course giving a diploma good for the Japanese Empire. The fourth year in mainly for Midwifery practice which is to be gained at East Gate Hospital but a two months course in Public Health is also included. There are five nurses in the course, three graduates from the Pyeng Yang Hospital and two from our third year who are continuing on for another year. In this connection I would like to draw your attention to something which I think of quite great significance in relation to nursing in this country. You all know how long and how hard our college has worked for Empire license for the graduates and what financial outlay is required for it. Does it not seem a little strange that the government has given this privilege to nurses with very little delay in time, no examination of the students and no demands for extra equipment, better teachers or financial backing? The answer is quite simple I think, when you consider how far the nursing profession is back of the medical and the general attitude of the authorities toward nursing and nurses. Is it an advantage to the nursing profession that so little is required of it to attain such high recognition? It will of course be a great advantage to the medical students to have the best professors attainable for their teachers, and better laboratories and classrooms provided for them. When our meager equipment, our absolute lack of laboratories for teaching the basis sciences and sometimes the inexperienced teachers we have to use, I find myself wishing that not only for the benefit of our studies but even more for the government school in this country that more money was require in the budget and higher standards set up for nursing education.

The strike of the whole first year class last September has made it necessary to make many adjustments in the nursing staff. Graduate nurses were to be employed as far as possible to take their places. It was brought home to me very forcible then that there is no oversupply of good graduate nurses for we were not able to secure the number needed. Even this spring, with a graduating class of twenty-one, we are short of one or two and nurses from other hospitals have been used, too. This spring there are fifteen third year students and twenty-four first year. It was estimated that twenty-seven graduate nurses would be necessary for the main hospital alone and though there are not this many and four are living out the graduate dormitory is over crowded. The student dormitory is adequate for the present student body and the visitor's and recreational rooms are greatly enjoyed.

This year's graduating class has scattered considerably already, one has gone to Kongju, one to Kwangju and one to Soonchun for hospital or Public Health positions. One has gone to Japan to finish her high school work and one to Tokio to take the Public Health course. Two were not able to take positions because of poor health. I think you might be interested to know something about the 146 graduates of our school. As far as I can tell 79 are in active service now. Among these there are -

Staff nurses	41	Instructor in T. S.	1
Public Health	8	Dietetian	1
Clinic nurses	6	Office assistant	1
Private duty	3	Midwife	1
Bible women	3	P. G. study	1
Dental assistants	2	Finishing high school	3
Private hospitals	2		

This fairly covers my major activities. Now I would like to mention a few things which I call recreational rather than professional. First is my experiments is a new line of occupational therapy, especially for children. A fine boy of thirteen has been admitted on the Men's free Ward for Tbc. of the spine. He has to lie absolutely flat all day long and needed something to do. I found out that he didn't know his Korean characters so undertook with the help of the nurses to teach him. Next I gave him Bible verses to memorize and find in the Bible. Soon he was so good at that, that he needed something else. Since I have been studying Japanese myself since last October I decided that I could qualify for a teacher so I bought him some squares with the characters and he started in to learn Japanese. Soon he wanted a book so I bought him a first reader the one we had just completed and he read those sentences off easily that I was green with envy. Soon he was beginning for something else and so he was started off on his

A B C and knows them. The latest thing is arithmetic. In between these studies, which he very much enjoys, he used a hand mirror and watches the 'doings' on our compound, the church yard, the square in front of the station and people and patients in the next ward. He looks in his mirror when he eats and his latest stunt is to watch the progress he is making in wiggling his toes which were absolutely paralyzed when he entered the hospital. He has a friend about his own age in the next ward in with frozed feet and they do their lessons at the same time and so much company for one another.

This report is getting too long but I can't close it without mention being made of Chang Ok Hui. She is practically well of her foot trouble and is now so popular a young lady and so in demand that she is holding down two positions, one as helper in Dr. McLaren's clinic and her old job of professions patient. She never forgets to tell me how thankful she is for all that has been done for her and she is a living example of what can be done for the seemingly incurable.

I am very grateful to the kind Father of us all for the measure of good health which He has given to me, for many friends here and in the homeland who have helped and inspired me and for the great privelege of being in worker for Him in Korea.

Respectfully submitted
Edna M. Lawrence

에드너 M. 로렌스(서울)가 친구들에게 보낸 편지
(1933년 10월 1일)

세브란스 병원,
한국 서울,
1933년 10월 1일

친애하는 친구들,

위의 주소에서 알 수 있듯이 나는 아직 한국에 있고 미국에 있지 않습니다. 나의 안식년은 올해가 아닌 내년에 예정되어 있습니다. 정기 안식년이 연기되면서 내년에 고국에 갈 수 있을지 지금은 의심스럽습니다.

나는 산에서 좋은 여름 휴가를 보내고 다시 업무에 아주 적합하다는 느낌으로 돌아왔습니다. 여름 내내 병원은 환자로 찼는데, 한국도 세계와 마찬가지로 힘든 시간과 우울증을 겪고 있다는 사실에 그것에 진심으로 감사드립니다. 물론 무료 병동은 항상 필요하며, 유료 병동도 여러 번 가득 찼습니다. 올해는 지난해 동맹휴학으로 2학년 간호사가 없어 때로 학생 간호사가 부족하였습니다. 이전보다 훨씬 더 많은 정규 간호사가 고용되어 병동이 꽉 차도 계속 운영할 수 있게 되었습니다. 간호직 한 명 한 명이 물품 주문에 최대한 주의를 기울이고 있으며, 협동심도 엿볼 수 있습니다. 외국인(선교사) 간호직이 줄어듦에 따라 한국인이 자리를 잡고 많은 중요한 직책을 맡고 있습니다.

부교장인 오긍선 박사는 재정적 부담을 짊어지고 있으며, 모든 일을 아주 잘하고 있습니다. 그는 훌륭한 기독교인이며, 우리 교회의 훌륭한 일꾼입니다. 그는 고아들을 돕는 데 많은 관심을 가지고 있으며, 소년 고아원과 최근에 문을 연 어린이집을 책임지고 있습니다. 나는 그가 이러한 외부 관심사를 유지하고 일상에 들어오는 많은 업무를 할 시간이 있는지 모르겠습니다.

병원 부원장도 한국인인 이영준 박사입니다. 구내에 그를 위한 새 집이 막 완성되었습니다. 그의 집은 지난해 화재로 소실되었습니다. 그는 일본에 가본 적이 있어 일본 가정에 대해 잘 알고 있으며, 그의 새 집에서 일본 건물의 가장 바람직한 부분, 특히 따뜻한 바닥에서 일한 것을 보고 흥미로웠고 외국식의 방이 하나 있습니다. 그에게는 아주 좋은 아내와 훌륭한 아들들이 있습니다.

대학 졸업생이자 호놀룰루의 퀸즈 병원 졸업생인 이정애 양은 우리의 가장 큰 기쁨이자 자부심입니다. 그녀는 병원의 2개의 병동을 담당하고 있으며, 내가 예전에 하던 간호법의 교육을 담당하고 있습니다. 나는 이 일을 그렇게 잘 할 수 있는 누군가에게 일을 넘겨주게 되고, 이로 인하여 병동과 사랑스러운 새 수술실에서 더 많은 시간을 보낼 수 있게 되어 매우 기쁩니다.

신체적으로 뿐만 아니라 지적으로도 놀라운 발전을 이룬 병동의 어린 소년에 대하여 앞에서 언급한 것 같습니다. 그는 우리에게 왔을 때 단순한 한글도 읽을 수 없었기 때문에 처음에는 언문이라는 것을 배웠고, 일본어를 배우고 싶어 해서 내가 언어 학교에서 공부하였던 것과 같은 책을 사주었으며, 나는 그가 얼마나 열렬하고 총명한지 보고 기뻤습니다. 그는 동양인이라 나보다 훨씬 쉽게 배웠고, 서양인에게 큰 어려움인 발음도 거의 어려움이 없었습니다. 나는 구내를 지나가는 사람들과 심지어 (서울)역 앞 광장에서도 볼 수 있도록 값싼 거울을 그에게 주었습니다. 그는 척추 질환 때문에 등을 대고 반듯하게 누워있어야 했지만, 그는 거울을 사용하여 바깥 구경을 할 수 있었습니다. 우리는 일찍부터 그에게 그리스도에 대하여 가르치기 시작하였습니다. 그는 교회에 갈 기회가 없었지만 놀이 친구를 통하여 그분에 대해 조금 들었다고 말하였습니다. 그는 빨리 배웠고 곧 하루에 많은 시간 성경을 읽고 그의 방에 있는 다른 환자들을 위하여 기도하였습니다. 그는 이제 훨씬 나아졌고 새로 찾은 친구와 함께 행복해졌습니다.

얼마 전 이곳 서울의 시각장애인 목사가 환자로 입원하였습니다. 그는 너무 사랑스럽고 평화로운 얼굴을 하고 있어서 보기가 좋았고, 침대에 앉을 수 있게 되면 책을 읽곤 하였고, 꽤 많은 시간을 점자로 된 신약 성경을 읽었습니다. 구약은 아직 점자로 되어 있지 않습니다. 여러분이 그에게 이야기할 때도 그는 매우 명랑하였으며, 어둡고 침침한 사람이 아니라 영적인 눈이 너무 예리하고 훈련되어 육신의 눈을 거의 놓치지 않는 사람이었습니다.

지금은 아름다운 가을 날씨입니다. 단풍을 보러 지금 금강산으로 여행을 떠나는 것도 좋을 것 같습니다. 2년 전에 딱 하루만 올라갔었는데, 정말 멋졌던 것을 잊지 못할 것 같습니다. 조만간 오후에 가까운 곳으로 갈 수 있을 것 같습니다. 나는 너무 문을 뛰어다니기 때문에 바로 문 앞에 있는 아름다움을 즐길 수 없습니다.

서울 지부의 올해의 전도 사역은 지난해 여름 만주국 박람회장 바로 밖에서 다른 선교부와 합동으로 천막 집회를 열면서 시작되었습니다. 2,253명의 사람들이 기독교인이 되기를 희망하면서 이름과 주소를 제출하였습니다. 모임에 이어 서울에 거주하는 지망생들의 집을 방문하였습니다.

　1년에 적어도 42주일 동안 그 지역에서 전도 예배가 열렸고, 선교사는 각각 5일 이상인 50개의 성경 수업과 많은 교회를 방문하였습니다.

　지난 1년 동안 여학교의 95명의 학생 중 20명이 주일학교 교사이었습니다. 존 D. 웰즈 남학교는 성장을 보고하고 있는데, 424명의 학생들이 등록하였고 지금까지보다 기독교 학생들에게 더 크게 호소하였는데 한 가지 이유는 적극적인 기독교 남자로 교사진을 강화하였기 때문입니다.

　복지 사업의 새로운 발전은 전도 사업과 관련하여 시골과 마을의 진료소를 개설한 것이었습니다. 42개의 진료소에 1,276명이 내원한 것으로 보고되었습니다. 각 진료소는 기도로 업무를 시작하고, 교회 예배에 참석하라는 초대장과 함께 소책자를 배포하고 있습니다.

　선교회의 모든 친구들에게 인사를 드립니다.

안녕히 계세요.
에드너 로렌스

Edna M. Lawrence (Seoul), Letter to Friends (Oct. 1st, 1933)

Severance Hospital,
Seoul, Korea,
October 1, 1933

Dear Friends: -

　As you will see by the above address I'm in Korea yet and not in America. My furlough is due next year and not this one. It seems doubtful now whether or not I will be able to go home next year as regular furloughs are being postponed.

　I had a fine summer vacation in the mountains and returned feeling quite fit for things again. The hospital had been well filled all summer for which I am truly thankful for Korea is having her hard times and depression, too, along with the rest of the world. The free wards are always in demand, of course, and even the pay wards were filled to capacity several times. There are no second year nurses this year because of the strike of last year and so there was a shortage of student nurses some times. A great many more graduates have been used than formerly and this made it possible to carry on even with full wards. Every one on the staff is being as careful as possible about ordering supplies and the spirit of cooperation is evident. As the foreign (missionary) staff grows less the Koreans are taking hold and many important positions are being held by them.

Dr. K. S. Oh, the vice-president carries the financial burden and does it all very well. He is a fine Christian man and a good worker in our church. He is very much interested in helping orphans and is in charge of a home for boys and also a recently opened foundlings' home. I don't see how he has the time to keep up these outside interests and do all the many things that come in the daily routine.

The assistant superintendent of the hospital is also a Korean, Dr. Y. C. Rhee. A new home has just been completed for him on the compound. His home was destroyed last year by fire. He has been to Japan and so knows about the Japanese homes and it is interesting to see that in his new home he seeing to have worked in the most desirable points of a Japanese building, especially the warm floors, and he has one foreign style room. He has a very good wife and a family of fine boys.

Miss Chung Ai Lee, a college graduate and also a graduate of Queen's Hospital in Honolulu is our chief joy and pride. She is in charge of two wards in the hospital and does the teaching in Nursing Procedures which I used to do. I am very happy to turn the work over to some one who can do it so well as this leaves me more ti.me to spend on the wards and the lovely new operating room.

I think that I have mentioned before the young boy in the ward who had made such wonderful progress, not only physically but intellectually as well. He couldn't even read the simple Korean characters when he came to us so he was first taught the Unmoon as it is called, and then he wanted to learn Japanese and so I bought him a book, the same as the one I had studied in the language school and I was delighted to see how eager and bright he was in learning. Being an Oriental he learned much more easily than I was able to and he had almost no difficulty in the pronunciation, which is the big difficulty to a westerner. I gave him a cheap mirror so that he could watch the people passing on the compound and even in the square in front of the station. He had to lie flat on his back because of his disease of the spine, but he could enjoy the outside by using his mirror. We started early to teach him about Christ. He said that he hadn't had a chance to go to church but he had heard a little about Him through playmates. He learned quickly and was soon reading his Bible many hours a day and praying for the other patients in his room. He had gone now much improved and so happy in his new found friend,

A short time ago the blind pastor here in Seoul was in as a patient. He had such a lovely, peaceful face that I used to like to look at him, When he was able to sit up in bed he used to read and he spent quite a lot of time reading the New Testament in the Braille. The Old Testament isn't in the Braille as yet. He was so cheerful when you talked to him, too, not like one in darkness and gloom at all but one whose spiritual eyes were so keen and trained that he hardly missed the physical eyes.

It is beautiful fall weather now. It would be lovely to have a trip to the Diamond Mountains now to see the fall leaves. I went up just for a day two years ago and will not forget how wonderful it was. Maybe I can go to nearby place for an afternoon some time soon. I run in doors so much that I really don't get to enjoy the beauties that are right at my door.

The evangelistic work of the year in Seoul station began with the tent meetings held last summer, in cooperation with other missions, just outside the Manchukuo Exposition grounds. 2,253 people handed in their names and addresses as desiring to become Christians. The meetings were followed up by visits in the homes of inquirers who live in Seoul.

During the year at least 42 weeks of evangelistic services have been held in the territory, 50 Bible classes of five days or more, each, and many churches have been visited by the missionary.

Twenty of the 95 students in the Girls' Academy during the past year have been Sunday School teachers. The John D. Wells Academy for Boys reports growth; 424 students were enrolled and a greater appeal than heretofore was made to Christian students, one reason assigned for this being the strengthening of the faculty with positive Christian men,

A new development in welfare work has been the opening of country and village medical clinics in connection with the evangelistic work; 42 clinics with an attendance of 1,276 people are reported. Each clinic is opened with prayer and tracts are distributed with invitations to attend church services.

My greetings to all my friends in the societies.

Sincerely yours,
Edna Lawrence

19331201

에드너 M. 로렌스(서울)가 친구들에게 보낸 편지
(1933년 12월 1일)

세브란스 병원,
한국(조선) 서울,
1933년 12월 1일

친애하는 친구들,

이곳은 아직 너무 따뜻해서 성탄절이 이렇게 가까이 다가온 것이 실감이 나지 않습니다. 나는 어제 매우 즐거운 추수 감사절을 보냈고, 우리의 독신 소녀 몇 명과 함께 즐거운 시간을 보내고 좋은 저녁을 먹었습니다. 지난 주일에 한국인 교회는 특별 감사 예배를 드렸는데, 매우 감동적이었습니다. O. R. 에비슨 박사가 아침 예배를 인도하였고, 저녁 예배는 대부분 음악으로 채워졌습니다. 아침에 모인 쌀과 돈은 약 100엔에 달하였습니다. 이것은 한국인 교회의 지원을 받는 외국인 선교사들에게 갑니다.

나는 안식년 준비가 매우 잘 되어 있다고 느끼고 있으며, 신체적인 이유로 그것을 받아야 할 수도 있습니다. 나는 특별한 배려를 요구하고 싶지는 않았지만 8년 동안의 그 부담을 견딜 수 없을 것 같습니다. 더 많고 더 나은 간호사들이 훈련됨에 따라 업무가 더 쉬어질 것 같지만, 더 복잡한 문제들이 발생되고 있습니다. 하지만 주님은 그의 백성들을 통하여 역사하시고, 많은 영혼들이 구원받고 있습니다.

여러분 모두에게 따뜻한 인사를 전합니다.

안녕히 계세요.
에드너 로렌스

Edna M. Lawrence (Seoul), Letter to Friends (Dec. 1st, 1933)

Severance Hospital,

Seoul, Korea, (Chosen)

December 1, 1933

Dear Friends: -

It is still so warm here that it doesn't seem possible that Christmas is so near. Yesterday I spent a very enjoyable Thanksgiving, had in several of our single girls and just had a jolly time together and a good dinner. Last Sunday the Korean church held their special services of thanks which were very impressive. Dr. O. R. Avison led the morning service; the evening service was given over mostly to a musical program. The morning collection in rice and money amounted to about 100 yen. This goes to the foreign missionaries supported by the Korean church.

I am feeling very ready for a furlough and may have to take it for physical reasons. I did not want to ask for special consideration but I don't think I could stand the strain for an eighth year. It would seem that things should be easier for us as more and better nurses are trained and yet more and complex problems arise. However, the Lord is working through His people and many souls are being saved.

My cordial greetings to you all,

Sincerely,

Edna Lawrence

19340304

에드너 M. 로렌스(서울)가 친구들에게 보낸 편지
(1934년 3월 4일)

세브란스 병원,
한국(조선) 서울,
1934년 3월 4일

친애하는 친구들,

이 편지가 여러분께 도착할 때까지 또는 도착하기 전에 여러분은 아마도 선교본부로부터 나의 안식년에 대하여 들었을 것입니다. 나는 결국 실망하는 것이 싫기 때문에 그것에 대하여 스스로 생각하지 않으려고 노력하였습니다. D. B. 에비슨 박사 가족이 6월 11일에 갈 예정이므로 프레지던트 윌슨 호를 타고 항해하라는 연락을 제 때에 받고 싶습니다.

내 자신의 일에 대하여 너무 많이 생각하지 않기 위하여 나는 결핵으로 신장을 제거한 젊은 한국 남자를 특별히 돌보기 위해 근무 외 시간의 상당 부분을 할애하였습니다. 그는 우리에게 오기 오래 전에 아팠고 매우 낙심하고 우울하였습니다. 그는 우리가 그를 위하여 한 모든 것에 대하여 매우 감사해 하였지만, 그와 함께 있는 그의 어머니에게도 말을 하려 하지 않았습니다. 우리가 착하고 신실한 간호가 그를 살릴 수 있다면 그를 살릴 것이라고 다짐하자, 병동의 한국인 간호사들은 나에게 아름다운 협조를 해주었고 그는 구원을 받을 것이었습니다. 그래서 하루에도 여러 번 거의 완전하게 알코올로 그를 닦아주었으며, 이는 그를 편안하게 하고 휴식을 취하는 데 도움이 되었으며 게다가 열을 약간 낮추었습니다. 나는 우리 젊은 간호사들이 이런 식으로 남자의 살을 만지는 것이 어렵기 때문에 이런 일을 한다는 것에 놀랐습니다. 우리의 특별한 보살핌과 더불어 우리는 특히 하루에 여러 번 그를 위하여 기도하였는데, 심지어 가장 절망적인 질병의 시기에도 그렇게 하였습니다. 최근 며칠간 체온이 예전보다 낮아졌고, 그는 다른 환자들에게 관심을 갖고 활발하게 이야기를 하고 있는데, 그 노력이 얼마나 되는지, 자기가 말을 할 수 있다는 사실에 스스로도 얼마나 놀랐는지 우스꽝스럽습니다. 나는 여분의 시간과 노력에 대하여 보답받는 것 이상을 느끼고 있으며, 전능하신 하나님으로부터 다른 사람들의 치유를 구하도록 격려받고 있습니다.

그림 37. 졸업생 송별 기념(1934년 3월 8일). 간호대학 소장.

　　몇 달 전에 나는 기도에 대한 또 다른 놀라운 응답을 받았습니다. 남학생한 명이 장 천공으로 내원하였습니다. 그는 다른 소년과 씨름을 하다가 복부에 발차기나 가격을 받았습니다. 인간적으로 말해서 모든 것이 절망적으로 보였고, 이(용설) 박사는 위험을 무릅쓰고 그가 구할 수 있는지 알아보겠다고 말하였습니다. 그는 수술을 시작하였지만 천공을 찾을 수 없었습니다. 그는 보고또 보았고, 나는 곁에 서서 그의 인도를 위하여 기도드렸습니다. 그는 잠시 멈춰서 무엇을 해야 할지 고민하다가 포기하기 싫어하였고, 나는 그 어느 때보다 더 열심히 기도드렸습니다. 그는 "글쎄요, 포기해야 할 것 같아요. 더 이상장(腸)을 다루는 것은 현명하지 않습니다."라고 말하였습니다. 그는 다시 손을내리고 장에 구멍이 뚫린 곳을 뒤집었습니다! 우리 모두는 얼마나 행복하였는지! 한국인 간호사들의 도움으로 이 소년은 특별한 보살핌을 받았고 순조롭게회복되었습니다. 믿음의 씨앗이 자라납니다. 그의 마음에 믿음의 씨가 뿌려졌고, 나는 그것들이 열매를 맺을 것이라고 확신합니다.

　　3월 22일은 졸업식 날입니다. 14명의 3학년 간호사와 5명의 4학년 간호사가 졸업장을 받게 됩니다. 4학년 졸업생을 갖게 된 것은 이번이 처음입니다. 대부분의 우리 간호사들은 이미 직책을 가지고 있으며, 그들 모두에게 많은일이 있을 것이라고 확신합니다. 우리의 현재 1학년은 열심히 일을 하였고 좋은 소녀들입니다. 25명의 신입생 자리에 약 70명의 지원자가 있습니다. 너무 많은 고등보통학교 졸업생들이 지원하였기 때문에 이 소녀들로만 전체 학생을 뽑을 수 있을 것 같고 2년이나 3년을 수학한 학생은 받을 수 없을 것 같습니다.

요즘 태양이 아름답고 밝습니다. 그럼에도 불구하고 지난 며칠 동안 눈이 조금 내렸습니다. 이제 곧 봄이 왔으면 좋겠습니다. 특히 우리가 겨울 내내 마셨던 연기 자욱한 공기 대신 숨쉴 수 있는 깨끗한 공기를 가질 수 있기를 바랍니다.

안녕히 계세요.
에드너 로렌스

Edna M. Lawrence (Seoul), Letter to Friends (Mar. 4th, 1934)

Severance Hospital,
Seoul, Chosen (Korea).
March 4, 1934

Dear Friends: -

By the time this reaches you, or before it arrives, you will probably have heard from the Board concerning my furlough. I've been trying not to think about it myself as I would hate to be disappointed in the end. I hope that I may have word in time to sail on the President Wilson, June 11, as the Dr. D. B. Avison family are planning to go then.

To keep myself from thinking too much about my own affairs, I've given a good deal of my off duty time in special care of a young Korean man who had a tuberculosis kidney removed. He had been sick a long time before he came to us and was very discouraged and depressed. He was very appreciative of all we did for him but wouldn't talk even to his mother who is with him. The Korean nurses on the ward gave me beautiful cooperation as we resolved that if good and faithful nursing could save him, he was going to be saved. So he was given several almost complete alcohol rubs a day, which made him comfortable and helped him to rest, besides keeping his fever down a little. I'm surprised that our young nurses would do this as it is difficult for them to touch a man's flesh in this way. Combined with our extra care we prayed especially for him many times a day, even in the most discouraging periods of the diseases. For the last few days his temperature has been lower than for many days and he's taking an interest in other patients and actually talking, though it's comical to see what an effort it is and how surprised he is himself to find that he can talk. I feel more than repaid for my extra time and effort and run encouraged to claim healing of others from our all powerful God.

A few months ago I had another wonderful answer to prayer. A school boy was brought in with a perforated intestine. He had been wrestling with another boy and had received n kick or punch in the abdomen. Things looked pretty hopeless, humanely speaking, and Dr. Lee said he would just take a chance and see if he could be saved. He started the operation but couldn't find the perforation. He looked and looked and I stood by and prayed for his guidance. He stopped just a minute, wondering what to do, hating to give up and I prayed harder than ever. He said, "Well, I guess I'll have to give up. It isn't wise to handle the intestines any longer." He put his hands down again and turned up the perforated place in the intestines! How happy we all were. With the help of the Korean nurses, special care was given this boy and he made an uneventful recovery. The seeds of faith were sown in his heart and I feel sure that they are going to bear fruit.

March 22nd is our graduation day. Fourteen third year nurses and five fourth year are to receive diplomas. This is the first time to have fourth year graduates. Most of our nurses have positions already and I'm sure that there will be plenty of work for them all. Our present first year have done good hard work and are fine girls. There are about 70 applications in for the 25 new students to be received. So many high school graduates have applied that it looks as if we could get a full number from these girls alone and not have to take any with just two or three years.

The sun is beautiful and bright these days. Even so, it has been snowing a little for the last couple of days. I hope that spring will come along soon now, especially so we can have clean air to breathe instead of the smoke-laden air we've had all winter.

Sincerely yours,
Edna Lawrence.

클리랜드 B. 맥아피(미국 북장로교회 해외선교본부 총무),
한국 선교부로 보낸 선교본부 편지, 제797호 (1934년 3월 21일)

(중략)

에드너 M. 로렌스 양, D. B. 에비슨 박사 부부 및 E. H. 밀러 박사 부부의 안식년

안식년을 1년 동안 연기하는 현재의 관행을 최대한 따르고 있지만, 다음 사례에 대하여 제시된 이유는 적절해 보이며 안식년이 연기된 다른 사람들에게 이를 적용하는 것이 불공정한 것으로 보이지는 않는다.

"한국 선교부의 실행 위원회의 요청 V.872 및 873에 따라 선교부의 1933년 연례회의에서 잠정적으로 1935~1936년으로 연기된 안식년을 1934~1935년에 갖도록 다음과 같이 승인하였다. 정규 간호사 에드너 M. 로렌스 양, 지부 의료 보고서에 근거하여 7년 임기를 마치고 1934년 5월 19일 이후에 선교지를 떠남; (......)." (1934년 3월 6일 채택됨)

(중략)

Cleland B. McAfee (Sec., BFM, PCUSA),
Board Letter to the Chosen Mission, No. 797 (Mar. 21st, 1934)

(Omitted)

Furloughs Miss Edna M. Lawrence, Dr. and Mrs. D. B. Avison and Rev. Dr. And Mrs. E. H. Miller

The current practice of postponing furloughs for a year is being followed as far as possible but the reasons given for the cases following seem adequate and granting them does not appear to work an injustice to others whose furloughs are postponed:

"In compliance with the request of the Executive Committee of the Chosen Mission, Actions V.872 and 873, the following furloughs, deferred provisionally to 1935~1936 by the Mission at its Annual Meeting in 1933, were authorized during 1934~1935 as follows: Miss Edna M. Lawrence, R. N., after a seven year term to leave the field after May 19, 1934, on the basis of a station medical report; (......)." (Adopted March 6, 1934)

(Omitted)

에스터 L. 쉴즈, '이들 중 지극히 작은 사람에게'
The Korea Mission Field (서울) 30(4) (1934년 4월호), 79~80쪽

(중략)

35세의 한 환자가 8월에 맥라렌 박사의 (정신)과에 입원하였고, 의사는 그의 신체적 회복 가능성이 없었기 때문에 입원해 있는 동안 그가 주님을 알고 신뢰하도록 가르침을 받을 수 있게 되기를 바랐다. 이 씨는 그 환자가 시골에서 농장 일꾼이었다는 것을 알게 되었다. 그의 아버지, 그의 할아버지, 그리고 그는 가족 중 유일한 아들이었고, 이 사람에게는 자녀가 없었다. 그는 결혼하였지만, 그의 아내는 5년 전에 그를 떠났다. 그가 짐꾼으로 일하던 제물포로 그들이 왔을 때 그의 어머니는 그와 함께 살았다. 어머니는 현재 서울에서 조카딸과 함께 살고 있고, 아들은 병원에 입원해 있다. 그는 글을 읽을 수 없지만, 이 목사는 환자가 들었을 때 그리스도를 믿는 믿음의 필요성을 깨달았고 그가 신뢰하는 구세주가 있음을 확신하였다고 말한다. 로렌스 양은 블랙 양도 그와 만족스러운 대화를 나눴다고 말한다. 그래서, 그의 몸은 너무 약하고 병들었지만 그는 많은 마음의 평화를 보여주었다. 우리는 그의 어머니도 믿는 법을 배우기를 바라고 있다.

Esther L. Shields, "Unto the Least of These"
The Korea Mission Field (Seoul) 30(4) (Apr., 1934), pp. 79~80

(Omitted)

A sick man, aged 35 years, was admitted to Dr. McLaren's department in August, and the doctor hoped that he could be taught to know and trust in the Lord while here, for there was no possibility of his physical recovery. Mr. Lee found out that the sick man had been a farm laborer in the country. His father, his grandfather, and he, were the only sons in their family, and this man had no children. He had been married, but his wife left him five years ago. His mother lived with him when they came to Chemulpo, where he was a porter. The mother now lives with a niece in Seoul, while her son is in the hospital. He is not able to read, but Pastor Lee says that when the patient heard, he realized his need of faith in Christ, and is assured that there is a Saviour in whom he trusts. Miss Lawrence says that Miss Black had satisfactory conversations with him, too. So, although his body was so weak and diseased, he exhibited much peace of mind. We hope that his mother may also learn to trust.

1934년 서울에서 개최된 미국 북장로교회 한국 선교부의
제50차 연례회의 회의록 및 보고서 (1934년 6월 23일~7월 3일), 61쪽

부록 I.
실행 위원회 보고서

(......)

A. 투표에 의한 결정

(......)

1933년 12월 14~16일의 회의

(......)

투표 제872호. 로렌스 양의 안식년: - 로렌스 양의 정기 안식년(7년 임기)을 1934년 5월 19일부터 시작하는 것에 대한 서울 지부의 요청을 선교부가 승인할 것을 권고하다. 이 요청은 지부 의료 위원회의 보고에 기초하여 이루어졌다.

찬성 109표, 반대 0표, 투표하지 않음 16표, 통과됨

허가됨, 선교본부 편지 제797호

Minutes and Reports of the Fiftieth Annual Meeting of the Chosen Mission of the Presbyterian Church in the U. S. A., Held at Seoul (June 23rd to July 3rd, 1934), p. 61

Appendix I.

Executive Committee Report

(......)

A. Voting Actions

(......)

Meeting of Dec. 14~16, 1933

(......)

V. 872. Miss Lawrence's Furlough: - Recommend that the Mission approve the request of Seoul Station for Miss Lawrence's regular furlough (7 year term) from May 19, 1934. This request was made on the basis of Ithe report of the Station Medical Committee.

Affirmative 109, Negative 0, Not Voting 16, Carried.

Granted, Board Letter 797.

미국 시민 목록(증기선 프레지던트 윌슨 호, 1934년 6월 27일)

미국 시민 목록
(이민국을 위한 것임)

1934년 6월 12일 요코하마 에서 출항하고, 1934년 6월 27일 캘리포니아 주 로스엔젤레스 항에 도착한 증기선 프레지던트 윌슨 호

전체 이름	나이	성별	기혼 혹은 미혼
(......)			
성: 로렌스 이름: 에드너	40	여자	미혼
(......)			

귀화하였다면 서류를 발행한 법정 이름과 위치, 날짜를 적으시오	미국 내 주소
캘리포니아 주 온타리오의 샌버너디노 법원 1919년	캘리포니아 주 온타리오 4가(街) 웨스트 649

List of United States Citizens (S. S. President Wilson, June 27th, 1934)

List of United States Citizens

(For the Immigration Authorities)

S. S. President Wilson sailing from Yokohama, June 12, 1934 ,

Arriving at Port of Los Angeles, California, June 27th, 1934

Name in Full		Age	Sex	Married or Single
(......)				
Family Name: Lawrence	**Given Name**: Edna	40	F	S
(......)				

If Naturalized, Give Name and Location of Court

Which Issued Naturalization Papers, and Date of Papers   Address in United States

Naturalized San Bernadino Court House, 1919   649 W 4th St., Ontario, Calif.

에드너 M. 로렌스(서울),
연례 개인 보고서, 1933~34년 (1934년 7월 31일 접수)

연례 개인 보고서
1933~34년

내가 다음 한 해를 마치는 것은 불가능해 보입니다. 그래서 이번 보고서는 올해로 7년째이자 한국에 온 지 14년째 되는 보고서입니다. 7은 완전수라고 해서 올해를 마무리한 것에 만족감을 느낍니다. 반면에, 내가 여덟 살이 되었을 때, 나는 그의 많은 자녀 중 누구에게도 백만 달러를 주지 않을 것이며, 한 자녀에게는 단 한 푼도 주지 않겠다고 말하는 아버지와 같은 느낌이 들었습니다.

올해는 나에게 쉬운 한 해가 아니었습니다. 우선 지리산에서 한 달을 잘 보낸 후 쉬어야 할 가을이 왔을 때 피곤하였기 때문입니다. 그런 다음 넬슨 양의 안식년으로 인하여 영 양이 병원을 인계받을 수 있을 때까지 병원 청소와 일부 행정 업무 외에도 여자 시료 병동과 같은 익숙하지 않은 많은 업무가 나에게 맡겨졌습니다. 아무리 생각해도 한국인 졸업 직원(간호사)들 사이에 화합이 안 되는 것 같았고, 매우 안타깝고 불행한 일들이 일어났으며, 졸업 직원들 모두가 나와 그들을 위한, 그리고 그들과 함께하는 나의 일을 오해하는 것으로 보였을 때, 비록 사건은 지나갔고 그들의 태도는 몇 주 동안 매우 달랐지만 그것은 썩 기억하기 좋은 일은 아니었습니다.

나는 올해 교실 수업을 많이 하지 않았기 때문에 내가 항상 하고 싶었던 일, 즉 병동에 대한 실질적인 간호와 감독을 많이 할 수 있었습니다. 나는 최근 우리 학교의 가장 약한 점은, 우리가 좋은 교실 수업을 하고 있기 때문에 실제 감독을 할 수 있는 외국인과 한국인 간호사들이 다른 업무로 너무 부담스러워서 병동에서 보낼 수 있는 시간이 부족할 뿐 아니라 너무 불규칙하다는 것입니다. 하지만 같은 병동에서 두세 시간을 연속으로 보낼 수 있다는 것은 모든 간호사들에게 큰 유익이 될 뿐만 아니라 나에게도 큰 만족감을 주었습니다. 나는 수간호사에게 병동 관리, 약품 주문 방법 교육, 근무 시간 기록표 등을 도와줄 수 있었고, 그녀가 지도해야만 하는 간호사들과 함께 환자들에게 최대한의 보살핌을 제공할 수 있었습니다. 그런 다음 나는 가장 아픈 환자들을 도울 수 있었고, 이 사람들이 가장 많은 간호를 받고 혼자 남겨지지 않아야 하며, 가족이 간호를 하도록 허용될 사람들임을 입증할 수 있었습니다. 나는 그들 중 일부가 간호를 원하고 감사해하는 진짜 아픈 환자들임을 증명할 수 있었다고 생각합니다. 비록 그들이 처음으로 등 마사지나 편안함을 위하여 일부 치료를 받을 때, 그들이 그것을 너무 좋아해서 다시 원할 수도 있다고 생각할 수도 있지만 말입니다. 매우 아픈 환자가 호전되는 것을 보고, 간호가 없었다면 의사의 노력이 헛된 일이 될 가능성이 얼마나 되는지 아는 것은 참으로 큰 만족입니다. 감독자의 약간의 도덕적 지원만으로도 이 젊은 간호사들이 자신의 임무를 수행할 수 있게 되는 경우가 많지만, 이것이 가능하지 않을 경우 그들은 지시를 수행하기에는 너무 뒤쳐져 있습니다.

한 해 동안 상당히 많은 개선이 이루어졌습니다. 그것들은 의료진의 협조가 있었기에 가능한 일이었습니다. 지난 봄 세탁 체계가 변경되어, 이제는 간호사가 환자 수와 상태에 따라 아마포를 요청합니다. 아마포는 하루에 두 번 보내는데, 아침에는 침구 교체를 위한 대량의 물품을 보내고, 오후에는 다시 밤새도록 병동으로 운반하는 데 필요한 물품을 보냅니다. 매우 유능한 여자가 아마포 실(室)을 담당하게 되었으며, 체계는 매우 좋은 것 같습니다.

수년 동안 우리는 다양한 치료를 위한 쟁반들이 멸균되고, 병원 전체의 모든 병동에서 사용할 수 있도록 병원 중앙 공급실의 필요성을 느껴 왔습니다. 간호사가 부족해서 그것을 시작하는 것이 현명한 것인지 논쟁의 여지가 있지만 우리는 믿음으로 진행하였으며 비록 완벽하지는 않지만 병원 용품과 장비에 큰 절약이 되고, 병동의 바쁜 의사와 간호사에게 큰 도움이 되고 있습니다.

우리의 시연실은 칸막이를 제거하여 확장되었으며, 백색 도료로 처리가 되어 있어 그 목적에 맞는 정말 훌륭한 공간입니다. 이 양과 김 양은 일 년 내내 그곳에서 간호 과정을 매우 훌륭하게 가르쳤으며, 롤랜드 양은 지난 1월에 소아 간호학을 담당하였고, 통역을 통하여 가르치지만 여전히 훌륭하게 일을 해왔습니다. 이번 학기에는 1, 2학년에 탁구가 잘 진행되는 것 외에, 글래디스 고(高)[33] 양이 가르치는 합창 시간이 2학년 학사일정에 추가되었고, 1학년에는 야외 운동 기간이 추가되었습니다.

올봄부터 기숙사 선생이 바뀌었습니다. 4년간 열심히 성실하게 봉사한 김정선 선생은 일본에서 고등보통학교 과정을 마치기 위하여 떠났습니다. 그녀

---

33) 외과학 교수 고명우의 큰 딸인 고봉경(高鳳京, 1907?~?)의 영어 이름이다.

를 떠나보내는 것은 큰 손실이지만, 그녀는 매우 지쳐서 변화와 휴식이 필요했습니다. 신인순 양이 그 자리를 대신하였습니다. 그녀는 고등보통학교를 졸업하고 회령 지역에서 수년간 공중 보건 경험을 쌓은 후, 우리에게 돌아와 몇 달 동안 수간호사와 수술실 감독으로 일하였습니다. 맥라렌 박사가 주선할 수 있다면 신 양은 졸업 후 연수를 위하여 호주로 갈 기회를 갖게 될 것으로 예상됩니다. 그녀는 훌륭한 소녀이며, 더 많은 연구를 통하여 큰 이익을 얻게 될 것입니다.

또 다른 매우 합당한 젊은 여성인 1931년 졸업생이 공중 보건 과정을 위하여 도쿄의 성누가 병원으로 갔습니다. 그녀는 송도에서 고등보통학교를 갓 졸업하고, 기숙사 간호사로 생활해 왔던 사람입니다.

우리 모두는 은퇴를 맞이하여 허스트 박사 부부가 피아노를 선물한 것에 감사드립니다. 이는 학교 전체에 즐거움을 크게 높여주고 있습니다.

이번 봄에는 3년제가 14명, 4년제가 5명이 졸업하였습니다. 14명 중 8명이 이곳에서 고용되어 있으며, 한 명은 평양에서 공중 보건 직책을 받았고, 한 명은 안동병원으로 갔으며, 한 명은 결혼하였고, 두 명은 집에 가서 쉬고 있으며, 한 명은 고등보통학교 과정을 마치고 기숙사 간호사로 일하기 위하여 송도로 갔습니다. 4학년 중 1명은 산부인과와 분만실을 담당하고 있으며, 2명은 공중 보건 직책에, 1명은 회령에, 1명은 제물포에 있으며, 2명은 평양병원의 직책으로 복귀하였습니다.

25명의 학급이 입학하였습니다. 총 75명의 지원자가 있었고, 그중 고등보통학교를 졸업한 사람이 50명이 넘었습니다. 받은 학급 중 20명은 고등보통학교를 졸업하였고, 5명은 최소한 2년을 다녔습니다. 아직 어리긴 하지만 매우 유망한 학급입니다. 2학년 반은 이제 22명이며, 괜찮은 여학생들입니다. 3학년은 없습니다. 4학년은 모두 7명인데, 평양학교에서 4명, 송도에서 1명, 그리고 우리 졸업생 중 2명인데 1915년 졸업생과 1926년 졸업생입니다. 그들은 1년을 이곳에서 보내며, 작년에 하였던 것처럼 동대문병원으로는 가지 않습니다. 그런 경험 대신에 그들은 우리 조산사와 함께 가서 자신의 집에서 환자를 돌보는 방법을 배울 것입니다.

특히 내 마음에 와닿고 감사한 경험은 환자들이 비록 숫자는 적지만, 내가 남을 위해 해준 것보다 훨씬 더 특별한 일을 하게 해 준 것 같다는 것입니다. 예를 들어, 복부를 발로 차여서 장에 천공이 생긴 지 며칠 후에 내원한 소년이 있었습니다. 그는 매우 심각한 상태에 있었고, 잘 된다 해도 그의 가능성은 그다지 좋지 않았습니다. 나는 수술실에 있었고, 이용설 박사가 수술하는 모습을 지켜보았습니다. 그는 천공을 찾는 데 큰 어려움을 겪고 있었고, 나는 그가 그렇게 할 수 있도록 인도를 받기 위하여 그곳에 서서 기도하고 있었습니다. 한참을 찾다가 고개를 들더니 "글쎄, 포기하고 조물주에게 맡겨야 할 것 같습니다"라고 말하였습니다. 그는 다시 손을 내려 천공을 위로 올렸습니다. 바로 그때 거의 기쁨의 함성이 터져 나왔습니다. 그 소년은 며칠 동안 몸이 많이 아팠지만 정말 놀라운 회복을 이루었고, 행해진 모든 일과 그의 마음에 뿌려진 복음의 씨앗에 대해 매우 감사해하며 퇴원하였습니다. 그 다음에는 폐렴에 걸린 소녀가 있었는데, 그 소녀는 내가 도와주고 격려해 주었으며, 그녀가 치료를 받는데 의사들과 더 쉽게 협력할 수 있게 해주었습니다. 나는 며칠 동안 전직 전화 교환원이었던 그녀를 알아보지 못하였습니다. 그녀의 어머니는 그녀가 회복되기를 그토록 바랐으며, 병원에서의 경험을 통하여 두 사람의 신앙은 더욱 강화되었습니다. 내가 언급하고 싶은 또 다른 환자는 다양한 형태의 결핵을 앓고 있는 젊은 남자로, 나와 한국 간호사들이 그에게 좋은 간호를 제공할 수 있었습니다. 우리 간호사들이 젊은 남자에게 이렇게 좋은 간호를 기꺼이 제공하였을 때, 나는 우리 간호가 얼마나 전문적으로 발전하였는지 보고 놀랐습니다. 우리는 여러 달 동안 그를 행복하고 편안하게 지낼 수 있게 할 수 있었고, 그와 그의 가족은 가장 감사해하였습니다.

올해는 비록 힘들었지만 전체적으로 좋은 한 해였습니다. 이제 나는 안식년을 고대하면서 먼저 고국의 모든 사람들을 만나서 푹 쉬고, 이 한국 여자들을 그들이 여태껏 경험하였던 것보다 더 높고 더 나은 단계로 이끌 수 있도록 내 자신이 더 나은 간호사가 될 어떤 방도를 준비하는 것이 좋겠다고 생각하고 있습니다. 나는 함께 일할 수 있는 특권을 누린 의사와 간호사들의 도움과 협조, 그리고 나를 모든 단계에서 인도하신 친절하신 하나님 아버지께 매우 감사드립니다. "누가 나를 인도하실 것입니까?"

삼가 제출합니다.
에드너 M. 로렌스

Edna M. Lawrence (Seoul),
Annual Personal Report, 1933~34 (Rec'd July 31st, 1934)

Annual Personal Report

1933~34

It doesn't seem possible that I have completed another term and so this report covers my 7th year of this term and the 14th since coming to Korea. Seven is called the perfect number and so in completing this year I have a feeling of satisfaction. On the other hand, when I was faced with an eighth year, I felt like the father who said that he wouldn't take a million dollars for any one of his many children nor would he give a cent for one more.

This hasn't been an easy year for me, first because I was tired out when the fall came when I should have been rested after a fine month at Chirisan. Then Miss Nelson's furlough left many unaccustomed duties to me, such as the housekeeping of the hospital until Miss Young was able to take it over and one ward, the Women's Free Ward, besides some administrative work. Try as I would it seemed that there was not harmony among the Korean graduate staff and some very regretable and unhappy things took place and when the graduate staff all seemed to misunderstand me and my work for and with them, well, it is something that isn't nice to recall though the affair is passed and their attitude very different from what it was for a few weeks.

I haven't done much classroom teaching this year and so have been able to do what I have always wanted to do out here, do a great deal of real nursing and supervision on the wards. I have felt that our weakest point in late years, since we have good classroom teaching, is that the foreign and Korean nurses who can do real supervision were too encumbered with so many other duties that the time they could spent on the wards was not only insufficient but too irregular to amount to very much. But to be able to spend two or three hours at a stretch on the same ward, this was not only of great benefit to all the under nurses but some real satisfaction to me, too. I was able to help the headnurse with managing the ward, teaching how to order drugs and supplies, make out the time slip and give the maximum amount of care to the patients with the nurses she had to direct. Then I was able to help with the sickest patients, demonstrating that these are the ones to receive the greatest amount of nursing and not to be left alone, or to be allowed to have the family do the nursing. I think that I was able to prove to some of them that real sick patients do want and appreciate nursing and though they may demure the first time a backrub or some treatment is given for their comfort that they enjoy it so much that they will want it again. What a real satisfaction it is to see very sick patients get better and to know what that the chances are that without the nursing care given that the doctors effort would have been in vain. Very often a little moral support from a supervisor will enable these young nurses to carry out their duties whereas when this is not available they are too backward to carry out orders.

Quite a number of improvements have taken place during the year. These were only made possible by the cooperation of the nursing staff. Last spring the laundry system was changed so that now the head nurse asks for her linen according to the number and the conditions of the patients. Linen is sent up twice a day, in the morning the large supply for the changing of beds and in the afternoon again for what is needed to carry the ward through the night. A very capable woman has been put in charge of the linen room and the system seems to be a very good one.

For many years we have felt the need of a central supply room for the hospital that is a room where trays for various treatments are sterilized and are available for any ward all over the hospital. With the shortage of nurses it seems debatable whether or not it was wise to start this but we went ahead on faith and though it isn't perfect by any means yet it is a great saving in hospital supplies and equipment and a wonderful help to busy doctors and nurses on the wards.

Our demonstration room has been enlarged by the removal of a partition and has been kalsomined and is really a very fine room for its purpose. Misses Lee and Kim have done very fine teaching there in nursing procedures through the year and Miss Rowland took up Pediatric nursing last January and though she teaches through an interpreter yet has done some excellent work. This term as hour of chorus taught by Miss Gladys Koh has been added to the curriculum of the 2nd year and a period of outdoor exercise for the first year, besides good work in ping pong for both classes.

There has been a change in dormitory teachers this spring. Miss Chung Sun Kim who has given four years of hard and faithful service left to finish her high school in Japan. It is a great loss to have her go but she had gotten very worn out and needed a change and rest. Miss In Soon Cynn has taken her place. She is a graduate of high school and had several years of Public Health experience in the Hoiryung field before returning to us when she acted as head nurse for several months and as O. R. supervisor. It is expected that Miss Cynn will have a chance to go to Australia for post-graduate study if Dr. McLaren is able to arrange it for her. She is a fine girl and will benefit greatly by further study.

Another very worthy young woman, a graduate of the 1931 class has gone to St. Luke's Hospital in Tokyo for their P. H. Course. She is the one who has just finished her high school in Songdo, having helped herself through by acting as dormitory nurse.

We all appreciate the gift of their piano from Dr. and Mrs. Hirst on their retirement. It adds greatly to the pleasure of the whole school.

This spring a class of fourteen were graduated from the three year course and five from the four year course. Of the fourteen eight are employed here; one has taken a P. H. position in Pyengyang, one has gone to the Andong hospital, one has married, two has had to go home to rest, one has gone to Songdo to finish high school and to be dormitory nurse. Of the fourth year nurses, one is in charge of our Maternity ward and Delivery Room, two are in P. H., one in Hoiryung and one in Chemulpo and two have returned to positions in Pyengyang hospital.

A class of 25 were received into the school. There were 75 applications in all and among these over 50 who had finished high school. 20 of the class received have finished high school and five have had at least two years. Though they are a little young yet they are a very promising class. The second year class is now 22 and are fine girls. There is no third year. The fourth year has 7 in all, four from the Pyengyang school, one from Songdo, and two of our other graduate one who finished on 1915 and one in 1926. They are to spend their whole year here and not go to East Gate as the class of last year did. Instead of that experience they are to go with our Midwife and learn how to care for patients in their own homes.

The things that stand out particularly in my mind and for which experience I am very thankful are the patients but few in number though they are, that I seem to have been led to do something special far beyond what I have done for others. For instance, the boy who came in several days after he had had a perforated intestine from a kick in the abdomen. He was in very serious condition and at best his chances weren't any too good. I was present in the O. R. and watched Dr. Y. S. Lee as he did the operation. He was having great difficulty finding the perforation and I was standing there praying that he might be guided so that he could do so. After looking for some time he looked up and said "Well, I guess I'll have to give up and leave it to nature." He put his hands down again and turned up the perforation. There was almost a shout of joy right there and then. The boy was very sick for several days but really made a remarkable recovery and went out very grateful for all that was done and with the seeds of the gospel sown in his heart. Then there was the pneumonia girl whom I was able to help and encourage and made it easier for her to cooperate with the doctors in their treatment of her. I didn't recognize in her for several days, a former telephone operator. She was restored to her mother who needed her so badly and the faith of both were strengthened by their experience in the hospital. The other patient I would like to mention is a young man who had T. B. in several forms and to whom I and the Korean nurses were able to do some good nursing. I was surprised to see how far our nurses had advanced professionally when they would willingly give such good nursing care to a young man. We were able to keep him happy and comfortable through many trying months and he and his family were most grateful.

This has been a good year all in all though a hard one. Now as I look forward to furlough I think first of seeing all the home folks, getting a good rest and then preparing in some way to make myself a better nurse so that I can lead these Korean women on to even higher and better things than they have yet experienced. I'm very grateful for the help and cooperation of the doctors and nurses with whom I've been privileged to labor and to the kind Heavenly Father who has lead me every step of the way and "Who will lead me on."

Respectfully submitted,
Edna M. Lawrence

에드너 M. 로렌스(서울)가 친구들에게 보낸 편지
(1934년 8월 16일 접수)

한국(조선) 서울,
1934년 8월 16일 접수

친애하는 친구들,

또 한 번의 임기를 마치는 것이 불가능할 것 같아서, 이 보고서는 이번 임기의 7년 차와 한국에 온 지 14년 차를 다루고 있습니다.

나는 올해 강의실 교육을 많이 하지 않았기 때문에 항상 이곳에서 하고 싶었던 일인 병동에서의 많은 실제 간호 및 감독을 할 수 있었습니다. 강의실 교육이 잘 되어 있기 때문에 최근에 우리의 가장 약한 점은 실제 감독을 할 수 있는 외국인 및 한국인 간호사가 너무 많은 다른 업무로 인하여 그들이 병동에서 보낼 수 있는 시간이 부족할 뿐 아니라 너무 불규칙하다는 것입니다. 그러나 같은 병동에서 한 번에 2~3시간을 보낼 수 있다는 것은 모든 간호사들에게 큰 도움이 되었을 뿐만 아니라 나에게도 큰 만족을 주었습니다. 나는 수간호사가 병동을 관리하고, 약과 공급품을 주문하는 방법을 가르치고, 시간표를 만들고, 그녀가 지시해야 하는 간호사와 함께 환자에게 최대한의 치료를 제공하는 것을 도울 수 있었습니다. 그런 다음 나는 가장 아픈 환자를 도울 수 있었는데, 이들이 가장 많은 양의 간호를 받아야 하며, 혼자 남겨지지 않거나 가족이 간호를 하도록 허용되는 환자임을 보여주었습니다. 나는 비록 그들이 처음으로 등 안마나 약간의 치료가 그들의 편안함을 위해 시행되었을 때, 그들은 그것을 너무 좋아해서 그것을 다시 원할 것이지만 진짜 아픈 환자들이 간호를 원하고 감사해한다는 것을 그들 중 일부에게 증명할 수 있었다고 생각합니다. 매우 아픈 환자들이 호전되는 것을 보고, 간호가 없었다면 의사들의 노력이 헛되었을 가능성이 있다는 것을 아는 것은 참으로 만족스러운 일입니다. 대단히 자주 감독관의 약간의 도덕적 지원은 이러한 젊은 간호사가 자신의 의무를 수행할 수 있게 해주지만, 이것이 가능하지 않을 때에는 그들이 너무 뒤떨어져 지시를 수행할 수 없습니다.

한 해 동안 상당히 많은 개선이 이루어졌습니다. 이것들은 간호사들의 협조가 있었기에 가능한 일이었습니다. 대단히 유능한 여성이 세탁물실을 맡게 되었고 새로운 방식은 아주 좋은 것 같습니다. 수년 동안 우리는 병원을 위한 중앙 공급실의 필요성을 느껴왔는데, 그것은 다양한 치료를 위한 용기가 살균되고 병원 전체의 모든 병동에서 사용할 수 있는 방입니다. 그것은 병원 용품과 장비를 크게 절약할 수 있으며, 병동에서 바쁜 의사와 간호사에게 큰 도움이 됩니다. 우리의 실연실은 칸막이를 제거하여 확장되었고 백색 도료를 칠하였으며, 그 목적에 정말 매우 훌륭한 방입니다.

이번 봄에는 3년 과정에서 14명이, 4년 과정에서 5명이 졸업하였습니다. 14명 중 8명이 이곳에서 근무하고 있습니다. 25명인 새 학급이 입학하였습니다. 모두 75명의 지원자가 있었고, 이 중 50명 이상이 고등보통학교를 졸업하였습니다. 입학생 중 20명은 고등보통학교를 졸업하였고, 5명은 최소 2년을 재학하였습니다. 비록 어린 나이이지만 매우 유망한 학급입니다. 2학년은 이제 22명이며, 좋은 소녀들입니다. 3학년은 없습니다. 4학년에는 7명이 있습니다.

특히 내 마음에서 두드러지고 내가 가졌던 경험을 매우 감사하게 생각하는 것은 환자들입니다. 비록 그 수가 적기는 하지만 내가 다른 사람들을 위하여 한 것보다 훨씬 더 특별한 일을 하도록 이끌린 것 같습니다. 예를 들어, 한 소년이 복부가 차여 장이 천공된 지 며칠 후에 병원에 왔습니다. 그는 매우 심각한 상태에 있었고 잘 된다 해도 그의 가능성은 그다지 좋지 않았습니다. 나는 수술실에 있었고, 이용설 박사가 수술을 하는 것을 지켜보았습니다. 그는 천공을 찾는 데 큰 어려움을 겪고 있었고, 나는 그가 그렇게 할 수 있도록 인도해 달라고 기도하면서 그곳에 서 있었습니다. 한참을 찾아본 후 그는 고개를 들어 "글쎄, 포기하고 순리에 맡겨야 할 것 같다"고 말하였습니다. 그는 다시 손을 내렸고 천공을 위로 올렸습니다. 바로 그곳에서 거의 기쁨의 함성이 들렸습니다. 그 소년은 며칠 동안 몹시 아팠지만 정말로 놀라운 회복을 보였고, 자신이 받은 모든 일에 대하여 대단히 감사해하며 마음에 뿌린 복음의 씨앗을 가지고 퇴원하였습니다.

그런 다음 내가 돕고 격려할 수 있었던 폐렴에 걸린 소녀가 있었고, 의사가 그녀를 치료할 때 의사와 더 쉽게 협력할 수 있게 해주었습니다. 나는 전에 전화 교환원이었던 그녀를 며칠 동안 인식하지 못하였습니다. 그녀는 회복되어 그녀를 절실히 필요로 하였던 어머니에게 돌아갔고, 두 사람의 믿음은 병원에서의 경험으로 강화되었습니다. 내가 언급하고 싶은 또 다른 환자는 여러 가지 형태의 결핵에 걸려 있고, 한국인 간호사와 내가 약간의 좋은 간호를 해 줄 수 있었던 젊은 남자입니다. 나는 우리 간호사들이 젊은 남자에게 기꺼이 그렇게 좋은 간호를 제공할 때 전문적으로 얼마나 발전하였는지 보고 놀랐습니다. 우리는 힘든 몇 달 동안 그를 행복하고 편안하게 유지할 수 있었고, 그와 그의 가족은 가장 감사해하였습니다.

힘들었지만 대체로 좋은 한 해이었습니다. 이제 나는 안식년을 기대하면서, 먼저 고국의 모든 사람들을 보고 충분한 휴식을 취한 다음 어떤 식으로든 더 나은 간호사가 되어 이 한국 여자들을 아직 경험하지 못하였던 그들보다 더 높고 더 나은 곳으로 인도할 수 있도록 준비하는 것을 생각합니다. 함께 일하는 특권을 누렸던 의사와 간호사들의 도움과 협조, 그리고 모든 단계를 인도해 주시고 '누가 나를 인도하실지' 친절하신 하나님 아버지께 매우 감사드립니다.

안녕히 계세요.
에드너 로렌스
참고: 로렌스 양은 현재 안식년으로 이 나라에 있다.

Edna M. Lawrence (Seoul), Letter to Friends (Rec'd Aug. 16th, 1934)

Seoul, Chosen (Korea),
Received August 16, 1934

Dear Friends: -

It doesn't seem possible that I have completed another term and so this report covers my 7th year of this term and the 14th since coming to Korea.

I haven't done much classroom teaching this year and so have been able to do what I have always wanted to do out here, a great deal of real nursing and supervision on the wards. I have felt that our weakest point in late years, since we have good classroom teaching, is that the foreign and Korean nurses who can do real supervision were too ennumbered with so many other duties that the time they could spend on the wards was not only insufficient but too irregular to amount to very much. But to be able to spend two or three hours at a stretch on the same ward, this was not only of great benefit to all the under nurses but some real satisfaction to me, too. I was able to help the head nurse with managing the ward, teaching her how to order drugs and supplies, make out the time slip and give the maximum amount of care to the patients with the nurses she had to direct. Then I was able to help with the sickest patients, demonstrating that these are the ones to receive the greatest amount of nursing and not to be left alone, or to be allowed to have the family do the nursing. I think that I was able to prove to some of them that real sick patients do want and appreciate nursing and though they may demur the first time a back rub or some treatment is given for their comfort that they enjoy it so much that they will want it again. What a real satisfaction it is to see very sick patients get better and to know that the chances are that without the nursing care given that the doctors' effort would have been in vain. Very often a little moral support from a supervisor will enable these young nurses to carry out their duties whereas when this is not available they are too backward to carry out orders.

Quite a number of improvements have taken place during the year. These were only made possible by the cooperation of the nursing staff. A very capable woman has been put in charge of the linen room and a new system seems to be a very good one. For many years we have felt the need of a central supply room for the hospital, that is a room where trays for various treatments are sterilized and are available for any ward all over the hospital. It is a great saving in hospital supplies and equipment and a wonderful help to busy doctors and nurses on the wards. Our demonstration room has been enlarged by the removal of a partition and has been kalsomined and is really a very fine room for its purpose.

This spring a class of fourteen were graduated from the three year course and five from the four year course. Of the fourteen eight are employed here. A class of 25 were received into the school. There were 75 applications in all and among these over 50 who had finished high school. Twenty of the class received have finished high school and five have had at least two years. Though they are a little young yet they are a very promising class. The second year class is now 22 and are fine girls. There is no third year. The fourth year has 7 in it.

The things that stand out particularly in my mind and for which experience I run very thankful are the patients, but few in number though they are, that I seem to have been led to do something special far beyond what I have done for others.

For instance, the boy who came in several days after he had had a perforated intestine from a kick in the abdomen. He was in a very serious condition and at best his chances weren't any too good. I was present in the O. R. and watched Dr. Y. S. Lee as he did the operation. He was having great difficulty finding the perforation and I was standing there praying that he might be guided so that he could do so. After looking for some time he looked up and said "Well, I guess I'll have to give up and leave it to nature." He put his hands down again and turned up the perforation. There was almost a shout of joy right there and then. The boy was very sick for several days but really made a remarkable recovery and went out very grateful for all that was done and with the seeds of the gospel sown in his heart.

Then there was the pneumonia girl whom I was able to help and encourage and made it easier for her to cooperate with the doctors in their treatment of her. I didn't recognize in her for several days, a former telephone operator. She was restored to her mother who needed her so badly and the faith or both was strengthened by their experience in the Hospital. The other patient I would like to mention is a young man who had T. B. in several forms and too whom the Korean nurses and I were able to give some good nursing. I was surprised to see how far our nurses had advanced professionally when they would willingly give such good nursing care to a young man. We were able to keep him happy and comfortable through many trying months and he and his family were most grateful.

This has been a good year all in all though a hard one. Now as I look forward to furlough I think first of seeing all the home folks, getting a good rest and then preparing in some way to make myself a better nurse so that I can lead these Korean women on to even higher and better things than they have yet experienced. I am very grateful for the help and cooperation of the doctors and nurses with whom I have been privileged to labor and to the kind Heavenly Father who has lead me every step of the way and "Who will lead me on."

Sincerely,
Edna M. Lawrence
Note: Miss Lawrence is now in this country on furlough.

안식년 중인 선교사가 작성하여 회신할 개인 기록 양식
(에드너 M. 로렌스, 1934년 12월 15일)

미국 북장로교회
해외선교본부
뉴욕 시 5 애버뉴 156

안식년 중인 선교사가 작성하여 회신할
개인 기록 양식
날짜 **19 34** 년 **12월 15**일
에드너 메이 로렌스 의 개인 기록
(머리글자는 충분하지 않으며 전체 서명)

접 수
1934년 12월 26일
W. P. 셸

선교부 조 선

선교지에 첫 도착한 날짜와 항구 부산 1920년 9월 10일

선교지에서의 업무 형태, 각 업무의 날짜와 장소를 적으시오

언어 학교, 1920년 9월부터 1921년 5월, 서울

세브란스 연합병원

1921년 5월부터 간호부양성소 교수 및 병동 감독

1923년 11월, 다른 선교사의 와병 때문에 간호원장 대리가 되어 1926년 4월 안식년을 가질 때까지 계속함. 1927년 안식년을 마치고 돌아와 5년 동안 양성소 업무에 전념함. 지난 10년 동안 현지인 교사가 있었기 때문에 나는 내 시간의 약 반을 병원 업무에 할애함.

귀하가 집필, 편집 혹은 번역한 출판물

나는 조선 간호부회의 간행 위원회에 속해 있었고, 3년 동안 회보의 발간을 도왔다. 나는 또한 맥스웰과 포프가 저술한 실용 간호학 제2권의 번역을 편집하였으며, 도크와 스튜어트가 저술한 간호의 짧은 역사의 한국 번역의 자문 중 한 명이었다.

추가적인 관심 사항

한글로 된 간호사를 위한 교과서나 참고서가 크게 부족하였다. 나의 조수와 정규 간호사들의 도움으로 나는 병동 교재를 만들었다. 또한 번역할 간호 과목에 대한 여러 개의 노트도 가지고 있다. 우리 간호부회는 지금 간호사를 위한 편람을 번역하고 있다.

중요한 연락을 보낼 미국 내 사람의 이름과 주소

조지 마한 부인, 캘리포니아 주 온타리오 4가(街) 웨스트 649 (언니)

D. 맥뮬런 부인, 캐나다 브리티시 컬럼비아 주 새먼 암 (언니)

Personal Record Blank of Furloughed Missionaries to be Filled Out and Returned (Edna M. Lawrence, Dec. 15th, 1934)

The Board of Foreign Missions
of the Presbyterian Church in the U. S. A.
156 Fifth Avenue
New York

Received
DEC 26 1934
W. P. Schell

Personal Record Blank of Furloughed Missionaries
to be Filled Out and Returned
Date December 15 **19** 34
Personal Record of Edna May Lawrence
(Full Signature. Initials not enough)

Mission Chosen

Date and port of first arrival on the field Fusan September 10, 1920

Form of work on the field, giving dates and location for each period of service

Language School, Sept. 1920 to May 1921, Seoul

Severance Union Hospital

Teacher in School for Nurses and supervising on wards from May 1921

November 1923, Acting Superintendent of Nurses responsibilities added because of sickness of another worker. Continued on until furlough in April 1926. Returning from furlough in 1927, spent all my time in Training School for five years. Last ten years as a native teacher was available I spent about half my time on hospital work.

Publications that you have written, edited or translated

I have been on the publication committee of the Nurses Association of Korea and have assisted in the publication of the Bulletin for three years. I also helped with the editing of Vol. II of the translation of Practical Nursing by Maxwell and Pope and was one of the advisers of the Korea translation of the *Short History of Nursing* by Dock and Stewart.

Additional items of interest

There has always been a great dirth [sic] of textbooks or reference books for nurses in the Korean language. With the help of my assistant instructor and the graduate staff I made up a Ward Manual. I have also had several notebooks for nursing subjects translated. Our Nurses Association is now at work on the translation of a Handbook for nurses.

Names and Addresses of persons in the U. S. A. to whom important communications should be forwarded

Mrs. George Mahan, 649 West 4th St., Ontario, California (Sister)

Mrs. D. McMullan, Salmon Arm, British Columbia, Canada (Sister)

19341219

선교 단체들이 연석 모임을 계획하다. *The San Bernardino County Sun* (캘리포니아 주 샌버너디노) (1934년 12월 19일), 6쪽

선교 단체들이 연석 모임을 계획하다

장로교회의 뮤리엘 분 보조 단체는 목요일 교회의 베뢰아 교실에서 다른 선교 단체들과 연석 모임을 가질 예정이다. 모임은 오후 2시 30분에 개최될 예정이며, 성탄절 행사를 다룰 것이다.

오후 연자는 한국 서울의 세브란스 의학전문학교 및 병원의 간호부양성소의 소장인 정규 간호사 에드너 M. 로렌스가 될 것이다. 그녀의 선교 지부에서 안식년을 보내고 있는 로렌스 양은 장로교회의 보조 단체 및 기타 선교 단체의 지원을 받고 있다.

A. B. 허켈라스 부인은 접대 위원회의 위원장이며, 알렉스 크리스토퍼슨, 비버 및 베이커 부인들의 도움을 받을 것이다.

Missionary Groups Plan Joint Meeting. *The San Bernardino County Sun* (San Bernardino, Ca.) (Dec. 19th, 1934), p. 6

Missionary Groups Plan Joint Meeting

Muriel Boone auxiliary of the Presbyterian church will hold a joint meeting Thursday with other missionary groups in the Berean classroom of the church. The meeting will open at 2:30 p. m. and will be featured by a Christmas program.

The speaker of the afternoon will be Edna M. Lawrence, R. N., principal of the nurses' training school at Seberante Union Medical college and hospital in Seoul Chosen, China.[34] Miss Lawrence, who is on furlough from her missionary station, is supported by the auxiliary and other mission organizations of the Presbyterian church.

Mrs. A. B. Herkelrath is chairman of the hostess committee and will be assisted by Mesdames Alex Kristofferson, Beaver and Baker.

---

34) 원문이 잘못되었다. 이를 정정하면 다음과 같다. Severance Union Medical College and Hospital in Seoul, Chosen, Japan

에스터 L. 쉴즈(서울)가 친구들에게 보낸 편지
(1934년 12월 24일)

(중략)

로렌스 양은 지금 안식년 중이다. 그녀는 간호부양성소의 책임자이었지만, 돌아오게 되면 학생 간호사와 함께 임상 간호에 시간을 더 할애하고, 환자들과 더 많은 접촉을 갖고 싶어 한다. 그녀는 이 일을 위하여 준비하고 정진하여 가장 적임자가 되었으며, 모두들 좋아하고 있다.

(중략)

Esther L. Shields (Seoul), Letter to dear Friends (Dec. 24th, 1934)

(Omitted)

Miss Lawrence is now on her furlough. She has been principal of the nurses' school. but when she returns is wishing to spend more time with the student nurses in bedside nursing, and personal touch with more of the patients. Her preparation for this work and her consecration to it, has made her most fitted for this task, and much beloved by all.

(Omitted)

1935년 평양에서 개최된 미국 북장로교회 한국 선교부의
제51차 연례회의 회의록 및 보고서 (1935년 6월 27일~7월 4일),
47, 77쪽

부록 VIII.
언어 위원회 보고서

(......)

4. 일본어 학습. 선교부의 다음 회원에게 일본어 학습을 위하여 아래에 명시된 금액을 지급할 것을 추천한다.

(......)

로렌스 양   25.00엔

(......)

77쪽

부록 XXIII
세브란스 연합의학전문학교 및 관련 업무 보고서
1934년 4월 1일부터 1935년 3월 31일까지

(......)

간호과

간호과의 책임자인 로렌스 양은 1934년 6월에 안식년을 떠났다. 떠나기 전에 그녀는 간호부양성소 소장 및 간호원장의 직을 사임하면서 그녀가 오랫동안 짊어졌던 무거운 책임에서 벗어나고 싶으며, 그녀에게 배정될 다른 직책이 무엇이든 일하는 것이 기쁠 것이라고 말하였다.

(중략)

Minutes and Reports of the Fifty-first Annual Meeting of the Chosen Mission of the Presbyterian Church in the U. S. A., Held in Pyengyang (June 27th~July 4th, 1935), pp. 47, 77

Appendix VIII.

Language Committee Report

(......)

4. Study Japanese Language. Recommend that the following members of the Mission be granted money for study of the Japanese language in amounts as specified below:

(......)

Miss Lawrence   ¥ 25.00

(......)

p. 77

Appendix XXIII

Report of Severance Union Medical College and Allied Services

April 1, 1934 to March 31, 1935

(......)

Nursing Department

Miss Lawrence, Head of the Nursing Department, left on furlough in June, 1934. Before going she resigned her position as Superintendent of the Nursing School and of Nursing saying she wished to be freed from the heavy responsibilities she had carried so long and would be happy to work in whatever other position to which she might be assigned.

(Omitted)

제7장
선교 사역 3기 (1935~1940년)
The Third Term of Missionary Work

두 번째 안식년을 마치고 1935년 8월 한국으로 돌아온 로렌스는 교실에서 학생을 가르치는 일이나 행정 업무 대신 병동에서 가르치는 일을 맡겠다고 요청하여 분만실, 보육실, 격리 병동, 치과 병동 및 시료 병동을 담당하였다. 이를 통하여 학생들은 물론 4등 병실 및 무료 입원 환자들과 더 긴밀한 관계를 맺을 수 있도록 노력하였다. 그녀는 병동 교육에서 증례 연구를 시도하였는데, 이것은 환자를 단지 병상에 있는 환자로 생각하지 않고 개별적인 간호가 필요한 환자로 보는 데 도움이 되도록 하기 위한 것이었다. 이와 같은 병원 업무 외에도 양성소에서 일부 과목을 계속 담당하였는데, 1937년에는 간호 윤리와 전염병 간호를 담당하는 새로운 모험을 하였다. 그녀는 선교본부의 허가를 받아 1937년 7월 18일부터 영국 런던에서 개최된 국제 간호협의회에 참석하였다.

그런데 1931년 침략 전쟁에 광분하고 있던 일제는 1937년에 들어 중일 전쟁을 일으키고 일본어 사용을 강요하였으며, 1938년 9월에는 신사참배를, 1940년에는 창씨개명을 강요하는 등 일제는 한국민에 대하여 갖은 압박을 가하였다. 이에 선교본부의 지시로 많은 선교사들이 본국으로 철수하였다.

로렌스도 1940년 11월 7일에 서울을 출발하여, 요코하마에서 야와타 마루에 승선하였으나 11월 13일 공산당과 관련되어 일본 치안법을 위반하였다는 혐의로 일본 경찰에 의해 체포되어 한국으로 압송되었다. 결국 무혐의로 석방되어 12월 29일 샌프란시스코에 도착하여 세 번째 안식년을 갖게 되었다.

Miss Lawrence, who returned to Korea in August 1935 after completing her second furlough, requested to take on ward teaching instead of classroom teaching or administration work, and was in charge of the delivery room, nursery, isolation ward, dental ward, and free ward. Through this, efforts were made to build closer relationships with students, as well as patients in the 4th class ward and free admissions. She attempted to use case studies in ward teaching, which was intended to help patients be seen as patients in need of individual care rather than just as patients in a hospital bed. In addition to this hospital work, she continued to teach of some subjects at the Training School, and in 1937, she took on a new adventure of teaching of Nursing Ethics and infectious disease nursing. With permission from the mission, she attended the International Conference of Nurses held in London, England from July 18, 1937.

However, Japan Empire, which was in a frenzy over wars of aggression, started the Sino-Japanese War in 1937 and forced the use of Japanese language. The Japan Empire put all kinds of pressure on the Korean people, such as forcing them to visit shrines in September, 1938 and change their names to Japanese in 1940. Accordingly, under the direction of the Board of Foreign Misisons, many missionaries withdrew to their home countries.

Miss Lawrence also left Seoul on November 7, 1940, and boarded the Yawata Maru in Yokohama, but was arrested by Japanese police on November 13 on charges of violating Japanese public order laws by being related to the Communist Party and taken back to Korea. It has been done. She was eventually released without charge and arrived in San Francisco on December 29th, taking her third furlough.

19360200

에드너 M. 로렌스(서울), 개인 보고서 (1936년 2월)

개인 보고서

1936년 2월

작년 가을에 내 차례가 왔을 때 보고서를 준비하지 못하였기 때문에, 이것은 안식년에서 돌아온 이후 첫 보고서입니다. 나는 그 행복한 한 해의 사건들에 대하여 자세히 설명하지 않고 몇 가지 중요한 일들만 언급할 것입니다. 처음에는 가족 및 친구들과의 행복한 재회가 있었고, 그 다음에는 3개월 반 동안 캐나다에 있는 친척들과 미시간에 있는 많은 친구들을 방문하였고, 일주일 동안 시카고 박람회에 있었고, 팬텀 랜치와 그랜드 캐니언에서 잊지 못할 여행을 하였습니다. 다음 두 달 동안에는 리버사이드 노회의 선교회들을 방문하였는데, 이 충성스러운 사람들이 나와 한국에서의 사업에 대하여 진심으로 진지하고 기도하는 관심을 갖는 것을 보면서 마음이 훈훈해졌습니다. 4개월 동안에는 로스엔젤레스에서 연구와 경험을 하였으며, 특히 4월에는 선교 강연도 하였습니다. 지금은 모든 것이 꿈처럼 보이지만 그 꿈에서 깨어나 영감을 얻었습니다.

나는 8월 중순에 한국으로 돌아왔고, 많은 친구들과 동료들의 따뜻한 환대 덕분에 태평양 건너편에서 겪어야 했던 힘든 이별이 조금이나마 보상되었습니다. 나는 나의 이전 집 동료들이 러들로 사택에 편안하게 정착하였고, 이루어진 변화에 대하여 매우 행복해하고 있다는 것을 알았습니다. 병원과 기숙사에서 멀리 떨어져 있다는 약간의 단점은 우리가 누리는 편안함과 아름다움, 그리고 쉬는 시간에 우리를 괴롭히는 병원 소리를 듣지 않을 만큼 충분히 멀리 떨어져 있다는 점에서 쉽게 잊힙니다. 정규 간호사들은 새로운 숙소에 매우 만족하고 있으며, 자신의 방을 깔끔하고 매력적으로 유지하는 데 자부심을 갖고 있습니다.

나는 이제 16년 차이자 세 번째 임기를 시작하였습니다. 첫 임기를 회상해 보면, 어느 한 부서에 집중할 기회도 없이 기지 여기저기를 돌아다니며 꽤 시간을 보냈던 것 같습니다. 나는 외국인 간호사들이 시간과 힘을 쏟을 수 있는 두 가지 큰 분야, 즉 더 나은 교실 수업과 병동 업무 또는 교육에 대한 후속 작업을 충분히 인식하였습니다. 나는 두 번째 임기가 시작될 때부터 학교에 모든 시간을 할애하고 간호원장직에서 해방될 수 있는 허가를 받았습니다. 1928년에는 처음으로 전임 보조 강사가 채용되었습니다. 그녀는 새로운 직책에 대한 특별한 훈련을 받은 적이 없었지만 아주 훌륭한 간호사였습니다. 그래서 그녀는 매 수업 시간 전에 지도를 받아야 했고, 내가 수업하는 시간에도 참석해야 했으며, 나중에 스스로 한 과목을 담당할 수도 있었습니다. 그러다가 학교의 개편과 함께 간호법 책을 편찬하는 일이 있었는데, 그것은 참으로 힘든 일이었습니다. 가장 어려웠던 부분은 간호사들을 납득시키는 것이었고, 그 후에는 졸업생과 학생들이 매우 잘 협력하였습니다. 이정애 양은 1932년에 우리 직원으로 합류하여 처음부터 진정한 축복과 도움을 주었습니다. 그녀는 스스로 적응할 수 있게 되면서, 간호법과 윤리 및 간호 역사와 같은 기타 과목에 대한 교육이 점점 더 많이 진행되었습니다. 이 임기 동안 영 양은 한동안 야간 감독관으로 일하였고, 넬슨 양은 병동 감독을 맡았으며, 롤랜드 양은 가르치는 일을 하였습니다. 두 번째 임기의 지난 몇 년 동안 다른 직원의 임무 변경으로 인하여 나는 다시 필요에 따라 간호원장직을 맡았습니다.

이번 임기의 시작과 함께 상황이 다시 바뀌었고, 내가 요청한 대로 교실에서 가르치는 일이나 행정 업무 대신 병동에서 가르치는 일을 맡게 되었습니다. 내가 돌아왔을 때 기관의 업무는 다음과 같은 방식으로 다루어졌습니다. 넬슨 양이 간호원장, 아동 병동 및 수술실, 쉴즈 양이 외래 및 사회 사업실, 영 양이 관리과, 이 양이 교육 및 2개의 성인 유료 병동의 감독, 김복음 양이 보조 강사 및 기숙사 사감. 이로 인하여 나에게 분만실과 보육실, 격리 병동과 치과 병동을 포함한 두 개의 시료 병동이 남았습니다.

격리 병동은 나에게 새로운 모험이었고, 3개 층을 감독해야 하기 때문에 영 양에게는 너무 벅찬 일인 것 같아서 자원해서만 했습니다. 처음에는 다소 희망이 없어 보였다는 것을 인정하는데, 그래서 좋은 청소가 필요한 것처럼 보였고 나는 그것을 시작하였습니다. 왜 그런지는 알 수 없었지만, 청소나 문지르기를 할 때는 무슨 일이 있어도 다른 건물에서처럼 나를 방해하는 사람이 아무도 없었습니다. 우리들 중 한 사람이 감히 청소용 천을 집어 드는 순간, 매우 회개하는 정신으로 누군가 달려와서 그것을 빼앗고 우리가 그런 일을 해야 한다고 확신시킵니다. 나는 네덜란드 세제를 사용하는 가정부라는 영광 속에 홀로 남겨졌고, 모든 직원들은 내가 조금이라도 도와달라고 주장하지 않을 것이기에 나를 그곳에 데려가서 기뻐하는 것 같았습니다. 나는 세월의 먼지가 묻어 있는 잃어버린 우유병을 더 이상 찾을 수 없는 날은 결코 오지 않을 것이라고 생각하곤 했습니다. 나는 항상 다른 기간 동안 내려갈 때 가장 예상치 못한 장소에서 적어도 하나를 발견함으로써 보상을 받을 것입니다. 우리의 격리 기술은 결코 자랑할 만큼은 아니지만, 한국인 환자 친구들이 실천하는 것에 대해서는 설명하지 않겠습니다. 한국에는 20,000,000명이 넘는 인구가 있습니다. 바쁜 여름과 가을에는 튼튼한 보호자가 20~30명이 있지만, 그럼에도 불구하고 이것은 한 평생 동안 꽤 큰 사업입니다. 백발의 할아버지, 이빨 빠진 할머니, 외국 양복을 입은 멋져 보이는 젊은 사업가들, 학교에 다니면 훨씬 나을 학생들, 등에 아기를 업은 젊은 엄마들 등 거의 모든 사람이 할 수 있고 기꺼이 하는 것 같기 때문에 보호자의 역할이 무엇인지는 잘 모르겠습니다. 외국인 간호사의 부추김을 받는 소수의 충실한 한국 간호사들이 대중 교육을 위한 이러한 노력을 통하여 어떤 느낌을 줄 수 있겠습니까? 처음 몇 달 동안 나는 일주일에 이틀을 격리 건물에서 보냈고, 특별한 복장과 모자를 사용하였습니다. 여러 날 동안 나는 모든 것을 포기할 준비가 되어 있었는데, 그곳에 있는 누군가가 나를 격려해 주면서 순간 지혜가 떠올랐습니다. 며칠 전 나는 꼭 필요한 지원을 받았습니다. 한 환자가 퇴원하면서 예쁜 화분에 담긴 꽃을 두고 갔는데, 나는 다른 사람이 와서 가져가겠다고 말하였다고 간호사에게 말하였습니다. 그녀는 이렇게 말하였습니다. "그런데 그것에 있는 세균은 어떻습니까?"

나는 어떤 의미에서든 내가 정신 병동의 책임자라고 생각하지 않지만, 맥라렌 박사의 요청에 따라 매일 내려가서 관리인과 그의 아내가 어떻게 지내는지 살펴보고 있습니다. 한 번은 내가 쓰러졌을 때, 한 남자 환자가 이미 관리인의 옷을 찢고 그의 팔을 붙잡고 놓아주지 않았는데, 다른 공간이 없어서 머리가 헝클어진 불쌍한 여자는 욕조 위에 깔아놓은 일본식 돗자리보다 바닥에 누워 있는 것을 더 좋아하여 화장실 한구석에 웅크리고 있었습니다. 나는 다른 의학전문학교의 학생이 구속복(拘束服)을 입고 미친 듯이 날뛰는 모습을 보고 깜짝 놀랐습니다. 이 불쌍한 영혼들은 가능한 한 능숙하고 친절하게 불쌍히 여기고 보살핌을 받는 데 관심이 있습니다.

어쨌든 내가 현재 추적 업무와 병동 교육을 위한 가장 좋은 기회를 갖고 있는 곳은 두 개의 시료 병동입니다. 만일 병동에 시간을 내줄 사람이 없다면 간호학생들은 의사의 강의는 물론 간호학 수업까지 통해 얻은 지식을 환자를 실제 돌보는데 전혀 관계가 없는 것처럼 밀쳐 버리기 쉽습니다. 내가 아침 회의를 시작한 것은 그들의 이론과 실천을 서로 연관시킬 수 있도록 돕기 위해서입니다. 이것은 야간 보고를 낭독한 직후 10분간 진행됩니다. 간호사들의 마음이 맑아지고 일을 더 잘 받아들일 수 있으며 바쁜 하루가 시작되기 전이기 때문에 그것을 진행하기에 가장 좋은 시간인 것 같습니다. 수간호사와의 회의에서 흥미로운 환자가 선택되고, 다양한 주제가 결정되어 학생들에게 할당되어 공부하고 며칠 내에 보고합니다. 예를 들어 며칠 전 폐렴에 이어 흉막염이 발생한 증례에 대한 회의가 열렸습니다. 4학년 학생 한 명은 사회력 및 병력을 받았고, 다른 한 명은 다음 날 질병의 원인과 증상에 대하여 설명하였으며, 2학년 학생은 치료에 대하여 보고하였고, 1학년 학생은 뜨거운 물병에 의한 건열의 작용, 소염 연고, 그리고 흡인 준비 및 지원에 대한 또 다른 내용을 보고하였습니다. 각 병동에서 일주일에 한 번 모임을 가지도록 노력하고 있으며, 지금까지 모든 간호사들이 많은 관심을 보였고 정말 즐거운 것 같았습니다. 종종 정보를 어디서 찾았는지 묻는 질문에 그들은 도서관에서 해당 주제에 대한 강의나 참고서를 찾아보았다고 대답하였습니다. 주제는 서면 형식으로 제공되어 읽은 후에는 병동에 파일로 보관되며, 이미 한 병동에서 다른 병동으로 참고 자료로 사용되는 목적을 달성하였습니다. 이 모든 것이 환자를 병동의 다른 환자들과 조금 다른 배경을 가진 개인으로, 단지 병상에 있는 환자로 생각하지 않고 개별적인 간호가 필요한 환자로 보는 데 도움이 되기를 바랍니다.

2학년 수업에도 간호에 적용되는 증례 연구 수업이 몇 번 있었습니다. 어떤 이유에서든 수년 동안 각 간호사에게 증례 연구가 필요했었는데, 의심할 여지없이 우리 측의 도움이 부족하였습니다. 그들은 모두 해당 주제를 싫어하며 항의를 받은 다음에는 가능한 마지막 순간까지 미룬 뒤에 합니다. 대부분의 간호사들은 증례 연구에서 요구하는 것과 실질적으로 동일한 일을 하고 있다는 점을 고려하기 전에 아침 회의에 관심을 가지고 참여하였기 때문에 나는 그 장애가 극복되기를 바라고 있습니다. 내가 맡은 다른 교육은 3학년을 위한 영어와 2학년을 위한 안마이었습니다.

간호 직원은 졸업생 28명과 학생 60명으로 구성되어 있습니다. 그들 대부분은 훌륭한 간호사들이고 성실하게 봉사하고 있습니다. 특히 2학년 때 결핵으로 인하여 학교를 그만두어야 하는 경우가 많기 때문에 그들의 건강은 큰 관심사입니다. 이번 3월에 18명이 졸업하게 되었는데, 그들은 졸업 요건을 모두 충족할 수 없습니다. 하지만 일부는 현재 직위를 수락하지 않고, 잠시 쉬거나 일본 도쿄의 성누가 병원이나 다른 곳에서 추가 연구를 시도하고 있습니다. 신인순 양은 이번 여름에 호주에 갈 수 있기를 바라며 영어에 매진하고 있습니다.

척추 결핵을 앓고 있는 16세 소년이 하루 종일 등을 대고 누워 있습니다.

그림 38. 1936년도 졸업생. 간호대학 소장.

여러분은 이 아이가 육체적으로 너무 고통을 받아 비열하거나 이기적인 성향을 갖고 있다는 것을 쉽게 예상할 수 있습니다. 그렇지 않은 태은이는 자신의 병동뿐만 아니라 다른 병동의 환자와 간호사에게도 햇빛입니다. 그의 떼어놓을 수 없는 동반자는 그의 거울이며, 그는 그 거울을 아주 세밀하게 활용합니다. 그는 그것으로 복도를 지나가는 사람을 보고 인사를 하며, 병동의 다른 환자들에게 무슨 일이 일어나는지 보고, 도움을 받아 놀이를 하며, 잘못 놓인 연필이나 책을 찾습니다. 그는 스스로 먹습니다. 외래 의사가 회진 후에 그와 정기적으로 놀이를 하고, 학생 및 환자 또한 그와 놀고 그에게 읽을거리를 제공하는 것 외에 일본어와 중국어를 가르치는 등 그가 받는 관심에서 알 수 있듯이 그는 병원에서 가장 귀여움을 받는 사람입니다. 다른 병동의 간호사들이 그를 보기 위하여 멈추며, 어린이 병동의 꼬마 두 명이 그를 방문하여 그의 좋은 음식을 나누어주었습니다.

근무 외 시간에는 두 명의 한국인 의사에게 영어 회화를 도와주고 있습니다. 그들은 문법에 대한 매우 탄탄한 기초를 가지고 있기 때문에 그들과 대화하는 것이 정말 힘들지 않으며 내가 시간을 할애할 수 있는 것에 대하여 매우 감사해합니다. 나는 이와 같은 작은 도움이 의료진과 간호 직원 사이에 더 나은 감정을 불러일으키기 때문에 정말 가치 있다고 생각합니다.

안식년을 마치고 돌아오기 전에 나는 한국인 교장 및 병원장과 조화롭게 일을 할 수 있을지에 대하여 약간의 불안감을 느꼈습니다. 나는 특히 이 박사가 오 박사보다 더 많이 소통하는 사람이기 때문에 몇 번의 논쟁 끝에 이 박사와의 즐거운 관계를 가질 수 있게 된 것에 놀랐다고 말하고 싶습니다. 나는 같은 목적을 위하여 함께 노력하는 우리 친구들이 우리와 어깨를 나란히 할 수 있는 자리를 마련하기 위하여 나아가고 있다고 생각하지 않고 우리 한국인 친구들이 점점 더 많은 책임을 맡게 되면서 우리가 한발 물러서고 있는 것이라는 생각을 하고 싶지 않습니다. 나는 앞으로 가슴 아픈 일이 있을 것이라고 생각할 수 있으며, 그래도 내가 필요한 만큼 계속 협력할 수 있기를 바라고 있습니다.

아직 한 번도 나를 실망시키지 않으시고 귀한 영혼 구원을 위하여 다시 서울 지부에서 수고할 수 있게 해주신 하나님 아버지께 감사드립니다.

삼가 제출합니다.
에드너 M. 로렌스

Edna M. Lawrence (Seoul), Personal Report (Feb., 1936)

Personal Report

February 1936

As I was not able to prepare a report when my turn came last fall, this is my first since returning from furlough. I will not go into details about the events of that happy year but will mention some of the high lights, only. First came the happy reunions with my family and friends, then the three and a half months visit to my relatives in Canada, and Michigan and the many friends along the way, a week at the Chicago Fair and a never-to-be-forgotten trip to Phantom Ranch, Grand Canyon. The next two months were spent visiting the Missionary Societies in the Riverside Presbyterial and it was heartening to see the real earnest and prayful interest these loyal people took in me and the work in Korea. Four months were spent in study and experience in Los Angeles, also giving missionary talks, especially in April. It all seems like a dream now, though one from which I have awakened refreshed and inspired.

I returned to Korea the middle of August and the warm welcome back by many friends and fellow-workers made up, just a little anyway, for the hard partings that had had to take place on the other side of the Pacific. I found my former home-mates comfortably settled in the Ludlow home and very happy over the change that had been made. The slight disadvantage to us in being farther away from the hospital and dormitory is easily forgotten in the extra comfort and beauty which we enjoy and also that we are away far enough so as not to hear sounds from the hospital which distressed us on our hours off duty. The graduate nurses are so contented in their new quarters and take a pride in keeping their rooms neat and attractive.

I am now started on my sixteenth year and third term. As I recall my first term, it seems that my time was spent pretty well all over the plant, here and there, with no opportunity to concentrate my efforts in any one department. I fully recognized two great fields for the foreign nurses to give their time and strength to, namely, better classroom instruction and follow-up work on the wards or ward teaching. From the beginning of my second term I was granted permission to give all my time to the school and be relieved from the Superintendency. In 1928, the first full-time assistant instructress was employed. She was a very fine nurse though she had had no special training for her new position. So she had to be coached before every class period, be present during my hour and then could take one division herself later. Then along with the reorganization of the school came the compiling of the Nursing Procedure Book and what a task that was. The hardest part was to sell the idea to the nurses and after that had gotten over the graduates and students cooperated very well. Miss Chung Ai Lee joined our staff in 1932 and proved to be a real blessing and help from the first. As she was able to adjust herself she was gradually given more and more of the teaching of Nursing Procedures and other subjects, such as Ethics and Nursing History. During this term Miss Young did very fine work as Night Superintendent for a time, Miss Nelson in ward supervision and Miss Rowland in teaching. During the past few years of the second term I again of necessity, because of changes in the assignments of other workers, took over the Superintendency.

Again, with the beginning of this term the scene changes again and at my request I have been given ward teaching instead of classroom teaching to any great extent, or administration work. On my return then the work of the institution was covered in the following manner, Miss Nelson as Sup't of Nurses, Children's Ward and Operating Room, Miss Shields the O. P. D. and Social Service, Miss Young the Housekeeping Department, Miss Lee, teaching and supervision of two adult pay wards, Miss Pok Um Kim, assistant instructress and dormitory head. This left for me the two free wards, including the Delivery room and nursery, the Isolation Building and the Dental Ward.

The Isolation Building was a new venture for me and I only volunteered to do if because it seems to be too much for Miss Young as there are the three floors to be supervised. It looked rather hopeless at first, I will admit, so it appeared that a good clean-up was indicated and I set in to do it. I have never been able to figure out just why it is, but when it came to cleaning or scrubbing, no matter what, no one ever interfered with me as they do in the other building. There the minute one of us dares to take up a cleaning cloth someone in a very repentant spirit runs up and takes it away and assures us that we must do such a thing. I was left strictly alone in my glory as a Dutch Cleanser maid and all the workers seemed glad to have me there just so I wouldn't insist that they help me out a little. I used to think that I would never reach the day when I couldn't find any more misplaced milk bottles with the dust of the ages on them. Always when I came down for another period I would be rewarded by finding at least one in a most unexpected place. Our isolation technic has never been such that we could brag about it but when it comes to that which the friends of the Korean patients practice, I just will not try to describe it. There are over 20,000,000 people in Korea. In the busy summer and fall season they Po Ho Cha are there from twenty to thirty strong but even so this is a pretty big undertaking for one life time. Just what the office of a Po Ho Cha (protector) is I'm sure I don't know for almost anyone seems to be able and glad to act, hoary grandpa, toothless grandma, nice looking young business men in their foreign suits, students who would be much better off at school, young mothers with babies on the back. What impression can a few faithful Korean nurses, goaded on by a foreign nurse, hope to make in this effort for mass education? During the first few months I used to spend two full days a week in the Isolation Building and used a special uniform and cap. Many days I was about ready to give it all up and then some flash of intelligence on the part of some one there would encourage me. A few days ago I received just such a much needed boost. A patient had been dismissed and had left a pretty potted flower and I had told a nurse that someone else said she would come and get it. She came back with this, "But how about the germs on it?"

I do not consider myself in charge of the Mental Ward in any sense but at Dr. McLaren's request I do go down every day or so to see how the keeper and his wife are getting along. One time when I was down a male patient had already torn up some of the keeper's clothes and had hold of his arm and would not let him loose, for lack of other space a poor woman with matted hair was crouching in a corner of the bathroom on the floor, preferring this to the Japanese matting which had been provided for her on top of the bath-tub. I was shocked to see a student from another medical college in a straight-jacket a raving maniac. These poor souls are concern to be pitied and cared for as skillfully and kindly as possible.

It is on the two free wards that I have at present, anyway, the best opportunity for follow-up work and ward teaching. If there is no one with the time to give to them on the ward, it is so easy for nursing students to pigeon-hole the knowledge they obtain from the doctor's lectures and even their nursing classes, just as if this had nothing at all to do with the actual care of the patients. It is to help them to correlate their theory and practice that I have started the morning Conference. This is held for ten minutes immediately after the reading of the night report. This seems to be the best time to hold it is the nurses' minds are fresh then and they can take in things better and it is before the rush of the day begins. In a conference with the head-nurse an interesting patient is chosen, the different topics decided on and assigned to students to work up and report on in a few days. For instance a conference a few days ago was held on a case with pneumonia followed by pleurisy. One senior nurse was given the Social and Medical History, another, the cause and symptoms of the disease on the following day a second year nurse reported on the medical treatment, one first year on the action of dry heat as applied by a hot water bottle and antiphlogistine and another on preparing for and assisting with aspiration. An attempt is made to have one meeting a week on each ward and so far all the nurses have shown a great deal of interest and really seemed to enjoy it. Often when asked where they found their information they would reply that they had looked up their lectures on the subject or a reference book in the library. The topics are presented in written form and after being read are kept on file in the ward and have already fulfilled their purpose of being used as reference material from one ward to another. I am hoping that this all will help them to see the patient as an individual, having a background just a little different from the others in his ward, as a patient who needs individual nursing care and not just think of them as the occupant of Bed.

A few classes in the Case Study Method as applied to nursing have also been given to the second year class. A case study had been required from each nurse for a good many years out for some reason, no doubt lack of help from our side, they have all taken a dislike to the subject and only do it under protest and then after putting it off for the lats possible moment. Most of the nurses have participated with interest in a Morning Conference before having to consider that they were doing practically the same thing as is required in Case Study so I am hoping that that obstacle has been overcome. Other teaching which I have undertaken has been English for the third year and Massage for the second year.

The nursing staff consists of 28 graduates and 60 students. For the most part they are good nurses and are giving faithful service. Their health is a great concern as we see so many having to drop out because of tuberculosis, especially during their second year. There are 18 to graduate this March and they cannot fill all the requests that have come in for graduates. Some however, are not accepting positions now, but are resting for a time or attempting further study in Japan in St. Luke's Hospital, Tokyo, or elsewhere. Miss In Soon Cynn is being pushed in English with the hope that she will be able to go to Australia this summer.

A boy of 16 with Tbc. of the spine lies flat on his back all day long. You might easily expect to find a child so afflicted physically to have a mean or selfish disposition. Not so Tai Uni for he is the sunbeam not only for his own ward but for patients and nurses from other wards. His unseparable companion is his mirror and he has its use down to a fine point. With it he sees who is passing in the hallway and calls out a greeting, he sees what is happening to other patients in the ward, he plays games with its help, he finds a misplaced pencil or book. he feeds himself. He is a general favorite in the hospital as is evidenced by the attention he gets, as externs has a regular game with him after rounds, a student, also a patients plays with him and teaches him Japanese and Chinese besides providing him with reading matter, nurses from other wards stop to see him, two little tads from the children's ward pay him visits to share his good things to eat.

In my time off duty I have been helping two Korean doctors with English conversation. They have a very good foundation in grammar so it is really no effort to talk to them and they are very appreciative of the little time I can spare. I feel that a little help like this is really worthwhile as it does bring about a better feeling between the medical and nursing staff.

Before returning from furlough I had some real misgivings about the possibility of working harmoniously with a Korean President and Superintendent. I want to say that after a few little tussles I am agreeably surprised with the pleasant relationships I have been able to maintain with Dr. Rhee, in particular, as he is the one with whom I come in contact more than Dr. Oh. I do not like to think that we are stepping back as our Korean friends take over the responsibility more and more, rather we are moving over to make room for them to go along shoulder to shoulder with us as we both labor for the same cause. I can see that there will be some heartbreaks ahead and I hope that I can even so, go on cooperating with them as long as I am needed.

I am grateful to our Heavenly Father who has never failed me yet and who again let me back to labor with Seoul Station for the winning of precious souls.

Respectfully submitted,
Edna M. Lawrence

19360500

에드너 M. 로렌스(서울), 연례 개인 보고서 (1936년 5월)

연례 개인 보고서[35]

1936년 5월

이 보고서는 안식년 후 첫 해외 선교지에서의 16번째 해 동안 내가 시도 하였던 업무를 다루기 위한 것입니다. 여러 면에서 가장 힘든 한 해이었는데, 나에게 두 슬픔과 거의 불행에 가까운 많은 어려운 개인적 문제를 안겨주었으 나, 이 모든 일을 통하여 나는 하나님께서 나를 다시 한국으로 불러 서울지부 와 세브란스 병원에서 일하게 하시고 신실한 약속을 주신 하나님께 찬양과 감 사를 드릴 수밖에 없습니다.

병원에서 나의 업무가 행정에서 병동 교육으로 변경되면서 나는 학생들과 4등 병실 및 무료 입원 환자들과 더 긴밀한 관계를 맺을 수 있는 새로운 노력 을 기대하였습니다. 자신의 업무에 대한 계획을 작성하는 것과 그것을 실행하 는 것은 별개의 문제입니다. 들어본 적도 생각지도 못한 장애물이 곧 잡초처 럼 돋아나고, 한 사람이 조심스럽게 뿌리를 뽑자마자 또 다른 것이 나타나기 때문입니다. 나의 첫 번째이자 대단히 매우 끈질긴 잡초는 간호사가 자신의 업무를 보다 지능적으로 수행하고, 실험실인 병동에서 시간을 보내면서 실질 적인 이점을 얻는 데 도움이 될 몇 가지 질문을 하거나 정보를 제공하여 가르 칠 기회가 생겼을 때 적절한 언어가 부족하다는 것이었습니다. 그녀의 임상 경험(병동 업무)은 간호 이론의 지능적인 적용이어야 합니다. 이상적인 병동 교육이 관리될 수 있다면 학생이 접하는 매일의 병동 경험은 더 나은 기술을 습득하고 새로운 조건을 관찰하는 데 있어 교육적 가치가 있을 것임을 의미합 니다. 사람이 1년 동안 집을 떠나 있었고 그 기간 동안 그것을 사용할 기회가 없었다면 이러한 의학 용어는 얼마나 포착하기 어려울까요? 점차적으로 이 단 어들이 굳어지기 시작하였고, 6개월쯤이 지나서야 언어에 대한 진정한 자유를 다시 찾았습니다.

언어의 어려움과 함께 다가오는 두 번째 장애물은 병동 교육 계획을 간호

---

35) 이 보고서는 선교본부가 내용을 다소 손질하고 'Abridged Personal Report, 1935~1936'이라는 제목으 로 바꾼 후, 타자를 쳐서 필요한 곳에 배포하였다.

사들에게 '인계'하는 것이었습니다. 간호사들이 근무를 시작할 때 10분 동안 회의를 갖는 것은 사실상 새로운 일이었기 때문에 어떤 사람들은 이 시기에 그것을 할 시간이 부족하다고 소란을 피웠고, 다른 사람들은 자신의 역할을 준비할 시간이 없었고, 또 다른 사람들은 강의실에서 뿐 아니라 병동에서도 무엇을 공부해야 할지 몰랐습니다. 따라서 그들이 실제로 돌보고 있는 환자들에 대하여 더 많은 것을 배우는 것을 흥미롭고 가치 있는 것으로 만드는 것은 나에게 달려 있었습니다.

한 병동에도 서로 다른 성격이 있는데도 모든 사람을 똑같이 대하는 것보다 환자의 성격과 사회적 배경에 대하여 아는 것이 얼마나 더 흥미롭습니까?

새로움과 반발을 이겨내고 나면 모두가 증례를 보고하고 조사 결과를 급우들에게 알려주도록 요청받는 것을 좋아하는 것 같았습니다. 이번 봄에 신입생이 오면서 기존 학생들은 그것에 더 큰 관심과 중요성을 느끼거나 적어도 가끔씩은 교사의 입장에 있는 것을 좋아하지 않고 있습니다.

내가 해야 할 또 다른 병동 교육 방법은 증례 연구입니다. 이것에 대하여 나는 지난 가을에 3학년 학생들의 심한 반대를 받았고 전혀 관심을 두지 않았습니다. 제출된 최고의 논문에 대하여 쉴즈 양이 제공한 상(賞)도 열정을 불러 일으킬 수 없었습니다. 그래서 이것은 나에게 진짜 시련이었지만, 어쨌든 이제 모든 것이 끝났고 현재의 3학년은 교육을 받았으며 3학년에서 끝낼 세 가지중 첫 번째를 잘 수행하고 있습니다. 불쾌한 작은 잡초가 계속 자라나고, 환자는 즉시 진단을 받지 못하므로 선택할 수 없습니다. 하나가 시작되었고, 그 불쌍한 간호사를 그대로 두고 집으로 돌아갑니다. 최근에 새로운 종류의 잡초가 등장하였는데, 독일어이었으며, 마치 불쌍한 나를 괴롭히기에는 이미 언어의 종류가 충분하지 않은 것처럼 말입니다. 몇 년 전에는 역사가 혼합된 문자(한문과 한글)로 쓰여 있었기 때문에 나는 그것을 번역해서 받아야 했습니다. 최근에 그것들은 영어로 되어 있었고, 나는 최선을 다하여 간호사들을 도와야 했고 이제 일부는 간호사나 나도 읽을 수 없는 독일어로 나타납니다. 이 모든 것을 극복해야 함에도 불구하고 나는 이 모든 것이 매우 가치 있다고 생각하고 있으며, 희귀 사례, 의약품, 병력 등에 대한 정보 요청으로 꽤 자주 격려를 받고 있습니다. 나는 대부분의 시간을 두 개의 무료 병동과 격리 병실에서 보내고 있습니다. 하지만 나는 모든 병동에서 아침 회의를 열고 모든 간호사들의 증례 연구를 감독하고 있습니다.

하루빨리 한발 더 나아가 병상 진료와 간호사 회진을 선보일 수 있기를 희망하고 있습니다. 물론 한 번에 한 곳 이상은 갈 수 없고 우리 둘을 바쁘게 할 수 있는 곳도 많기 때문에 나는 한국인 간호사 조수가 꼭 필요합니다. 수업 자료 번역, 사무원이나 정규 간호사와 함께 증례 연구를 검토하는 것은 놀랄 만큼 많은 시간을 차지하며 이 모든 작업은 간호사가 수행해야 합니다.

간호에 적용되는 증례 연구 방법을 가르치는 것 외에도 안마와 1학년 영어를 가르치고 있습니다. 나는 현재 절실히 필요하다고 느끼는 병동 교육 및 감독에서 너무 많은 시간을 빼앗길 것이기 때문에 많은 시간을 원하고 있지 않습니다.

11월에 영 양이 사망한 이후 나는 주로 병원 공급실, 세탁물실, 세탁실, 병원 청소부 및 문지기 등 그녀가 맡았던 업무를 맡아야 했습니다. 13명의 업무를 매일 지시하고 확인하는 데에는 상당한 시간이 필요합니다.

내가 돌아왔을 때 가졌고 여전히 가지고 있던 한 가지 큰 소망은 다른 계층의 근로자 및 환자들과도 친절하고 도움이 되는 접촉을 갖는 것입니다. 나는 많은 진전을 보고할 수는 없지만 마지막 두 조(組)의 수련의는 나를 도움이 되는 사람으로 여겼다고 생각하고 있습니다. 나는 영어를 연습하고, 그들이 병력을 쓸 때 영어 단어를 도와주거나, 환자에 대하여 이야기하기 좋은 사람입니다. 나는 정규 시간에 의사 두 명에게 영어로 도움을 주어왔고, 내가 그들을 도와주었고 앞으로 그들을 영적으로 도울 수 있는 더 많은 기회를 가질 것이라고 생각하고 있습니다. 한 사람은 나에게 자신과 함께 요한복음을 공부하고 그에게 영어 성경 강습반을 소개해달라고 요청하였습니다. 나는 또한 미국인 친구들과의 서신 교환을 통하여 일부 간호 학생과 졸업생을 돕고 있습니다. 이것은 시간이 많이 걸리기는 하지만 정말 흥미롭습니다. 하지만 'goffy'와 'kinda' 같은 단어를 좋은 영어로 번역한 다음 좋은 한국어로 번역하려고 할 때 머리를 자주 긁어야 합니다.

D. B. 에비슨 부인은 세브란스 여자 모임을 시작하겠다는 행복한 생각을 가지고 있었습니다. 지난 달 결성 후 첫 정기모임이 열렸는데, 여자 대표들이 참석하였고 병원 바느질도 하며 모두가 즐거운 친목의 시간을 가졌습니다. 맥라렌 부인은 병원 부지를 아름답게 가꾸고 있으며, 모임에서는 씨앗을 제공하고, 심으며 이식하고 있습니다.

지난 3월 18일 간호사들이 졸업하였고 모두들 뜨거운 핫케익처럼 재빨리 기회를 잡았습니다. 우리는 간호사에 대한 요구를 거의 충족시키지 못하였고, 우리 간호 인력으로 14명을 확보하였지만 지금 당장 우리 인력이 모자랍니다. 4월에 25명의 새로운 반이 입학하여 우리 학교에는 64명의 학생이 있습니다. 이들 중 한 명만이 선교 학교 출신이 아닙니다. 11명을 제외하고 모두 고등보통학교 졸업생이며, 몇몇은 3년 동안 교육을 받았으며, 1명은 성경 학교에서 교육을 받았습니다. 학생들 중에는 성경 학교 훈련과 전도 부인의 경험이 있는 고등보통학교 졸업생이 있고, 한 사람은 전문학교를 2년 다녔습니다. 우리는 1923년까지 교육을 거의 받지 못한 버림받은 아내와 과부들을 받은 것과는 상당한 변화가 있었습니다. 모든 장로교회 선교부에서 온 적어도 25명의 장로교인이 있습니다. 정규 간호사 수는 30명 이상입니다.

조선 간호부회는 최근 몇 년간 세간의 주목을 받지 못하였습니다. 3년 전 일본 간호부회가 국제 간호협의회에 가입된 이후 우리 협회는 그 산하 연맹체로 여겨졌습니다. 지금까지 실질적으로 이 문제에 대한 진전이 전혀 이루어지지 않았으므로 우리는 몇 년 전과 같은 상태에 있습니다. 며칠 전 우리 협회의 연례 총회가 열렸으며 많은 심각한 질문에 직면하였습니다. 우리는 그냥 사라지고 싶지 않으며, 게다가 다른 협회가 행동하지 않는데 어떻게 연합할수 있겠습니까? 우리 외국인 간호사들은 한국인들이 조선 간호부회를 영향력 있는 협회로 만들 만큼 충분히 관심이 없으며, 모두가 내려놓고 추진한다면 의심할 바 없이 그렇게 될 수 있다고 느꼈습니다. 하지만 회의장에서 소개된 대로 완전히 포기하자는 문제가 있을 때 그들이 너무 열심히 싸워 관심을 보이는 것처럼 보였다는 사실을 알게 되어 기뻤습니다. 나는 그들에게 고든 그레이엄이 잘 표현한 생각, 즉 "이 세상에는 두 가지 종류의 불만이 있다. 하나는 효과가 있는 불만이고, 다른 하나는 손을 쥐어짜는 불만이다. 첫 번째 것은 원하는 것을 얻고, 두 번째 것은 가진 것을 잃는다. 첫 번째 것에는 치료법이 없지만 성공하고, 두 번째 것에는 치료법이 전혀 없다."를 전달할 수 있었으면 좋겠습니다. 금년에 회보를 발행하지 않음으로써 이정애 양을 우리 협회에서 1937년 7월 런던에서 열리는 국제 간호부회에 파견할 수 있는 밑천을 마련할 수 있기를 바랍니다.

안식년 중에 로스엔젤레스에 있는 한인 교회에 꽤 자주 방문할 기회가 있었습니다. 나는 주일학교 아이들이 나를 위하여 무엇을 할 수 있는지 질문을 받았고, 나는 이곳에 있는 아이들을 위하여 스크랩북을 만들어 보자고 제안하였습니다. 그래서 그들은 그렇게 하였고, 나는 그곳의 한국인 어린이들에게 그들이 이곳에서 얼마나 즐거웠는지 말할 수 있었습니다. 책에 담긴 한국인의 이름이 영어와 한글로 적혀 있고, 빠른 쾌유를 위한 글이나 어떤 아이에게 줄지 지정하는 단어가 나오는 것에 다들 얼마나 관심을 가졌는지. 나는 또한 오래되거나 새로운 조각 그림 맞추기를 요청하였고, 많은 것을 얻었습니다. 이것들은 너무 아프지 않지만 병원에서 오랜 시간, 몇 주를 보내야 하는 환자들을 위한 작업 치료에 아주 쓸모가 있습니다.

나도 안식년 중에 더 큰 일을 하고 있었는데, 이는 장로교회 내의 간호 친구들과 후원자들의 관심과 노력의 결과이었습니다. 나는 또 하나의 병원 모형 인형을 가져올 수 있었습니다. 그것은 13살 된 보배보다 더 예쁘고 교실에 침대도 있지만 항상 보배를 사랑할 우리 마음 속에서 그녀의 자리를 차지할 수는 없습니다. 간호사들, 주일학교 학생들, 면려회 회원들, 협회 및 선교 단체 회원들이 우리 한국인 간호사들이 유능한 병상 간호사가 될 수 있는 최고의 기회를 가질 수 있도록 희생해 준 도움에 진심으로 감사드립니다.

지난 몇 주일 동안 종합병원은 꽉 차서 많은 사람들을 돌려보내야 했습니다. 정신병동은 대체로 꽉 찼고, 전염병동은 겨울 동안 10~12명 정도 찼다가 지금은 20명이 넘습니다. 유료 병상에 대한 수요로 인하여 무료 병상이 줄어들었고, 그 이전에도 때때로 무료 병상 수가 줄었습니다. 우리가 가장 쉽게 복음을 접할 수 있는 곳은 너무나 가난하고 감사해하는 이 환자들이기 때문에 우리 중 많은 사람들은 우리의 자선 활동이 중단되는 것을 안타깝게 생각하고 있습니다. 확실히 도움이 필요한 사람을 돕기 위하여 항상 노력해 온 우리 기관은 새로운 관리 하에서 이러한 원칙으로 돌아가지 않을 것입니다.

새로운 주방과 세탁실 건물이 빠르게 건축되고 있습니다. 지붕은 옷을 말리는 곳과 간호사들의 휴식 공간을 제공합니다. 기숙사에서 병원으로 가는 통로는 가려져 있어 날씨가 좋지 않을 때 간호사들에게 큰 의미가 있습니다.

올해 나에게 큰 의미를 준 작은 시로 이 보고서를 마무리 하겠습니다.

> "하나님은 하늘은 언제나 파랗다고
>   약속하지 않으셨다.
> 우리의 모든 삶을 통하여
>   꽃이 만발한 길.
> 하나님은 비가 없는 태양을
>   약속하지 않으셨다.
> 슬픔 없는 기쁨,
>   고통이 없는 평화.
>
> 그러나 하나님은 오늘을 위한 원기를
>   약속하셨다.
> 노고에서의 휴식,
>   길을 밝히는 빛;

시련을 위한 은혜,

위로부터의 도움

변함없는 동정심,

영원한 사랑.

삼가 제출합니다.

에드너 로렌스

Edna M. Lawrence (Seoul), Annual Personal Report (May, 1936)

Annual Personal Report

May 1936

This report is to cover the work I have tried to do in this the first year after furlough and the 16th on the field. In several ways it has been a harder year than most, bringing me two sorrows, many difficult personal problems almost amounting to unhappiness, but through it an din it all I can but praise and thank God that He has again called me back to Korea, to work in Seoul Station and in Severance Hospital, and for His faithful promises.

With the change of my assignment in the hospital from administration to ward teaching I looked forward to a new line of endeavor, one that would bring me in closer touch with students and the fourth and free class patients. It is one thing to write out a plan of one's work and quite another to carry it out, for unheard - of and unthought - of obstacles soon spring up like weeds, and as soon as one is carefully torn out by its roots another appears. My first and very persistent weed was the lack of adequate language at just the moment when an opportunity presented itself to do some teaching ask some question or give some information that would help a nurse to do her work more intelligently and get some real benefit from her time in her laboratory, the ward. Her clinical experience (ward-work) should be the intelligent application of the theory of nursing. If ideal ward teaching could be managed it would mean that every day of the student's ward experience would be of educational value in acquiring greater skills and in observing new conditions. How evasive these medical terms can be when one has been away for a year and in that time had no spportunity [sic] to use them. Gradually these words began to stick and I found that after 6 months or so I had some real freedom in the language again.

The second obstacle coming right along with the language difficulties was "putting over" to the nurses the ward teaching project. As it was practically a new thing to have a ten-minutes conference when they first went on duty some fussed about the lack of time to give to it at this period, others that the hadn't time to prepare their part, still others didn't see what they had to study on the wards as well as in the class-room. So it was up to me to make it so interesting and worth-while to learn something more about the patient that they were actually caring for, that they themselves would want or even request it.

How much more interesting to know something about the personality and social background of patient than to go on treating every one just alike when so any different personalities are present even in one ward.

After the newness and opposition were overcome all seemed to like to be asked to report on cases and give the results of their investigations to their class mates. This spring with the coming of new students, the old students feel it to be of greater interest and importance, or who out here doesn't like to be in a teacher's shoes, at least once in a while.

Another method of ward teaching which fell to me to do is case study. Here I had real opposition and absolutely no interest on the part of the third-year nurses last fall. Even the prizes offered by Miss Shields for the best papers submitted couldn't arouse any enthusiasm. So this was a real trial to me, but anyway it is all over now and the present third year have had their instructions and are doing well on their first of three to be done in their third year. Nasty little weeds keep cropping up still, patients aren't diagnosed right away and so can'be chosen; one is started, - then up and goes home leaving the poor nurse high and dry. Lately a new variety of weed has appeared, a real German one, just as if there were't enough varieties of languages to bother poor me already. Some years ago the histories were written in mixed script (Chinese and Korean) and I had to have them translated to me; recently they have been in English and I have to help the nurses out as best I can and now some appear in German which neither the nurses nor I can read. Even with all these things to be overcome I feel that it is all very worthwhile and am encouraged quite often by requests for information about rare cases, medicines, histories and so forth. I spend most of my time on the two free wards, and isolation. but I do hold morning conferences in all wards and oversee the case studies of all the nurses.

I have hopes of going one step farther soon and introducing bedside clinics and nurses' rounds. I need a Korean assistant, a nurse, very badly, as of course can't be more than one place at a time, and there is plenty to keep the two of us busy. Translation of lesson material, going over case studies with a secretary or a graduate fills up a surprising amount of time and this should all be done by a nurse if one was available.

Besides teaching the case study method as applied to nursing, I teach Massage and first year English. I do not want many hours as it would take me away too many hours from the ward teaching and supervision which I feel is the great need at present.

Since Miss Young's death in November I have had to take part of her work, mainly the hospital supply room, linen room, laundry, and the hospital cleaner and door boys. This takes a great deal of time, with the work of thirteen to direct and check up on daily.

One great desire I had on my return, and still have, is just to have friendly helpful contacts with different classes of workers and patients, too. I can't report much progress but I do feel that the last two sets of internes regard me more as a helpful sort of person, than some other classes had done. I'm a good one to practise English on, to help them with an English word when they are writing a history, or just to talk to about patients. I have been helping two doctors with their English at regular hours and think that I have helped them with it and will have more opportunities in the future to help them spiritually. One has asked me to study John with him and also introduce him to an English Bible Class. I am also helping some nursing students and graduates with their correspondence with American friends. This is really quite interesting though time consuming. I do have to scratch my head quite often, though, when I try to translate such words as "goffy" and "kinda" into good English and then into good Korean.

Mrs. D. B. Avison had the happy thought of starting the Severance Ladies' Club. The first regular meeting after its organization, was held last month with a good representation of ladies out, some sewing done for the hospital and a nice social time was had by all. Mrs. McLaren is beautifying the hospital grounds, the Club furnishing seeds, she doing the planting and transplanting.

Last March 18 nurses were graduated and all were grabbed up like hot cakes, We couldn't nearly meet the demands for nurses and right now are very short ourselves, even though fourteen were kept on our staff. A new class of twenty-five were received in April, making our school 64 in number. There is just one in this number not from a Mission School. All but 11 are high school graduates, and several have had three years., and one Bible school training. Among the students there is a high school graduate with Bible school training and Bible woman experience and one has had two years of college. Quite a change from the cast-off wives and widows with almost no education we took in up to 1923. There are at least 25 Presbyterians among them from all of the Presbyterian Mission. The graduate staff numbers 30 or more.

The Nurses' Association of Korea hasn't been in the public's eye very much of late years. After the Japanese Nurses Association was taken into the International Council of Nurses three years ago our Association as supposed to be federated body under it. So far practically no progress has been made toward this so we are just as we were several year ago. The Annual Meeting of our Association met a few days ago and many serious questions were faced. We don't want to just disappear, yet how can we be federated when the other Association will not act. We foreign nurses have felt that the Koreans weren't interested enough in the N. A. K. to make it the influential Association it should be and no doubt could be if all got down and pushed. I was glad to note, though, that when the question of giving it up entirely as introduced on the floor they fought it so hard that it does look as if they were interested. I wish I could get this across to them, - thought well expressed by Gordon Graham - "There are two kinds of discontent in this world: the discontent that works, and the discontent that wrings its hands. The first get what it wants and the second loses what it has. There's no cure for the first but success, an there's no cure at all for the second." By not publishing the Bulletin this year it is hoped to have a nest-egg for sending Miss Chungai Lee from our Association to the I. C. N. Congress which meets in London, July 1937.

When on furlough I had the opportunity of going quite frequently to the Korean churches in Los Angeles. I was asked what the S. S. children could do for me and I suggested that they would make scrap-books for the children out here. So they did and I have been able to tell the Korean children there how much they have been enjoyed here. How interested everyone was to see a Korean's name in English and Korean in the book, and often a message for a speedy recovery or a word designating what kind of a child to give it to. I also made requests for old or new gigsaw puzzles and I got plenty, too. These come in so nicely for occupational therapy for those patients not too ill who have to put in long days and weeks in the hospital.

I was working for larger things while on furlough, too, and as a result of the interest and efforts of my nursing friends and supporters in the Presbyterial. I was able to bring back another hospital doll. She may be more beautiful than thirteen years old Po Pai and even have her bed in the classroom but she can never take her place in our hearts who will always love her while she hangs together. I am indeed grateful for the help from the nurses, S. S. students, Christian Endeavorers, members of guilds and missionary societies who sacrificed that our Korean nurses might have the best chances possible to be efficient bedside nurses.

For the last few weeks the general hospital has been filled to tis limit and having to turn many away. The Mental Ward is generally filled to capacity and the Contagious Ward is over twenty now after being around ten or twelve during the winter months. With the demand for pay patients' beds, the free beds have bean reduced, and even before this the number of free beds was cut down at times. Many of us are sorry to see our charity work cut, for it is with these patients, who are so needy and so appreciative, that we can touch most easily with the Gospel. Surely our institution which has always stood for helping anyone who needs help will not go back on these principles under our new management.

The new kitchen and laundry building is coming along rapidly. The roof is to furnish a place for drying the clothes and a recreation place for nurses. A covered passage-way from the dormitory to the hospital will mean much to the nurses in bad weather.

I will close this report with this little poem which has meant so much to me this year:

"God hath not promised
　　Skies always blue,
Flower-strewn pathways
　　All our lives through.
God hath not promised
　　Sun without rain
Joy without sorrow,
　　Peace without pain.

But God hath promised
　　Strength for the day,
Rest from the labor,
　　Light for the way;
Grace for the trials,
　　Help from above,
Unfailing sympathy,
　　Undying love.

Respectfully submitted,
Edna Lawrence

1936년 서울에서 개최된 미국 북장로교회 한국 선교부의
제52차 연례회의 회의록 및 보고서 (1936년 6월 25일~7월 2일), VII쪽

인력 변동

도착: -

E. M. 모우리 박사 가족	(19)35년 8월 16일
E. M. 로렌스 양	(19)35년 8월 16일
(......)	

(중략)

Minutes and Reports. Fifty-second Annual Meeting of the Chosen Mission, Presbyterian Church in the U. S. A., Held in Seoul (June 25th~July 2nd, 1936), p. VII

Changes in Personnel

Arrivals: -

Dr. E. M. Mowry and family	August 16, '35
Miss E. M. Lawrence	August 16, '35
(......)	

(Omitted)

에드너 M. 로렌스(서울), 개인 보고서 (1936년 11월 10일)

개인 보고서

세 명의 좋은 친구와 함께 지리산에 있는 나의 별장에서 평온하고 행복한 한 달을 보냈습니다. 장작불 주변에서 책을 읽고, 글을 쓰며, 커피와 차를 끓이면서 조용하고 편안한 많은 시간을 보냈습니다. 그리고 올해 한국에 가뭄이 없었기 때문에 가끔 옷을 말리기도 하였습니다. 나는 특히 안개와 구름 효과, 그리고 풍부한 야생화를 즐겼습니다. 레이놀즈 박사가 일주일 동안 성대한 성경 회의를 진행하였습니다. 별장의 다양한 회원들이 이끄는 매일의 묵상 시간은 매우 고무적이고 도움이 되었습니다.

그러나 항상 산 정상에 머물 수는 없기 때문에 8월 말에 나는 집을 닫고 아름다운 그늘진 길을 따라 사찰로 다시 내려갔습니다. 우리는 그날 일찍, 심지어 그 전날 내려왔지만 도로 상태가 너무도 나빠서 떠날 수 없었던 별장의 다른 몇몇 사람들을 그곳에서 발견하였습니다. 여러 곳에서 읽기가 위험했음에도 불구하고 우리 일행은 운이 좋게도 통과하였습니다.

나의 가을 업무 배정은 지난 봄과 같았습니다. 즉, 1학년 영어 3시간, 모든 학년의 증례 연구 및 아침 회의, 시료 병동 및 격리 병동 감독, 재봉실을 제외한 가사 관리이었습니다. 나는 중국에서 출판되었지만, 우리가 사용하기에 쉽게 적용할 수 있는 영어 교과서를 갖게 되어 기쁩니다. 3명을 제외하면 학급의 모든 학생들은 동등한 지식과 능력을 갖추고 열심히 일하고 있습니다. 우리 간호사들은 전체적으로 영어 실력이 놀라울 정도로 향상되었으며, 3학년의 대부분은 저녁 보고서를 영어로 제출할 수 있습니다. 그러나 "다른 환자들은 모두 좋은 하루를 보냈습니다."라고 말할 수 있는 정도에 도달하였을 때, 그들 모두는 큰 안도감을 나타냈습니다.

증례 연구. 이 연구를 위한 좋은 증례를 확보하고 유지하는 것이 어렵기 때문에 나는 이 주제에 대하여 1년 전에 간호사들이 표현하였던 것과 거의 같은 혐오감을 갖고 있습니다. 그럼에도 불구하고 나는 올 가을에 절반 정도의 간호사가 공부를 시작하였고, 다른 적합한 환자들을 주의 깊게 살펴보고 있습니다. 우리의 한국인 비서와 함께 우리는 이 주제에 대한 자료를 모았으며, 다음번에 가르칠 때 이를 배포할 수 있도록 준비할 것입니다. 항상 좋은 참고서의 부족으로 인하여 우리의 업무는 모든 면에서 방해를 받고 있습니다. 미국의 학교에 있는 것의 10분의 1이라도 있었다면 좋았을 텐데 말입니다.

시료 및 격리 병동의 감독. 이곳의 가장 중요한 사건이나 변화는 구관 건물의 변경으로 인하여 공사가 완료될 때까지 모든 병동이 현재 같은 건물에 위치해 있다는 것입니다. 우리의 첫 번째 이전은 결핵 및 격리 입원 환자를 위한 것이었습니다. 퇴원이나 이송이 가능한 환자들은 그렇게 하였고, 나머지 환자들은 모두 3층 병동 반대편으로 옮겼습니다. 그런 다음 일반 환자가 안전하게 입원할 수 있도록 빈 방을 청소하는 실질적인 작업이 시작되었습니다. 여분의 가구는 보관하였고, 남겨둔 집기는 매우 철저하게 닦았습니다. 사용 가능한 빈 침대를 준비하고, 환자들은 이동하였습니다. 추운 날씨에도 혼란이 거의 없었고, 추운 날씨에 더 악화된 환자도 없었던 것은 우리 한국인 일꾼들의 공로입니다. 나는 이제부터 잃어버렸거나 잘못 둔 모든 것에 대하여 '우리가 이사한 당시'라는 변명거리가 있다는 것을 깨달았습니다. 대부분의 업무가 이 건물과 다른 병원의 저층에서 이루어지기 때문에 그곳에 사무실을 갖도록 해달라고 요청하였고, 그래서 나는 그곳에서 환자들에게 둘러싸여 있습니다.

관리과. 특히 샤록스 부인과 영 양은 이곳을 그리워할 것입니다. 내가 주방이나 재봉실을 담당하지 않더라도, 청소, 세탁, 아마포실, 공급실 등이 제대로 운영되려면 한 사람의 전체 시간이 필요할 것입니다. 대부분의 책임은 내 밑에 있는 한국인 일꾼들이 짊어지고 있습니다.

새로운 주방과 세탁실이 완성되었고, 화로를 연결해 사용하기만 하면 됩니다. 구관은 상당히 근본적으로 변경되고 있으며, 1급 및 2급 환자를 위한 병실로 만들어졌습니다. 나무 바닥을 콘크리트로 교체할 것이며, 이렇게 되면 이곳이 훨씬 더 안전하고 깨끗해질 것입니다.

10월 초 간호사 24명에 대한 가관식이 열렸습니다. 식을 마감하며 선배 간호사가 신입 간호사의 촛불에 불을 켜는 매우 효과적인 촛불 점화 행사가 진행되었습니다.

지난 주 사흘 밤 동안 시내 감리교회의 조 목사가 간호사들을 위하여 특별 예배를 드렸습니다. 기독교 여자 청년회는 매우 활동적이었으며, 매우 인상적인 방식으로 많은 특별 예배를 진행해 왔습니다. 현재 우리에게는 전도부인이 없기 때문에 최 목사도 여자 병동을 방문하여 할 수 있는 일을 해야 했습니다. 블랙 양과 쉴즈 양은 시료 병동과 어린이 병동에서 예배를 진행하고 있습니다. 올 가을 일요일 오후에 감리교회 신학교 여자부에서 합창단이 왔습니다. 구세군의 윌슨 부장36)이 병원에 입원한 이후로 구세군 악단이 일주일에 한 번씩 찾아왔습니다.

7월에는 세계 간호계의 두 지도자가 우리 학교를 방문하여 우리는 특별히 기뻤습니다. 미국의 미니 굿나우 양과 중국 한커우[漢口]의 글래디스 스티븐슨 양입니다. 미스 굿나우 양은 평양에 있을 때 이질에 걸려 간신히 회복되었지만 활기가 넘쳤고 모든 것에 관심이 많았습니다. 그들은 오긍선 박사와 도시의 여러 병원을 방문하였고, 어느 날 저녁에는 우리 간호사들과도 이야기를 나눴습니다. 굿나우 양은 1937년 7월 국제 간호협의회 회의에 참석하기 위하여 런던에 있을 예정이며, 이곳 한국의 다른 간호 단체들과 함께 조직하려고 노력할 때 발생하는 많은 문제에 대하여 우리에게 큰 도움이 될 것입니다. 우리는 간호부회인가요, 아니면 아닌가요? 우리는 한국에서 인정받지 못하는데도, 이정애 양은 지난달 일본 제국 간호협회 연례회의에 한국 유일의 대표로 참석하였습니다. 그녀는 협회 이사회의 일원이며, 한국에서 협의회 파견 대표로 임명되었습니다.

'시대에 뒤떨어지느니 차라리 죽는 편이 더 낫겠다.'는 말이 있습니다. 몇 년 전 우리는 더러워진 회색과 흰색에서 영원히 벗어나 다채로운 색으로 방을 새롭게 꾸미며 유행에 뛰어들었습니다. 또 다른 오래된 관습은 미국의 일부 현대 병원에서 병원 병동에서 끊임없는 '침묵'을 밟고 라디오나 사진을 사용할 수 있도록 허용함으로써 폐지되었습니다. 확실히 아무도 이 점에서 우리가 시대에 뒤떨어져 있다고 비난할 수 없는데, 왜냐하면 우리는 병동의 침묵과 평화를 깨뜨릴 수 있는 라디오, 사진, 망치, 끌, 렌치, 톱 및 쪽지 등을 갖고 있기 때문입니다. 환자들이 반대하나요? 그들은 지금까지 그렇게 심각하게 행동하지 않았습니다. 이러한 형태의 오락이 없었다면 아마도 우리는 환자를 진정시키고 달래기 위하여 연예인을 고용하던 고대 관습으로 돌아가야 할 것입니다.

우리에게 다시 부츠 및 러들로 가족이 있게 된 것이 얼마나 좋은 일이며, 엘러 샤록스 양이 언제든지 우리에게 나타날 것이라는 확신을 가지고 있으며 삶은 더 밝아 보이고 우리는 우울증에서 벗어나고 있습니다.

---

36) 토머스 N. 윌슨(Thomas N. Wilson, 1871~1958)은 1936년 5월 8일 한국 구세군 제7대 사령관에 임명되어 부인과 함께 내한하였으며, 그해 10월 세브란스 병원에 입원하여 수술을 받고 회복되었다. 내한 선교사 사전 편찬위원회 편, 내한 선교사 사전(서울, 한국 기독교 역사연구소, 2022)

이상의 내용은 기관 업무에 종사하는 간호사의 간략한 보고입니다. 그것은 세계 여러 나라에서 중복될 수 있습니다. 하지만 나는 의료 및 간호 선교사가 수행하는 일에는 고통받는 사람들을 위한 친절하고 효율적인 봉사 이상의 것이 있으며, 이러한 작은 배려가 따뜻함과 진정한 만족을 더 해준다고 생각하고 있습니다. 우리는 모든 병동, 수술실 및 외래에서 감미로운 기독교 분위기를 유지하고, 빈곤층과 정신 이상자를 더 많이 수용하며, 어떻게든 발견되어 궁핍한 사람들에게 주는 여분의 음식과 의복, 인력거나 철도 여행을 확보하고 여행을 위하여 음식을 제공하고 엄마가 없는 아기들을 돌보고 좋은 집에 입양시키는 것, 세브란스 여자 모임에서 시료 환자들을 위하여 가져온 잡지, 책, 꽃 등을 위하여 계속 노력하고 있습니다. 위독한 환자를 한 번 더 살펴달라는 밤늦은 요청은 분명 '냉수 한 컵 주는 것'으로 분류될 수 있으며, 비록 보상을 위하여 행해지지는 않더라도 가난한 이들의 친구로부터 보상을 받을 것입니다.

나는 내 주변 사람들의 필요에 대하여 새로운 방식으로 눈을 떴다고 생각하며, 내 주변의 궁핍한 사람들을 위하여 한 번 봉사하고 싶은 나의 소망이 큽니다. 그레이스 놀 크로웰이 쓴 이 짧은 시는 나의 매일의 기도가 되었습니다.

> 하나님, 오늘 군중 가운데
> 제가 한 번만 외로운 사람을 찾도록 도와주세요.
> 그리고 외로움이 멀리 가도록
> 어떤 말이라도 받아들일 수 있게 해주세요.
> 오래된 고속도로를 따라
> 너무나 많은 사람들이 아픈 마음으로 걷고 있습니다.
> 너무나 많은 사람들이 부서진 마음으로 걷고 있습니다.
> 그리고 아무도 이해하지 못합니다.
> 그들은 척박한 땅을 가로질러
> 도로가 거칠고 가파른 것을 발견합니다.
> 하나님, 지친 눈을 밝게 도와주시고,
> 연약한 손을 강하게 해주세요.
>
> 하나님, 저의 서글픈 눈을 밝게 도와주세요.
> 그리고 저의 슬픔이 나와 함께 걷는 사람들의 슬픔을
> 확실하게 상기시키도록 해주세요.

말씀이 실패하면, 손길이 실패하며,
조용한 동정심으로 제가 가게 해주세요.

삼가 제출합니다.
에드너 M. 로렌스

Edna M. Lawrence (Seoul), Personal Report (Nov. 10th, 1936)

Personal Report

A happy carefree month was spent in my cottage on Chiri San in the company of three good friends. Many quite, restful hours were put in around the log fire, reading, writing, making coffee and tea, and yes, drying out garments sometimes for there was no drought in Korea this year. I especially enjoyed the mist and cloud effects and the abundance of wild flowers. A splendid Bible Conference was conducted by Dr. Reynolds for a week. The daily devotional periods, lead by different members of the Camp, were very inspiring and helpful.

But one cannot stay on the mountain-top always, so the end of August found me closing the house and retracing my steps down the beautiful shady path to the temple. We found several others of the Camp there who had come down earlier that day, or even the day before, and who couldn't leave because the roads were in such bad shape. Our party were fortunate in getting through even though the read was dangerous in several places.

My assignment of work for the fall was the same as last spring, that is, first year English, three hours, Case studies and Morning Conferences for all classes, supervision of the free and Isolation wards, the housekeeping with the exception of the sewing room. I am delighted to have a textbook to use for English, published in China but easily adaptable for our use. With the exception of three nurses, all in the class have equal knowledge and ability and all are working hard. I find that our nurses as a whole have improved wonderfully in English and most of the third year can give the Evening Report in English. They all show great relief, though, when they reach the place where they can say, "All other patients had a good day."

Case Studies. Because of the difficulty of securing and keeping good cases for these studies, I have almost the same dislike for this subject that the nurses expressed a year ago. In spite of this, though, I have started about half the nurses on their studies this fall and am watching out for other suitable patients. With our Korean secretary we have compiled a course in this subject and will have it ready to give out and follow the next time it has to be taught. Always and on every hand our work is hampered by the lack of good reference books. If we only had even a tenth of the number available in the school in America.

Supervision on Free and Isolation Wards. The event or change of the greatest importance here is that, because of changes being made in the old hospital building all these wards are now housed in the same building until the work is completed. Our first move was for the Tubercular and Isolation in-patients. The ones who could be discharged or transferred did so, then the remaining patients were all moved to the third floor at different ends of the ward. Then the real work began cleaning the empty rooms so that it would be safe for ordinary cases to enter. The extra furniture was stored and the things left out given a very thorough scrubbing. What empty beds that were available were prepared and the patients moved down. It is a credit to our Korean workers that there was so little confusion and no patient seemed the worse for their trip in the cold. I realize that there is from now on a standing excuse for everything lost or misplaced, "at the time we moved." Since most of my work is to be in this building and the lower floor of the other hospital, I asked to have an office there and so there I am surrounded by my patients.

Housekeeping Department. Mrs. Sharrocks and Miss Young are certainly missed here in particular. Even though I am not in charge of the kitchen or sewing room, the cleaning, laundry, linen room and supply room would take a person's full time to do them justice. Most of the responsibility is carried by

Korean workers under me.

The new kitchen and laundry are completed and are just used the furnace connected so they can be used. The old hospital is being quite radically changed and made into rooms for first and second class patients. The wooden floors will be replaced by concrete and this will make the place so much safer and cleaner.

Capping exercises for 24 nurses was held early in October. A very effective candle lighting service was held at the close, a senior nurse lighting the candle of the new recruit.

Special services were held by Pastor Cho, a Methodist minister in the city, for the nurses three nights last week. The Y. W. C. A. has been very active and has conducted many special services in a very impressive way. At present we have no Bible woman so the Pastor, Rev. Cheigh, has to do what visiting he can on the women's wards, too. Miss Black and Miss Shields conduct services on the free and children's wards. This fall a chorus has been coming on Sunday afternoon from the Women's Department of the Methodist Seminary. Since Commissioner Wilson has been in the hospital, the Salvation Army Bnad have come once a week.

In July our School was especially favored by a visit from two leaders in the nursing world. Miss Minnie Goodnow, from America and Miss Gladys Stephenson, from Hankow, China. Miss Goodnow had barely recovered from an attack of dysentery while is Pyeng Yang but was full of life and so much interested in everything. They visited with Dr. K. S. Oh, several hospitals in the city and also spoke to our nurses one evening. Miss Goodnow expects to be in London for the meeting of the International Congress of Nurses July 1937 and will be a great help to us in our many problems that arise as we try to organize with the other nursing bodies here in Korea. Are we a Nurses' Association or are we not? In Korea we are not recognized and yet Miss Chung Ai Lee went as a delegate the only one from Korea, to the Annual Meeting of the Nurses' Association of the Japanese Empire last month; she's a member of Board of Directors of the Association she has been appointed a delegate from Korea to the Congress.

There is a saying that "you might as well be dead as out of style." A few years ago we got into fashion by redecorating our rooms in colors, breaking away for ever I hope, from the dead grays and whites. Another age-old custom has been done away with by some modern hospitals in the United States by stepping the constant "Hush Hush" in the hospital wards and allowing radios or photographs to be used. Surely no one can accuse us of being behind the times in this respect for we have the radio within and without, photographs, hammers, chisels, wrenches, saws and what-note to break the silence and peace of the wards. Do our patients object? They have not done so seriously so far. If it were not for these forms of entertainment probably we would have to go back to the back to the ancient customs of employing entertainers to calm and soothe the patients.

How good to have our own Boots and Ludlows back again, and them with the assurance that Ella Sharrocks will be popping in on us any day, life is looking brighter and we are emerging from the depression.

The foregoing is a brief report of a nurse in institutional work. It might be duplicated in many countries in the world. I consider, though, that the work done by missionary doctors and nurses has something more than just kind and efficient service to offer the suffering and it is these extra little touches that add warmth and real satisfaction. We strive to maintain a sweet christian atmosphere on all our wards, Operation Room and Out-Patient Dept., the going of the second mile in admitting the destitute, the insane; the extra food and clothing that is found someway and slipped into needy ones; the ricksha or railway travel secured and food given for the journey motherless babies cared for and then adopted out into good homes the magazines, books and flowers brought by the Severance Ladies' Club for the free patients the late call at night for one more look at the critically ill, surely these can be classed with the 'giving of a cup of cold water' and though not done for reward will be rewarded by the Friend of the poor.

I think that I have had my eyes opened in a new way to the needs of those around me and my desire is great to do single service to the needy once around me. This little poem by Grace Noll Crowell has become my daily prayer.

> God help me find the lonely once
> Among the throng today.
> And let me any the word to take
> The loneliness away
> So many walk with aching hearts
> Along the old highway.

So many walk with breaking hearts,
And no one understands;
They find the roadway rough and steep
Across the barren lands.
God help me lighten weary eyes,
And strength nerveless hands.

God help me brighten dreary eyes.
And let my own grief be
A sure reminder of the grief
Of those who walk with me.
When words fail, hands fail, let me go
In silent sympathy.

Respectfully submitted,
Edna M. Lawrence.

19361211

에드너 M. 로렌스(서울)가 친구들에게 보낸 편지
(1936년 12월 11일)

세브란스 병원,
한국 서울,
1936년 12월 11일

친애하는 친구들,

　　1936년이 저물고 즐거운 성탄절이 다시 다가오고 있다는 사실이 믿기지 않습니다. 나는 성탄절 직전에 매우 바쁠 것이고, 그날 부츠 박사 가족과의 저녁 식사에 초대받았습니다. 간호원장이었던 남감리교회 선교본부의 넬슨 양은 다른 지부로 옮겨졌습니다. 샤록스 양이 안식년에서 돌아오면 우리의 모든 부담이 가벼워질 것으로 기대하였기 때문에 이것은 큰 놀라움이자 실망이었습니다. 하지만 주님의 계획대로 되지 않았기 때문에 우리는 최선을 다하고 있습니다. 1920년에 이곳에 온 이후로 이 연합 기관에 장로교회 간호사만 있었던 것은 이번이 처음입니다. 나중에 다른 사람들이 임명될 것이라고 확신합니다.

　　나는 어젯밤에 '친교 동맹'이라고 불리는 모임에 참석하였습니다. 회원은 약 70~80명이며, 선교사들과 영어를 구사할 수 있는 한국인들이 있었습니다. 그들 중 일부가 한국 최고의 지성(知性)인 이 단체와 교제할 수 있는 기회를 갖는 것은 참으로 좋은 일입니다. 우리는 먼저 함께 저녁을 먹었고, 그런 다음 강의를 들었습니다.

　　나는 이 영어 성경을 학습하는데 우리 의사 중 한 명을 돕는 것을 즐기고 있습니다. 그것은 그의 자원 봉사 활동이며, 쿤즈 부인이 가르치는 영어 주일 학교 수업에도 참석하며 준비하는 데 일주일에 6시간을 보낸다고 나에게 말하였습니다. 그의 할머니는 그의 가족 중 유일한 신자이며, 그의 부모와 아내는 교회나 어떤 종류의 예배도 진행되지 않는 강계에서 살고 있습니다. 나는 그가 가족에 대한 그의 책임을 깨닫게 하려고 노력하였고, 우리는 그들의 구원을 위하여 간절히 기도할 것입니다. 이 가족을 위하여 함께 기도해 주겠습니까? 나의 개인 보고서에서 문장을 추가합니다.

안녕히 계세요.
에드너 로렌스

Edna M. Lawrence (Seoul), Letter to Friends (Dec. 11th, 1936)

Severance Hospital,
Seoul, Korea.
December 11, 1936

Dear Friends: -

I can hardly believe that 1936 is drawing to a close, and the joyous Christmas season is again upon us. I will be very busy on the days just before Christmas and I am invited out to dinner with the Boots family on that day. Miss Nelson of the Southern Methodist Board, who was Superintendent of Nurses, has been transferred to another Station. This was a great surprise and disappointment, as we were expecting all our loads to be lightened on Miss Sharrocks return from furlough. However, it has not turned out so in His plan and so we are carrying on the best we can. This is the first time since I came here in 1920 that we have had only Presbyterian nurses in this union institution, I feel sure that others will be appointed later.

Last night I attended what is called the Fellowship League. It has about 70 or 80 members, missionaries and English speaking Koreans. It is indeed fine to have an opportunity to have fellowship with this group, some of the finest minds in Korea among them. We had supper together first and then had the lecture.

I am enjoying helping one of our doctors in this study of the English Bible. It is voluntary work on his part and he also attends an English Sunday school class taught by Mrs. Koons, spending six hours a week in preparation he told me. His grandmother is the only one in his family who is a believer, his parents and wife living out from Kangkai where there is no church or services of any kind. I have tried to make him see his responsibility toward his family and we are going to pray earnestly for their salvation. Won't you pray with us for this family? I am adding paragraphs from Personal Report.

Sincerely yours,
Edna Lawrence

에드너 M. 로렌스(서울), 우리의 1936년 성탄절 활동의 일부 (1937년 1월 27일)

조선 서울,

1937년 1월 27일

우리의 1936년 성탄절 활동의 일부

　　우리 세브란스의 의료진인 A. I. 러들로 박사 부부의 집으로 나와 함께 갑시다. 창문에 성탄절 화환이 있고, 복도와 위에 걸려 있는 사진에는 녹색과 붉은 열매가 있으며, 거실 구석에는 사랑스러운 성탄절 트리가 있습니다. 교직원 부인과 외국인 간호사들, 그리고 한국인 조수인 이(李) 양과 어머니를 대신해서 온 글래디스 고(高) 등으로 구성된 세브란스 여자 모임 회원들이 다정하게 작은 무리로 흩어져 있습니다. 실제로 병원의 보조 조직인 이 모임은 D. B. 에비슨 부인이 작년에 안식년에서 돌아온 직후에 조직하였습니다. 우리는 한 달에 한 번 다른 집에서 만나 병원에서 일하고 재미있는 계획을 진행하며 간단한 다과를 즐깁니다. 우리는 또한 시료 병동의 환자들을 방문하여 잡지, 때로는 과일도 제공합니다. 환자들과 간호사들에게 줄 선물을 선택하고 구매하여 그것을 나누어 주도록 두 명의 회원에게 요청하기로 결정되었습니다. 그런 다음 우리는 성탄절 찬송가를 몇 곡 불렀고, 곧 남편들이 따라오기 시작하였습니다.

　　러들로 부인의 식당은 아름답게 장식되어 있었고, 탁자들은 모두 차(茶)를 위하여 놓여있었습니다. 이런 경우에 남자와 여자가 같은 탁자에 앉을 수 있는 것 같지만, 아니 그렇지 않아 그들은 그렇게 생각하지 않았기 때문에 곧 큰 탁자는 남자들로만, 작은 탁자는 여자들로 가득 차게 되었습니다. 두 탁자 모두에서 많은 수다와 웃음이 있었고, 우리는 다시 거실에 모이는 것을 거의 싫어했습니다. 그런 다음 에비슨 부인은 각 의사에게 자리에서 일어나 자신의 부서를 말하고, 아내가 참석해 있으면 소개하라고 요청하였습니다. 그런 다음 우리는 모두 함께 성탄절 찬송가를 불렀고 병원 원목의 기도로 해산하였습니다. 직원들 모두가 함께 즐기는 모습이 참으로 행복하고 뿌듯하였습니다.

　　성탄절을 앞둔 일요일입니다. 오늘 예배는 부츠 박사 부부가 진행하였으며,

촛불을 켜는 예배입니다. 노래는 청소년 합창단이 담당하는데, 최근 부츠 부인이 조직하고 훈련하였으며 모두 예쁜 짙은 빨간색 중백의(中白衣)를 입고 있습니다. 부츠 부인은 안식년 중에 친구들의 도움으로 해몬드 전자 오르간을 구입하여 이 행사를 위하여 교회에 설치하였습니다. 전체 예배는 노래나 성경 낭독으로 이루어졌으며, 매우 인상적이고 아름다웠습니다.

오늘 수요일에는 블랙[37] 양 및 그녀의 전도 부인과 함께 창의문(彰義門) 옆에 있는 노부인 양로원으로 갑니다. 그 집으로 가는 가파른 언덕 기슭에서 우리는 일본 감귤 세 상자를 사며, 주인은 친절하게도 그의 아들을 보내서 우리를 도와줍니다. 이 지역의 마지막 집들을 떠나기 직전에 우리는 무당의 북소리에 이끌려 한 집에 끌려갑니다. 안뜰은 사람들로 거의 가득 차 있지만 우리는 그 집의 큰 아들의 병을 일으키는 악령을 쫓아내거나 달래기 위하여 무당이 굿을 하고 있는 집 현관을 비집고 들어갑니다. 그녀 앞에는 음식이 담긴 탁자가, 왼쪽에는 북을 들고 있는 도우미가 있습니다. 그녀 자신은 평소처럼 길게 흐르는 파란색과 빨간색 옷을 입고 춤추고, 뛰고, 영혼을 부르면서 열광적으로 일합니다. 지금은 많이 말할 수 있는 좋은 시기는 아니지만, 영혼과 육체를 구원하실 수 있는 위대한 의사에 관하여 한 마디 정도는 하고 있습니다.

양로원에 가까워지면 밖에서 우리를 기다리고 있는 노부인들을 볼 수 있으며, 일부는 할 수 있는 만큼 가파른 길을 내려옵니다. 그들은 모두 우리의 손을 잡고 그들을 보러 와주어서 고맙다고 합니다. 우리는 안으로 들어가 먼저 신발을 바깥 계단 위에 두고, 겉옷과 모자를 벗고 바닥에서 가장 뜨거운 자리인 상석으로 인도됩니다. 또 다른 선교사는 여자들을 위한 선물 등을 살 수 있도록 5엔을 주었고, 각 사람에게는 수건, 실타래, 과일, 사탕이 제공되었습니다. 단지 재미를 위하여 우리는 그들에게 '막대 사탕'을 사주었는데, 그들이 얼마나 그것을 즐겼는지! 그들 각자가 자신들의 꾸러미에 있는 모든 것을 살펴본 후, 우리에게 감사를 표하고, 우리가 그들에 대하여 감탄한 후에, 전도부인은 간단한 예배를 드리며 옛 이야기를 다시 말하였고 그들은 모두 주의 깊게 들었습니다. 불교도인 한 여성은 모임을 방해하거나 논쟁을 벌이려고 여러 번 시도하였지만 성공하지 못하였습니다. 집에 돌아갈 시간이 되었을 때 나씨는 우리를 자신의 방으로 불렀고, 그녀는 우리를 위하여 빵 수프, 피클, 밤 등 맛있는 음식을 준비하였습니다! 그러다가 날이 어두워지고 있었고, 우리는 더 어두워지기 전에 내려오기 위하여 서둘러 작별 인사를 해야 했습니다. 집

---

37) 엘라 마거릿 블랙(Emla Margaret Black, 1889. 6. 30~1957. 5. 7)은 동양선교회의 간호 선교사이다.

에 도착하였을 때 우리는 우리와 함께 살고 있는 학교 교사인 테리 양이 바빴다는 것을 알게 되었는데, 우리 집은 명절 장식이 되어 있었고 정말 매력적이었습니다. 나무는 거실 구석에 있었고, 상록수와 붉은 열매가 벽난로, 피아노, 조명기구 위에 있었습니다.

성탄절 전날 - 할 일이 너무 많습니다. 먼저, 우리 집과 기숙사에 있는 하인들을 위한 선물을 포장할 것입니다. 우리는 성탄절을 위하여 우리 하인들에게 돈을 줍니다. 우리 집에 없는 여자들은 각각 예쁜 과일 접시를 받았고, 아이들에게는 크레용과 장난감, 책을 주었습니다. 그리고 각각의 멋진 가방에는 사탕과 과일이 가득 들어 있었습니다. 이 일이 끝난 후 우리 모두는 자선 단체와 어린이 병동에 있는 61명의 환자들을 위한 소포 포장을 돕기 위해 나섰습니다. 모든 일이 끝났고, 그날 오후 2시 30분 이전에 하인들과 그들의 아이들이 집으로 떼지어 들어왔습니다. 우리는 모두 바닥에 원을 그리고 앉아 어른들과 아이들을 둘러싸고 오랫동안 기다려온 이 행사를 행복한 기대 속에 기다렸습니다. 우리는 다시 성탄절 찬송을 불렀는데, 이번에는 맑고 감미로운 어린아이의 목소리가 더해졌고 모두가 진심으로 노래하였습니다. 그런 다음 나는 우리의 가장 나이 많은 회원인 요리사에게 기도를 인도해 달라고 요청하였고, 우리는 성탄절 이야기를 읽었으며, 읽을 수 있는 모든 사람들이 구절을 인용하였습니다. 우리는 테리 양에게 산타클로스 역할을 해달라고 부탁하였고, 아이들은 그녀가 선물을 건네주자 매우 기뻐해 하였습니다. 그런 다음 아이들은 학교나 주일학교에서 배운 동요를 부르며 소소한 역할을 하였고 우리 모두는 그 노래를 즐겁게 보았습니다. 곧 4시 30분이 되었는데, 그들은 집에 가지 않을 것이고 나는 저녁 행사 준비가 어떻게 진행되고 있는지 알아보기 위하여 기숙사로 달려갔습니다.

기말 시험이 늦어서 23일이 지나도 끝나지 않았습니다. 이는 간호사들이 자신들의 계획을 준비할 시간이 거의 없었고, 그에 따른 그림이나 연극 연습도 전혀 하지 않았다는 것을 의미합니다. 소녀들은 모두 매우 차분하고 매사에 다정하였고 나만 긴장하거나 흥분하였습니다. 우리 간호사들은 항상 어떤 경우에도 일어서는 것 같아서 걱정할 필요가 없지만, 내가 어떻게 느꼈는지 여러분은 알 것입니다. 어쨌든 모든 일이 잘 풀리지 않을 것이고, 우리는 9시에 끝났기 때문에 나는 서둘러 집으로 갔습니다. 그때 나는 혼자이었기 때문에 멋진 빨간 한복으로 갈아입고 선물을 마음껏 즐겼습니다.

나는 간호사들과 함께 병원으로 가는 행렬에 합류하기 위하여 오전 5시 30분에 다시 일어나 기숙사로 갔으며, 우리는 각자 촛불을 들고 있었습니다.

우리는 병원 정문으로 가서 성탄절 축사를 부르기 시작하였고, 본관의 모든 병동을 오르락내리락한 뒤, 격리 병동과 시료 병동으로 이동하였습니다. 우리 모두가 제복을 입고, 대부분이 주홍색 안감이 있는 파란색 모자를 쓰고 켜져 있는 촛불을 들고 있는 모습을 보는 것은 매우 아름다운 광경이었을 것입니다. 나중에 환자 중 일부는 우리의 소리가 천사처럼 들렸다가, 우리를 보고 천사인 줄 알았다고 말하였습니다. 많은 환자들이 기독교를 접한 것은 이번이 처음이어서 무슨 일인지 궁금해서 나중에 간호사들에게 물어보는 경우도 있었고, 기독교인들은 잠시 고통을 잊고 다른 환자들과 함께 구세주가 탄생한 다른 세상과 함께 기뻐하기도 하였습니다. 우리는 여러 선교사들의 집 앞에서 노래를 불렀고, 그 다음에는 이영준 박사 사택, 우리 병원장과 우리의 외과 의사인 이 박사와 고 박사 댁이었습니다. 우리가 내려와 우리 집 앞에서 헤어질 때에는 거의 날이 밝았습니다.

10시 30분쯤에는 병동에 선물을 가져가서 간호사들이 쟁반을 예쁘게 정리하는 것을 도왔습니다. 우리는 먼저 기분 좋은 종이 냅킨을 펼친 다음 구석에 선물, 과일, 사탕을 놓은 다음 다른 구석에 녹색 장식과 빨간 베리 한두 개를 놓았습니다. 간호사들은 나를 돕는 것을 매우 좋아하였고, 쟁반을 가져가서 환자들이 그것을 볼 때 얼마나 행복해할지 보고 싶어 참을 수 없었습니다.

이것은 성탄절 만찬을 부츠 박사의 댁에 갔던 정오까지 시간이 걸렸습니다. 식사는 아주 맛있었고, 우리는 식탁에서, 그리고 얼마 동안 즐거운 교제의 시간을 가졌습니다. 그들의 아이들은 너무 기뻐하였고, 선물을 받고 너무 흥분하였습니다. 나는 5시쯤 떠나서 집으로 돌아가서, 그곳에서 먹을 '각자 음식을 지참하는 저녁 식사'를 준비해야 했습니다. 우리는 서로 다른 집에서 온 11명이었고, 각자 성탄절 저녁 식사에서 남은 음식을 가져왔습니다. 하인들이 오지 말라고 하였고, 그래서 우리는 앞치마를 두르고 물건을 고치며 서로를 기다리며 즐거운 시간을 보냈습니다. 나중에 라디오를 통해 모스크바에서 멋진 음악이 우리에게 들려왔고, 매우 행복하고 만족스러운 성탄절을 마무리하였습니다.

Edna M. Lawrence (Seoul),
Some of Our Christmas Activities, 1936 (Jan. 27th, 1937)

Seoul, Chosen,
January 27, 1937

Some of Our Christmas Activities, 1936

Come with me to the home of Dr. and Mrs. A. I. Ludlow of our Severance staff. Christmas wreaths are in the windows, greens and red berries in the hallway and above pictures and a lovely Christmas tree in the corner of the living room. Scattered around in friendly little groups are the members of the Severance Ladies' Club which is made up of the wives of the faculty and staff, the foreign nurses and Miss Lee, our Korean assistant and Gladys Koh who comes in the place of her mother. This club, really a hospital auxiliary, was organized by Mrs. D. B. Avison soon after her return from furlough last year. We meet once a month in the different homes and work for the hospital, hold interesting programs and have simple refreshments. We also call on the patients in the charity wards and supply magazines and sometimes fruit. It was decided to ask two members to select and buy gifts for the patients and for the nurses to give them out. Then we sang several Christmas hymns and soon the husbands began coming along.

Mrs. Ludlow's dining room had been attractively decorated and the tables all laid for tea. It would seem that on such an occasion as this that the men and women could sit at the same table, but no, they did not think so, and so the large table was soon filled up with men only and the smaller one by the women. There was plenty of chatter and laughing at both tables and we were almost loath to leave and gather again in the living room. Mrs. Avison then asked each doctor to stand up, tell his department and introduce his wife, if she was present. Then we all sang Christmas hymns together and were dismissed with prayer by the hospital pastor. It was indeed a very happy time and very satisfying to see the whole staff enjoying themselves together.

It is the Sunday before Christmas. The service today is conducted by Dr. and Mrs. Boots and is a candle-lighting service. The singing is by the Junior Choir, just recently organized and trained by Mrs. Boots and all in pretty dark red surplices. Mrs. Boots, while on furlough, through the help of friends, had purchased a Hammond electric organ and had it installed in the church for this program. The whole service was either in song or in Bible reading and was very impressive and beautiful.

Today, Wednesday, let us go with Miss Black and her Bible woman to the Old Ladies' Home over by the Little North Gate. At the foot of the steep hill going to the Home we buy three boxes of Japanese oranges and the keeper kindly sends his boy along to help us with them. Just before leaving the last houses in this district we are attracted to a house by the sound of the sorcerer's tom-tom. The courtyard is almost filled with people but we squeeze in and come to the porch of the house where the sorcerer is performing to drive out or appease the evil spirit which is causing the sickness of the oldest son of the family. There is a table in front of her with some food on it and at her left, her helper with the drum. She, herself, is dressed in the usual long flowing blue and red garment and works herself up into a frenzy as she dances, jumps and calls to the spirits. It is not a good time to say much, but we do say a word or so about the Great Physician who can save soul and body.

As we near the Home we can see the old ladies outside waiting for us and some come down the steep path as far as they can. They all grasp our hands and thank us for coming to see them. We go in, first leaving our shoes on the step outside, then take off our coats and hats and are led to the seat of honor, the hottest spot on the floor. Another missionary had given us five yen to buy presents, etc. for the women so each was provided with a towel, a skein of thread, fruit and candy. Just for fun we had bought them each an "all day sucker" and how they did enjoy them! After they had each one examined everything in their package and had thanked us and we had exclaimed over them with them, the Bible woman conducted a simple service, telling again the Old, Old Story and they all listened attentively. One woman, a Buddhist, tried several times to interrupt the meeting or to get into an argument but she did not succeed. About time to go home Nasi called us into her rooms and she had prepared some delicious food for us - bread soup, pickle and chestnuts! Then it was getting dusk and we had to make hasty farewells so as to get down before it was quite dark.

Arriving at home we found that Miss Terry, the school teacher who lives with us, had been busy, and our home had put on its holiday attire and was indeed most attractive. The tree was up in the corner of the living room, sprigs of evergreen and red berries were on the mantel, piano and light fixtures.

The day before Christmas - and such a multitude of things to do. First, the gifts for the servants in our house and the dormitories to be wrapped up. We give our own servants money for Christmas. The women not in our household were given a pretty fruit dish each, and the children crayons, toys, books. And for each a nice bag was filled with candy and fruit. After this was finished we all turned in to help wrap the parcels for the 61 patients in the charity and children's wards. All was finished and out of the way before two-thirty that afternoon when the servants and their children came trooping into the house. We all sat down in a circle on the floor, the adults with their children around them, waiting in happy anticipation this long-expected event. Again we sang Christmas hymns, this time the clear, sweet childish voices added their part and all sang heartily. Then I asked the cook, our oldest member, to lead in prayer which he did and then we read the Christmas story, taking verse about all around, of the ones who could read. We asked Miss Terry to play Santa Claus and the children were so pleased to have her hand them their presents. Then the children had their little part by going through some of their motion songs they had learned in school or Sunday school and we all enjoyed watching them. Soon it was four-thirty and they wont off home and I raced over to the dormitory to see how the preparations for the evening program were coming along.

Term examinations were late so they were not over until the twenty-third which meant that the nurses had almost no time to prepare for their program and had had no practice at all, either of the tableau or play which followed. The girls were all very calm and sweet about everything and I was the only one nervous or excited. Our nurses always seem to rise to any occasion so I really shouldn't have been worried but you know, how I felt. Everything wont off quite well anyway and we were through at nine so I hurried over to the house. I was all alone just then so I just changed into my nice red Korean lounging gown and went down to the tree to have a peak at my gifts.

At five-thirty A. M. I was up again and over to the dormitory to join the nurses in the procession to the hospital, each of us carrying a lighted candle. We went to the main door of the hospital and then started singing carols and went up and down every ward in the main building and then to the isolation and free wards. It must have been a very pretty sight to see us all in uniform, most of us with blue caps with scarlet linings and the lighted candle. Some of the patients said afterwards that we sounded like angels and then when they saw us they thought we were angels. To many of the patients this was the first time they had any contact with Christianity, so some wondered what it was all about and asked the nurses later, and the ones who were Christians forgot for a while their suffering and rejoiced with the rest of the world that a Saviour had been born. We sang in front of the different homes of the missionaries and then up to Dr. Y. C. Rhee's home, our Superintendent and Drs. Lee and Koh our two surgeons. It was almost light as we came down and separated in front of our house.

At about ten-thirty I took the gifts to the wards and helped the nurses fix up the trays prettily. We spread a cheery paper napkin first and then in the corner put the gift, fruit and candies and then in another corner a sprig of green and a red berry or two. The nurses so enjoyed helping me and could hardly wait to take in the trays and see how happy the patients would be when they saw them.

This took up the time until noon when I went to the Boots home for Christmas dinner. It was a very delicious one and we had a good time of fellowship at the table and for a while afterwards. Their children are so delightful and were so excited over their gifts. I had to leave about five o'clock and go back home to prepare for the "pick-up supper" we were having there. There were 11 of us from different homes and we each brought something left over from the Christmas dinner. The servants were told not to come so we put on aprons and had a grand time fixing up things and waiting on ea.ch other. Later on some wonderful music came to us over the radio from Moscow and so ended a very happy and satisfying Christmas season.

에드너 M. 로렌스(서울), 개인 보고서 (1937년 2월 9일)

세브란스 연합병원
산파간호부양성소
한국 서울

개인 보고서

1937년 2월 9일

또 다른 성탄절 계절이 왔다가 사라졌으며, 이미 1937년의 좋은 시작이 이루어졌습니다. 그러나 나는 적어도 내가 참여하였거나 구경꾼이었던 성탄절 계절의 몇 가지 활동에 대하여 말씀드리고 싶습니다.

올해 우리의 축하 행사는 지난 10일 서울 전도회관의 유치원생들이 어린이 병동 환자들에게 노래를 부르고 선물을 전달하면서 시작되었습니다. 각 학생은 친구에게 과일과 사탕을 주었고, 그 외에 선물도 샀습니다. 먼저 그들은 성탄절 찬송가와 유치원 노래를 불렀고, 빌링슬리 양 한국인 선생님들의 도움으로 환자의 나이와 상태에 맞는 선물을 선택하였습니다. 각 어린이는 두 손으로 작은 환자에게 선물을 준 다음 동료들에게로 도망갔습니다. 작은 환자가 자고 있으면 선물을 매우 조용하고 조심스럽게 침대 위에 놓고 살금살금 걸어갔습니다.

23일에 나는 블랙 양 및 그녀의 전도부인과 함께 노부인 양로원에 갔습니다. 한 친구가 노부인들을 위한 선물을 사려고 우리에게 5엔을 주었는데, 우리가 조금 더하고 전도부인이 준 몇몇 지원금을 더하면 실, 수건, 과일, 케이크를 공급하기에 충분하였습니다. 그들은 우리를 망을 보고 있었으며, 손을 뻗은 채 웃으며 행복한 얼굴로 마당에서 기다리고 있었습니다. 곧 우리는 안으로 들어가 가장 따뜻한 바닥에 앉았고 예배가 시작되었습니다. 글을 읽을 수 있는 사람들은 우리와 함께 찬송을 불렀고, 전도부인이 귀하고 친숙한 이야기를 읽을 때 성경을 사용하였습니다. 독실한 불교 신자인 한 여자는 여러 차례 예배를 방해하려고 하였지만 다른 사람들이 매번 그녀를 제지하였습니다. 나는 여러분들이 물품 하나하나를 사랑스럽고 신나게 다루고, 가방에 담긴 음식을 맛보기 시작하는 그들의 얼굴을 볼 수 있었으면 좋겠습니다. 단지 재미를 위하여 하루 종일 먹는 것이 각 꾸러미에 담겨 있었고, 곧 25명의 여자 모두가 그것을 입에 물고 이리저리 뛰어다니면서 엄청나게 즐겼습니다.

성탄절 아침에 우리는 모두 일찍 일어나서 6시에 노래를 부르러 갈 준비를 하였습니다. 촛불을 든 졸업 및 학생 간호사들이 모두 행렬을 이루어 본병원으로 들어갔습니다. 우리는 각 병동의 복도를 오르내리며 모든 사람이 더잘 들을 수 있도록 각 방의 문을 열었습니다. 줄이 너무 길게 늘어져 있어서 머리 끝과 꼬리 끝이 항상 붙어 있지는 않았지만, 이는 누구에게도 크게 방해가 되지 않는 것 같았습니다. 우리는 현재 두 개의 시료 병동, 즉 전염병 환자와 결핵 환자가 입원해 있는 낮은 건물로 갔습니다. 당시 그 자리에 있던 한 환자는 나중에 우리가 복도를 내려올 때 우리 소리가 천사 같았고 촛불을 켜고 있는 우리를 보고 우리가 천사인 줄 알았다고 말하였습니다.

정오에 우리는 시료 병동과 어린이 병동에 쟁반을 고정하였습니다. 먼저 기분 좋은 종이 냅킨을 깔고, 한쪽 구석에는 녹색 가지와 붉은 열매 몇 개를, 다른 쪽 구석에는 세브란스 여자 모임에서 준 선물을 빨간색이나 녹색 포장지로 포장하였습니다. 전체적으로 매우 즐거운 성탄절이었으며, 환자들과 노부인들이 오래도록 기억할 성탄절이었다고 나는 믿고 있습니다.

넬슨 양이 우리 곁을 떠난 지 두 달이 넘었습니다. 샤룩스 양은 한동안 우리와 함께 일을 해왔습니다. 그녀가 우리와 함께 하는 것은 참으로 좋은 일이며, 그녀는 자신을 기다리고 있는 것처럼 보였던 곳에 적응하고 있습니다. 3월에는 직원 중 세 명의 감독과 아마도 몇 명의 수간호사를 잃을 것입니다. 가까운 미래에는 더욱 심각한 상황이 지속될 가능성이 높습니다. 졸업생 18명 중 상당수가 도쿄 성누가 병원에서 공부하거나 시골 병원을 선호하므로 간호사 부족 현상이 매우 심각할 것으로 보입니다.

학생의 수는 61명입니다. 이번 가을과 겨울에는 이런저런 질병으로 인하여 손실을 입은 날들이 많이 있었습니다. 지난달에는 불복종과 '파업'에 대하여 2학년 전체에 대한 엄중 징계가 필요하였습니다. 어린 소녀들에게 영향을 미치고 지도하려고 노력할 때 '인격은 가르치기보다는 잡아야 한다'는 것이 사실이라고 생각하며, 이것이 우리 각자에게 올바른 사람이 되기 위하여 얼마나 큰 책임을 지우는지 생각하고 있습니다. 우리에게서 '잡는다'는 것이 바람직할 것이며, 그렇지 않은 경우도 있을 것입니다.

이번 학기 나의 수업은 1학년 영어 3시간과 같은 학급의 일주일 중 1시간의 증례 연구 수업으로 구성됩니다. 나는 병동에서 병동 강의에 노력한 결과를 볼 수 있었고, 간호사들에게 아침 회의에 참여하도록 요청할 때 보여 주는 태도에 고무되어 있습니다. 바로 오늘 아침 한 간호사가 특정 증례에 대하여 잘 모르기 때문에 우리가 특정 증례에 대하여 회의를 갖기를 원한다고 말하였습니다. '포기하지 아니하면 때가 이르매 거두리라.'[38]

이전 보고서에서 언급하였듯이 이정애 양과 나는 이번 여름 런던에서 열리는 국제 간호협의회 회의에 참석하기를 희망하고 있습니다. 우리 협회는 그녀가 시베리아를 거쳐 그곳에 가는 데 필요한 1,000엔을 모으기 위하여 최선을 다하고 있습니다. 오늘 우리 회원 중 한 분이 50엔의 기부금을 주셨을 때 우리는 큰 용기를 얻었습니다. 이 양은 확실히 이 영광과 특권을 누릴 자격이 있으며 총회에서 한국을 대표할 자격이 있을 것입니다.

병들고 고통받는 많은 사람들이 계속해서 우리 병동에 드나들고 있습니다. 어떤 사람은 몇 달 동안 입원하는데, 권태운은 1년 넘게 우리와 함께 해왔습니다. 우리는 며칠 전 그의 열일곱 번째 생일을 축하하도록 도왔습니다. 종종 우리는 그가 고통 외에는 아는 것이 별로 없는 이 세상을 떠날 것이라고 확신하였습니다. 그러나 그는 계속해서 회복이 되며, 그가 환한 미소를 짓지 못하는 경우가 흔하지 않습니다. 그가 병상에서 얼마나 많은 환자들을 소개하였는지, 나는 이 세상에 잘 알려져 있지 않다고 생각합니다.

지금 그와 같은 병동에 있는 또 다른 환자는 같은 증상으로 고통받고 있는데, 이곳에 있는 동안 기독교인이 되었습니다. 며칠 전 그는 기독서회에서 판매하는 시스티나 성모가 그려진 큰 달력을 사달라고 나에게 요청하였습니다. 나는 그것을 그의 머리 맞은편 병동 벽에 걸어 두었고, 그것은 그에게 큰 의미가 있게 되었습니다. 그는 그것을 원하였고, 예수님의 그림과 이야기가 담긴 책을 집에 가져가고 싶어 하였습니다. 이 사람과 똑같은 불평을 하고 어떤 수술을 받은 또 다른 청년은 오랜 신앙을 가진 기독교인으로서 기브스를 하고 누워 있는 채로 하루 종일 행복해합니다.

마틴 박사는 환자들의 육체와 영혼을 위한 사역에서 많은 훌륭한 일을 해왔습니다. 몇 달 동안 전도부인이 없었기 때문에 우리 모두는 여자 환자들에게 더 많은 일을 해야 했습니다. 매우 심각한 심장 질환을 앓고 있는 그녀는 입원 당시 기독교에 대하여 전혀 알지 못하였습니다. 마틴 박사는 매일 그녀와 매우 간단하게 대화를 나누기 시작하였습니다. 그는 나에게 그녀의 방에 그리스도의 사진을 걸어 달라고 요청하였고, 그중 한 장을 찾아 그녀가 쉽게 볼 수 있는 곳에 걸어 두었습니다. 종종 나는 그녀가 그것을 바라보며 그녀가

---

38) 갈라디아서 6장 9절

그토록 절실하게 필요로 하였던 가족에게 돌아갈 수 있도록 건강이 회복되기를 기도하는 것을 보았습니다. 나는 지금 선교사로서 우리의 가장 큰 임무 중 하나는 개인을 대하고 가능한 한 많은 사람들이 생생한 기독교 경험을 하도록 도우며, 그들이 직업에 충실할 수 있도록 하고 가족과 지역 사회에 진정한 증인이 되도록 돕는 것이라고 믿고 있습니다.

지금은 선교 사업에 있어 참으로 어려운 시기이며, 가능하다면 많은 문제와 책임을 피하고, 우리를 이곳에 보내신 분, 우리가 부르기만 하면 은혜가 족한 분을 실망시키지 않을 것입니다.

삼가 제출합니다.
에드너 M. 로렌스

Edna M. Lawrence (Seoul), Personal Report (Feb. 9th, 1937)

Severance Union Hospital
School for Nurses and Midwives
Seoul, Korea.

Personal Report

February 9, 1937.

Another Christmas season has come and gone and already good start has been made in 1937. However, I wish to tell about a few of the activities of the Christmas season in which I had a part, or was an onlooker, at least.

Our celebrations this year started on the 10th when the Kindergarten from the Seoul Evangelistic Center came to sing and to bring gifts to the patients on the Children's Ward. Each student had given toward a friend for fruit and candy, and besides each bought a gift. First they sang their Christmas hymns and some of their Kindergarten songs and then with the help of Miss Billingsley and the Korean teachers, gifts were selected suitable to the ago and condition of the patients. Each child offered the gift to the little patient with two hands, and then would run away back to their comrades. If the little patient was asleep, the gift was very quietly and carefully laid on the bed and they tiptoed away.

On the 23rd, I went with Miss Black and her Bible woman to the Old Ladies' Home. A friend had given us five yen to buy presents for the old ladies, and that, with a little added by us and a number of applies from the Bible woman, was sufficient to supply thread, towel, fruit and cakes. They were on the look-out for us and were in the yard waiting, with outstretched hands and smiling, happy faces. Soon we were inside and seated on the warmest spot on the floor and the service began. Those who could read sang the hymns with us and used their Bibles as the Bible woman read the dear familiar story. One woman, a strong Buddist, tried to interrupt the service several times, but she got hushed down every time by the others. I wish you could have seen their faces as they lovingly and excitedly handled each article and then began sampling the goodies in the bag. Just for fun an all-daysucker had been put into each package and soon every one of the 25 women was trotting around with it in her mouth, enjoying it immensely.

Christmas morning we were all up early and ready to go singing at 6 o'clock. All the graduate and student nurses holding lighted candles formed in a procession and entered the main hospital. We went up and down the hallway of each ward, throwing upon the doors of the rooms so all could hear better. As the line was very ling, the head and tail ends were not always together, but this didn't seem to bother anyone very much. We went on to the lower building which now houses the two free wards, the contagious and T. B. patients. A patient there at the time told me afterwards that we sounded like angels as we came down the hallway and when he saw us with our lighted candles, he thought we were angels.

At noon we fixed up the trays on the free and children's wards. First a cheerful paper napkin was spread, then a sprig of green and a few red berries in one corner, and the gift given by the Severance Ladies' Club, wrapped in its gay red or green paper in another. Altogether it was a very joyous Christmas and one long to be remembered by the patients and old ladies, I trust.

Miss Nelson has been gone from us for over two months. Miss Sharrocks has taken up her work with us for the some length of time. It is indeed fine to have her with us and she is fitting into the place that just seemed to be waiting for her. In March we will be losing three supervisors from the staff and probably several head nurses. It is likely that a more serious less, even, will be sustained in the near future. Many of the 18 in the graduating class with to study in St. Luke's, Tokyo, or prefer going to country hospitals, so that the shortage of nurses will be very serious.

The student body numbers 61. There have been many days lost by sickness from one condition or another this fall and winter. It was necessary to severely discipline the whole second-year-class last month for disobedience and the "strike spirit" among them. In trying to influence and guide young girls, I think it is true "that character must be caught rather than taught," and what a serious responsibility then this puts on each of us to be the right kind of person ourselves so that what they "catch" from us will be desirable and not otherwise.

My classroom teaching this term consists of three hours of first-year English and one of a week of Case Study instruction to the same class. On the wards I have been able to see some results of my efforts to do ward teaching and am encouraged by the attitude shown when I ask the nurses to take part in a Morning Conference. Just this morning a head nurse said she wished we would have a conference on a certain case as she didn't know much about it. "In due season we shall reap if we faint not."

As I have mentioned in a former report, Miss Chung Ai Lee and I are hoping to attend the Congress of the International Council of Nurses in London this summer. Our Association is making every effort to raise the one thousand yen needed for her travel there via Siberia. We were greatly encouraged today when a contribution of fifty yen came in from one of our members. Miss Lee is surely worthy of this honor and privilege and will worthily represent Korea at the Congress.

Many sick and suffering ones keep on entering and leaving our wards. Some day on for many months as Kwon Tai Un who has been with us for over a year. We helped him celebrate his seventeenth birthday a few days ago. Often we have felt sure that he was going to depart from this world where he hasn't known much but suffering. However he continuous rally and it isn't often he can't produce a bright smile. Just how many other patients he has introduced to his

Christ from his sick-bed, I don't suppose well ever known in this world.

Another patient in the ward with him now, suffering from the same complaint, has become a Christian while here. A few days ago he asked me to buy him the large calendar with the Sistine Madonna on it, said by the Christian Literature Society. I had put it up on the wall of the ward opposite his head and it had come to mean much to him. He wanted it, and a book with pictures and stories of Jesus in it, to take home with him. Still another young man with the same complaint and some operation as this one is a Christian of long standing and he is happy all day long as he lies in his plaster shell.

Dr. Martin has done much good work in his ministry to the bodies and souls of his patients. As we have had no Bible women for several months we have all had to do more work among the women patients. A very serious heart case know nothing at all about Christianity when she entered. Dr. Martin began talking to her every day, very simply. He asked me for a picture of Christ to put up in her room, so one was found and put up where she could see it easily. Often I've seen her just gazing at it and praying that she might get well to go back to her family which needed her so badly. I believe that one of our greatest tasks now as missionaries is to deal with individuals and help as many as possible to have a vital Christian experience, something to hold them true to their profession, and to be a real witness to their family and community.

This is indeed a difficult time in Mission work and one would escape many problems and responsibilities if possible to do so and not fail the One who sent us here and whose grace is sufficient if we but call on it.

Respectfully submitted,
Edna. M. Lawrence.

조지 T. 스코트(미국 북장로교회 해외선교본부 총무), 한국 선교부로 보낸 선교본부 편지, 제815호 (1937년 2월 16일)

(중략)

로렌스 양의 휴가

"선교본부는 한국 선교부의 서울지부의 에드너 M. 로렌스 양이 세브란스 병원이 동의하고 선교부가 요청한대로, 1937년 여름 런던에서 열리는 간호협의회에 참석하기 위하여 선교부의 정규 휴가 기간 동안 선교지 급여를 받고 선교지에서 최대 2개월까지 연장 휴가를 받을 수 있도록 허락하였다." (선교부 결정 1937년 1월 18일)

(중략)

George T. Scott (Sec., BFM, PCUSA), Board Letter to the Chosen Mission, No. 815 (Feb. 16th, 1937)

(Omitted)

Vacation of Miss Lawrence

"The Board granted permission for Miss Edna M. Lawrence of Seoul Station, Chosen Mission to take an extended vacation up to two months from the field in the summer of 1937 with field salary during the Mission's normal vacation period, in order to attend the Nurses Conference in London, this having been agreed to by Severance Hospital and requested by the Mission." (Bd. Action 1/18/37)

(Omitted)

19370314

에드너 M. 로렌스(서울)가 친구들에게 보낸 편지
(1937년 3월 14일)

세브란스 병원,
한국 서울,
1937년 3월 14일

친애하는 친구들,

가장 확실하게 여러분 모두는 여러분이 우리에게 보내는 공급품에 대한 정보를 가지고 있어야 합니다. 여러분 중 일부에게 보낸 사랑스럽고 부드러운 파자마를 입은 태은이의 멋진 사진을 보내드리고 싶습니다. 그는 약 두 달 전에 17번째 생일을 맞았습니다. 우리 무료 병동에 1년 넘게 입원해 있었으며, 같은 병균에 의해 척추 결핵과 냉농양으로 고생을 많이 하는데도 늘 밝은 표정을 짓고 있습니다. 매우 특별한 호의로 그는 우리의 소중한 새 옷 중 하나를 받았습니다. 나는 몇 분 전에 그를 보았습니다. 그는 좋은 밤을 보냈고 병동에 있는 다른 사람들과 이야기를 나누며 즐거운 시간을 보냈습니다.

나는 병동에 거즈와 붕대를 분배하는 일을 담당하고 있으며, 그들이 얼마나 감사해 하는지 알고 있습니다. 현지 상점에 있는 우리 거즈는 부드럽거나 흡수성이 없는 비참한 물건입니다. 고국에서 공급이 부족해지면 그것을 수술실용으로만 보관합니다. 거즈, 옥양목 붕대는 모두 세탁해서 다시 사용합니다. 핀과 안전핀은 이곳에서 제작한 것보다 훨씬 우수하기 때문에 거의 다투는 경우가 많습니다. 수술실에서 특수 안전핀을 요구할 때 우리는 그것이 무엇을 의미하는지 알지만 아껴서 나눠주어야 합니다.

18명의 학급이 이번 달 24일에 졸업합니다. 이 숫자는 요청을 충족시키기에 거의 충분하지 않으며, 지방의 많은 병원이 실망하고 있습니다. 이 반 중 4명은 공중 보건 과정을 수강하기 위하여 도쿄에 있는 성누가 병원으로 갑니다. 한 명은 성경 학교로 가고, 두 명은 시골에서 직책을 맡으며, 나머지는 1년 동안 우리와 함께 지내고 있습니다. 우리의 감독 간호사 몇 명도 떠나고 있으며, 가장 심각한 손실인 이 양도 갑니다. 그녀는 3년 동안 간호 부원장이었고, 지금은 간호원장 대리입니다. 나는 두려움으로 쉽게 미래를 마주할 수

그림 39. 1937년도 졸업생과 교직원.

있지만, 어쨌든 모든 것이 어떻게든, 언젠가, 어디에서든 최선을 다하여 해결될 것임을 알기 때문에 그렇지 않습니다.

나는 나에게 오는 흥미로운 편지를 즐기고 있습니다. 내가 원하는 만큼 자주 글을 쓰지 않는다고 해서 감사해 하지 않는다고 생각하지 않기를 바랍니다. 여러분은 모두 매우 훌륭한 봉사를 하고 있습니다.

진심으로 감사해 하며,
에드너 로렌스, 정규 간호사

Edna M. Lawrence (Seoul), Letter to Friends (Mar. 14th, 1937)

Severance Hospital,

Seoul, Korea,

March 14, 1937

Dear friends: -

Most certainly all of you should have some information about the supplies you send to us. I wish I had a good picture of Tai Uni to send you for he has on a lovely soft pajama suit sent out from some of you. About two months ago he had his 17th birthday. He has been in our free ward for over a year but is always so cheerful even though he suffers a great deal with T. B. of the spine and a cold abscess, caused by the same germ. As a very special favor he was given one of our precious new suits. I saw him a few minutes ago. He had had a good night and was full of fun as he talked with the others in the ward.

I have charge of dispensing the gauze and bandages to the wards and know how much they are appreciated. Our gauze in the local stores is miserable stuff, not soft or absorbent. When the supply from home gets low it is kept for operating room use only. All the gauze, and muslin bandages are washed and used again. The pins and safety pins are often almost fought over for they are so superior to what is made here. When the operating room asks for special safety pins we know what they mean but must hand them out sparingly.

Our class of 18 nurses will graduate on the 24th of this month. This number isn't nearly enough to fill requests and many hospitals are disappointed in the country places. Four of this class go to St. Luke's Hospital in Tokyo to take the Public Health course. One goes to Bible School, two to positions in the country and the others are staying with us for a year anyway. Several of our supervising nurses are going away also and the most serious loss of all, Miss Lee, is going. She has been our assisting superintendent of nurses for three years, and now the acting superintendent. I could easily face the future with fear, but I don't, for I know that it will all be worked out for the best anyway, somehow; some time, somewhere.

I do enjoy the interesting letters that come to me. I hope you do not think I am unappreciative if I do not write as often as I wish I could. You are all doing a very fine piece of service.

Sincerely and gratefully,
Edna Lawrence, R, N.

19370500

에드너 M. 로렌스, 세브란스 병원의 간호사들과 간호.

The Korea Mission Field (서울) 33(5) (1937년 5월호), 103~104쪽

세브란스 병원의 간호사들과 간호.

에드너 M. 로렌스

올해 성탄절 행사는 12월 18일 서울 전도관 유치원에서 아동 병동 환자들에게 노래를 부르고 선물도 주면서 시작되었습니다. 각 학생은 과일과 사탕을 마련하기 위한 기금으로 기부하였으며, 게다가 각자 선물을 샀습니다. 먼저 그들은 성탄절 찬송가와 유치원 노래 몇 곡을 불렀고, 빌링슬리 양과 한국인 교사의 도움을 받아 환자의 나이와 상태에 맞는 선물을 선택하였습니다. 아이들은 각각 두 손으로 작은 환자에게 선물을 주고는 동료들에게로 도망쳤습니다. 작은 환자가 자고 있으면 선물을 아주 조용하고 조심스럽게 침대에 놓고 발끝으로 가버렸습니다.

나는 23일에 블랙 양과 그녀의 전도 부인과 함께 노부인 양로원으로 갔습니다. 한 친구가 노부인들에게 줄 선물을 사라고 우리에게 5엔을 주었고, 그것에 우리가 조금 더하고 전도 부인에게서 받은 사과 몇 개를 더하면 실, 수건, 과일, 케이크를 나누어 주기에 충분하였습니다. 그들은 우리를 기대하고 있었고, 마당에서 손을 뻗고 행복한 미소를 지으며 기다리고 있었습니다. 곧 우리는 안으로 들어가 바닥에서 가장 따뜻한 자리에 앉았고 예배가 시작되었습니다. 글을 읽을 수 있는 사람들은 우리와 함께 찬송가를 부르고 전도 부인이 친숙한 이야기를 읽듯이 자신들의 성경을 사용하였습니다. 독실한 불교 신자인 한 여자는 예배를 여러 번 방해하려고 하였지만 매번 다른 사람들에게 제지당하였습니다. 나는 여러분이 사랑스럽고 신나게 각 물품을 다루고 가방에 있는 맛있는 음식을 시식하기 시작하는 그들의 얼굴을 볼 수 있더라면 좋았을 것이라고 생각합니다. 단지 재미로 하루 종일 먹을 수 있는 것을 각 꾸러미에 넣었고 곧 25명의 여자 모두가 그것을 입에 물고 돌아다니며 엄청나게 즐겼습니다.

성탄절 아침, 우리는 모두 일찍 일어나 6시에 노래를 부르러 갈 준비를 하였습니다. 촛불을 든 졸업 및 학생 간호사들이 줄지어 본관으로 들어섰습니다.

우리는 각 병동의 복도를 오르내리며 모든 사람이 더 잘 들을 수 있도록 병실 문을 활짝 열어젖혔습니다. 줄이 매우 길었기 때문에 앞쪽 사람과 끝쪽 사람이 항상 함께 노래하지는 않았지만, 이것이 누구를 크게 괴롭히는 것 같지는 않았습니다. 우리는 현재 전염병 및 결핵 환자를 위한 두 개의 무료 병동이 있는 낮은 건물로 이동하였습니다. 그 당시 그곳의 한 환자는 우리가 복도를 내려올 때 소리가 천사 같았고, 촛불을 켜고 있는 우리를 보았을 때 우리가 천사인 줄 알았다고 나중에 말하였습니다.

정오에 우리는 무료 병동과 소아 병동의 식판을 고쳤습니다. 먼저 멋진 종이 냅킨을 펼친 다음 한쪽 구석에 녹색 잔가지와 붉은 과일 몇 개, 그리고 세브란스 여자 모임에서 준 선물을 밝은 빨간색 또는 녹색 종이로 포장하였습니다. 전체적으로 매우 즐겁고, 환자들과 노부인들이 오래도록 기억할 성탄절이었다고 나는 믿습니다.

병들고 고통받는 많은 사람들이 계속해서 우리 병동을 드나듭니다. 어떤 사람은 1년 넘게 우리와 함께한 권태은같이 몇 달 동안 머물기도 합니다. 우리는 며칠 전에 그의 열일곱 번째 생일을 축하하는 것을 도왔습니다. 종종 우리는 그가 고통 외에는 아는 것이 별로 없는 이 세상을 떠날 것이라고 확신하였습니다. 하지만 그는 계속 회복하였고, 밝은 미소를 지을 수 없는 경우가 많지 않았습니다. 그가 병상에서 그리스도께 얼마나 많은 다른 환자들을 소개하였는지, 나는 우리가 이 세상에서 결코 알지 못할 것이라고 생각합니다.

지금 그와 함께 같은 병동에 있는 또 다른 환자는 같은 병으로 고통받고 있으며 이곳에 있는 동안 기독교인이 되었습니다. 며칠 전 그는 성서공회에서 판매하는 시스티나 성모가 그려진 큰 달력을 사달라고 부탁하였습니다. 나는 그것을 그의 머리 맞은 편 병동 벽에 붙였고, 그것은 그에게 큰 의미가 되었습니다. 그는 그것을 원하였고, 예수님의 그림과 이야기가 담긴 책을 집에 가져가고 싶어 하였습니다. 이 사람과 같은 병과 수술을 받았던 또 다른 젊은이는 오랜 기독교인으로 그는 그의 기부스를 하고 누워 있는 채로 하루 종일 행복해합니다.

마틴 박사는 환자의 육체와 영혼에 대한 사역에서 많은 훌륭한 일을 해왔습니다. 몇 달 동안 전도 부인이 없었기 때문에 우리 모두는 여자 환자들 사이에서 더 많은 일을 해야 했습니다. 매우 심각한 심장병 환자는 그녀가 입원하였을 때 기독교에 대하여 전혀 알지 못하였습니다. 마틴 박사는 매일 그녀에게 매우 간단하게 이야기하기 시작하였습니다. 그는 그녀의 방에 붙일 그리스도의 그림을 나에게 요청하였고, 그래서 하나를 찾아서 그녀가 쉽게 볼 수 있는 곳에 붙였습니다. 종종 나는 그녀가 그것을 바라보며 그녀를 절실히 필요로 하는 그녀의 가족에게 돌아갈 수 있도록 건강해지기를 기도하는 것을 보았습니다. 나는 현재 선교사로서 우리의 가장 큰 임무 중 하나는 개인을 상대하면서 가능한 한 많은 사람이 생생한 기독교 경험을 갖도록 돕고, 그들이 직업에 충실하도록 하고, 가족과 지역 사회에 진정한 증인이 되도록 돕는 것이라고 믿고 있습니다.

1933년 파리에서 개최된 국제 간호협의회의 최근 회의에서 조선 간호부회는 일본 제국 간호부회의 회원으로 가입되었습니다. 우리는 1937년 7월 런던에서 개최될 국제 간호협의회의 차기 회의에 부회장인 이정애 양을 대표로 파견하기를 바라고 있습니다.

1934년부터 이 양은 세브란스의 간호부원장이었으며, 넬슨 양이 지난 가을 다른 곳으로 배정된 이후에는 간호원장 대리이었습니다.

쉐핑 양이 아직 활발하며, 조선 간호부회를 위하여 많은 일을 하고 있는 동안, 그녀는 이 양을 런던에 있는 벨포드 간호학교로 보내기를 간절히 바랐습니다. 이 양은 1936년 10월 도쿄 대회에 참석하였을 때 조선 간호부회의 런던 대표로 선정되었고, 일본 제국 간호부회의 지지를 받았습니다. 그래서 이것은 그녀가 런던에 갈 수 있는 섭리적인 기회인 것 같습니다.

이 양은 서울 이화여전을 졸업한 뒤 호놀룰루 퀸즈 병원에서 간호사 과정을 수료하고 시험에 합격하여 미국 간호사에게 주어지는 공인 간호사 학위를 받았습니다. 그녀가 7월 런던에서 열리는 국제 간호협의회 총회에 참석할 수 있는 기회를 갖게 된다면, 우리는 한국의 모든 간호사들에게 큰 도움이 될 것이라고 확신합니다. 그리고 쉐핑 양과 한국에서 그녀의 위대하고 헌신적인 봉사에 대한 기억의 표시로, 우리는 이 기사를 읽는 독자 중 누군가가 관심을 가지고 있거나, 이 대표를 파견하기 위해 협회가 필요로 하는 자금의 일부를 도울 수 있다면 몇몇 회원과 상의하거나 협회 재무인 서울 E. M. 블랙 양과 서신을 교환하기를 바랍니다.

일본 제국 간호부회에서 이 양의 경비로 500엔을 지급한다는 소식이 방금 전해졌습니다.

Edna M. Lawrence, Nurses and Nursing in Severance Hospital.
The Korea Mission Field (Seoul) 33(5) (May, 1937), pp. 103~104

Nurses and Nursing in Severance Hospital.

Edna M. Lawrence

Our Christmas activities this year began on Dec. 18th when the Kindergarten from the Seoul Evangelistic Center came to sing and to bring gifts to the patients in the Children's Ward. Each student had given toward a fund for fruit and candy, and besides, each bought a gift. First they sang their Christmas hymns and some of their kindergarten songs and then with the help of Miss Billingsley and the Korean teachers, gifts were selected suitable to the age and condition of the patients. Each child offered the gift to the little patient with two hands, and then would run away back to their comrades. If the little patient was asleep, the gift was very quietly and carefully laid on the bed and they tiptoed away.

On the 23rd, I went with Miss Black and her Bible woman to the Old Ladies' Home. A friend had given us five yen to buy presents for the old ladies, and that, with a little added by us, and a number of apples from the Bible woman, was sufficient to supply thread, towel, fruit and cakes. They were on the look out for us and were in the yard waiting, with outstretched hands and smiling, happy faces. Soon we were inside and seated on the warmest spot on the floor and the service began. Those who could read, sang the hymns with us and used their Bibles as the Bible woman read the dear familiar story. One woman, a strong Buddhist, tried to interrupt the service several times, but she got hushed down every time by the others. I wish you could have seen their faces as they lovingly and excitedly handled each article and then began sampling the goodies in the bag. Just for fun, an all day-sucker had been put into each package and soon everyone of the 25 women was trotting around with it in her mouth, enjoying it immensely.

Christmas morning, we were all up early and ready to go singing at 6 o'clock. All the graduate and student nurses holding lighted candles, formed in a procession and entered the main hospital. We went up and down the hallway of each ward, throwing open the doors of the rooms so all could hear better. As the line was very long the head and tail ends were not always singing together, but this didn't seem to bother anyone very much. We went on to the lower building which now houses the two free wards, the contagious and T. B. patients. A patient there at the time told me afterwards that we sounded like angels as we came down the hallway and when he saw us with our lighted candles, he thought we were angels.

At noon we fixed up the trays on the free and children's wards. First a cheerful paper napkin was spread, then a sprig of green and a few red berries in one corner, and the gift given by the Severance Ladies' Club, wrapped in its gay red or green paper. Altogether it was a very joyous Christmas and one long to be remembered by the patients and old ladies, I trust.

Many sick and suffering ones keep on entering and leaving our wards. Some stay for many months as Kwon Tai Un, who has been with us for over a year. We helped him celebrate his seventeenth birthday a few days ago. Often we have felt sure that he was going to depart from this world where he hasn't known much but suffering. However he continues to rally and it isn't often be can't produce a bright smile. Just how many other patients he has introduced to his Christ from his sick-bed, I don't suppose we'll ever known in this world.

Another patient in the ward with him now, suffering from the same complaint, has become a Christian while here. A few days ago he asked me to buy him the large calender with the Sistine Madonna on it, sold by the Christian Literature Society. I had put it up on the wall of the ward opposite his head and it had come to mean much to him. He wanted it, and a book with pictures and stories of Jesus, to take home with him. Still another young man with the same complaint and same operation as this one, is a Christian of long standing and he is happy all day long as he lies in his plaster shell.

Dr. Martin has done much good work in his ministry to the bodies and souls of his patients. As we have had no Bible woman for several months, we have all had to do more work among the women patients. A very serious heart-case knew nothing at all about Christianity when she entered. Dr. Martin began talking to her every day, very simply. He asked me for a picture of Christ to put up in her room, so one was found and put up where she could see it easily. Often I've seen her just gazing at it and praying that she might get well to go back to her family which needed her so badly. I believe that one of our greatest tasks now as missionaries is to deal with individuals and help as many as possible to have a vital Christian experience, something to hold them true to their profession, and to be a real witness to their family and community.

At the last meeting of the International Council of Nurses held in Paris in 1933, the Nurses Association of Korea was admitted into membership as one part of the Nurses Association of the Japanese Empire. We are hoping to send our Vice-President, Miss Chungai Lee, as our delegate to the next meeting of the I. C. N., to be held in London in July, 1937.

Since 1934 Miss Lee has been Assistant-Superintendent of Nurses in the Severance Institution and since Miss Nelson's assignment elsewhere last fall, she has been Acting-Superintendent.

While Miss Shepping still lived, and did so very much for our Nurses Association of Korea, it was her ardent desire that Miss Lee be sent to the Bedford College for Nurses, in London. Miss Lee was chosen by the Nurses Association of Korea as our delegate to London, and was endorsed by the Nurses Association of the Japanese Empire, when she was present at the Convention in Tokyo, in October 1936; so this seems to be a providential opening for her to get to London.

Miss Lee graduated from Ewha College for Women, in Seoul, before she went to Queen's Hospital, Honolulu, where she had her nurse's course, and passed the examinations which gave her the Registered Nurse degree, as is given to American nurses. For her to have the opportunity to attend the Congress of the International Council of Nurses, meeting in London in July, we are sure will be a great help to all our nurses in Korea; and as a mark of remembrance to Miss Shepping, and her years of great and consecrated service for the cause in Korea, we wish that if any of the readers of this article care to do so, or are able to help some to add to the fund which will be needed by the Association to send this delegate, they will please confer with some member, or correspond with Miss E. M. Black, Seoul, Treasurer of the Association.

Word has just come that the Nurses' Association of the Japanese Empire will give 500 yen towards Miss Lee's expenses.

에드너 M. 로렌스(서울), 연례 개인 보고서 (1937년 5월 31일)

연례 개인 보고서

1937년 5월 31일

'칭찬해 보세요.'

　　올해는 부득이한 사정으로 업무가 너무 자주 바뀌어서 업무를 보고하기가 매우 어렵습니다. 지난 11월부터 간호 직원 2명이 퇴사하고 새로운 직원이 추가되었습니다. 넬슨 양은 지난 11월에 다른 업무에 배정되었고, 우리는 그녀의 손실에 대한 충격에서 거의 회복하지 못한 상태에서 3월에 이정애 양이 사표를 제출하였고 수리되었습니다. 업무의 이 부분에서 한 가지 중요한 점은 넬슨 양이 떠날 때 엘러 샤록스 양이 온 것이었고, 그녀는 확실히 자신이 얼마나 효율적이고 훌륭한지 증명할 기회를 가졌다는 것입니다.

　　로스코 파운드는 '인생은 환경에 조정하고 적응하는 과정'이라고 말합니다. 나는 이 말이 실임을 증명할 충분한 기회를 가졌습니다. 왜냐하면 이것이 내가 지난 한 해 동안 계속해서 하였던 일인 것 같았기 때문입니다.

　　이 양이 떠난 것은 특히 나의 작은 세상을 혼란에 빠뜨렸는데, 내가 5년 만에 그동안 이 양이 훌륭하게 해내었던 간호 술기 교육을 다시 맡아야 했기 때문입니다. 나는 또한 두 개의 병동을 더 감독해야 했기에 모두 다섯 개의 병동을 감독하게 되었습니다. 그리고 무엇보다도 샤록스 양은 4월 말에 병에 걸렸고, 나는 신입이지만 자발적인 사무실 간호사와 기숙사 교사, 7명의 충실한 수간호사, 2명의 감독의 도움으로 병원과 양성소 전체 업무를 맡게 되었습니다. 그래서 평소에 내가 하고 있는 일에 대하여 보고하는 것이 더 어렵다고 생각하는 이유를 이해하는 것은 어렵지 않습니다.

　　먼저, 이 중요한 시기에 내가 한국에서 일할 수 있는 기회를 주신 하나님께 찬양을 드리고 싶습니다.

　　나는 도움과 용기에 대한 많은 약속을 요구해야 했고, 그것들은 실패하지 않았습니다. 이곳에서 나의 일을 가능하게 해 주신 선교본부와 고향 친구들로 인하여 그분을 찬양합니다.

　　나는 올해 나에게 건강을 주셔서 무거운 짐을 지고 어려운 상황에도 잘 대처할 수 있게 하신 하나님께 찬양을 드리고 싶습니다.

상황이 꽤 암울해 보일 때, 내가 쓰레기통에 머물지 않도록 도와준 다른 간호사들의 동정적인 도움에 대하여 그분을 찬양하고 싶습니다.

나는 샤록스 양이 중병을 앓은 후 회복된 것에 감사드립니다. 나는 서양인 간호사라면 누구나 부러워할 정도의 소음과 혼란 속에서도 충실하게 일해 온 수간호사들에게 감사를 드립니다.

나는 겸손한 직원들이 제공해 준 조용한 업무, 항상 준비되어 있고 요청받는 모든 것을 기꺼이 미소로 수행하는 잡역부의 업무에 대하여 감사의 마음으로 언급하고 싶습니다. 병원 청소부는 업무가 불쾌하고 재미없지만 다른 어떤 곳을 돕기 위하여 항상 양동이와 천을 기꺼이 내려놓습니다. 비품실과 아마포실을 담당하는 여자는 이번 달 많은 날을 나의 감독이나 도움 없이 수행하였습니다.

올 봄에 졸업한 18명의 간호사들, 그리고 그들 중 약 절반이 도쿄의 성누가 병원에서 공중 보건 과정을 수강할 수 있는 기회를 주신 것에 대하여 하나님을 찬양합니다. 그중에는 1933년 이곳에서 졸업하고 숭의 고등보통학교를 막 졸업하고 내년에 조수로서 우리에게 돌아올 김난옥 양에게 감사합니다.

나의 마음은 그들이 십자가의 길보다 더 나은 삶의 길을 찾았다고 생각하였던 일부 3학년들이 참 빛을 볼 수 있도록 도울 수 있는 기회에 대하여 내 마음은 찬양으로 가득차 있습니다. 나는 '높은 길'을 여행하기 위하여 열심히 노력하고 우리에게 도움을 요청하는 20명의 2학년 학생들에게 감사드립니다.

나는 내가 영어와 간호법을 가르치는 23명의 1학년 소녀들을 주신 하나님을 찬양합니다. 그들은 모든 것에 매우 관심이 많고 신선하고 예리하며, 자신들의 교사와 수간호사를 잘 관찰합니다. 때때로 그들은 몹시 향수병에 걸릴 때도 있습니다.

비록 매우 어려운 일이었지만 증례 연구 방법에 보낸 시간에 대하여 나는 지금 하나님을 찬양할 수 있습니다. 덕분에 나의 어휘력이 향상되었고, 그래서 나는 병동에서 학생들이 간호 문제를 해결하도록 돕고, 환자의 태도를 설명하며, 증례 연구 방식에 따라 간호사의 생각을 안내하는 것이 더 쉬워졌습니다. 샤록스 양이 병에 걸렸을 때 내가 두 달 전에 "윤리는 내가 한국어로 절대 가르치려 하지 않을 것입니다."라고 언급하였던 간호 윤리를 가르쳐야 했을 때, 그것이 나를 더 대담하게 만들었기 때문에 지금 나는 그 과정을 계속하고 있어 기쁩니다.

나는 매우 도움이 되고 쾌활하며 아침 회의 업무에 기꺼이 나와 협력해

준 새로운 레지던트 최 C. C. 박사에게 감사드립니다.

우리가 그에게 넘겨준 업무 주제에 대하여 항상 번역을 시도하려고 기꺼이 노력하는 우리 비서 김 M. S. 씨에게 감사드립니다.

나는 권태은과 내가 특별한 방법으로 도울 수 있는 다른 환자들로 인하여 하나님을 찬양합니다. 그들은 늘 너무 감사해 하고 있기에 내가 더 못한 것이 부끄럽습니다. 나는 특히 심각한 갑상선 수술을 받았고, 자신의 신앙과 친구들의 기도를 통하여 놀라운 회복을 이룬 한 환자를 생각하고 있습니다.

나는 올 여름 국제 간호협의회 회의에 참석하기 위하여 런던으로 여행을 떠날 수 있는 즐거운 전망에 대하여 하나님을 찬양합니다. 나는 이번 모임을 통하여 그러한 영감과 상호 문제에 대한 논의가 절실히 필요하다고 느끼고 있습니다. 나는 일본 제국 간호협회가 우리 대표로 이 양이 여행하는 것에 대하여 500엔을 제공하고, 우리 협회가 분담액을 1,000엔으로 인상한 것에 감사드립니다.

나는 스코틀랜드에 가서 아버지의 생가와 아직 그곳에 살고 있는 몇몇 친척들을 방문할 수 있는 기회를 주신 것에 감사드립니다.

나는 환자, 방문객, '보호자', 간호사, 교직원 부인, 그리고 병들고 죄 많은 인류에 대한 하나님의 사랑과 연민을 보여주기 위하여 나에게 주어진 한국인들과의 많은 접촉에 대하여 하나님께 찬양을 드립니다.

삼가 제출합니다.
에드너 로렌스

Edna M. Lawrence (Seoul), Annual Personal Report (May 31st, 1937)

Annual Personal Report

May 31, 1937

"Try Praising"

I find it very difficult to report on my assignment of work this year for it has been changed so often by unavoidable circumstances. Since last November two members of the nursing staff have left and a new member added. Miss Nelson was assigned to different work last November and we had hardly recovered from the shock of her loss when in March Miss Chung Ai Lee presented her resignation which was accepted. The one high spot in this part of the work was the coming of Ella Sharrocks just as Miss Nelson left and she surely has had a chance to prove how efficient and fine she is.

Roscoe Found says "Life is a process of adjustment and adaptation to environment." I've had plenty of chance to prove this statement to be a fact for it seems that this is what I've done continuously this past year.

Miss Lee's going in particular throw my little world into confusion for I had again to take up the teaching of Nursing Procedures after five years, during which time Miss Lee had so ably done this work; I also had to take on the supervision of two more wards, making five in all. Then to cap it all, Miss Sharrocks was taken ill the last of April and I found myself with the whole Hospital and Training School on my hands with only the assistance of a new but willing office nurse and dormitory teacher, seven faithful head-nurse, and two supervisors. So it is not hard to see why I find it more difficult them usual to report on what I have been doing.

First, I want to praise God for the opportunity of working in Korea during this critical time.

I have had to claim many of the promises for help and courage and they haven't failed. I praise Him for the Board and friends at home who are making my work here possible.

I want to praise Him for the measure of good health given to me this year which made it possible for me to carry heavy burdens and meet trying situations.

I want to praise Him for the sympathetic help of other nurses on the staff who helped me not to stay in the dumps when things looked pretty black.

I am thankful for the restoration of Miss Sharrocks after her serious illness. I am grateful for the head-nurses who have carried on faithfully under conditions of noise and confusion which would break any Western nurse.

I want to mention with thanksgiving the quiet service rendered by humble members of the staff, an orderly who is always ready and willing to do anything asked of him and do it with a smile; the hospital cleaner whose work is disagreeable and uninteresting, but who was always willing to drop his bucket and cloth to help out some place else; the woman in charge of the supply room and linen room who carried on many days this month without much supervision or help from me.

I praise Him for the eighteen nurses who finished this spring and for the opportunity for about half of them to take the Public Health Course at St. Luke's Hospital, Tokyo. I am thankful that among them is Miss Nan Ok Kim who has just finished High School in Sung Eui, after graduating here in 1933 and who is to return to us as assistant next year.

My heart is full of praise for the operate to help some of our third-year nurses to see the True Light when they thought they had found a new way of life better than the Way of the Cross. I am grateful for the twenty members of the second-year class who are trying so hard to travel the "high road" and who look to us for help.

I praise Him for the twenty-three first-year girls to whom I teach English and Nursing Procedures. They are so interested in everything, so fresh and keen, and so observant of their teachers and head nurses; and sometimes they are terribly homesick.

I can praise Him now for the hours spent in Case Study Method even though it was a very difficult undertaking. It has increased my vocabulary and I find it easier to help students solve their nursing problems in the ward, explain patients' attitudes and guide the nurses' thinking along Case Study lines. I am glad now I persisted in that course for it has made me more daring when, with the illness of

Miss Sharrocks, I've had to teacher Nursing Ethics, a subject about which I remarked two months ago - "Ethics is one subject I'll never try to teach in Korean."

I'm thankful for Dr. C. C. Chey, our new Resident who is so helpful and cheerful and willing to co-operate with me in Morning Conference work.

I am grateful for Mr. M. S. Kim our secretary who is always willing to attempt any working subject we hand over to him to translate.

I praise Him for Kwon Tai Un and other patients I've been allowed to help in a special way. They are always so grateful it makes me feel ashamed that I haven't done more. I think especially of one patient who had a very serious thyroid operation and who made a remarkable recovery through her own faith and the prayers of her friends.

I praise Him for the pleasant prospects of a trip to London this summer to attend the Congress of the International Council of Nurses. I feel greatly in need of just such an inspiration and the talking over of mutual problems which this meeting will afford. I'm grateful for the five hundred yen from the Nurses' Association of the Japanese Empire for Miss Lee's travel as our delegate and that our Association has raised its quota of one thousand yen.

I am grateful for the opportunity to go to Scotland to visit my father's birthplace and some relatives still living there.

I give Him praise for the many contacts with Koreans given to me, patients, visitors, "protectors," nurses, Faculty wives, and to show, even imperfectly, the love and compassion of God for sick and sinful mankind.

Respectfully submitted,
Edna Lawrence.

1937년 평양에서 개최된 미국 북장로교회 한국 선교부의
제53차 연례회의 회의록 및 보고서 (1937년 6월 24일~7월 1일),
VII, 42쪽

인력의 변동

(......)

출발: -

(......)

E. M. 로렌스 양   1937년 7월 4일

(......)

(중략)

42쪽

부록 I
실행 위원회 보고서
(중략)

C. 자료 난(欄)

(......)

1936년 11월 28일 모임

(......)

자료 제813호

로렌스 양의 런던 여행. 로렌스 양이 1937년 여름에 연장된 휴가를 가질 수 있는 허가를 받았는데, 필요한 경우 최장 2개월 동안 선교지를 비우고 런던에서 열리는 간호부 회의에 참석할 수 있도록 세브란스 병원 당국의 허가를 이미 받았다.

Minutes and Reports. Fifty-third Annual Meeting of the Chosen Mission, Presbyterian Church in the U. S. A., Held in Pyengyang (June 24th~July 1st, 1937), pp. VII, 42

Changes in Personnel

(......)

Departures: -

 (......)

Miss E. M. Lawrence   July 4, 1937

 (......)

(Omitted)

p. 42

Appendix I
Executive Committee Report

(Omitted)

C. Information Sections

 (......)

Meeting of November 28, 1936

 (......)

I. 813

Miss Lawrence's Trip to London. Permission was given Miss Lawrence to take an extended vacation in the Summer of 1937, with the view of being, absent from the field as long as two months if necessary, that she may attend the Nurses' Conference in London, Severance Hospital Management having already given permission.

정규 간호사 에드너 로렌스가 엠프리스 오브 저팬 선상(船上)에서 쓴 1937년 9월 6일자 편지에서의 발췌 (1937년 9월 6일)

여러분은 내가 시베리아를 거쳐 한국으로 돌아올 것으로 예상하였던 당시에 내가 태평양에 있다는 것을 알면 놀랄 것입니다. (......) 나는 20일까지 서울에 있기를 바라고 있습니다.

7월 18~25일 국제 간호협의회 회의에 참석하기 위하여 제안된 런던 여행에 대하여 물론 알고 계실 것입니다. 39명의 일행(단지 4명의 간호사)이 하얼빈에서 베를린까지 함께 여행하였는데, 우리는 매우 유쾌하고 화기애애한 일행이었습니다. 한국에서 온 대표인 이 양은 유일한 동양인이었고, 나머지는 모두 선교사, 사업가, 교사, 육군 장교, 그리고 대학생 1명이었습니다. 그들은 일본, 중국, 한국에서 왔습니다. 우리 선교부의 B. 바우 박사가 파티를 이끌었습니다.

침상은 정말 단단하고 불편하였지만, 우리가 계속 사용하면서 더 부드러워 보였거나 그렇지 않으면 풍경을 즐기고 더 큰 역(驛)에서 뜨거운 물을 얻기 위하여 달리며 그것들을 잊었습니다.

대회가 끝나기도 전에 우리는, 특히 러시아 비자를 신청하는 귀국 여행 계획을 세우기 시작하였습니다. 왜냐하면 그들은 기독교 일꾼들이 그들의 나라를 통과하는 것조차 원하지 않는 것 같아 얻기가 가장 어렵기 때문입니다. 하지만 8월 13일까지 우리는 그것을 얻을 수 없었고, 미래에 대한 기대가 매우 실망스러웠습니다. (......) 드디어 우리는 13일 몬트리올 행 화이트 스타 라인 사(社)의 아소니아 호를 타고, 9월 4일 엠프레스 오브 저팬 호를 타는 일괄 표를 구하였습니다. 우리는 바다와 캐나다 전역의 기차에서 모두 3등석을 탔으며, 음식, 침상 또는 동반자에 대한 불만이 없습니다. (......)

이제 협의회로 돌아가겠습니다. 그것은 18일 성 바오로 대성당에서 대주교의 인도로 특별히 간호사들을 위한 예배로 시작되었습니다. 그 후 우리는 플로렌스 나이팅게일을 기리기 위하여 세워진 패(牌)를 보기 위하여 지하실로 들어갔습니다. 다른 회의는 웨스트민스터 사원의 중앙 홀에서 열리기 때문에 우리는 런던의 중심부에 가까운 곳에 체류하였고 매일 사원에 들렀습니다. 협의회에 약 4,000명의 간호사가 참석하였다고 들었습니다. (......) 많은 간호사들이 함께 많은 종류의 업무에 참여하는 것을 보는 것은 매우 고무적이었습니다. 호주, 루마니아 및 스위스 등 새로운 세 나라가 폐막 회의에서 가입하였습니다. 이로써 총 32개국이 되었습니다. 일본은 4년 전에 가입하였습니다. 한국은 일본 제국의 일부일 뿐 독립된 조직은 아닙니다. (......) 즐겁고 화려한 사교 행사가 많았습니다. 대표단은 모두 버킹엄 궁전의 가든 파티에 초대되었고, 엘리자베스 여왕과 메리 여왕을 알현하였습니다. (......)

29일 우리는 잉글랜드와 스코틀랜드로 2주간의 여행을 떠났습니다. 훌륭한 여행이었습니다. (......) 하나님께서 우리를 끝까지 잘 대해주시고 돌보아 주셨습니다. (......)

Extract from Letter of Edna Lawrence, R. N., September 6, 1937 on the Empress of Japan (Sept. 6th, 1937)

You will be surprised to know that I am on the Pacific Ocean at the time when I was expecting to be returning to Korea via Siberia, (......) I hope to be in Seoul by the 20th.

You know, or course, about the proposed trip to London to attend the Congress of the International Council of Nurses, July 18~25. A party of 39 (only 4 nurses) travelled together from Harbin to Berlin and we were a very jolly and congenial party. Miss Lee, the delegate from Korea, was the only Oriental, all the others were missionaries, business people, teachers, army officer, and one college student. They came from Japan, China and Korea. Dr. B. Baugh of our Mission headed the party.

The bunks were really hard and uncomfortable, though they seemed softer as we went on, or else we forgot about them in the enjoyment of the scenery and in running for hot water at the larger stations.

Even before the Congress was over we began making plans for the return trip, especially applying for the Russian visa, as it is the most difficult to obtain as they do not seem to want Christian workers even to go through their country. However, by the 13th of August we weren't able to get it and were given very discouraging promises for anything in the future. (......) We finally obtained package on the Asonia, White Star Line for the 13th to Montreal, and on the Empress of Japan for September 4th. We have had third class passage on both oceans and tourist on the train across Canada, and have no complains as to food, berths or companions. (......)

Now to go back to the Congress. It started the 18th with a service especially for nurses in St. Paul's Cathedral, lead by the Archbishop. Afterwards we went into the crypt to see the tablet erected in the memory of Florence Nightingale. The other meetings are held in Central Hall, Westminster, so we were near to the heart of London and paused Westminster Abbey every day. I have been told that there were around 4,000 nurses at the Congress. (......) It was very inspirational to see so many nurses together, engaged in so many types of work. Three new countries were taken in the closing session in a very impressive service - Australia, Roumania and Switzerland. This brings the total number of countries up to 32. Japan was taken in four years ago. Korea is in only as a part ot the Japanese Empire and not as a separate organisation. (......) There were many pleasing and brilliant social events. The delegates were all invited to Buckingham Palace to a darden party and are presented to Queen Elizabeth and Queen Mary. (......)

On the 29th we left for a two weeks' tour of England and Scotland. It has been a marvellous trip. (......) God has been good to us and taken care of us all the way. (......)

에드너 M. 로렌스(서울), 개인 보고서 (1937년 11월 9일)

1937년 11월 9일

개인 보고서

일주일 동안의 국제 간호협의회 회의, 그래스고에 있는 아버지의 출생지 방문, 그리고 세계 여행을 포함한 많은 흥미로운 행사가 포함된 여름 휴가의 경험을 어떻게 말할 수 있을까요?

국제 간호협의회의 열차는 7월 7일 하얼빈을 출발할 예정이었고, 일본, 중국, 미국, 한국에서 온 39명이 이곳에 모였습니다. 대다수는 선교사이었으며, 나머지는 육군 장교 1명, 여러 명의 관광객, 교환 학생 및 일본에서 온 영어 선생이었습니다. 바우 박사가 일행을 이끌었고, 우리 모두를 잘 보살펴주었습니다. 하얼빈을 떠나 우리가 지나간 만주 지역은 매우 쓸쓸하고 황량해 보였지만, 이 구간의 여행에서 2등석의 안락함은 여행을 덜 피곤하게 만들었습니다. 6일 동안 러시아를 통과하는 3등석 여행이 이어졌고, 나는 풍경과 사람에 관심이 많았습니다. 우리가 마침내 러시아를 떠나 더 번영하고 자유로운 폴란드로 갔을 때, 마치 길고 긴 터널을 통과하고 자유롭고 따뜻한 햇살 속으로 나온 것 같았습니다. 우리는 폴란드에서 저녁을 먹었고, 베를린의 역 플랫폼에서 아침을 먹었으며, 독일을 빠르게 통과하는 열차에서 점심을, 그리고 네덜란드에서 저녁을 먹었습니다. 그리고 다음 날 아침 런던의 킹슬리 호텔에서 아침을 먹었습니다.

다음날인 일요일, 세인트 폴 대성당에서 캔터베리 대주교가 협의회에 특별 담화를 전하였습니다. 월요일의 개회식은 잊을 수 없는 것이었는데, 3,300명의 대표와 수백 명의 방문객이 중앙 홀을 가득 채웠고, 연단은 고유 복장을 입은 협의회 의원들로 가득 찼습니다. 이 양은 두 명의 일본인 간호사와 함께 자리에 앉아 있는 모습이 정말 사랑스럽고 위엄 있어 보였습니다. 그곳에는 로우랜드 양, 로버츠 양, 샌들 양 그리고 나 등 한국에서 온 외국인 간호사 몇 명이 참석하였습니다.

분과 회의도 규모가 매우 커서 어떠한 자유 토론이나 경험 교환도 불가능하였습니다. 국제적으로 알려진 여러 간호사들을 개인적으로 만나고, 다른 사람들의 논문 발표를 듣는 것은 드문 일이었습니다. 많은 훌륭한 사교 행사가 우리를 위하여 계획되었습니다. 우리는 식사를 잘하였고, 심지어 포도주도 마셨습니다. 올해에는 호주, 스위스, 루마니아 등 세 개의 새로운 협회가 가입하여 요구 사항을 충족하는 국가의 수가 32개로 늘어났습니다.

다음 주에 스코틀랜드를 왕복하는 2주 동안의 여행 계획을 세우는 동안 우리는 런던의 훌륭한 명소 중 일부를 방문하였습니다. 우리는 중간에 몇 시간에서 2일 반까지 9군데를 들렸습니다. 이 양은 모든 곳에서 호평을 받았으며, 스코틀랜드를 방문한 몇 안 되는 한국 여자 중 한 명이었습니다. 그 언어는 그녀에게 조금 어려웠지만 그녀는 모두를 즐겁게 해줄 몇 가지 문구를 배우려고 적극적으로 노력하였습니다.

그런 다음 다시 런던으로 돌아갔고 러시아 비자는 없었습니다. 가능한 경로는 항구를 통한 길고 다소 위험한 여행과 캐나다를 통한 짧고 안전한 여행의 두 가지뿐이었습니다. 배를 잘 타지 못하는 이 양에게는 똑같이 어려울 것이므 우리는 서쪽으로 계속 가기로 결정하였습니다. 약 이틀 만에 코펜하겐, 스톡홀름, 레닌그라드, 모스크바를 통한 예약이 취소되었고, 우리는 사우샘프턴에서 요코하마, 퀘벡, 몬트리올, 위니펙, 밴쿠버까지 가는 증기선과 기차표를 구하였습니다. 시간이 얼마나 빨리 흘렀는지! 그럼에도 이 양과 나는 레이크루이스에서 이틀을, 브리티시 컬럼비아에서 큰 언니[39]와 3일을 보냈습니다. 태평양은 우리 모두를 매우 잘 대해주었고, 우리는 호놀룰루에서 대단히 즐거운 시간을 보낸 후 요코하마로 향하였습니다. 11주 12시간 만에 나는 흥미로운 경험으로 가득한 멋진 세계 일주 여행을 하였고, 나를 만나기 위하여 세계에서 가장 친한 친구들이 모인 서울역으로 돌아온 나 자신을 발견한 것을 유감스럽게 생각하지 않았습니다.

나는 내 물건의 대부분이 이미 옮겨진 복층 구조의 새 집으로 거의 곧장 갔습니다. 그래서 나는 이제 마침내 정착하였고, 새 집을 엄청나게 즐기고 있습니다. 나의 유일한 문제는 가사를 제대로 수행할 수 있는 근무 외 시간이 없다는 것입니다. 나의 요리사는 나로부터 몇 가지 급한 지시만으로 대부분의 식사를 준비하기 때문에 나는 종종 놀라기도 하고, 때로는 행복하기도 하고, 몇 번은 그렇지 않습니다. 어학 연수 기간 동안 코빙턴 양과 함께 있어 나를 응원하고 활기차게 해 주어 좋습니다.

개인 환자 별관이 완성되어 가구가 비치되었고 사용 중이었습니다. 다른 병동은 병들고 궁핍한 사람들로 가득 차 있어서 우리가 그들에게 적절한 간호

---

39) 이디스 마가렛 로렌스(Edith Margaret Lawrence)를 말한다.

를 제공하기 위하여 노력하는데 우리에게 어려운 문제가 생겼습니다. 우리는 남감리교회 선교부의 블랑쉬 하우저 양이 간호부에 새로 합류하게 된 것을 진심으로 환영하였습니다. 샤록스 양과 나는 그녀에게 부과된 너무 무거운 책임을 기꺼이 분담하였고, 그녀는 이제 관리부와 영어 교육을 담당하고 있습니다. 나는 공급실과 영어 시간 대신에 병동을 추가로 맡게 되었고, 그래서 이제 나는 병원의 7개 병동 중 5개 병동을 감독하고 있습니다. 이 병동들의 환자 수는 90~95명으로 성인에게서 볼 수 있는 모든 일상적 및 비정상적 상태로 고통받고 있습니다. 가끔은 내가 이 환자들을 위하여 무엇을 하는 것이 그들에게 도움이 되는지 궁금해하고 있습니다. 병동의 정돈과 청결이 약간 개선되고, 해충 문제를 적극적으로 해결하고 있으며, 어느 정도 감독이 이루어지고 있는 것을 볼 수 있습니다. 시간이 나면 학생 간호사가 이론과 실습을 연관시키도록 돕고 있습니다. 이것에 대한 무한한 기회가 있지만 나의 시간과 원기가 제한되어 있습니다.

5년 반 전 도착한 이정애 양이 나의 실용 간호학 수업을 넘겨받았습니다. 지난 4월 그녀가 사임하였을 때 그녀를 대신할 한국인이 없어서 나는 그것을 다시 맡았습니다. 병동 교본이 크게 증대되고 개선되어 나에게는 낯설지만 따라가는 것이 즐겁습니다. 학생 간호사의 기숙사 사감이 나의 조수이며, 우리는 일주일에 9시간을 강의합니다. 나는 교실에서 병동으로 날아가서 간호사들이 얼마나 교육을 잘 받았는지, 또는 적어도 그들이 지시를 얼마나 잘 따르고 있는지 확인합니다.

지난 봄, 샤록스 양이 아팠을 때, 나는 매우 과감하게 1학년 간호사들에게 간호 윤리를 가르치려고 시도하였습니다. 교과서도, 노트도, 경험도, 외국인 간호사가 가르치는 것은 불가능하다고 항상 생각하였던 매우 필수적인 과목을 가르치려는 결의와 열망 외에는 아무것도 없습니다. 비록 내가 항상 외국인 간호사는 가르칠 수 없는 과목이라고 생각하였던 과목임에도 말입니다. 이상하게도 나는 그것에 대하여 많은 걱정을 하였지만 나는 그것을 즐겼고 학생들도 그랬다고 생각합니다. 나는 시작하였기 때문에 이번 학기에도 계속하겠다고 요청하였습니다. 나는 이제 그것을 증례 연구와 연결하고 있으며, 월요일 아침 10시 30분이 돌아오는 것이 다소 두렵지만 몇 주 더 시간을 보낼 것입니다.

몇 년 동안 나는 서울 여자 모임에 가입하고 싶었지만 바쁜 월요일 오후를 한 달에 두 번 포기하는 것은 불가능해 보였습니다. 작년에 나는 월요일 오후에 업무를 쉬고 저녁에 일할 수 있도록 시간을 조정할 수 있었습니다. 나는 여자 사역 위원회 회의에도 참석할 수 있습니다. 나는 이러한 공동체와 지부에 대한 관심이 나의 시야와 공감을 넓히는 데 큰 도움이 된다고 생각합니다. 나는 또한 일주일에 한 번 일본어 공부를 하고, 한 달에 두 번 열리는 한국어 수업에 참석하려고 노력하고 있습니다. 나는 교회에서 책임을 맡고 있지 않지만 가능한 한 자주 남대문 교회의 예배에 참석하고 있습니다.

선교사와 외국인으로서 우리는 몇 년 전만큼 중요한 직책을 많이 차지하고 있지 않습니다. 이러한 직책과 책임을 한국인들과 공유하게 되어 우리 모두는 얼마나 행복할까요! 나는 내 자신의 영향력에 대하여 많은 고민을 하였고, 내가 만나는 모든 사람들과 함께 일하는 모든 사람들에게 진정한 친근함을 보여주는 것만으로도 내가 가장 큰 도움이 될 수 있다고 판단하였습니다. 나는 나의 진전에 대한 진정한 반응을 얻었고, 종종 바로 이 사람들이 우리 모두에게 친근함의 위대한 본보기이신 우리 주님을 받아들이기를 꺼리지 않는 것을 알게 되었습니다.

삼가 제출합니다.
에드너 로렌스, 정규 간호사

Edna M. Lawrence (Seoul), Personal Report (Nov. 9th, 1937)

November 9, 1937.

Personal Report

How does one go about relating the experiences of a summer vacation which included among many interesting events a week's meeting of the Congress of the International Council of Nurses, a visit to my father's birthplace in Glasgow, and a trip around the world!

The I. C. N. Congress train was scheduled to leave Harbin July 7, and so to this place the thirty-nine gathered, coming from Japan, China, America and Korea. The majority were missionaries, the others: - one army officer, several tourists an exchange student and a teacher of English from Japan. Dr. Baugh headed up the party and took care of us all very well. The part of Manchuria we went through, after leaving Harbin, was very bleak and deserted looking, but the comfort of a second-class coach for this portion of the journey made the trip less tiring. Six days of third-class travel through Russia followed and I was very much interested in the scenery and people. When we finally left Russia for more prosperous and free Poland, it was as if one had come out into the free warm sunshine after going thru a long, long tunnel. We took supper in Poland, breakfast on the station platform in Berlin, left-overs, lunch on the train speeding through Germany, supper in Holland, breakfast the next morning in the Kingsley Hotel, London.

The next day, Sunday, a special message was given to the Congress by the Archbishop of Canterbury in St. Paul's Cathedral. The opening meeting on the next day was one not to be forgotten, 3,300 delegates and several hundred visitors filled Central Hall, and the platform was taken up with the members of the Grand Council, many in native costumes. Miss Lee looked very lovely and dignified as she sat in her place with the two Japanese nurses. There were a few foreign nurses from Korea present, Misses Rowland, Roberts, Sandell and myself.

Even the divisional meetings were very large and no free discussion or exchange of experiences were possible. It was a rare treat to meet personally several internationally known nurses and to hear papers from others Many brilliant social functions were planned for us, and we were well dined and even wined.

Three new Associations were taken in this year, Australia, Switzerland, and Roumania, raising the number of countries which meet the requirements to thirty-two.

The next week we took in some of the worth-while sights of London while we were making plans for the two-week trip to Scotland and back. We had nine stop-overs, ranging from a few hours to two and a half days. Miss Lee was well received everywhere and was one of the few Korean women to visit Scotland. The language was a little hard for her but she gamely tried to learn some phrases, much to the amusement of as all.

Then back to London again and no Russian visa. There were just two possible routes, the long rather dangerous trip by the ports, or the short and safe one by Canada. Each would be equally hard for Miss Lee who is a poor sailor so we decided to keep on Westward. In about two days time the reservations via Copenhagen, Stockholm, Leningrad and Moscow were cancelled and we had our steamer and train tickets from Southampton to Yokohama, Quebec, Montreal, Winnipeg and Vancouver, how fast the time went. Even, so Miss Lee and I had two days at Lake Louise and three days with my oldest sister in British Columbia. The Pacific Ocean treated us all very well and we very much enjoyed the day at Honolulu, then on to Yokohama. In 11 weeks and 12 hours I had a wonderful round the world-trip, full of interesting experiences, and so wasn't sorry to find myself back at Seoul Station with a goodly crowd of the best friends in the world to meet me.

I went almost directly to my new home in the duplex, where most of my things had had already been moved. So there I am now finally settled and enjoying the home immensely; my only trouble is that I don't have the off-duty time to keep it up as it deserves. My cook plans most of the meals with only a few hurried directions from me, so I'm often surprised, sometimes happily, a few times otherwise. It is good to have Miss Covington with me for the language school term to cheer and liven me up.

The private-patient pavilion had been finished and furnished and was in use. The other wards we quite well filled with the sick and needy, presenting to us a challenging problem as we strove to give them proper nursing care. We welcomed heartily our new reinforcement in the Nursing Department, Miss Blanche Hauser of the Southern Methodist Mission. Miss Sharrocks and I willingly shared with her our too heavy responsibilities and she's now in charge of the Housekeeping Department and the English teaching. I have added a ward to take the place of the Supply Room and English hours, so now I'm supervisor in five of the seven wards in the hospital. The patients in these wards number 90~95 and are suffering from all the usual and unusual conditions found in adults. I wonder sometimes just what I do for these patients that is a help to them. I do see a little improvement in the order and cleanliness of the wards, the vermin problem is being vigorously attacked, and a degree of supervision is given. As I find time I try to help the student nurses to correlate theory and practice. There are unlimited opportunities for this but limited time and strength on my part.

Five and a half years ago on her arrival, Miss Chung Ai Lee took over my Practical Nursing classes. Last April when she resigned I had to take them back again, as we have no other Korean fitted to take her place. The Ward Manual had been greatly enlarged and improved and though it is unfamiliar to me, it is a pleasure to following. The student nurses' dormitory matron is my assistant and between us we have nine hours of teaching a week. Out of the classroom into the ward I fly and see how well or otherwise the nurses have been taught, or at least, how much they are following instructions.

Last Spring when Miss Sharrocks was ill, I very boldly attempted to teach Nursing Ethics to the first-year nurses. No text-book, no notes, no experiences, nothing except a determination and a desire to teach a very essential subject, even though it is one I'd always considered an impossible one for a foreign nurse to teach. Strange to say, though I worried over it a great deal, I enjoyed it, and think the students did, also. Since I had made a beginning, I asked to continue on this term. I'm now linking it up with case study and am letting myself in for another few weeks when I more or less dread to see 10:30 Monday morning come around.

For many years I've wanted to join the Seoul Woman's Club but it seemed impossible to give up two busy Monday afternoons a month. This last year I have been able to arrange my hours so as to be off Monday afternoon and be on in the evening. I can also attend the Woman's Work Committee Meeting. I find these Community and Station interests very helpful in broadening my views and sympathies. I also try to study Japanese once a week and attend the Korean class held twice a month. I go to the services in the South Gate Church as often as possible, though I have no responsibilities in the church.

As missionaries and foreigners we do not hold many of the important places as we did up to a few years ago. How happy we should all be to share these places and responsibilities with the Koreans. I have been pondering muchly over my own place of influence and have decided that I can be the greatest help by just showing genuine friendliness to all whom I meet and with whom I work. I have found real response to my advances and find that often these same people are not unwilling to accept our Lord, also, who is the Great Example to us all of Friendliness.

Respectfully Submitted
Edna Lawrence.

에드너 M. 로렌스(서울), 개인 보고서 (1938년 3월 8일)

개인 보고서

1938년 3월 8일

나는 방금 '세상 최악의 파산자'가 되는 것에서 벗어났습니다. 아니, 값비싸지만 즐거웠던 여름 휴가에서 돌아온 것은 지난 가을이 아니라 몇 주 전이었습니다. 나는 스코틀랜드의 사촌이 보낸 작은 소책자가 매우 감사한데, 그 소책자에는 다음과 같은 내용이 포함되어 있습니다. '세상에서 가장 나쁜 파산자는 열정을 잃은 사람이다. 열정만 빼고 모든 것을 잃어도 그는 다시 성공할 것이다.' 우울했던 지난 몇 달 동안 세브란스 병원의 일꾼들이 이와 같은 큰 재앙의 위기에 처한 것은 놀라운 일이 아닙니다. 몇 년 동안 서울의 연한 석탄 연기에 노출된 후 백색 도료를 간절하게 바라는 끔찍하고 거무죽죽한 병원의 벽들, 일상적인 청결과 위생을 불가능하게 만드는 병동 직원의 감소, 전문직 및 비전문직 종사자에 대한 점검 태만, 사소한 재정적 유출, 학생 간호사 사이의 권위에 대한 존중 부족 등이 있음에도 불구하고 그것은 내 업무에 간접적으로 영향을 주었습니다. 내가 말하기 시작하면서, 이런 상황에서 나는 업무에 대한 의욕을 거의 잃을 뻔하였지만, 이 적절한 말은 내가 어느 곳으로 향하고 있는지 깨닫게 하였고, 내게 필요한 것은 내 일에 대한 새로운 통찰력이라는 것을 알도록 도와주었습니다.

> "업무가 없는 통찰력은 꿈이다.
> 통찰력이 없는 업무는 고된 것이다.
> 그러나 통찰력과 업무는
> 이루 말할 수 없는 기쁨이다."

나에게 이 통찰력을 줄 수 있는 분은 오직 한 분뿐이며, 내가 통찰력을 가질 때 열정이 저절로 생길 것입니다.

졸업할 때가 다시 다가오고 있고, 이달 23일에 21명의 간호사들이 졸업을 하는데 한국 사회에서 자신들의 직분을 담당하기 위하여 배출됩니다. 실질적으로 모두가 만족스러운 직분을 갖고 있으며, 일부 기관은 올해 세브란스 출신 간호사가 없는 상태로 운영해야 할 것입니다. 67명의 지원자가 새 학급에 지원하였고, 그중 절반 이상이 고등학교 졸업자입니다. 25~26일에 모두 나온다면 간호사가 되기에 가장 좋은 25명을 선발하기가 매우 어려울 것입니다.

대부분 결핵으로 탈락된 15명의 소규모 2학년 간호사 학급은 자랑스럽고 책임감 있는 3학년 간호사로 진급할 것입니다. 1년 전에 입학한 24명의 소심하고 풋풋한 간호사들은 2학년 간호사가 되어 새로운 학년에게 간호학을 지도할 수 있는 능력이 있다고 생각합니다. 그들은 끊임없는 반복으로 흥미를 잃어버린 일상적인 업무 중 일부에서 해방되어 특히 기뻐할 것입니다. 나는 신입 간호사들에게 간호의 이론과 실제, 그리고 간호 윤리를 가르칠 준비를 하고 있습니다. 또한 나는 적응 지도 과정을 통하여 혼란스러운 처음 몇 주를 더 쉽게 만들 수 있게 되기를 바라고 있습니다.

우리는 이번 봄에 기숙사 교사를 교체하기를 희망하고 있는데, 그녀는 또한 간호 수업에서 나의 조교이기 때문에 나는 매우 걱정하고 있습니다. 나는 시연 수업을 준비하고, 때로는 그 후 정돈하는 것을 그녀에게 의존해야 합니다. 하지만 더 중요한 것은 그녀의 도덕적 지원과, 어려운 개념을 한국어로 전달하는 데 줄 수 있는 그녀의 도움입니다. 예상하고 있는 새 사감은 몇 년 전 세브란스를 졸업한 후, 숭의에서 고등학교를 마치고 양호 교사로 근무하고 있는 김난옥입니다. 홀드크로프트 박사와 나는 도쿄의 성누가 병원에서 그녀가 공중 보건 과정을 수강하도록 도왔고, 그녀는 이제 마무리하고 있습니다. 나는 그녀가 이 매우 중요하고 까다로운 직책에 육체적으로나 영적으로 잘 맞을 것이라고 확신하고 있습니다.

나는 이번 학기에 조수와 함께 네 번의 실제 간호학, 1번의 증례 연구, 그리고 나와 학교에서 새로운 과목인 전염병 간호를 강의하였습니다. 후자는 어렵지만 나에게는 매우 흥미로웠고, 학생들에게도 유익하였기를 바랍니다. 1학년 간호사들이 병동에서 실습을 시작하기 전에 이것을 제공함으로써 그들이 특수한 방법을 더 잘 수행할 수 있고, 전염병으로 고통받는 환자들에게 발생하는 합병증을 더 잘 인식할 수 있을 것이라고 믿고 있습니다.

스와인하트 부인이 이곳에 있을 때, 그녀는 병동을 방문하고 환자 옆에 앉아서 환자들이 스스로 짐을 덜게 함으로써 환자들에게 매우 친절한 간호를 제공하였습니다. 나는 그녀가 한 일[을 언급하는 것]에 시간을 할애할 수 없지만, 나는 그것이 업무의 가치 있는 부분이며, 많은 업무의 문이 닫혀 있을 때 할 수 있는 일이라고 생각하였습니다. 나는 자신의 아픔과 고통에 대하여 이야기하는 것을 좋아하지 않고, 동정심 많은 친구를 필요로 하지 않는 환자들의 대부분이 반응한다는 것을 알게 되었습니다. 퇴원을 앞둔 한 여자는 15년 동안 자신의 문제로 고생하였다고 말하였습니다. 왜 더 일찍 병원에 오지 않았느냐는 질문에 그녀는 세브란스라는 곳이 있다는 것을 몰랐고 자신의 병에 대한 희망이 있었다고 말하였습니다. 몇 달 전에 그녀의 조카가 이 병원에 와서 도움을 받았고 그는 그녀가 와야 한다고 주장하였습니다. 그녀는 건강하게 마을로 돌아가 세브란스의 찬가를 부르고 있으며, 쓸데없이 고통받고 있는 다른 여자들에게 그들도 도움을 받을 수 있는 그런 곳이 있다는 말을 하기를 간절하게 바라고 있습니다. 여러 주 동안 내 사무실 건너편의 병동에 각기병을 앓고 있는 젊은 여자가 있었습니다. 그녀는 처음에는 말하고 싶어 하지 않았지만 내가 안마와 다른 치료를 도우면서 그녀는 점차 수줍음을 잃었습니다. 그녀는 신자가 아니었고 전도 부인이 그녀의 마을에 오지 않았다고 말하였습니다. 나는 전도 부인에게 그녀가 영생으로 향하는 길에서 행복할 수 있도록 매일 가르쳐 달라고 부탁하였습니다.

어느 날 한 병동에서 모녀가 울고 통곡하며 자신의 몸을 때리는 끔찍한 소리가 들렸습니다. 그 환자는 몇 달 동안 여자 병동에 있었고, 더 싼 방으로 옮겨졌습니다. 그녀는 매우 불행한 경험을 하였고, 이제 아홉 번째 수술을 앞두고 있습니다. 그들은 지칠 때까지 멈추지 않았지만 다음 날 기분이 좋아졌습니다. 최근에 그녀는 잡담을 하기 위하여 꽤 자주 사무실에 왔습니다. 그녀는 신자이지만 현재 매우 혹독한 시험을 받고 있습니다. 어느 날 밤 심각한 두부 손상 증례가 남자 시료 병동에 접수되었습니다. 그는 수레에 치여 두피가 거의 남아 있지 않았습니다. 그는 정말로 죽을 것으로 예상되었지만, 그는 죽지 않았고 지금 일어나서 매우 행복해하고 있습니다. 그와의 대화에서 그는 나에게 신자가 되었지만 어떻게 부주의하고 방황하였는지 말하였습니다. 그는 주님께서 자신을 치게 하여 제정신이 들게 하시고 또 다른 기회를 허락하셨다고 굳게 믿고 끊임없이 환호하고 있습니다. 또 다른 밤에 두 명의 소년이 큰 개에게 심하게 물려 찢어진 후 이송되었습니다. 우리 모두는 그들이 감염될 것으로 예상하였지만 감염되지 않았고 잘 지내고 있습니다. 우리 중 몇 명이 그들과 이야기를 나누었고, 그들은 자신들과 개를 소유한 일본인의 개종 수단이 될 수 있는 씨앗을 마음에 품고 돌아오고 있습니다.

며칠 전 우리는 양성소 교사의 첫 회의를 열었습니다. 이번 학기에 우리 교사들은 23명인데, 모두 참석하지는 않았지만 훌륭한 참석자들은 모두 회의의 목적에 상당한 관심을 보였습니다. 논의된 주요 주제는 재시험, 결석 및 지각, 학생들의 지도 및 건강이었습니다. 마지막으로 언급된 이 주제는 매우 중

요한 주제이고 매우 자연스러운 방식으로 제기되었기 때문에 이 한 가지 이유
만으로도 회의가 가치 있고 건설적인 일이 이루어질 것입니다.

지금은 동양에서 사역하기에 쉬운 시기가 아닙니다. 나는 은퇴한 많은 선
교사들과 여러 가지 이유로 그들이 선택한 이 선교지에서 일할 수 없는 사람
들을 생각할 때, 나는 비록 그것이 힘들지만 이곳에서 내 몫을 다하고 모든
일을 잘 아시고 모든 일을 잘 하시는 하나님의 도움으로 계속할 수 있다는 것
에 감사드립니다.

삼가 제출합니다.
에드너 로렌스

Edna M. Lawrence (Seoul), Personal Report (Mar. 8th, 1938)

Personal Report

March 8, 1938

I have just escaped being "the worst bankrupt in the world". No, it wasn't last
fall when I came back from my delightful though expensive summer vacation but
a few weeks ago. I'm very thankful for a little pamphlet sent me by a Scottish
cousin which among other statements contained the following: "The worst bankrupt
in the world is the person who has lost his enthusiasm. Let him lose everything
but his enthusiasm and he will come through again to success" It is not surprising
that a worker in Severance Hospital during these past depressing months should be
at the brink of a great catastrophe such as this. It has effected my own work
indirectly but seriously none the less the dreadful, dingy hospital walls which cry
out for a calsimine after many years of Seoul's soft coal smoke, the reduction in
the ward workers which make ordinary cleanliness and sanitation an impossibility,
slackness in checking-up professional and non-professional workers, petty financial
leaks, lack of respect for authority among student nurses and soon. As I started
out to say, I almost lost my enthusiasm for work under these conditions but this

apt saying made me realize where I was headed and helped me to see that what I need is a new Vision for my work, for

> "A vision without a task is a dream,
> A task without a vision is drudgery,
> But a vision and a task
> Is a joy unspeakable."

There is only One who can give me this Vision and when I have that the enthusiasm will take care of itself.

Graduation time is near again and on the 23rd of this month twenty one nurses will finish and go out to take their places in Korea's social order. Practically all have positions pleasing to them and some institutions will have to carry on without a Severance nurse this year. Sixty seven applications are in for the new class and over half of them are high school graduates. If they all appear on the 25~26 it will be very hard to choose the twenty-five who are the best material for nurses.

The small class of fifteen second year nurses, depleted mostly through T. B., will be promoted to proud and responsible third year nurses. The twenty four timid, green nurses who entered a year ago will become second year nurses and consider themselves quite capable to instruct the new class in the Art of Nursing. They will be especially pleased to be relieved of some of the routine duties which have lost their interest with constant repetition. To the new nurses I am preparing to teach the Principles and Practice of Nursing and Nursing Ethic. I also hope to make their first few confusing weeks easier by an orientation course.

We hope to make a change in dormitory teachers this spring and I am very vitally concerned for she is also my assistant in Nursing classes. I must depend on her to prepare for demonstration classes and sometimes to clean up afterwards. More important, though, is her moral support and the help she can be to me in putting some difficult idea across in Korean for me. The expected new matron is Kim Nan Ok who graduated from Severance a few years ago and then finished up her high school in Sung Eui, helping herself through by being the school nurse. Dr. Holdcroft and I have aided her in her Public Health Course in St. Luke's

Hospital, Tokyo and she is now finishing. I'm sure she is well fitted physically and spiritually for this very important and exacting position.

This term I have carried with my assistant four periods of Practical Nursing, one of Case Study and a new subject for me and for the school, Contagious Disease Nursing. This latter, though difficult, proved very interesting for me and profitable for the students, I hope. I trust that by giving it to the first year nurses before they start their experience on the ward, that they will be able to carry out the special procedures better and be more aware of the complications which occur in patients suffering from contagious diseases.

When Mrs. Swinehart was here she rendered a very sweet service to the patients by calling in the wards and just sitting down by the sick ones and letting them unburden themselves, and they were relieved by doing so. I cannot give the time to this which she did but I have seen it as a worthwhile part of part of the work and something which can be done when so many doors of service are being closed. I find most of the patients responsive, for who does not like to talk about their aches and pains, and who is not in need of a sympathetic friend. One woman about ready to be discharged told me that she had suffered fifteen years with her trouble. When asked why she hadn't come to the hospital sooner she said she hadn't known that there was such a place as Severance and that there was hope for her disease. A few months ago her nephew came to this hospital and was helped and then he insisted that she come. She is going back to her village well and singing the praises of Severance and is eager to tell other women who are suffering needlessly that there is such a place where they, too, can be helped. For many weeks there was in a ward across from my office a young woman suffering from beri-beri. She didn't want to talk at first but as I helped with the massage and other treatments she gradually lost her shyness. She was not a believed and said that a Bible woman never came to her village. I asked our Bible woman to give her daily instruction so she is now happy on her road to Eternal Life.

One day there was a terrible noise going on in one of the wards, mother and daughter weeping and wailing and beating their bodies. The patient had been in the Woman's Ward for some months and was being transferred to a cheaper room. She had had a very unfortunate experience and was now facing her ninth operation. They didn't stop until they were worn out but the next day they were feeling better about it. Recently she has been coming into the office for a chat quite often. She is a believer but is being very severely tested at the present time. One night a serious head injury case was admitted to the men's Free Ward. He had been hit by a cart and hardly any scalp left. He was really expected to die but he didn't and is now up and around and very happy. In my talks with him he told me how he had been a believed but had gotten careless and drifted away. He firmly believed and constantly acclaims that the Lord allowed him to be hit to bring him to his senses and to give him another chance. Another night two boys were brought in after being badly bitten and torn by a huge dog. We all expected them to have an infection but they haven't and are doing well. Several of us have talked to them and they are returning with the Seed in their hearts which may be the means of their conversion and also that of the Japanese who owned the dog.

A few days ago we held the first Training School Teachers' Meeting. This term our teachers number twenty-three and though they were not all present, there was a good group and they all showed a fair degree of interest in the object of the meetings. The main subjected discussed were re-examinations, absences and tardiness, conduct of the students and their health. As this last mentioned subject is such a vital one and came up in such a natural way, that for this one reason alone the meeting will be worthwhile and something constructive done.

This is not an easy time to be working in the Orient. When I think of the many retired missionaries and those who for various reasons cannot labor in this their chosen Field I am thankful that though it is so hard that I am here to do my part and to carry on with the help of the one who knoweth all things and doeth all things well.

Respectfully submitted,
Edna Lawrence

에드너 M. 로렌스(서울)가 친구들에게 보낸 편지
(1938년 4월 22일)

일본 조선 서울,
1938년 4월 22일

친애하는 친구들,

　나는 오랫동안 여러분들에게 편지를 쓰지 않았습니다. 나의 요약된 마지막 지부 보고서를 추가합니다.[40]

　3월 마지막 날 나는 5일 동안 업무에서 빠져나와 좋은 친구가 있는 두 개의 캐나다 선교지부를 방문하였습니다. 나는 선교사들과 한국 친구들의 따뜻한 환대를 받았으며, 나는 편안하게 느꼈고 진짜로 쉬었습니다. 나는 함흥에서 어머니가 우리에게 서명을 하고 넘겼던 사랑스러운 쌍둥이를 입양한 한국인들을 방문하였습니다. 그들은 자신의 자녀를 낳은 적이 없었고, 그것은 큰 시련이자 시험이었습니다. 그래서 대단히 현명하고 비이기적으로 그들은 아이들을 입양하였고 이들은 다섯 번째와 여섯 번째 아이로 정말 운이 좋은 어린 아이들입니다! 어머니는 교회의 위대한 지도자요 일꾼입니다.

　봄, 그리고 거의 여름이 갑자기 우리에게 왔습니다. 벚꽃이 한창이고 잎사귀가 만발해 있습니다. 나는 내 정원을 매우 좋아하고 있으며, 내가 뿌린 씨앗이 실제로 싹이 틀 때 상당한 전율을 얻고 있습니다.

　여러분들 모두께 안부 전합니다.

　안녕히 계세요.
　에드너 로렌스, 정규 간호사

---

40) Edna M. Lawrence(Seoul), Abridged Personal Report of Edna Lawrence, R. N., Seoul, Chosen, Japan, March 8, 1938(Mar. 8th, 1938)

Edna M. Lawrence (Seoul), Letter to Friends (Apr. 22nd, 1938)

Seoul, Chosen, Japan,

April 22, 1938

Dear friends: -

I have not written to you for a long time. I will add my last Station Report abridged.

The last of March I ran away for five days and visited two Canadian Mission Stations where I have good friends. I was so cordially welcomed by the missionaries and Korean friends that I felt quite at home and could really relax. In Hamheung I visited the Koreans who had adopted those sweet twins whose mother had signed them over to us. They had never had any children of their own and it was a great trial and testing. So very wisely and unselfishly they adopted children and these are the fifth and sixth - such fortunate little ones! The mother is a great leader and worker in the church.

Spring and almost summer has descended on us suddenly. The cherry blossoms are at their best and the leaves all out. I am enjoying my garden very much and get quite a thrill when my seeds really come up.

With very best wishes to you all.

Sincerely yours,

Edna Lawrence, R. N.

찰스 T. 레버(미국 북장로교회 해외선교본부 총무)가
한국 선교부의 회원들에게 보낸 선교본부 편지, 제821호
(1938년 5월 25일)

제821호   1938년 5월 25일

한국 선교부의 회원들 귀중

친애하는 동료들,

　일반 서신과 예산 책정 서신은 가까운 시일 내에 귀하에게 전달될 것입니다. 이 편지는 선교본부의 지속적인 활동과 희망 사항을 귀하에게 알리기 위한 노력입니다. 모든 것이 합력하여 선을 이루게 하소서.
　선교부의 마지막 편지 이후 선교본부는 다음과 같은 조치를 취하였습니다.

　　"선교본부는 서울지부의 에드너 M. 로렌스 양이 자신이 별도의 세대를 유지하고 있기 때문에, 이것에 근거하여 1937년 9월부터 자신의 급여를 기혼 선교사 급여의 60%로 인상해 달라는 한국 선교부의 요청(I.884)을 승인하였다." (선교본부 1938년 2월 21일)

(중략)

Charles T. Leber (Sec., BFM, PCUSA), Board Letter to the Members of the Chosen Mission, No. 821 (May 25th, 1938)

No. 821   May 25, 1938

To the Members of the Chosen Mission

Dear Friends: -

A General Letter and the Appropriation Letter will be coming to you in the near future. These letters endeavor to reveal to you the continuing activities and desires of the Board. May all things work together for good:

The following actions have been taken by the Board since the last Mission Letter:

"The Board approved the request of the Chosen Mission (I. 884) that the salary of Miss Edna M. Lawrence, Seoul Station, be increased to sixty per cent of a married missionary's salary because she is maintaining a separate household, payment on this basis to begin as of September, 1937." (Bd. 2/21/38)

(Omitted)

1938년 평양에서 개최된 미국 북장로교회 한국 선교부의
제54차 연례회의 회의록 및 보고서 (1938년 6월 23일~6월 30일), VII쪽

인력 변동

도착: -

　(......)

E. M. 로렌스 양　　　　　　　　　1937년 9월 20일

　　　　　　　　　　　　(중략)

43쪽

부록 I.

실행 위원회 보고서

　(......)

B. 자료 난(欄)

　(......)

임시 결정, 1937년 12월 27일

자료 제884호　　로렌스 양의 급여 조정. 우리는 1937년 9월 이후부터 혼자
살고 있는 에드너 M. 로렌스 양의 급여로 기혼자의 60%를
지급해 주도록 선교본부에 요청하는 것이 통과됨.
이 요청은 1938년 2월 21일 선교본부에 의해 승인됨

Minutes and Reports. Fifty-fourth Annual Meeting of the Chosen Mission, Presbyterian Church in the U. S. A. Held in Pyengyang (June 23rd~June 30th, 1938), p. VII

Changes in Personnel

Arrivals: -

    (......)

Miss E. M. Lawrence   September 20, 1937

                              (Omitted)

p. 43

Appendix I.
Executive Committee Report

    (......)

B. I. Sections

    (......)

Ad Interim Action, December 27, 1937

I. 884   Miss Lawrence's Salary Adjustment. Passed that we request the Board to pay Miss Edna M. Lawrence 60% of a married couple's salary from September, 1937, since she is living alone.

            Request granted by the Board, Feb. 21, 1938.

1938년 평양에서 개최된 미국 북장로교회 한국 선교부의
제54차 연례회의 회의록 및 보고서 (1938년 6월 27일), 11쪽

여자 회의

한국 선교부의 연례 여자 회의가 6월 27일 오후 3시 평양에 있는 여자성
서신학교의 사회관에서 열렸다.

(중략)

로렌스 양은 병원에서 겪은 따뜻한 경험에 대하여 발표하였다.

(중략)

Minutes and Reports. Fifty-fourth Annual Meeting of the Chosen
Mission, Presbyterian Church in the U. S. A., Held in Pyengyang
(June 27th, 1938), p. 11

Women's Conference

The annual conference of the women of the Chosen Mission was held in the
Social Hall of the Women's Biblical Seminary in Pyengyang on June 27th at 3 P.
M.

(Omitted)

Miss Lawrence on Heart warming Experiences in the Hospital.

(Omitted)

에드너 M. 로렌스(서울),
연례 개인 보고서, 1938년 (1938년 11월 23일 철함)

연례 개인 보고서, 1938년

작년 이맘때 나는 7월에 런던에서 개최될 국제 간호협의회 회의에 참석할 분명한 계획을 세웠습니다. 그리고 나서 샤록스 양이 병에 걸렸고, 내가 빠져 나올 가능성은 매우 희박해 보였습니다. 이러한 불확실성 때문에 나는 마음대로 준비하지 못하였고, 쿡(Cook)과의 여행 준비, 비자 확보 및 런던의 호텔 예약을 계속 진행하기 위하여 일행의 다른 세 명에 의해 지속적으로 압박을 받아야 했습니다. 그래도 샤록스 양이 거의 기적적으로 회복되어 계획대로 7월 5일 3시 기차로 떠날 수 있도록 다른 사람들과 함께 준비를 한 것은 잘한 일이었습니다.

시베리아 열차에서 우리가 했던 운동의 주요 형태는 일행 중 다리가 긴 일부 구성원을 앞질러 기차역의 온수 공급 장치로 달려가려 노력한 것이었습니다. 그런 다음 천천히 기차 칸으로 돌아가서 수프 또는 야채 통조림에 넣었고 식사는 '진행 중'이었습니다. 우리의 정신 훈련의 주된 형태는 겉보기에 쓸모 없는 수많은 세관 검사에서 인내심과 침묵을 기르려고 노력하는 것이었는데, 그들은 우리가 조심스럽게 접은 옷을 구겨 놓는 데 성공하였을 뿐이고, 우리 돈을 세는 데 너무 많은 시간을 낭비하였기 때문입니다. 우리 여권도 포함되어 정밀 조사를 하였기 때문에 우리가 네덜란드의 기차에서 경비병에게 습관적으로 여권을 내밀었습니다. 그는 웃으며 '여권은 필요 없고 기차표만 보고 싶습니다.'라고 말하였습니다. 우리의 이름과 나이에 관심이 없는 나라를 찾게 되어 얼마나 다행입니까!

여행에는 11번의 일요일이 있었고, 정규 예배를 놓친 것은 단 한 번뿐이었습니다. 내가 가장 잘 기억하는 세 가지 설교는 대주교가 대회 중 런던 세인트 폴 대성당에서 연설한 '인류에 대한 봉사의 세계적인 친교'를 상기시킨 설교, 우리가 교회 일치를 지원하도록 촉구받은 영국 교회의 저녁 예배, 그리고 작은 웨슬리언 예배당과 다리 건설에 대한 강연입니다. 우리는 영국, 스코틀랜드, 그리고 캐나다로의 긴 여행 중에 이곳저곳을 여행하면서 이것을 실천하도록 노력하였고, 흥미롭고 도움이 되는 많은 접촉(다리)을 할 수 있었습니다.

11주 12시간 만인 9월 20일 [기차]역에서 많은 서울 친구들을 만나서 너무 반가웠습니다. 이렇게 상쾌하고 감동적인 여름 휴가를 보낼 수 있도록 추가 휴가를 허락해 준 샤록스 양, 서울 지부, 선교부, 선교본부에 항상 감사드립니다. 나는 기차역에서 복식의 새 사택으로 곧장 갔고 그곳에서 며칠 안에 집안 일을 멋지게 시작하였습니다. 러들로 부인은 커튼의 재료를 선택하고, 재봉 여자를 지시하는 데 큰 도움을 주었습니다. 마지막 것이 조정되었을 때 그녀는 약 20명의 다른 친구들과 함께 나란히 서서 나에게 사랑스러운 집들이를 해주었습니다. 각자 집에서 사용할 물건이나 찬장 선반을 채울 물건을 가져 왔는데, 실제로 '나이가 든 허바드 엄마'를 위한 피클과 잼은 나에게 아무 것도 아니었습니다.

8개월의 시련 끝에 혼자 사는 것에 대한 나의 감정은 이런 식으로 표현될 수 있습니다.

> 내 강아지와 나는 모두 혼자 산다.
> 　작은 벽돌집에서
> 우리는 우리 자신을 부른다.
> 　그것은 나를 좋아하고 나는 단짝을 좋아한다
> 나는 너에게 말해 줄게
> 　그것은 유쾌한 재미야.

하지만 나는 은둔자의 삶을 살고 있지 않으며, 큰 기쁨 중 하나는 내 집을 외국인 및 동양인 친구들과 공유하는 것입니다.

하우저 양은 내가 돌아오기 며칠 전에 병원 관리인으로 일을 시작하였습니다. 그녀는 직원들에게 매우 유용하고 환영받는 인원 보충이며, 영어 교육과 2개의 병동 등 많은 일을 하고 있습니다. 나는 영어 수업 대신 다른 병동을 배정받았습니다. 삶은 실제로 환경에 조정하고 적응하는 지속적인 과정인 것 같습니다. 5년 전 이정애 양에게 1학년을 위한 간호법 강의를 기꺼이 넘긴 후, 우리 졸업생들 중에 그 일을 할 자격이 있는 사람이 없었기 때문에 나는 그것을 다시 시작해야 했습니다. 그들은 매우 밝고 열성적이며 이 과목에 보낸 긴 시간에 열정을 더할 만큼 충분히 재미있는 실수를 하기 때문에, 나는 항상 이 수업을 즐겼습니다. 1학기와 2학기에는 하루에 세 번, 1시간 30분, 그리고 몇 시간의 이론 교육이 필요합니다. 계획대로 조수를 바꾸지 못해 많이 아쉬웠지만 현재의 행정 하에서는 어쩔 수 없는 것 같아 홀드크로프트 박사와 나는 원산 회관의 완벽하게 훌륭한 간호사가 성누가 병원의 공중 보건 과정을 이수하도록 도움을 주었고, 나는 내 실망의 '희망의 빛줄기'를 부지런하게 찾고 있습니다.

　나는 작년에 교육에서 두 가지 새로운 모험을 하였는데, 하나는 샤록스 양이 아플 때의 간호 윤리와 이러한 환자를 돌볼 때 간호사에게 도움이 될 것이라고 생각한 전염병 간호입니다. 나는 이 두 과목을 모두 즐겼고, 종종 매우 괴로울 정도로 허우적거렸지만, 학생들도 혜택을 받았다고 생각하고 있습니다. 이것은 현 학기까지 나의 주요 활동이었는데, 나는 예전과 똑같은 일을 하고 있지만 예전 방식만은 아니기를 바랍니다. 나는 2학년에게 다시 영어 수업을 가르치고 있으며, 그것을 매우 실용적으로 만들려고 노력하고 있습니다. A. W. 테일러 부인이 몇 달 동안 병원에 입원해 있었을 때, 그녀는 학생 간호사들이 이해하는데 약간의 어려움이 있었고, 그래서 퇴원한 후 병원에서 외국인들이 자주 사용하는 단어와 문장을 만들어서 우리 간호사들을 아주 친절하게 도왔습니다. 그녀는 셰익스피어의 다음 인용문으로 수업을 시작하였습니다. '위안이 없는 공감은 소고기 없는 겨자와 같다.'

　"시간이 없어요"라는 말을 계속 듣게 되면서 병동 교육에 대한 나의 열정은 크게 약해졌습니다. 그리고 그것이 때로는 핑계일 뿐이라는 것을 알지만, 항상 이 정신에 대항하여 일하는 것은 쉽지 않습니다. 현시점에서 이 방침을 따라 전진하는 것은 어렵지만 나는 여전히 환자에 대한 올바른 간호의 이상을 고수하고 있으며, 이러한 어려운 시기가 지나면 관심이 되살아 날 것이며, 나는 이 일의 매우 중요한 이 단계에서 수간호사의 협조를 얻을 수 있게 되기를 바라고 있습니다. 많은 외부 영향에도 불구하고 우리는 여전히 제복에 대한 특정 표준을 주장하고 술기를 수행하며 합리적인 근무 시간과 모든 간호사와 직원의 건강을 주장할 수 있습니다.

　어느 날 남자 시료 병동에서 나는 아는 환자와 이야기하고 있었는데, 다른 방에서 외국인은 들어오라고 하는 목소리가 들렸습니다. 그래서 나는 안으로 들어가 한쪽 눈에 붕대를 감은 채 다른 쪽 눈으로는 분명히 보지 못하는 사람을 발견하였습니다. 그는 내가 광주에서 온 페이즐리 부인인 줄 알았다며, 미안하지만 붕대를 풀지 않은 눈이 의안(義眼)이라 나를 볼 수 없었다고 말하였습니다. 그는 스와인하트 씨의 서울 주소를 원하였고, 나는 그가 이곳에서 멀리 떨어져 있다고 말해야 했습니다. 나는 그의 침대 옆에 있는 성경을 보고 그가 기독교인이냐고 물었습니다. 그는 읽을 수 없었기 때문에 옆 침대에 있는 환자가 책을 읽게 하였고 "그도 기독교인이 되었습니다."라고 말하였습니다. 육체적인 어둠 속에 앉아 있는 이 사람의 얼굴에는 참으로 믿음과 희망과 기쁨의 빛이 있었습니다!

현재 여자 시료 병동에는 매우 심각한 상태로 인근 마을에서 온 젊은 여자가 있습니다. 그녀는 그 마을에 거주지를 가지고 있는 글래디스 고 양이 데려왔습니다. 글래디스는 "그녀는 단지 좋아지기만 하면 됩니다. 그렇지 않으면 내가 치료를 위하여 그녀를 입원하도록 하였기 때문에 그곳에서 사역을 계속할 수 없습니다."라고 말하였습니다. 많은 사람들이 그녀의 회복을 위하여 일하고 기도해 왔으며, 이제 그녀는 침대에 앉아 모두를 위하여 미소를 짓고 있습니다. 우리는 도움을 받은 이 사람을 통하여 그녀와 그녀의 가족, 심지어 마을 전체가 기독교인이 되기를 계속해서 소망하고 기도할 것입니다. 그녀는 고 씨 자매가 그곳에서 일을 시작한 이후로 매우 놀라운 방법으로 도움을 받은 두 번째 환자입니다. 그 거주지는 이 두 소녀의 취미이며, 그들의 여가 시간의 상당 부분을 차지하지만 그들은 그것을 즐기며, 피곤하거나 계속하기에는 너무 서두르는지에 대하여 전혀 불평하지 않습니다. 몇 주일 전에 나는 그들이 유치원 아이들을 위하여 작업복을 만드는데, 남자 아이들을 위하여 노란색으로, 여자 아이들을 위하여 회색을 띤 장미색으로 만드는 동안 그들과 다른 사람들에게 내 집을 빌려주게 되어 기뻤습니다. 꽃이 만발한 날 나는 그 거주지를 방문하러 외출하였으며, 그들, 그리고 신부 준비반과 어머니 반의 사진을 찍었습니다.

강유두 양은 이화여자전문학교 졸업생으로 호놀룰루의 퀸즈 병원에서 간호사 훈련을 시작하였으나 건강이 좋지 않아 자퇴하고 복귀해야 했습니다. 1년 반 동안 휴식과 치료를 받은 후 그녀는 가벼운 일을 할 수 있게 되었습니다. 그녀는 로젠버거 양과 나를 위하여 약간의 번역을 하고 있습니다. 며칠 전 내가 그녀에게 돈을 지불하고 그녀에게 감사를 표하였을 때, 그녀는 수표뿐만 아니라 내가 그녀에게 제공한 작업 치료에 대해서도 감사를 표하고 싶으며, 그것이 그녀의 회복에 큰 도움이 되었다고 말하였습니다. 그녀는 너무 행복하고 만족해하고 있으며, 이것이 그녀의 신체 회복에 좋은 영향을 미치고 있습니다.

나도 약간의 어학 공부와 번역 비용으로 박 씨를 도울 수 있었습니다. 그는 코빙턴 양이 언어 학교에 있을 때 그녀의 선생이었습니다. 그는 때때로 그녀에게 그날 아침 그의 집에 '공포스러운 일'이 있었다고 말하곤 했습니다. 그는 다행스럽게도 이제 늑대가 문으로 들어오지 못하도록 내구성이 있는 일을 하였습니다.

바로 지금의 업무에는 힘들고 당혹스러운 상황이 많이 있습니다. 보고서를 마무리하는 이 짧은 구절에 표현된 대로 한국 동료들에 대한 태도를 갖고 싶습니다.

> "가끔 내 주위를 둘러볼 거야
>   칭찬할 만한 것들에 대하여
> 숨겨진 아름다움을 찾을 거야
>   그것은 투덜거리는 사람의 시선을 피하여
> 나는 만족을 찾으려고 노력할 거야
>   내가 밟아야 할 길에서,
> 나는 원망을 그만 둘 거야
>   다른 사람이 앞으로 나아갈 때."

삼가 제출합니다.
에드너 M. 로렌스

Edna M. Lawrence (Seoul), Annual Personal Report, 1938 (Filed Nov. 23rd, 1938)

Annual Personal Report, 1938

This time last year I had made definite plans to attend the Congress of the I. C. N. to be held in London in July. And then Miss Sharrocks was taken ill and it seemed very unlikely that I could get away. Because of this uncertainty I was very half-hearted in my preparations and had to be continually spurred on by the other three members of the party to go ahead with my travel arrangements with Cook's, secure visae and hotel reservations in London. It was well, though, that I made the preparations with the others for Miss Sharrocks made almost a miraculous recovery and I was able to leave as planned on the three o'clock train July fifth.

On the Siberian train our chief form of exercise was trying to outrun some of the long-limbed members of the party in the rush to the hot water supply in the stations. Then a slower trip back to the compartment and in went the cans of soup or vegetables and the meal was 'under way.' Our main form of mental exercise was to try to cultivate patience and silence at the numerous and seemingly useless Customs' Examinations, for they only succeeded in rumpling up our carefully folded garments and such a lot of time was wasted counting out our money. Our passports came in for their share or scrutiny also and so it was from force of habit that we held them out to the guard on the train in Holland. He just laughed and said "I don't want your passports, I just want to see your tickets." What a relief to find one country not interested in our names and ages.

There were eleven Sundays on the trip and only once did we have to miss some kind of a regular service. The three sermons which I remember best are the one in St. Paul's Cathedral, London, where the Congress was addressed by the Archibishop of Canterbury and he reminded us of the "world-wide fellowship of service to humanity."; an evening service in a Church of England where we were urged to support church unity; and a tiny Weslyean Chapel and a talk on Building Bridges, and we tried to put this into practice as we travelled here and there in England, Scotland, and then the long trip back by Canada, and were able to make many interesting and helpful contacts. (bridges)

After an absence of eleven weeks and twelve hours it was very good to see the many Seoul friends at the station on September 20th. I will always be grateful to Miss Sharrocks, Seoul Station, the Mission and the Board for allowing me the extra time off so that I was able to take this very refreshing and inspiring summer vacation. I went directly from the station to my new home in the duplex and there within a few days was nicely started up in housekeeping. Mrs. Ludlow was a great help in selecting the material for the drapes and curtains and in directing the sewing women. When the last one was adjusted in she marches with some twenty other friends and gave me a lovely house-warming. Each one brought something to use in the house or to fill up my cupboard shelves and indeed they it for Old Mother Hubbard had nothing on me when it came to pickles and Jams.

My sentiments on living alone after a eight months' trial may be expressed thusly:

My pup and I live all alone,
>   In a little brick house
We call our own.
>   She likes me, and I like Chum
I tell you what
>   It is jolly fun.

I do not live the life of a recluse, though, and one of great joys is to share my home with my foreign and Oriental friends.

Miss Hauser had taken up her duties as Hospital Housekeeper a few days before I returned. She is a very useful and welcome addition to the staff and finds plenty to do with this, some English teaching and two wards. I was given another ward in the place of the English classes be made. Life indeed, does seem a continual process of adjustment and adaptation to environment. After gladly having given up the teaching of Nursing procedures for the first year nurses to Miss Chung Ai Lee five years ago, it was necessary for me to take it up again as there was no one qualified among our own graduates to do it. I have always enjoyed these classes for they are so bright and eager and make enough funny mistakes to add zest to the long hours spent on this subject. The first and second terms call for three periods a day, one and a half hours long and several hours of theory besides. It was a great disappointment to me not to be able to change assistants as planned but there seems to be nothing that could be done about it under the present administration, so the Wonsan Center has the perfectly fine nurse Dr. Holdcroft and I helped through the Public Health Course at St. Luke's Hospital and I'm digently looking for "the silver lining" of my disappointment.

I made two new ventures in teaching last year, one, Nursing Ethics when Miss Sharrocks was ill and Contagious Disease Nursing as something we thought would help the nurses when caring for these patients. I have enjoyed both of these subjects and though I often floundered very distressingly, I think the students were benifitted [sic], also. This brings my main activities up to the present term when I am doing the same old things but not in just the same old way, I hope. I am again teaching an English class the second year, and am trying to make it a very practical one. When Mrs. A. W. Taylor was in the hospital a few months she had some difficulty being understood by the student nurses so after leaving the hospital she went about helping our nurses in a very nice way by making out some words and sentences which are often used by foreigners in the hospital. She headed her lessons by this quotation from Shakespeare: - "Sympathy without relief is like mustard without beef."

My ardour for ward teaching has been greatly dampened by hearing constantly "We have not time." and though I know it is just an excuse sometimes, yet it is not easy to work against this spirit all the time. Advance along this line at this time is hard to find but I still hold on to my ideals of proper nursing care for the patients and hope that when these troubles times are passed that there will be a revival of interest, and I can have the cooperation of the head nurses in this very important phase of the work. In spite of many outside influences to the contrary we can still insist on certain standards for uniforms, conduct technic, reasonable working hours and consideration for the health of all the nurses and employees.

One day in the Men's Charity Ward I was talking to a patient I knew when a voice was hear from another room asking for the foreigner to come in. So I went in and found a man with a bandage ever one eye and apparently not seeing distinctly with the other. He said he thought I was Mrs. Paisley from Kwangju and then went on to say that he was sorry but he couldn't see me as the unbandaged eye was a glass one. He wanted Mr. Swinehart's address in Seoul and I had to tell him that he was far away from here. I saw a Bible by his bed and so asked if he was a Christian. He was and since he was not able to read himself he was having the patient in the next bed read to him, and he announced "He has become a Christian, too." What a glow of faith, hope and joy there was on the face of this one who sat in physical darkness!

In the Women's Charity Ward now is a young woman who came in from a nearby village in a very serious condition. She was brought in by Miss Gladys Koh who has a Settlement in that village. As Gladys said "She just has to get well or I cannot continue work there for I just made her come in for treatment." Many have been working and praying for her recovery and now she is sitting up in bed and has a smile for all. We will continue to hope and pray that she and her family even the whole village will become Christian through this one who has been helped. She is the second patient who has been helped in a very wonderful way since the Koh sisters have been carrying on their work there. The Settlement is the hobby of these two girls and takes a great deal of their spare time but how they enjoy it and never grumble at all about being tired or too rushed to carry on. A few weeks ago I was glad to loan my home to them and others while they made smoacks for the kindergarten children yellow for the boys and old rose for the girls. I was out for a visit to the Settlement on the day they blossomed out in them and took their pictures and also the Brides Preparatory Group and the Mothers' group.

Miss You Du Kang is an Ewha College graduate who started her nurse training in Queen's Hospital, Honolulu and then had to drop out and return because of ill health. After rest and treatment for a year and and a half she is able to take light work. She is doing some translation for Miss Rosenberger and also for me. When I paid her and thanked her a few days ago she said that she wanted to thank me not only for the check but also for the Occupational Therapy which I was providing for her and that it was a great help in her recovery. She is so happy and contented and this has a good effect on her physical recovery.

I have been able to help a Mr. Pak, too, with a little language study and translation money. He was Miss Covington's teacher while she was in Language School. He used to tell her sometimes that there was a 'panic' at his house that morning. He fortunately has permanent work now to keep the wolf from the door.

There are many hard and puzzling situations in the work just now. I want to have the attitude toward Korean associates expressed in this little verse with which I close my report.

> "I will sometimes look about me
>> For the things that merit praise;
> I will search for hidden beauties
>> That elude the grumbler's gaze;
> I will try to find contentment
>> In the paths that I must tread,
> I will cease to have resentment
>> When another moves ahead."

Respectfully submitted,
Edna M. Lawrence.

에드너 M. 로렌스(서울), 개인 보고서 (1938년 12월 13일)

일본 조선 서울,
1938년 12월 13일

개인 보고서

내 휴가는 연례 회의 직후인 7월 15일에 시작되었습니다. 이번 여름 날씨는 이상적이었고, 나는 대부분의 시간을 야외에서 즐겼습니다. 나는 종종 '야영객의 기도'의 첫 번째 구절을 생각하였습니다.

> '언덕의 신이여, 나에게 흔들리지 않는 도시로 다시 갈 수 있는 힘을 주소서.
> 일상의 일을 지치지 않고 열정적으로 해낼 수 있는 힘,
> 기억할 언덕이 없는 이웃을 도울 수 있는 힘.'

나는 8월 중순에 다시 돌아왔고 곧 이전처럼 일을 시작하였습니다. 나는 마침내 우리가 병원을 새단장 해야 한다는 것을 알게 되었고, 우리가 페인트를 칠할 색을 고를 때 너무나 흥분되었습니다. 우리는 계단과 병동 복도에 멋진 따뜻한 색조를, 사무실 바닥 복도에 멋진 시원한 녹색을 골랐습니다. 샤록스 양과 나는 우리가 모든 한국인 친구들을 만족시킬 만큼 충분히 밝은 색이었다고 생각하였지만, 그러나 우리가 보지 않을 때 약간의 노란색과 파란색이 들어와서 우리 모두 행복합니다. 가을 학기에 우리는 병원 외래와 병원 관리 부서에서 감독하고 등록한 56명의 학생 간호사를 가르치는 자리로 돌아왔습니다. 쉴즈 양의 은퇴 시간이 다가오고 있으며, 많은 사람들의 입에 오르내리는 질문은 "누가 쉴즈 양의 자리를 차지할 것입니까?"입니다. 그녀의 업무는 루이스 양과 전도 부인이 어느 정도 맡을 수 있지만, 그녀의 동료들과 한국 대중의 마음 속에서는 아무도 그녀를 대신할 수 없습니다. 그녀가 친구를 얻는 것은 자신을 아낌없이 주었기 때문입니다. 학생 간호사의 건강이 특별히 고려되었으며 그 결과 건강과 정신이 향상되었습니다.

간호법 수업을 준비하고 가르치는 데 많은 시간이 걸렸고 조수와 함께 일주일에 3~4일, 3시간씩 진행하였습니다. 나는 교과서를 상당히 수정하였고, 간호사의 병력지 작성에 도움이 되기를 바라면서 표본 병력지를 영어로 넣었습

니다. 우리는 이번 학기에 복습을 위한 새로운 계획을 시도하였고, 교사, 실연자 및 감독자에 대한 번호 중 하나를 선택하여 작업할 사람들에게 관련 과목을 할당하였습니다. 간호사들은 '놀이'를 즐기는 모든 것을 좋아해서 빠르게 계획에 착수하였습니다. 그들은 '놀이' 전에는 자유롭게 도움을 받을 수 있지만 시작된 후에는 도움을 받을 수 없다는 말을 들었습니다. '선생님', '감독자', '실연자' 모두 잘 준비하고 마음속에 있는 불확실성을 바로잡으려고 노력하고 있습니다. 그들은 '다른 사람에게 가르칠 수 없다면 정말 아무것도 모른다'는 것을 알게 되었습니다. 선생님의 설명은 때로 엉뚱한 추측일 수도 있지만 대체로 그들은 아주 잘 진행하고 있으며 우리는 틀에서 벗어났습니다. 간호 윤리 강의는 일주일에 한 번 정도인데, 그것도 준비하는데 많은 시간이 걸리고 생소한 단어에 허둥지둥하는 경우가 많았습니다. 하지만 준비하고 가르치는 시간이 잘 사용되었고, 함께 보낸 시간이 진정한 영적 경험이 되었다고 느꼈습니다.

나의 오래된 문제인 '증례 학습'은 '환자와 그의 치료에 대한 이해'라는 새로운 옷을 입고 인사를 할 것입니다. 나는 항상 '증례 학습'이라는 이름에 마음속으로 반발하였습니다. 우리가 가르치려고 하는 바로 그것은 우리가 환자를 한 증례가 아닌 개인으로 생각해야 한다는 것입니다. 몇 주일 전에 나는 수간호사들을 소집하여 병동에서 일련의 아침 회의를 진행하는 것에 대한 협조를 요청하였습니다. 그들은 반응이 매우 좋았고, 또한 학생들의 관심을 끌었기 때문에 그들은 환자를 연구하는 데 필요한 추가 노력을 기울이고자 하였습니다. 그들은 정말 잘하였고, 나이 든 간호사의 입술에서 나오는 지식의 흐름에 입을 벌리고 서 있기만 하면서 역할을 하지 않았던 1학년 학생 간호사들에게 바람직한 영향을 미쳤습니다! 그래서 나는 "그러나 그들은 수업에서 이것을 하는 방법을 배웠고, 다음 학기에 내가 여러분들에게 가르쳐 줄 것입니다." 라고 말할 기회를 가졌습니다. "아, 우리가 잘할 수 있을까요?: 그들의 대답이었습니다. 나는 그들을 실망시키지 않기 위하여 지금 아주 좋은 수업을 제공해야 할 것입니다.

약 10일 전에 나는 E. H. 밀러 박사 부부의 집에서 주말을 즐겼습니다. 일요일 아침 나는 우리 간호사 중 한 명인 김 씨 아내의 초대로 그의 교회에 갔습니다. 목사 사택으로만 시작하였던 건물이 연이어 증축되는 모습에 놀랐고, 그곳에서 붐비는 사람들의 숫자에 놀랐습니다. 대부분의 사람들은 단정하고 깨끗하였으며 많은 관심을 보였습니다. 열성적인 신자들로 가득 찬, 그처럼 붐비는 건물을 보는 것은 마음에 좋은 일입니다. 올 가을 어느 날 한 여자가 내 집에 웅크리고 와서 나를 찾았습니다. 내가 나왔을 때 그녀는 자신과 아이가 세브란스에서 환자이었으며, 내가 그들에게 매우 친절하였고 그녀는 나에게 작은 선물을 가져 왔다고 말하였습니다. 꾸러미에는 파인애플 통조림이 들어 있었습니다. 그녀는 우리 도시 교회 중 하나의 신자입니다.

나는 때때로 간호사들과 잡역부들이 좋은 간호에 필요한 청결의 이상(理想)을 결코 이해하지 못할 것이라고 생각하며, 만약 우리가 그렇게 많은 가족들이 하루 종일 서서 간호사들을 지켜보고 작은 병동에서 간호를 거의 불가능하게 만들지 않아도 된다면! 지금 우리에게 맡겨진 일은 눈에 띄지 않게 많은 방법으로 동료들을 돕는 중심적인 지주를 강화하는 일인 것 같습니다. 그러나 변변찮은 중심적인 지주로서도 매우 유용하고 필요할 수 있습니다. 그래서 내가 '지주 보강재'로 부름을 받는다면 그것까지도 '주님께' 드리고 싶고 나의 섬김이 받아들여질 것을 믿습니다.

에드너 M. 로렌스

Edna M. Lawrence (Seoul), Personal Report (Dec. 13th, 1938)

Seoul, Chosen, Japan,
December 13, 1938.

Personal Report

My vacation started July 15th soon after Annual Meeting. The weather was ideal this summer and I enjoyed being out-of-doors much of the time. I often thought of the first verse of "The Prayer of the Camper" -

> "God of the Hills, grant me Thy strength to go back into the
>   cities without faltering,
> Strength to do my daily task without tiring and with enthusiasm,
> Strength to help my neighbor who has no hills to remember."

I was back again the middle of August and soon into things as before. I found that at last we were to be redecorated in the hospital and such an excitement as we picked out the colors for the paint. We picked out a nice warm tint for the stairs and ward hallways and a nice cool green for the office floor hallways. Miss Sharrocks and I thought that we surely had bright enough colors to satisfy all our Korean associates, but no, when we were not looking some yellow and blue crept in and so we are all happy. The fall term found us all back in our places supervising in the hospital Out-Patient Department and hospital Housekeeping Departments and teaching the 56 student nurses enrolled. Miss Shields' time of retirement is drawing near and a question on the lips of many is, "Who is going to take Miss Shields' place?" Her work may be covered somewhat by Miss Lewis and a Bible woman but .no one can take her place in the hearts of her co-workers and the Korean public. It is the generous giving of herself that wins her friends. The health of the student nurses has been given special consideration and results are showing in improved health and spirits.

The preparing and teaching of Nursing Procedures classes has taken up a great deal of my time and, with my assistant, I have curried three hour periods three or four days a week. I have revised the text considerably and have put in Sample Charting in English with the hope that this will help the nurses with their charts. We have tried a new plan for review this term and have assigned related subjects to groups to work up, choosing one of their number for teacher, demonstrator and supervisor. The nurses have taken to the plan quickly as they love to do anything that savors of a "Play". They were told they could get help from us freely before the "Play" but not after it had started. The "teacher", "supervisor" and "demonstrator" have all been preparing well and are trying to straighten out any uncertainties which are in their own minds. They have found out that "you don't really know a thing unless you can teach it to someone else." The teacher's explanations are sometimes wild guesses but on the whole they are going off very well and we have gotten out of a rut. Nursing Ethics class comes but once a week but it, too, has taken many hours in preparation and even then, I have often floundered in the unfamiliar vocabulary. I felt, though, that the preparation and teaching time has been well spent and the periods spent together have been real spiritual experiences.

My old problem "Case Study" will make its bow in a new dress as, "Understanding the Patient and his Care." I have always inwardly rebelled at the name "Case Study" when the very thing we try to teach is that we are to think of the patients as individuals and not as cases. A few weeks ago I called the head nurses together and asked their cooperation on conducting a series of Morning Conferences on the wards. They responded very well and also interested their students so that they were eager to give the extra effort necessary to make the studies of their patients. They really did very well and it all had the desired effect on the first year nurses who didn't take part, for they just stood there with mouths open at the flow of knowledge that came from the lips of the older nurses! So I took the opportunity to say, "But they were taught how to do this in their classes and next term I'll teach you." "Oh, can we ever do so well?" was their reply. I will have to give a very good course now so as to not disappoint them.

About ten days ago I enjoyed a weekend in the home of Dr. and Mrs. E. H., Miller. Sunday morning I went to Mr. Kim's church as I had been invited by his wife, one of our nurses. I was surprised, first by the way the building which started being only the pastor's home had been added to and added to and then also by the number of people there were crowded in. Most of the people were neat and clean and were very much interested. It does one's heart good to see such a crowded building full of eager believers. One day this fall a woman crone to my door and asked for me. When I came out she told me that she and her child had been patients in Severance and that I had been very good to them and she had brought men little gift. The package contained a can of pineapple. She is a member of one of our city churches.

I sometimes think that the nurses and orderlies will never grasp our ideal of cleanliness as necessary to good nursing, and if we just didn't have to have so many of the family stand and watch the nurses all day and make it almost impossible to do any nursing in the smaller wards! It seems sometimes that the work that falls to us now is that of stiffening the backbone of our associates ___ of helping them in many unconspicuous ways. But one can be very useful and necessary even as a humble backbone. So if I am called to be a 'backbone stiffener' I want to do even that as "Unto the Lord" and trust that my service will be acceptable.

Edna M. Lawrence

에드너 M. 로렌스(서울), 연례 개인 보고서 (1939년 4월)

연례 개인 보고서

1939년 4월

오늘 주변에
  작은 신뢰의 울타리를 쌓아라.
사랑하는 일로 그 공간을 채우고
  그곳에 머물라.
창살 너머로
  내일을 보지 마라.
하나님이 기쁨이나 슬픔에서 오는 것을
  견딜 수 있도록 도와주실 것이다.[41]

나는 이것이 숨 막히는 속도로 변화가 일어나는 이 어려운 시기에 대한 매우 확실한 조언이라고 생각합니다. 나는 믿기보다는 '창살을 꿰뚫어 보려고' 노력하였던 그때를 여러 번 생각하면 부끄러움을 느낍니다.

이 보고서는 방금 지나간 한 해의 일, 슬픔이 섞인 기쁨으로 가득 차고, 고통이 뒤섞이며, 사용하였고 일부는 잃었던 기회, 어떤 부분에서는 그다지 진전이 없었던 한 해를 다루고자 합니다. 의무와 즐거움으로 가득 찬 날들이 있었고, 맴돌며 아무것도 성취하지 못하는 것처럼 보였던 날들도 있었습니다.

동양의 상황이 변하면서 선교사의 장소와 사역도 변해야 했고, 아마도 내가 별로 할 수 없었던 그 시절이었을 것입니다. 나는 세브란스병원에서 간호사의 변화된 역할에 무의식적으로 반항하고 있었습니다. 특히 어느 날은 "이 사람들은 나를 만만하다고 생각하고 있는데, 나는 이용당하지 않을 테니 그럼 됐어'라고 혼잣말을 하였던 기억이 납니다. 그러다가 '만만(滿滿)'이라는 단어가 내 마음에 남았고, 잠시 후 그 소리가 마음에 들게 되어 나는 사전에서 그 의미를 찾아보았는데, 이제 나의 소망은 '편리한 것, 편안함과 안락함을 주는 것, 편리하거나 노고를 절약하는 것'이 되는 것입니다.

나는 올해 내 집이 너무나 즐거웠고 다양한 집단에서 여러 종류의 모임을

---

41) 영국의 현대주의 작가인 메리 F. 버츠(Mary F. Butts, 1890~1937)의 작품이다.

위하여 사용하게 되어 기뻤습니다. 이곳은 병원에서 퇴근하였을 때 누군가가 내 침대 겸용 소파에서 필요한 휴식을 취하고 있는 것을 여러 번 발견한 곳이었습니다. 시료 병동에 있는 나의 사무실은 간호사뿐만 아니라 환자와 방문객도 잘 이용해 왔습니다. 한번은 시력이 매우 나쁜 환자가 있었는데, 그녀가 열린 문 앞에 멈춰 섰을 때 나는 그녀에게 들어오라고 권하였고 그녀는 그렇게 하였습니다. 잠시 대화를 나누더니 매우 놀란 표정을 지으며 그녀는 "아, 외국인이시군요"라고 말하였습니다. 나는 그녀가 눈이 거의 멀었음에도 불구하고 오랫동안 그녀를 속일 수 없었습니다.

내가 고(高) 양 자매들과 자주 접촉하는 것은 언제나 매우 즐겁고 흥미롭습니다. 내 생각에는 우리 집이 사회 봉사 사업의 부거점이라고 할 수 있을 것 같습니다. 나는 다락방에 가구와 소모품을 가지고 있고, 2층에서는 책상과 침대가 자주 사용되며, 거실은 그들 친구들의 모임 장소로 자주 사용됩니다. 그곳이 부거점이 되어 이 두 명의 정력적인 사회 복지사의 대단히 흥미로운 계획에 참여하는 것은 매우 즐거운 일입니다. 에벌린 고 양은 남대문교회 주일학교에서 고등학교 반을 담당하고 있으며, 나는 그녀가 연자를 확보하도록 도왔고 통역자로서 그녀와 함께 두 시간을 보냈습니다. 전희균은 러들로 부인과 쉴즈 양이 많은 관심을 갖고 영어에 도움을 주는 청년입니다. 쉴즈 양이 떠났을 때 내가 그를 맡겠다고 제안하였고, 그래서 그는 일주일에 한 번 왔습니다. 그는 영어 성경 읽는 걸 좋아해서 먼저 그렇게 하도록 하였는데, 그는 자신이 관심을 가지고 있는 많은 주제에 대하여 이야기를 시작하였고, 내가 해야 할 일은 그 사람이 방해받는 것을 좋아하지 않기 때문에 듣는 것뿐이었습니다. 이(李) H. S. 박사는 몇 번 왔는데, 한 번은 피부병에 관한 두터운 책을 팔에 끼고 왔고, 또 한 번은 조선 의사협회를 위하여 준비한 논문을 들고 와서 도움을 원하였습니다. 며칠 전 저녁에 내가 저녁 보고를 받고 있는데, 젊은 당직 의사가 "신입 당직 의사입니다."라고 인사해 주었습니다. 나는 즐거운 표정을 감추려고 애썼고, 우리는 좋은 대화를 짧게 나누었고 우리가 만날 때마다 그는 나를 상대로 연습을 하였습니다.

이(李) S. H. 부인은 성질이 급한 여자입니다. 그녀가 진주병원에 입학하여 훈련을 받고자 하였을 때, 그녀의 남편은 그녀를 전혀 후원하지 않았음에도 불구하고 반대하였습니다. 그녀는 집에 가기 위하여 며칠 동안 휴가를 요청하였습니다. 그녀는 매우 차분해진 남자를 데리고 곧 돌아왔고, 그는 그녀가 훈련에 들어가면 좋을 것이며, 다만 그녀가 더 이상 집에 오지 않도록 해달라고 말하였습니다. 그것은 20여 년 전의 일이었고, 여전히 예전의 성향이 일부 남아 있지만, 그녀는 그것을 보완하는 몇 가지 다른 자질을 발전시켰습니다. 나는 몇 년 전에 그녀가 회관에서 성경 강의를 수강하도록 도왔고, 그녀는 전도부인으로서 좋은 일을 해왔습니다. 어느 날 집을 방문하던 중 그녀는 어려운 환경으로 인하여 정신이 온전치 않게 된 세브란스 졸업생인 오랜 친구를 만났습니다. 그 집에는 두 명의 자녀가 있었는데, 이 씨는 그중 한 명을 자신의 자녀로 입양하였습니다. 그녀는 월급을 받는 동안에는 괜찮았지만 몇 달 전에 특정 규정을 지키고 싶지 않아 일을 하지 않고 사임하였고 그래서 지금은 일이 없습니다. 이곳 의학전문학교의 조카는 만일 그녀가 아이를 포기한다면 기꺼이 도울 것입니다. 그녀는 위로와 외로움 대신 가난과 사랑을 선택하기로 결정하였습니다. 나는 정신 학교에서 그 소녀를 돕고 있으며 두 번이나 제외되었지만, 어머니로서 일 년에 한두 번씩 그녀의 손으로 만든 아주 좋은 작품을 선물로 받고 있습니다.

우리 시료 병동에서 거의 3년 동안 봉사하였던 권태은이라는 소년이 지난 여름에 떠나 수원 지역으로 갔습니다. 맥라렌 박사와 나는 그가 입원하는 동안 여분의 돈과 음식을 돕고 있었기 때문에 우리는 그를 겨울 동안 만날 것이라고 말하는 것 이상 더 할 수 없었습니다. 그는 우리의 도움이 중단되었을 때 생계를 꾸릴 수 있도록 작은 사업을 시작하고 싶었기 때문에 앞으로 3개월 동안 일시불로 돈을 가질 수 있는지 묻는 편지를 12월에 보냈습니다. 의뢰를 받은 우리 원목은 그가 방이 하나인 주택 문서를 작성하는 방법과 하려는 '양계업'에 대하여 자세한 내용을 알고 있는지 확인하기 위하여 그에게 편지를 보냈습니다. 그는 이 집을 30엔에 사겠으며, 남은 15엔으로는 약간의 주방용품과 암탉 두세 마리 정도만 있으면 된다고 대답하였습니다. 암탉은 낮에는 밖에 있고, 밤에는 그의 방에 있을 수 있습니다. 그는 매일 달걀을 몇 개나 얻을 것인지, 달걀을 팔아서 얼마를 벌 것인지, 그리고 이윤이 그의 생활비가 될 것인지를 모두 계산해 두었습니다. 우리는 그의 불굴의 자립 정신을 존경하였고, 그가 요청한 대로 하였습니다. 나는 달려가서 상황이 어떻게 돌아가는지 직접 보고 싶습니다. 나는 누구도 태은이로부터 전도지와 간증을 받지 않고 그의 집을 떠나지 않을 것이라고 확신하고 있습니다.

지난 달 14명의 간호사가 졸업하였고, 모두 그들에게 자리를 제안하였습니다. 한국에는 아직도 간호사가 부족하며, 우리 병원은 물론 지방 병원 졸업생들의 수요도 많습니다. 두 상급반에는 각각 20명의 간호사가 있으며, 27명의 새로운 반이 방금 입학하였습니다. 이들 중 15명은 고등보통학교를 졸업하였고, 몇몇은 3학년 과정을 이수하였습니다. 두 사람은 성경학교에 다녔는데, 아

주 괜찮아 보이기 때문에 나는 학교에 큰 영향을 미칠 것이라고 확신합니다. 2년 반 동안 우리 사감이자 조수이었던 박 양42)은 건강이 좋지 않아 포기해야만 했습니다. 그 자리에는 도쿄의 성누가 병원에서 공중 보건 과정을 이수한 김세재43)가 있는데, 그녀는 매우 관심이 많고 협조적입니다. 1학년 학급이 너무 컸기 때문에 간호법 시간을 세 조로 나누었는데, 이는 첫 수업이 예배 직후인 오전 7시 30분에 있음을 의미합니다. 나는 작은 조를 선호하지만 그것은 힘든 하루를 만듭니다.

나는 1년 동안 간호법 증례 연구법, 전염병 간호, 2학년 영어, 간호 윤리 등 평소의 과목을 강의하였습니다. 나는 나의 업무 중에서 이 부분을 매우 즐겼지만, 감독해야 할 병동이 다섯 개나 되니 이 일의 어떤 부분도 제대로 처리하지 못하고 있다는 느낌을 자주 받고 있습니다. 나는 모든 사람에 대한 그리스도인의 행동과 봉사라는 높은 이상을 고수하려고 노력해 왔으며, 일부 간호사들이 만족스러운 반응을 보였다고 생각합니다. 때로는 실제 교육적 가치가 있는 병동에서 시간을 보내려고 노력해도 그다지 큰 인상을 남기지 못하는 것 같으며, 나는 환자의 경과에 큰 관심이 있는 간호사를 찾거나 내가 번역하여 병동에 비치한 것을 복사할 수도 있습니다. 졸업생들이 나의 윤리 수업 강의록의 사본을 요청하였습니다.

나는 아주 가까운 이웃이자 좋은 친구인 쉴즈 양을 매우 그리워합니다. 루이스 양은 사택과 병원에서 아주 좋은 대역(代役)입니다. 나는 그녀가 7시 기도를 위해 유쾌하게 일어나는 모습에 놀랐습니다. 이것은 그녀의 헌신과 적응력을 보여줍니다. 1년 동안 한국인 전도부인이 없었는데, 숭의 학교와 감리교회 신학교를 졸업한 전 부인을 다시 고용하게 되어 기쁩니다.

미래를 위한 나의 기도는 내가 단지 '계속 계속해서' 매일 매일을 하나님의 봉사를 소중하게 하는 것입니다.

---

42) 박무란(朴茂蘭)은 1933년 졸업생이다.
43) 김세재(金世才)는 1935년 졸업생이다.

Edna M. Lawrence (Seoul), Annual Personal Report (Apr., 1939)

Annual Personal Report

April 1939

Build a little fence of trust
    Around today;
Fill the space with loving work
    And therein stay.
Look not through the sheltering bars
    Upon tomorrow;
God will help thee bear what comes
    Of joy or sorrow.

I consider this a very sound piece of advice for these troubled days when changes come with breath-taking rapidity. I feel ashamed when I think of the many times when I tried to "look through the bars" instead of trusting.

This report is to cover the work of the year just gone by, a year filled with joys mixed with sorrow, pleasure with pain, opportunities used and some lost, progress in some lines not so much in others. There have been days filled to the brim with duties and pleasures and others in which I seemed to be going around in circles and accomplishing nothing at all.

With changing conditions in the Orient the place and work of the missionary has had to change and probably on those days when I wasn't able to do much. I was unconsciously rebelling against the changed role of the nurse in Severance Hospital. On one day in particular I remember saying to myself, "These people just think I'm a convenience and I just won't be used as one, so there." And then the word convenience stuck in my mind and after a while I began to like the sound of it and I looked up its meanings in the dictionary and now my desire is to be "that which is convenient; that which gives ease and comfort; anything handy or labor-saving."

I have enjoyed my own home so much this year and have been happy to have it used by various groups for meetings of many kinds. It has been a place where many times when I came over from the hospital I have found someone taking a needed rest on my day-bed. My office in the free ward has been well used by patients and visitors as well as nurses. One time there was a patient with very poor eye sight and as she stopped at the open door I invited her to come in, which she did. We talked a little while and then a very astonished look came over her face and she said "Oh, you are a foreigner" I wasn't able to fool her for long even though she was almost blind.

The frequent contacts I have with the Koh girls are always very pleasant and interesting. I think my home could well be called a sub-station for their Social Service Project. I have some furniture and supplies in the attic, my desk and bed are frequently used on the second floor and my living rooms are often meeting places for their friends. It is lots of fun to be the Sub-station and to be in on some of the very interesting plans of these two energetic Social Workers. Miss Evelyn Koh has the high school group in the South Gate Sunday School and I have helped her to secure speakers and have taken two hours myself aith her as interpreter. Chun Hui Kyun is a young man Mrs. Ludlow and Miss Shields were very much interested in and helped with English. When Miss Shields left I offered to take him and so he has been coming once a week. He likes to read the English Bible and so I let him do that first and he gets off on one on the many topics he is interested in and all I have to do is listen for he doesn't like to be interrupted. Dr. H. S. Lee has come a few times, once with a huge book on Skin Diseases under his arm, another time with a paper he had prepared for the Korea Medical Association and he wanted help. A few evenings ago when I was taking the evening report a young intern greeted me with "I'm a fresh intern" I tried to hide my amusement and we had a nice little talk and he practices on me when ever we meet.

Mrs. S. H. Lee is a woman with a temperament. When she wanted to enter the Chinju Hospital for training her husband, though he wasn't supporting her at all objected. She asked leave to go home for a few days. She came back soon with a very subdued man in tow and he said that he'd be glad if she entered training only please not let her come home any more. That was over twenty years ago and though there is still some of the old disposition left, yet she has developed some other qualities which make up for it. I helped her to take the

Bible Course at the center several years ago and she has done some good work as a Bible woman. One day, while calling in homes she found an old friend, a Severance graduate, who had become mentally unbalanced because of hard circumstances. There were two children in the family and Mrs. Lee took one of them to raise as her own. She managed alright while she was on salary but a few months ago she resigned as she didn't want to comply with certain regulations and so is without work. A nephew who is here in Medical College is willing to help her if she will give up the child. She has made her decision in favor of poverty and love instead of comfort and loneliness. I am helping the girl in Chung Sin Academy and as a mother, though twice removed, I am presented with very nice pieces of her hand work once or twice a year.

Kwon Tai Un, the lad who was for almost three years in our charity ward left last summer and went to the Suwon District. As Dr. McLaren and I had been helping along with extra money and food for the time of his hospitalization we said we would see him through the winter but couldn't do more. In December a letter came asking if he could have the money for the next three months in a lump sum then as he wanted to go into a little business for himself so that he would have some means of making a living when our help was cut off. Our hospital pastor was consulted and wrote him to be sure he knew how to set the deed for his one room house and also more details about the "chicken business" he was taking up. He replied that he was going to buy this house for thirty yen and with the remaining fifteen yen he would but a small supply of food stuffs a kitchen utensil or two and three hens. The hens could be outside in the day time and be in his room at night. He had it all figured out how many eggs he would get every day, how much he would get for their sale and the profit which was to be his living. We admired his undaunted independent spirit and so did as he asked. I would so much like to run down and see for myself how things are turning out. I am sure that no one goes away from his house without having been offered a tract and having had a testimony from Tai Uni.

Last month fourteen nurses were graduated and all had positions offered them. There is still a shortage of nurses in Korea and graduates from country hospitals as well as our own, are in great demand. There are twenty nurses in each of the two upper classes and a new class of 27 has just entered. Of these fifteen have finished high school and several, the third year. Two have been to Bible School and as they seem very fine girls, I am sure that they will be a great influence in the school. Miss Pak who was our matron and my assistant for two and a half years has had to give up because of poor health. In her place is a Kim Sei Chai has has the Public Health Course at St. Luke's Hospital, Tokyo and she is very much interested and cooperative. As the first year class is so large we have made three divisions of it for the Nursing Procedure hours and this means that the first class is at seven-thirty in the morning, directly after chapel. I much prefer smaller divisions but it makes a strenuous day.

Throughout the year I have carried my usual subjects - Nursing Procedures, Case Study Method, Contagious Disease Nursing, second year English, and Nursing Ethics. I have enjoyed this part of my assignment very much but with five wards to supervise in addition I often feel that I do not do justice to any part of the work. I have tried to hold up high ideals of Christian conduct and service to all and feel that some of the nurses have responded in a gratifying manner. Sometimes it seems that not much impression is being made by my efforts to have the time spent on the wards of real educational value and then I will find a nurse very much interested in the progress of her patient or maybe copying something which I have translated and put on the wards. Several graduates have asked for copies of my Ethics lessons.

I miss Miss Shields very much as my very near neighbor and good friend. Miss Lewis is a very nice substitute in the house and hospital. I marvel at the way she cheerfully gets up for seven o'clock prayers and this shows her devotion and adaptability. After being without a Korean Bible woman for a year it is a joy to have one again, Mrs. Chun who is a graduate of Sung Eui and a Methodist Seminary in Japan.

My prayer for the future is that I shall just "keep on keeping on" and make every day count in the masters service.

J. 리안 후퍼(미국 북장로교회 해외선교본부 총무)가 한국 선교부로 보낸 선교본부 편지, 제831호 (1939년 9월 25일)

(중략)

55% 급여 수당

"선교본부는 한국 선교부의 다음 회원에 대하여 55%의 급여 수당이 승인되었다고 기록하였다" (1939년 타자된 회의록, 81쪽):

(......)
로렌스 양
(......)

선교부는 상황이 그러한 허용을 보장하는 경우 55%를 허용할 권한이 있기 때문에 우리는 이미 선교본부의 결정이 선교부의 조치를 언급한 것이라는 사실을 귀 선교부의 실행위원회 간사에게 주의를 환기시켰다. 선교본부는 선교지 재무의 보고서를 보다 쉽게 확인할 목적으로 설명한다.

(중략)

J. Leon Hooper (Acting Sec., BFM, PCUSA),
Board Letter to the Chosen Mission, No. 831 (Sept. 25th, 1939)

(Omitted)

55% Salary Allowances

"The Board noted that 55% salary allowances were approved for the following persons of the Chosen Mission" (1939 Typed Minutes, page 81):

(......)
Miss Lawrence
(......)

We have already called the attention of your Executive Secretary to the fact that the Board action was one noting the action of the Mission, as the Mission has the authority to make a 55% allowance if the conditions warrant such an allowance. The Board makes notation for the purpose of checking the field treasurer's reports more easily.

(Omitted)

에드너 M. 로렌스(서울)가 친구들에게 보낸 편지
(1939년 10월 22일)

세브란스 병원,
일본 조선 서울,
1939년 10월 22일과 11월 2일[44]

친애하는 친구들,

여러분들께 편지를 쓴 지 꽤 오랜 시간이 흘렀음을 인정하지 않을 수 없습니다. 나는 나의 산속 오두막에서 아주 사랑스러운 한 달을 보내고 마음과 몸이 상쾌한 상태로 돌아왔습니다. 이번 여름에는 평소보다 비가 많이 내리지 않았고, 휴가철이 나에게는 더 큰 유익이 되었지만 이 불행한 나라에 재난과 기근을 가져왔습니다. 가난한 사람들에게는 매우 힘든 겨울이 될 것이며, 우리의 마음은 그들에게 동정심과 진정한 방법으로 그들을 돕고자 하는 진정한 열망으로 나갑니다. 8월 중순쯤 휴가를 마치고 돌아왔습니다.

서울은 매우 덥고 건조하였고, 나의 잔디밭과 정원에 있는 대부분의 꽃은 매우 슬퍼 보였습니다. 화분에 심은 식물은 나의 가정부가 충실하게 물을 주었고, 좋은 상태이었습니다. 물 공급의 제한이 없었지만 비가 거의 내리지 않아 상식적으로 조심하는 것이 좋습니다. 다시 집에 돌아와서 좋았고, 힘든 여행의 여파를 극복한 후 휴식을 취하고 병원에 갈 준비가 된 것을 느꼈습니다. 샤룩스 양은 거의 일주일 동안 해변으로 떠났고, 멜버른에서 2년 동안 공부하고 막 돌아온 손 양과 나는 거의 우리들만 남겨졌습니다.

---

44) 11월 2일자 편지는 10월 22일자 편지의 추신에 해당하는 부분이며, 따로 정리하였다.

Edna M. Lawrence (Seoul), Letter to Friends (Oct. 22nd, 1939)

Severance Hospital,

Seoul, Chosen, Japan,

October 22 and November 2, 1939

Dear friends: -

I must admit that quite a time has elapsed since I have written to you. I had a very lovely month in my cottage in the mountains and came back refreshed in mind and body. There was not the usual amount of rain this summer and though it made the holiday time one of greater benefit to me, it brought disaster and famine to this unfortunate country. This will be a very hard winter on the poor and our hearts go out in sympathy to them and a real desire to help them in a real way. I returned from vacation around the middle of August as my month was up then.

It was very hot and dry in Seoul and my lawn and most of the flowers in the garden looked very sad. The potted plants had been watered faithfully by my woman and were in good shape. There had been no water restrictions and yet with so little rain common sense advised being careful. It was good to be home again and after I got over the effects of the strenuous days of travel I felt rested and ready to go to the hospital. Miss Sharrocks left almost at once for a week at the beach and Miss Sohn who had just returned from two years study in Melbourne and I were left pretty much on our own.

에드너 M. 로렌스(서울)가 친구들에게 보낸 편지
(1939년 11월 2일)

11월 2일 - 여러분들께 이 편지를 쓰기 시작한 지 오랜 시간이 흘렀습니다. 협의회 주간 전에 끝내려고 하였지만 그렇게 할 수 없었습니다. 남아프리카의 제이콥스 양은 특히 선교사들을 위하여 동양의 여러 곳에서 집회를 가졌고, 이곳에 초대되었습니다. 나는 거의 모든 모임에 직접 참석할 수 없었지만, 우리 선교부 모임에 두 번 내빈으로 참석하였습니다. 제이콥스 양처럼 주님께 전적으로 헌신하고 성경에 대한 그녀의 지식과 사용이 놀라운 사람을 보거나 들은 적이 있는지 모르겠습니다. 그녀는 누구에게도 자신을 강요하지 않았지만 원할 때 개인 면담을 기뻐하였으며, 매우 자주 밤까지 이어졌습니다. 그녀는 한국의 부흥을 간절히 원하였고, 우리가 지금 극심한 시련을 겪고 있는 그리스도인들을 도울 수 있도록 그녀는 선교사들을 도우려고 노력하고 있습니다. 예를 들어, 새로운 규칙은 더 이상 일요일도 토요일도 없으며, 금요일이 두 번, 월요일이 두 번이므로 쉬는 날이 없을 것인데, 군인들이 쉴 수 없다는 근거로 왜 그래야 합니까? 어떤 곳에서는 목회자들이 그들의 교인들이 일요일 오후에 일하도록 해야 하고, 그렇게 하지 않는 사람들을 보고해야 한다고 생각하고 있습니다. 그런데 일요일에 몰래 일을 하던 옛 농부들이 지금은 주일이라서 할 수 없다고 항의하는 모습이 재미있습니다.

이번 가을에 4년 동안 맡고 있던 시료 병동 및 격리 병동을 포기하고 이제 남자과 여자를 위한 유료 병동과 소아 병동에 집중하면서 내 업무가 약간 변경되었습니다. 후자는 나에게 새로운 병동이므로 새로운 모험에 대한 흥미와 전율이 있습니다. 나는 교실에서 평소와 같이 가르치는 시간이 있고 손 양과 함께 모든 병동에서 감독관을 가르치고 있기 때문에 어느 한 병동에서 할애할 시간이 많지 않습니다. 지금은 많은 아이들과 부모님들이 있어서 친해지기가 매우 쉽습니다. 세브란스 여자 모임은 책과 장난감을 담을 용기도 샀고, 현관의 탁자와 의자도 중간중간 페인트 칠을 해서 아주 멋져 보였습니다. 아이들은 조각 그림 맞추기를 너무 좋아했고, 나는 안식년에서 가방이 거의 가득 찰 정도로 받았고 아직 조금 남아 있습니다.

나는 나이 든 사람들이 능력이 있을 때 읽고 쓰는 법을 배워야 한다고 주장하고 있으며, 그래서 우리는 부업으로 작은 학교를 운영하고 있습니다. 간호사들도 매우 관심을 갖고 저를 도와주고 있습니다. 병동에서 성경 이야기를 전할 시간이 있기를 바라는데, 당연히 준비하는 데에도 시간이 걸립니다. 많은 아이들과 상당히 많은 부모들이 병원에서 믿는 것을 배웁니다. 기독교를 처음 접하는 사람들의 질문에 신자들이 대답하는 것을 듣는 것은 좋은 일이며, 그들이 다른 사람들에게 진리를 설명하는 일을 할 때 나에게도 물론 도움이 됩니다.

일주일에 한 번씩 성경 공부를 하러 나에게 오는 청년이 있습니다. 몇 년 전 그의 가족이 매우 어려운 상황에 처했을 때, 러들로 부인과 쉴즈 양은 관심을 갖고 많은 도움을 주었습니다. 처음에 그는 나를 상대로 영어 회화 연습만 하고 싶어 하는 것 같았고 성경의 의미나 그가 읽고 있는 내용의 적용에는 별로 관심이 없었으며, 나는 그와 영적인 것에 대하여 토론할 수 없었습니다. 나는 화요일 저녁에 시간을 낼 수 없다고 그에게 정중하게 말할 준비가 거의 다 되었는데, 그의 태도가 바뀌었고 그가 마음을 열었으며 우리는 정말 좋은 대화를 나누었습니다. 그에게는 이 시대의 많은 다른 젊은이들과 마찬가지로 많은 문제를 가지고 있습니다. 그는 자신이 믿음을 잃었다고 말하지만 나는 그가 멀리서 따라와서 그의 구주와 친밀한 접촉과 교제를 하기만 하면 괜찮을 것이라고 믿고 있습니다. 내가 그를 도울 수 있고 그가 그의 동료들을 도울 수 있도록 기도해 주세요.

얼마 전 시골의 한 불구 소년이 감 한 상자를 나에게 보냈을 때 나는 큰 감동을 받았습니다. 그는 척추 결핵과 냉농양을 가지고 있었지만, 기꺼이, 그러나 고통스럽게 이웃의 과일을 위하여 며칠 동안 일하였고 나에게 한 상자를, 그리고 한 상자를 맥라렌 박사에게 보냈습니다. 나는 때때로 약간의 돈으로 그를 도와주고 있으며, 그는 누군가에게 상자를 우체국으로 운반하도록 하였지만 우편물을 직접 보러 갔고 아마도 거의 마지막 1센트까지 소비하였다고 나에게 썼습니다. 그가 집에 돌아왔을 때 그는 내가 보낸 돈이 그를 기다리고 있는 것을 발견하였습니다. 그는 겨울 옷이 너무 필요했고, 돈의 액수는 충분하였습니다. 나는 그의 믿음이 이 경험으로 강화되었다고 확신하고 있습니다. 그는 매우 부지런한 개인 일꾼입니다. 그는 병원에서 믿는 법을 배웠습니다.

나는 일주일에 여러 번 맹인 여성에게 마사지를 받고 있는데, 그녀는 정말 사랑스러운 기독교인입니다. 그녀는 어머니가 편찮으셔서 많이 힘들었지만, 그녀는 치료와 빨래 및 이것저것 챙겨주며 어머니를 모셨습니다. 그녀의 어머니는 얼마 전에 돌아가셨습니다. 가난 속에서도 헌금에 충실하였던 딸은 지금은 할 수 있는 모든 일을 감당하는 큰 축복을 받고 있으며, 얼마 전 선교회의 종

신회원이 되었습니다. 그녀는 또한 복습할 시간이 거의 없이 점자로 메모해야 했던 한 달 동안의 성경 과정을 성공적으로 마쳤습니다. 그녀는 한 과정에서 95점을 받았고, 다른 과정에서는 90점 이상을 받았습니다.

나는 글을 쓰지 않고 그런 시간을 보내게 해서 정말 미안합니다. 가장 마음에 품고 있는 것이 종이에 써서는 안 되는 것들이기 때문에 요즘 업무에 대하여 글을 쓰는 것이 쉽지 않습니다. 우리의 업무는 다른 '소동'으로 인해 다시 엉망이 되었습니다. 그래도 나는 내 시간을 최대한 활용하려고 노력하고 있으며, 그래서 내 친구들과 지지자들이 내게 준 믿음을 받을 자격이 있습니다. 이 어려운 시기에 오직 그리스도만이 주실 수 있는 깊은 마음의 평안을 주셔서 감사드립니다.

안녕히 계세요.
에드너 로렌스, 정규 간호사

Edna M. Lawrence (Seoul), Letter to Friends (Nov. 2nd, 1939)

November 2 - Such a long time has gone by since I started this letter to you. I tried to finish before the Conference week but was not able to do so. A Miss Jacobs of South Africa has been in different places in the Orient holding meetings, especially for the missionaries, and she was invited here. I was not able to attend nearly all the meetings myself but had two of our Mission as guests. I don't know when I have seen or heard anyone who seems so entirely yielded to the Lord as Miss Jacobs is and her knowledge and use of the Bible is marvelous. She never forces herself on anyone but was glad for personal interviews when desired and very often these ran away into the night. She is very desirous of a revival in Korea and so she is trying to help the missionaries so that we in turn can help our Christians who are now sorely tried. For instance, a new rule is that there shall be no Sunday any more nor Saturday, but two Fridays and two Mondays and so there will be no rest day, on the grounds that the soldiers can't have one, so why should they? In one place the pastors have to see to it that their people work on Sunday afternoon and I suppose report the ones who fail to do so. It is amusing, though, to see some of the old farmers who used to work on the sly on Sunday, now protest that they can't do so because it is the Lord's Day.

My work has been changed slightly this fall as I have given up the Charity and Isolation Wards which I have had for four years and now concentrate on the pay wards for men and women and the children's Ward. This latter is a new ward for me and so I have the interest and thrill of a new adventure. I have my usual amount of teaching in the classroom and, with Miss Sohn, I am teaching supervisor on all the wards so I really do not have much time to spend on any one ward. Right now there is a nice bunch of children and parents and so it has been very easy to become acquainted. The Severance Ladies' Club bought a case for books and playthings and also had the table and chairs for the porch painted mid it looks very nice. The children enjoy the Jigsaw puzzles so much and I was given almost a trunk full on furlough and have some left yet.

I insist that the older ones, when they are able, learn to read and write so we run a little school on the side, The nurses are very interested, too, and help me out. I hope to have time to tell Bible stories in the ward and that will take time for preparation, too, of course. Many of the children and quite a number of the parents learn to believe in the hospital. It is good to hear the believers answer the questions of those who have come in contact with Christianity for the first time and of course this helps me out, too, when they will take a hand in explaining the truths to others.

There is a young man coming to me once a week for Bible study. Mrs. Ludlow and Miss Shields both had taken an interest in him and helped him so much a few years ago when the family was in very difficult circumstances. At first he seemed to want only to practice his English on me and wasn't much interested in the meaning of the Bible or application of what he was reading and I hadn't been able to discuss spiritual things with him. I was almost ready to tell him politely that I could not give him my Tuesday evenings, when his attitude changed and he opened up and we had a real good talk. He has many problems, in common with many other young men in this day and age. He says that he has lost his faith but I believe it is just that he has been following afar off and needs only to come in close contact and communion with his Saviour and he will be all right. Do pray that I may be able to help him and that in turn he may help some of his companions.

I was greatly touched the other day when a box of persimmons came to me from a crippled boy in the country. He has a T. B. spine and a cold abscess and yet he willingly but painfully worked for a neighbor several days for the fruit and sent me a box and one to Dr. McLaren. I help him out with a little money every once in a while and he wrote me that he had had someone carry the boxes to the Post Office for him but that he had gone himself to see about the mailing and probably spent almost his last cent in doing so. When he came back home he found my money waiting for him. He needed some winter clothing so much and the amount was just enough. I am sure his faith was strengthened by this experience. He is a very diligent personal worker. He learned to believe in the hospital.

I am having massage from a blind woman several times a week and she is such a lovely Christian. She had a very hard time while her mother was sick but she took care of her all herself, coming home tired out from giving treatments and doing her mother's washing and other things for her. Her mother died not long ago. Now the daughter, who was faithful in her contributions even in her poverty, is being greatly blessed by having all the work she can handle and she has just recently become a Life Member of her Missionary Society. She has also just successfully completed a month's Bible course having had to take her notes in the Braille and with almost no time to review, She received 95 in one course and over 90 in the other.

I really am sorry to have let such a time go by without writing. It is not easy to write about the work these days as the very things you have most on your heart are the ones that must not go on paper. Our work has been upset again by different "commotions." I do try to make the best use of my time, though, and so merit the faith that is put in me by my friends and supporters. I am so thankful for the deep peace of heart which Christ alone can give in these troubled times.

Affectionately yours,
Edna Lawrence, R. N.

에드너 M. 로렌스(서울), 개인 보고서의 발췌 (1940년 1월 9일)

일본 조선 서울,
1940년 1월 9일

개인 보고서의 발췌

'내 영혼아 여호와를 송축하라 내 속에 있는 것들아 다 그의 거룩한 이름을 송축하라' 내 영혼아 여호와를 송축하여 그의 모든 은택을 잊지 말지어다².'45) 지난 6개월을 돌이켜보면 나는 그분의 모든 육체적, 물질적, 그러나 무엇보다도 영적인 은혜에 참으로 감사드립니다. 이번 가을에 많은 사람들의 마음이 감동을 받고 소생되었으며, 나의 마음도 그 가운데 있었습니다. 나는 그분의 용서하시는 사랑에 감사하고 찬양합니다.

얼마 전 어느 날, 항상 쉴즈 양을 올려다보던 한 불쌍한 친구가 복도에서 나를 만나 그녀에 대하여 묻더니 그녀가 없는 병원은 그저 텅 빈 곳이라고 전해달라고 말하였습니다. 확실히 우리 모두가 그녀를 그리워합니다. 그래도 한국인들이 얼마나 씩씩하게 일을 잘 해내고 있는지 보기 좋습니다.

며칠 전 저녁에 입원과의 소년과 문지기가 모두 낮 동안 입원하지 못한 매우 아픈 여자를 보기 위하여 나를 찾고 있었습니다. 그들은 무료 병상이 없어 그녀를 4등실로 입원시킬 수 없는지 병원장에게 물어보기를 원하였습니다. 당시에는 불가능하였지만 그녀는 그곳에서 편안하게 지내고 따뜻한 음식을 받았습니다. 아홉 살 내지 열 살 된 그녀의 어린 소녀는 그녀가 죽을 때까지 남은 몇 밤 동안 그녀의 어머니와 함께 잤습니다. 그 아이는 세브란스 전도 부인의 집으로 들어갔습니다.

한 거지 소년이 병원에서 5개월 동안 치료를 받고 퇴원할 준비가 되었습니다. 그러나 그에게는 갈 집이 없었습니다. 고아원은 고관절 결핵 때문에 그를 데려갈 수 없었고, 그는 병동의 침상에서 견뎌서는 안 됩니다. 추운 겨울에 소년을 데리고 나갈 올바른 방법이 없다는 것이 분명해졌고, 물론 아무도 소년을 내보내고 문을 잠그려 하지 않았습니다. 그래서 낮에는 병동을 돌아다니며 식판에 남은 음식을 먹고, 밤에는 거지 친구와 잠을 잤습니다.

---

45) 시편 132편의 앞 부분이다.

모든 환자의 공통된 불만은 "난방기가 왜 뜨겁지 않습니까?"이었는데, 당시 병원에서 겨울 내내 병원을 따뜻하게 유지하는 데 필요한 석탄을 구입할 수 없었고 지금 석탄을 모두 사용하였다면 한두 달 안에 문을 닫아야 할 것이라고 설명해야 합니다.

방학 기간 동안 나의 숙소에서 정규 간호사들을 위한 특별 모임이 열렸습니다. 우리가 특별한 모임을 가진 것은 꽤 오래되었으며, 간호사들이 영적인 것에 굶주린 것처럼 보였습니다. 모든 사람이 업무나 질병 때문에 매일 밤 올 수는 없었지만, 왔던 많은 사람들이 축복을 받고 새로운 정신으로 업무를 수행하고 있습니다. 이번 주에는 학생 간호사들을 위한 모임이 있는데, 그들은 더 높은 차원에서 살기를 열망하는 것 같습니다. 그들이 모두 하나님의 축복을 받고 이 위대하고 궁핍한 기관의 환자들과 나머지 직원들을 도울 수 있기를 바라고 기도드립니다.

에드너 로레스, 정규 간호사

Edna M. Lawrence (Seoul), Selection from Personal Report (Jan. 9th, 1940)

Seoul, Chosen, Japan
January 9, 1940.

Selection from Personal Report

"Bless the Lord, O my soul, and all that is within me, bless His Holy Name; bless the Lord, O my soul: and forget not all His benefits". In looking back over the past six months I am indeed grateful for all His benefits physical, material, but most of all spiritual. Many hearts have been touched and revived this fall and mine has been among them and I just thank and praise Him for His forgiving love.

One day not long ago a poor fellow, who was always looking up Miss Shields, met me in the hallway and asked about her and then he said to please tell her that the hospital was just an empty place without her. She certainly is missed by all of us. It is good to see, though, how well the Koreans are carrying on her work and with the some spirit, too.

A few evenings ago both the Admitting office boy and the gatemen were looking for me to see about a very sick woman who had not been admitted during the day. They wanted me to ask the Superintendent if she could not be taken in fourth class as there were no free beds. This wasn't possible at the time but she was made comfortable there and given some hot food. Her little girl of nine or ten years of age slept with her mother for the few remaining nights until she died. The child was taken then into the home of the Severance Bible woman.

A beggar boy was cared for in the hospital for five months and then he was ready for discharge. But he had no home to go to. The orphanages could not take him because of his T. B. hip and he should not be holding up a bed in the ward. It became clear that there was no right way to get the boy out in the cold of winter and no one of course, was willing to put him out and lock the door. So he is around the wards in the daytime, eating the leftover food on the trays and sleeping with a beggar pal of his at night.

The common complaint of all of our patients is "Why are the radiators not hot?" and then I have to explain that the hospital hasn't been able to buy the necessary coal to keep the hospital warm all during the winter and if it used the coal all up now it would have to close its doors in a month or two.

Special meetings were hold for the graduate nurses in my home during the vacation period. It has been some time since we have had special meetings and the nurses seemed hungry for spiritual things. Not all were able to come every night because of duty or illness but the goodly number who came were blessed and are going about their duties in a new spirit. This week there are meetings for the student nurses and they do seem anxious to live on a higher plane. I am hoping and praying that they may all receive the blessings which God has for them and that then they may help the patients and the rest of the staff of this great and needy institution.

Edna Lawrence, R. N.

에드너 M. 로렌스(서울), 연례 개인 보고서 (1940년 5월 14일)

연례 개인 보고서[46]

1940년 5월 14일

하나님이여 나를 살피사 내 마음을 아시며 나를 시험하사 내 뜻을 아옵
소서: 내게 무슨 악한 행위가 있나 보시고 나를 영원한 길로 인도하소서.
시편 139장 23~24절

올해의 마지막 6개월은 나에 대하여 진지하고 자주 자기 성찰을 하였습니다. 그것은 나의 인생에서 몇 가지 현실에 직면하게 하였고, 하나님께서 그분의 말씀을 통하여 나에게 말씀하시는 것에 의해 기꺼이 내 마음을 살피고 시험받게 되었다는 점에서 좋은 한 해이었습니다. 나는 그분의 사랑과 신실하심으로 나를 대하시고 나를 갈보리까지 인도하신 것에 대하여 그 분에게 감사하고 찬양하고 싶습니다. 나는 십자가 이쪽에서는 나의 부끄러움과 두려움을 알고, 저쪽에서는 측량할 수 없는 기쁨을 알고 있습니다. 나는 하나님과 나 사이, 그리고 동료들과 나 사이의 모든 것을 바로잡으려고 노력해 왔습니다. 나는 주님과 함께 걷고 이야기하며 성령께서 내 삶을 다스리실 때, 앞으로의 길이 나에게 많은 소중한 경험들을 안겨준다는 것을 알고 있습니다.

나는 우리 주변의 상황이 매우 열악한 상황에서도 거의 평소처럼 병원 업무를 수행할 수 있다는 사실에 매우 감사해하고 있습니다. 가장 큰 어려움은 매우 필수적인 약물, 특히 살균제의 부족, 침구용 면 소재의 부족, 종종 담요 구입이 불가능하다는 것입니다. 또한 근무 시간이 짧고 다른 곳에서 훨씬 좋은 임금을 받을 수 있는 병동 간호사를 고용하는 것도 어려웠습니다. 더 좋은 일이 나타날 때까지만 머물겠다는 생각을 가지고 오는 사람들은 자신들로부터 충성심이 기대된다는 사실을 모르고 있으며, 병원도 충성심을 갖기를 바랄 수 없습니다. 쌀을 사기 어려운 경우가 많아 병원 주변에 머물고 있는 환자의 친척이 크게 늘어났고, 우리 주방의 많은 음식 쟁반은 한 명 이상의 친구와 공유되고 있으며, '먹는 사람'이 없는 일부 환자가 남기는 음식은 매우 빠르게

---

46) 세브란스와 관련한 로렌스의 마지막 연례 보고서이다.

소비되고 있습니다. 하루 종일 그리고 대부분의 밤에 맴돌고 있는 이 구름떼 같은 증인들은 놀랍고도 두렵게 곧 병원 곳곳에서 길을 찾을 수 있으며, 비록 그들이 환자에게 매우 유용하기는 하지만 그들이 멸균실 밖에서, 멸균 물품을 조작하지 않고 있지 않을 것이기 때문에 간호사들에게는 큰 성가심이 됩니다.

내가 볼 때 지난 한 해 동안 병원 간호에는 큰 진전이 없었습니다. 그러나 두 명의 새로운 직원이 추가되면서 미래는 더욱 밝아 보입니다. 8월에는 호주에서 약 2년 동안 졸업 후 연수 과정을 마친 손옥순[47] 양이 합류하였습니다. 그녀는 그곳에서 자신의 시간을 잘 활용하였고 그곳에서 시간을 보내며 얻은 모든 혜택을 우리에게 주려고 노력하였습니다. 그녀가 시도한 쇄신이 모두 좋은 반응을 얻지 못하였기 때문에 그것은 다소 너무 빠른 것 같습니다. 그녀는 기숙사 사감이자 병동 감독에서 나의 보조자로 임명되었으며, 길고 힘든 시간을 보냈습니다. 그녀는 최근 기숙사 업무에 대하여 매우 심각한 실망감을 느꼈지만 이는 그녀의 순종과 권위에 대한 존중이라는 매우 높은 이상과 그녀 자신이 가진 어느 정도의 미성숙함 때문이라고 할 수 있습니다. 그녀는 여러 번 정규 간호사들과 원탁 토론을 하였습니다. 그녀의 호주 억양은 매우 즐겁습니다. 캐나다 연합교회의 플로렌스 테일러 양이 10월에 우리에게 왔습니다. 그녀의 주된 임무는 어학 연수이며, 그녀는 특실을 담당하며 여러 가지 방법으로 우리를 돕고 격려해 왔습니다.

나의 강의 조교이자 사무실 간호사인 김세재 양은 자신의 가정을 돌보기 위하여 1월에 우리를 떠났습니다. 그녀의 자리에는 수간호사 중에서 이미 매우 훌륭하게 업무를 수행해왔던 전 부인이 선택되었습니다. 그녀는 도쿄에 있는 성누가 병원의 공중 보건 과정을 졸업하였으며, 가르칠 훌륭한 자격을 갖추고 있습니다. 그녀의 남편은 적어도 3년 동안 군대에 복무하였고, 그녀와 그녀의 어린 아들은 병원 근처에 살고 있습니다. 그녀는 상냥한 기독 여성이며, 그녀와 밀접한 동료가 된 것은 큰 기쁨입니다. 그는 그다지 강인하지 않기 때문에 가능한 한 그녀를 소중히 하려 노력하고 있습니다.

10월에 내가 감독하는 병동이 바뀌었고, 이로 인하여 사무실도 바뀌는 것이 바람직해지면서 상당한 이동이 있었습니다. 나의 사무실은 예전에는 격리 병동의 여자 시료병동에 있었는데, 지금은 본관에 병동이 있어서 사무실도 옮기기 편하였고 격리병동을 맡고 있던 하우저 양도 그 사무실을 사용하게 되었습니다. 그때부터 내가 담당하는 병동은 남녀 유료 병동과 소아 병동이었습니

---

47) 손옥순(孫玉順)은 1936년 졸업생이다.

다. 후자 병동은 나에게 유일하게 새로운 병동이었고 나는 환자들과 친해지려고 노력하기 시작하였습니다. 나는 아이들을 돌보는 경험을 거의 갖지 못하였고, 아이들과 잘 지내는 데 능숙하지 않다고 생각하여 어떻게 시작해야 할지 궁금했습니다. 누군가가 나에게 찬장이 놓여 있는 현관으로 걸어 올 수 있는 아이들을 위하여 그날의 장난감을 달라고 요청하고, 올 수 없는 아이들이 자신들의 요청을 보내었을 때 나에게 대단히 행복한 기회가 시작되었고, 그래서 우리는 빨리 친해졌습니다. 아이들은 모두 대단히 친절하며, 그런 다음 그들의 어머니들과 친해지는 것은 매우 짧은 단계입니다. 우리의 '인기 있는 입원 환자'는 현관의 거지 소년인데, 최소한 1년 정도 입원하여 지난 겨울에 퇴원하였지만, 갈 곳이 없어 그냥 길거리로 보내 겨울을 나게 할 수 없었습니다. 몇 주일 전에 나는 그의 행복한 집을 떠나는 주제로 그에게 다가갔는데, 의사가 그의 몸통에 깁스를 하여 전혀 돌아다닐 수 없다는 것을 발견하였습니다. 그는 아직 입원 환자가 아니기 때문에 딱딱한 벤치에 누워 있어야만 했는데, 항상 행복하고 하나님께서 자신을 신뢰하는 사람들을 돌보실 것이라는 그의 믿음이 대단히 강한 것 같습니다. 그는 음식이 담긴 쟁반을 가져서는 안 되지만 어떻게든 어떤 사람이 하루에 세 번씩 그에게 가져다줍니다. 세브란스 여자 모임은 병동에 장난감 찬장을 기증하였는데, 정말 필요한 것을 채워주는 것이었습니다. 나는 그것으로부터 잃어버린 물건이 거의 없으며, 원래 빌린 사람이 퇴원할 때 안전하게 보관하라며 환자에게 준 장난감을 종종 건네줍니다.

정기적으로 장난감을 나누어주는 시간은 회진이 끝난 후입니다. 어느 날 아침 대표들이 나를 기다리고 있었는데, 그들은 한 번이라도 이 규칙을 어길 수는 없으며 밤새도록 힘든 시간을 보내고 몹시 괴로워하고 있는 아이에게 다른 무엇인가를 주도록 요청하였습니다. 여러분은 요청이 승인되었다는 것을 확신할 수 있습니다. 장난감 외에도 책도 대여하고 있습니다. 가장 인기 있는 것 중에는 천로역정, 어린이의 삶, 예수 이야기가 있으며, 한글 또는 일본어로 제공되고 있습니다. 학교 공부를 모두 일본어로 하였기 때문에 한글을 모르는 아이들이 꽤 많다는 것을 알았습니다. 부모들이 책을 빌려달라는 요청이 자주 있습니다. 한 아버지는 예수 이야기와 시편을 읽었습니다.

두 명의 어린이가 병원에 입원한 후 집을 찾았습니다. 순철이는 그의 어머니가 태어나자마자 돌아가셨기 때문에 아주 어린 시절에 우리에게 왔습니다. 그는 사랑스러운 아이이었지만 그의 눈이 좁은 틈에 불과했기 때문에 집을 찾는 것이 쉽지 않았습니다. 그러나 며칠 전 그는 좋은 사람들의 마음에 들어 떠났습니다. 귀양이는 애처로운 영양실조를 앓는 상태로 내원하였습니다. 그는

[더글러스 B.] 에비슨 박사의 보살핌으로 빠르게 호전되었고, 그의 가정 상태를 조사한 결과 그를 다시 돌려보내는 것은 매우 현명하지 못한 것처럼 보였습니다. 과부인 그의 어머니는 하인으로 일하고 있는데, 큰 두 자녀를 데리고 있어 그들이 아기도 데리고 있는 것을 허락하지 않을 것입니다. 그래서 엄마는 마지못해 아기를 입양하는 데 동의하였고, 곧 좋은 가정을 찾았습니다. 그녀는 아이의 미래 복지를 염두에 두고 있었기에 아이를 내보내는 것이 매우 어려웠지만 그를 놓아주었습니다. 그는 어느 날 밤 늦게 나갔는데, 새 엄마는 그가 너무 조용해서 벙어리가 될까봐 두려웠다며 몹시 괴로워하면서 다음 날 그를 다시 데리고 왔습니다. 그는 나를 보자마자 데려가 달라고 팔을 뻗고 우스꽝스러운 변명을 하기 시작하였으며, 병원에 있는 동안의 오락이었던, 자신이 가장 좋아하는 교통 상황을 볼 수 있도록 창가로 데려가 달라고 요구함으로써 자신이 그렇지 않다는 것을 곧 증명하였습니다.

이제 한국인 아이들이 외국인을 보고 놀라서 우는 경우는 거의 없습니다. 그들이 나의 안경이나 병원 기장을 만지기 위하여 손을 뻗는 것이 훨씬 더 일반적인 일입니다. 이러한 변화는 어머니들의 교육과 우리와의 교제를 통하여 이루어졌습니다. 두려움은 그들의 작은 마음에 심어져 있으며, 자연스럽지 않습니다.

나는 평소와 마찬가지로 병동의 청결에 큰 관심을 가지고 있습니다. 수간호사는 이 일에 많은 도움을 주지만 청소부들이 항상 업무를 할 수 있게 하여 청결을 유지할 만큼의 충분한 권한을 가지고 있지 않으며, 그것은 병동을 환자와 직원을 위한 안전한 곳으로 만드는 데 필요합니다. 병동은 너무 붐비고 환자가 바뀔 때마다 침대와 탁자를 청소할 시간이 거의 없는 경우가 많습니다. 최근에는 특실에 있더라도 병원 본관에 있으면 격리 병동에 있어야 하는 환자를 돌보는 데 또 다른 문제가 발생하고 있습니다. 폐결핵 환자는 곳곳에서 발견되는데, 우리의 문제는 간호사가 그들을 간호하는 동안 어떻게 보호해야 하는가입니다. 몇 가지 더 전염성이 있는 환자가 진단이 알려진 후에 입원되거나 남아 있는 경우가 있는데, 어떻게 해야 하는가가 문제입니다.

나는 조수와 함께 일 년 내내 간호법 강의의 버거운 일정을 수행해 왔습니다. 우리는 학생들을 능숙하고 신뢰할 수 있는 사람으로 만들기 위하여 최선을 다하였으며, 대부분의 간호사들이 이에 반응하였습니다. 또한 나는 간호윤리, 증례 연구 및 영어 한 강의를 가르치고 있는데, 모두 즐거웠으며 간호사들에게 도움이 되었기를 바라고 있습니다. 나의 새로운 진정한 경험의 자연스러운 결과는 우리 한국인 간호사들도 그것을 가지고 있기를 바라는 것입니다.

12월에는 졸업생 간담회, 1월에는 재학생 간담회가 진행되었습니다. 부흥 집회를 한 지 오랜 시간이 지나서 결과는 뚜렷하지 않았지만 낙담하지 않고 4월에 다시 부흥 집회를 계획하였습니다. 이번에는 1학년과 2학년 학생의 대부분, 그리고 3학년 중에서 몇몇이 축복을 받아 나의 마음을 기쁘게 한 실제 결과가 나왔습니다. 불행하게도 상급반은 그들의 마음 속에 다른 생각이 있어 하나님의 말씀에 마음을 열 수 있는 상태가 아니었습니다. 그들은 사감을 학교에서 내보내려고 함께 뭉쳤고, 누구든지 나와서 축복을 받는 것은 그녀의 삶만큼 가치 있는 일이었습니다. 그러나 한 용감한 소녀가 그렇게 하여 전체 집단의 힘을 꺾었습니다. 너무 반항적이어서 학급이 집단 퇴학을 당할 위기에 처하였으나, 대신 학교에 있으면서 가벼운 처벌을 받게 되어 정말 다행입니다. 학급으로서 그들은 여전히 회개하고 있지 않지만 적어도 그들은 업무를 하고 있으며 우리는 그들과 함께 개인적인 일을 할 기회를 갖고 있습니다.

3월 말에 26명의 새로운 학급을 받았습니다. 올해는 지원자가 거의 없었고 단지 31명뿐이어서 선발이 가장 어려웠습니다. 이 소녀들 중에는 장로교회 지역에서 온 17명이 있었는데, 우리 선교부의 선천과 재령 학교 모두 몇 명을 보냈습니다. 한 소녀는 특히 어렸을 때 입은 화상으로 인하여 두 손과 발이 심하게 불구가 되었기 때문에 운이 좋았습니다. 그녀는 이미 왼손을 수술하였고 여름 동안 오른쪽 손을 수술할 예정입니다. 간호사가 되겠다는 그녀의 결심으로 그녀는 수많은 힘든 나날들을 견디어 냈고, 최소한 병동에서 시도하지 않은 일은 많지 않을 것입니다. 그녀는 얼굴이 너무 화창해서 그녀의 상처 난 손은 별로 관심을 끌지 못합니다. 대구의 작은 사립 학교에서 시험을 치르러 온 소녀는 개인 면담을 가질 때까지 합격할 기회가 없었습니다. 위원회가 그녀에게 더 많은 질문을 할수록 그녀의 기회는 더 높아졌는데, 그녀는 매우 정중하게 대답하였고, 또한 그녀가 필요한 과목을 이수한 것 같았고 '2년의 고등보통학교 또는 그에 상응하는' 조항에 따라 받아들여질 수 있다고 우리를 설득할 수 있었기 때문입니다. 스톡스 박사가 부흥 집회에서 그녀를 면담하였을 때 그녀의 첫 번째 질문은 "어떻게 하면 예수님을 기쁘시게 할 수 있습니까?"이었고, 두 번째 질문은 "매일 성경을 몇 장이나 읽어야 합니까?"이었습니다. 며칠 전에 나는 조용한 시간을 가지느냐고 물었더니 아침저녁으로 온 방의 학생들이 이것을 지키고 있다고 말하였습니다.

기관 내에서 일하는 것 외에도 한국인과의 접촉을 통하여 나는 나의 시간에 많고 진정 즐거운 요청을 받고 있습니다. 어떤 식으로든 고 씨 자매를 돕는 것은 언제나 큰 기쁨입니다. 나는 우리 집을 사회 봉사 부거점인 S. S. S.

그림 40. 1940년도 졸업생. 로렌스가 가르친 마지막 졸업생이다.

S.라고 부르며, 그것은 여러모로 쓰이고 있습니다. 많은 어려움에도 불구하고 그들의 업무와 영향력을 확대하려고 계획하는 그들의 용기를 보면 나는 많은 어려움에도 불구하고 나의 일을 계속할 수 있다는 용기를 얻습니다. 그들이 입주하고 있는 새 집은 또한 그들의 업무를 위한 본부이기도 합니다. 부활절 때에, 개인 기생집에서 구출된 어린 재성이라는 새 식구가 가족에 추가되었습니다. 그녀는 이 행복한 계절에 실제로 새로운 삶을 시작하였으며, 미래의 정착(?) 간호사로 언급됩니다. 나는 영어 공부를 위한 세브란스 의학전문학교 학생들의 수업을 매우 기쁘게 생각합니다. 그 반에는 3명이 있는데, 모두 상당한 정도로 알고 있으며 자유롭게는 아니지만 그 안에서 대화할 수 있습니다. 그들은 자신의 주제를 선택하며, 우리는 봄철, 가축에 대하여 이야기하였으며, 다음 시간에는 환자에 대한 의사의 올바른 태도에 대하여 이야기하였습니다. 전문학교의 교수 중 한 명이 영어 회화를 하러 오기 시작하였고, 또 다른 한 명은 요한복음 공부를 계속하고 있습니다. 수년 동안 영적으로 물질적으로 러들로 부인과 쉴즈 양에게 도움을 받아온 전 씨는 1년 넘게 영어 성경 공부를 위하여 나를 찾아왔습니다. 그는 의심이 많았지만 하나님의 말씀이 그를 붙잡고 있어서 그는 믿음을 포기할 수 없으며, 이제 다시 그리스도인이 되기 위하여 진심으로 노력하는 것 같습니다. 그는 로마서를 같이 공부하고 싶다고 해서 한 달에 두 번 오는데, 내가 최선을 다해 도와주고 있습니다.

나는 내가 이곳에서 그들의 대표로 있게 해준 선교본부와 고국의 모든 친구들에게 매우 감사해하고 있습니다. 나는 매일의 업무를 수행할 수 있도록 건강과 원기를 더해 주신 것과 사랑이 많으신 하나님 아버지께서 나에게 베풀어 주신 모든 물질적, 영적 축복에 감사드립니다. 이 축복을 다른 많은 사람들과 나누는 것이 내 삶의 진지한 소망입니다. 나는 '그분의 영광을 위하여' 매일 살고 싶습니다.

삼가 제출합니다.
에드너 M. 로렌스, 정규 간호사

1940년 5월 14일

Edna M. Lawrence (Seoul), Annual Personal Report (May 14th, 1940)

Annual Personal Report

May 14, 1940

Search me, O God, and know my heart: Try me, and know my thoughts: And see if there be any wicked way in me, And lead me in the way everlasting.

Pa. 139 23~24

The last six months of this year have been ones of sincere and frequent heart searchings for me. It has been a good year in that it has brought me face to face with some realities in my life and I was made willing to have my heart searched and tried by God speaking to me through His Word. I want to thank and praise Him for His loving and faithful dealings with me and for leading me all the way to Calvary. I know the shame and fear that was mine on this side of the cross and the unmeasurable joy on the other side. I have tried to make right everything between God and myself and my fellow-men and myself. I know that the road ahead holds many precious experiences for me as I walk and talk with my Lord and have the Holy Spirit in control of my life.

I am very grateful, indeed, that with conditions around us so upset we have been able to carry on the work of the hospital almost as usual. The main difficulty is the shortage of some very essential drugs especially antisepties, the scarcity of cotton materials for bedding and the impossibility often of buying blankets. It has also been difficult to employ ward attendants for they can receive much better wages elsewhere with shorter hours. The men who come with the idea of staying only until something better turns up do not know that loyalty is expected of them and the hospital can not hope to have it. Since it is often difficult to buy rice the number of relatives of patients staying around the hospital has increased greatly and many trays of food from our kitchen are shared with one or more friends and the food which may be left by some patient with no "eaters" is very quickly consumed. This cloud of witnesses who are around all day and most of the night are surprisingly and alarmingly soon able to find their way all around the hospital and though they make themselves very useful to the patient they are a great annoyance to nurses as they will not stay out of the sterilizing room and tamper with sterile supplies.

There has been no great advance in the nursing in the hospital this past year that I can see. However, as two new members have been added to the staff the future is looking brighter. In August, Miss Ok Soon Sohn joined the staff after having had almost two years post-graduate study in Australia. She had made good use of her time there and tried to give us all the benefit of her time there, a little too quickly and rapidly it seems, as her reforms have not all been well received. She was appointed as dormitory matron and my assistant in ward supervision and as such has put in many long, strenuous hours. She has recently had a very severe disappointment in the dormitory work but this can be put down to her very high ideals of obedience and respect for authority and a degree of immaturity on her part. Several times she lead Round Table discussions with the graduate nurses. Her Australian accent is very pleasing. Miss Florence Taylor of the United Church of Canada came to us in October. Her chief assignment is language study out she has had charge of the Private Pavilion and has helped and encouraged us in many ways.

My classroom assistant and office nurse Miss Sei Chai Kim left us in January to take charge of a home of her own. In her place was chosen from the head nurses one who had already given us very good service, Mrs. Chun. She is a graduate of the St. Luke's Medical Center in Tokyo, Public Health Course, and is well qualified to teach. Her husband is with the army for a period of three years, at least, and she and her small son live close to the hospital. She is a sweet Christian woman and it is a joy to be so closely associated with her. He is'nt very strong and so an effort is made to spare her as much as possible.

In October, my supervising wards were changed, and as this also made a change in office advisable there was quite a move. My office had been in the Women's Free Ward of the Isolation Building but now with wards in the Main Building, only, it was convenient to move the office also and so allow Miss Hauser, who was taking over the Isolation Building, use that office. My wards from that time have been the Men's and Women's Pay Wards and The Children's Ward. The latter ward was the only new one to me and I set about becoming acquainted with the patients. I have had very little experience in caring for children and also considered that I had no knack for getting along with them and so was wondering how to begin. A very happy opening came for me when someone asked me to give out the play-things for the day for all the children who could walk came to the porch where the cupboard is placed and the ones who couldn't come sent in their requests and so we became quickly acquainted. The children are all so very friendly and then it is a very short step to make to become acquainted with the mothers. Our "star boarder" is a beggar lad on the porch who has been in for about a year at least, he was discharged last winter but as he had no place to go and we couldn't just send him out on the street he stayed through the winter. A few weeks ago I went up to approach him on the subject of leaving his happy home and found that the doctor had put a body cast on him and he couldn't get around at all. As he still isn't an admitted patient he just has to lie on a hard bench and is always happy and his faith seems very strong that God will take care of those who trust in Him. He is not supposed to have a tray of food but somehow one gets to him three times a day. The play-thing cupboard was given to the ward by the Severance Ladies' Club and fills a real need. I have lost very few things from it and am often handed in a toy which was given to a patient for safe keeping when the original borrower was discharged.

The regular time for giving out toys is after Rounds. One morning I was waited on by a delegation with the request that just for this once couldn't the rule be broken and something given to a child who had had a bad night and was suffering very much. You may be sure that the request was granted. Besides toys, books are loaned out. Among the most popular are Pilgrim's Progress, Child Life and Stories of Jesus either in Korean or Japanese. I found that there were quite a number of the children who did not know the Korean script having done all their school work in Japanese. There are frequent requests from parents to borrow a book. One father read Stories of Jesus and the Psalms.

Two children found homes from being in the hospital. Soon Chuli came to us very early in life as his mother died at his birth. He was a dear child but it was not easy to find him a home as the openings for his eyes were mere slits. However a few days ago he won his way into the hearts of some nice people and has left. Kui Yangie was brought in with a pitiful case of malnutrition. He improved rapidly under Dr. Avison's care and then his home conditions were investigated and it seemed very unwise to send him back again. His mother, a widow, is working as a servant and has the two older children with her out they will not allow the baby, also. So the mother reluctantly gave her consent to adopt out the baby and soon a good family was found. It was very hard to let the child go out as she had his future welfare at heart, she let him go. He was taken out late one night and the new mother brought him back the next day in great distress as she said he was so quiet that she was afraid he was a dumb mute. He soon proved that he wasn't for as soon as he saw me be out out his arms to be taken and began to make his funny little excuses for words and demanded to be taken to the window so he could watch the traffic, his favorite pastime while in the hospital.

It is very seldom now that Korean children will cry in fright when they see a foreigner. It is much more the usual thing to have them reach out to touch my glasses or hospital pin. This change has come about through the education of the mothers and their association with us. The fright has been implanted into their little minds and is not natural.

I am as usual, greatly interested in the cleanliness of the wards. The head nurses do help a great deal in this and yet they do not have quite enough force to keep the cleaners always and always on the job and it takes this to make the wards safe places for the patients and staff. The wards are over-crowded and often here is very little time to clean beds and tables between patients. Recently there is another problem of the care of patients who should be in the Isolation Ward when they are in the Main Hospital, even if they were in private rooms. Patients with pulmonary tuberculosis are to be found all over and our problem is how to protect the nurses while they are nursing them. A few other more contagious cases are some times put in or left in after the diagnosis has been known and just what to do is the question.

With my assistant I have carried the heavy schedule of Nursing Procedures through the year. We have done our best toward making our students skillful and trustworthy and most of the nurses have responded. In addition I have been teaching Nursing Ethics, Case Study and one class of English and have enjoyed them all and hope that the nurses have been helped. A natural result of my own new heart experience is the desire that our Korean nurses have it, too. Meetings were held for the graduates in December and for the students in January. As it had been a long time since revival meetings had been held the results were not very apparent but I was not discouraged but planned meetings and again in April. This time there are real results to gladden my heart, for most of the first and second year nurses were blessed and a few among the third year. Unfortunately the senior class had something else on their minds and were in no condition to open up their hearts to God's message. They had banded together to try to get the matron out of the school and it was almost as much a her life was worth for any one to come out reaching a blessing. One brave girl did so, however and so broke the strength of the whole group. They were so rebellious that they came very near being expelled as a class but I am very glad that they could be kept in the school and receive lighter punishment instead. As a class they are still not repentant but at least they are on duty and we have a chance of doing personal work with them.

The last of March a new class of twenty-six were accepted. There were very few applications this year, only thirty-one and so it made choice most difficult.

Among these girls there are seventeen from the Presbyterian Church territory and both our Syenchun and Chairyung schools sent several. One girl is especially plucky for she is badly crippled in both of her hands and her feet by burns received as a child. She has had her left hand operated on already and will have the right one done during the summer. Her determination to be a nurse carries her through many trying days and there are not many things that she will not at least attempt to do on the wards. Her face is so sunny that her scarred hands do not attract much attention. A girl who came to try the examinations from a small private school in Taiku hadn't a ghost of a chance of being accepted until the personal interview. The more the committee questioned her the better her chances became for she answered so politely and also was sole to convince us that though her school had but twenty pupils and one teacher that she seemed to have covered the necessary subject and so could be accepted under the clause "two years of high school or its equivalent". When Dr. Stokes interviewed her during the revival meeting her first question was "How can I please Jesus" and the second, "How many chapters in the Bible should I read every day". I asked her about keeping the quiet hour a few days ago and she said her whole room were keeping it morning and evening.

Aside from the work withing the Institution I have many and truly enjoyable calls on my time through contacts made with Koreans. It is always a great pleasure to help the Koh sisters in any way possible. I call my home the S. S. S. S. that is the Social Service Sub-Station and as such it is used in many ways. I am encouraged to keep on with my own work in spite of many difficulties when I see their courage for in the face of many obstacles they are planning to enlarge their work and influence. The new home they are occupying is also the headquarters for their work. At Easter time a new member was added to the family, little Chai Sungi who was rescued from a private dancing home. She indeed started life anew at this happy season and is spoken of as the future Settlement nurse. I am very happy to have a class of Severance Medical students for the study of English. There are three in the class and all know a fair amount and can converse in it though not freely. They choose their own topics and we have talked on Spring Time. Domestic Animals and for the next hour have The Proper Attitude of the Doctor to his Patient. One of the professors in the College has started coming for English conversation and another is continuing his study of the Gospel of John. Mr. Chun, who has been helped spiritually and materially by Mrs. Ludlow and Miss Shields for many years has been coming to me for English Bible for over a year. He has many doubts and yet the Word of God has such a hold on him that he cannot give up his faith and seems now to be again sincerely striving to be a Christian. He said that he would like to study Romans with me and so he comes twice a month and I do my best to help him.

I am very grateful to the Board and all the friends at home who make it possible for me to be here are their representative. I am thankful for good health and strength for the daily round of duties, and for all the material and spiritual blessings showered upon me by my loving Heavenly Father. To share these blessings with many others is the sincere desire of my life. I want to live every day "for his glory".

Respectfully submitted,
Edna M. Lawrence R. N.

May 14, 1940

J. 리안 후퍼(미국 북장로교회 해외선교본부 총무)가 한국 선교부로 보낸 선교본부 편지, 제838호 (1940년 10월 28일)

(중략)

55% 급여 조정

"금년에 기혼 부부 급여의 55%를 다음 사람들에게 지급하는 한국 선교부의 조치가 기록되었다. 릴리언 로스 양, A. 도리스 양, C. 매큔 양, H. 코빙턴 양, A. A. 피터스 목사, M. E. 하트니스 양, E. M. 로렌스 양, E. O. 드캠프 목사, R. J. 켄지 양, D. F. 헨드릭스 양, L. P. 헨더슨 부인." (선교본부 결정 - 1940년 10월 21일)

(중략)

J. Leon Hooper (Acting Sec., BFM, PCUSA), Board Letter to the Chosen Mission, No. 838 (Oct. 28th, 1940)

(Omitted)

55% Salary Adjustments

"Record was made of the action of the Chosen Mission granting 55% of a married couple's salary to the following persons for the current year: Miss Lillian Ross, Miss A. Doriss, Miss C. McCune, Miss H. Covington, Rev. A. A. Pieters, Miss M. E. Hartness, Miss E. M. Lawrence, Rev. E. O. De Camp, Miss R. J. Kenzie, Miss D. F. Hendrix, Mrs. L. P. Henderson." (Bd. Ac. - Oct. 21, 1940)

(Omitted)

일제의 에드너 M. 로렌스 체포 사건
Arrest of Edna M. Lawrence by Japan

19401122
J. 리안 후퍼(미국 북장로교회 해외선교본부 대리 총무)가
한국에서 안식년으로 나와 있는 선교사들에게 보낸 편지
(1940년 11월 22일)

1940년 11월 22일

친애하는 동료들,

　오늘 아침 우리는 에드너 로렌스 양이 무조건 석방되었고 그녀에 대하여 제기된 모든 혐의가 근거가 없다는 전보를 서울에서 받았습니다. 전보에는 로렌스 양이 가능한 한 빨리 떠날 것이라고 적혀 있습니다.

　이것은 우리 모두에게 큰 위안이 되며 그녀가 풀려난 것을 크게 기뻐할 수 있는데 그녀가 불필요한 경험을 겪어야 했던 것을 유감스럽게 생각합니다.

(중략)

J. Leon Hooper (Acting Sec., BFM, PCUSA),
Letter to the Missionaries on Furlough from Chosen
(Nov. 22nd, 1940)

November 22, 1940

Dear Friends: -

This morning we received a cable from Seoul stating that Miss Edna Lawrence had been unconditionally released and that whatever charges had been brought against her were unfounded. The cable says that Miss Lawrence will be leaving as soon as possible.

This comes as a great relief to all of us and we can greatly rejoice that she has been released and can only regret that this unnecessary experience had to come to her.

(Omitted)

일본인들이 미국인 선교사를 배에서 내리게 하다.
New York Herald Tribune (뉴욕 주 뉴욕 시) (1940년 11월 22일)

일본인들이 미국인 선교사를 배에서 내리게 하다.

호놀룰루, 11월 21일 (AP) - 일본에서 미국으로 돌아오던 일군(一群)의 미국인들은 오늘 캘리포니아 주 온타리오의 에드너 로렌스 양이 요코하마에서 일본 선박 야와타 마루에서 체포되어 일본의 군법인 치안유지법을 위반한 혐의로 기소되었다고 이곳에서 보고하였다.

46세인 로렌스 양은 20년 동안 한국 서울의 세브란스 의학전문학교에서 근무해 왔다. 야와타 마루에 탑승한 승객인 동료 미국인들은 그녀가 요코하마에서 배에 승선하였다고 말하였다.

미국인들은 주일 미국 대사인 조셉 C. 그루[48]가 당시 배에 승선하여 몇몇 친구들과 작별을 고하였으며, 사건을 통보받았다고 보고하였다. 그들은 그가 일본 정부에 문제를 제기할 것으로 이해하였다고 말하였다. 오늘 야마토 마루가 도착하였다.

최근 도쿄의 영자신문인 '더 저팬 애드버타이저'를 일본 국영 '저팬 타임즈'에 매각한 벤자민 W. 플라이셔는 미국과 일본 사이에 전쟁이 일어난다면 그것은 대서양 측의 문제 때문일 것이라고 오늘 말하였다.

그는 대담에서 "나는 일본이나 미국의 정부나 국민이 전쟁을 원한다고 생각한 적이 없습니다."고 말하였다. "우리가 대서양 측에 관여할 가능성이 있으며, 그럴 경우 일본은 추축국[49]에 대한 서약 때문에 참여할 것이라고 생각합니다."

플라이셔 씨는 미국으로 돌아가는 길에, 자신의 신문을 팔도록 강요받지는 않았지만 전체주의 정부 하에서 일본의 관점 외에는 신문에 들어갈 여지가 없다고 말하였다.

---

48) 조셉 C. 그루(Joseph Clark Grew, 1880~1965)는 덴마크 주재 미국 대사(1920~21년), 스위스 주재 미국 대사(1921~24년), 미국 국무부 차관(1924~27년), 터키 주재 미국 대사(1927~32년), 일본 주재 미국 대사(1932~41년) 및 미국 국무부 차관(1944~45년)을 역임하였다.

49) 추축국(樞軸國)은 제2차 세계 대전 당시 나치 독일, 이탈리아 왕국 및 일본 제국을 중심으로 침략 전쟁을 일으킨 진영을 의미한다.

발행인은 일본의 팽창주의자인 외무대신 마츠오카 요스케가 자신에게 일본이 '미국을 적대시하려는 것이 아니라 억제하기 위하여' 추축국에 합류하였다고 말하였다고 보도하였다.

플라이셔 씨는 계속해서 "그는 저에게 두려움을 표현하였습니다. 미국이 참여하면 그것은 문명의 붕괴인 아마겟돈이 될 것입니다. 그러나 어떻게든 참여하지 않으면 미국은 문명을 구할 것입니다. 미국에게는 세상에서 그렇게 할 가장 큰 의무가 있습니다."

Japanese Take U. S. Missionary Nurse Off Ship.
New York Herald Tribune (New York City, New York) (Nov. 22nd, 1940)

Japanese Take U. S. Missionary Nurse Off Ship.
Woman Seized at Yokohama, Passengers Say, Charged Under Military Statute

Honolulu, Nov. 21 (AP) - A group of Americans returning to the United States from Japan reported here today that Miss Edna Lawrence of Ontario, Calif., had been removed from the Japanese ship Yamato [sic] Maru at Yokohame and charged with violating Japan's peace preservation law, a military statute.

Miss Lawrence, forty-six years old, had served twenty years at the Severance Medical Union School at Seoul, Korea. The group of fellow Americans, passengers on the Yamato Maru, said she boarded the ship at Yokohama.

The Americans reported that Joseph C. Grew, American Ambassador to Japan, was aboard the ship at the time, bidding farewell to some friends, and was informed of the incident. They said they understood he planned to make representations to the Japanese. government. The Yamato Maru arrived here today.

Benjamin W. Fleisher, who recently sold "The Japan Advertiser," Tokio English-language newspaper, to the government-owned "Japan Times," said today that if war between the United States and Japan came it would be because of trouble on the Atlantic side.

"I've never thought the government or the people either of Japan or America wanted war," he told interviewers. "I do think there is a possibility that we may be involved on the Atlantic side, and in that case Japan would be in because of her pledge to the Axis."

Mr. Fleisher, on his way back to the United States, said he was not forced to sell his newspaper, but that he could see there was no room under totalitarian government for a paper with anything but a Japanese viewpoint.

The publisher reported that Japan's expansionist Foreign Minister, Yosuke Matsuoka, told him Japan joined the Axis "in the hope of restraining America, not of antagonizing her."

"He expressed to me the fear," Mr. Fleisher continued, "that if America comes in, it will be an Armageddon, the collapse of civilization, but that if - no matter how - she stays out, she will save civilization. She has the greatest duty in the world to do that."

19401122

온타리오 여자의 자매인 로렌스 양. *The Los Angeles Times* (캘리포니아 주 로스앤젤레스) (1940년 11월 22일), 1쪽

온타리오 여자의 자매인 로렌스 양

온타리오, 11월 21일 - 일본 당국에 억류되었다고 보도된 간호 선교사인 에드너 M. 로렌스는 온타리오의 조지 M. 마한 부인의 여동생이다.

로렌스 양의 사역은 리버사이드 노회가 후원하는데, 그녀를 기리기 위하여 에드너 M. 로렌스 회(會)라는 이름을 지었다.

Miss Lawrence Sister of Ontario Woman. *The Los Angeles Times* (Los Angeles, Ca.) (Nov. 22nd, 1940), p. 1

Miss Lawrence Sister of Ontario Woman

Ontario, Nov. 21. - Edna M. Lawrence, missionary nurse reported held by Japanese authorities, is a sister of Mrs. George M. Mahan of Ontario.

Miss Lawrence is supported in her duties by the Riverside Presbytery, which named the Edna M. Lawrence Guild in her honor.

19401122

미국으로 귀국 중인 선교사가 체포되다. *The San Bernardino County Sun* (캘리포니아 주 샌버너디노) (1940년 11월 22일), 13쪽

미국으로 귀국 중인 선교사가 체포되다
에드너 M. 로렌스가 도쿄의 치안유지법 위반 혐의로 기소되다.

한국에서 20년 동안 선교사이자 간호사로 활동해 온 온타리오의 에드너 M. 로렌스 양이 일본의 군사 법령인 치안유지법 위반 혐의로 요코하마에서 여객선에서 하선 당한 것으로 어제 알려졌다.

일본 여객선 야와타 마루 호에 타고 있던 다른 승객들은 11월 13일 배가 요코하마 항구를 떠나기 2시간 전에 일본 당국에 의하여 로렌스 양이 체포되었다고 전하였다. 그들은 어제 호놀룰루에서 하선하면서 사건을 보고하였다.

귀국하도록 지시를 받다

샌버너디노와 온타리오 교회를 포함하는 장로교회의 리버사이드 노회의 후원을 받는 46세의 로렌스 양은 한국 서울에 있는 세브란스 의과전문학교에서 일을 하고 있었다. 그녀는 전쟁 상황 때문에 귀국하라는 지시를 받았다.

주일 미국 대사 조셉 C. 그루는 친구들에게 작별 인사를 하며 기선에 탑승하였고 체포 사실을 통보 받았다. 그는 일본 정부에 즉각 대응하겠다고 약속하였다고 미국인 승객들이 이야기하였다.

요코하마 경찰은 그녀의 체포 영장이 서울의 일본 당국에 의해 발부되었다고 이야기하면서 혐의에 대해서는 밝히지 않았다.

짐을 배에서 내리다

그녀의 짐은 배에서 내려졌으며, 그녀는 상륙한 후 한국으로 이송될 것으로 추정되었다.

로렌스 양은 분명히 요코하마에서 기선을 탔다고 그들은 말하였다.

선교사는 지난 20년 동안 여러 번 온타리오로 돌아왔다. 그녀는 온타리오 웨스트민스터 장로교회에 있는 그녀의 이름을 딴 모임의 도움을 받았다.

그녀의 언니인 조지 마한 부인은 온타리오 4가(街) 웨스트 649에 거주하고 있다.

Missionary en route back to U. S. Arrested. *The San Bernardino County Sun* (San Bernardino, Ca.) (Nov. 22nd, 1940), p. 13

Missionary En Route Back to U. S. Arrested

Edna M. Lawrence Accused of Violating Tokyo's Peace Preservation Statute

Miss Edna M. Lawrence of Ontario, a missionary and nurse in Korea for 20 years, was removed from a passenger ship at Yokohama and charged with violating Japan's peace preservation law, a military statute, it was learned yesterday.

Fellow passengers on the ship, the Japanese liner Yawata Maru, reported Miss Lawrence had been seized Nov. 13 by Japanese authorities two hours before the vessel was due to leave Yokohama harbor. They reported the incident when they disembarked at Honolulu yesterday.

Ordered Home

Under the sponsorship of the Riverside presbytery of the Presbyterian church, which includes San Bernardino and Ontario churches, Miss Lawrence, 46 years old, was employed at the Severance Medical Union school at Seoul, Korea. She had been ordered home because of the war situation.

Joseph P. Grew, U. S. ambassador to Japan, was aboard the liner, bidding farewell to friends, and was informed of the arrest. He promised to make immediate representations to the Japanese government, the American passengers reported.

Yokohama police cast no light on the reasons for the charge, reporting that the warrant for her arrest came from Japanese authorities at Seoul.

Baggage Removed

Her baggage was removed from the ship and it was presumed that after she was taken ashore she was to be removed to Korea.

Miss Lawrence apparently had boarded the liner at Yokohama, they said.

Several times in the last 20 years the missionary returned to Ontario for visits.

Her work was aided by a guild, bearing her name, at the Westminster Presbyterian church in Ontario.

Her sister, Mrs. George Mahan, resides at 649 West Fourth street, Ontario.

19401123

온타리오의 선교사가 석방되다. *The San Bernardino County Sun* (캘리포니아 주 샌버너디노) (1940년 11월 23일), 11쪽

온타리오의 선교사가 석방되다

목요일 저녁 요코하마에서 일본 정부 관리들에 의해 억류된 것으로 보고된 온타리오의 한국 파송 선교사인 에드너 M. 로렌스 양은 '무조건 석방'되었으며, 예약되는 대로 귀국할 예정이다.

어제 온타리오 4가 웨스트 647에 살고 있에 있는 그녀의 언니인 조지 M. 마한 부인이 뉴욕 해외 선교본부의 총무 대행인 J. L. 후퍼로부터 온 전보를 통하여 그러한 취지의 전언을 받았는데, 그는 선교본부가 온타리오 주민의 석방을 전보로 통보받았다고 말하였다.

목요일 호놀룰루에서 알려진 소식에 따르면, 증기선 야와타 마루의 승객들은 그곳에 도착하자마자, 1920년부터 한국 서울의 세브란스 연합의학전문학교와 병원에서 간호 선교사로 봉사해 왔던 로렌스 양이 일본의 치안법을 위반하였다는 혐의로 체포되어 11월 13일 요코하마 항을 출발하기 2시간 전에 배에서 강제 하선 당하였다고 말하였다.

승객들은 주일 미국 대사인 조셉 C. 그루가 항해 중이었으며 로렌스 양의 이익을 돌보겠다고 약속했다고 보고하였다.

로렌스 양의 한국 사역은 리버사이드 노회의 후원을 받았으며, 그녀의 이름을 딴 웨스트민스터 장로교회의 에드너 M. 로렌스 회(會)가 빈번하게 기부하였다.

어제 마한 부인은 미국 여자와 어린이를 동양에서 철수시키라는 미국 국무부의 제안에 따라 그녀의 여동생은 증기선 야와타 마루를 타고 11월 27일 샌프란시스코로 귀환할 예정이라고 얼마 전 선교본부로부터 통지를 받았다고 말하였다.

그녀는 목요일 밤 체포되었다는 소식을 받기 전까지 로렌스 양으로부터 아무 소식도 듣지 못하였다. 그녀는 선교 사업을 시작한 이후 여러 차례 안식년을 받아 귀국한 바 있다.

Missionary of Ontario Freed. *The San Bernardino County Sun* (San Bernardino, Ca.) (Nov. 23rd, 1940), p. 11

Missionary of Ontario Freed

Miss Edna M. Lawrence, Ontario missionary to Korea, who Thursday evening was reported held by Japanese government officials at Yokohama, has been "released unconditionally" and will sail for home as soon as bookings can be arranged.

Word to that effect was received yesterday by her sister, Mrs. George M. Mahan, 647 West Fourth street, Ontario, in a telegram from J. L. Hooper, acting secretary for the Board of Foreign Missions in New York, who said the board had been notified by cable of the Ontarian's release.

Dispatches Thursday from Honolulu said that passengers on the S. S. Yawata Maru revealed on arriving there that Miss Lawrence, who had served since 1920 as a missionary nurse at the Severance Medical Union school and hospital at Seoul, Korea, had been arrested for asserted violation of the Japanese "peace preservation law" and removed from the ship on Nov. 13 two hours before it was due to leave Yokohama harbor.

The passengers reported that Joseph P. Grew, United States ambassador to Japan, was at the sailing and had promised to look after Miss Lawrence's interests.

Miss Lawrence's work in Korea was sponsored by the Riverside Presbytery and the Edna M. Lawrence guild of Westminster Presbyterian church, named in her honor, was a frequent contributor.

Mrs. Mahan said yesterday she was notified some time ago aby the foreign mission board that in compliance with a suggestion of the state department of the United States to the effect that American women and children be removed from the Orient, her sister was being returned on the S. S. Yawata Maru, due in San Francisco Nov. 27.

She had heard nothing from Miss Lawrence until she received word of her arrest Thursday night. She has been home on furlough several times since she commenced her missionary duties.

온타리오 출신의 간호사가 일본에서 석방되다. *The Los Angeles Times* (캘리포니아 주 로스앤젤레스) (1940년 11월 23일), 8쪽

온타리오 출신의 간호사가 일본에서 석방되다
11월 13일 체포된 선교사의 무조건 석방이 승인되다

온타리오, 11월 22일 - 11월 13일 요코하마에서 체포된 한국으로 파송된 온타리오 출신 간호 선교사인 에드너 M. 로렌스가, 그녀의 언니 조지 M. 마한 부인이 오늘 이곳에서 받은 소식에 따르면 무조건 석방되었다.

마한 부인은 뉴욕의 해외 선교부 총무인 J. L. 후퍼로부터 로렌스 양의 석방을 알리는 전보를 받았으며, 예약이 되는 대로 배를 타고 귀국할 것이라는 전보를 받았다.

마한 부인은 얼마 전에 그녀의 여동생이 모든 미국 여자와 어린이들이 동양을 떠나라는 국무부의 권고에 따라 귀국 중이었으며, 11월 27일 샌프란시스코에 도착할 예정인 야와타 마루 호에 승선하였다고 선교본부로부터 통지받았다.

동양에서 미국으로 돌아온 미국인들은 어제 호놀룰루에서 로렌스 양의 체포에 대하여 말하였다. 46세의 온타리오 여자는 일본의 치안유지법을 위반한 혐의로 기소되었다. 그녀는 한국 서울에 있는 세브란스 의학전문학교에서 20년 동안 봉사해 왔다.

그림 41. 에드너 M. 로렌스.

Ontario Nurse Freed in Japan.
The Los Angeles Times (Los Angeles, Ca.) (Nov. 23rd, 1940), p. 8

Ontario Nurse Freed in Japan

Unconditional Release Granted Missionary Arrested on Nov. 13

Ontario, Nov. 22.- Edna M. Lawrence, Ontario missionary nurse to Korea, arrested Nov. 13 at Yokohama, has been unconditionally released, according to word received here today by her sister, Mrs. George M. Mahan.

Mrs. Mahan received a telegram from J. L. Hooper, Secretary of the Board of Foreign Missions, New York, stating he had received a cable of Miss Lawrence's release and that she would sail for home as soon as bookings can be arranged.

Mrs. Mahan was notified by the Board of Missions some time ago that her sister was being returned in compliance with the State Department's suggestion that all American women and children leave the Orient and that she was on the S.S. Yawata Maru, due in San Francisco Nov. 27.

A group of Americans returning to the United States from the Orient told yesterday in Honolulu of Miss Lawrence's arrest. The Ontario woman, 46, was charged with violating Japan's peace preservation law. She had served for 20 years at the Severance Medical Union School at Seoul, Korea.

선교사의 귀환이 결정되다. *The Pomona Progress Bulletin* (캘리포니아 주 포모나) (1940년 12월 3일), 5쪽

선교사의 귀환이 결정되다

온타리오, 12월 3일 - 11월 13일 일본 관리들에게 체포되어 며칠 동안 국제적인 문제의 야기를 위협하였던, 온타리오 출신 한국 파송 선교사인 에드너 M. 로렌스 양이 목요일 요코하마에서 배를 타고 12월 16일 브리티시 컬럼비아 주 밴쿠버에 도착할 것이라는 소식이 오늘 이곳에서 접수되었다. 이 소식은 로렌스 양의 언니인 4가 웨스트 647의 조지 M. 마한 부인이 뉴욕의 장로교회 해외 선교부로부터 받은 것이다. 로렌스 양은 캐나다 태평양 정기선인 엠프리스 오브 러시아 호를 타고 항해할 예정이다.

그녀는 지난 달 한국에서 20년을 보낸 뒤 귀국하기 2시간 전에 체포되었다. 혐의는 '일본 치안 유지법 위반'이었다. 그녀는 다시 요코하마에서 한국으로 끌려갔고 조셉 그루 대사는 조사를 약속하였지만, 며칠 후 그녀는 풀려났다. 그녀는 공산주의 활동으로 고발당하였다는 사실을 알게 되었다.

Missionary's Return Set.

The Pomona Progress Bulletin (Pomona, Ca.) (Dec. 3rd, 1940), p. 5

Missionary's Return Set

Ontario, Dec. 3 - Word had been received here today that Miss Edna M. Lawrence, Ontario missionary to Korea whose arrest by Japanese officials November 13 threatened international complications for several days, will sail for home from Yokohama Thursday, arriving in Vancouver, B. C., December 16. The information was received by Miss Lawrence's sister. Mrs. George M. Mahan of 647 W. 4th street, from the Presbyterian board of foreign missions in New York. Miss Lawrence will sail on the Empress of Russia, a Canadian Pacific liner.

She was arrested last month two hours before she was to sail for home after spending 20 years in Korea. The charge was "violation of the Japanese peace preservation law." She was taken from Yokohama to Korea again and Ambassador Joseph Grew promised to investigate, but a few days later she was released. It was learned that she was accused of Communistic activities.

미국인 간호부장 로렌스의 치안유지법 위반에 관한 건.
경기도 경찰부장 발신 경고특비 제3094호, 경무국장, 각도
경찰부장, 경성지방법원 검사정 수신 (1940년 12월 19일)

경고특비 제3094호
　　소화 15년 12월 19일
　　　　경기도 경찰부장

경무국장　殿
경성지방법원 검사정　殿
　　미국인 간호부장 로렌스의 치안유지법 위반에 관한 건
　　對 소화 15년 12월 7일부 경고특비 제60호 (경무국 만)

국적　　미국 캘리포니아 주 온타리오 시 649
주거　　경성부 남대문통 5정목 115
　　　　세브란스병원 간호부 감독
　　　　에드너 엠. 로렌스 당 47세

　　위 사람에 대한 취조 상황에 관해서는 대호기보[대응되는 번호의 앞선 보고]의 것(검사정[귀관]에 대해서는 별지 사본) 본건은 취조의 진전에 의해 증인 박창빈이 자기의 이익을 위하여 부실한 증언을 했던 것으로서, 로렌스는 아무런 범죄 사실 없음이 판명되었음으로써, 불기소 의견을 붙여 12월 18일 1건의 기록만 관할 경성지방법원 검사(귀)국에 송치하였다.

　　위 보고를 함

　　추이 경무(귀)국에는 본건 의견서 사본 1부 첨부함

A Case Regarding the Violation of the Japanese Peace Preservation Law by American Nursing Superintendent, Edna M. Lawrence. Document from Chief of Police of Gyeonggi Province to Prosecutor of Seoul District Court (Dec. 19. 1940)

京高特秘 第三〇九四號

　　昭和 十五年 十二月 十九日

　　　　京畿道 警察部長

警務局長　殿

京成地方法院 檢事正　殿

　　米人 看護婦長 ロ-レンスノ 治安維持法 違反ニ 關スル 件

　　對 昭和 十五年 十二月 七日附 京高特秘 第六十号 (警務局ノミ)

國籍　　米國 加洲 オンタリオ市 六四九

住居　　京城府 南大門通 五丁目 一一五

　　　　セブランス病院 看護婦 監督

　　　　エンナメ- ロ-レンス 當 四十七年

　　右者ニ 對スル 取調ノ 狀況ニ 関シテハ對號既報ノ 處(檢事正[貴官]ニ 對シテハ 別紙寫) 本件ハ 取調ノ 進展ニ 依リ 證人 朴昌濱カ 自己ノ 利益ノ 爲ニ 不實ノ 證言ヲ 爲シタルモノ ニシテ 「ロ-レンス」ハ何等 犯罪 事實ナキコト 判明スルニ至リタルヲ以テ 不起訴 意見ヲ 附シ 十二月 十八日 一件 記錄ノミ 所轄 京城地方法院 檢事(貴)局ニ 送致シタルニ 付

　　右 報告ス

　　追而 警務(貴)局ニハ 本件 意見書寫 壹部添付ス

선교사가 12월 26일 도착한다. *The San Bernardino County Sun* (캘리포니아 주 샌버너디노) (1940년 12월 24일), 12쪽[50]

선교사가 12월 26일 도착한다.

온타리오, 12월 23일. - 지난 11월 13일 일본에서 공산주의 활동을 주장하였다는 이유로 억류되었다가 풀려난, 온타리오 주 출신의 한국 파송 선교사인 에드너 M. 로렌스 양은 현재 달러 라인 소유의 클리블랜드 호를 타고 귀국 중에 있으며 12월 26일 샌프란시스코에 도착할 예정이다.

그것은 오늘 그녀의 언니인 조지 M. 마한 부인(4가 웨스트 647)이 받은 소식이다.

로렌스 양은 모든 여자와 어린이들은 동양을 떠나라는 국무부의 권고에 따라 11월 초에 집을 떠나 요코하마에서 탔던 일본 정기선 야와타 마루에서 강제로 내려져 자신이 세브란스 의학전문학교와 병원에서 20년 동안 간호 선교사로 봉사해 왔던 한국 서울로 송환되었다.

후에 온타리오 출신 사람에 대한 혐의가 사실이 아님이 입증되었으며, 그녀는 12월 16일 캐나다 태평양 정기선인 엠프리스 오브 러시아 호를 탈 것이라고 말하였다. 이 정기선이 영국 정부에 의해 운행이 중단되었을 때, 로렌스 양은 달러 회사의 정기선을 타고 항해하였다고 한다.

---

50) 같은 기사가 다음의 신문에도 실렸다. Edna M. Lawrence to Land Thursday. *The Los Angeles Times* (Los Angeles, Ca.)(Dec. 24th, 1940), p. 21

Missionary to Arrive Dec. 26. *The San Bernardino County Sun* (San Bernardino, Ca.) (Dec. 24th, 1940), p. 12

Missionary to Arrive Dec. 26
(Special Staff Correspondence)

Ontario, Dec. 23. - Miss Edna M. Lawrence, Ontario missionary to Korea, who was detained in Japan on Nov. 13, last, for asserted communistic activities, but later released, is now en route home on the S. S. President Cleveland of the Dollar line and due to arrive Dec. 26 in San Francisco.

That was the word received today by her sister, Mrs. George M. Mahan, 647 West Fourth street.

After sailing from home early in November in compliance with a recommendation of the state department that all women and children leave the Orient, Miss Lawrence was removed at Yokohama from the Japanese liner Yawata Maru and returned to Seoul, Korea, where for 20 years she had served as a missionary nurse at the Severance Medical school and hospital.

Later word said the charges against the Ontarian had been disproved and that she would say Dec. 16 on the Canadian Pacific liner, S. S. Empress of Russia. When this liner was taken out of service by the British government, Miss Lawrence is said to have sailed on the Dollar liner.

일본인에 의해 억류된 온타리오 출신의 선교사가 내일 도착한다.

The Los Angeles Times (캘리포니아 주 로스앤젤레스)
(1940년 12월 28일), 21쪽[51]

일본인에 의해 억류된 온타리오 출신의 선교사가 내일 도착한다.

온타리오, 12월 27일 - 한국으로 파송된 온타리오 출신의 선교사이며, 최근 국제적인 사건의 당사자인 에드너 M. 로렌스 양은 일요일까지 샌프란시스코에 도착하지 않을 것이다.

그것은 그녀의 언니인 4가 웨스트 647의 조지 M. 마한 부인이 소식을 받은 후 오늘 발표한 것인데, 로렌스 양이 12월 14일 일본에서 출항하여 어제 샌프란시스코에 도착하기로 예정되었던 프레지던트 클리블랜드 호는 태평양 횡단 항로가 3일 지연되었다.

(중략)

Ontario Missionary, Detained by Japanese, Arrives Tomorrow.
The Los Angeles Times (Los Angeles, Ca.) (Dec. 28th, 1940), p. 21

Ontario Missionary, Detained by Japanese, Arrives Tomorrow

Ontario, Dec. 27. - Miss Edna M. Lawrence, Ontario missionary to Korea and recently the principal of an international incident, will not reach San Francisco until Sunday.

That was the announcement today of her sister, Mrs. George M. Mahan, 647

---

51) 같은 기사가 다음의 신문에도 실렸다. Missionary Due to Land Sunday. *The San Bernardino County Sun*(San Bernardino, Ca.)(Dec. 28th, 1940), p. 12

W. Fourth St., following receipt of word that the S. S. President Cleveland, on which Miss Lawrence sailed from Japan Dec. 14, and which was due in San Francisco yesterday, has been delayed three days in its trans-Pacific passage.

While en route home on the Japanese liner Yawata Maru, Miss Lawrence was arrested at Yokohama by Japanese authorities on Nov. 13, and charges of communistic activities placed against her. these were later proved false and the missionary was unconditionally released, according to press dispatches.

정기선(定期船)이 새로운 피난민을 운송한다. *Oakland Tribune* (캘리포니아 주 오클랜드) (1940년 12월 30일), 3쪽[52]

정기선(定期船)이 새로운 피난민을 운송한다.
프레지던트 클리블랜드 호는 많은 저명 인사와 함께 샌프란시스코에 정박하다

동양을 출발한 클리블랜드 프레지던트 호는 개인적인 삶의 어려움에도 불구하고 미국에 있는 것을 기쁘게 생각하는 또 다른 피난민들을 싣고 어제 샌프란시스코에 정박하였다.

몇 주 전 국무부의 경고 이후 다른 배들과 마찬가지로 어린이들과 선교사들이 붐비는 승객 명단에서 많이 차지하였다. 이 명단에는 사행(私行) 중인 영국 해군 제독, 헤비급 권투 선수, 15명의 해군 아내, 수십 명의 사업가, 그리고 전 세계를 두 번이나 다녀온 노란 눈을 가진 잿빛 금발 고양이인 '퍼피'도 포함되어 있다.

다른 승객들 사이에서 단순히 '배의 파수꾼'으로 알려진 앨버트 피터스 제독은 자신의 신분을 인정하고, 12월 1일 동양에서의 임무를 마치고 '전투에 참여'하기 위하여 집으로 돌아가고 있다고 말하였다. 그는 자신이 어느 곳으로 파견될지 모른다고 말하였다.

남편이 배의 파수꾼으로 불렸을 때 매우 즐거웠다고 말한 피터스 부인은 영국으로 가고 싶어하는 것 같았다.

"당연히 집에 가고 싶어요." 그녀는 확신을 가지고 말하였다. "나 자신도 조금은 전투원입니다."

캘리포니아 온타리오의 에드너 M. 로렌스 양은 요코하마에서 일본 선박 야와타 마루에서 체포되어 일본의 '치안 유지법'을 위반한 혐의로 일시적으로 구금되었던 간호 선교사인데, 면담을 거부하였다.

그녀는 일을 재개하기 위하여 한국으로 돌아가고 싶다고 말하였고, 어떠한 언급을 하는 것도 현명하지 못할 것이라고 생각하였다. 공산주의 활동에 대한

---

52) 같은 기사가 다음의 신문에도 실렸다. Evacuees Reach San Francisco. Santa Barbara News Press (Santa Barbara, Ca.)(Dec. 30th, 1940), p. 2; Missionary, Held by Japan Reaches U. S. The San Bernardino County Sun(San Bernardino)(Dec. 30th, 1940), p. 2

죄와 관련된 혐의는 기각되었다.

권투 선수는 마닐라에서 루이 로건을 1회에 녹아웃시켜 승리한 잭 로퍼이었다.

탑승한 68명의 어린이들은 성탄절에 산타클로스의 방문을 받았고, 전통적인 '장식'과 함께 명절 저녁 식사를 하였다.

Liner Brings New Refugees.
Oakland Tribune (Oakland, Ca.) (Dec. 30th, 1940), p. 3

Liner Brings New Refugees

President Cleveland Docks in S. F. with Crowd of Notables

The liner President Cleveland docked in San Francisco yesterday, from the Orient, bringing another load of evacuess glad to be in America despite unheaval in their personal lives.

Children and missionaries predominated on the crowded passenger list, as on other ships since the state Department warning of several weeks ago. The list also included a British Navy admiral, traveling incognito, a heavyweight fighter, 15 Navy wives, scores of business people and "Putty," an ash-blond cat with yellow eyes, which has been twice around the world.

Rear Admiral Albert Peters, known among fellow passengers merely as "the ship's watchman," admitted his identity, said he had ended an assignment in the Orient December 1 and was going home to "get in on the fighting." He said he had no idea where he would be sent.

Mrs. Peters, who said she was mightily amused when her husband was addressed as ship's watchman, appeared eager to be on her way to England.

"Certainly I want to get home," said she with conviction. "I'm a bit of a fighter myself."

Miss Edna M. Lawrence of Ontario, Calif., missionary nurse who was removed from the Japanese ship Yawata Maru at Yokohama and detained temporarily on charges of violating Japan's "peace preservation law," declined to be interviewed.

She said she hoped to return to Korea to resume her work, and felt that any comment from her would be unwise. The charges, said to involve accusations of Communist activities, were dismissed.

The fighter was Jack Roper, who won from Louis Logan in Manila by a first round knockout.

The 68 children aboard had a visit from Santa Claus on Christmas day and a holiday dinner with traditional "trimmings."

마데라를 방문하는 선교사. *The San Bernardino County Sun*
(캘리포니아 주 샌버너디노) (1940년 12월 31일), 12쪽

마데라를 방문하는 선교사

온타리오, 12월 30일. - 4가 웨스트 647에 거주하는 조지 M. 마한 부인은 오늘 오후 그녀의 여동생이자 한국 파송 선교사인 에드너 M. 로렌스 양으로부터 샌프란시스코에 도착하였다는 전보를 받았다.

로렌스 양은 남쪽으로 오기 전에 마데라에 있는 또 다른 언니인 도널드 M. 캠벨 부인을 방문할 것이라고 전보에서 말하였다.

선교사는 11월 13일 S. S. 야와타 마루를 타고 귀국하던 중 요코하마에서 체포되어 일본 정부 관리들에 의해 공산주의 활동 혐의로 기소되었으나 이후 무조건 석방되어 프레지던트 클리블랜드 호를 타고 태평양 횡단 여행을 하였다.

Missionary to Visit at Madera. *The San Bernardino County Sun* (San Bernardino, Ca.) (Dec. 31st, 1940), p. 12

Missionary to visit at Madera
(Special Staff Correspondence)

Ontario, Dec. 30. - Mrs. George M. Mahan, 647 West Fourth street, received a telegram this afternoon from her sister, Miss Edna M. Lawrence, missionary to Korea, announcing her arrival in San Francisco.

Miss Lawrence said in the wire that she would visit with another sister, Mrs. Donald M. Campbell, at Madera before coming south.

While en route home on Nov. 13 on the S. S. Yawata Maru, the missionary was arrested at Yokohama and charged by Japanese government officials with communistic activities, but was later released unconditionally and made the trans-Pacific journey on the S. S. President Cleveland.

에드너 M. 로렌스(캘리포니아 주 온타리오)가 J. 리안 후퍼
(미국 북장로교회 해외선교본부 총무)에게 보낸 편지
(1941년 1월 4일)

4가 649 웨스트,

캘리포니아 주 온타리오,

1941년 1월 4일

J. L. 후퍼 씨,

　　미국 북장로교회 해외선교본부,

　　5 애버뉴 156,

　　뉴욕 시

친애하는 후퍼 씨,

　　너무도 많은 지연 끝에 집에 돌아오니 너무 좋습니다. 나를 많이 걱정하였을 것이라고 생각하니 총무님도 안심이 되실 것이라고 나는 믿고 있습니다. 많은 사람들이 나를 위해 기도하고 있다는 사실을 알아 큰 위로와 ＿＿＿＿이 되었고, 나는 아주 평안하였습니다. 그것은 모두 나에게 영적으로 큰 경험이었습니다. 나 때문에 우리 가족이 이토록 큰 고통을 겪게 된 것이 매우 유감스럽지만 어떻게 피할 수 있었을지 모르겠습니다.

　　프레지던트 노선 회사가 캐네디언 퍼시픽 노선 대신에 나에게 준 증기선 표는 샌프란시스코까지만 갈 수 있었습니다. 처음에는 로스엔젤레스까지 연장하려 하였으나, 새해가 다가오면서 샌프란시스코에서 증기선의 항해 시간이 평소보다 길어진다는 소식을 듣고 그곳에서 하선하기로 결정하였습니다. 나는 선교본부에 관한 한 샌프란시스코를 나의 목적지로 생각하고 있습니다. 나의 여행 계정이 곧 제출될 것입니다.

　　나는 샌프란시스코에서 29일 밤만 머물렀다가 로스앤젤레스로 떠났고, 마데라에서 이틀 동안 언니와 함께 머물렀습니다. 나는 1월 2일에 이곳에 도착하였습니다. 우리 가족은 불안과 불확실성으로 인하여 많은 어려움을 겪었지만 사건의 진행 상황을 알리기 위하여 선교본부가 기울인 노력에 깊은 감사를 드립니다. 나의 구금에 대하여 이미 많은 기도가 있었기 때문에 내가 지역 대표자의 면담을 거부하는 것이 현명하거나 필요하지 않은 것 같습니다. 나는 가능한 한 적은 정보만을 제공하였으며, 더 이상의 세평을 피할 수 있다고 생각하고 있습니다.

다음 주에 나는 보이드 박사로부터 건강 검진을 받기 위하여 로스앤젤레스로 갈 예정입니다. 나는 기분이 꽤 괜찮지만 지난 두 달 동안의 경험으로 인하여 내 신경계통이 어려움을 겪고 있다는 것을 때때로 깨닫고 있습니다.

서부 성직자 증명서를 기꺼이 보내 주시겠습니까?

새해 복 많이 받으세요.

안녕히 계세요.

에드너 로렌스

Edna M. Lawrence (Ontario, Ca.),
Letter to J. Leon Hooper (Sec., BFM, PCUSA) (Jan. 4th, 1941)

649 West 4th St.,
Ontario, California,
January 4, 1941

Mr. J. L. Hooper,
The Board of Foreign Missions
of the Presbyterian Church in the
United States of America,
156 5th. Ave.,
New York

Dear Mr. Hooper: -

It is so good to be home after so many delays. I am sure that you will be relieved also as I am sure you were very anxious about me. The knowledge that so many were praying for me was a great comfort and ___nation and I was quite at peace. It was all a great experience for me spiritually. I regret very much that my family had to suffer so much on my account but I do not see how it could have been avoided.

The steamer ticket given me by the President Line S. S. Co. in exchange for the Canadian Pacific one reach to San Francisco only. At first I was going to get the extension to Los Angeles and then I heard that because of new year's day coming in then, the steamer would be longer than usual in San Francisco, I decided to disembark there. I am considering San Francisco my destination as far as the Board is concerned. My Travel account will be turned in soon.

I stayed just the night of the 29th in San Francisco and then left for Los Angeles, stopping over two days at Madera with sister. I arrived here January the second. My family suffered much from anxiety and uncertainty but appreciate very much the efforts made by the Board to keep them informed as to the progress of the case. As so much had already been in the prayers about my detention it did not seem wise or necessary for me to refuse an interviews by the local representative. I gave but as little information as possible and think I can avoid any further publicity.

Next week I am expecting to go to Los Angeles for a medical check-up by Dr. Boyd. I am feeling quite well though at times I realize that my nervous system has suffered fro the experiences of the past two months.

Will you kindly send me Western clergy certificates.

With best wishes to you for the New Year, I am,

Yours sincerely,
Edna Lawrence

19410113

J. 리안 후퍼(미국 북장로교회 해외선교본부 총무 대리)가
에드너 M. 로렌스(캘리포니아 주 온타리오)에게 보낸 편지
(1941년 1월 13일)

1941년 1월 13일

에드너 로렌스 양,
    4가 649 웨스트
    캘리포니아 주 온타리오

친애하는 로렌스 양,

  이 편지는 귀하의 1941년 1월 4일자 편지를 받았음을 알리기 위한 것입니다.[53] 귀하로부터 이러한 직접적인 소식을 듣고, 귀하가 매우 건강하게 도착하였다는 것을 알게 된 것은 좋은 일입니다. 여러 면에서 우리는 귀하가 동부를 방문하지 않는 것을 유감스럽게 생각하고 있으나, 귀하가 지금 왜 그렇게 하지 않는지 이해하고 있습니다.

  우리는 여행부에 귀하의 성직자 증명서 신청에 관한 문제를 처리하도록 요청하였습니다. 귀하는 의심할 바 없이 이것들을 곧 받게 될 것입니다.

  비거 박사가 귀국하여 병원에서 다시 일을 시작하였다는 것 외에는 귀하가 떠난 이후로 선교지로부터 어떠한 특별한 소식도 듣지 못하였습니다. 나는 마이어스 양이 귀국 중이고, 버그먼 양이 특별 업무를 위하여 병원에 배정되었다는 것을 알고 있습니다. 감리교회에서는 선교사 개인 대신 병원을 위한 기금을 조성하는 문제를 논의하고 있어 병원이 꽤 잘 운영될 것으로 보입니다.

  슐츠 양은 우리에게 세브란스 연합의학전문학교에 병원 용품을 계속 보낼 수 있는지에 대하여 문의하였습니다. 이것들은 노회들이 모아서 보내는 물품들입니다. 나는 세브란스를 위하여 바느질을 하는 장로회가 미국에 8개 정도 있다고 생각하고 있습니다. 이들 선교회들은 모두 그러한 봉사를 계속해야 하는지에 대하여 질문을 하고 있습니다. 그들은 만일 보낸다면 병원에서 받을지,

---

53) Edna M. Lawrence(Ontario, Ca.), Letter to J. Leon Hooper(Sec., BFM, PCUSA)(Jan. 4th, 1941)

그리고 우리 선교사의 대부분이 나오고 있기 때문에 계속 보내야 할지에 대하여 의문을 제기하고 있습니다. 만일 귀하가 이 질문에 대하여 나에게 직접 편지를 쓸 수 있다면 나는 감사하겠습니다. 나는 슐츠 양에게 우리가 이 보급품을 계속 보낼 수 있다고 생각하는 것이 나의 의견이라고 말하였습니다. 우리는 계속해서 특정 선교사들을 직원으로 유지하고 있으며, 내가 보기에 이러한 물품을 보내는 것이 여전히 가능할 것 같습니다.

안부를 전합니다.

안녕히 계세요.
J. L. 후퍼
　총무 대리

JLH:VN

J. Leon Hooper (Acting Sec., BFM, PCUSA), Letter to Edna M. Lawrence (Ontario, Ca.) (Jan. 13th, 1941)

January 13, 1941

Miss Edna Lawrence,
　649 West Fourth Street,
　Ontario, California

Dear Miss Lawrence: -

This is to acknowledge receipt of your letter of January 4, 1941. It is good to get this direct word from you and to know that you have arrived in such excellent condition. In many ways we are sorry that you are not to come on East, but understand why you do not do so at this time.

We have asked the Travel Department to take up with you the question of application for Clergy Certificates. You will receive these very soon, no doubt.

We have not had any special word from the field since you left, except that Dr. Bigger has returned and has taken up his work again in the hospital. I understand Miss Myers is returning, and Miss Bergman has been assigned to the hospital for special service. The Methodist are discussing the question of making grants to the hospital in place of giving missionary personal, so it seems that the hospital may go along quite well.

Miss Schultz has asked us about the question of the possibility of continue to send hospital supplies to the Severance Union Medical College. These are the supplies that are gathered together by the Presbyterial societies and sent out. I believe there are some eight Presbyterial societies in America which do sewing for Severance. These societies are all asking the question as to whether they should continue such service. They are raising the question as to whether or not the hospital would receive them, if sent, and as to whether, since most of our missionaries are getting out, we should continue to send such supplies. If you could write me directly on this question, I would appreciate it. I have told Miss Schultz that it was my opinion we could continue to send these supplies. We are continuing to keep certain missionaries on the staff and, it would seem to me, still possible to send these supplies.

With kindest regards, I am,

Yours sincerely,
J. L. Hooper
   Acting Secretary

JLH:VN

에드너 M. 로렌스(캘리포니아 주 온타리오)가 J. 리안 후퍼 (미국 북장로교회 해외선교본부 총무 대리)에게 보낸 편지 (1941년 1월 16일)

4가 649 웨스트,
캘리포니아 주 온타리오,
1941년 1월 16일

J. L. 후퍼 박사,
   5 애버뉴 156,
   뉴욕 시

친애하는 후퍼 박사님,

　박사님의 1월 13일자 편지를 오늘 받았습니다.[54] 나는 이 편지에 담긴 "여러 면에서 우리는 귀하가 동부를 방문하지 않는 것을 유감스럽게 생각하고 있으나, 귀하가 지금 왜 그렇게 하지 않는지 이해하고 있습니다."라는 박사님의 설명을 이해하지 못하기 때문에 내가 박사님의 편지 중 하나를 받지 못한 것이 아닌지 궁금합니다. 나는 박사님으로부터 동부로 간다는 것에 대한 소식을 듣지 못하였기에 곧장 목적지로 왔습니다. 내가 동부로 왔으면 하는 선교본부 측의 바람이 있었지만, 나는 그것을 받지 못하였습니다. 그래서 나는 서양 성직자 증명서만 요구하였습니다. 오늘 받은 이 편지는 박사님이 보낸 첫 번째 편지이었습니다.

　세브란스 병원을 위한 병원 용품에 대하여 나는 장로회에서 최소한이라도 계속해서 보내줄 수 있기를 바라고 있습니다. 지금 당장 필요한 것은 거즈, 솜과 붕대입니다. 홑이불과 베갯잇이 많이 필요하지만, 나는 올해에는 대량으로 보내는 것을 권하고 싶지 않습니다. D. B. 에비슨 박사는 거즈 등을 보내서는 안 되는 이유가 있는지 알려줄 것인데, 만일 세금이 있다면, 이것들은 외국 보조금으로 간주될 것입니다. 나는 그에게 필요한 것이 믿을 수 없을 정도로 크

---

54) J. Leon Hooper(Acting Sec., BFM, PCUSA), Letter to Edna M. Lawrence(Ontario, Ca.)(Jan. 13th, 1941)

다는 것을 알고 있습니다. 현지에서 구입한 거즈 중 일부는 한 번만 소독하면 가루가 됩니다.

안녕히 계세요.
에드너 로렌스

위의 문단을 슐츠 양에게 보냈습니다.[55]
1941년 1월 21일

Edna M. Lawrence (Ontario, Ca.),
Letter to J. Leon Hooper (Sec., BFM, PCUSA) (Jan. 16th, 1941)

649 West Fourth St.,
Ontario, California,
January 16, 1941

Dr. J. L. Hooper,
  156 Fifth Ave.,
  New York

Dear Dr. Hooper: -

Your letter of January 13 was received today. I am wondering if I have failed to receive one of your letters for I do not understand your statement in this letter, "In many ways we are sorry that you are not to come on East, but understand why you do not do so at this time." As I have had no word from you as to going to East, I came directly to my destination. Of there had been a desire on the part of the Board for me to come East, I have not received it. Therefore I asked for the Western clergy certificates only. This letter received today was the

---

first one from you.

About the hospital supplies for Severance Hospital, I wish that the Presbyterial societies could continue to send some things at least. The special need right now is for gauze, cotton and bandages. There is a great need for sheets and pillow cases but I would not advise that they be sent in any great quantity this year. Dr. D. B. Avison would tell you if there is any reason why the gauze etc. should not be sent, i. e. if there would be duty, of if these would be counted as foreign subsidy. I just know that he need is unbelievably great. Some of the gauze bought locally goes to powder when sterilized just once.

Sincerely yours,
Edna Lawrence

Above paragraph sent to Miss Schultz.[56]
1/21/41

---

56) This indicates shaded lines.

19410123

J. 리안 후퍼(미국 북장로교회 해외선교본부 총무 대리)가
에드너 M. 로렌스(캘리포니아 주 온타리오)에게 보낸 편지
(1941년 1월 23일)

1941년 1월 23일

에드너 로렌스 양,
    4가 549 웨스트,
    캘리포니아 주 온타리오

친애하는 로렌스 양,

　　세브란스 의과전문학교와 관련하여 우리에게 꼭 필요한 정보를 제공해 준 1월 16일자 편지에 감사드립니다.[57] 우리는 이 사실을 슐츠 양에게 전달하였고, 우리는 장로교인들의 관심을 계속 유지할 수 있다고 확신하고 있습니다.

　　나는 1월 13일에 보낸 편지에서 귀하에게 지금 동부로 오라고 제안할 생각은 전혀 없었습니다. 귀하가 오지 않아서 여러모로 유감스럽다고 내가 말한 것을 귀하는 기억하고 있습니다. 나는 이제 내 편지가 오해의 소지가 있다는 것을 이해하며, 그렇게 되어 유감스럽습니다. 나는 이전에 귀하에게 올 것을 요청하는 글을 쓰지 않았습니다. 개인적으로 나는 안식년 기간 동안 뉴욕을 한 번 방문하는 것이 모든 선교사들에게 항상 유리하다고 생각하고 있으나, 우리가 귀하를 오게 하고 싶은 특별한 이유가 있었습니다. 물론 이것은 귀하의 경험과 관련이 있지만, 우리는 지금 귀하의 집이 귀하에게 가장 좋은 장소라는 것을 알고 있습니다.

　　안부를 전합니다.

　　안녕히 계세요.
　　J. L. 후퍼
　　　　총무 대리

JLH:VN

---

57) Edna M. Lawrence(Ontario, Ca.), Letter to J. Leon Hooper(Sec., BFM, PCUSA)(Jan. 16th, 1941)

J. Leon Hooper (Acting Sec., BFM, PCUSA),
Letter to Edna M. Lawrence (Ontario, Ca.) (Jan. 23rd, 1941)

January 23, 1941

Miss Edna Lawrence,
  549 West Fourth Street,
  Ontario, California

Dear Miss Lawrence: -

Thank you for your letter of January 16, giving us the information which we so much needed in regard to the Severance Medical College. We have passed this on to Miss Schultz, and we are certain that we can keep the Presbyterials interested.

I had no thought, in my letter of January 13, to suggest that you come East at this time. You remember that I stated that in many ways we are sorry that you are not coming. I understand now that my letter would be misleading, and am sorry that this was so. I had not written previously, asking you to come. Personally, I think it is always an advantage for every missionary to get to New York once during furlough, but there were special reasons why we would like to have you come. These have to do with your experience, of course, but we know that your home is the best place for you at this time.

With kindest regards, I am,

Yours sincerely,
J. L. Hooper
  Acting Secretary

JLH:VN

19410130

영적 방향의 방어가 필요하다고 선언하다. *The San Bernardino County Sun* (캘리포니아 주 샌버너디노) (1941년 1월 30일), 13쪽

영적 방향의 방어가 필요하다고 선언하다

장로교회 총회 의장인 윌리엄 린지 영 의장은 어젯밤 미국이 국방력을 강화시키려면 비상 계획에 경제적 및 군사적 요소뿐만 아니라 영적 방향도 고려해야 한다고 말하였다.

샌프란시스코 제일장로교회에서 영 목사는 리버사이드 노회 회원 500명에게 물질주의적 힘의 철학이 이 나라를 거짓된 안전감으로 유인하고 있다고 말하였다.

힘보다 더

그는 "우리가 직면한 문제는 단순히 육군이나 해군보다 훨씬 더 큰 문제입니다"라고 말하였다. "도덕적으로 타락한 국가들은 그들의 무장력에 상관없이 퇴출되고 있습니다."

그는 "프랑스는 국민의 인격 기반을 잊었기 때문에 패배하였습니다. 이것은 역사의 진실이며 국가는 국민만큼만 강합니다"라고 말하였다.

영 목사는 "건전한 영적 이상주의로 국가를 엮는 것은 교회만이 책임을 가지고 있습니다"라고 말하였다.

그는 물질로 엮인 조직은 도덕적 질서를 대체할 수 없으며, 모든 문명의 궁극적인 시험은 그것이 양육하는 남녀라고 말하면서 독재 국가를 비판하였다.

미국의 모든 장로교회의 수장인 영 목사는 미주리 주 파크빌에 있는 파크 대학의 총장이다. 그는 어제 연례 동계 모임을 담당한 리버사이드 노회 회장인 온타리오의 폴 O. 스텝스 목사의 소개를 받았다.

모임을 계획하다

영 목사의 공개 연설은 오전 11시 노회 모임으로 시작되어 하루 종일 일정의 절정을 이루었다. 6월에 크레스트라인에서 지역 교회의 봉헌 계획이 발표되었고, 청소년 노회의 구성이 승인되었다. 콜튼의 C. E. 폴헤무스 목사가 청소년 위원회 위원장으로 임명되었다.

오후에 장로교회 선교회는 전 총회 의장인 클리랜드 B. 매카피 박사의 연설을 듣기 위하여 노회에 참석하였다. 그는 세계 여러 지역의 선교사들을 돌볼 기금을 위한 세계 비상 연합을 호소하였다.

연례 춘계 노회 모임을 4월에 팜스프링스에서 개최하기로 결정하였다.

저녁 예배는 리버사이드의 캘리포니아 노회의 의장인 E. J. 에글리 목사와 샌버너디노 및 리버사이드 카운티 교회의 목사들이 도왔다. 두 카운티는 노회를 구성한다.

만찬 모임에서 한국에서 20년 동안 선교사이자 간호사로 활동한 온타리오의 에드너 M. 로렌스 양은 일본의 치안 유지법 위반 혐의로 일본인에게 잡혀 있던 동안에 있었던 자신의 경험을 말하였다. 최근에 미국으로 귀국하는 것이 허락된 로렌스 양은 동양에서 리버사이드 노회의 지원을 받아왔다.

Defense of Spiritual Fronts Declared Need. *The San Bernardino County Sun* (San Bernardino, Ca.) (Jan. 30th, 1941), p. 13

Defense of Spiritual Fronts Declared Need

If the United States intends to strengthen her national defenses, she should look to spiritual fronts as well as to economic and military factors of an emergency program, William Lindsay Young, moderator of the general assembly of the Presbyterian church, said last night.

Speaking at the First Presbyterian church in San Francisco, the Rev. Mr. Young told 500 members of the Riverside presbytery that the philosophy of materialistic might is lulling this nation into a feeling of security which is false.

More Than Might

"The issue facing us is much more than mere armies or navies," he said. "Morally decadent nations are on the way out, no matter what their armed strength."

"France fell in defeat because she forgot the character foundations of her people. This is a truth of history," he said, "That a nation is only as strong as its people."

The church alone is responsible for the "girding of the nation with a healthy spiritual idealism," the Rev. Mr. Young said.

He criticized dictator nations, saying that material organization is never a substitute for moral order and that the ultimate test of any civilization is the men and women it nurtures.

Head of all Presbyterian churches in the nation, the Rev. Mr. Young is president of Park college, Parkville, Mo. He was introduced by the Rev. Paul O. Steps of Ontario, moderator of the Riverside presbytery, who was in charge of the annual mid-winter meeting yesterday.

Plan Meeting

The Rev. Mr. Young's public address climaxed a day-long program which began at 11 a. m. with the presbytery meeting. Plans for the dedication of a community church at Crestline in June were announced, and the formation of a Youth presbytery approved. The Rev. C. E. Polhemus of Colton was named chairman of the youth committee.

In the afternoon the Presbyterian Missionary society met with the presbytery to hear an address by Dr. Cleland B. McAfee, former moderator of the general assembly. He made an appeal for the United world emergency, for funds to care for missionaries in various parts of the world.

The annual spring presbytery meeting will be held in April at Palm Springs, it was decided.

Assisting at the evening service was the Rev. E. J. Egly, moderator of the synod of California, of Riverside, and ministers from churches of San Bernardino and Riverside counties. The two counties comprise the presbytery.

At the dinner meeting Miss Edna M. Lawrence of Ontario, a missionary and nurse in Korea for 20 years, told of her experiences while held prisoner by Japanese for alleged violations of Japan's peace preservation law. Miss Lawrence, who recently was allowed to return to the United States, has been supported in the orient by the Riverside presbytery.

제8장
이후의 활동과 소천
Activities after Return to U. S. A. and Passing Away

　　미국 북장로교회 해외선교본부는 1941년 8월 20일 로렌스를 일시적으로 필리핀 선교부로 이적시켰다. 하지만 2차 세계 대전의 여파로 1942년 11월 16일 이를 취소하였다.

　　안식년 중이었지만 제2차 세계 대전으로 많은 인력들이 참전함에 따라 미국 내에서도 간호 인력이 턱없이 부족한 상황이었다. 이즈음 국내 선교부가 관할하는 뉴멕시코 주 엠부도의 장로병원에서 긴급하게 간호사가 필요해졌고, 로렌스는 이 부름에 응하기로 하고 1942년 1월 27일부터 1943년 1월 15일까지 근무하였다. 이어 중국계 아이들을 돌보는 캘리포니아 주 로스캐토즈의 명광원에서 업무를 시작하여 9월 말까지 근무하였다. 이후 민간인 간호에 나서 3년 동안 로스앤젤레스의 병원 두 곳에서 간호 업무를 맡았다.

　　제2차 세계대전이 끝나고 선교지로의 조기 복귀를 결정한 미국 북장로교회 해외선교본부는 1946년 10월 1일 로렌스의 한국 파송을 결정하였고, 그녀는 1947년 3월 7일 시애틀을 떠나 4월 5일 인천에 도착하였다. 로렌스는 세브란스 병원으로 복귀를 희망하였으나 여자 선교사를 위한 숙소의 부족으로 대구 지부로 배치되어 동산기독병원에서 근무하게 되면서 병원의 재건 노력 외에도 구호물품 배급을 도왔다.

　　하지만 안질환 등으로 건강 안식년을 받은 그녀는 1949년 11월 한국을 떠났고, 1950년 6월 25일 한국 전쟁이 발발하면서 선교지로 복귀하지 못하다가 1952년 1월 대구로 복귀하였다. 다시 한 번 동산기독병원의 전후 복구와 간호 교육의 정상화를 위하여 노력하던 중 눈 수술을 받기 위한 건강 안식년을 받아 1955년 7월 미국으로 귀국하였다.

그녀는 결국 1957년 8월 1일 장애로 명예 은퇴를 하게 됨으로써 37년 동안의 명예로운 간호 선교사 활동을 마감하였다. 그녀는 1973년 4월 4일 캘리포니아 주 두어트의 요양원에서 소천하였다.

The Board of Foreign Missions, PCUSA, temporarily transferred Miss Lawrence to the Philippine Mission on August 20, 1941. However, due to the aftermath of World War II, it was canceled on November 16, 1942.

At that time, there was a severe shortage of nursing personnel in the United States as many people went to war in World War II. Around this time, there was an urgent need for a graduate nurse at the Presbyterian Hospital in Embudo, New Mexico, under the Board of National Missions, and Miss Lawrence decided to answer this call and worked from January 27, 1942 to January 15, 1943. She then began working at Ming Quong Home(明光園) in Los Catos, California, which takes care of Chinese children, and worked there until the end of September. Afterwards, she went into civilian nursing and worked at two hospitals in Los Angeles for three years.

The Board of Foreign Missions, PCUSA, which decided early return to the mission field after World War II, decided to send Miss Lawrence to Korea on October 1st, 1946, and she left Seattle on March 7, 1947 and arrived in Incheon on April 5. Miss Lawrence hoped to return to Severance Hospital, but due to a lack of accommodations for female missionaries, she was assigned to the Daegu Station and worked at Dongsan Presbyterian Hospital, where she helped distribute relief supplies in addition to the hospital's reconstruction efforts.

However, she took a health sabbatical due to an eye disease and left Korea in November, 1949. As the Korean War broke out on June 25th, 1950, she was unable to return to the mission field, but returned to Daegu in January, 1952. While working once again to restore Dongsan Presbyterian Hospital and normalize nursing education, she took a health furlough to undergo eye surgery and returned to the United States in July, 1955.

She eventually retired due to disability on August 1st, 1957, ending 37 years of honorable nursing missionary work. She passed away on April 4th, 1973, in a nursing home in Duarte, California.

선교 인력 (에드너 M. 로렌스)

이름 로렌스, 정규 간호사, 에드너 메이 양
지부 서울, 대구   **선교부** 한국
미국 내 주소 캘리포니아 주 온타리오   **선교지 주소**
출생 1894년 3월 27일, 캐나다 위니펙
    귀화에 의해 시민이 됨
결혼   **선교지 사역** 간호사 – 세브란스 연합병원
                    교사 – 간호부양성소
임명 및 배정 1920년 5월 17일   간호의 감독 – 세브란스 연합병원 및
                    학생 전도
출항 1920년 8월 26일 밴쿠버   1943년 1월 17일 캘리포니아 주 로스개
                    토즈의 명광원에서 업무를 시작함
선교지 도착 1920년 9월 10일 부산 **출발** 1955년 7월 미국으로 - 눈 수술
사임
명예 은퇴 1957년 8월 1일, 장애 은퇴
    선교본부 결정 제57-1053호
안식년   **안식년 급여 시작**   **항해일 및 항구**
1 정규   1926년 4월 23일   1927년 4월 25일 로스앤젤레스
2 12개월 1934년 6월 28일   1935년 7월 20일 로스앤젤레스
3   1940년 12월 30일   1947년 3월 7일 시애틀에서 '제네럴 콜리스' 호
  건강   1949년 11월 - 비행기 1952년 1월 10일 샌프란시스코
  건강   1955년 7월 19일

학 력
1914년   채피 연합 고등학교, 캘리포니아 주 온타리오
1917년   포모나 밸리 병원, 캘리포니아 주 포모나

선교본부 결정
1937년 1월 18일: 1937년 여름에 개최되는 협의회에 참석하기 위하여 2개월
        까지의 휴가를 선교지 급여 지급과 함께 승인하다.

1938년 1월 21일: 기혼자 급여의 60%로 인상시킴 (367쪽)

1938년 10월 17일: 259쪽. 1938년 4월 1일부터 기혼자 급여의 55%를 지급하기로 투표로 결정함

1939년 9월 18일: 기혼자 급여의 55% 지급을 승인함 (214쪽)

1940년 10월 21일: 당해 연도에 기혼자 급여의 55% 지급 승인을 기록함 (243쪽) (선교본부 결정 40-703호)

1941년 3월 4일: 미국으로의 응급 귀국을 기록함 (433쪽) (선교본부 결정 40-1304호)

1941년 5월 6일: 1941년 1월 12일부터 6월 21일까지 안식년 임대료로 5달러를 지급하는 것을 승인함. (선교본부 결정 41-104호) 46쪽

1941년 8월 20일: 현 상황과 필리핀 선교부의 요청에 비추어 로렌스 양을 한국 선교부에서 일시적으로 필리핀 선교부로 이적하기로 투표로 결정함. 이적은 별도의 할당 인원이며, 그녀에게는 자동적으로 온전한 투표권이 부여됨. 신임 독신 선교사의 통상적인 채비 수당과 허용 화물의 반을 승인하기로 투표로 결정함. (선교본부 결정 41-526호) 180쪽

1941년 11월 17일: 1941년 10월 1일부터 12월 31일까지 안식년 임대료로 10달러를 지급하는 것을 승인함. (선교본부 결정 41-864호) 297쪽

1942년 1월 19일: 로렌스 양을 필리핀 선교부로 이적시키는 1941년 8월 20일의 선교부 결정에 의하여, 그리고 현재의 전쟁 상황이 그녀의 출항을 막고 있기에, 선교본부는 그녀의 안식년을 1942년 8월 1일까지 연장하기로 투표로 결정함. 그녀는 뉴멕시코 엠부도 병원 사역을 수락한 것으로 생각되며, 현장에서 받은 모든 수입을 선교본부로 돌려줄 것임. (선교본부 결정 41-1088호) 366쪽

1942년 11월 16일: 1942년 1월 19일의 선교부 결정 41-1088에 의거하여 선교본부는 1942년 8월 1일부터 1943년 6월 30일까지 로렌스 양에게 급여 및 모든 수당을 지급하며 안식년을 연장하기로 투표로 결정함. 그녀는 국내 선교본부의 감독 하에 뉴멕시코 주 엠부도의 엠부도 병원에서 업무를 볼 것이라고 생각됨. (선교본부 결정 42-739호) 212쪽

1942년 11월 16일: 선교본부는 로렌스 양을 임시로 한국 선교부에서 필리핀 선교부로 이적시키는 1941년 5월 20일의 선교본부 결정 제41-526호를 폐기하며, 전쟁 상황 때문에 필리핀으로 갈 수 없기 때문에 이제 국내에서의 안식년을 연장하기로 투표로 결정함. (선교부 결정 42-740호) 212쪽

1943년 3월 2일: 국내 선교본부의 감독하에 뉴멕시코 주의 엠부도에서 사역하는 것과 관련된 선교본부 결정 제42-739호에 의거하여, 그녀를 캘리포니아 주 로스개토즈에 있는 명광원으로의 이적이 기록됨. 그녀의 요청에 따라 1943년 3월 1일부터 추가적인 결정이 있기까지 급여와 수당은 지급하지 않되 연금 불입금은 지급하며 안식년을 연장하기로 투표로 결정하였다. (선교본부 결정 42-1164호) 324쪽

1943년 9월 20일: 선교본부는 로렌스 양이 8월 28일자 편지로 캘리포니아 주 로스캐토즈의 명광원의 직책을 떠났으며, 조만간 개인 간호를 하고 싶다는 연락을 받았다. 이 언급에 비추어 선교본부는 1943년 9월 1일부터 추가적인 결정이 있기까지 그녀의 안식년을 급여와 수당은 지급하지 않되 연금 불입금은 지급하며 안식년을 연장하기로 투표로 결정하였다. (선교본부 결정 43-563호) 157쪽

1946년 6월 19일: 한국의 미군정이 현재 여자 선교사의 입국을 허가하지 않는 정책을 추진하고 있는 만큼, 1946년 6월 6일자 편지에서 요청한 대로 한국 선교부의 로렌스 양이 군정 하에서 민간 간호사로 일할 수 있도록 휴가를 투표로 결정하였다. 이 휴가는 로렌스 양이 현장으로 출발하는 날로부터 유효하며, 군정에서 그녀의 업무 임기는 최소한의 기간으로 할 것이라고 생각되었다. 또한 그녀는 군정과의 접촉이 끝나면 선교본부의 정규 선교사로서의 사역을 재개할 것으로 생각되었다. (선교본부 결정 46-537호) 133쪽

1946년 10월 1일: 조기에 선교지로 귀환하기 위한 1946년 6월 19일의 선교본부 결정 제46-532호에 따라 한국 위원회에 다음과 같은 이름이 제출되었다.

A. 캠블 목사, 데위트 S. 로우 박사, 해리 J. 힐 목사, C. L. 필립스 목사, O. V. 챔니스 목사

여자 선교사가 한국으로 입국이 허용되는 상황의 변화에 비추어 허가를 위하여 다음의 이름을 한국 위원회에 추가하기로 투표로 결정하였다.

에드워드 애덤스 목사	아치볼드 캠블 씨
헨리 W. 램프 부인	*클래런스 S. 호프먼 목사(A군)
조지 J. 애덤스 목사	아치볼드 G. 플레처 부인
에드너 M. 로렌스 양	*올가 C. 존슨 양(A군)
게르다 버그만 양	해리 J. 힐 부인
릴리언 로스 양	*프레더릭 S. 밀러 부인(A군)

(*이전에 허가를 위하여 제출함) (선교본부 결정 제46-988호) 234쪽

1946년 10월 21일: 한국 선교부의 로렌스 양이 조만간 한국으로의 귀환을 준
　　　　　　　　비하고 있는 사실에 비추어 선교본부는 1946년 10월 21일자로 그녀의
　　　　　　　　안식년 급여를 모든 수당과 함께 본래대로 지급하기로 투표로 결정하
　　　　　　　　였다. (선교본부 결정 제46-1084호) 251쪽

1946년 11월 5일: 한국 선교부의 로렌스 양의 급여 및 모든 수당을 지급하는
　　　　　　　　1946년 10월 21일자 선교본부 결정 제46-1084호를 개정하여 1946년
　　　　　　　　10월 21일자 대신 1946년 11월 1일로 변경하는 것을 투표로 결정하였
　　　　　　　　다. (선교본부 결정 제46-1189호)

1948년 4월 20일: 선교본부는 1947년 10월 22일자 선교본부 결정 제47-1045
　　　　　　　　호에 따라 선교부의 재조직을 위한 1948년 1월 21~22일에 한국 서울
　　　　　　　　에서 개최된 한국 선교사 모임의 회의록을 작성하였다. 선교부의 재
　　　　　　　　조직 당시 선교지에 다음의 31명이 있었으며, 모두가 모임에 참석하
　　　　　　　　였다.
　　　　　　　　서울: 12명 - 로스코 C. 코엔 목사, 진 델마터 양, 아치볼드 G. 플레처
　　　　　　　　박사, 아치볼드 G. 플레처 부인, 존 F. 겐소, 존 F. 겐소 부인, 찰스 L.
　　　　　　　　필립스 목사, 찰스 L. 필립스 부인, 호러스 그랜트 언더우드 씨, 호러
　　　　　　　　스 그랜트 언더우드 부인, 호러스 H. 언더우드 박사, 호러스 H. 언더
　　　　　　　　우드 부인
　　　　　　　　청주: 6명 - 해리 J. 힐 목사, 해리 J. 힐 부인, 신학박사 헨리 W. 램프
　　　　　　　　목사, 헨리 W. 램프 부인, 프레더릭 S. 밀러 부인, 존 T. 언더우드 목사
　　　　　　　　안동: 6명 - 조지 J. 애덤스 목사, 캐서린 E. 클라크 양, 존 Y. 크로더
　　　　　　　　스 목사, 존 Y. 크로더스 부인, 올가 C. 존슨 양, 해론드 뵐켈 목사
　　　　　　　　대구: 7명 - 에드워드 애덤스 목사, 에드워드 애덤스 부인, 게르다 O.
　　　　　　　　버그만 양, 데위트 S. 로우 박사, 아치볼드 캠블 목사, 아치볼드 캠블
　　　　　　　　부인, 에드너 M. 로렌스 양
　　　　　　　　선교본부는 이 재건 기간에 새로운 열정으로 전진하고 있는 한국 선교
　　　　　　　　부에 행운이 있기를 바라고 있다. (선교본부 결정 제48-511호) 154쪽

1949년 2월 15일: 선교본부 결정 제47-486호에 따라 한국 선교부의 에드너
　　　　　　　　로렌스 양이 지급을 요청한 개인 및 가재 도구의 추정 손실액 141.87
　　　　　　　　달러는 전쟁으로 인한 그녀의 손실에 대한 충분하고 최종적인 보상인
　　　　　　　　것으로 투표로 결정함. (목록의 합계는 605엔 혹은 미화 141.87달러).
　　　　　　　　(선교본부 결정 제49-188호). 38쪽

1949년 12월 15일: 한국 선교부의 실행이사회의 요청(KBA 49-56호), 그리고 J. D. 비거 박사와 H. F. 마펫 박사의 요청에 따라 한국 선교부의 로렌스 양에게 건강 진료를 위하여 비행기로 미국으로 귀국하는 건강 안식년을 허용하기로 투표로 결정하였다. (선교본부 결정 제49-1667호), 390쪽

1950년 12월 14일: 한국 선교부의 로렌스 양의 요청과 그녀가 캘리포니아 주 패서디나에 있는 헌팅턴 기념 병원에서의 임시 임명 때문에, 선교본부는 1950년 12월 18일부터 로렌스 양의 안식년을 급여와 수당은 지급하지 않되 연금 불입금은 지급하며 6개월 혹은 추가의 결정이 있기까지 연장하기로 투표로 결정하였다. (선교본부 결정 제50-1393호) 353쪽

1951년 6월 19일: 급여와 수당 없이 한국 선교부의 로렌스 양의 안식년을 연장하는 선교본부 결정 제50-1393호에 따라, 임시 고용 때문에, 그리고 로렌스 양이 당국이 여자 의료인의 입국을 허가하는 대로 한국으로 귀환하려 준비하고 있는 사실에 비추어, 선교본부는 1951년 6월 1일자로 급여와 모든 수당을 지급하며 그녀의 안식년을 재개하기로 투표로 결정하였다. (선교본부 결정 제51-754호) 204쪽

1951년 8월 1일: 실행위원회는 다음의 안식년 임대료 지급을 승인하기로 투표로 결정하였다. 한국 선교부의 에드너 M. 로렌스 양, 1951년 7월 1일부터 12월 31일까지 매달 17.50달러. (1590쪽)

1951년 12월 6일: 재무 사무실에 로렌스 양에게 줄 재(再) 채비 수당으로 100달러를 지불할 것을 요청함(1951년 9월 18일자 선교본부 결정 제51-1086호에 근거하여)

1955년 6월 20, 21일: 한국에서의 의료 자문, 그리고 선교본부 의무관의 승인에 따라 선교본부는 한국 선교부의 에드너 메이 로렌스 양의 건강(안식년)을 승인하고, 그녀가 치료를 위하여 비행기로 미국으로 귀국하도록 투표로 결정하였다. (선교본부 결정 제55-661호) 200쪽

1957년 9월 23~24일: 선교본부는 1957년 8월 1일자로 63세인 E. M. 로렌스 양의 장애 은퇴를 기록하였다. 선교본부는 로렌스 양이 37년 동안 사역하였으며, 그녀의 연금 총액이 다음과 같음을 주목하였다.

연금국 - 장애 연금	978.10
사회 보장	942.00
	1920.00달러

이 액수가 해외선교본부의 규정 하에 보장된 금액을 넘는다는 사실에 비추어, 선교본부는 더 이상 추가하지 않을 것이다.

로렌스 양의 사역을 인정하여 선교본부는 다음과 같은 감사문을 발표하기로 투표로 결정하다.

선교본부 결정 제57-1053호를 볼 것, 332쪽

Missionary Personal (Edna M. Lawrence)

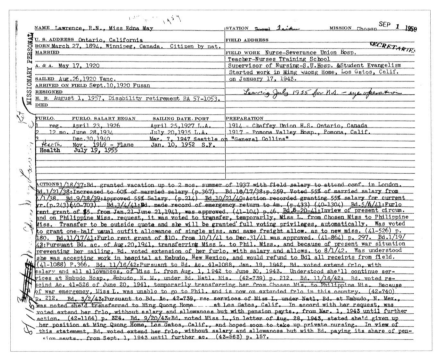

그림 42. Missionary Personal. Presbyterian Historical Society.

Bd.6/19/46: Inasmuch as AMG in Korea pursues, for present, a policy of not clearing women mis. for en-
trance into country, it was voted to grant a leave of abs. to Miss L.of Korea Mis.,as req. in her letter
of June 6, 1946, to enable her to accept a position as civilian nurse under AMG. It is understood that
this leave of abs. would become eff. upon the date of Miss L's departure for field and that her term of
service with Govt. would be for a minimum period only. It was also understood that she would resume her
service as a reg. mis. of Board upon expiration of her Govt. contract. (46-527) p. 133.

Bd. 10/1/46: The following names were presented to Korea Com. of FWC, according to Bd.ac. #46-532, 6/18/46
for early return to field:
    Rev.A.Campbell, Dr.DeWitt S.Lowe, Rev.Harry J.Hill, Rev.C.L.Phillips, Rev. O.V.Chamness
    In view of change in situation, permitting women mis. to enter Korea, it was voted to present following add'l
names to Korea Com. of FWC for clear. with Govt. authorities for early ret. to field:
    Rev.Edward Adams   Mrs.Archibald Campbell   Mrs.Henry W.Lampe   *Rev.Clarence S.Hoffman (Group A)
    Rev.George J.Adams   Mrs.Archibald G.Fletcher   Mrs.Edna M.Lawrence   *Miss Olga C.Johnson (Group A)
    Miss Gerda Bergman   Mrs.Harry J.Hill   Miss Lillian Ross   *Mrs.Frederick S.Miller (Group A)
              (*Previously presented for clearance) (46-588) p. 234.

Bd. 10/21/46: In view of fact that Miss L.of Korea Mis. is preparing to ret. to Korea soon, Bd. voted to re-
instate her furlo sal., with all allow., as of October 21, 1946. (46-1084) p. 251.

Bd. 11/5/46: In revision of Bd.ac. #46-1084, 10/21/46, providing that sal. and all allow. of Miss L. of Korea p.279
Mis. be reinstated as of Oct.21,1946, it was voted to change date of such reinstatement to Nov.1,1946.(46-1189) /

Bd. 4/20/48: Bd. made record of Mins. of Korea Mis. Meet., held in Seoul, Korea on Jan. 21-22, 1948, for re-
organization of Mis., in accord. with Bd. Ac. No. 47-1045, Oct. 22, 1947. Fol. 31 mis. were on field at time
of reorganization of Mis., all of whom were in attendance at meet.:
Seoul: 12 - Rev. Roscoe C. Coen, Miss Jean Delmarter, Dr. Archibald G. Fletcher, Mrs. Archibald G. Fletcher,
Mr. John F. Genso, Mrs. John F. Genso, Rev. Charles L. Phillips, Mrs. Charles L. Phillips, Mr. Horace Grant
Underwood, Mrs. Horace Grant Underwood, Dr. Horace H. Underwood, Mrs. Horace H. Underwood.
Chungju: 6 - Rev. Harry J. Hill, Mrs. Harry J. Hill, Rev. Henry W. Lampe, D.D., Mrs. Henry W. Lampe, Mrs.
Frederick S. Miller, Rev. John T. Underwood.
Andong: 6 - Rev. George J. Adams, Miss Katherine E. Clark, Rev. John Y. Crothers, Mrs. John Y. Crothers, Miss
Olga C. Johnson, Rev. Harold Voelkel.
Taiku: 7 - Rev. Edward Adams, Mrs. Edward Adams, Miss Gerda O. Bergman, Dr. DeWitt S. Lowe, Rev. Archibald
Campbell, Mrs. Archibald Campbell, Miss Edna M. Lawrence.
Bd. extends best wishes to Korea Mis., as it goes forward with renewed zeal in this period of rehabilitation.
                                                                                    (48-611) p. 154.
Bd. 2/15/49: In accord. with Bd. ac. #47-486 Bd. voted,at her req. to grant to Miss Edna Lawrence of Korea
Mis. sum of $141.87 on est.losses of personal and household eff. This grant is full and final compensation
due Miss L on her war losses. (List totals Yen 605 or US equivalent of $141.87). (49-188) p. 38.
Bd.12/15/49: Upon req.of Exec.Com.of Kor.Mis.(KBA 49-56) and upon rec.of Dr.J.D.Bigger and Dr.H.F.Moffett,
it was voted to appr. a health furlo for Miss L. of Kor.Mis.,with approval for her return by plane to the
U.S. for medical attention.   (49-1667)   p.390
Bd.12/14/50: At req.of Miss L.of the K.Mission, & because she has accepted a temp.assignment at the Huntington
Memorial Hosp.,Pasadena, Cal.,it was voted to extend the furlo of Miss L. without salary & allowances, but
with the Bd. paying its share of pension payments from 12/18/50, for a period of 6 months or until further
action.   (50-1393)   p.353
Bd.6/19/51: Purs.to Bd.ac.50-1393ext.furlo of Miss L.of Kor.Mis.without sal.& allow.bec.of temp.employment,&
in view of fact that Miss L.is making preparations to ret.to Kor.assoon as authorities permit women med. per-
sonnel to enter,Bd.voted to reinstate her furlo sal.with all allow.as of June 1,1951. (51-754) p.204

Card No. 3

Lawrence, Miss Edna MAY   Korea

Exec.Coun.8/1/51: It was voted to approve following Furlo Rent grants: Miss Edna M.Lawrence,Kor.-$17.50 per
mo. July 1 - December 31,1951. (p.1590)
12/6/51: Req. Treas.Office to pay re-outfit allow.of $100. to Miss L. (as per Bd.ac.51-1086, Sept.18,1951)
Bd.6/20,21/55: Upon medical advice from Korea and with the approval of the Board's Medical Officer, the Bd.voted to
approve ahealth furlough for Miss Edna May Lawrence of the Korea Mission, and to approve her return by plane to the
United States for medical attention. (Bd.Action 55-661) P.200
Bd. 9/23-24/57: The Bd. made rec. of the disab. ret. of Miss E.M.L.of Kor. eff. 8/1/57, at the age of 63. The Bd
ntd. that Miss L. served for 37 yrs. & that her tot. ann.pen. is as foll:

             Bd. of Pen - Serv. Pens. Disab.   978.10
             Soc. Sec.   942.00
                                                1,920.00
In view of the fact that this amt. exceeds the amt. guar. under For. Bd. regs., there will be no For. Bd.
supplement. In recot. of the serv. of Miss L., the Bd. VTD. to award the foll. cit:

                           See B.A. 57-1053, p. 332.

추도사 (에드너 메이 로렌스, 1973년 4월 4일)

추도사, 에드너 메이 로렌스, 한국

기관 계획부는 1973년 4월 4일 에드너 메이 로렌스 양이 79세의 나이로 캘리포니아 두아르테에 있는 웨스트민스터 가든 요양원에서 소천하였다고 발표하였다. 로렌스 양은 37년 동안 한국에서 근무하였으며, 1957년 8월 1일 은퇴하였다.

1894년 3월 27일 캐나다 위니펙에서 태어난 에드너 로렌스는 미국 시민이 되었으며, 캘리포니아 온타리오의 채피 고등학교와 캘리포니아 포모나의 포모나 밸리 병원 (간호부)양성소에서 교육을 받았다. 그녀는 졸업 후 개인 및 병원 간호를 담당하였으며, 제1차 세계대전 동안 적십자사와 함께 프랑스에서 근무하였다.

1920년 로렌스 양은 이전의 해외 선교본부에 의해 임명되어 그해 8월 한국으로 떠났다. 일정 기간 어학 연수를 마친 후 그녀는 서울의 세브란스 병원과 간호부양성소에서 업무를 시작하였다.

주요 업무가 세브란스 간호부양성소의 소장이었지만 로렌스 양은 근무 기간 동안 때 및 필요에 따라 간호원장, 병동 감독, 공급품 및 주방 감독, 세탁 및 병원 전반의 청결을 담당하면서, 영어와 간호를 가르쳤다.

안식년을 보낸 후 전쟁으로 인하여 한국으로 돌아갈 수 없었을 때, 로렌스 양은 국내 선교본부의 임명을 받아들여 뉴멕시코 주 엠부도에 있는 엠부도 장로병원과 캘리포니아 주 로스 게토즈에 있는 명광원에서 봉사하였을 뿐만 아니라 로스앤젤레스 지역에서 정규 간호 업무도 맡았다.

1947년 한국으로 돌아간 로렌스 양은 구호품 배급을 도왔고, 직원, 장비, 식량이 부족한 상황에서 손상되고 방치된 병원 시설을 재건하는 일을 도왔다. 그녀가 준비한 간호 관련 자료는 해방 후 (한국에서) 인쇄된 최초의 교과서가 되었고, 그녀가 지방을 방문하는 동안 남한 전역에서 자신이 훈련시킨 간호사들이 지도자의 위치에 있는 것을 자주 발견하였다.

로렌스 양의 유족으로는 그녀의 세 자매 중 한 명인 조지 마한 부인, 우편번호 91762 캘리포니아 주 온타리오 4가(街) 웨스트 639,이 있다. 기관 계획부는 이들과 함께 에드너 로렌스의 삶과 업적을 감사하게 기억하고 있다.

Memorial Minute (Edna May Lawrence, Apr. 4th, 1973)

Memorial Minute, Edna May Lawrence, Korea

The Board of the Program Agency made record of the death of Miss Edna May Lawrence on April 4, 1973 at Westminster Gardens Rest Home, Duarte, California, at the age of 79. Miss Lawrence served in Korea for 37 years and was retired August 1, 1957.

Born March 27, 1894 in Winnipeg, Canada, Edna Lawrence became an American citizen and received her education both at Chaffey High School, Ontario, California and at Pomona Valley Hospital Training School, Pomona, California. Following graduation she did private and hospital nursing and was with the Red Cross in France during World War I.

In 1920 Miss Lawrence was appointed by the former Board of Foreign Missions and left for Korea in August of that year. Following a period of language school, she took up her work at Severance Hospital and Nurses Training School in Seoul.

During her years of service, Miss Lawrence had been at different times and as the need required, superintendent of nurses and ward supervisor, in charge of supplies and supervisor of the kitchen, laundry and general cleanliness of the hospital, had taught English and nursing while her chief work was that of principal of the Nurses Training School at Severance.

When conditions of war made it impossible for her to return to Korea after a furlough, Miss Lawrence accepted appointments both by the Board of National Missions to serve in Embudo Presbyterian Hospital, Embudo, New Mexico, and at Ming Quong Home in Los Gatos, California, as well as regular nursing duties in the Los Angeles area.

Returning to Korea in 1947, Miss Lawrence helped with the distribution of relief goods and with reconstructing a damaged and neglected hospital facility under conditions of inadequate staff, equipment and food. Nursing materials which she prepared became the first text book printed after the liberation and during her visitations into the country, she often found nurses whom she had trained to be in positions of leadership throughout South Korea.

Miss Lawrence is survived by one of her three sisters - Mrs. George Mahan, 639 West 4th Street, Ontario, California 91762. with whom the Board of the Program Agency joins in grateful remembrance of the life and work of Edna Lawrence.

19730404

미합중국, 원호처 사망 기록, 1850~2010년
(에드너 M. 로렌스, 1973년 4월 4일)

이 름	에드너 메이 로렌스		
출생일	1894년 3월 27일	사망일	1973년 4월 4일
병적 편입일	1918년 3월 21일	제대일	1919년 4월 23일

U. S., Department of Veterans Affairs BIRLS Death File, 1850~2010
(Edna M. Lawrence, Apr. 4th, 1973)

Name	Edna May Lawrence		
Birth Date	27 Mar, 1894	**Death Date**	4 Apr, 1973
Enlistment Date	21 Mar, 1918	**Discharge Date**	23 Apr, 1919

에드너 M. 로렌스의 흉판 제막식 (1992년 3월 28일)
Dedication of Bronze Plate of Edna M. Lawrence (Mar. 28th, 1992)

그림 43. 에드너 M. 로렌스의 흉판 제막식. 간호대학 소장.

1894년	3월 27일	캐나다 매니토바 주 위니펙에서 태어남
1903년	4월	미국 캘리포니아 주 이글 락으로 이주함
1906년		온타리오에 정착함
1912년경		웨스트민스터 장로교회에 다니기 시작함
		고등학교에서 기독교 면련회의 지도자로 활동함
1914년	6월 8일	채피 유니언 고등학교의 졸업 예배가 열림
	6월 12일	채피 유니언 고등학교를 졸업함
		포모나 밸리 병원 간호부양성소에 입학함
		해외 선교사가 되고자 하는 열망을 품음
1917년	8월 22일	주 간호사 면허 시험을 치러 합격함
		포모나에서 개인 간호를 함(1918년 3월까지)
	10월 6일	제5965번으로 등록됨
1918년	1월 21일	육군 간호 병적에 편입됨
	1월 29일	포모나 밸리 병원 간호부양성소를 졸업함
	3월	적십자 간호에 종사함
	6월	여권을 발급 받음
	8월경	프랑스로 파견됨
1919년	3월 15일	제47기지병원 소속의 간호사로 프랑스를 떠나 뉴욕에 도착함
	4월 23일	육군에서 제대함
	5월 16일	미국 시민권을 취득함
		포모나에서 개인 간호에 종사함(12월까지)
	11월 15일	어머니가 사망함

1920년	1월 5일	샌버너디노 카운티 병원의 결핵 병동을 담당함
	2월 17일	웨스트민스터 장로교회의 윈스롭 앨리슨 목사에게 선교사 지원과 관련한 편지를 보냄
	2월 21일	윈스롭 앨리슨 목사, 미국 북장로교회 해외선교본부의 로버트 E. 스피어 총무에게 로렌스의 의사를 전함
	3월 15일	미국 북장로교회 해외선교본부에 지원서를 보냄
	4월 12일	서부 여자 해외 선교본부, 로렌스를 추천함
	5월 17일	간호 선교사로 임명되고 한국에 배정됨
	7월 31일	여권을 신청함
	8월 26일	밴쿠버를 출발함
	9월 10일	부산에 도착함
	9월 13일	서울에 도착함
		서울의 언어 학교에 다님(8개월 동안)
	12월 20일경	허스트 박사의 부탁으로 2주일 동안 간호 업무를 함
	12월 31일	북장로교회 및 남장로교회 지부 방문을 위하여 시골 여행을 함
1921년	1월 30일	남대문교회에 출석하기 시작함
	4월 3일	남대문교회 주일학교 소녀반을 가르치기 시작함
	5월 9일	세브란스 병원 간호부양성소 교수 및 병동 감독을 맡음
1923년	4월	조선 간호부회가 결성됨
	5월경	간호원장 직을 맡고 있음
	여름	성인 인형 및 아기 인형이 도착함
	6~9월	아버지 발렌타인, 한국을 방문함(7월 2일 선천에서 개최된 한국 선교부 연례 회의에 참석)
	11월	간호원장 대리에 임명됨(1924년 4월까지)
1924년	5월 30일	간호부회 제2회 회의가 개최됨
	9월 2일	총독부, 세브란스 병원 산파간호부양성소를 지정함
1925년	3월 23일	산파간호부양성소의 졸업식이 개최됨
	4월 24일	세브란스 병원 간호부회가 재조직됨
		로렌스, 반 년 임기의 첫 회장에 선출됨

1926년	3월 31일	첫 안식년으로 한국을 떠남
	4월 23일	첫 안식년을 시작함
	9월 16일	웨스트민스터 장로교회에서 환영회를 개최함
	11월 2일	웨스트민스터 장로교회에서 에드너 M. 로렌스 회(會)를 개최함
1927년	4월 25일	로스엔젤레스를 출항하면서 첫 안식년을 마침
	5월 19일	세브란스에 복귀하여 양성소 소장의 업무에 전념함
		인형을 사용하기 위한 실습실이 마련됨
1928년	가을	간호원장 대리를 겸임함
1930~31년		양성소 소장과 간호원장을 겸임함
1930년	6월 27일	세브란스 연합의학전문학교 이사회의 이사로 임명됨
1931년	봄	로렌스가 도왔던 정신여학교의 하운학이 졸업함
		기숙사 규정을 제정함
1932년	3월	세브란스의 의료진, 만주에서 의료 봉사를 함
	9월 13일	1학년 학생들이 동맹휴학에 돌입함(모두 퇴학 처분됨)
1933년	봄	4년제 간호학생을 처음으로 모집함
	12월 14일	한국 지부 실행 위원회, 1934년 5월 19일부터 안식년을 허가하기로 투표로 결정함
1934년	3월 22일	양성소 졸업식을 거행함(4년제 첫 졸업생이 배출됨)
	6월 12일	요코하마에서 로스앤젤레스로 떠남
	6월 27일	로스엔젤레스에 도착함
	6월 28일	두 번째 안식년을 시작함
1935년	4월	로스앤젤레스에서 선교 강연을 함
	7월 20일	두 번째 안식년을 마침
	8월 16일	한국에 도착함
		분만실, 보육실, 격리 병동, 치과 병동 및 시료 병동을 담당함
1936년	3월 18일	양성소 졸업식이 열림
	4월	세브란스 여자 모임이 시작됨
	7월	미니 굿나우, 글래디스 스티븐슨이 방문함
	8월	지리산의 별장에서 1달 동안 보냄

10월 초	가관식이 열림
10월	한국 구세군 제7대 사령관인 토머스 N. 윌슨이 세브란스 병원에 입원하여 수술을 받고 회복됨
11월	남감리교회에서 파송한 넬슨 양이 춘천으로 옮김
11월 28일	한국 지부 실행 위원회 모임, 1937년 7월 런던에서 열리는 국제 간호협의회 회의의 참석을 허가함
1937년 3월	이정애가 사직함
3월 24일	양성소의 졸업식이 열림
7월 5일	국제 간호협의회 회의에 참석하러 하얼빈으로 떠남
7월 7일	하얼빈에서 베를린으로 가는 기차를 탐
7월 18일	런던에서 국제 간호협의회 회의가 열림(25일까지)
7월 29일	잉글랜드와 스코틀랜드 여행을 떠남
8월 13일	몬트리올 행 증기선에 탐
9월 4일	엠프레스 오브 저팬 호를 탐
9월 20일	한국으로 돌아옴
12월 23일	노부인 양로원을 방문함
12월 27일	한국 선교부 실행 위원회, 로렌스의 급여로 기혼자의 60%를 지급하도록 선교본부에 요청함
1938년 2월 21일	선교본부, 로렌스 급여를 승인함
3월 23일	양성소의 졸업식이 열림
3월 31일	함흥 등 캐나다 선교지를 방문함
6월 27일	한국 선교부 여자 회의에서 '병원에서 겪은 따뜻한 경험'에 대하여 발표함
7월 15일	휴가를 시작함(8월 중순까지)
1940년 11월 7일	서울을 출발함
11월 11일	고베에서 야와타 마루를 탐
11월 13일	일본 치안법 위반 혐의로 요코하마에 정박 중인 야와타 마루에서 체포되어 하선(下船) 당함
11월 15일	경성지방법원 검사국에 의해 구인되었으며, 이후 17일까지의 취조 결과 범죄의 혐의가 박약한 것으로 들어남

11월 21일	야와타 마루가 호놀룰루에 도착하여 로렌스의 체포 사실이 알려짐
11월 22일	무혐의로 석방됨
12월 29일	샌프란시스코에 도착함
12월 30일	세 번째 안식년을 시작함
1941년 8월 20일	선교본부, 로렌스를 일시적으로 필리핀 선교부로 이적하기로 결정함
1942년 1월 19일	선교본부, 안식년을 1942년 8월 1일까지 연장함.
1월 27일	뉴멕시코 주 엠부도의 장로병원에서 근무를 시작함 (1943년 1월 15일까지)
11월 16일	선교본부, 안식년을 1943년 6월 30일까지 연장하며, 필리핀 선교부로의 이적을 폐기함.
1943년 1월 17일	캘리포니아 주 로스캐토즈의 명광원에서 업무를 시작함
1943년 8월 28일	명광원에서의 업무를 중단함
1943년 9월 부터	민간 간호에 종사함
1946년 10월 1일	선교본부, 로렌스를 조기 귀환 선교사 중 1명으로 결정함
1947년 3월 7일	시애틀에서 출항함
4월 5일	인천에 도착함
1948년 1월 21일	선교부의 재조직을 위한 한국 선교사 모임이 서울에서 열림
1949년 2월 15일	선교본부, 제2차 세계대전으로 인한 추정 손실액 141.87달러를 로렌스에게 지급하기로 결정함
1949년 11월 22일	안질환 등으로 건강 안식년을 받아 비행기로 한국을 떠남
1950년 6월 25일	한국 전쟁이 일어남
1950년 12월 18일	캘리포니아 주 패서디나의 헌팅턴 기념 병원에 임시 임명됨
1952년 1월 10일	샌프란시스코를 출발하여 대구로 복귀함
1955년 6월 20일	눈 수술을 위한 건강 안식년이 승인됨
1955년 7월 19일	비행기 편으로 미국으로 돌아감

1957년 8월 1일	장애로 명예 은퇴함
1973년 4월 4일	캘리포니아 주 두아테의 요양원에서 소천함

1. 공문서 Official Documents

1891 Census of Canada

1901 Census of Canada

1910 United States Federal Census

1920 United States Federal Census

California, U. S., Pioneer and Immigrant Files, 1790~1950

Honolulu, Hawaii, U. S., Arriving and Departing Passenger and Crew Lists, 1900~1959

U. S., Army Transport Service Arriving and Departing Passenger Lists, 1910~1939

U. S., Department of Veterans Affairs BIRLS Death File, 1850~2010

U. S. Passport Application, 1795~1925

2. 교회 해외선교본부 관련 문서

Department of Missionary Personnel Records, 1832~1952, Presbyterian Church in the U. S. A., Board of Foreign Missions

United Presbyterian Church in the U.S.A. Commission on Ecumenical Mission and Relations Secretaries' Files, Korea Mission records, 1903~1972

3. 선교 관련 잡지 Missionary Magazines

Bulletin of the Nurses' Association of Korea(Seoul)

The Korea Mission Field(Seoul)

Woman's Work(New York)

4. 신문 및 잡지 Newspapers and Magazines

New York Herald Tribune(New York City, New York)
Oakland Tribune(Oakland, Ca.)
The Bulletin(Pomona, Ca.)
The Chico Enterprise(Chico, Ca.)
The Los Angeles Times(Los Angeles)
The Pacific Coast Journal of Nursing(San Francisco)
The Pomona Progress(Pomona, Ca.)
The Pomona Progress Bulletin(Pomona, Ca.)
The San Bernardino County Sun(San Bernardino, Ca.)
Ventura County Star(Camarillo, Ca.)

* 쪽수 뒤의 f는 사진이나 그림을 나타낸다.

ㄱ

ㅂ

ㅇ

ㅌ

ㅍ

M

상우(尙友) 박형우(朴瀅雨) | 편역자

　　연세대학교 의과대학을 졸업하고, 모교에서 인체해부학(발생학)을 전공하여 1985년 의학박사의 학위를 취득하였다. 1992년 4월부터 2년 6개월 동안 미국 워싱턴 주 시애틀의 워싱턴 대학교 소아과학교실(Dr. Thomas H. Shepard)에서 발생학과 기형학 분야의 연수를 받았고, 관련 외국 전문 학술지에 다수의 연구 논문을 발표하고 귀국하였다.

　　1996년 2월 연세대학교 의과대학에 신설된 의사학과의 초대 과장을 겸임하며 한국의 서양의학 도입사 및 북한 의학사에 대하여 연구하였다. 1999년 11월에는 재개관한 연세대학교 의과대학 동은의학박물관의 관장에 임명되어 한국의 서양의학과 관련된 주요 자료의 수집에 노력하였다. 2009년 4월부터 대한의사학회 회장을 역임하였다.

　　최근에는 한국의 초기 의료선교의 역사에 대한 연구를 진행하여, 알렌, 헤론, 언더우드 및 에비슨의 내한 과정에 관한 논문을 발표하였다. 이를 바탕으로 주로 초기 의료 선교사들과 관련된 다수의 자료집을 발간하였으며, 2021년 8월 정년 후에는 연세대학교 의과대학 객원 교수 및 상우연구소 소장으로 연구를 계속하고 있다.

　　박형우는 이러한 초기 선교사들에 대한 연구 업적으로 2017년 1월 연세대학교 의과대학 총동창회의 해정상을 수상하였고, 2018년 9월 남대문 교회가 수여하는 제1회 알렌 기념상을 수상하였다.